한반도
문화
한류의 어제와 오늘,
달구벌을 중심으로
이야기

한반도 문화 이야기

한류의 어제와 오늘,
달구벌을 중심으로

이야기

| 김도상, 박성철, 권택성, 이대영 지음 |

한반도 문화의 과거를 통해
문화콘텐츠 산업의 미래를 열다.

생각나눔

모르면 짐작(斟酌)할 뿐
잘 알면 자연히 사랑한다

대구를 방문하는 관광객들은 하나같이 첫발을 내디디자마자, "대구 하나도 볼 것 없어요. 음식이 맛있나? 관광명소가 있나?"라는 말을 한다. 누구 할 것 없이, 나 역시 이 같은 말을 입에 달고 살아왔다. 어떻게 보면 참으로 부끄럽다. "6대조의 이름을 모르면 몽골 사람이 아니다(Зургадугаар элэнц өвөөгийн нэрийг мэдэхгүй бол монгол хүн биш)."라는 몽골 속담을 잣대로 할 때는 '대구(大邱)를 모르면서 대구사람(Daegu-man)이라고는 할 수 없다.'라고 자성을 해 본다.

사실, 대구 이곳에서 50년 이상 살아왔기에 모든 걸 당연하다고 생각했고, 모든 걸 다 안다고 착각하면서 이제까지 살아왔다. 그래서 대구에 대해서 자만하면서도 배우기를 태만해 온 결과였다. 마치 불경 법구경(法句經)에서 "국 속에 푹~ 빠져있는 국자는 정작 국 맛을 모른다(如杓斟酌食)."라는 사실을 절실히 말해주고 있다. 우리 속담으로는 "등잔 밑이 어둡다(燈下不明)."라는 말과 같을 것이다.

한편, 조선 정조 때 문장가였던 유한준(兪漢雋, 1732~1811)은 다섯 살 위 친구였던 서화가 김광국(金光國, 1727~ 1797)이 자신이 그렸던 그림을 '석농화원(石農花苑)'이란 이름으로 화첩을 만들겠다고 편집 후기(跋文)를 써 달라는 부탁을 받았다. 그는 고민 끝에 "알게 되면 참으로 사랑하게 되고, 사랑한다면 참된 모습을 보게 된다. 그렇게 볼 줄 알게 된다면 쌓아두게 되니, 쌓아둔다고 해서 그저 무지막지하게 저장만 하는 게 아니라(知則爲 眞愛, 愛則爲眞看, 看則畜之而非徒畜也)."고 적었던 바 있다.

가랑비에 옷이 젖듯이 우리 자신조차도 몰랐던 우리의 문화를 다시금 되돌아보고, 화첩 모양으로 그림을 묶듯이 문화의 기원 혹은 원류를 더듬어가면서 정리할 해 볼까 하여 뜻을 같이하는 지인들이 함께 모였다. 그리고 틈틈이 짬을 내어서 글을 적어 보았다. 따라서 부족한 점도 많을 것이고, 뜻하지 않는 오류까지 범하지나 않았나 두려움을 금치 못한다. 그러나 현명한 판단과 후속적인 연구로 "지나침은 잘라버리고, 모자람은 보태는 작업(折長補短)"이 있기를 바란다.

2023년 2월 1일

김도상, 박성철, 권택성 그리고 이대영

차 례

제3장 **지상천국을 구상했던 한반도(달구벌)의 선인들**

제6장	한반도(달구벌) 선인들의 얼과 혼을 더듬어

제1장

지구 탄생, 인류출현,
한반도로 이주와
한민족 형성

1. 지구 나이와
    단군 인골 연대측정은 어떻게 했을까?

지구의 나이와 흘러간 세월 계산은

최근 물리천문학(astrophysics),
즉 '지구 대기 밖의 물체들의 물
리·화학적 성질을 연구하는 학문'
이 생겨나서 우주 속에서 지구촌
생성에 관해 탐구하게 되었다. 그
러나 선사시대는 누구나 진실성
을 인정하는 기록물이 없었다. 한편으로 고대 기록역사에 대해 그리스 철
학자 플라톤이 "역사는 승자의 기록이다(Those who tell the stories rule
society)."[1]라고 그리스 속담을 인용했다. 역사란 MZ세대의 표현으로 "엿
장수 가위 치기(耳懸鈴鼻懸鈴)." 기록이라서, 이에 벗어나자면 물리학, 생화
학, 고고학, 문화인류학, 생물학(유전학) 등 종합적인 학제간연구로 메타분
석을 해야 한다. 그래서 이제는 선사시대 고고학적 출토유물에 대한 연대
측정이라면, 방사성동위원소의 반감기(half life of radioactive isotopes)를
이용하는 게 기본이다.

사실, 고고학(archeology)은 한마디로 '역사라는 쓰레기통 뒤지기(digging through the trash cans of history)'에 비유되고 있다. 즉 선사시대에 사용했던 생활 쓰레기장이었던 조개무지, 시신처리장이었던 고인돌(고분군) 혹은 동굴(유적지)에서 발굴된 유물을 대상으로 상대적 연대(relative dating), 절대적 연대(absolute dating)를 측정하게 된다. 일반적으로 절대적 연대(absolute dating)를 측정할 수 있는 나이테(annual ring)는 식물은 물론이고 동물인 사람(포유류)에겐 어금니(마모 정도), 젖니(milk teeth 6개월~6살), 간니(permanent tooth), 사랑니(wisdom teeth: 15~25세 사랑의 아픔과 같이 나옴), 골반(pelvis, 성별 구분, 출산) 등으로 측정한다. 또한, 물고기의 이골(耳骨), 갑오징어의 오적골(烏賊骨) 등에 생긴 나이테를 세어 나이를 알 수 있다.

천문학에선 일식(日蝕), 월식(月蝕) 및 혜성(彗星) 출현과 지질학적 화산폭발, 지각변동연대를 연계하여 추산할 수 있다. 최근 미국 국립항공우주국(NASA: National Aeronautics and Space Administration)의 우주·천문학적 기록(계산)을 통해 유사이전의 연대를 정확하게 산출해 내고 있다. 단적 실례로, 위서(僞書)라고 하는 환단고기(桓檀古記)에 나오는 "무진년(B.C. 1733년) 28수 별자리 가운데 루수(婁宿)에서 5개의 별이 나란히 모였다(戊辰五十年五星聚婁)."[2]라는 기록이 있다. 이를 확인하고자 1993년 서울대 박창범 교수 등이 나사(NASA)의 기록을 분석한 결과 B.C. 1734년 7월 13일 일몰 직후에 28수의 장수(張宿)에서 금성, 목성, 토성 화성과 초승달인 5성이 나란히 있었다는 사실을 검증했다.[3]

과학이 발달된 오늘날에는 탄소(C14)연대측정(carbon dating), 열형광법(thermo-fluorescence method), 아미노산 정량법(amino acid quantification method), 핵분열 비적법(fission track dating method), 전자상자성 공명법(electron paramagnetic resonance method) 등이 10여 종의 기법들

이 활용되고 있다.[4] 연도측정법은 1904년 러더퍼드(Ernest Rutherford, 1871~1937)가 방사성 원소 토륨(thorium) 붕괴에 일정한 기간에 납으로 변해 안정성을 갖는 반감기(半減期)를 발견했고, 이를 통해서 지구 생성연대까지도 측정 가능하다고 예언했다. 1905년 볼트우드(Bertram B. Boltwood, 1870~1927)는 방사능 시계(radioactivity clock)를 이용하여 지구 나이가 22억 년이고, 태양계 생성은 50억 년이라고 측정결과를 발표했다.

1960년 노벨물리학상 수상자 윌러드 리비(Willard Frank Libby, 1908~1980)는 탄소(C14)연대측정법을 개발하였다. 탄소(C14)의 반감기(half-life)는 5,730년으로 이를 기반으로 해 가이거 계수관(Geiger counter tube, 방사능측정기)을 제작했다. 한 번 살아 있었던 생명체의 출토물체인 나무, 석탄, 천, 뼈, 조개껍데기, 동식물의 조직 등에 대한 연대를 측정할 수 있게 되었다. 이 기법은 역사학, 고고학, 지질학 등에서 많이 이용되고 있다. 탄소(C14)연대측정법의 단점은 귀중한 유물을 훼손해서 시료를 채취해야 하기 때문이다. 그 단점을 개선하고자 1970년 후반에는 0.001g의 탄소 시료로도 정확하게 측정이 가능한 가속기 질량 분석기(AMS, accelerator mass spectrometry)를 개발했다.

이외에도 탄소연대측정법(carbon dating method)의 단점을 보완하고자 나이테(annual ring), 코끼리 새(elephant bird) 혹은 타조알껍데기(ostrich-eggshell)을 사용한 연대측정법(dating method)을 개발했다. 미국 천문학자 앤드루 더글러스(Andrew Ellicott Douglass, 1867~1962)는 나이테를 이용한 연륜연대측정법(dendrochronology)을 고안했으며, 일본 나라문화연구소(奈羅文化研究所)에선 2004년 엑스레이를 사용한 CT(computed tomography)로 목조의 나이테를 촬영해 기원전 1000년경의 목재출토유물의 절대연대를 측정했고, 고미술품의 제작연대측정에 큰 영향을 끼쳤다.

우리나라에서도 경복궁 경회루(景福宮慶會樓) 건축재인 소나무 연대추정 결과 65,000년에서 85,000년 전으로 측정됐다.

이외에도 자연방사선량(natural radiation dose)으로 연대측정법은 일명 방사선 손상 측정법(radiation damage measurement method)이다. 고고학에서 인간의 시신을 측정하는데 유기물이 없을 때 연대측정이 어렵기에 인간의 흔적으로 측정해야 한다. 대표적으로 캐나다 노스웨스트주(洲) 아카스타(Acasta, Northwest State, Canada) 혈암층(Gneiss)의 40억4천만 년, 달나라에서 가져온 암석 등을 방사선 손상측정법으로 알아낸다. 시료 채취보다 흠집을 이용해서 측정하기도 한다.

1980년대 개발된 열형광 측정법(thermo-fluorescencemethod), 전자 상자성 공명법(electron paramagnetic resonance method), 핵 분열 비적법(fission track method) 등이 있다. 토기와 주변 화산재 등의 토양을 동시에 열형광 측정법(TF Method) 등으로 측정한다. 지구 자석의 편각(declination)과 복각(magnetic dip)이 물체에 DNA처럼 새겨진 지자기(terrestrial magnetism)의 '영년변화도(永年變化圖, archaeomagnetic secular variation)'가 지문으로 남기에 이를 통해서 연대측정을 한다. 이를 통해 알프레드 베게너(Alfred Lother Wegener, 1880~1930)는 '대륙이동설(continental drift theory)'을 검증하는 데 지구 자기법(earth magnetic method)을 사용했다. 이외에도 '어미 원소와 딸 원소의 비율에 의한 측정법(measure ratio of parent and daughter elements)'도 있다. 방출된 알파입자가 광물 속을 통과한 흔적(飛跡)을 남기는데, 이를 계산하는 핵분열 비적법(fission track method)이 있다. 따라서 이러한 방법으로 측정하면 현재까지 지구의 나이는 45억5천만 년으로 추정된다.[5]

단군릉에 나온 인골을 어떻게 측정했을까?

　평양시 강동군(江東郡) 문흥리(文興里) 대박산(大朴山, 크게 밝은 산) 동남쪽 경사면 기슭에 단군릉(39.154782°N/ 126.054382°E)이 있다는 기록은 『고려사(高麗史)』, 『신증동국여지승람(新增東國輿地勝覽)』, 『조선왕조실록(朝鮮王朝實錄)』, 『승정원일기(承政院日記)』, 박은식(朴殷植)의 『한국통사(韓國痛史)』 등에 기록이 남아 있었다. 1530년 출간된 『신증동국여지승람』 강동현조(江東縣條)에 "현(縣) 서쪽 3리에 410자나 되는 큰 무덤이 있는데 이를 단군 묘라 한다(縣西三里, 有一處墓, 圍四百一十尺, 大檀君墓也)." 조선왕조실록 숙종(1697년 7월 14일) 때인 강동 단군묘 수리(下令修復檀君陵和東明王陵), 영조(1793년 5월 23일과 1763년 4월 22일) 땐 단군 묘소의 보수와 관리를 지시(又兩度降旨維修), 정조(1786년 8월 9일) 때에도 평양 감사와 강동 현감(령)에게 춘추 단군묘 제사와 시묘를 지시한 기록이 있다(命令平壤監使從附近百姓中選出數名作爲守墓人, 並命令江東縣令每年春, 秋兩季都要拜謁). 그뿐만 아니라, 주변엔 단군호(檀君湖), 단군동(檀君洞), 아달동(阿達洞), 대박산(大朴山)과 맞보고 있는 아달산(阿達山)라는 지명과 전설이 지금까지도 전승되고 있다.[6]

　1921년 일본제국의 고고학자들이 발굴한다고 하니 조선 선비들은 거세게 항의를 했다. 몇 차례 협상을 하면서도 그들은 비밀리 도굴했다. 이에 분노했던 선비들은 1932년에 단군릉수축기성회(檀君陵修築期成會)를 조직하였고, 단군릉기적비(檀君陵記積碑)를 1936년에 세웠다. 해방 이후 1992년까지 북한에서는 무관심하게 지냈음에도 고고학자들은 일제가 2차례 도굴을 해서 출토유물은 대거 약탈했었고, 벽화들을 크게 훼손시켰다고 거론했다. 1993년 10월에 단군릉을 발굴해 두 사람의 인골 조각 86

편을 수습했는데, 인골 연대측정을 위해 전자스핀공명법(Electron Spin Resonance Analysis)으로 각각 24회, 30회나 측정한 결과 1994년 10월에 1993년을 기준으로 5,011±267년이라는 수치를 얻었다. 인골이 단군과 부인으로 추정된다는 발표까지 했다.

이에 대해 남한 고고학자들은 i) 탄소연대측법(carbon dating method)을 사용해야 더 정확하지 않나? ii) 1만 년 이상 장기적인 측정에 사용하는 전자상자성공명법(Electron Paramagnetic Resonance)을 사용한 이유가 불분명하다니, iii) 단군의 뼈가 골반이라는데 이는 나이가 아니라 성별 추정용이 아니냐? 등의 이의를 제기했다. 이에 북한은 탄소연대측정법으로는 시료 채취로 많은 인골을 훼손(분쇄)해야 하는데 충분한 양이 아니었고, 0.001g의 시료로도 가속기질량분석기가 개발되어 정확한 연대측정이 가능하고 대답했다. 이렇게 논쟁하게 된 단서는 1987년 캐나다 맥매스터 대학(McMaster University, Canada) 슈왈츠 박사(Dr. T. Schwartz)의 논문에 "전자상자성공명법(EPR)은 인골을 측정할 경우 가장 적합한 건 치아에 있는 에나멜이고, 그 외 인골의 측정은 부정확하다."라고 발표한 바가 있었기 때문이었다.[7]

2. 지구 상 생명체 발생, 인류의 출현과 이동

어떻게 우주가 탄생했고? 지구가 생성되었는가

먼저 우주탄생으로는 우리가 잘 아는 모세(Moses, B.C. 1526~B.C. 1406)가 쓴 5경 중『창세기(Genesis)』에서는 하느님이 6일 만에 천지를 창조했다. 이어 기원전 7세기 그리스 서사시 시인 헤시오도스(Hesiodos, B.C. 740~B.C. 670)가 저술한『신통기(神統記, Θεογονία)』에선 지구(우주) 탄생의 비밀을 "태초에 4가지 힘이 자연적으로 나타났는데, 가장 처음에 카오스(Khaos, 텅 빈 공간)가 나타났다. 다음으로 가이아(Gaia 땅, 대지)와 타르타로스(Tartaros, 지하세계)와 에로스(Eros, 사랑)가 순서대로 나타났다."라고 적고 있다.

이보다도 더 정확하게 기술한 노자(老子, B.C. 604~몰년 미상)의『도덕경(道德經)』에선 오늘날 우리가 우주탄생의 비밀로 알고 있는 블랙홀(black hole, 谷神)과 빅뱅(big bang, 玄牝)의 단서를 이론화했다. "블랙홀(black hole, 谷神)은 신처럼 죽지 않으며, 빅뱅(big bang, 玄牝)은 원초적인 검정암소(black cow)처럼 우주란 송아지를 출생했다. 끊임없이 우주가 창조되는 것이기에 블랙홀은 아무리 사용해도 느리거나 빨라지지 않았다(谷神不死, 是謂玄牝, 玄牝之門, 是謂天地根, 綿綿若存, 用之不勤)."[8]라고 주장했다. 고대 천문학에서는 천체 운행을 '옥팔찌(玉環, jade bracelet)' 혹은 '옥반지(玉指

環, jade ring)'처럼 순환되고 가운데 빈 공간에서 우주 혹은 세계가 창출된다는 '옥환우주관(玉環宇宙觀, Jade-Ring Cosmology)'을 가졌다. 사실, 구슬 옥(玉)이라는 '둥근 구슬들을 꿰어서 물건을 만드는 형상(玉象三玉之連, 其貫也)'이라고 『설문해자(說文解字)』에서 해설하고 있다.[9] 여기서 꿰어 뚫는다(貫之)는 의미는 창세, 관장 등의 의미였다. 이런 맥락에서 우주생성의 옥환(玉環)을 주관하는 신적 존재를 옥환상제(玉環上帝, King of Ring)[10] 혹은 상황상제(玉皇上帝)라고 했다. 옥환(玉環)을 장신구로 만든 것은 고조선 시대의 가락지(ring), 선사시대 출토유물 곡옥 귀걸이(曲玉耳鈴), 신라 금동왕관의 곡옥영락(曲玉瓔珞) 등으로 장신구는 물론 남녀 정사에도 옥환(玉環, penis ring)을 사용했으며, 대표적으로 중국 명대(1617년)에 저술된 『금병매(金瓶梅)』에서도 "문 앞에서부터 엎어져야 도리라니, 깊고 어두컴컴해 끝도 보이지 않네. 수염은 있는데 이빨은 궁색스럽게 하나도 없으니(玉門伏道, 沉沉無底, 窮老盡齒)."[11]라고 표현하고 있다. 눈에 보이지 않는 빈 공극에 어떤 마력의 작용을 불교에서는 '공즉시색(空卽是色)'으로 표현했으니 고대 천문학에서는 '현빈(玄牝, Black Cow)' 혹은 '현곡(玄谷, Black Valley)'으로 표현하면서 우주생성의 근원(음양 조화의 근원)으로 생각해 왔다. 1783년 영국의 성직자 자연철학인 존 미첼(John Michel, 1724~1793)은 아이작 뉴턴(Isaac Newton, 1642~1727)의 중력이론과 역학을 기초로 "별이 무거우면서도 크기가 작으면 별 표면에서 빛조차 빠져나올 수 없게 되어 별이 보이지 않는다."[12]라는 동양고대우주관(천문학)을 그대로 설명했다. 1915년 앨버트 아인슈타인(Albert Einstein, 1879~1955)이 일반상대성이론을 발표했던 그해 독일 천문학자 칼 슈마르츠실트(Karl Schwarzschild, 1873~1916)가 수학적 풀이로 '블랙홀(Black Hole, 玄谷)'을 발견했다. 이를 아인슈타인은 현대물리학에 도입해서 "질량이 존재하면 시공간이 휘게 되고 시공간의 효과가 바로 중력이다.”라는 상대성이론을 완성했다.[13] 2018년 M-87 블랙홀(black hole)[14]을 발견하고, 2022년 5월에도 궁수자리의 A* 블랙홀[15]을 발견해 ‘동양고대천문학 ‘옥환우주관(玉環宇宙觀. Jade-Ring Cosmology)’이 입증되고 있다. 오늘날 우주탄생에 대한 ‘대폭발 모델(Big Bang Model)’이 정설로 받아들여지고 있다. 대략 138억 년 전에 대팽창(Big Bang)이 되는 과정에서 우주가 탄생되었다는 학설이다.[16] 이에 대해 2019년

노벨물리상 수상자들이 우주탄생과 초기진화의 단서인 “우주 탄생 뒤 38만 년 뒤 공간에서 처음으로 퍼진 빛의 흔적인 ‘우주배경복사(cosmic background radiation)’의 존재”를 과학적으로 논증했다.[17] 한편, 6·25 동란 직후 시골 국민학교(國民學校, 1996. 3. 1학기 이후 초등학교)에선 대부분 나무 그늘에서 가마니 거적을 깔고 선생님이 읽어주면 따라서 낭독했고, 학교 종(school bell)이라고는 대포껍데기(彈皮)를 망치로 두들겼다. 교과서, 책걸상, 교실은 나중에 1960년 초에 생겨났다. 나중에 가벼운 책걸상이 나와서 “무슨 나무가 이렇게 가벼우나?”라는 말을 듣고 있던 선생님이 베니어(veneer) 합판(合板)이라고 했다. 합판이란 얇은 나뭇결(켜) 여러 겹을 아교로 맞붙인 판자였다.

지구생성원리를 이런 베니어합판에 빗대어 ‘초기 베니어(Early Veneer)’ 이론은 우주 중력으로 지구에 모든 물질이 지구 중심핵으로 뭉쳐지는데 무거운 물질이 중심으로 가라앉아서 지구가 만들어졌다는 것이다. 최근까지 와서는 우주물질이 지구 중력으로 당겨져 지구와 충돌하는 과정

에서 무거운 귀금속은 지구 표면으로 뭉쳐졌다[18]는 '후기 베니어(Late Ve-neer)' 이론이 정설로 여겨졌다. 그러다가 최근엔 미국 예일대학(Yale University) 크리스토퍼 스펄딩(Christopher Spalding)에 의해 '46억 년 전 태양풍과 목성 중력의 원투펀치(One-two punch of solar force and Jupiter's gravity)"[19]로 지구가 뭉쳐졌다는 학설을 내놓고 있다.[20]

어떻게 지구촌에 생명체가 생겼는가?

시골에서의 어린 시절, 햇살이 쏟아지더니 갑자기 먹장구름이 몰려오고 소낙비가 앞을 가리면 가까운 나무 아래나 바위 밑으로 숨어들었다. 이때 하늘에선 번갯불이 번쩍하더니 나뭇가지에다가 벼락(lightning strike)을 내려 때렸다. 정신을 차리고 보면 천둥이 뒤따라 불호령을 했다. 왜냐하면, 번개(lightning)는 하늘이 죄진 인간을 벌하는 수단이라고 믿었기 때문이다. 그런 소낙비가 지나가고 난 뒤에 벼락이 떨어졌던 모래(땅)바닥에 가면 이상한 귀신모양의 바위(fulgurite, 閃電巖)가 생겨났다. 이런 현상을 보고 어른들은 좋아하시면서 "번개가 농사를 지어준다고 했다." 또한, 솥에다가 콩 볶듯이 불꽃 튀는 모습을 보고 "번갯불에 콩 구워 먹는다."라는 표현을 했다. 이상하게 콩을 볶는 냄새까지도 났다. 공기 속 질소(단백질)의 합성에 나온 냄새였다.

번개가 잦으면 풍년이 든다는 말은 동양의 말만이 아니다. 구약성서 가운데 우리가 자주 인용하는 "시작은 미약하나 끝은 창대하리라(욥기 8:7)."라는 구절이 나오는 책(욥기 36:30~33)에서 "번개는 바다 밑바닥까지 들어가서 훤히 비취게 하고, 이렇게 온 누리를 다스려 풍년을 들게 하나니."[21]라는 구절이 나온다. 이를 이상하게 생각했던 1785년 영국 과학자 헨리 캐

번디시(Henry Cavendish, 1731~1810)는 대기 속 번개의 방전으로 78%나 차지하는 질소가 질산(질소비료)으로, 벼락이 인광석을 때려 인산칼륨(燐酸加里)을 만들어 줌으로써 풍년이 든다는 사실을 밝혔다. 질소가 빗물에 녹아 고착화되는 과정을 '공중질소고정(fixation of atmospheric nitrogen)'이라 하는데, 그 이치를 선인들도 다 알았다. 그러나 정확하게 과학적으로 표현하지 못했다.

1913년 프리츠 하버(Fritz Haber, 1868~1934)는 오늘날 전기사용량의 20%나 차지하는 '하버-보슈 공정(Haber-Bosch process)'을 개발해 암모니아를 합성했다. 동시에 질소를 이용해 질산(nitric acid, NO_3)과 질소비료를 만들어 '공기에서 빵을 만든 과학자(Scientist making bread in the air)' 혹은 '녹색혁명의 아버지(Father of the Green Revolution)'로 호평을 받았다. 그러나 이면에는 1914년 바닷물(소금)을 분해하여 염소(Chlorine) 독가스를 제조했다. 그 독가스로 1915년 4월 22일 벨기에 이프르 전투(Battle of Ypres)에서 프랑스군인 2만여 명을 살상시켰다. 이렇게 해서 제1차, 제2차 세계대전에 독가스로 100만 명 이상의 목숨을 앗아간 '전쟁의 살인마(killer of war)'가 되었다. 그럼에도 1918년 그는 노벨화학상 수상자로 선정되었고, 세계로부터 온갖 비판을 받았다.

그런데 최근 다시 한 번 더 벼락(lighting strike)으로 인하여 생명체 유전자(DNA, RNA)의 핵심물질인 인(燐, Phosphorus)이 생성되었기에 지구촌 생명체의 생성 단서로 언급되고 있다. 과거 운석(隕石, meteorite)이 지구에 떨어져 최초로 인(P)을 제공했다고 봤다. 그러나 모래사장에 떨어진 벼락이란 고압 고온의 방전으로 인하여 주변에 유리 성분의 모래들이 순간에 뭉쳐서 귀신모양의 섬전암(閃電巖, fulgurite)을 만든다. 바로 이 섬전암(fulgurite)에서 인(P)과 다른 금속 성분이 생성된다는 사실에 착안해 예일대학 벤자민 헤스(Benjamin Hess) 등이 연구한 '번개가 지구촌 생명체를 방전(lightning strikes spark life on Earth)'한다는 학설을 내놓았다.[22] 다시 말하면 40억 년 전부터 10억 년 동안 100경 회 이상 번개가 벼락을 때리면서 지구촌에 생명체를 탄생시켰다.[23, 24]

이렇게 해서 지구촌에 원시 생명체(primitive forms of life)가 생겨났다. 이어 태양광을 차단하는 오존층도 생겨났다. 연쇄적으로 대기 속 산소량도 더 많아졌다. 4~7백만 년 전 에너지 폭발에 의해 원시인류가 생겨났다.[25] 이로 인해 인류 조상으로 발견된 오스트랄로피테쿠스(Australopithecus)가 등장했고, 250만 년 전까지 돌을 사용할 만큼 두뇌를 쓰는 호모 하빌리스(Homo habilis, handy man)도 출현했다. 또한 별(超新星)의 폭발로 인하여 놀라 달아나다가 인간이 두 발로 직립보행을 하게 되었다.[26] 농담 같지만 이렇게 호모 에렉투스(Homo erectus, upright mam)가 되었고[27], 200만 년 전부터 "발 달린 짐승이 어디를 못 가나(Πού μπορεί να πάει το τέρας με τα πόδια)?"라는 그리스 속담처럼, 아프리카 ▶ 중앙아시아 ▶ 유럽 ▶ 아시아(한반도)까지 이동했다[28]. 50만 년 전에 북경까지 왔기에 북경원인이 발견되었다. 10만 년 전에는 인류의 사촌이라고 할 수 있는 네안데르탈(Neanderthal)인이 유럽과 중동(中東)에서 등장해 4~5만 년 전부터 호모사피엔스(Homo sapiens: wise man)로 진화했다. 유럽에서는 4만 년 전에 크로마뇽(Cro-Magnon)인들이 나타나 네안데르탈인과 장기간 공존했다. 대략 4만 년 전부터 인류의 직계조상이라는 호모사피엔스사피엔스(Homo sapiens sapiens: very wise man)가 나타났다.

인류의 조상에 대해서는 1924년 남아공 외과 의사 레이먼드 다트(Raymond Dart, 1893~1988)가 오스트랄로피테쿠스의 두개골을, 1959년 영국 인류학자 로이스 리키(Louis Leakey, 1903~1972)는 남아 탄자니아 올두바이 계곡(Olduvai Gorge, Tanzania)에서 170만 년 전의 진잔트로푸스(Zinganthropus) 두개골을 발견함으로써 아프리카가 인류 발상지가 되었다. 2017년 독일 막스플랑크 진화인류학연구소(Max Planck Institute for Evolutionary Anthropology in Leipzig)가 네이처에 발표한 31만5천 년 전의 인류의 직계조상인 호모사피엔스의 화석을 북아프리카 모로코 제벨 이르후드 유적지(Jebel Irhoud Remains, Morocco)에서 발견했다.[29, 30] 현생인류의 '호모사피엔스사피엔스(homo sapience sapience)'까지도 남아(South Africa) 동굴에서 발견되었다. 이로 인해 남아프리카는 인류의 에덴동산(Garden of Eden in Africa)이 되었다.

한편 유전자(DNA) 정보를 이용해 인류의 조상을 찾아보고자 하는 연구로는 i) 17,000여 개의 미토콘드리아 유전체의 돌연변이를 추적한 모계 조상인 '이브(Eve)'를 찾는 방법이 있었다. ii) 분자시계(molecular clock)로 치환(substitutions)과 거리계산 매트릭스(distance matrix)로 진화를 역산하는 기법도 고안되었다. 최근 2019년 네이처 전문지(Nature Magazine)에 발표된 바네사 헤이스(Vanessa M. Hayes)의 논문에선 미토콘드리아 DNA 모계 L-0 계통(maternal L-0 lineage, mitochondrial DNA branch)은 남아프리카 잠베지 강(Zambezi River) 남쪽 보츠와나 오카방고 초원지대(Oka-vango Grassland, Botswana)에 거주하는 고이산족(KhoeSan descendants)에 한정되었다.[31] L-0형의 인류 조상이 20만 년 전에 발생해서 7만여 년 동안 이곳에 거주하다가 13~11만 년 전에 북동쪽과 남서쪽으로 확산되었다. 이에 반해 부계 유전자인 Y형 유전체 하플로그룹(haplogroup) 가운데 조상격인 D-0는 서아프리카(Cameroon)에서 5만~10만 년 전에 세계로 확산되었다.[32]

분자시계(molecular clock)란 분자통계학으로 분자의 진화를 측정하는 스톱워치(stopwatch)와 같다. 모든 생명체의 유전학적 변이의 2대 기원과정(two key biological processes)인 돌연변이와 재조합(mutation and re-combination)을 기반으로 접근하고 있다. 따라서 이 시계(clock)로 진화(유연)관계, 종간(種間) 거리, 보존서열 혹은 속도 등을 밝히는 학문이다. 속도는 이종상동유전자(異種相同遺傳子, ortholog) DNA 서열 혹은 단백질 서열정렬을 통해 계산된 치환(置換, substitution) 수치를 계산한다. 현대인이 20만 년 전에 출현해서 6만 년 전에 이미 세계적으로 흩어져 살았다고 과학자들은 말한다. 그러나 분자시계를 작동시켜 추산하면 150만에서 200만 개의 돌연변이 차이로 75만 년부터 55만 년 전에 이미 분산해 살았다. 네안데르탈인(Neanderthal ancestor)[33]과 현대인은 38만 년과 27만5천 년의 분자시계의 속도 차(시대 차이)가 나고 있다.[34]

3. 한반도에 들어온 우리의 조상은?

북방계 기마민족이 한반도에 이동했다는 소설?

한민족의 혼과 뿌리에 대해서 단재(丹齋) 신채호(申采浩)는 북경에서 1915년부터 1919년까지 체류하면 청대집필(淸大執筆) 프로젝트였던 『사고전서(四庫全書)』와 역사적 문헌을 통섭한 뒤 『조선사통론(朝鮮史通論)』과 『조선사 문화편(朝鮮史文化篇)』을 집필했다. 이것이 도화선이 되어 춘원(春園) 이광수(李光洙)는 1917년 시베리아 횡단열차를 타고 한민족의 발원지라는 바이칼 호수(Lake Baikal)에서 민족혼을 지닌 청년의 모델을 찾아 장편소설 『무정(無情)』을 썼다. 이에 일제(日帝)는 한민족신민화(韓民族臣民化)를 위한 '일본과 조선은 조상을 같이함(日鮮同祖論)'에 박차를 가하자, 이에 대항했던 최남선은 1925년 백두산을 중심으로 광명(붉)을 이념으로 문화를 형성하여 왔다는 『불함문화론(不咸文化論)』을 내놓았다. 이어 1926년엔 『단군론(檀君論)』과 『아시조선(兒時朝鮮)』, 그리고 1928년엔 『단군과 그 연구(檀君及其硏究)』를 썼다. 한마디로 '북방계 기마민족의 호연지기'로 한반도에 이동했다고 주장했다.

최근까지 고고학에서는 신석기 시대의 '잔돌기구(細石器, microlith)' 출토지역을 연결해서 바이칼 호수(Lake Baikal) → 한반도 이동을 주장하기도 했다. '역사는 승자의 기록(史是勝記)'이기에 모든 것은 중국이 기원이었다.

조선(한)반도는 그 뒤를 이어받은 게 정설이었다. 중국인 학자인 서량지(徐亮之), 임혜상(林惠祥, 1901~1958), 임어당(林語堂, 1895~1976), 왕동령(王棟齡) 및 정치인으로 장개석(蔣介石, 1887~1975), 주은래(周恩來, 1898~1976) 등까지도 한문은 동이족(한민족)이 만들었고, 유교비조 공자도 동이족(한민족)이라고 인정했다. 우리나라만이 아직도 한문과 유교문화가 중국이 원류이고 한민족문화는 아류로 생각하고 있다.[35] 최근 일본 히로시마대학 고바야시 요시노리(小林芳規) 교수는 일본어 '가타가나(かたかな)'도 신라구결문자(大方廣佛華嚴經, A.D. 740) 각필(角筆, よみがな)에서 나왔다고 주장하고 있다.[36]

과거 역사는 대부분이 중국 문헌을 중심으로 저술되었고, 일본제국 식민지시대에는 황국신민(皇國臣民) 사상에 입각한 식민지역 사관을 기반으로 민족 이동사도 신민역사(臣民歷史)를 벗어날 수 없었기에 일본 고대사엔 신석기 시대가 있었으나, 조선 고대사는 청동기 시대를 초월할 수 없었다. 일제 당시 신석기 시대 유물이 여러 곳에서 출토되었음에도 모두 발표되지 않고 박물관 한구석에서 먼지만 뒤집어쓰고 숨죽여 왔다. 일본제국 시대의 식민지사관을 정통학설로 교육받았던 고고학 전문가들은 하나같이 선사시대 고고학적 출토물을 청동기 시대(고조선) 상한선을 넘지 않았고, 인골을 발견해도 고조선(상한선)을 넘기지 않았다. 이런 일제순종역사학(日帝順從歷史學)은 현재까지도 태백산맥처럼 등골을 형성하고 있다.

한편 1929년 3월 28일 주요한(朱耀翰, 1900~1979)이 동양인으로 최초 노벨문학상을 수상한 인도 시성 라빈드라나드 타고르(Rabindranath Tagore, 1861~1941)로부터 받은 메모 쪽지 "일찍이 아세아의 황금 시기에 빛나던 등불의 하나인 조선. 그 등불 한 번 다시 켜지는 날에, 너는 동방의 밝은 빛이 되리라."가 당시 일간신문에 게재되자 민족 긍지와 자각을 가지게 되었다.[37]

동남아 해안에서 한반도를 통한 북상 이동

해방 이후에 고고학에서도 고대유물 발굴을 시작했으며, 첨단과학 탄소연대측정을 사용하게 되었다. 2,000년에 들어와 언어문화학에서는 우랄알타이어·타미르언어와 비교연구를 시도해 북방계 기마민족과 남방계 해양농경 민족의 혼합을 정설로 받아들였다. 1920년 함부르크대학 빙클러(H. Winkler) 교수가 게놈(Genome: 유전자지도)을 최초 작성함을 출발점으로, 인간게놈 23개 반수체(염색체) 30억 염기쌍(base pair)에서 60억 염기쌍 정도 DNA 규명에 박차를 가했다. 이를 계기로 유전체학(genomics)이 생겨났다. 이에 따라 인간게놈프로젝트(human genome project)도 2003년에 완성되었다. m-RNA(messenger RNA), 오믹스(Omics), 전사체학(transcriptomucs), 단백질체학(proteomics) 등의 첨단신생학문까지 탄생하였다.

이런 학문을 원용한 고대 원생인류 인골유전자 기반의 인류 이동설인 '아프리카 이동설(Out of Africa)'[38]이 2002년에 거론되더니 곧바로 정설이 되었다. 마치 1985년 상영된 영화 「아웃 오브 아프리카(Out Of Africa)」를 보는 것 같았다. 그 영화에서 다나 위너(Dana Winner) 가수의 주제곡(OST) 가운데 "그래요, 내 사랑, 아침이 될 때까지 나와 함께해줘요. 아침이 될 때까지 나와 함께 해 줘요(So darling. Stay with me till the morning. Stay with me till the morning)."라는 가사가 여운을 남기고 있다. 2009년 전 세계 93명의 연구자(PASNP)가 아시아 민족 1,900여 명의 유전자 분석을 통해 이동 경로를 거꾸로 추적한 결과 "모든 아시아인은 동아프리카에서 해안선을 따라서 동남아에서 북상한 후손이다(All Koreans are descendants of southern ancestry who climbed the coastline route from Southeast Asia.)."

라는 주장을 사이언스(Science)에 논문을 게재하였다.[39, 40]

다른 한편인 고지질학(paleogeology)과 고기후학(paleoclimatology)에 따르면 지구는 신생대 4기(Quaternary period)에 들어선 대략 320만~100만 전부터 41,000년을 주기로, 대략 100만 년 전부터는 10만 년을 주기로 빙하기(glacial age)와 간빙기(interglacial epoch)를 반복했다. 마지막 빙하기는 11만 년 전에 시작해서 15,000(혹은 12,000년)년 전에 끝났다. 마지막 빙하기를 홀로세 간빙기(Holocene interglacial epoch)라고 한다. 간빙기를 지나고 기온이 상승함에 따라 우리나라 서(황)해의 해수면이 100~160m까지 상승했다. 우리나라 서해는 6,000년 전부터 오늘날의 모습을 보였다. 이 학설을 뒤집어 보면, 즉 해수면이 160미터로 내려간다면 말레이반도, 중국 대륙, 한반도 및 일본구주(日本九州)가 뭍(대륙)으로 붙어있었다. 이렇게 거대한 '순다 대륙(Sunda Land)'이 있었다고 한다. 동부아프리카를 출발했던 현생인류는 6~7만 년 전에 이미 남동아시아(Southeast Asia)에 와 있었고, 순다랜드(Sundaland)를 통해 3~4만 년(구석기시대) 이전에 한반도에 도착했다는 주장이다.

그러나 사실은 이미 그 이전에 한반도에 도착하여 살아왔다는 고고학적 증거유물이 많이 발견되었다. 전기구석기 시대를 대변하는 유물로는 1986년 1월 20일 주한미군 제2 보병사단(U.S. Army's 2nd Infantry Division) 상병(senior airman)이었던 그레그 보웬(Greg L. Bowen, 1952~2009)은 인디애나대학교(University of Indiana, Bloomington)에서 고고학을 전공하고 있었다. 학비보조를 받고자 주한미군에 근무했던 참이었다. 그날 연천군 전곡리 한탄강변에서 여자 친구(한국인, Sang-Mee Lee)와 걷고 있는데 아스팔트 도로 포장하고 있는 길섶에 도자기 파편과 숯덩이가 삐죽하게 얼굴을 내밀고 있었다. 늘 머릿속에 아슐리안형 주먹도끼(Acheulean

Hand-axe)가 각인되어 있었는데, 마치 그때 호기심이 발동되어 주변을 살폈다. 한참 동안 주변 육안조사를 마치고, 배낭을 내려놓고 물을 끓이려고 돌을 찾으러 인근 개울가에 갔다가, 이상한 돌 하나에 고고학적으로 의미가 있다는 생각이 꽂혀 돌도끼라는 사실을 인식했다. 인근을 샅샅이 뒤져 3개의 손도끼(hand-axe)와 1개의 땅 긁개(scraper)를 주웠다.

이를 서울대학교 고고학자 김원룡(金元龍, 1922~1993) 박사를 통해 고고학회에 논문을 제출하였으며, 애리조나대학에도 고고학 석사학위 논문을 제출해서 석사학위를 취득했다. 아슐리안형 주먹도끼(Acheulean Hand-axe)[41]와 같은 시기에 사용했던 돌도끼였다. 구석기시대 가운데도 가장 앞선 전기 구석기시대(Lower Paleolithic Period)의 주먹도끼로 공인을 받았다. 이전에 1948년 하버드대학교 고고학자(Harvard University archaeologist) 모비우스(Hallan L. Movius, 1907~1987)[42] 교수가 아슐레안형 손도끼를 i) 아프리카 직립원인에만 의해 사용했던 것으로 봐서 150만 년 전으로 연대를 소급, ii) 유럽이나 아프리카에만 있었고, 동아시아는 없다는 '모비우스 가설(Movius Line)'[43]로 내놓았다. 이 학설을 모두가 인정했고, 그 가설은 30년간 정설로 유지되었다. 전곡리의 주먹도끼 출토에 반론이 빗발쳤다. 그래서 돌멩이 토층 분석까지 한 결과 27만 년 전으로 판정됨으로써 모비우스 라인(가설)은 여지없이 무너지고 말았다.

이는 한반도에 유일한 구석기시대의 인류를 실증하는 사례다. 지금도 말레이시아 타만네가라 국립공원(Taman Negara National Park) 내에 거주하는 오랑바택(Orang Batak) 원주민은 네그리토 유전자(Negrito DNA)인 E형을 지니고 있다. 또한, 이들이 3~4만 년 전에 한반도에 도착했다는 실증적인 고고학증거로는 1982년에 발굴된 청주 두루봉 석회암 동굴(興洙堀)에서 구석기시대의 4~6세 아이(흥수 아이) 인골이 발굴되어 측정 결과 4만 년 전에 생존했다고 판명되었다. 1971년 울주군 대곡리 구석기시대(4만 년 이전) 암각화(반구대암각화) 200점에서도 동물 사냥뿐만 아니라, 일본까지 고래잡이를 했다는 암각화가 바위에 새겨져 있다. 구석기시대 한반도에도 간빙기(혹한)가 닥치자 석회암 2,000여 개의 동굴이 집중된 한강유역에서 많이 생존했다.

혹한이 끝나가던 10,000~12,000년 전쯤 기온이 점차 상승함에 따라 '신석기 대혁명(Neolithic Revolution)'인 농경시대가 개막되었다. 이 대혁명을 통해 대규모 인류 이동(중국, 몽고 등으로 대륙 북상)이 이뤄졌다. 이때 신석기 대혁명의 대표적인 농경은 1998년 청주시 흥덕구(淸州市興德區) '소로리 탄화볍씨'가 지구촌 최초 벼 재배지였다. 그 탄화도(炭化稻)의 탄소연대 측정치는 B.C. 12,050년경으로 판정되었다. 따라서 중앙아시아 수메르인 B.C. 9,500년경, 인도의 B.C. 7,000년경, 이집트 B.C. 6,000년경, 중국 허난성 B.C. 5,000년경, 중앙아메리카 B.C. 2,700년경보다도 앞서 세계 최초 벼농사의 기원이 되었다.[44]

물론 고고생물학에서도 충청북도 청주시 청원구 소로리 구석기시대 유적지 발굴에서 1997년부터 1998년까지 제1차, 2001년 제2차 유적지 발굴을 했는데, 마지막 간빙기 퇴적토층에서 콩 꽃가루 화석이 출토되었다. 탄소연대를 측정한 결과 13,000년 전까지 소급되어 콩 재배의 기원지 또한 한반도라는 사실이 입증되었다. 우리의 상식과는 다르게 2011년 부산 가덕도 장안유적지에서 신석기 시대 인골 48구(身展葬 8, 屈葬 13 등)에서 모계 유전자(mitochondria DNA) H-2형 유럽계 유전자가 발견되어, 독일에 거주했던 유럽계 및 몽고로이드(Mongoloids) 등과도 동일유전자로 판별되었다.[45]

한편 비교언어학(comparative linguistics)과 비교문화학(Comparative Culturology)으로도 인류 이동을 추적하는 연구는 1919년부터 핀란드 언어학자 욘 람스테트(Gustaf John Ramstedt, 1873~1950)가 일본 초대공사로 파견되어 일본어를, 한국인 유진걸(柳震杰, 1918~1950 납북)에게 배워 1949년에 '한국어 어원 연구(Studies in Korean Etymology)'를 시작으로 우랄알타이어족의 연구가 태동되었다. 스웨덴 한국어학자 스타판 로센(Staffan Rosén, 1944년생)과 핀란드 학자 유하 안후넨(Juha Janhunen, 1952년생)에 의해 알타이가설 비판론이 이어졌다. 2008년 3월 KBS와 최인호(崔仁浩, 1945~2013) 작가가 인도 및 동남아를 탐방하면서 '가야제국(伽倻帝國)'의 흔적을 찾아서 타밀어관계를 언급했다. 이를 계기로 타밀어와 비교언어학적 연구가 이어졌다. 최근 2021년 다국적 학자들의 고고학, 언어학 및 역사학들의 '삼각 측정법에 의해서 트랜스 유라시아어족의 농경 확산설(Triangulation Supports Agricultural Spread of the Transeurasian Languages)'[46]을 내놓고 있다. 농경의 확산(agricultural expansions), 농경인의 이동(population movements), 언어의 분산(linguistic dispersals)으로 한국어, 일본어, 터키어, 몽골어, 퉁구스어 등이 변천해 왔다.

위에서 언급한 내용 가운데 대구 경북에 대해선 고지질학, 고생물유전학 및 고기후학으로는 아시아 인류의 대륙북상설(大陸北上說)에 의하면 대구 경북은 4만 년 전 홍수 아이들보다 더 먼저 상륙해서 거주했던 곳이다. 반대로 비교언어학(comparative linguistics)이나 고문화학(archeoculturology)에 의하면 대륙문화가 일본으로 전래되기 이전에도 이곳에 거주했다. 고려 인종 23(1145)년 김부식(金富軾, 1075~1151)은 중국역사 서적의 기록 가운데에서 취사선택해 삼국사기(三國史記)를 저술했다. 충렬왕 7(1281)년 일연(一然, 1206~1289) 스님도 당시 한문 서적, 유적 및 풍문 등을 수합 정리한 뒤에 취사선택해서 삼국유사(三國遺事)를 편집했다. 그럼에도 최근 출토되는 고고학적 유물로 부산 가덕도 장안유적에 7,000년 전 유럽계 인골이 발견된 것으로 봐서 대구 경북도 적어도 7,000년 전 이곳에도 가덕도와 같은 선인들이 살았다고 추정된다.

4. 한민족의 핵, 한강 부족이 달구벌로

한부족(韓部族)이 핵심이 되어 청동기 문화(고조선)를 형성

2013년 1월 8일 사단법인 국학원(國學院)에서 신용하(1937년생) 국립서울대학교 명예교수가 '고조선 국가와 문명의 형성'이라는 주제로 강의를 했다. 주요 내용을 간추리면 "기존 역사학계에선 한민족의 기원을 i) 바이칼(Baikal) 지방, ii) 흑해와 카스피해 인근의 가프카스(Caucasus) 지방, iii) 알타이(Altai) 지방, iv) 몽고지방, v) 시베리아(Siberia) 등에서 이동(유입)했다는 주장을 하고 있었으나, 검증결과 과학적인 근거가 전혀 없었다. 새로운 고고학적 발굴, 고생물·유전학, 고지질학 등의 첨단과학의 기반 위에 새로운 패러다임을 정립해야 할 때다."라고 강조했다. 이어서 B.C. 12,050년경 청원군 '소로리(小魯里) 탄화볍씨' 등으로 '신석기시대 농업혁명(Neolithic Agricultural Revolution)'을 시작해 전파시켰던 한

강(漢江) 유역과 대동강(大同江) 유역의 한부족(韓部族)이 중심이 되어 랴오허(遼河)강 유역의 맥부족(貊部族)과 헤이룽(黑龍)강 유역의 예부족(濊部族)을 결집해 청동기 고조선문화를 형성했다. 따라서 한민족의 원부족(源部族)은 한·맥·예 삼부족(韓·貊·濊 三部族)이 기원이라고 갈파했다. 이어 근본이념은 태양숭배(太陽崇拜), 즉 천손사상(天孫思想)[47]으로 해와 달(日月)을 보고 그쪽을 향해선 어떤 용변조차도 허용되지 않았던(放糞溲溺, 不向日月)[48] 민족이었다.[49]

지금 우리들은 6·25 전후 세대, 근대화 산업세대, 오늘날 MZ세대가 배고픔에 관해서 대화할 땐 세대별로: "밥을 먹지 못해 찬물을 대신 마셔 배를 채웠다.", "배고픔을 참고자 허리띠를 졸라매었다.", "먹을 것이 지천인데 밥이 아니면 라면을 먹으면 될 것이다."라고 서로가 이해가 안 되는 대화만 한다. 세대차는 오늘만이 아니라, 1960년 경무대(景武臺, 오늘날 靑瓦臺)에서 이승만(李承晩, 1875~1965) 대통령에게 "지금은 보릿고개(麥嶺)라서 백성들이 밥을 못 먹고 조당수로 연명하고 있습니다."라고 보고를 드리자, "밥이 없다면 빵이라도 먹으면 될 일인데…."라고 했다는 일화가 있었다. 서양에서도 루이 16세 '베르사유의 장미(Rose of Versailles)'라는 마리 앙투아네트(Marie Antoinette d'Autriche, 1755~1793)가 "(시민들이 빵을 먹지 못한다는 보고를 받고) 케이크를 먹도록 해라(Let them eat cake)."라고 했던 하명이 시민들의 분노를 치솟아 불타게 했다. 결국은 1793년 10월 16일 형장(刑場)의 이슬로 사라졌으며, 프랑스 대혁명은 이렇게 아무런 결실도 없이 종말을 고했다.

이런 이야기를 하는 건, 당시 상황, 시대정신 및 역지사지(易地思之)가 아니고서는 이해가 되지 않는다. 선사시대의 태양숭배신앙, 천손(선민) 사상, 난생(鳥崇拜) 신화는 지구촌에 살았던 인류에게는 모두 갖고 있다. 그러나 자연환경과 시대 상황 등에 따라 재질, 형식, 형태 및 의미를 달리했다. 단지 '위대한 자연에 대한 미약한 인간으로서 의지(The Willingness as a Feeble Human to the Great Nature)'는 대동소이했다. 따라서 오늘날 우리의 입장에서는 같이 볼 수 있다. 동서양을 막론하고 고대세계의 많은 건국신화(建國神話), 대홍수신화(大洪水神話), 시조신화(始祖神話) 등이 모두가 닮은꼴이다. 그리스의 태양신인 아폴론(Απόλλων), 로마의 아폴로(Apollo) 및 일본의 아마테라스(天照大御神, Amateras)는 태양을 인격화(神)함에는 일맥상통했다. 우리나라 환웅의 신시(神市)와 단군의 아사달(阿斯達)과 오늘날 카자흐스탄(Kazakhstan)의 수도 아스타나(Astana)는 어원을 같이하며, 태양 숭배사상에서 출발한 표현이었다.

먼저 이에 관련 문헌을 살펴보면, 1281년 경북 군위군 인각사(麟角寺)에서 일연(一然) 스님이 저술한 『삼국유사(三國遺事)』에 단군의 건국이념이었던 '온 인류의 행복을 위하여(弘益人間)'[50]는 오늘날엔 유엔(UN)의 슬로건으로 적합할 정도로 넓은 가슴을 활짝 펴고 모든 인류를 다 받아들이고 있다. 한편 712년에 각종 설화로 편집된 일본 '고사기(古事記, こじき)'에도 아마테라스(天照大御神)의 아들인 '아메니기시쿠니니기시(天邇岐志國邇岐志)'[51]라는 신(神) 명칭이 나오는데 이를 오늘날 일본어로 '온 천지가 풍성하게 베풀어라(天にぎし國にぎし).'로 풀이할 수 있다. 단군신화에서 나오는 환인(桓因)은 오늘날 '하늘(太陽)'을 한자로 가차한 것으로 볼 수 있다. 물론 환웅(桓雄)은 "하늘 웅~애~(天子)."를 축자음차(縮字音借) 했으며, 동명왕신화(東明王神話)에서도 태몽으로 해를 품고 계해(癸亥)년에 낳은 해모수(解慕漱)는 '해모습(太陽)'이고[52], 아들 해보루(解夫婁)는 '해 보루(天子)'라는 의미로 쉽게 풀이할 수 있다. 박혁거세(朴赫居世)는 '밝은 세상(朴光明理世)'을 당시 음가로 표현했다. 그리스 신화의 이카루스(Icarus)처럼 나중에 태

양을 향해 하늘로 날아 올라갔다는 기록까지 남겼다.[53] 이렇게 본다면 우리의 선조들은 조금도 꾸미거나 감추지 않는 담솔(淡率)함이 그대로 표현되어 있다.

선사시대 조상들이 가졌던 천문학

옛날 시골에선 학동(學童)인 6~7살 정도가 되면 한문글방(書堂)에 간다. 첫날은 중국 양(梁)나라 주흥사(周興嗣, 468~521)가 쓴 '천자문(千字文)'을 배우게 되는데 첫 구절은 '천지현황(검은 하늘, 누런 흙으로 된 땅)'이다. "캄캄한 밤하늘의 우주는 까마득하게도 꿈속을 헤매는 것 같았다. 해는 언제나 밝은 모양으로 엇비슷한 곳(동쪽)에 떠올랐다. 달은 둥글렸다가 기울어지곤 했다. 은하수 별들은 하늘 가득 총총히 끝도 없이 채워진다(天地玄黃, 宇宙洪荒, 日月盈昃, 辰宿列張)."[54]라는 우주관부터 배웠다. 다음날에는 "'다람쥐 쳇바퀴 돌 듯이' 추위가 몰려오면 더위가 물려간다. 가을 하늘 맑음은 낫을 갈아 추수하게 하며, 겨울 추위를 대비해 김장과 식량을 비축해야 한다. 하루가 한 달이 되고 다시 한 해가 되듯이 세월이 쌓인다. 때로는 윤달이 있어 이를 조정해서 책력을 만든다(寒來暑往, 秋收冬藏. 閏餘成歲, 律呂調陽.)."[55]라는 자연 섭리를 기반으로 한 농경사회가 기반이 되어 국가가 다스려졌다(治本于農).

4만 년 전 한반도(달구벌)에 도착한 조상들도 이런 자연 섭리를 선조들로부터 들었고, 아니면 체득했을 것이다. 같은 시대를 살았던 네안데르탈인(Neanderthal Man)들이 남겨놓은 프랑스 라스코 동굴벽화(Cave Painting of Lascaux)에서는[56] "한가운데 남자는 죽어가고 있고, 주변엔 4마리의 동물 가운데 부상당한 들소 그림은 하지의 염소 별자리, 새는 춘분(春分)의 천칭자리(Libra), 나머지 두 동물은 동지와 추분의 사자와 황소자리를 그렸다.”라고 천문학자들은 해석한다. 별자리의 구조로 봐서는 그린 연대를 B.C. 15150년쯤으로 추정했다.[57] 이와 같이 대구지역에서도 청동기 시대의 고인돌(支石) 혹은 선돌(立石)엔 북두칠성(北斗七星)과 남두육성(南斗六星)을 새겨놓은 별자리암혈(星穴)을 가진 유물이 많이 발견되었다. 동구 괴전동(槐田洞)의 암각성혈, 달서구 진천동(辰泉洞) 선사시대 암각 동심원화 및 달성군 천내리(川內里) 화장사 칠성각(華藏寺七星閣) 앞 고인돌인 암각 동심원화 등에서도 라스코(Lascaux) 벽화처럼 명복(冥福), 무병장수(無病長壽), 세세풍년(歲歲豊年)과 국태민안(國泰民安)을 기원했던 흔적이다.[58] 오늘날 표현으로 달구벌은 ‘달콤한 꿀(꿈)을 구하기 위한 벌들이 날아드는 곳(甘蜜求地, Where bees gather for sweet honey or dream)’이다.

처음 적도를 여행하면 신기한 것이 너무 많다. 수돗물이 대구지역에선 지구자전의 시계방향으로 회전하면서 흘러내린다. 그러나 적도에선 그렇지 않고 직선으로 쏟아져 내린다. 북반구에서는 대부분이 시계방향으로 해, 달, 별들이 동(東)에서 떠서 서(西)로 진다. 고비사막에서 날아드는 황사(黃砂)도, 북풍한설 혹은 대기권의 제트기류(편서풍)도 지구자전의 영향을 받아 한반도로 유입된다. 이와 같은 현상을 선인들은 이미 체득했기에 무역풍(貿易風)을 이용해 교역항해를 했다. 적도에선 해와 달이 직각으로 불쑥 뜬다. 북반구에 사는 우리나라에서는 북위(38도) 수치를 뺀 만큼, 즉 90-38도 정도 기울어져서 해와 달이 뜬다. 물론 북극으로 가면 해와 달이 일직선으로 떠오르고 움직이다가 그대로 진다. 남반구에서는 반대현상이 생긴다.

성경에 “너, 아침의 아들 계명성(鷄鳴聲)이여. 어찌 그리 하늘에서 떨어졌으며….”에 나오는 ‘새벽별(morning star, 鷄鳴聲)’[59], 금성(金星)은 6개월간 새벽에 보이지만, 6개월은 '저녁별(evening star)'로 해 질 무렵 꼭 개밥을 줄 때에 보인다고 해서 우리 선인들은 '개밥바라기별'[60]이라고 했다. 이 별이 『조선왕조실록(朝鮮王朝實錄)』에선 몇 차례 태백성(太白星)으로, 유난히도 빛나 기이한 일이 많이 일어났다고 한다. 최근 사실로는 영조 9(1733)년에 "태백성이 사지(巳地)에 나타났다. 혹자는 오지(午地)라고 왈가왈부했으나 일관이 비밀히 사지라고 했다."라는 기록이 있다.[61] 2013년 SBS 방송극에서는 태백성을 소재로 「별에서 온 그대(從星來的你)」라는 드라마가 타이완과 중국에까지 인기몰이를 했다.

캄캄한 밤하늘에서도 북극성(Polaris, 북두칠성 회전 상의 가정 가운데 밝은 별)을 보고 방향을 찾아 항해를 했다. 북극성에 나란히 있는 3별(국자자루, 혹은 큰곰자리 발바닥) 3태성(三台星)을 보고 동쪽으로 기울어짐을 보고 우리는 밤에도 시각(時刻)을 알았다. 삼태성이 중요한 이유는 그곳 별나라를 자미원(紫微垣, 옥황상제가 사는 에덴동산)이라고 했으며. 옥황상제가 지상의 국왕을 점지한다고 믿었다. 신라 국왕들도 자미원(紫微垣)에서 하는 천기를 알아내고자 경주 반월성에 삼태성 자미원을 엿보고자 첨성대(瞻星臺)를 세웠다. 고려 시대 때는 아예 천상열차분야도(天象列次分野之圖)를 석각해 놓고 천기(天機)를 알아내고자 했다. 조선건국에 야심을 가졌던 이성계(李成桂)가 가장 먼저 한 일은? 대동강 바닥을 헤집어, 천기누설을 방지하고자 깨뜨려버린 '천상열차분야석도' 조각을 주워 모아서 천기를 엿봤다. 태조 4(1395)년 국책과제로 다시 1,467개의 별을 새로운 석판에 새겼다. 이어 세종 15(1433)년 때 그리고 숙종

5(1680)년엔 복각(複刻) 천상열차분야지도까지 제작했다.

사실 이렇게까지 천기(天機)를 알고자 했던 건, 신석기 농경시대부터 별을 보고 농사에 파종, 모내기, 김매기 혹은 추수의 적기를 알아내었다. 한반도에선 5월부터 8월(모내기와 추수 시기)에 남쪽 하늘 궁수자리에 있는 남두육성(南斗六星)을 '농업의 신(農業之神)'으로 믿었다. 풍년, 질병 치유, 길흉(吉凶) 인생사를 남두육성이 관장한다고 믿었다. A.D. 360년경 간보(干寶)가 쓴『수신기(搜神記)』에선 "남두육성은 인간의 삶을 주관하

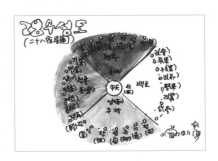

고, 북두칠성은 죽음을 관할한다(南斗注生, 北斗注死)."라고 기록했다. 우리나라도 400~500년대를 살았던, 함안 말이산 제13호(사적 제515호) 고분을 발굴해 보니 아라가야(阿羅伽倻) 사람들이 무덤방 덮개돌에다가 125개의 남쪽 하늘 별자리(서양의 전갈자리, 동양의 靑龍星)를 새겨놓았다.[62]

다시 시골 서당 이야기로 돌아가면, 천자문을 다 암송하고 뜻을 알아서 책거리 행사를 마친 뒤에는 계몽편(擊蒙要訣)에 들어간다. 첫날부터 하늘 알기(天編)에 도전한다. 오늘날로 말하면 천문학 기초를 배운다. 즉, "해는 동쪽에 떠 서쪽에 진다. 해가 뜨면 낮이고, 해가 넘어가면 밤이 되며, 밤하늘엔 달과 별들이 또렷하게 보인다. 하늘엔 돌아가는 별들이 있는데 그 가운데도 금성, 목성, 수성, 화성, 토성 5성이란 별이 뚜렷하게 보인다. 또한, 동서남북 4방위에는 28수(별자리)가 있는데, 동쪽 하늘(東靑龍)에 있는 7개 별자리(七宿)로는 각·항·저·방·심·미·기 순이고, 북현무(北玄武) 7수는 두·우·여·허·위·실·벽, 서백호(西白虎)엔 규·루·위·묘·필·자·삼, 남주작(南朱雀)엔 정·귀·유·성·장·익·진."[63]을 배운다. 이를 밤낮으로 외웠다. 소리 내어 암

기하는 걸 할아버지께서 듣고, 이상한 표정을 지어 물어봤더니, "'각항저 방심미기…' 하는 28수를 바르게 외면 귀신을 불러들이는 초신경(招神經)이 되고, 거꾸로 '진익장성유귀정…'으로 외치면 귀신을 쫓는 축귀경(逐鬼經)이 된다." 하셨다. 어릴 때 밤에 동네 뒤 공동묘지를 지날 때는 반드시 '진익장성유귀정~기미심방저항각' 28수 축귀경(逐鬼經)을 몇 번이고 외우면서 겁 없이 다녔다.

5. 선인들은 별을 쫓아 꿈나라를 향해 떠났다

내 별(꿈)을 찾아 어디든지 떠났다

첨단과학으로 최고조의 문명을 꽃피우고 있는 오늘날도 별은 꿈(dream)이고 미래(future)이며 연인(sweetheart)이다. "저 별은 나의 별, 저 별은 너의 별, 별빛에 물든 밤 같은 까만 눈동자 … 창가에 지는 별들의 미소를 잊을 수 없어요. 아침 이슬 내릴 때까지."[64] 혹은 "밤하늘의 별을 따서 너에게 줄래, 너는 내가 사랑하니까 더 소중하니까."[65]라는 꿈속의 연인을 그리면서 별을 찾아 어디든지 조상님들도 떠났고, 찾아다녔다. 새로운 세상을 바라는 백성들의 꿈을 혜성(彗星)에 투사한 역사적 사례로는 예수 탄생과 동방박사의 이야기에 서려 있다. 당시 메시아(救世主) 탄생 예언에 신경을 곤두세우고 있던 로마의 헤로드 왕(King Herod)은 동방박사들에게 혜성을 쫓아가서 아기 메시아의 탄생을 축복하고, 그 첩보를 곧바로 내게 와서 보고하라고 했다[66]. 그러나 동방박사들은 이스라엘 백성들의 바람은 그게 아니라, "국왕 헤로드(King Herod)에게 돌아가서 절대 알리지 말고, 아예 다른 길로 귀국하라."[67]라는 '꿈의 힘'이 경고하는 양심의 소리를 들었다. 그리고 그들은 온 길이 아닌 비밀리 다른 길로 귀국했다.

당시 혜성 출현은 『삼국사기(三國史記)』 신라본기에 기록되어 있다. 혁거세 54(B.C. 4)년으로 "3월에 견우성(牽牛星, 오늘날 물병자리)에 혜성이 나타났다(春二月己酉, 星孛(彗)于河鼓)."[68]라고 기록되어 있었다. 이와 같은 기록을 기반으로 기원후 2세기경에 쓰인 『시리아 사본 성경(Syriac manuscript)』이나 오늘날 바티칸 교황청 도서관에 소장 중인 8세기경에 작성된 『시리아 사본 동방박사의 묵시(Revelation of the Magi)』[69]에서도 동방박사의 고향을 신라(新羅, Sila)로 기록하고 있다.[70, 71] 사실 극동에서 중동으로 왕래한 기록은 B.C. 139년 "은하수 별들이 쏟아지는(窮河源) 저 먼 곳까지 찾아가서도 흉노족을 토벌하기 위한 서역을 개척하라고 장수 장건(張騫, 출생 미상~B.C. 114)을 파견했다."라고 한서에 기록이 있다.[72]

기원전에 중동과 왕래가 한반도에서도 빈번했다는 증거론, 일제식민지(일본인) 때 평양 대동강유역에 발굴한 고조선 시대 직경 16.1cm, 태토(胎土)가 협사홍도(夾砂紅陶)인 막새부분 와당(瓦當) 2점에 고대 히브리어(Proto-Hebrew)로 "오엽화(五葉花)와 단결하여 신의 나라에 들어가다(Enter the Kingdom of God in cooperation with the five-leaves flower)."와 "잠언을 지휘하는 자가 통치하리라(The judge who directs Proverbs governs.)."[73]라는[74] 금석문이 새겨져 있다. 현재 국립광주박물관에 소장되어 있다. 이를 봐서 지금부터 3,200(B.C. 1,200~1,000)년 전쯤 사사시대(the period of Judges) 12지파 가운데 블레셋 민족과 단지파가 전쟁을 했는데,

장수 삼손(Samson)이 사망하자 그들은 최초 동쪽으로 이동하기 시작해서 고조선 시대 대동강 유역까지 찾아온 것으로 추정된다.

그뿐만 아니라, 대구 경북에서도 십이사도(十二使徒, Apostles) 가운데 사도 도마(Thomas)가 지나간 곳(영주군 영풍면 왕유동 분처암)을 기념하고자 분처암(分處巖) 하단에 "하느님(천왕)을 인도하시는 분, 이름값을 다하고자 가노라(耶蘇花王引導資, 名全行)."라고 호태왕 영락 19(409, 己酉)년에 새겼다. 암각되어 있는 히브리어는 타우멤(Tau ת Mem ם)이란 두 글자는 지금까지 선명하게 새겨져 있다.[75] 물론 이에 대해서 1361년 고려 공민왕(恭愍王)이 홍건적(紅巾賊)의 난을 피해서 이곳에 머물렀던 기록이란 반론이 제기되고 있다. 이를 도마박물관(Thomas Musium)[76]에선 도마 사도(Apostle Thomas)가 배신자 유다(Judah, Judas Iscariot)라는 악명을 세탁하고자 한 개명으로 보고 있다. 그는 고국을 떠나 인도 아유타국(阿踰陀國, Ayodhya)을 거쳐 A.D. 48년경 금관가야 김수로왕(金首露王)의 부인이 될 허황옥(許黃玉, A.D. 23~189)과 오빠 장유화상(長遊和尙)을 데리고 가야에 왔고, 신라 국왕을 만났다고 하는 주장이다.

또한, 그(도마 사도)는 오늘날 달성(達城, 토마스)에 머물다가 공산 도마재(오늘날 新寧岾)[77]를 넘어서 경주로 가서 신라 유리이사금(儒理尼師今)을 알현했다. 그는 달구벌 '다불(多佛)'에 토성축조를 건의했다. 그의 건의는 200년이 지난 뒤 첨해왕(沾解王) 15(261)년 2월에 달성(토성)을 축조하고 나마극종(奈麻克宗)[78]을 성주로 임명했다. 그해 국왕은 12월 28일 세상을 떠났다.[79] 따라서 토마스(Thomas)를 오늘날 우리가 '도마복음(多馬福音)'[80], '사도도마(使徒多馬)'라고 부르는 그분이다. '예수의 부활을 의심했던 제자'로 신약성서 요한복음에서는 회의론자 혹은 배신자로 기록하고 있다. 이에 삼강오륜을 중시했던 신라인들은 '난도질당하는 칼판(cutting board)'

이란 신라어 '갈모루(曷牟婁, 刀俎)'에다가 그의 이름을 넣어서 '도마(刀廟, Thomas)'라고 했다. 물론 안중근(安重根, 1879~1910)의 세례명(洗禮名) 토마스를 '다묵(多默)'으로 표기했다.

이후 신라 비단장수들이 중동보다 더 먼 곳인 로마(Roma) 대월국(大月國)까지 통상했다는 증거로 1973년 신라 고분 천마총(보물 628호분)을 비롯한 황남대총, 금관총, 서봉총 및 금령총 등에서 출토된 로마 유리잔 등[81]은 물론이다. 2013년 3월 김해 대성동 91호분 금관가야고분(金官伽倻古墳)에서도 로마 유리제품(Roman Glass)이 출토되었다.[82] 당시에 로만글라스에 광분했는지? "사람들은 밤하늘에 반짝이는 별빛을 반사하는 돌꽃(石英)을 녹여 유리제품을 만들었다(Homines vitrei fiunt, vicus liquescens, qui sidera nocturno caelo micantia reddit.)." 유리제품에 자신의 꿈을 담았고, 미래의 염원까지 녹였던 것이다. 한반도 끝자락에서 5~6세기에 '로만글라스 길(Roman Glass Road)'을 일본까지 개척했다.

하늘에 별이 떨어졌던 달구벌

먼저 지질학에서 언급하는 달구벌의 지질형성과 얼개(구조)를 살펴보면, 대구지역의 고속도로(경부고속) 혹은 황금 아파트 등 대형공사를 한 뒤에 정리해 놓은 절개지(切開地, cutting area), 금호강변, 팔공산(八公山), 금호강변 학봉(鶴峰, 화담배산), 금호강변 검단동 단애(斷崖) 등을 육안으로 암반과 암석을 눈여겨보면 대략적인 짐작이 간다. 즉 표면층(surficial deposit)은 자갈, 모래 및 흙이 수성 퇴적층을 2~15m로 지층을 형성한 '신생대 제4기(Quaternarii Cenozoici, 100만~200만 년 전)'다. 달구벌(땅)의 뼈대지반은 중생대 백악기(Cretaceous period, 6,500만 년~1억4천500만 년 전)다. 이를 세분하면 i) 갓바위 부처를 탄생시킨 팔공산 화강암(八公山花崗岩), ii) 주사산 안삼암(走砂山安山岩, 500m), iii) 반야월층(半夜月層, 1,100m), iv) 함안층(咸安層, 800m), v) 학봉 화산암(鶴峰火山岩, 400m), vi) 신라역암층(新羅礫岩層, 240m), vii) 칠곡층(七谷層, 650m)으로 나눌 수 있다.

중생대 백악기(1억 3천6백만 년~6,500만 년 전)의 퇴적암이 분출한 안산암 질암과 백악기(白堊期) 마지막에 심성관입작용(深成貫入作用)으로 화강암 이 주요 지질구성원이 되었다. 주요 지질로 i) 경상누층군(하양층군) 퇴적암 은 북서부(北西部)에서 남동향(南東向)으로 칠곡층, 신라역암층, 학봉(鶴峰) 화산암, 함양층과 반야월층으로, ii) 이들 지층은 북동방향으로 달리 고(strike, N60E) 있고, 남동방향으로 기울어진(slope, 22SE) 모습을 보이고 있다. iii) 동사구조(同斜構造, homoclinal structure)의 층서(層序, succession of strata)를 보이고 있다. iv) 이들 가운데 함안층과 반야월층이 가장 넓게 분포되어 많은 면적을 차지하고 있다. v) 남부 산성산(고산골)·용지봉

(龍池峰) 일대는 백악기 중엽 이후 화산활동 에 의한 유천층군(楡川層群) 주사산 안산 암 질암을 내놓아 안산암질 응회암이 대표적인 사례다. vi) 불국사 관입암류(佛國寺貫入巖流) 흑운모 화강암은 백악기 가장 마지막에 대 구 전 지역 암석들에게 관입(貫入)되었다. vii) 북동부에선 팔공산 화강암 함안층을 관입 시켜 접촉부는 혼펠스화 현상(hornfels mineral composition)[83, 84]을 드러내고 있다.

그런데 대구에선 아직도 100년 전 일본 식민시대 때에 조사한 지질자료 를 활용하는 수준이라고 한다. 더욱이 아직도 "반반한 지질자료가 없다."

라고 야단이다.[85] 구글어스(Google Earth)의 응용프로그램(earth.google.com/web)을 이용하면 간편하게 해발고도(sea level)를 알 수 있고, 생각보다 수치(등고선)지도를 이용하면 알 수 있는 게 많다. 청동기 시대의 고인돌을 살펴보면, 당시 사람들은 물가에다가 농경지를 개발해 경작생활을 했다. 한반도 대구지역은 북반구에 위치해 태양열을 많이 받는 남향을 찾았다. 또한, 현세구복(豊年無病長壽)을 위해 남두육성(南斗六星)을 '경작의 신'으로 믿었고, 고인돌에다가 별을 많이 새겨 기원했다. 신천(新川) 본류를 기준으로 볼 때 청동기 시대의 물길이 오늘날까지 상전벽해(桑田碧海)와 같은 큰 변혁은 없었다.[86]

2017년 5월 25일 대구시청(두드리소) 민원으로 생활폐기물 매립장이 있는 와룡산(臥龍山) 분지에다가 선사시대의 운석구(隕石口)를 개발하자는 제안이 올라왔다. 개인적으로 팩트 체크(fact check)를 한 결과 사천시(泗川市) 와룡산(臥龍山, 799m)의 기사를 오해한 것이었다.[87] 또한, 고려 시대 1070(문종 24년)년 1월에 대구(신천)에 별똥별이 떨어져 바위가 되었다(星隕於大丘縣化爲石)는 기록도[88] 『세종실록지리지』 '경상도지리편(慶尙道地理編)'에선 군(郡)에서 2리쯤 떨어진 신천 가운데 오똑하게 솟은 바위가 있는데(在郡東二里許, 新川中有石屹立), 그 삿갓바위(笠巖)를 속설에선 별이 떨어져 생긴 바위(俗號笠岩, 世傳星隕爲石)라고 했다.[89, 90]

이런 전설과 일맥상통하는 별에 대한 꿈으로 선사시대에 선인들이 북극성(北極星)을 등대 삼아 이곳 달구벌에 4만 년 전후에 들어와서 살았다. 지금도 대구역 뒷면에는 칠성동의 유래 기원이 되는 선사(청동기)시대의 고인돌(支石墓)로 짐작되는 7개의 칠성바위가 있다.[91] 대구지역 달서 진천동 동심원 성좌, 화원 천내리 화장사 칠성각 앞 동심원 암각화, 동구 괴전동 남두성혈, 칠곡 운암지 산록(雲巖池山麓) 별자리 바위 등이 고인돌(선돌)에다가 북두칠성(三台星)이나 남두육성(혹은 十字星)을 상징하는 별자리 구멍(星穴巖)을 새겨 현세구복과 명복을 기원했다.

한편, 팔공산과 비슬산의 자락에 금호·낙동(琴湖洛東) 강물이 화원동산(花園東山, Flower Garden) 앞에서 만나는 두물머리(兩水處)를 만들고 있는 모습은 밤하늘의 오리온 성계 은하수를 이곳 달구벌에다가 쏟아부었다고 할 수 있다. 성경(Deuteronomy)에서 가나안의 땅을 '젖과 꿀이 흐르는 땅(A land flowing with milk and honey)'[92]이라 했듯이 대구는 '신이 손수 틀어 만든 축복의 둥지(神皐福地)'[93]다. 우리가 잘 아는 그리스 신화(Greek mythology)를 빌리면 팔공산(八公山)과 비슬산(琵瑟山)은 미의 여신 헤라(Hera Goddess)의 양 젖가슴이고, 금호강과 낙동강은 헤라 여신의 젖 국물이었다. 이로 인해 달구벌의 풍요와 번창은 약속되었다. 화원에서 이들 두 강이 만나 이룬 두물머리는 지상의 은하수다. 이런 논리를 확장하면, 대구 사과는 헤라(Hera)의 젖가슴을 연상하는 과일이었고, 이곳에 살았던 사과 미녀들은 헤라의 아바타(Avatar)들이었다.

'민족을 이끄는 별'이라는 의미로 국기(national flag)에다가 별을 그리는 나라가 많다. 2020년 말까지 UN 가입국 193개국 가운데 70여 국가인 i) 초승달과 별을 그리는 나라는 알제리, 아제르바이잔, 보스니아, 말레이시아, 모리타니아, 오스만터키, 파키스탄, 리비아, 튀니지, 코모로, 키레나이카, 하이데라바드, 타타르, 동부르티스탄, 투르크메니스탄, 우즈베키스탄(Uzbekistan), 싱가포르, 잔지라, 사하라아랍, 네팔 등이 있고, ii) 하나의 별(단별)로는 베트남(金星), 라이베리아, 소말리아, 미얀마, 동티모르, 모로코, 칠레, 토고, 콩고민주공화국, 북한, 이스라엘(다윗별), 나우루, 마셜제도 등, iii) 2개 이상 많은 별로는 미국(50개), 브라질, 중국(五星), 호주(十字星), 뉴질랜드, 시리아, 베네수엘라, 온두라스, 파나마, 보스니아, 헤르체고비나,

투발로, 카보베르데, 미크로네시아연방, 사모아, 파푸아뉴기니, 북수단공화국 등, iii) 태양(sun)을 그린 나라로는 일본(旭日旗), 타이완(靑天百日旗), 말라위, 북(North)마케도니아, 아르헨티나, 르완다, 우루과이, 카자르스탄, 키르기스스탄, 방글라데시, 네팔, 필리핀, 한국(太極旗)이 여기에 속한다. iv) 보름달이 상징인 팔라우(Palau)는 '무지개 끝(Rainbow's End)'을 국가의 슬로건으로 하고 있다. 특히 남반구에선 남십자성(南十字星)을 국가상징으로 국기에 나타내는 나라론 호주, 뉴질랜드, 사모아, 파푸아뉴기니, 니우에(Niuē), 코코스제도, 크리스마스 섬 등이 있다.

6. 달구벌호, 한반도에서 최대 하늘거울

태초 닭벌(鷄野)에 이런 일이 있었나니

생명수(vital water)란 의미는 지구촌의 생명체를 살아갈 수 있게 하는 물이다. 철학적으론 B.C. 300년경 노자(老子)는 『도덕경(道德經)』에서 "가장 복되게 하는 건 물 같다(上善若水)."[94]라고 했으며, B.C. 3,000년 경 동북아시아 최초 국가였던 고조선에 한반도 선인들의 생

각을 담았던『천부경(天符經)』에서도 "태초에 물 한 방울이 있었나니, 그것이 없었다면 하나의 생명체도 태어나지 않았을 것이다(一始無始一)."라고 적고 있다. 스웨덴 시인 군나르 로알드크반(Gunnar Roaldkvam, 1951년생)의 '마지막 물방울(The Last Drop)'의 첫 구절인 "옛날 옛적에 두 방울의 물이 있었나니. 하나는 첫 번째, 다른 하나는 마지막인데. 첫 번째 물방울은 용감했다. 마지막 물방울은 모든 것을 다 만드는데…. 그러나 누가 첫 번째 물방울이 되고자 하겠는가?"[95]라고 노래했다.

중생대 백악기(Cretaceous period) 대략 1억4천450만 년 전부터 1억 3천만 년 전까지 달구벌의 기초암반이 형성될 때 산으로 둘러싸인 분지가 만들어졌다. 이로 인하여 한반도에서 가장 거대한 달구벌호수(琴湖)가 형성되었으며, 백두산(총면적 8,000㎢) 천지연(天地淵, 9.165㎢)에 비교하면 13(120.145㎢)배나 되는 거대한 호수였다. 하늘의 삼원(三垣)이 다 비치는 거대한 거울(天三垣鑑)이었다. 가장 먼저 동트는 곳이라고 믿었으며, 단군 국조가 개국할 당시에 바다와 산이 만나는 끝자락이라고 '아침신시(朝市)'를 이곳에서 열었다.[96] 아침신시에 올리는 생선을 특별히 '조선(朝鮮)'이라고 했다[97]. 즉 하늘이 준 음식이고 앞날을 기약하는 증표로 사용했다. 이와 같은 사실을 신라 박제상(朴堤上, 363~419)의 밀봉사서(密封史書) '징심록(澄心錄)'에다가 감춰놓았던 '부도지(符都志)'에 적혀있다. 한반도의 새벽은 '닭이 울어야 동튼다(鷄鳴明黎).'라는 믿음에서 이곳을 닭벌(達丘伐, 鷄野)이라고 했다. 그런데 세월이 흘러서 유교인습에 젖어든 건, 경상감영이 이곳으로 이전됨에 따라 관존민비(官尊民卑)와 남존여비(男尊女卑)의 유교사상인 "암탉이 새벽에 울면 집안이 망하는 법이다(牝鷄之晨, 惟家之索)."[98]라는 생각이 이곳에 뿌리 깊이 내리기 시작했다.

한편 거대한 금호천감(琴湖天鑑)에선 수천 마리의 공룡들이 우글거렸다. 하늘을 나는 익용(翼龍 혹은 鳥龍), 교용(蛟龍 혹은 蛇龍) 등이 중생대 백악기 땐 이곳에서 살았다. 지금도 수성교와 동신교 사이 신천 바닥에 30여 군데 공룡 발자국을 볼 수 있다. 앞산(大德山) 고산골 공룡공원(恐龍公園)과 실개천 수십여 군데의 공룡발자국을 볼 수 있다. 노곡동 금호강섶에서도 공용발자국 여러 곳이 경부고속도로 건설로 사라졌으나, 대략 1억 년 전 욱수동 거랑(旭水川)에도 초식공룡의 발자국 8개를 육안으로 볼 수 있게끔 2014년에 유리관까지 설치했다. 선인들이 '금호잠용(琴湖潛龍)'이란 표현은 금호강으로 모여드는 신천(新川), 동화천(桐樺川), 달서천(達西川)과 팔거천(八莒川)이 마치 공룡의 4 다리를 닮았다는 의미에서 거대한 금호강(호수)을 하나의 거대한 용으로 봤다. 장마철 금호강물이 꿈틀거리면서 흘러가는 모습을 함지산 등에서 내려다본다면 이는 승천하고자 몸부림치는 용이다. 그래서 달구벌은 '물을 얻으면 하늘로 승천하려는 용의 형국(得水昇天之形)'이라고 해왔다. 현재까지도 금호 옆에 누워있는 공룡의 형상을 한 와룡산(臥龍山, 295m)이 있고, 지명(역명)으로 용산(龍山)이 있다. 1970년대 제2 침산공단과 제3 노원공단을 배치할 때에 산업용수로 금호강을 평가할 때 "공단의 검정연기(흑용)는 금호강물을 얻어서 승천하네(黑龍琴湖得水昇天.)."라는 장밋빛 구호를 외쳤다.

지구촌으로 눈을 돌리면, 생명체가 존재할 수 있던 곳엔 반드시 물이 있었다. 진나라 곽박(郭璞, 276~324)[99]은 풍수지리서인『금랑경(錦囊經)』에서 삶의 터전을 잡음(擇里)에 있어 "가장 먼저 물이었고, 다음으로 추위와 바람 등의 천재지변으로 안전성(得水爲上, 藏風次之)을 고려했다."[100] 서양에서도 삶의 터전을 잡는 데 물이 첫 번째인 '3W(water, way and will)'로 판단했다. 실학자 이중환(李重煥, 1690~1752)은 오랜 유랑생활에서 얻은 '삶의 터전 비결(擇里志)'로 생명유지(生利)에 배산임수(背山臨水)의 중요성을 강조했다. 이와 같은 맥락으로 2016년 8월 BBC 기자 팀 마샬(Tim Marshall, 1959년생)은 세계적 인문지리를 섭렵하여 정리한 『지리의 힘(Prisoners of Geography)』[101]을 출판했다. 제목이 말하고자 함은 인간이란 '자연환경(감옥)의 죄수'라는 말이다. 즉 지리적 위치가 국가의 성패, 세계적 권력과 위상에 극적으로 영향을 끼친다.[102] 인류가 지구촌에 출현한 이후 농경시대에는 농업용수, 도시집중화시대에는 생활용수, 공업지역에는 산업용수가 명줄(生命線)이 되고 있기 때문이다. 앞으로 수소시대(水素時代)가 온다고 해도 물을 전기분해 해야만 수소가 생산되기 때문이다.

북동아시아에서 가장 먼저 한반도에서 터전을 잡았던 이유론 삼면이 바다인 관계로 풍부한 물이 있었고, 다음으로 '아침 햇살이 가장 먼저 받는 곳(朝光先受地)'[103]이기 때문이다. 오늘날 상식으로는 한반도에서 가장 먼저 해 뜨는 곳은 독도이거나 동해안이어야 하나, 부도지에서는 삼한 이전에 달구벌이 '아침에 천제를 지내는 곳(朝天祭市)'이 된다는 것을 명백하게 설명하고 있다. 달구벌 호수가 하늘을 그대로 비춰주었고, 가장 먼저 동트는 곳이었기 때문이다.

새들로부터 삶의 터전과 치국(治國)을 배우다

오늘날까지 필리핀 팔라완 밀림 지역에서 원시생활을 하는 200여 명의 타우바투(Taw-Batu)족은 아직도 동굴생활을 고집하고 있는데, 그들이 동굴을 터전으로 선별하는 덴 참으로 신중하다. 그들의 동굴(삶의 터전)을 선택하는 데는 i) 기운(氣運, will), ii) 먹거리(water and food), iii) 맹수 혹은 적으로부터 방어(way) 등을 고려한다. 여기서 기운(氣運, will)이란 오늘날 우리말로는 미래(future), 의지(will), 자손번성(well-being), 잠재력(growth)

등인데 이들 모두를 '별이 점지한다.'라고 믿고 있다. 유대민족을 상징했던 '다윗별(Star of David)'이 유대인 주체성이 악(惡)으로부터 지켜주는 방패로 생각했다. 그러나 한때 나치독일에서는 이를 악용하여 주시도가 가장 높은 노란색별을 가슴에 달도록 해서 '유대인 격리 및 감금 수단'으로 사용했다. 그러나 오늘날 이스라엘 다시 뒤집어 다윗별(David's Star)을 국기에 사용하고 있다.

지구촌의 대부분 민족 지도자들처럼, 우리 민족을 이끌고 '보금자리'를 찾아 이곳까지 오게 됨에는 많은 지혜를 동물로부터 배웠다. 지구촌에 수백만 년 전부터 살아온 동물로부터 지혜를 벤치마킹(따라 배우기)했다. 인간이 터전을 찾는 데 가장 많이 배운 동물은 새라고 한다(良禽相木而棲).104 즉 i) 둥지나무 고르고(擇皐), ii) 보금자리 만들기(作巢), iii) 그리고 안전한 삶 지킴(守生)에 새들의 행동에 착안했다. 까치가 둥지나무를 고르는데, i) 평소 맹금류 독수리 등이 드나드는 방향 및 장소 등을 유심히 봤다가, ii) 폭풍우 몰아치는 날에도 꿋꿋한 나무를 눈여겨 봐놓았다가 다음에 폭풍우가 치면 점찍어 놓았던 그 나무 가운데 가장 튼실한 가지에다가 둥지를 짓기 시작한다. 그렇지 않고서는 맹금류로부터 안전하고, 후손들의 복락을 지킬 보금자리가 아니기 때문이다. 동시에 주변에 먹거리가 많은 곳을 잊지 않고 고려한다.

이런 새들의 지혜를 가장 먼저 나라를 다스리는 데 사용한 사례는 B.C. 3,000년 전에 우리의 조상들이다. 천자문에 '관직 이름으로 새 이름을 따왔음(以鳥官名)'이란 사자성어가 있다. 동이족 소호 김천씨(少皥金天氏)는 새 이름을 관직명으로 사용해 "새를 스승으로 모신다(鳥師)."라는 기록이 있다. 즉 『자치통감(資治通鑑)』105 및 『춘추좌씨전(春秋左氏傳)』106에 나오고 있다. 그뿐만 아니라 새(닭)들처럼 지혜로운 사람이 되자는 의미에서 새 깃털(鳥羽)을 관모(冠模)로 사용해 조우관(鳥羽冠)을 만들어 썼다. 한 발 더 나간 사례로는 부패로 망하는 고려를 보고 이를 경계하고자 여말(麗末)부터 조선 전기에 걸쳐 관리의 '청렴(淸廉)'을 생활화했다. 상징적인 관습으로 '매미 날개처럼 투명하고, 깨끗하게 처신하자(蟬翼淸廉).'라는 의미로 매미 날개처럼 두 귀가 있는 '익선관(翼蟬冠)'을 만들어 착용했다. 익선관은 조선 시대만이 아니라 청나라, 베트남(安南)에까지 보급하였다.

심지어 선인들은 태양의 흑점(黑點)을 '검정 까마귀(玄鳥)'로 봤으며, 하늘에 제사를 지내는 제천단(祭天壇)에 놓은 세발향로(三足香爐)처럼 태양 속 검정 까마귀를 '삼족오(三足烏)'로 표현했다. 따라서 하늘과 인간 세상을 이어주는 신성한 영매(靈媒)로 생각했다. 따라서 탄생(誕生)은 하늘에 새가 혼령을 물어다가 지상에 전달함이고, 죽음(別世)은 인간의 혼령을 하늘로 다시 거둬들이는 것이다(生則靈傳, 死則還其). 그래서 우리들은 새가 앉는 솟대(오뚝하게 솟은 곳)까지 신성시했다. 솟대(일본, 도리)는 행운을 불러들이는 곳이었다(蘇塗招運處). 그래서 "한반도 옛 지역(震域107古邦)108에선 하늘(日)에 천제를 지냈으며, 해를 시조(始祖)로 삼았다."109

그뿐만 아니라 동명성왕은 "자신이 하늘의 아들이다(我是天帝子)."라고 했으며, 백성들은 그렇게 믿었다.110 광개토왕 비문(廣開土王碑文)에도 "천제(天帝)가 모든 인간을 탄생시킬 때, 자신의 모습을 본떠 한 사람씩 균등하게 천부인권을 주었다(天神造萬人, 一像均賦三眞於). 이로써 사람들은 하늘을 대신하여 능히 세상을 창조할 수 있게 되었다."111라고 비문에 새겨놓았다.

인간이 새 등 자연으로부터 지혜를 익힌 것이 예술 분야에 가장 많다. 로마 시인이며 철학자였던 루크레티우스(Titus Lucretius Carus, B.C. 99~B.C. 55)는 6권이나 되는 대서사시집『사물의 본성에 관하여(De rerum natura)』에서 "예술형식은 모두가 자연에서 유래했고, 자연이 예술의 모델을 제공했다. 왜냐하면, 인간은 새들의 노래(소리)를 모방해 노래(시)를 창작했으며, 갈대를 울리는 바람을 보고서 피리를 만들었다."라고 주장했다.

7. 달구벌에 살았던 선인들을 찾아서

선인들이 사용했던 도구로 선사시대를 구분

오늘날 고분이나 고고학적 유적지에서 발견되는 대부분 유물들은 i) 수렵채취(생산경제)에 사용했던 도구, ii) 일생생활에 사용했던 식사 및 제사용 도구, iii) 그리고 부장품 속에서는 장신구가 발굴되었다. 이들을 시대적 구분기준으로는 모양(문양), 크기, 품질, 재질 등으로 파악할 수 있겠다는 생각을 했다. 이와 같은 아이디어는 B.C. 60년경에 시작되었다. 로마 시인이며 철학자였던 루크레티우스(Titus Lucretius Carus, B.C. 99~B.C. 55)는 사용하는 도구 재질에 따라 석기(stone), 청동기(bronze) 그리고 철기(iron)로 구분했다. 이를 선사시대 3대 구분인 석기시대(stone age), 청동기 시대(bronze age)와 철기 시대(iron age)를 도입한 사람

은 덴마크인 고고학자 크리스천 유르겐센 탐센(Christian Jürgensen Thomsen, 1788~1865)이었다. 오늘날에는 석기시대를 다시 세분해 전기 석기시대(Paleolithic, Old Stone Age), 중기 석기시대(Mesolithic, Middle Stone Age)와 후기(신) 석기시대(Neolithic, New Stone Age)로 세분하고 있다. 우리도 육안으로 봐서 자연석을 그대로 사용하면 전기 석기시대로, 깨뜨려서 날카로운 날을 사용했다면 중기 석기시대, 나아가서 날카롭게 연마해서 사용한 흔적이 있으면 후기 석기시대로 구분할 수 있다.

과거 일본식민지 시대에도 우리나라에서 신석기 시대의 유물(적)이 출토되었지만 "조선역사는 청동기 이후만 있을 뿐이다." 이런 황국신민사관(皇國臣民史觀)이 정해준 아웃라인(outline) 안에서 모든 게 결정되었다. 이로 인해, 최초 국가였던 고조선 이전엔 한반도에 인류가 살지 않았다는 암묵지(暗默知)를 가지게 했다. 고분(古墳)에서 출토된 유골이나 유품의 연대측정은 원로 고고학자의 말이 곧 정답이었다. 젊은 역사학자나 외국에서 고고학을 전공한 전문가까지도 원로 고고학자(元老考古學者) 앞에선 모두가 침묵했다.

그런데 1990년 이후에는 탄소연대측정 혹은 방사선연대측정 등으로 기법을 원용해 고고학적 출토유물에다가 과학적 연대측정(scientific dating)을 시도했다. 고생물학, 고언어학, 유전학 등의 첨단과학을 동원한 연구에서 우리나라의 역사는 청동기 시대를 초월하는 신석기 시대는 물론이고, 구석기시대와 한반도문화의 대륙북상이론(大陸北上理論)까지 전개되고 있다. 이런 결과는 과거 역사기록이 하나같이 승자(대국 혹은 지배국)의 기록이었기 때문이다. 속된 말로 '엿장수 가위 치기'였다. 오늘날 표현으로 "역사도 정치도 작문이다(Historiae et politicae scribunt)."라는 사실이다.

조선(朝鮮)과 한민족(韓民族)의 진정한 어원을 찾아서

먼저 '한민족'에서 '한'이란 우리의 순수한 고유어로 i) 크다(大), ii) 하나(一), iii) 같다(同)는 의미를 동시에 갖고 있다. 한민족(韓民族)은 우리말 '한민족'을 한자로 표현한 것이다. 오늘날 한글(韓契)이란 말은 고조선 시대부터 우리의 고유문자인 가림토자(加臨吐)를 한자로 음역했던 것이다. 좀 더 깊이 들어가고자 허신(許愼, A.D. 58~148)의 『설문해자(說文解字)』를 빌려서 한(韓)자 풀이하면 "우물을 둘러싸고 있는 담이며, 주변을 두르는 것의 음(한)이고 또한 국가명칭이다(井垣也.幹聲又國名)."라고 해설하고 있다. 여기서 한나라 한(韓)을 파자(破字)하면 높을 탁자(卓)와 가죽 위(韋)로 2개로 분리된다. 높다는 곳을 형상화한 탁(卓) 자는 "해와 달같이 높다(卓如日月)." 혹은 "높은 곳에 있다는 건 반드시 흔들어 떨어지게 한다(必有卓詭切至)."라는 의미를 지니고 있다.112 또한, 동물의 가죽을 벗긴 것을 피(皮)라고 하고, 털을 제거한 가죽은 혁(革)이며, 무두질한 가죽을 위(韋)라고 했다.113 여기서 높을 탁(卓) 자는, 새벽 조(早), 아침 단(旦), 수레 거(車)자, 가뭄 한(旱)자와도 흡사하다. 지식인들까지 '어로불변(魚魯不辨)' 할 정도 유사한 글자를 서로 혼용하는 상통관계(相通關係)가 있었다. 모두가 하나같이 수레바퀴처럼 굴러가는 태양(車像日行)을 기반으로 했다. 따라서 아침 조(朝)는 태양 수레바퀴를 뒤에서 달이 독촉하고자 걷어차는 형상(日車先行, 後月追走)이었다. 여기서 한(韓)이란 글자는 태양 마차를 타고 말에게 채찍질하는 모습이다(騎太陽車, 以鞭可馬). 따라서 한(韓)이란 '태양의 후예가 채찍을 들고 태양 마차를 몰고 가는 형상(太陽後裔, 以鞭御車)'114이며, 부여된 철학은 '태양 마차를 타고 우주를 달린다(騎日車後, 縱橫宇宙).'라는 기상을 담고 있다.

이에 반해 삶에서는, 작지만 강력한 역할을 할 때나 작다고 얕잡아봤다가 매운맛을 당하는 경우를 겨자씨(mustard seed)에 비유했다. "천국은 마치 사람이 자기 밭에 갖다 심은 겨자씨 한 알과 같으니 모든 씨보다 작은 것이로되 자란 후에는 풀보다 커서 나무가 되나니 공중의 새들이 와서 그 가지에 깃들이느니라."[115]라는 성경 구절처럼 선사시대의 국가도 그렇게 태어나 성장했다. "만일 너희에게 겨자씨 한 알만한 믿음이라도 있다면 이 산을 향하여 '옮겨지라.' 하여도 옮겨질 것이다. 그런 믿음만 있다면 너희가 못할 일이 없을 것이다."[116]라는 '겨자 마인드(Mustard Mind)'였다. 동양에서 겨자(芥子)란 갓나물 씨앗이다. 갓나물은 고대 극동아시아에서는 한민족(동이족)만이 먹었던 음식이었다. 달구벌 대구에선 갓나물은 지금도 강섶엔 지천이다.

겨자란 작은 씨앗 속에선, 송나라 야부(冶父) 스님이 쓴 『금강경야부송(金剛經冶父頌)』엔 "겨자 속에 수미산이 들어있다니(須彌納芥子偈)."[117]라는 구절이 들어있었다. "터럭 한 가락으로 큰 바닷물을 다 들이키고도, 겨자 씨앗 속에다가 수미산을 집어넣는다니. 하늘 가득히 한 개의 수레바퀴가 다 덮었구먼…"라는 의미로 한민족의 야심과 꿈을 노래했다.

한반도를 기반으로 삼한이 건국된 것은 B.C. 194년 고조선 왕위쟁탈전에서 패색이 짙자 뛰쳐나온 준왕(準王)이 터전을 잡아 한국(韓國) 혹은 진국(辰國)을 건설했다. 결국, 극동 최초 대제국 고조선은 150여 개 소국으로 산산조각이 났다. 이것이 삼한 태동의 계기였다니. 마한, 진한, 변한이란 삼한이 건국되었다. 마한 54 소제후국, 진한 13 소국, 변한 12 소국을 통칭해서 삼한(三韓)이라고 했다. 삼한갑족(三韓甲族)이란 삼한시대에 지도자급이 속했던 부족들을 칭했으며, 신라 선덕여왕(善德女王)이 외쳤던 '일통삼한(一通三韓)'은 바로 삼한고토(三韓古土)를 모두 다 신라에 복속시키겠다는 야심 찬 청사진이었다. 여기에선 마한은 백제국으로 병합, 변한은 가야국(伽倻國)으로 진한은 신라로 발전했다. 겨자 마인드(Mustard Mind)를 가졌던 신라는 삼한일통의 꿈을 결국 성취했다.

사실 신라는 진한 지역에서도, 동해안 진출 이전엔 울진 우중국(優中國), 영덕 우시산국(于尸山國), 포항 근기국(勤耆國), 안강 읍즙벌국(音汁伐國), 삼척 실직곡국(悉直谷國) 등과 각축하는 틈새에 경주에서 사로국은 한낱 겨자씨처럼 초라했다. 그러나 신라는 B.C. 220년 최초로 중원통일을 완수했던 진나라 이사(李斯)의 간축객서(諫逐客書)에서 "한 줌의 흙이 쌓여서 태산이 되었으며, 황해 바닷물도 가는 개울물들이 모여서 되었다(泰山不讓土壤 故能成其大 河海不擇細流)."[118]라는 역사적 사실에 착안해 '적소성대(積小成大)' 전략을 세웠다. 주변 국가를 하나하나 병합·복속시켰다. 이렇게 작은 누에가 큰 뽕잎을 먹듯이(少蠶食桑) 경상도 일대, 나아가 충청도와 강원도를 신라 영역으로 확장했다.

삼한갑족(三韓甲族)이란 의미를 되새겨본다면

박종화(朴鍾和, 1901~1981)의 고려 공민왕(恭愍王)과 노국공주(魯國公主)와의 사랑과 애화(哀話)를 그린 장편 역사소설인 『다정불심(多情佛心)』[119]에선 "밑도 없고 뿌리도 없고 가지도 없는 고단한 사노(私奴)의 자식 편조(遍照)가 임금도 마음대로 못하는 삼한갑족 지체 좋은 자기네들을 기탄없이 휘두를 줄은 생각도 먹지 않았던 일이었다."라는 구절이 나온다. 삼한갑족(三韓甲族)이란 삼한시대부터 대대로 높은 관직을 두루 거친 문벌이 높은 가문이라는 뜻이다. 같은 뜻으로는 대족(大族), 무족(茂族), 세가(世家), 의관갑족(衣冠甲族)이라고 했다가 고려 시대엔 권문세가(權門勢家), 조선 시대 땐 사대부(士大夫)라고 했다. 신분제가 엄격했던 조선 시대에선 양반은 인(人)으로 노비는 명(名)으로 사람을 세는 단위까지 달랐다. 현재 대부분 명(名)으로 부른데 그건 일제강점기에 황국신민(皇國臣民)인 조선인에게 명(名)을, 일본인은 지금도 인(人)으로 칭한다.

말이 나온 김에 꼰대 이야기를 하면, 실제 삼한갑족(三韓甲族)으로 손꼽고 있는 문벌로는 조선 시대 문과급제자 수(文科榜目)로 환산하면 1순위 전주 이씨(873인), 2순위 안동 권씨(359인), 3순위 남양 홍씨(당홍계, 340인), 4순위 파평 윤씨(339인), 5순위 청주 한씨(287인), 6순위 광산 김씨(265인), 7순위 밀양 박씨(261인), 8순위 연안 이씨(250인), 9순위 여흥 민씨(244인) 그리고 10순위 진주 강씨(221인) 등이다. 이들 문벌에 대해서 조선 시대 태종도 "삼한갑족의 자제로 갑사(甲士)가 되기 때문에 일찍 갑사로서 감찰을 삼았다. … 사직이나 부사직 가운데 감찰을 겸할 사람을 어찌 쉽게 얻겠는가?120"라고 언급하기도 할 정도 세력가들이었다.

가장 신랄하게 삼한갑족(三韓甲族)을 언급한 사람은 아마도 춘향의 어머니였다. 비천한 관기 몸에다가 외동딸 춘향이가 수령의 수청을 들지 않는다고 대신 어머니를 동헌에 끌러다 놓고 곤장을 쳤다. 10대까지 하소연을 노래한 '십장가(十杖歌)'에서 세 대를 맞고 "삼한갑족(三韓甲族) 우리 낭군. 삼강(三綱)에도 제일이요. 삼춘화류승화시(三春花柳勝花時)에 춘향이가 이도령 만나 삼배주(三杯酒) 나눈 후에 삼생연분(三生緣分) 맺었기로 사또 거행(擧行)은 못 하겠소."라고 했다.121

8. 아사달 가운데 신고복지(神皐福地) 달구벌

하늘이 틀어준 둥지, 아사달(阿斯達)

아사달(阿斯達, asadal)이란 한 민족(동이족)을 상징하는 '해, 달 그리고 산'을 그린 고조선 시대 유물인 팽이형토기에 그려진 문양이다. 아사달문양 토기는 1992년 6월 12일 중국 산동성 거현 능양하(山東省 莒縣陵陽河)[122]에서 출토되었다. 여기서 아사달이란 오늘날 말로는 "아침의 나라, 해 뜨는 곳, 아침의 땅, 혹은 해·달·산"을 의미하는 한민족을 상징하는 말이었다. 삼국유사(三國遺事)에선 단군이 고조선을 건국할 때에 도읍지를 아사달이라고 했고[123], 그 위치는 평양 부분 백악산 혹은 황해도 구월산(일명 아사달산)으로 보고 있다.[124] 고려사(高麗史)에선 아사달(阿思達) 혹은 아질달(阿叱達)로도 표기했다. 고려 시대 향찰 혹은 이두로 보면 '질(叱)'은 사이시옷(ㅅ)으로 '아사달(asdal)'로 발음했다. 일부 학자들 사이에는 오늘날 요서(遼西)의 '차오양(朝陽)'이 아사달이라는 주장도 있다. 아사달(asadal)을 한자로 조선(朝鮮), 조양(朝陽), 조일(朝日), 조광(朝光) 등으로 표기한다. 특이하게도 오늘날 카자흐스탄(Kazakhstan)의 수도가 원주민의 말로는 '사과(Apple)', 오늘날 영어로는 '전지전능(Almighty)'을 뜻하는 '알마티(Almati)'에서 1997년 12월 10일 '아스타나(Astina)'로 천도했다. 이어 2019년 3월 23일 '누르술탄 나자르바예프(Nursultan Nazarbayev,

1940년생)'대통령의 이름을 따서 누르술탄(Nur-Sultan)으로 개명했다. 2016년 10월 31일에 '아사달(asadal)'이란 의미의 '아스티나(Astina)' 수도를 기념해서 단군기념주화(한글과 자국어)까지 발행했다.

한편 '아사달'의 뜻을 살펴보면, 고대 한반도에서 '아사(asa)'는 '아침(日/旦)'이고, '창시(始)'이었고, '달(dal)'은 '땅(地)'이라서 '아사달(asadal)'은 '해가 뜨는 땅(朝鮮, 朝陽)'이라고 역사학자 이병도(李丙燾, 1896~1989) 님이 풀이했다. 산스크리트어(梵語)론 '아사달(Asaddhar)'은 '난공불락의 성(難攻不落城, invincible castle)' 혹은 '신이 축복을 내린 땅(天惠要塞地, a holy city)'라는 의미로 사용되었다.125, 126 우즈베크어엔 '들판(平野)' 혹은 '벌(野)'이란 뜻인 '달라(dala)'라는 단어가 지금도 사용되고 있다. 고대 투르크어론 '보라(bora)'라고 했으나, 고구려어로는 '다라(dara)'라고 했다. 따라서 아사달(asadal)이란 고구려말로도 볼 수 있다. 신라와도 무관하지 않으니, 불국사 3층 석가탑을 만들 때 백제 석공 아사달(朝陽)이 고국에 두고 온 아사녀(朝女) 모습이 경주영지(影池)에 투영되었다는 전설이 있다.

또한, 일본에 있어도 '아사달(asadal)'은 최초 나라 이름을 '야마도(大和)'라고 한 것은 삼한(三韓)에서 '해 뜨는 삶터(아사달)'라는 용어를 먼저 사용했기에 '해가 뜨는 터(日の本)'를 의미했다. 백제가 멸망했던 660년 이전까지 중국 등 동양 열방에서는 '일본(日本)'이라고 칭했던 백제가 멸망한 뒤 A.D. 679년부터 '일본(日本)'이라는 국호를 사용했다. 한반도의 옛말을 가장 많이 보존하고 있는 일본에선 아직도 아사히신문(朝日新聞)과 아시히야마동물원(朝日山動物園) 등을 비롯해 '해 뜨는 곳(日出之處)'이란 '아사다(あさた, 朝田)'를 지명으로 하는 곳만 수십 곳이 넘는다. 아사다(asada)를 음역한 한자 표기로는 천곡(淺谷), 조곡(朝谷) 조계(朝溪), 마곡(麻谷), 조다(朝多), 조전(朝田), 조다(調多), 조전(調田), 조타(調朶), 마다(麻多), 마전(麻田),

천전(淺田) 등의 지명이 있다.

아사달 가운데 달구벌은 신고복지(神皐福地)

B.C. 2,500년 이전, 중국 하북성 탁록현(河北省啄鹿縣)에서 배달국 14대 치우천황(자오지 환웅)과 중국 화하족(華河族) 황제(黃帝) 헌원(軒轅)간의 일대 결전이 벌어졌다. 사마천(司馬遷, B.C. 145~B.C. 86)의 『사기(史記)』에선 신화로 취급하고 있으나, 탁록결전(啄鹿決戰)으로 중원의 패권은 넘어갔다. 싸움은 치우천왕(蚩尤天王)이 구름을 구사해 첩첩산중을 오리무중(五里霧中)으로 만들자 헌원(軒轅)은 미리 준비한 지남침(指南針, 오늘날 나침반)을 사용해 남쪽 방향으로 빠져나갔다가, 야음(夜陰)을 틈타 재차 기습작전으로 대승했다라고,[127] 사마천은 『사기(史記)』에 기록했으나, 이는 서토인 편향의 왜곡된 기록이라고 본다. 치우천왕은 염제 신농과 황제 헌왕간의 전국(戰國)상황을 평정하고자 한 임무를 마치고는 돌아왔다.

한편, 『삼국사기(三國史記)』 김유신 열전(金庾信 列傳)에서는 "신라 사람들은 소호금천씨의 후예이므로 김씨라고 한다."로 적고 있고, 김유신의 묘비에서도 "헌원(軒轅)의 후예요, 소호의 자손이다(軒轅之裔, 少昊之胤)."라고 적고 있다. 헌원(軒轅)은 탁록대전에서 배달국 14대 치우환웅을 사살한 화하족 황제(華河族 黃帝)였다[128]는 사실을 안 김부식(金富軾, 1075~1151)도 "모든 사람들이 들었던 바와는 상식으로는 알지 못했다(公聞之, 知非常人)."라고 의아함을 그대로 기록했다. 즉, 헌원의 아들이 소호(少昊)이고, 후계자 금덕(金德)이 나라를 다스렸다고 해서 소호금천씨(少昊金天氏)라고 했다.

또한, 신라의 일통삼한(新羅一通三韓)에 주인공이었던 문무왕 김법민(金

法敏, 재위 661~681)의 묘비에서는 '15대조 성한왕(聖漢王)은 투후국제천지윤(秺候國祭天之胤)'이라고 새겨져 있어, 다시 말하면 성한왕(聖漢王)은 7대 후손 김일제(金日磾)란 인물을 지칭한다. 한서(漢書)에 의하여 김일제(金日磾)는 흉노의 휴저왕(休屠王)[129]의 태자였으나, 한나라에 투항해서 한무제(漢武帝)를 섬겨 투후제(秺候帝)라는 관직에 임명되었다. 이렇게 망국의 유민들이 새로운 땅, 한반도의 끝, 신라까지 유입되었다는 사실이다.

그뿐만 아니라, 중국 진시황의 만리장성 축성 핍박과 중원통일 이후 수많은 국가의 멸망으로 인한 유민들이 한반도로 들어왔으며, 김일제(金日磾)의 후손은 산동반도(山東半島)에 살다가 왕망(王莽, B.C. 45~A.D. 23)의 신(新, A.D. 8~23)이 멸망하자 진한(辰韓, 斯盧國)에 망국유민으로 망명했다.

다른 한편, 중국에서 불구대천지수(不俱戴天之讎)로 생각했던 흉노족(匈奴族)에 대해서 중국 주나라의 역사서『주서(周書)』에서 '신성한 투르크(Kök Türük)'족을 '돌궐(突厥)'로 음차해 표기해, 북방흉노(北方匈奴)를 별종(別種)으로 취급했다. B.C. 100년경 한나라와는 4대 미녀 왕소군(王昭君)을 흉노의 호한야선우(呼韓邪單于)에게 화친책의 상징으로 시집을 보냈듯이, 잦은 중국 북방국경을 빈번히 침입했다. 돌궐의 선조 '아사나씨(阿史那氏)'는 평양(平凉)의 '잡스러운 오랑캐 호족(雜胡)'으로 500호 정도가 도주하여 야금업(冶金業)에 종사했다. 그는 스키타이(塞國, Skitai) 출신이었으며, 동으로 진출하여 유연(柔然, 251~310)을 멸망시키고, 토먼(土門)에다가 건국해 이리가한(伊利可汗, Iliq Qaghan)이라고 칭했다. 제2대 아이가한(阿逸可汗, Ay Qaghan), 이어 3대 무간가한(木杆可汗, Mukhan Qaghan)이 치세를 확고하게 했으며, 서쪽으로 사산왕조(Sassanian Persia, A.D. 226~65)와 연합해 에프탈(Ephthalites)까지 멸망시켰다. 아무다리야(Amu Darya) 강을 국경으로 트란스옥시아나(Transoxiana)에 발을 들여놓았다. 북쪽으로는 키르기스(Kyrgyz)의 모든 국가를 복속시켰다. 이어 제4대 타발가한(佗鉢可汗, Taspar Qaghan) 때는 북주(北周) 및 북제(北齊)까지 조공을 바쳤다. 제5대 사발락가한(沙鉢略可汗, Ĭšbara Qaǧhan)에 들어와선 패망의 기색이 점차 나타났다. 이때를 틈타 수(隋)나라는 과감한 이간책을 써 돌궐족을 582년엔 동돌궐(東突厥, 583~644)과 서돌궐로 분열시켰다.

그럼에도 630년 고구려와 수나라와 전투에 돌궐은 종종 고구려와 협력해 원린근공전략(遠隣近攻戰略)을 구사했다. 한때는 당나라에 내분과 봉기를 야기했고, 돌궐의 독립에 고구려 유민들은 적극적으로 지원했다. 돌궐과 고구려의 '형제의 의리(兄弟之義)'를 당나라는 이간책으로 630년 동돌궐을 멸망시켰고, 651년에는 서돌궐까지 멸망시켰다. 이어 나당연합군(羅唐聯合軍)으로 668년엔 고구려마저 멸망시켰다. 이런 끈질긴 인연은 여기서 끝나지 않았다. 돌궐 역시 698년 동모산(東牟山)에 대조영(大祚榮)이 진국을 건국할 때에 혈맹관계를 보여주었다. 그뿐만 아니라, 천 년이 지난 1950년 6·25 전쟁 때에도 터키의 정부군이 아닌 민간의병대(民間人義兵隊)로 형제 나라 한국 구출에 참전했다. 오늘날도 한국 관광객에게 '형제국(Brother's Country)'이라고 절찬을 보여주고 있다.

단군조선(전기 고조선) 이후, 기자동래(箕子東來)와 위만조선(후기 고조선) 및 한4군의 설치로 고조선은 기울어져 이후, 준왕(準王)이 남하하면서부터, 한반도 중심(달구벌) 일원에 삼한 진국이 형성되었다. 고조선 망국의 유민들은 조상들이 살아왔던 '해 뜨는 곳(아사달)'로 다시 유입되었다. 그 가운데도 '하늘이 만들어준 복된 땅(神皋福地)'인 '닭벌(Takbol)'로 찾아들었다. 닭벌은 옛 고조선 땅 '탁록벌(Takrokbol)' 혹은 '탁벌(Takbol)'과도 이름까지 같았다. 원주민들의 발음에 순화되어 '달구벌(talkubol)'로 변천했다. 신라가 건국되고 흉노 후손인 김씨국왕(金氏國王)이 옹립되고부터, 진시황제의 선조가 살았던 흉노의 땅 '신성한 투르크의 언덕(Holy TuruK Hill)'을 한자로 '대구(大丘, Great Hill)'라고 했다. 일통삼한(一通三韓)의 꿈은 668년에 고구려까지 멸망시키고, 676년 당나라까지 한반도에서 축출함으로써 끝맺었다. 선인들이 망국의 한을 품었고 후손들은 신라에 와서 '새로운 세상을 펼치자(新世網羅).' 하는 꿈까지 이뤘다. 이와 같은 역사는 최근 우리나라 청동기 시대(3,000 years before present) 고인돌에서 출토된 인골을 DNA 혹은 안면복원기술 등으로 확인한 결과 2020년 가덕도 장항(독일계 DNA)[130], 2003년 제천 황석리(북유럽계 백인)[131], 2006년 정선 아우라지(현재 영국인계 백인)[132] 등에서 우리와 같은 황인종이 아닌 서양 백인종으로 밝혀졌다. 달구벌 지역이라고 예외일 수는 없다.

그러나 천계신앙(天鷄信仰)에서 겨우 경주들(斯盧伐)의 닭 숲(鷄林)에 머물 수는 없다는 호연지기(浩然之氣)에서 689(신문왕 9)년 '닭벌(達句伐)'로 천도를 기획했으나 689년 9월 26일 국왕이 친히 오늘날 경산성(獐山城)을 순행했다는 것에 경주 귀족들이 천도 기밀을 눈치 차렸다. 곧바로 거센 반항을 했고 국왕까지 위험에 처했다. 결국, 국왕은 10년 프로젝트를 접고 말았다(王欲移都達句伐, 未果).[133] 그러나 757(경덕왕16)년 진시황제의 선인들 즉 흉노족의 '투르크 언덕(大丘)'을 지칭하는 이름을 달구벌현(達句火縣)에다가 붙이는 '대구현(大丘縣)' 작업을 완료했다.

오늘날 우리나라에 많은 중국지명이 있는 이유는 왕조 망국의 한을 안고 왔던 망국유민들이 고향을 생각해서 지칭했다. 전한의 유안(劉安, B.C. 179~B.C. 122)이 저술한 회남자(淮南子)에 안휘성(安徽省) 신선이 살았다던 팔공산(八公山)이란 이름을 고려왕건의 동수대전(桐藪大戰)을 비수대전(淝水大戰)에 비유하면서 중악공산(中岳公山)에다가 붙였다[134]. 고려 시대 때부터 중악공산(中岳公山)을 대신하는 팔공산이 되었다. 신선도사들이 먹었던 두부마저도 오늘날까지 생산하고 있다. 이는 마치 미국에 '뉴욕(New York)'은 런던 유민들이 '요크(York)'를 옮겨 지칭한 이름이고, 스페인 식민지시대에 '산타마리아(Santa Maria)'라는 도시 이름을 여러 곳에다가 지칭했다. 다시금 말하면 오늘날 대구(Taegu, 大邱)라는 명칭엔 투르크(Turk), 탁록(涿鹿), 천계사상(天鷄思想)의 그림자가 짙게 깔려있다.

제2장

지구촌의 배꼽 곳간,
한반도(달구벌)

1. 태초 자연의 섭리가 인간 몸속에 숨었다

지구촌 대자연의 섭리가 인간의 몸속에 숨었다

성경에 "태초에 말씀(섭리)이 있었으니, 그 말씀은 대자연(神)과 함께한다."[135]라고 했으며, 보다 자세하게 "태초의 말씀(섭리)는 인간의 몸(肉身)이 되었다."[136]라고 요약 정리하고 있다. 인도 삼히타베다 (Samhita Veda)에서도 "범천왕(梵天王)이 (만물의 영장이란) 인간에게 관련된 길흉화복뿐만 아니라 대자연의 모든 섭리를 인간에게 영원히 들키지 않도록 감추고자 고민을 했다. 끝내는 세상을 다 뒤집어 봐도 자신의 몸속에는 볼 수도 없을 것이기에 특히 마음속에다가 감추었다."[137, 138]라고 적고 있다. 이에 대해서는 극동아시아 특히 한반도를 중심으로 말(眞理)과 길(道)에 대해서 더욱 깊고 넓게 언급하였다. 즉 "글이 말을 싣고 다니며, 말은 길(도)을 싣고 다님으로써 길이 있는 곳에는 말이 따르게 됨이라 (文所以載言也. 言所以載道也. 道之所在, 言隨.)."[139], "자연스러움, 참됨 그리고 어지러움은 인간 그 자체이기에 이와 말이 합쳐지면 곧바로 진리이고 길(道)이 된다."[140], "말이란 평범하면서도 뜻이 깊은 게 좋은 말이고, 자기를 지키는 건 간략하면서도 효과가 넓게 파급되는 게 좋은 길이다(言近而指遠者, 善言也. 守約而施博者, 善道也.)."[141] 특히 말이 인간의 몸이 되었음에도 "(세상엔) 숨긴 것만큼 더 잘 드러나는 것이 없고, 작은 것만큼 크게 돋보이는 것이 없다. 그래서 현명한 사람은 혼자 있을 때 가장 신중하며 조심한다(莫見乎隱, 幕顯乎微, 故君子愼其獨也.)."[142]라는 사실까지 속속히 알고 있었다. 결과적으로 "모든 것은 오로지 마음이 지어내는 것(一切唯心造.)."[143]이라고 "(마치 오늘날 디자이너처럼) 능히 세상만사를 다 디자인할 수도 있다(能畵諸世間.)."[144]라는 결론을 내기도 했다. 오늘날에선 "말이란 천하를 다스림에는 법도이기에 이게 아니면 불가능하다. 여기서 말이란 법도는 어진 다스림을 말할 뿐이다(此言治天下, 不可 無法度, 仁政者, 治天下之法度也)."[145]라는 경지에 도달하고 있다.

사실, 지구촌에 말이 어떻게 만들어졌는지? 2011년 상영된 영화 「혹성탈출: 진화의 시작(Rise of the Planet of the Apes)」에선 유인원 리더 침팬지 '시저(Caesar)'는 유전자를 고치는 치매 치료제가 개발되자 그 약을 흡입한 뒤 사람처럼 말도 하게 된다. 이와 같은 영화를 만들 수 있게 된 배경에는 인간이 말하게 되었다는 언어 유전자(FOXP2)가 발견되었기 때문이다. 2002년 독일 뮌헨 루트비히 막시밀리안대학교(Ludwig-Maximilians-University Munich) 볼프강 에나르트(Wolfgang Enard) 교수팀에 의해 'KE 가족(family)'을 연구하는 과정에 인지능력은 정상인데 언어구사능력이 뒤처지는 사실에서 언어유전자(FOXP2: Forkhead box protein P2)의 특정 영역에 변이가 발생해 언어통제기관에 언어장애가 발생한다(language disorder, due to an impairment in the language control organ)라는 사실을 도출했다.[146] 이 유전자가 i) 유인원(類人猿, simian)과는 다르며, ii) 약 20만 년 전부터 현생인류(modern humans) 사이에 빠르게 전파되었고, iii) 섬세한 언어능력이 인류 번성과 연관성을 가설로 제시했다. 당시 연구팀원이었던 막스플랑크 진화인류학연구소(Max-Planck-Institut für evolutionäre Anthropologie) 소장 스판테 페에보(Svante Pääbo, 1955년생)는 강력히 이 가설을 주장했다. 이에 반론이 제기되어 "네안데르탈이나 데니소바인(Neanderthal or Denisovan) 등 다른 인류의 게놈(Genom) 해독에서 유사한 언어 유전자가 발견되었다." 따라서 20만 년 전이 아니라 최소 50만 년 이전으로 소급되었다.

현재 인류가 가진 형태의 언어유전자로의 변형은 기원전 20만 년경에서 기원전 12만 년경 사이에 서서히 출발해 기원전 1만 년경 내지 2만 년

경에 완성되었다. 이렇게 진화과정에서 언어유전자가 나타나 언어능력을 발생한 원인(transcription factor FOXP2 have been positively selected during human evolution due to effects on aspects of speech and language)에 관해서는 여러 가지 설명이 있는데 i) 영장류의 공동체 생활인 '털 고르기(hair pulling)'가 언어로 바뀌었다는 학설이 그중 하나이다.[147] 미국 오스틴텍사스대학교(Texas University Austin) 데이비드 버스(David Buss)[148] 교수는 언어는 개체 간 유대관계를 형성하는 수단이며, 침팬지가 서로 털을 골라주는 행위에서 언어의 기원을 찾을 수 있다고는 주장했다. ii) 2002년 독일 막스플랑크 진화인류학연구소(Max-Planck-Institut für evolutionäre Anthropologie)와 영국 옥스퍼드대학교(Oxford University) 연구진은 포유동물도 갖고 있는 언어유전자(Foxp2)에 중요한 변화가 발생해 인간 고유의 언어 구사능력을 갖게 되었다고 밝혔다(OXP2 is also required for the proper development of speech and language in humans).[149] 모두 715개의 아미노산으로

구성된 이 유전자는 쥐(rat)와 비교해 아미노산 겨우 3개, 침팬지(chim-panzee)와 비교해 아미노산 2개만 다르다. 이런 미세한 차이는 단백질을 변모시켜 안면과 성대, 발성기관(phonatory organ)의 작동을 통제하는 뇌를 복잡하게 관련되게 하고, 이로 인해 구사능력 차이를 나게 한다.[150]

달구벌, '가슴으로 튼 사랑의 둥지(Lovely Nest in Heart)'

지금부터 3~5만 년 전, 꿈속의 별(dream star) 북극성(혹은 삼태성) 등대를 따라 이곳 한반도의 달구벌(達句伐)에 찾아들었다. 달구벌을 별나라로 생각했던 고고학적 유물로는 동화천 서변동 유적에서 청동기 시대 출토 유물 가운데 11각(톱니) 별 모양 도끼(星形石斧, starstone Axe)가 있었다. 단순하게는 '동화천 물나라(桐樺川 水宮)'의 '은하수 별(galaxy stars)'을 의미했지만, 좀 더 나아가면 달구벌을 '별나라 별 동네의 상징'임을 대변하고 있다. 그때 부족장의 지휘봉인 '성형석부(星形石斧, starstone Axe)'[151]는 '별나라 국왕(King of Star)'으로 권위를 인정받았다. 용도에 대해서 궁금하지만, 오늘날 국회의 의사봉(議事棒, gavel), 법정판사의 재판봉(裁判棒, judge's gavel) 혹은 제사장의 지휘봉(指揮棒, baton) 혹은 마술사의 지팡이(wand)로 사용되었다. 당시의 권위는 KBS에서 2000년에서 2002년까지 상영했던 「태조왕건(太祖王建)」 연속극에서 궁예(弓裔)가 자신의 왕비를 법봉(法棒, 오늘날 재판봉)으로 지져 죽이는 정도였다.

다른 한편 역법에서 한해의 첫머리(歲首)를 '쥐구멍에도 볕 드는 날(동짓날)'로 생각하고, 세상만사는 새로 시작하면 된다는 의미에서 새로운 각오부터 했다. B.C. 3,600년 경의 지중해 몰타의 거석신전(Megalithic Temples of Malta), 영국의 스톤헨지(Stonehenge)도 페루(Peru)의 마추픽추(Machu

Picchu)도, 그리고 토함산 석굴암 본존불(本尊佛)도, 팔공산 갓바위(冠巖) 관석불(冠石佛)도 '동짓날 해 뜨는 곳(歲起點)'을 향하고 있다.152 이런 별(해·달·별)들의 기밀을 가장 먼저 알고자 했다. 우리의 선인들은 지구촌 최초로 옥황상제가 살고 있다는 북두칠성의 자미원(北斗七星紫微垣)의 기밀을 엿보고자 '별을 엿보는 높은 곳(瞻星臺)'을 마련했다. 첨성대(瞻星臺)가 머리에 이고 있는 우물 정(井)자의 눌림(틀)은 동서남북(子午線)을 정확하게 가리키며, 중창(中窓)은 정남향(巽方)으로 춘·추분(春秋分)에 밑바닥까지 볕이 들어오고, 동·하지(冬夏至)에는 볕이 없어진다. 첨성대의 자오선(子午線)을 기준으로 신라침반(新羅針盤, 나침반)을 제작했다. 669(문무왕 9)년에는 "당나라 승려 법안(法安)이 신라에 와서 천자의 명으로 (신라침판) 자석을 두 상자나 구해갔다."153 그뿐만 아니라 1,400년대 후반에 건설된 페루 마추픽추의 태양 신전(Templo del Sol)에서도 동짓날 넘어가는 해를 돌기둥 '인티우아타나(Intiwatana)'에다가 '밧줄로 꽁꽁(束陽祭)'154행사까지 신라로부터 벤치마킹했다.

사실 신약성경(New Bible)에 의하면 B.C. 3~4년경엔 구세주의 탄생을 예언하는 혜성(彗星)을 쫓아 은하수 별나라(中東)까지 갔던 '신라 비단장수'는 동방박사(東方博士, Les Rois mages)로 알려졌다. 당시 이곳(辰國辰韓, 별나라의 별동네)에 살았던 선인들이 느꼈을 첫 감격을 헤아려 본다면, i) 밤하늘에 별빛이 쏟아지는 꿈속의 별나라(天文鄕, astronomical home)이었고, ii) 신비와 신선함으로 가득한 요정과 신들의 고향(神仙鄕, gods' hometown)이었다. iii) 여기에다가 하얀 배추 속살처럼 속정 깊음과 올곧음을 위해서 목숨까지 바치는 의리의 고향(義理鄕, justice home)이었다. iv) 마지막으로 "이 풍진 세상을 만났으니 …푸른 하늘 밝은 달 아래 곰곰이 생각하니, 세상만사가 춘몽 중에 또다시 꿈같도다."라는 희망가를 부르면서 살

수 있는 풍류의 고향(風流鄕, home of artist's taste)이었다.

달구벌 이곳(辰國辰韓)은 "낮에는 하늘의 햇살을 받아 푸른 들판에 온 갖 먹거리들이 자라고 있고, 하늘에는 소리개가 평화롭게 날아다녔다(陽光豊穀, 鷹飛平天). 밤하늘엔 별들과 땅 위 꽃들이 서로들 마주 보면서 웃음 짓고 소곤거렸다. 별빛이 쏟아지는 강물에선 물고기들이 하늘 별 과자를 낚아 먹겠다고 야단법석을 떠는 모습들이 앙증스럽기만 했다(夜星花笑, 星照江魚, 爭釣星餠)."155 이와 같은 표현은 시경(詩經)에서도 "하늘에 독수리 날아오르며 눈물짓고, 그 눈물 머금고자 연못에 물고기 뛰어오르네(鳶飛漏天, 漁躍于淵)."라고 적혀있다.156

옛 선인들의 표현을 빌리면, "위로는 하늘의 뜻을 궤 뚫었으며, 아래는 땅의 온갖 섭리를 통달했다(上通天文下達地理)." 마치 서도소리(雜歌孔明歌)의 한 대목인 "… 제갈공명이 제아무리, 상통천문(上通天文) 하달지리(下達地理) 육도삼략(六韜三略)을, 무불능통(無不能通) 할지라도 갑자년(甲子年) 갑자월(甲子月) 갑자일(甲子日) 갑자시(甲子時)에 동남풍을 불게 할 리는 만무로구나…"를 듣는 듯하다. 이렇게 우리의 선인들은 은사(恩師)나 책을 통해서 배운 것이 아니라 하늘, 별, 땅, 산천, 그리고 초목 등 대자연이라는 대백과사전에서 체험을 통해 익혀왔다.

"신(神)이 몸소 둥지 틀어 만들어주신 이곳 달구벌(神皐福地達句伐), 옥빛깔 팔공산에 내려오신 선인들의 봉황둥지(玉公山立八仙巢). 겨울의 흰빛 차가움은 봄 초목을 연연하노니(寒白光戀甘春樹). 정숙한 풍경들은 꽃 곁으로 다가가고 있도다(淑景偏臨蘇始花). 벌도 춤추고, 노란 부엉이도 노래하는 곳(蜂舞蝶黃鸎歌處), 매화 향기와 버들가지의 푸름은 이미 자랑하고 말았네(梅香柳葉已矜過). 봄맞이는 정녕 석양에 저녁놀이 자리를 잡았네(歡春正開流霞座). 잠시 동안 햇살 수레바퀴는 저만큼 굴러갔으니 머뭇거리지 말거라(暫囑曦輪勿留斜)."라고 노래하면서 후예들은 이곳 달구벌에 오늘까지 살아왔다.

2. 나를 받아준 이곳, 별이 쏟아지는 달구벌

동트는 달구벌, 밤하늘에 별까지 쏟아진다네?

조선 시대 제왕들도 천기를 통해서 국가 운세를 알아보고자 했다. 1395(태조 4)년에 제작된 '천상열차분야지도석각(天象列次分野之圖 刻石: 흑요석, 가로 225cm, 세로 211cm, 두께 12cm)'이 1985년 8월 9일에 국보 제228호로 지정되었다. 현재 국립고궁박물관에 소장되었다. 그 석각의 '태양의 길(黃道)'에서는 24절기, 제왕의 운세와 인간의 생명을 관장하는 북두칠성과 삼원(北斗七星, 三垣)을, 그리고 농경시대 한반도에서 농사 때를 알려주었던 남두육성이 그려져 있다. 성도(星圖: 별자리 그림) 한가운데는 북극성(紫微垣)이 있고, 태양이 지나가는 황도(黃道), 천구(天球)의 남북중심으로 적도(赤道)가 지나가고 있다. 당시 육안으로 볼 수 있었던 별들을 모두 다 그려 넣었다. 황도를 12등분 해 1,467개의 별을 점으로 표시했고, 그림 속에는 태양, 달, 오행성(수성, 금성, 화성, 토성, 목성) 등의 운행을 관측할 수 있었다.

한편 서양에선 르네상스 시대에 '천국의 문을 여는 열쇠'라는 주제로 건축된 바티칸 베드로 성당(Peter's Basilica, Vatican)과 '열쇠 모양과 천국'의 오브제인 피렌체 두오모 대성당(Florence Duomo Cathedral)이 있었다. 그러나 그들은 온전하게 천문학 도시를 구현하지는 못했다. 그런데 이상하게도 동양 천문학을 온전히 구현한 천문학 도시(Astronomy City)가 바로 달구벌이었다. "국자는 국 속에 있어도 국 맛을 모른다." 했듯이 몸담고 살아가는 대구광역시가 지구촌 유일한 천문학 도시라는 사실을 아무도 몰랐다.

천상열차분야지도(天象列次分野之圖)를 그대로 구현한 도시가 달구벌이라는 사실은 선사시대는 물론, 신라시대의 천문학에 의한 '8괘진 호국성'이란 사실은 접어놓고도, 오늘날 도시계획으로도 입증 가능하다. 단적인 사례론 대구광역시 도시철도의 제1호 지하철은 '태양의 길(黃道)'이고, 제2호선은 '오행성의 길(五行星道)'이며, 제3호 지상철 '삼원의 길(三垣道)'이다. 복잡한 이야기는 접어 두고라도 '은하철도(galaxy railroad)' 3호선만 말하면, 남두육성은 수성구 용지(龍池 혹은 龍蹄)[157]에 해당, 뭇별들이 떠받들고 있는 북극성[158] 속 천왕이 살고 있다는 자미원(紫微垣, 玉皇上帝之皇宮)은 오늘날 서문시장을 만들고자 매립했던 과거 천왕지(天王池)였다. 이와 같은 사실을 909년 6월 26일 최치원(崔致遠) 쓴 신라수창군 호국성팔각등루기(新羅壽昌郡護國城八角燈樓記)에서 "이곳이 바로 신성한 곳이다(是處是聖地也)."[159]라고 경탄했다. 금호강 은하수(성경의 요르단 강)를 건너서 칠곡운암지(七谷雲巖池)를 거쳐 서리못(霜池) 물속으로 몸을 감추고 있으나, 명왕성이 있는 동북쪽으로 다시금 승천의 꿈이 서려 있는 것이다.

마치 동화책에서 봤던 것처럼, 그리스(Greece) 혹은 로마(Roma) 등지에서는 하늘에 신들이 지상으로 내려왔던 신전(神殿)의 신주(神柱) 혹은 열주(列柱, colonnade)들을 모두 모아다가 기둥을 세워 제3호선 다리발(橋脚)을 만들어 놓았다고 할 수 있다. 야곱(Jacob)이 봤다는 북극성으로 드나들던 '야곱의 사다리(מֲﬠﬥﬣ יַﬠﬓﬕ, 天梯)'[160]혹은 '하늘 사다리(heaven ladder)'를 기둥 위에다가 얹어 하늘길을 만든 것이 오늘날 달구벌을 달리는 제3호선 지상철이다. 달리는 지상철은 마치 승천(昇天)하려고 꿈틀거리는 청룡이다. 낮에는 태양열차(sun tram)이고, 밤이면 은하수 별나라를 달리는 천상열차(galaxy tram)가 된다.

영국 북서부 도시 블랙번(Blackburn) 태생 저술가 로빈 스카겔(Robin Scagell, 1946년생)은 도시에서나 교회에서 밤하늘의 별 보기를 통해 삶의 의미를 찾아가는 『도시 천문학: 도시와 교외에서 별 보기(Urban Astronomy: Stargazing from Towns and Suburbs)』[161]를 2014년에 출판했다. 대구시는 지구촌에서 유일한 천문학 도시이기에 삶 자체가 조금만 깨닫고 느낀다면 밤하늘 별처럼 빛날 수도 있고, 쏟아지는 별처럼 축복받는 삶임을 자각할 수 있다. "지금이 아닌 언젠가? 여기가 아닌 어딘가? 나를 받아줄 그곳이 있을까? 목마른 가슴 위로 태양은 타오르네… 별이 내리는 하늘이 너무 아름다워, 바보처럼 나는 그저 눈물을 흘리며 서 있네(The starry sky is so beautiful. Like a fool, I just stand in tears)."[162] 바로 그곳이 달구벌이라는 사실을 인식한다면, 대구는 "나의 별이 빛나는 곳이다(where my star shines)."

서양에선 미의 여신을 닮아 아름답다는 금성(Venus)이 있다. 달구벌에서는 참으로 다양하게 표현해서 i) 팔공산 갓 바위 부처님의 머리 위에 떠

있는 동트는 새벽별(morning star)이 ii) 6개월이 지난 뒤엔 산비둘기가 둥지를 찾아들 때쯤 비슬산 대견사(琵瑟山 大見寺)의 삼층석탑에 걸려있는 개밥바라기별(star of dog-food bowl)이 된다. iii) 그래서 우리는 새벽닭이 울어야 새벽별(Morning Star)이 뜬다고 해서 계명성(鷄鳴聲)이라고 했고, iv) 태양에 가까이 있어 매우 희고 밝아 태백성(太白星)이라고 했다. v) 또한 2013년에서 2014년에 방영했던 400년 전 지구에 떨어진

태백성을 타고 온 외계남과 왕싸가지 천송이(千頌伊)의 기적 같은 3개월간의 달콤한 로맨스를 그린 「별에서 온 그대(從星星來的你)」[163] 연속극이 있었다. vi) 이는 바로 달구벌에 살았던 우리 선인들의 홍루몽(紅樓夢)이고 구운몽(九雲夢)이었다.

문화촉매제로 문자가 발명되다

달구벌에 살았던 옛 선인들의 천문학 문화(astronomy culture)를 살펴보면 먼저, i) 수렵채취시대(구석기시대)엔 생존경쟁과 이동하는 삶 속에서 천문학문화, ii) 농경목축사회(신석기 시대)엔 정착과 안정화를 위한 천문학 문화, iii) 국가형성 이후(청동기 시대)엔 제정일치와 번창을 위한 천문학 문화, iv) 철기 시대 이후엔 전쟁과 평화를 위한 천문학 문화로 구분된다. 과거는 오늘날처럼 애초부터 문화, 종교, 경제, 사회 등으로 구분된 것이 아니었다. 따라서 생존 혹은 생활 그 자체에는 문화, 종교, 정치 등이 한 덩어리였다. 제정일치(祭政一致, unity of the church and state) 혹은 종교(제사)

와 정치(통치)는 뒤섞인 범벅이었다. 당시는 제사, 종교, 문화, 통치, 경제 등이 '불가분 한 덩어리(包括的一塊, comprehensive lump)'이었다. 그런 결과물로 오늘날 국제사법재판소의 근본적 재판시스템은 종교재판에 기반을 두고 있다. 더 소급하면 제정일치까지 소급되고 있다. 재판관의 법의(法衣), 재판절차(儀禮), 법봉(法棒), 선서(宣誓). 용어 등이 종교재판과 그 이전 제정일치 신탁에서 나왔다.

달구벌에서도 3~4만 년 전에 선인들이 거주했음을 입증할 수 있는 고고학적 구석기시대 유물들이 발견되지 않았던 가장 큰 이유로는 i) 무관심이었다. 즉 구석기시대의 유물은 경기도 연천시 전곡리의 아슐리안(Acheulian)형 손도끼(hand-axe)처럼 자연석을 사용하거나 깨뜨리는 정도였기에 광적인 관심 없이는 간과되었다. ii) 토질과 자연환경이었다. 달구벌은 사막처럼 건조지역도 아니고, 알칼리성 토양도 아닌 산성습윤토양(酸性濕潤土壤)으로 쉽게 부식(腐蝕)되어 분해 혹은 소실되었다. 그럼에도 불구하고 지난 2006년 월성동 777의 2 유적지에서 좀돌석기(細石器, 日本あらや 荒屋形石器)를 발굴함으로써 18,000년까지 소급되어 구석기시대 중기(말기) 이전부터 달구벌에 선인들이 살았다는 사실이 입증되었다. 더욱 선인들이 사용했던 좀돌석기(microlith)의 재료는 날카로운 유리 성분이 많은 흑요석(黑曜石)으로 700km 이상 떨어진 백두산(白頭山)에서 가져왔다. 이런 역사적 사실은 출토물 357점 가운데 100점을 레이저절삭 유도결합 플라즈마 질량분석기(LA-ICP-MS)를 통해서 확인했다.[164] 흑요석은 선사시대 땐 칼날, 화살촉, 창촉(槍鏃) 등으로 날카로운 무기로 사용되었다. 특이하게도 흑요석 칼날은 남미 잉카제국에서 마추픽추 태양신전(祭典) 등에 희생되는 전쟁포로들의 심장을 축출해 공희(供犧)로, 오늘날에도 심장 수술용 3나노미터 이하의 예리한 메스(mess)로도 이용되고 있다.

구석기시대의 동굴벽화가 말하는 "살기 위해 다른 생명체를 파괴할 수밖에 없다(弱肉強食)."라는 당시 약육강식(弱肉強食, the law of the jungle)의 사고가 그려져 있었다. 이에 터전을 두고 삶도, 종교도, 문화까지도 혼합되었다. 그래서 '거대한 대자연(Titanic Nature)'이란 절대자의 위력(absolute force)에는 두려움을 가졌으며, 위대함과 신비감에 대한 믿음을 가지게 되었다. 수렵채취란 정글 법칙 시대(the age of the jungle)에 유일한 생존방식(Hunting and gathering was the only way to survive)이었다. 좀 험악하게 표현하면 약탈경제(plundereconomy)이

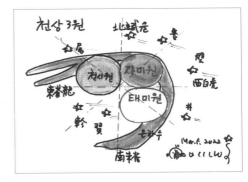

고 해적경제(pirateeconomy)다. 가장 완곡한 경제학적인 표현은 '자유방임경제(laissez-faire)'다. 단적인 사례로 신분이 높은 죽은 자를 위해서 낮은 신분의 살아있는 사람을 희생시키는 순장(殉葬)은 대략 10만 년 전(중기 구석기시대)부터 시작되어 현생인류인 호모사피엔스사피엔스(Homo sapience sapience) 이전까지 횡행하였다.

이런 시대에 문화(culture)란 i) 동양에선 자구적(字句的)인 해석으로는 문자로 표기(文字化)하는 시기를 기준으로, ii) 또 다른 하나로 서양에선 어원적으로 경작(culture)이라는 해석에 따른다. 오늘날에도 일본(日本)은 국내경제 혹은 국제외교 등에서도 과거 한반도를 3,600회 이상이나 해적질과 약탈침입을 해갔을 만큼 문화적·정신적 우월성이란 문화적 유전자(cultural memme)를 여전히 갖고 있다. 수시로 이런 유전자를 '전가의 보도(傳家之寶刀)'처럼 사용하곤 한다. 특히 약육강식 혹은 황국신민의 작태(皇國臣民の作態)를 여전히 보여주고 있다.[165] 우리나라는 '신민화(臣民化)'에

길들어 있는 약한 모습'을 보이곤 한다.

　동서양이 공동적으로 인식하고 있는 문자사용을 기준으로 하면, 독일 식물학자이자 의사인 엥겔베르트 켐퍼(Engelbert Kaempfer, 1651~1716)가 1712년 저술한 라틴어 '회국기관(廻國奇觀, Amoenitates Exoticae)'이란 박물 지형 여행기에서 고대 수메르인의 쐐기문자(litteraecunetae)를 언급했다. 이후 설형문자(楔形文字, cuneiform)에 관한 연구가 시작되어 B.C. 3,000년경부터 점토판(粘土板)에다가 신전에게 바치는 곡물, 소, 양, 물고기 및 노예 등에 대해 갈대로 쐐기 모양을 표기했던 게 기원이 되었다. 1,500년 동안 메소포타미아 중심으로 오리엔트문명에 설형문자가 기여했다. 문자를 사용했던 시대는 신석기 시대의 토기제작에서 청동기 시대의 금석문을 걸쳐서 세계적으로 그림글자(象形文字), 쐐기글자(楔形文字) 혹은 매듭글자(結繩文字) 등이 발명되어 사용되었다.

　　　　　　　1799년 나일강(The Nile River) 삼각주 마을에서 하자르 라시드(Rashid, 아랍어 رشيد) 즉 현무암에 새겨진 로제타석(Rosetta Stone)을 나폴레옹이 발견했다. 그 내용은 B.C. 196년 프톨레마이오스 5(Ptolemy V)세의 즉위식을 기념하고자 이집트 상형문자와 그리스어가 같이 돌에다가 새겨 있었다. 한편 쐐기문자로 된 출토유물로는 1928년 이라크 이난나(Inanna, 고대 수메르 사랑과 전쟁의 여신) 신전 터에서 발굴된 점토판이었다.

　한편, 대영박물관에 현재 소장 중인 파피루스 기록에도 있는 그리스어 '성스러운 새김(sacred carvings)'이란 의미인 '히에로글리프(hieroglyph)'라는 상형문자(象形文字)는 B.C. 3,200년부터 A.D. 394년까지 대략 3,600년 동안 사용되었다. 동양에도 1899년 청나라의 관원 금석학자 왕의영(金石學家 王懿榮)에 의해 허난성 안양현 소둔촌(河南省安陽縣小屯村)의 갑골문자가 용골(龍骨, 瘧疾藥)로 세상에 나왔다. 은허궁전종묘유지(殷墟宮殿宗廟遺址)[166]의 갑골문자(甲骨文字)가 발견됨으로써 상나라(상, B.C. 1,600~B.C. 1046) 이전에도 여하한 상형문자를 사용했다. 갑골문자로는 제사, 농업, 전쟁, 수렵, 국왕일기, 질병 혹은 재앙 등을 기록하고 있다.[167]

구석기(paleolithic age) 때 달구벌의 생활문화

3~4만 년 전부터 몇 차례 한반도 달구벌에 첫발을 내디뎠던 선인들은 아마도 초기구석기 시대로 짐작되며, 그들은 무엇보다도 기온이 따뜻하고 고기잡이 등으로 먹을 것을 쉽게 얻을 수 있는 곳에부터 정착을 시작했다. 당시는 대체로 풍부한 자원물산(自然物産)으로 먹거리 마련에 그다지 많은 시간을 쓰지 않았다. 초기엔 평균 하루에 2~3시간만으로도 먹고 사는데 큰 걱정을 하지 않아도 충분했다. 그러나 점차 인구도 늘어나고 자연환경도 고갈되어 갔다. 열악해짐에 따라 하루에 평균 6시간 정도 수렵채취 경제 활동(hunting-gathering economic actions)을 해야만 하게 되었다. 그러나 신석기 시대(neolithic age)로 넘어옴으로써 노동시간은 9시간까지 늘었다. 산업화가 진행됨에 따라 노동시간은 더욱 늘어났다. 2019년 기준 우리나라의 연간 근로시간은 1,967시간으

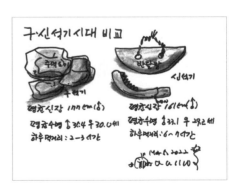

로 OECD 가운데 멕시코 2,137시간 다음으로 일을 많이 했다. 한 마디로 삶은 다소 풍요하고 안정적이라고 할 수 있으나, 먹고살기가 점점 어려워 지고 있다.

이와 같은 사실을 연구한 건, 미국 시카고대학교(University of Chicago) 인류학 교수인 마셜 데이비드 살린스(Marshall Sahlins, 1930~2021)[168]가 쓴 2014년 출간 『석기시대 경제학(Stone Age Economics)』에서 구석기인 들은 하루 2,000kcal 이상 충분한 먹을거리를 얻고자 하루 평균 2~3시 간 정도 노동밖에는 하지 않았다. 신석기 농업혁명과 근대산업혁명은 인 간의 삶의 질은 오히려 낙후시켰다. 인간의 빈곤문제도 문명이 낳은 부산 물이다. 즉 먹거리 마련에 더 많은 노동시간을 투입하고, 빈부 격차가 심각 해지는 퇴행현상을 보이고 있다고도 주장했다(better, healthier and more fulfilled than the millions enjoying the affluence and luxury afforded by the economics of modern industrialisation and agriculture.).[169]

다른 한편, 스티븐 웰슨(Spencer Wells, 1969년생)[170]이 2010년 저술한 『판도라의 씨앗: 문명에 예기치 못한 대가(Pandora's seed: the unforseen cost of civilization)』에서 구석기시대 수렵 채집인(nomadic hunter-gatherer nature)들의 수명에 있어선 남자는 평균수명 35.4세, 여성은 30세였는데, 신석기 시대 말기에는 남자는 33.1세, 여자는 29.2세로 줄어들었다. 신장 도 구석기시대(paleolithic age) 남자의 신장은 177cm이었음에 비해 신석 기 시대 말기 남자는 161cm이었다. 식량이 증가하여 인구도 폭발적으로 증가했지만 수명과 체구는 더욱 나빠졌다. 신석기 시대의 농경목축사회 로 전환됨에 따라 동물의 질병이 인간에게 전염되어 수명 단축과 체중 감 소를 가져왔다(More food but also disease, craziness, and anomie resulted from the agricultural revolution.).[171] 그러나 농경, 목축 및 질병 퇴치 등에 따른 직업은 수십 종(10^2)에서 수백 종(10^3)으로 늘어났다. 오늘날 4차 산업시대에는 수십만 종(10^5)으로 다양화된 직업분류가 생겨났다.

3. 화산의 불질(작용)로 만들어진 달구벌

지구촌에도 화산폭발이란 빅뱅(Big Bang)이 있었다

우주가 빅뱅(Big Bang)에서 생겨났고, 지구도 우주먼지의 대폭발(大爆發)에서 생겨났다. 달구벌도 지구의 화산폭발 혹은 마그마가 동짓날 팥죽처럼 들끓어 융기·침강을 반복하는 사이에 만들어졌다. 즉 신들의 불장난으로 세상이 만들어진 셈이다(The world was created by the gods playing with fire). 그리스 신화에선 화산폭발은 신들이 전쟁을 하고자 무기를 만드는 것으로 표현하고 있다(In Greek mythology, volcanic eruptions were the gods making weapons for war). 선인들은 화산 불덩이가 하늘 높이 치솟고 넘쳐흐르는 것을 두 눈으로 봤다. 이를 통해서 거대한 불덩어리 자체를 위대한 신적 존재로 생각했다. 바로 '불의 신(火神, Vulcan)'이었다. 즉 배화교(拜火敎, Zoroastrianism) 혹은 배화 사상이 B.C. 2000년부터 싹트기 시작했다. 프랑스 동양학자 앙크틸(Abraham Hyacinthe Anquetil-Duperron, 1731~1805)이 17세기 말에 '벤디다드(Vendidad)' 등의 배화교 경문을 발견함으로써 세상에 배화사상(拜火思想, fire worship)이 드러났다. B.C. 6

세기부터 기원후 7세기까지 1,300년간 이란 야즈드(Yazd, Iran)를 중심으로 인도(봄베이) 및 중국에까지 전파되었다.

한반도 역시 화산폭발로 지형이 형성되었고, 지진, 해일, 융기 혹은 침강 등의 땅거죽(地殼) 작용으로 인하여 형성되었다. 백두산의 화산폭발만 살펴보면, 최근 마지막 분화는 1903년에 있었고, 1702년, 1668년, 1420년 등으로 소급할 수 있다. 선사시대는 오늘날보다도 지구촌의 몸살이 더 심각했고 빈번했다. 1,000년 대주기, 100년 중주기, 12~13년 세부주기설 등이 있어 늘 불에 대한 불안을 안고 살았다. 발해가 특별한 이유 없이 사라진 걸 백두산의 화산폭발로 보는 학자들도 있다.

그래서 달구벌에 살았던 선인들은 화산폭발을 대장간에서 풀무질을 해서 불꽃이 솟아오르는 것으로 생각했기에 달구벌이란 땅도 불 속에서 달구었다가 끄집어낸 땅 혹은 벌판이라고 생각해서 '(불 속에서) 달구었던 벌'이라고 생각해서 '달구벌(達句伐)' 혹은 '달구불(達句火)'이라고 했다. 단적인 사례로 비슬산 해발(sea level) 1,000m 인근에 생성된 암괴류(巖塊流)는 바닷속에서 1,000m가량 솟아올랐다는 지질학적 증거다. 이런 사실에 기반을 둔 역사적 사실로는 최치원의 『팔각등루기』에선 달구벌의 지명에는 불채(佛體), 불좌(佛左), 불산(佛山) 등의 다불국(多佛國)이라고 표현했으며, 명불허전의 "이곳이 바로 신성한 곳(是處是聖地也.)."이라고 경탄했다. 불교용어를 빌리면 '불 속에 피워낸 연꽃(火裏生蓮)'이었다.

불 속에서 달구어 낸 '달구벌'의 '화기(火氣)'가 달성 토성 옆, 대신동 쪽에 충천(분출)하니, 이를 지혜롭게 운영해 보고자 한 달구벌 선인들은 이곳에 '천황당(天皇堂)'이라는 못을 파서 화기를 잘 막았으나, 이후 1920년 그 자리를 다시 메우고 지금의 '서문시장'을 만든 이후부터는 그 터에 치솟는 화기를 물로써 막지 못해 서문시장에 큰불(대형화재)이 빈번히 발생하였던바,

다시 화재를 막아내기 위해 지금은 서문시장 안에 자체 특별소방서를 세우고, 첨단 소방시설을 설치하였으므로 이후 서문시장의 화재를 막는 지혜를 발휘했던 것이다. 그렇게 마그마가 들끓었던 유황불속에서 솟아난 달구벌이었다는 의미다. 다시금 통일신라처럼 '미래를 향해 피어날 꽃' 예언이다.

진흙으로 사람을 만들어 불 속에서 구어 내었다는 믿음은 오늘날도 아프리카의 어떤 토기를 생산하는 원주민들은 자신들이 '진흙으로 만들어 구운 사람(ידי טישש חמחד מדם)', 필리핀(인도네시아) 첩첩산중 오지(奧地) 한 원주민들은 '코코넛가루를 반죽해 구워 만든 사람(person who kneaded and baked coconut flour)'이라고 생각하고 있다. 달구벌에 살았던 선인들은 '불로 달구어진 벌판(달구벌)'에서 태어났기에 다불국(多佛國) 혹은 화리생연(火裏生蓮)[172]의 문화를 만들었다. 사실, 연밥, 즉 연꽃 씨앗(蓮子)은 껍질이 두꺼워서 진흙 속에서는 수만 년 동안 휴면기간을 통해 썩어야 비로소 싹이 튼다. 그러나 불로 인해 겉껍질이 타면서 폭발하여 속껍질이 터진다면 쉽게 씨앗이 발아한다. 이런 현상을 불교에서는 '불 속에 피는 연꽃(火裏生蓮)'이라고 표현했다.

이렇게 '불 속에 연꽃 피우기(火中蓮生)'라는 달구벌에 살았던 선인들의 지역 과제는 오늘날 우리들의 행함에 따라 지역사회가 흥하기도 하고 멸망하기도 한다. 즉 청나라 고염무(顧炎武)가 쓴 '일지록(日知錄)'에서 "나라와 천하는 망하기도 한다. 어떻게 해서 나라와 천하가 멸망하는가? 역성혁명으로 국명이 바뀌면 망국이고, 어리석음과 정의가 사라지고, 사람끼리 잡아먹고 심지어 짐승까지 사람을 잡아먹으면 천하가 망하는 것이다. 그렇다면 나라를 지키는 건 어떤가? 군신

화리생연(火裡生蓮)

이 국태민안을 도모하는 게 나라를 지키는 것이다. 이에는 천박한 일반백성들의 책임을 다하기 때문이다(保天下者, 匹夫之賤与有責焉耳矣.)."[173]라는 의미에서 달구벌의 지역 과제의 해결주체는 우리들이며, 방법은 인화다.

한편, 먼 별나라에서 온 불(星火)이라는 사실은, 1996년에 상영된 영화 「비포 선라이즈(Before Sunrise)」에서는 오스트리아 비엔나 거리에 점성술판을 펴고 앉아 있던 점성술사(Rose Feddler) 할머니가 "당신 둘 다 별이란 사실을 잊지 마세요(You are both stars, don't forget). 수십억 년 전에 별이 폭발했을 때에 이 세상(지구촌)에 모든 것이 만들어졌지요. 달, 나무 그리고 우리가 알고 있는 모든 건 별똥별이라는 사실도 잊지 마세요. 당신들은 별 가루라는 말입니다(You are stardust)."[174] 달구벌의 선인(先人)들도 밤마다 하늘에서 달구벌에 쏟아져 내린 우주의 별들이 크기와 굵기에 따라 강물도, 산도, 벌판에 흙도 되었다고 믿었다. 그 가운데 "가장 곱고 찰진 별 가

루 반죽을 구워 만든 게 사람(Men are who baked the finest and most sticky star flour dough)"이라고 믿었다. 이렇게 모든 별 가루를 뒤범벅 반죽해서 화산폭발 때 달구어서 만들어진 게 달구벌이었다. 이런 별불(星火)을 기록한 것이 있다. 바로 달성군 화원읍 본리(730번) 인흥서원 장판각(仁興書院 藏板閣)에 소장된 '명심보감(明心寶鑑)' 목판에 "한 점의 불티라도 온 세상의 모든 숲을 다 태울 수 있다(一星之火, 能燒萬頃之薪)."라고 적었다. 달구벌에 사는 우리들은 좋게는 지구촌이란 온 세상을 밝힐 수도 있고, 나쁘게는 다 태울 수도 있다고 했다.

인간 지혜가 불을 문명이기(文明利器)로 사용하기까지

지구 상 인류가 불을 발견한 계기는 경험에 의해 '익숙함에서 생긴 신뢰'를 기반으로 했다. 화산 폭발로 마그마가 흘러내림, 별동별(流星)의 지구충돌, 천둥과 번개가 벼락으로 떨어짐, 마른 나무들의 마찰, 굴러떨어지는 돌덩이의 충돌 등에 의한 발화(發火) 등을 수백 번이고 눈여겨봤다. 처음에는 신(神)으로 봤으나 일반적인 자연현상이라는 사실로 눈치를 채고부터 이용할 생각부터 했다. 그리스 신화에선 "화산폭발은 대장장이 신들이 전쟁을 위해 무기를 만드는 것(Οι ηφαιστειακές εκρήξεις είναι οι θεοί του σιδηρουργού που κάνουν όπλα για πόλεμο)."으로 생각했다. 영리한 인간들은 화산폭발의 현상을 보고, i) 대장 장치(풀무, 숯가마 등)를 개발했고, ii) 야금술(열처리, 단금, 연금불질 등)까지 익혔다. 이뿐만 아니라 마른나무의 마찰 혹은 돌과 충돌에서 iii) 마른나무 가지를 맞대놓고 비비기(부싯나무), 돌과 쇠붙이의 마찰(부싯돌) 등으로 불을 만들었다. 이뿐만 아니라 운석이 떨어져 파인 곳에서 iv) 최초로 운석 쇠붙이를 녹여서 칼(天劍) 등의 무기는 물론이고 흙그릇(土器)까지 굽는 방법을 터득했다.

고고학적으로 불(Fire, 火)은 중(中)오르도비스 지질시기(Middle Ordovician period) 화석에 의하면, 4천7백만 년 전 화산 폭발, 별똥별(流星)의 추락, 숲속 나무의 마찰에 의한 자연발화에서 불을 발견했다. 후(後) 실루리아 지질 시기(Late Silurian fossil)에 불에 의한 지구의 13%가 타버린 황야가 나타난 건 4천2백만 년 전이었다. 최초 불사용은 호모 에렉투스(Homo Erectus, 160만 년~25만 년 전)가 살았던 142만 년 전이다. 이들이 살았던 아프리카 불구덩이 유적으로는 13군데가 현재까지 남아있다. 가장 이른 곳, 케냐 채소완자(Chesowanja, Kenya)에선 짐승 뼈, 완자석기(Wanja Stone),

불에 탄 진흙과 동시 발굴되어 50여 개 불탄 진흙조각의 배열을 봐서는 움솥(earth oven) 혹은 화로(fiery pit)로 추정된다.

이렇게 시작되어 6~7십만 년 전부터 초목을 이용해서 불을 널리 사용하게 되었다. 40만 년 전부터 인류는 불을 다루어, i) 추위로부터 보온했으며, 동시에 밤의 어두움을 밝혀 활동시간을 연장, ii) 맹수나 해충으로부터 생명을 보호, iii) 생식(生食)에서 익혀 떡음(火食)으로써 질병을 줄이고 더욱 건강하다는 사실을 알았다. iv) 생활필수품인 토기, 청동기까지도 불을 이용해 제작할 수 있었으며, 무기까지 생산했다. 더욱 높은 열을 만들기 위해 나무를 태워 숯을 생산했다. 이를 사용해 더 단단한 철제무기까지 생산했다. 음식에서는 10만 년 전부터 날것을 익히는(구이, 찜, 끓임, 볶음, 튀김 등) 요리를 하게 되었다.

이뿐만 아니라 종교적 목적으로 사용, 심지어 고문과 처형의 방법으로도 사용했다. 불을 이용한 화전(火田) 경작뿐만 아니라 오늘날과 같은 산업발전에도 기여했다. 불(fire)을 이용한 토기(土器, earth-ware) 제작은 B.C. 29,000년에서 B.C. 25,000년 전인 신석기 시대부터 시작했다. 최초 씨앗을 뿌린 건 B.C. 13,000년 전 이스라엘 하이파 나투프(Natuf, Haifa, Israel) 여인이 귀리와 보리를 거주지(흙집) 부근에 뿌렸다. B.C. 6,500년 경 메소포타미아의 요르단 서안(西岸) 예리코(Jericho, B.C. 9,000년 경 도시)에서 최초 농경 목축이 시작되었고, B.C. 6,000년경 이집트에도 농경 지대가 늘어났다. B.C. 5,000년경 오리엔트(Orient) 지방에서 신석기 시대에 접어들었다. 인류 최초로 맥주를 양조한 흔적으로 13,000년 전 나투프(Natuf, Israel)에서 삼혈(三穴) 맷돌과 땅속 발효조(醱酵槽)가 발견되었다.

오늘날도 타이완 아리산(阿里山) 기슭에 살아가는 원주민 쩌우족(鄒族)은 신년축제로 태초암흑(太初暗黑)에서 인간세상(人間世上)에 불을 전달했

던 전통을 이어 송화제(送火祭)를 거행한다. "한밤중 산정산신(山頂山神)으로부터 불을 받아 험준한 산속을 무사히 빠져나와 마을까지 꺼지지 않은 채 갖고 온다."라는 미션(mission)이다. 바람과 폭우를 대비해 여러 사람이 불붙은 대나무를 모아 큰불을 만들어(以協竹火, 克風雪雨) 풍우를 극복하고, 험한 산길을 내려온다. 어려움 속에서도 간신히 동네에 전달해서야 비로소 새해의 새로운 불을 밝힌다. 유사한 '불의 축제(fire festival)'는 일본 아이치현(日本愛知縣) '불의 제전(火の祭典, ほのおのさいてん)'에는 휴대용 꽃불(手筒花火)에 화약을 넣어서 불꽃을 터뜨리던 에도시대(江戶時代) 고유전통을 1996년에 관광자원으로 활성화했다.[175] 이외도 일본에선 신년 불꽃축제(Nozawa Fire Festival)와 도소진 마츠리(Dosojin Matsuri) 등이 있다. 1981년 쿠바(Cuba)에서도 캐리비언 축제(Caribbean Festival) 속에 불의 제전(fire festival)이 들어갔다.

4. 달구벌 온누리(新天地)가 이렇게 개벽했다

달구벌 신석기 온누리(新石器時代)가 개막되었다

지금부터 3만 년에서 1만2,000년쯤 지구촌의 최종빙하기 흔적으로 지질 천연기념물인 비슬산 암괴류(stony slopes)가 지금까지 남아 있다. 달성군 유가면 용리 산1번지 대견사(大見寺) 옆 1,000m/SL 부근에서 시작해

서로 다른 경사면을 내려오던 암괴류(巖塊流, 너덜겅)가 대략 750m 지점에서 합쳐져 450m 지점까지 어림잡아 2,000m 길이, 넓이 80m, 두께 5m 정도의 돌강(stone river or stone run)이 지금도 흐르고 있다. 돌덩이 크기는 직경 1~2m 정도인데, 평균적으로 큰 것(長徑)은 1.9m, 작은 돌(短徑)은 1.0m이며, 면적을 계산하니 989,792㎡ 정도다. 세계적으로 이런 돌강(stone river)은 불가리아 비토샤(Vitosha Bulgaria)의 너덜겅은 가장 작은 규모가 10~15km 정도이니, 비슬산 너덜겅(stone run)은 세계적인 비교에서는 아주 작은 규모다.

그러나 인공위성으로 촬영된 사진을 판단할 때 고위평탄면(high-level planation)에 암괴류가 나타나는 건 지질학적 융기단서다. 즉 비슬산뿐만 아니라 좁게는 달성군, 달구벌 그리고 아주 크게는 한반도가 대략 1,000m 정도 바닷물에서 솟아올랐다는 증거다.[176] 이를 미뤄보면 고담책(古談冊) 『토생전(兎生傳)』에서 토끼 선생이 바다 용왕에게 갔다가 산신령에게로 돌아왔다는 이야기의 기원 근거가 바로 달구벌의 비슬산을 두고 한 말이다. 우리말로는 너덜너덜한 돌들이 거랑(개울)을 이루고 있다는 의미로 '너덜겅'이다. 천왕봉(天王峰) 괴암석의 모습이 마치 선녀들이 타다가 놓고 간 비파(琵琶) 혹은 거문고(琴瑟)와 같다고 해서 조선 시대 비슬산(琵瑟山)이라고 했다.

그런데 이런 명산에 있는 대견사(大見寺)에 대해 1917년 6월 23일자 조선총독부관보 제1,466호에 "동화사 말사 대견사(大見寺) 폐사(弊寺)를 6월 20일자로 허한다(桐華寺に 末寺大見寺の廢址を 6月20日 に許可する.)."라고 게재되었다. 왜 이렇게까지 사찰폐지가 관보에 등재한 사연은? 동화사(桐樺寺) 주지 김남파(金南波)가 풍수지리 대가(風水地理大家)인 양 "동화사 말사 대견사가 바라보는 방향이 일본 대마도이기에 일본 대마도의 기세를 짓누른다(大見寺が 日本對馬島の 勢いを 抑壓する)." 했던 말이 화근(禍根) 이 되어 흔적도 없이 뜯어버리는 참사가 발생했다.[177]

그런데 달구벌의 명산을 인체에 비유하면, 팔공산(八公山)과 비슬산(琵瑟山)은 신라에서 최고 미녀 '수리 아가씨(首理阿詩, Beauty Goddess Hera)' 의 양 젖가슴이었다. 여기서 신라어 '수리(首理)' 혹은 '수로(首路)'는 오늘날 '으뜸' 혹은 '첫손가락'을 의미한다. 또한, 낙동(洛東)·금호(琴湖) 두 강물이 란 젖줄(국물)이 흐르는 달구벌은 신석기 시대부터는 새로운 세상을 만들어갔다. 두 강물이 만나는 두물머리(兩水里, Mesopotamia)마다 밤하늘에는 별들이 쏟아져 '지상의 은하수(Milky Way on Earth, 辰泉)'[178]를 만들었다. 이곳이 바로 달구벌 새누리(新天地)였다. 또한 두물머리(兩水里)마다 부채모양의 땅(扇狀地, alluvial fan)들이 생겨났다. 이렇게 생겨난 '비옥한 초승달들(fertile crescents)'은 달구벌에 살아가는 선인들에게 풍족한 삶과 미래의 꿈을 심어주었다. 왜냐하면, 동맥과 정맥의 피 돌림이 원활함으로써 얼굴 혈색도 좋아지고, 신체활동을 원만하게 하듯이 작은 하천들이 또다시 더 작은 초승달들을 만들었다. 이로 인해 이곳에 살았던 선인들에게 아낌없이 작은 행복까지를 챙겨주었다.

좀 더 깊이 천문향(天文鄉) 달구벌(達句火)을 소개하면, 달구벌(한반도)은 동청룡 칠수(東靑龍七宿)에서 키 별자리(箕宿)에 속해 오늘날 우리가 아는 궁수(弓手)자리의 동남쪽에 뜨는 별자리다. 농업의 풍요와 평온을 약속하며, 해와 달이 있는 곳에서 팔방의 바람(八風)을 주관하는 별이다. 이 별이 바로 지상 세계에 변화무쌍하게 가뭄과 풍년을 가져다준다. 당나라 천문학자 대혜선사(大慧禪師) 일행(一行, 673~727)[179]은 『태현경(太玄經)』에서 '풍요의 나라(箕國)', 실학자 안정복(安鼎福, 1712~1791)은 『동사강목(東史綱目)』에서 '기자가 살았던 남쪽 나라(箕子之國)', 이긍익(李肯翊, 1736~1806)

은『연려실기술(練藜室記述)』에서 "조선(한반도)는 절구공이 별자리(木杵) 인근에 있는 키 별자리(箕宿)에 해당한다(朝鮮之星, 木杵箕宿)."라고 적고 있다. 조선실록에선 사성기수(四星箕宿)에 대해 43회나[180] 천재지변을 예측하고자 기수변화(箕宿變化)를 관측했던 기록이 있다. "하늘의 마음은 백성의 마음이고, 백성의 마음은 하늘을 감동시킨다(天心應人心, 人心動天心)."라고 선인들은 믿었다.

달구벌의 풍요를 안겨다 준 초승달(上弦月) 혹은 보름달(滿月) 모양의 선상지(扇狀地)에서 살았던 흔적으로, B.C. 2,000년 월성동 유적지(月城洞遺蹟地)에선 좀돌연장(細石器)을 만들었던 터(製作所)가 발굴되었다. 흑요석을 재료로 날카로운 칼날(細劍刃)을 만들었던 솜씨를 전파하여 신석기 시대에는 본격적으로 농경사회를 만들어갔다. 좀 돌날(細劍刃)뿐만 아니라 긁개 등 각종 출토물 13,184점이나 나와 질량 면에서 세계 고고학계를 놀라게 했다. 달구벌의 역사를 5,000년이나 소급해 단박에 2만 년 전으로 올려놓았다. 이런 돌연장을 만들었던 솜씨는 확산(파급)되어 달구벌(달성) 전역으로 돌 연장을 만드는 터(石器製作所)가 늘어났다. 진천천 유역(辰泉川流域, 별샘 초승달), 상인동(上仁洞) 유적, 대천동(大泉洞) 유역, 달천리(達川里) 유적, 대림동(大林洞) 유역, 사복동(司福洞) 유역, 동화천(桐樺川) 유역, 팔거천(八莒川) 유역 등에서도 갈돌연장(硏石器)을 만들어 사용했다.[181] 동화천 유역 무태벌판(한저들, 방울들, 동변앞들)에서 신석기 시대의 유물로는 즐문토기(櫛文土器), 갈돌연장(磨製石器)을 만들 때 사용했던 몸돌(身石, body stone), 깨진 돌조각(薄片石, flake stone), 숫돌(磨石, grinder)

등이 고스란히 발굴되었다. 이를 통해 모든 공정을 짐작할 수 있는 '밑돌 깐 흔적(集石遺構, stone-paved remains)'182, 183까지도 발굴되었다.

수렵채취 떠돌이 삶을 청산하고 정착했다

지구촌에 마지막 빙하기가 끝나갈 무렵에 기후가 온난해짐에 따른 100~160m가량 해수면 상승으로 서해도 1만 년 내지 6,000년 이전에 오늘날 모습으로 드러났다. 포경어로기록화(捕鯨漁撈記錄畵)인 울주군(蔚州郡) 대곡리(大谷里) 반구대암각화(盤龜臺岩刻畵)는 1만 년 이전 후기 구석기 때(Late Stone Age) 해수면이 그렇게 깊지 않아 일본(九州)까지 포경을 나갔다는 사실이 암각화에 그려져 세계최초 포경작업을 했었음을 알 수 있다. 이와 같은 시기 달구벌에서도 i) 신천수변(新川水邊) 동굴에서 살면서 물고기잡이로 생활했고, 팔공산과 비슬산 기슭에서는 산짐승(山獸)을 사냥해서 먹고 살아갔다. ii) 그들에게 가진 재산이라고는 남자들에게 산에서 꺾은 손에 익숙한 막대기뿐이었고, 사냥해 먹었던 동물의 뿔과 뼈다귀가 전리품(戰利品)이고 가보(家寶)였다. 한편 여성들에겐 물 섶에서 주어온 작고 앙증스러운 돌멩이와 조개껍데기들이 애완용품이고 귀중한 재산이었다. iii) 떠돌이생활(wandering life)이라고 해야 아내와 자식들(原始核家族, primitive nuclear family)을 앞세우고 작대기 하나만 손에 들며, 더이상 뒤를 돌아보지도 않고 살기 좋은 곳을 찾아 떠났다. 오직 밤하늘 별만을 등대로 삼아 꿈을 찾아 떠났고, 햇살이 쏟아지는 양지바르고, 평온한 동굴에 자리를 잡았다. 특히 풍부한 먹거리가 있다면 금상첨화(錦上添花)였다. 그들에게는 오늘날처럼 국경도 영토도 없었다. 살아있는 짐승이 어디를 못 가나? 지구촌 구석구석을 빠짐없이 찾아다녔다.

때로는 먼저 차지하고 있는 동물 혹은 사람과는 생사쟁탈전(battle for life)까지도 해야 했다. iv) 언어(language)라곤 단순한 새소리, 동물 울음소리, 천둥소리, 화산폭발 굉음 등을 모방했던 의성어(擬聲語, onomatopoeia words)만 사용했다. 또한 사람(人), 나무(木), 태양(日), 달(月), 산(山), 돌멩이(石), 소(牛), 개(犬), 냇물(川) 등의 모양을 본뜬 몸짓말(body language) 혹은 의태어(擬態語, mimic words)가 생겨날 뿐이었다. 수렵채취의 결과물인 먹거리에 대해 크게는 손가락과 발가락을 합한 수치(手足數值, 손가락 10개 + 발가락 10개 = 20개)만큼 수량개념(quantity concept)을 가졌다. v) 대자연 속에서 같이 살아가는 생명체로 '절대적 힘(absolute force)'을 가졌다는 대상에 대해서 경외감과 숭배 사상(awe and worship)까지 가지게 되었다. 해·달·별은 물론이고 큰 바위, 큰 나무 혹은 짐승 등에게도 두려움과 경외심(敬畏心)을 동시에 가졌다. 여기서 자연숭배신앙(自然崇拜信仰, nature worship)으로 발전하게 되었다.

천만다행으로 vi) 살기 좋은 동굴을 차지하면 자신의 소유임을 표시하기 위해 그림을 그렸다. 오늘날 우리가 손바닥 지문(palm print)을 남기듯이 손바닥을 암벽에다가 대고 주변에 황토색(혹은 검정점토)을 칠해서 손바

닥 그림(palm picture)을 남겼다. 그뿐만 아니라 40,800년 전 스페인 '엘 카스티료(El Castillo)' 동굴벽화와 B.C. 22,000년 전 프랑스 라스코(Grotte de Lascaux) 벽화에서도 하늘의 별, 사냥하면서 다친 사람과 죽어가는 동물을 벽에다가 그림(memorial picture)으로 남겼다. vi) 소중하다고 생각되었던 걸 밥그릇에도, 소중한 나무작대기에다가, 강섶에서 주어

온 조약돌에도 축복을 기원하는 그림(drawing)과 새김(engraving)을 남겼다. 하늘에서 쏟아지는 따뜻한 햇살(光紋, sun-line pattern)도, 풍년들게 하는 빗줄기(雨紋, rain-line pattern)도 날카로운 나무꼬챙이나 돌로 토기 등에 새겼다. vii) 당시 옷이라고는 더위에 그늘을 만들고, 추위에 바람을 막아주는 넓적하고 큰 풀 잎사귀, 넓적한 나무껍질, 사냥해서 잡은 동물 가죽, 큰 물고기의 피부껍데기 등을 사용했다. 물론 작은 풀잎이나 나무줄기는 꿰매거나 엮기도 했다. 딱딱한 나무껍질(누릅나무, 자작나무, 느티나무, 팽나무 등)이나 혹은 가죽(동물, 물고기)에다가 다듬질, 방망이질 혹은 무두질을 통해 부드러운 옷을 만들었다. viii) 추운 빙하기 때에는 깊숙한 석회동굴(깊이 20~30미터, 길이 50~100미터)에 평온하게 살았으나, 기온이 따뜻해지고부터 먹거리가 풍성한 동굴 밖에서 정착하기 시작함으로써 새로운 천지(新天地)가 개벽되었다.

5. 지구촌 최초로 한반도에서 벼농사가 시작되었다

문화란 농경에서 시작해 영혼경작(cultivation of the soul)까지

"씨앗을 뿌릴 땅이 있다면 예술도 기술도 생겨났기에 경작자(耕作者)란 바로 인간 문명의 선각자이다(Where tillage begins, other arts follow. The farmers therefore are the founders of human civilization.)."라고 데니얼 웹

스터(Denial Webster, 1782~1852)가 말했듯이 문화(culture)란 기원은 로마 웅변가 키케로(Cicero)의 '투스쿨란의 대화(Tusculanae Disputations)'에서 최초로 '영혼의 경작(cultura animi, cultivation of the soul)'라는 용어를 사용했다. 미국 철학자 에드워드 케이시(Edward S. Casey, 1939년생)가 1986년 저술한 『정신과 영혼(Spirit and Soul)』에서 "문화(culture)란 말은 중세 영어로 '경작된 땅(cultivated earth)'을 의미했으며, 같은 말로 '거주하다. 돌보다, 경작하다. 예배하다.'라는 라틴어 '콜레레(colere)'에서 유래했다."[184]

영국 인류학자 에드워드 타일러(Edward Burnett Tylor, 1832~1917)[185]는 1871년도 발간한 저서 '원시 문화(Primitive Culture)'에서 문화(culture)에 대해 "지식, 신념, 예술, 도덕, 법, 관습 및 사회 구성원으로서 인간이 획득한 기타능력과 습관을 포함하는 복잡한 총화(complex whole which includes knowledge, belief, art, morals, law, custom and any other capabilities and habits acquired by man as a member of society)."[186]라고 개념을 정리했다. 옥스퍼드 사전에서도 문화의 뜻풀이를 "특정한 시기에 특정 집단의 삶의 방식(way of life), 특히 일반적인 관습과 신념(customs and beliefs)"[187]이라고 정의했다. 따라서 문화생활이란 '의미의 세계에서 가치 있는 삶을 영위하는 사람(person of worth within the world of meaning)'이란 인식기반을 제공하는 것이다. 약 5만 년 전부터 인간행동의 진화, 학습능력, 사회적 상호작용 등을 통해서 문화를 축적해 나갔다.

동양서지학에서 B.C. 2,700년 이전에 한민족(東夷族) 신농씨(神農氏, 생몰년도 미상)는 i) 백성들에게 땅에다가 씨앗을 뿌리고 가꾸는 방법을 가르쳤고(敎民耕種)[188], ii) 농기구로 쟁기, 서래 등을 개량하여 농업생산력을 증가시켰으며(發明未耜)[189, 190], iii) 자신의 몸을 실험대상으로 해가면서 식물독성계측(植物毒性計測)과 독초를 맛보면서 새로운 먹거리를 찾았다(嘗百

草)191. iv) 더욱 건강한 식생활을 위해 식치(食治)192와 약초를 정리해 '신농본초경(神農本草經)'이란 의학서적을 저술했다.193 최근 중국 협서성(陝西省) 서안(西安) 반파촌(半坡村) 유적지에서 발견된 농사경작의 실험연구 작업을 했다는 것으로 봐서 동이족이 최초 농업연구소를 운영했다. 이를 통해서 한반도에 살았던 선인(先人)들은 건강하고 풍족한 삶을 영위할 수 있었고, 한반도에선 풍년가 "연연세세 풍년이 들었네. 오곡이 풍성하게 잘도 여물었네(五穀豐穰, ごこくほうじょう)."194라고 노래하고 춤을

췄다는 것이 일본기록에도 나오고 있다. 오곡이란 인도에선 보리·밀·벼·콩·깨이나, 중국에서는 참깨·보리·피·수수·콩을, 일본에선 벼(쌀)·보리·조·콩·기장이었다. 시대에 따라 장소에 따라 오곡을 달리 생각했다.

가장 오래된 농작물은 피(稷)로 원산지는 한반도와 아시아다. B.C. 8,000년 이전 선사시대 오곡 가운데에서 가장 으뜸가는 식량이었다. 중국의 주(周)나라는 피를 조상신(稷神)으로 모셨으며, 사직(社稷)이란 국가 종묘와 피의 신(稷神)에 좌우된다는 의미다. 농사를 담당했던 관직으로 후직(后稷)이 있었다. 당시 백성들의 먹거리를 산출하는 후직(后稷)을 찬양하는 '시경(詩經, 民勞)'의 구절에선 '백성들 또한 고달프니(民亦勞止)195'라는 시가에서는 천지가 감응하여 국가시조(國家始祖)를 탄생시켰다고, 즉 농업신인 후직(后稷)을 찬송했다.

중국고서(中國古書)를 통해서 보면, 허신(許愼, 58~148)의 '설문해자(說文解字)'에서도 피(稷)란 "기장(梁) 혹은 조(粟)를 칭하기도 하며, 오곡의 으뜸(五穀之長)이다. 벼화(禾)에서 음으로 직(畟)를 결합해서 만든 글자다."196라

고 했다. B.C. 500년경 시가집(노래집)이었던 시경(詩經)에서도 "저기 기장 이삭이 넘실넘실거리고(彼黍离离), 저쪽 피도 이삭이 돋았구나(彼稷之苗). 가는 길 머뭇머뭇 더디어만 가네(行邊靡靡). 마음을 울렁울렁 둘 곳이 없어라(中心搖搖)."[197] 또한, 도연명(陶淵明, 365~427)의 '도화원시(桃花源詩)'에서 "뽕나무와 대나무는 그늘을 드리우고, 콩과 피는 때에 맞춰 좋은 그림을 그리네, 그려(桑竹垂余蔭, 菽稷時時藝)."라는 구절이 풍요로움을 안겨다 주었다.[198]

아무리 부정해도, 벼농사의 기원은 한반도다!

농경사회의 시작을 짐작할 수 있는 고고학적 사실로는 B.C. 12,000년 이스라엘 북부 하이파(Haifa) 카멜산맥(Carmel Mountains) 라케페트 동굴(Rakefet Cave) 신석기 시대 주거지에서 돌절구(stone mortars) 3개를 발굴했다. 이를 미뤄보면 곡식을 정미했으며, 나아가 맥주 등을 양조했다고까지 짐작할 수 있었다. B.C. 9,050년 전 레반트(Levant) 지역에서 한 여인이 거주지 섶에서 채취한 곡식의 씨앗을 뿌려서 최초로 재배했다. 델 아부 흐레야(Tell Abu Hureyra, تل أبو هريرة)의 유적발굴에 세계 인류 최초 거주지에 혜성의 공중폭발로 12,800년 전에 파괴되었다는 흔적을 발견했다. 이것이 바로 수렵채취에서 농경사회로 전환했다는 고고학적 흔적이었다(Abu Hureyra one of the most important sites in the study of the origins of agriculture).[199] 벼농사(재배)에 대한 기원설은 지금부터 6,500년 전에 많은 지역에서 동시다발적으로 재배했다. 오늘날 벼의 재배는 4,000~5,000년 전 인도 갠지스(Ganges) 강 유역, 북부 미얀마, 타이, 라오스 혹은 중국 남부지역에서 시작되었다. 한반도에는 이후에 쿠릴해류(Kurile Current, 親

潮海流)를 타고 이주해온 동남아인에 의한 전파설이었다. 다른 한편으로 중국으로부터 벼농사 기술이 유입된 것으로도 보는 견해도 있으나, 농학자와 역사학자들의 일치된 견해는 동남아인 이주설(東南亞人移住說)이었다. 밭벼농사(dry-land cultivation)는 우리나라에서 B.C. 3,500년경 재배되었고, 일본에는 B.C. 1,200년경에 특히 논농사는 B.C. 300년경 야요이 시대(弥生時代)에 전해졌다.[200]

중동이나 지중해지방에서도 B.C. 800년경, 스페인에는 무어인(Moors)이 A.D. 700년 점령 시에 벼 재배기술을 가져왔다. 아프리카 재배종은 3,500년 동안 경작되었다. 이에 비해 B.C. 1,500년에 나일 강 삼각주(Niger-River Delta)로부터 세네갈(Senegal)에 전파, A.D. 7세기와 11세기에 아프리카 동부해안에서도 경작되었다. 중국에서 벼 재배는 B.C. 11세기 전후, 중국 남쪽으로 확산되었다는 '남부확산경로(southern diffusion route)' 학설이 정설이었다.

최근 위와 같은 학설은 여지없이 무너졌다. 대략 9,000년 전 중국과 인도의 야생 벼의 근접 관계성이 컴퓨터 알고리즘 '분자시계(molecular clock)' 기법으로 밝혀졌다. 또한, 우리나라에 최근 고고학적인 발굴출토 유물이 연이어 나옴에 따라 즉 1990년 7월 경기도 김포군 통진면의 탄화미(炭化米)에서는 B.C. 2,100년경, 1987년 경기도 고양군 일산읍(가와리) 신석기 토층에서 출토된 12톨의 볍씨를 미국 베타연구소 방사성탄소 연도측정(radiocarbon dating) 결과 5,020년 전(5020 b.p.)으로 측정 결과가 나와 B.C. 2,300년경으로 추정되었다. 1994년 충북 옥산면 소로리 구석기 유적에선 방사성탄소연대 측정으로 13,000~16,000년 전(13,000~16,000 b.p.)으로 추정되는 볍씨 11톨이 출토되었다.

이로 인해 2016년 국제고고학에서 벼농사의 기원지(국)는 한국으로 확정되었으며, 13,000년 전까지 소급해 세계적 고고학 교과서로 사용하는 『고고학 개론서(Archaeology: theories, methods and practice)』에는 한반도에서 기원된 사실을 못 박고 있다.[201] 우리나라는 벼농사의 긍지를 살려서 지난 1972년 한국은행에서는 50원짜리 동전에 벼 이삭을 도안해 '논벼 농사의 기원지(Origin of Rice Farming)'가 한국임을 기념했다.[202]

콩 재배의 기원지도 한반도(두만강 유역)이다

콩에 대한 기록으로는 『시경(詩經)』에도 콩이란 표현은 "콩 따서 콩 따서, 모난 바구니에도 둥근 광주리에도 담아요."라는 콩 따기(采菽)[203]이란 시(詩)가 나오고, 콩 두(豆) 자가 나오고 있다. 여기서 콩 두(豆)이지만 대부분

콩(戎菽)

은 제사 접시(祭豆)를 의미하고 있다. 『시경』에 나오는 이 채숙시가(采菽詩歌)는 삼국지 상의 형주(荊州) 근처 양자강 중류(華中地方)으로 보고 있다. 시경과 거의 같은 B.C. 8세기경에 저술된 '일리아드(Iliad xiii)'에서도 "마치 콩 타작에 검정콩과 완두콩이 타작 마당을 튀어나오듯이 *όπως σε μερικά με γάλα αλώνια πηδώντας από ένα πλατύ τηγάνι τα μαύρα φασόλια ήτα μπιζέλια.*"[204]라는 표현이 있다.

관중(管仲, B.C. 725~B.C. 645)의 저서 『관자(管子)』에서도 '융숙(戎菽)'이라는 지역이 나오고 있다.[205] B.C. 623년 사마천의 '사기(史記)'에선 "제(齊)나라는 북으로 산융(山戎)을 정벌하고, 고죽국(孤竹國)까지 갔다가 융숙(戎菽, 오랑캐의 콩)을 얻고 돌아왔다."라는 기록에서 '융숙(戎菽)'[206]이라는

표현이 다시 나온다. 융숙(戎菽)이란 '콩(菽)을 심어서 먹는 오랑캐(戎)' 또는 '오랑캐들이 재배해 먹었던 콩'이란 양의적인 표현이었다. 사실, B.C. 800년경 이전에 이미 만주(滿洲)와 요서(遼西) 지역에 콩을 재배했으며, 이보다 앞서 한반도에서도 이미 콩 재배가 일반화되었다.

이런 고고서지학적인 측면에서 보면, 두만강 유역이 바로 콩의 원산지다. 고고생물학적 증거로는 충청북도 청주시 청원구(淸原區) 소로리 구석기시대 유적지 발굴을 1997년부터 1998년까지 제1차, 2001년 제2차 유적지 발굴을 했다. 마지막 간빙기 퇴적토층에서 콩꽃가루(菽花粉) 화석이 출토되었다. 연도를 측정한 결과 13,000년 전(13,000 b.p.)까지 소급되었다. 고고학적 출토 유물에서도 콩 재배의 기원지가 한반도라는 사실이다. 또한, 고서지학에선 벼가 한반도에서 재배되기 이전에 콩이 재배되었다고 보고 있다.

왜냐하면, 아무리 척박한 땅에서도 콩이란 작물은 뿌리혹박테리아(root nodule bacterium)가 공중질소고정(air-nitrogen fixation)을 통해서 자양분을 공급하기 때문에 잘 성장할 수 있다. 오늘날까지도 콩은 '밭에서 나는 쇠고기(field's beef)'라는 별명을 갖고 있다. 단백질 함량이 높고 같은 무게의 소고기보다 1.7배의 열량을 더 낸다. 우리나라 대부분의 라면(짜파게티) 등에 들어가는 고기는 '콩고기(bean meat)'다. 더욱이 콩나물에는 콩에는 없는 신비한 영양소 비타민C가 합성된다. 그래서 콩나물국밥은 숙취 해장국으로 최적이다. 과거 교도소에서 영양실조를 방지하고자 특별히 콩밥을 배식했다. "콩밥 먹이겠다."라는 협박은 투옥시키겠다는 의미로 아직도 사용하고 있다. 우리나라에서는 콩꼬투리(bean pod)를 요리하지 않으나, 중국이나 서양에선 연한 콩꼬투리(fresh shell bean)로 각종 고기와 같이 요리한다.

삼국지연의(三國志演義)에 조비(曹丕, 187~226)가 동생 조식(曹植, 192~232)에게 일곱 걸음 안에 시를 짓지 못하면 죽이겠다고 협박했다. 속칭 조식의 '칠보시(七步詩)'다. "콩을 삶는데 콩깍지를 태우니, 솥 속의 콩이 울고 있겠구나. 본래 콩이나 콩깍지는 한 뿌리에서 났건마는, 어찌 이리도 급하게 삶아 되는가요(煮豆燃豆其, 豆在釜中泣, 本是同根生, 相煎何太急)?" 형제 인륜을 언급하자, 결국 형은 마음을 돌렸다. 그러나 남녀 간 사랑으로 눈앞에 있는 상황을 정확하게 판단하지 못할 때 "눈에 콩깍지가 씌었다(情人眼里出西施)."[207]라고 말한다. 이런 표현은 청나라 조설근(曹雪芹, 1715~1763)이 1791년에 발표한 소설 『홍루몽(紅樓夢)』에 최초 사용한 표현이다. 서양의 영어로 번역한다면 "미모는 자기 눈에 안경이다(Beauty is in the eyes of beholder.)."라고 할 수 있다.

서양에서도 콩의 단백질원의 중요함을 인식하고, 프랑스의 카술레(cassoulet), 독일의 아인토프(eintopf), 스페인(Spain)의 파바다 아스투리아나(fabada asturiana), 포르투갈 혹은 브라질의 페이조아다(feijoada), 미국 칠리 콘 카르네(chili con carne) 등에 콩이 고기와 같이 들어간다. 우리나라에서 사용하고 있는 위암 예방의 처방약으로 검은콩(흑두)에다가 감초를 넣은 '해독용 감두탕(甘豆湯)' 혹은 '해백약백물독(解百藥百物毒)'이 있다. 최근에 콩의 이소플라본(isoflavone, $C_{15}H_{10}O_2$)이 여성호르몬 에스트로겐(estrogen, $C_{18}H_{24}O_2$)과 유사성에 대사교란물질(endocrine disrupting chemicals)이라는 의심논란이 한때 있었다. 그러나 32개 관련 논문의 메타분석(meta-analysis)을 통해 내놓은 결론은 '근거가 없다'가 정설로 굳어졌다.

6. 비단 짜던 신라 아가씨,
   1,750년 만에 천조대신으로 귀환

지구촌 인류가 자신도 모르게 사용하고 있는 신라어

오늘날 경상도(대구) 사투리에서 "한테 모라(한곳으로 모여라!)!"라는 말을 아직도 한다. 중국 신당서(新唐書) 기록에 의하면, 신라어 '모라(牟羅, mora)'는 '(모여 사는) 마을'을 의미했다. '큰 마을'은 신라어론 '건모라(健牟羅, geonmora)'이고, '수복촌(收復村, 빼앗은 마을)'은 '침모라(侵牟羅, chimmpra)' 라는 지명이 아직도 남아 있다. 오늘날 제주도는 고구려 땅이기에 '탐나는 마을'이라는 뜻에서 '탐모라(耽牟羅, tammora)'라고 했다가 『일본서기(日本書紀)』 등에서는 줄여서 '탐라(耽羅)'라고 했다. 울진봉평 신라비(524년)에서는 신라중고기(中古期)의 '월경인촌(越境人村)'이란 의미로 '거벌모라(居伐牟羅)'208 기록과 광개토왕비에선 '옛 마을의 성'이라는 뜻인 '고모루성(古牟婁城)'이 기록되어 있었다. 이를 통해서 볼 때 신라어 마을 '모라(牟羅, mora)'를 고구려어로는 '모루(牟婁)'라고 했다.209 오늘날 일본에선 마을(村)을 '무라(むら, mura)'로 사용하고 있다. 마한(馬韓)이나 백제에서는 '모로(牟盧, moro)' 혹은 '모라(牟良, mora)'로 기록했다.210

이렇게 전략촌 혹은 요새 마을이란 의미로 삼한 시대에 '비리(卑離, biri)' 라고도 했다가 백제 시대엔 '부리(夫里, buri)'211라고도 했다. 대표적으로 548년 백제 성왕(聖王, 523~554) 때 부여소부리(夫餘所夫里)로 천도했다는 기록이 있다.212 삼국사기에선 고소부리(古所夫里), 미다부리정(未多夫里停), 소부리(所夫里) 등의 지명이 나오고 있다.213 현재도 남아있는 우리나라 지명으로는 제주도 산굼부리(山穴凹, 山仇音夫里) 등이 있으나, 이상하게도 가장 많이 남아있는 곳은 태국(Thailand)이다. 롭부리(Lopburi), 칸차나부리(Kanchanaburi), 랏차부리(Ratchaburi), 싱부리(Sing Buri) 등 십여 곳에 지명으로 남아있다. 이렇게 용어가 같은 건 범어(梵語, Sanskrit)인 '부리(Puri)'에서 나왔기 때문이다. '요새화된 도시(fortified city)' 혹은 '요충지(key point region)' 뜻이다.214

만약 현재 시점에서 신라고어(新羅古語)를 연구하자면, 국내에서는 경상도, 강원도, 충청도에서 현재까지 남아있는 방언에서도 찾을 수 있으나, 이상하게도 외국에서 많이 찾을 수 있다. 이런 현상은 당시 신라 국제교역의 힘이었다. 오늘날 일본어의 7할은 백제어가 기반이고, 신라어에서 나온 말도 15~20%는 된다. 그뿐만 아니라 중국기록으로는 『삼국지 위지 동이전 신라조(三國志 魏志東夷傳新羅條)』, 『신·구당서(新·舊唐書) 동이전 신라조(東夷傳新羅條)』, 『양서 신라전(梁書新羅傳)』 등에서도 많이 남아 (기록되어) 있다. 여기서 『양서 신라전』의 사례를 살펴보면 "그곳(신라) 말로 큰 마을(大城)은 '건모라(健牟羅)'라고 하고, 읍(邑)의 안쪽은 '탁평(啄評)', 바깥쪽은 '읍륵(邑勒)'이라고 했다. 갓(冠)은 '유자례(遺子禮)', 내의(襦)는 '위해(尉解)', 바지(袴)는 '가반(柯半)', 신발(靴)은 '세(洗)'라 했다."215 "그들(신라 사람들)은 절하고 걷는 걸음 모습이 마치 고구려 사람들과 아주 닮아 있다. 그런데 같이 쓰는 글자가 없어서 나뭇가지에다가 칼로 부호 같은 걸 새긴 목각신(木刻信)으로 서로 의사소통을 하거나 약속도 한다. (양나라에서) 신라 사람과 의사소통을 할 때는 중간에 백제 사람을 끼워 넣어서(중간통역으로) 소통했다."216

최근 국내외 목간(木簡)에서 나온 신라의 수사(數詞)를 살펴보면 "하나(一邑), 둘(二尸), 셋(三邑)…." 등으로 표기된 익산 미륵사지(彌勒寺址)에서 목간이 발견되었다.[217] 고려어(高麗語)의 기반이 신라어였기에, 고려어를 이어받은 조선어는 두말할 필요도 없이 신라어가 우리나라의 기반이다.[218] 신라 향가처럼 고려 향가도 전해오기에 고려어를 통해서 신라어까지 '거꾸로 거슬러 추론(逆行推論, retro-duction)'해 올라감도 가능하다. 아예 한양대학교 수학교수를 역임했던 김용운(金容雲, 1927~2020)은 『한국어는 신라어, 일본어는 백제어: 한국어와 일본어는 같은 뿌리라』라는 저서까지 출간했다.[219]

'신라(新羅)'라는 국명은 '서라벌의 새로운 명주 비단 조하주(徐羅伐之新朝霞綢)'를 줄여서 외국에서부터 먼저 '신라(新羅)'라고 했으며, 일본에서는 '신라기(しらぎ)'라고 했으며, 남중국해 주변국에서 '실크(silk)'라고 했다. 서세동점의 영향으로 영어단어에도 사용되었다. 신라어 '미르(water)'가 러시아에도 물 섶에 모여 사는 '동네(mir)' 혹은 '집단(mir)'으로 사용하고 있다. 일본에서 '미즈(みず)'로, 영어사전에는 신라어 '물거울(mirror)[220]', '수렁(mire)', '(물거울처럼) 헛것이 비춰짐(mirage)' 혹은 '(물에 비치는 것처럼) 현실에 나타남(miracle)'이 오늘날 영어사전에 등재되어 있다. 우리말에는 '미르'는 조선 시대 최세진(崔世珍, 1468~1542)이 1527년에 쓴 '훈몽자회(訓蒙字會)'에서 '미르 룡(龍)'이라고 해석을 단 이후에 물(水)에서 용(龍)으로 의미변천(意味變遷, meaning transition)을 했다. 오늘날 미르(물)의 의미로 남아있는 단어론 '미~'라는 접두사가 붙어있는 미나리, 미리내(銀河水), 미꾸라지, 미더덕, 미루나무(水邊綠地), 미터(高水敷地) 등이 국어사전 남아있다. 2016년에 인구회자(人口膾炙)했던 '미르재단'은 누구나 다 알고 있다.

명주 짜던 신라 아가씨 세오녀(細烏女)가 일본천조대신(日本天照大神)이 되었다

오늘날 포항시 오천읍(烏川邑)은 별나라(辰國, 혹은 三韓時代) 때 별 동네 (辰韓) 12 나라 가운데 '노인들이 부지런한 나라'라는 의미의 '근기국(勤耆國)'이었다. 한반도에서 '동해에 떠오르는 해돋이' 명소라는 뜻에서 태양 숭배의 '삼족오(三足烏)' 신앙에 결부시켜 '큰 까마귀 고을(斤烏之縣)'이라는

의미에서 신라초기 삼국정립 때는 근오지현(斤烏支縣) 일명 오량우(烏良友) 혹은 오천(烏川)이라고 했다. 통일신라 757(경덕왕 16)년에 임정현 (臨汀縣) ▶ 의창군(義昌郡) ▶ 흥해 군(興海郡)으로 배속되었다. 고려에 들어와 930(태조 13)년에 '동해의 해맞이'라는 의미를 살려 영일현(迎日縣) 또는 연일현(延日縣)이라고 했다. 이와 같은 해맞이(迎日)와 세발까마귀(三足烏)를 소재로 한 '해살(三族烏)처럼 밝은 미녀(細烏女)'라는 설화를 낳았 다. '세오(細烏)'라는 신라어엔 세발까마귀(三足烏) 혹은 가는 올 명주(細纖紬)라는 의미를 음과 훈으로 표기했다.[221] 여기서 세발(三足)는 어떤 상징 성보다 그림의 직감은 '한 발 더 빠름(快了一步, one step faster)', '더 발 빠 름(快脚, quick feet)' 혹은 "남보다 더 많은 노력 혹은 행동을 하라(做的比 別人多, Make more effort or action than others)."는 선인의 교훈이다.[222] 오 늘날에 나타난 결과는 '빨리빨리 민족성(speed spirit, 快來堅靭)'[223]의 기원 이 되었다.

이와 같은 설화를 바탕으로 고려 때 경산시에 출생한 일연(一然, 1206~1289)은 1281년에 출간한 『삼국유사(三國遺事)』에서 "157(阿達羅尼

師今4)년에 동해바닷가 연일현(延日縣)에 '해돋이를 보고 성장한 사나이(延烏郞)'가 '섬세한 실오리로 명주를 짜는 미녀(細烏女)'와 행복하게 살았다. 어느 날 하루는 연오랑 사내가 해초를 채취하려 바다에 나갔다가 갑자기 바위 같은 물체(혹은 물고기)가 그를 등에 업고 일본으로 가버렸다. 그는 일본왕(倭王), 즉 천조대신(天照大神)이 되었다. 세오녀(細烏女)는 남편이 끝내 돌아오지 않자, 남편이 벗어놓고 간 신발을 보고 그 바위에 올라갔더니 세오녀를 싣고 일본에 도달하여 왕비가 되었다. 이런 일이 있는 뒤 신라에는 해와 달이 없어졌으니 신라 국왕은 일관에게 물어, 일본에 사자를 보냈다. '내가 일본에 온 건 하늘이 시킨 일이니 어찌 돌아갈 수 있겠소. 그러나 나의 아내(細烏女)가 짠 고운 비단이니 이것을 갖고 가서 하늘에 제사를 지내면 해결될 것이오(我到此國, 天使然也, 今何歸乎. 雖然朕之妃有所織細綃, 以此祭天可矣).'라고 했다. 그대로 제사를 지냈더니 해달이 다시 살아났고, 그 비단을 귀비고(貴妃庫)에 보관했으며, 천제(天祭)를 지냈던 곳을 도기야(都祈野, 해돋이 들)라고 했다."라고 기술하고 있다.224

이와 같은 기록을 기반으로, 에도시대(江戶時代, 1603~1868) 교토덴도구(京都天道宮)에서 신주(神主)를 역임했던 오가사와라 도리(小笠原通当)는 초서본(草書本)으로 저술된 『카미요노마키호츠마츠타(神代卷秀眞政伝, かみよのまきほつまつたゑ)』전 10권을 번역하고, 새롭게 주석을 달았다. 즉 『카미요노마키호츠마츠타(神代卷秀眞政伝)』은 『일본서기(日本書紀)』와 『카미요노(神代)』에 숨어있는 스토리를 찾아내어 해석을 붙여서 절장보단(絶長補短)해 재차 저작했던 원전이 바로 『히데마사전(秀眞傳)』이다. 재차 저작에서 당시 통용되었던 신도사상(神道思想)을 가미했다.225 일본의 태양신(天照大神)은 아마테라스(天照大神)와 아마테라스오미(瀨織津姬) 부부가 바로 157년에 일본에 건너간 연오랑(延烏郞)과 세오녀(細烏女)로 기록되어 있었다.

　제정일치 시대였던 당시의 개념에선 연오랑(延烏郎)은 까마귀 모자를 쓰고 하늘에 제사를 지내는 제사장(祭司長)이었고, 세오녀(細烏女)는 제례복(祭禮服)을 짜는 신녀(神女, 瀨織津姬)였다. 연오랑이 죽고, 세오녀는 일본여왕(神武天皇) 히미코(卑彌呼)가 되어 247년까지 통치를 했다. 한마디로 요약하면 신라 세오녀(細烏女)는 제례복(祭禮服)을 짜던 신녀 세오리츠히메(瀨織津姬)다. 불교 범어로 말하면 파리공주(頗梨公主)였다. 그녀는 남편의 뒤를 이어 태양신인 아마테라스(天照大神)에 등극하게 되었다. 여기서 범어(梵語, 산스크리트)로 달(月)을 의미하는 히미(himi) 혹은 히마(hima)에 착안해서 히메(姬) 혹은 히미코(卑彌呼)라고 칭했다. 다시 언급하면, 고대 일본에선 '달의 왕(月王, King of Moon)'이란 의미로 남자 왕은 '히미쿠코(卑彌弓呼)'이고, 여왕은 '히미코(卑彌呼)'라고 호칭했다. 같은 의미로 일본서기(日本書紀)에서는 월궁호(月弓呼,ひみここ) 혹은 '월궁존(月弓尊, つきゆみのみこと)'으로 표기하고 있다. 신라 왕족과 연결시키면 석탈해(昔脫解)의 후예 '월독명(月讀命)'의 후손으로 '월궁존(月弓尊)'이 연계된다. 또한, 범어 '아마티(amati)'도 달(moon)을 의미하기에 '아마테라스(天照大神)'도 '달의 왕(King of Moon)'에 해당한다. 그리스 신화로는 '태양의 신(God of Sun)'과 연결되고, 일본서기(日本書紀)에서 679년 국명을 '일본(日本)'이라고 함에도 이런 의미를 부여했다.[226]

　지금도 일본 교토(京都)시 후카구사(深草) 지역 '볏짚 산더미(稻荷)' 의미인 이나리산(稻荷山)이 있고, 산기슭에는 신라의 농사의 신(農神) '우카노미타마노카미(宇迦之御魂大神)'를 모시는 후시미이나리대사(伏見稻荷大社)라는 큰 사당이 있다. 일본 전국에 이나리대사(稻荷大社)를 본사로 이나리신사(稻荷神社)가 2만여 곳이나 된다. 일본 고대사 우에다 마사아키(上田

正昭, うえだ まさあき, 1927~2016)[227] 교토대학교 교수는 "일본 왕실은 매년 11월 23일 밤 제사 신상제(新嘗祭)를 11월 8일에 이나리 대사에서 거행하는데, 한신·신라신(韓神·新羅神)을 모시는데 축문에 경상도 사투리 '아지매(阿知女, あ~ち~め)'를 부른다."[228] 이뿐만 아니다. 일본에서 신사(神社) 혹은 신궁(神宮) 등에서 강신주문(降神呪文)으로는 물론이고, 진혼가(鎭魂歌)에서도 '아지매(あ~ち~め)'가 아직까지 수도 없이 사용되고 있다. 여기서 아지매(阿知女, あ~ち~め)는 바로 천조대신(天照大神)인 세오녀(細烏女)를 칭한다.[229] 일본에서는 '오천 아지매(細烏女)'를 천 년 이상 목이 터지도록 외치는데, 우리나라에서 2018년엔 이해리의 노래 '자갈치 아지매'[230]가 잠깐 유행했다.

아마테라스(天照大神)을 모시는 신궁(神宮)이 일본에만 있는 것이 아니었다. 1894년부터 달성(達城土城)에서 주둔했던 일본 제국군 14연대가 청일전쟁(1896년)에 대승을 거두자, 대승첩기념지(大勝捷記念地)였던 달성공원(達城公園)을 1905년 대일본제국의 성역(聖域化)으로 최초로 공원(公園)으로 지정했다. 1907년엔 일본혼슈(日本本洲) 미에현(三重縣) 이세신궁(伊勢神宮)의 독특한(唯一身命造り)모습을 본떠 '황태신궁(皇泰神宮)'을 건축하고 '아마테라스(天照大神)'를 모셔 참배하게 했다. 결국은 '가는 올 명주 짜던 신라 아가씨(細烏女)'의 입장에서는 1750년 만에 일본의 여신이 되어 고국 신라로 귀환했다.

7. 한때 신라제국의 도읍지로 간택되었던 달구벌

'천년황궁월성(千年皇宮月城)' 신라

오늘날 '까마귀 내(烏川)'에서 살았던 부부가 일본에 건너가서 '달의 신(天照大神)'이 되었다는 전설이 말하는 건, 신라가 '천년월궁(千年月宮)'이었다는 사실이다. 그래서 신라 제5대 파사이사금 22(婆娑尼師, 101)년에는 시조 때부터 내려온 금성(金城)231 동남쪽에다가 '달의 성(月城)'을 쌓았는데, 그 성 이름이 '초승달 성(新月城, 둘레 1,823보)'이었다. 한편 북쪽에다가 '보름달 성(萬月城, 둘레 1,828보)'을 만들었고, 동쪽에다가는 '(달) 밝아오는 성(明活城, 1,906보)'을 만들었으며, 남쪽엔 '달 뜨는 남산 성(南山城)'을 축성했다232고 삼국사기는 말하고 있다. 그래서 신라(金城)를 '샛별의 나라(金星國)' 혹은 '달의 나라(月城國)'이라고도 했다. 심지어 '달의 나라(月城)'를 줄여서 순수한 신라어론 '달나라 성(達城)'이라고도 했다. 조선 시대에 들어와서 신라의 후예를 자처하면서 금(金)나라와 후금(後金)에 이어 청(淸)나라마저도 '나는 신라의 후예임을 자각하노라(我新覺羅)'233라고 신라 적통을 이어받겠다고 노력했다. 이를 조선 시대에 들어와서는 '뭇사람들의 말(입)로 녹여내 버린다(衆口鑠金).'의 비법으로 '초승달 성(新月城)'을 '반쪽짜리 달성(半月城)' 혹은 '미완월성(未完月城)'이라고 칭했다.

이와 같은 비법은 660(의자왕 20)년 6월에 부여왕궁 돌거북등(石龜背)에 "백제는 보름달과 같고, 신라는 초승달과 같도다(百濟同月輪, 新羅如新月.)."234라는 글귀가 적힌 것이 발견되었다. 이를 점술가들에게 해석을 시켰더니 "기울어져 가는 백제 국운이고, 날로 성장하는 신라를 뜻합니다. 국운을 돌려놓는 방법은 반달모양의 떡을 해먹도록 하세요.”라고 처방전을 내주었다.235 그래서 백제 송엽반월병(松葉半月餠)을 해먹었고, 신라는 한술 더 떠서 ‘미소 짓는 초승달 떡(笑新月餠)’을 해먹었다.236 오늘날 우리들이 한가위 보름날(秋夕)에 송편(松䭏)을 해먹는 기원이 되었다. 이런 풍습이 즉 650년 6월부터 나당연합군(羅唐聯合軍)이 결성되어 668년 고구려까지 멸망시켰으나, 끝내 나당전쟁 7(670~676)년 동안 신라에 머물렀던 당나라 군인들이 패배하고 귀국해 ‘송엽소신월병(松葉笑新月餠)’의 풍습을 중국에다가 전래했다. 그래서 오늘날까지 중국엔 ‘중추지절달떡(中秋之節月餠)’이란 신라풍습이 전래되고 있다.

신라의 상징인 초승달(新月)은 전쟁터에서도 군사들에게 군령을 전달했던 신라 전령기에도 ‘낮에 나온 반달(晝顯新月)’처럼 푸른 바탕색에 흰색 초승달을 그려 넣었다. “신라 사람들은 푸른색, 붉은색 등을 이용해서 군 조직을 구분했으며, 전체적 국가를 상징하는 건으로 반달을 표시했다(羅人徽織, 以靑赤等色爲別者. 其形象半月.).”237라고 삼국사기에서 적고 있다. 이들 군부대 깃발에다가 ‘반달가슴곰(半月胸熊, asiatic-black bear)’ 가죽 장식으로 대장군 깃발인 제감화(弟監花), 군사령관 깃발(軍師監花), 및 당주의 깃발 대장척당주화(大匠尺幢主花)를 만들어 사용했다.238 초승달(新月)은 신문왕 2(682)년 2월에 오늘날 말로 색채와 디자인(color & design)을 전담하는 기구 ‘채전감(彩典監)’을 설치하고239, 자신의

옷깃이나 가슴에 초승달 모양을 만들어 달았다.240 귀족들도 초승달 깃(반달 깃)을 만들었고, 소매 모양도 초승달을 상징하는 반달 깃(新月襟,

halfmoon lapel)을 즐겨 사용했다. 오늘날 우리들도 한복에 반달 깃을 즐겨 달고 있다.

우리의 선인들은 하늘에 떠오르는 초승달이 지상에도 만들어진다는 사실을 한반도에서 깨달았다. 바로 강물, 바닷물이 만나는 두물머리(扇床地, Mesopotamia)에서는 비옥한 초승달 모양의 옥토가 생겨 점점 커지는 과정을 보고 초승달(新月)이 커가는 모습을 연상했다. 당시 신라어로는 '물(mir)과 섶(e)'이 합쳐진 '미르에(mire, ['maɪər])'란 말은 오늘날 수렁(mire)이란 뜻으로 한국어 사전이 아닌 영어사전에 등재되어 있다. 이렇게 '땅 위 초승달(crescent moon on the earth)'에 대해 최초로 이해했던 서양 학자는 신라인보다도 천 년 이상 뒤 1916년 미국 역사가 제임스 헨리 브레스테드(James Heny Brestead, 1865~1935)241는 '비옥한 초승달(Fertile Crescent)'242이라는 용어로, 페르시아 만(灣) 충적평야(沖積平野)인 이란고원, 자그로스산맥의 서쪽 티그리스 유프라테스 강을 따라 북상하는 아르메니아로부터 타우루스산맥의 동쪽을 시리아, 팔레스티나로 연결한 지역을 '인류 농경 문명의 요람(cradles of agricultural civilization)'243으로 생각했다. 이를 기반으로 오늘날 우리들이 잘 아는 '비옥한 초승달(fertile crescent)' 지도를 작성했다. 낙동강과 금호강의 '두물머리(兩江扇床地)'를 그리스어로 메소포타미아(Mesopotamia)다. 신라인들은 '초승달같이 비옥한 구릉지 벌판(新月沃丘)'이란 말을 줄여서 '달구벌(達丘伐)'이라고 했다. 오늘날 서양식 표현을 빌리면 '비옥한 초승달(fertile crescent)'이란 뜻이다. 통일신라 시대 때도 한가운데 배꼽에 해당하는 위치에서 곡창(穀倉, 곳간) 역할을 할 수 있기에 이곳으로 통일신라의 수도로 천도(遷都)까지 구상했다.

비옥한 초승달(肥沃新月), 달구벌

통일신라 신문왕 6(686)년쯤 달구벌로 천도를 구상했는데, 그 대상지가 호국사찰 송림사의 인근 수창군(壽昌郡)이었다. 호국사찰 마정계사(摩頂溪寺)에 관한 근거 문헌으로는 최치원(崔致遠, 857~몰년 미상)이 909년 6월 26일 이후 남령팔각등루(南嶺八角燈樓)[244]에서 지었다는 『신라수창군호국성팔각등루기(新羅壽昌郡護國城八角燈樓記)』[245]다. 고운선생(孤雲先生)의 『팔각등루기(八角燈樓記)』에선 당시 "호국성(護國城)인 달불성(達佛城, 오늘날 달성토성)에서 북쪽에 있는 마정계사(摩頂溪寺, 오늘날의 松林寺)에 큰 부처님이 앉아 계시는 연꽃 자리(蓮花座)는 하늘 끝까지 솟아 있고, 왼쪽 협시보살(保處菩薩)들도 높이가 어마 무시했다(高亦如之). 남쪽으로 걷다가 한 여인네들에게 마정계사의 불상이 어째서 그렇게 어마 무시(峻極)하냐고 묻자, 출가하지 않는 여신자(優婆夷, upāsikā) 같이 보이는 분이 '이곳은 거룩한 지역입니다(是處是聖地也.).'라고 했다."라고[246, 247] 기록하고 있다. 사실 이 기록은 전체 문맥상으로 호국성달성(護國城達城)을 둘러싼 달구벌을 묘사한 글이다.

먼저 수창군(壽昌郡)의 배속연대(配屬年代)부터 살펴보면 i) 신라시대 칠곡군은 팔거리현(八居里縣) ▶ 북치장리현(北恥長里縣) ▶ 인리현(仁里縣)에 있다가 경덕왕(재위 시기: 742~765년)이 팔리(八里)로 개칭하고 수창군(壽昌郡)에 배속시켰다. 따라서 신문왕 6(686)년 당시 오늘날 칠곡은 수창군에 소속하지 않았다. ii) 또한 신라 중악(中岳, 오늘날 팔공산)에다가 송림사(松林寺)의 오층전탑(五層塼塔) 사리장엄구(舍利莊嚴具)를 제작한 시기는 제31대 신문왕 집권기(681년 7월 2일~692년 7월 2일)인 682년 전후였다. 따라서 달구벌 천도와 호국사찰 송림사 창건과 연계성이 전혀 없다고는 부인할 수는 없다. iii) 삼국사기 기록으론 689년 윤(閏) 9월 26일 장산성(獐山城, 경산과 대구 경계선상의 성벽)을 신문왕이 순행한 이후는 천도 작업을 접었다.[248, 249]

더욱 정확한 천도 대상지는 당시 대구현(大丘縣) 속했던 현재 비산동, 내당동, 평리동, 대명동, 복현동 등에 해당한다.[250] 달구벌에다가 244년 토성을 쌓기 시작해 261(첨해이사금15)년 축성완료와 경위십칠등급(京位十七等級) 가운데 11등급에 속하는 나마극종(奈麻克宗)을 초대성주(城主)로 파견해[251] 지켰던 호국성(護國城) 달성(達城)을 중심으로 도읍지를 구상했다. 이렇게 통일신라의 도읍지를 옮기고자 구상(遷都構想)한 이유로는 i) 달구벌의 위상은 통치와 국방상 국토 중심축에 해당했고, ii) 통일신라 새로운 왕조의 개척에 비옥한 초승달(달구벌)로 새로운 의미에 부합했다. iii) 팔공산(北山屏風)과 비슬산(西山隔璧) 등으로 둘러싸인 분지로 인해 나성축조(羅城築造)가 불필요해서 단시일에 천도가 가능했다. iv) 더욱 낙동강(西江垓字)과 금호강(內城垓字)으로 철통 수비가 가능했다. v) 금호·낙동 두 강을 이용한 수운물산 교류의 최적지로 달구벌이 천도 대상지였다. vi) 북두칠성 자미원(옥황상제가 사는 곳)의 천기를 염탐하기에 천왕지(天王池)가 있어 첨성대를 건립하지 않아도 천기염탐의 의미통치가 가능했다. 왜냐하면, 나중에 최치원의 『팔각등루기(八角燈樓記)』에서 밝혔듯이 '천왕지와 호국성이 있는 성지(聖地在天王池又護國城)'라는 사실이었다. 당시는 천문학(天文學)이 지배적이었고, 200년 후 9세기경 나말려초(羅末麗初)에 풍수지리설(風水地理說)은 도선(道詵, 827~898)이 저술한 『도선비기(道詵秘記)』에서 태동되었기 때문이다.

당시 달구벌 천도 논리는 B.C. 3,500년 전부터 어린아이들이 갖고 놀던 "팽이[252]가 쓰러지지 않고 팽팽 돌아가는 이유는 팽이 가운데가 중심(飽

心)을 잡고 있기 때문이다(頂飽心行)." 이 천도 논리는 경주 귀족(新月聖骨)들에게 조금도 먹혀들지 않았고, 오히려 "배부른 고양이는 쥐를 잡지 않는다(飽猫不抓鼠)."라는 신라망국론을 제시했다. 이런 현상을 보면 공자(孔子, B.C. 551~B.C. 479)가 일찍이 정치는 "반드시 대의명분을 바로 세워야 한다(必也正名乎)."253라는 걸 새삼 느끼게 했다. 팽이 논리는 끝내 신라제국의 운명은 마치 호메로스(Homēros, B.C. 800~B.C. 700 추정) 『일리아드(Iliad)』의 표현처럼 "(트로이

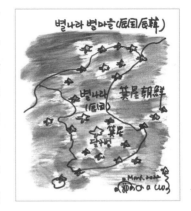

는) 마지막 돌아감(回轉)에 가까워져서는 비틀거리는 팽이처럼 휘청거렸다(Πιο κοντά στην τελευταία στροφή, τρεκλίζοντας σαν ιλιγγιώδης κορυφή)."254는 국운을 예언했다.

한편 우국충정(憂國衷情)에 불타고 있었던 최치원(崔致遠)은 신라불국의 안양정토(安養淨土)로 달구벌을 칭송했다. "이곳(달구벌)을 살펴보면, 옛날과 오늘날이 본질적으로 교류되며, 유무(有無)가 상생했다. 지명을 더듬어 보더라도, 하늘의 뜻을 모두 녹여 만들었다. 서편(兌位)에 불좌당(佛佐塘, 聖堂淵), 동남쪽 모퉁이(巽隅)엔 불체지(佛體池, 南沼荷花)가 있으며, 동쪽(東)에는 천왕지(天王池, 西門市場)라는 특별한 연당까지 있다. 서남쪽(坤方)엔 호국고성(護國古城) 달불성(達佛城)이 있고, 여기에다가 남산(南方)인 불산(佛山, 大德山)이 있으니…. 이런 지명들을 아무런 의미도 없이 그냥 지은 게 아니다. 어떤 하늘의 이치에 따른 것이다. 이곳이 최고로 축복받은 땅(勝地)이다. 이름 하나 헛되게 설정하지 않았으니(名非虛設) 이곳은 언젠가는 이름값을 하리라(勝處所與, 良時斯應)."255 하고 확신했다. 여기서 태위(兌

位), 손우(巽隅), 곤방(坤方) 등의 후천팔괘(後天八卦)로 방향을 표기함으로 미뤄 짐작하면 신라호국성이 팔괘진법방어체제(八卦陣法防禦體制)였음을 말하고 있다.

8. 달구벌의 옛 나라 이름을 찾아서

생명나무(生命樹)에 별이 열리는 달구벌로

한반도를 고구마 텃밭(甘藷田)에 비유해 통시적(通時的, chronical)으로 살펴보면, 산맥 아래에 나라가 생기는 모습이, 줄기마다 땅속 고구마가 주렁주렁 달리는 꼴이다. 고조선 이전을 씨족사회에서 부족으로 성장하는 과정이기에 국가형태를 갖추지 못했다고 넘어가더라도 삼한시대(三韓時代)에 들어와서는 더욱 주렁주렁 열렸다. 진수(陳壽)의 『삼국지(三國志)』와 『한서(漢書)』에서 마한(馬韓) 54개국, 변한(弁韓) 12개국과 진한(辰韓) 12개국으로[256] 78개국이 열국각축전을 벌였다.[257, 258] 중국에서는 한반도의 동쪽 은하수에 있는 '하늘 별나라(天辰之國, Star Heaven)' 혹은 줄여서 '별나라(辰國)'라고 칭하였다. 북두칠성의 천국삼원(天國三垣)을 본떠 '진국삼한(辰國三韓, Tree Lands in Heaven Kingdom)'이라고 기록하고 있다. 이런 꿈속의 별나라를 찾아든 사례로는 진(秦)나라가 망하자 떠돌던 유민들이 찾아왔기에 '별나라 한반도(辰韓)'는 중국에서는 진한(秦韓)이라고 했다. 이와 같은 현상을『삼국유사(三國遺事)』의 표현은 최치원의 말을 빌려 연나라 사람들이 탁수(涿水: 涿鹿)에서 들어와 동네 이름까지 사탁(沙涿) 혹은 점탁(漸涿)이라고 붙였다(故取涿水之名, 稱所居之邑里, 云沙涿漸涿等)고 적고 있다.[259]

중국에서 한반도 '별나라 땅(辰國)'으로 들어온 이유는 그들이 천문에 대한 믿음 때문이다(上通天文). B.C. 560년 이전 시가집『시경(詩經 小雅大東篇)』에는 주나라의 세상을 한탄하는 시가 있는데 "남쪽 하늘에는 키별나라 (箕星國)엔 키질 한 번 하지 않아도 (배불리 먹겠구먼), 북쪽 하늘엔 국자 모양의 북두칠성이 있어 그것으로는 술도 국물도 뜨지 못하겠구먼. 남쪽 별나라에

키 모양의 별(箕星)이 있어 혀를 내밀어 (맛있는 음식을) 삼키는 듯하고나. 북쪽 국자 모양의 북두칠성이 있어. 서쪽으로 국자 자루가 걸려 있다네(維南有箕, 不可以簸揚, 維北有斗, 不可以挹酒漿)."[260] 그뿐만 아니라 그들은 금성(金星, 샛별)이 6개월은 새벽별(鷄鳴聲)로, 6개월 뒤엔 저녁 장경성(長庚星)으로 뜬다는 사실까지도 시가에서 노래하고 있다.[261] 후한 말 응소(應劭, 출생 미상~204)가 저술한 '풍속통의(風俗通義)'에서 농사를 관장하는 건 동청룡칠수(東靑龍七宿)의 항문(肛門)에 해당하는 키 별자리(箕宿, 주홍색 4개), 이곳엔 절구공이별(木杵星, 주홍색 3개)은 도정을 맡고 있으며, 키로 까불고 난 뒤의 쭉정이별(糠星, 검정색 1개)이 밝으면 풍년이 지고 어두우면 흉년이 진다고 판단했다.[262]

오늘날 천문학 용어로는 남동쪽 궁수(射手) 별자리를 보고 한반도로 찾아 들어왔다. 중국에선 '키 별자리의 조선(箕子朝鮮)'이라고도 한때 조선반도를 좋게 불렸다. 이런 믿음은 조선 시대 천문학자들까지도 '조선은 키 별

자리에 속한다고(朝鮮屬星卽箕宿也)' 믿어왔다. 한마디로 동양천문관(東洋天文觀)에서는 한자로 농사 농(農) 자는 '인간의 간곡(懇曲)한 기원을 별(星辰)이 점지해 주는 것(懇曲祈願, 得星辰産)'으로 생각했다. 왜냐하면, 새벽 샛별(曉星) 보고 일터에 나와서 어두워져 저녁별(夕星)을 보고서야 비로소 집으로 들어갈 만큼 간곡하게 일해야 했다(晨星夫出, 夕星夫入). 송(宋)나라 오문영(吳文英, 1200~1260)의 시 구절에도 "등불 밖 강호엔 밤비가 처절하게 내리더니. 달 주변 은하수란 새벽 별만이 홀로 떠 있네(灯外江湖多夜雨, 月邊河漢獨晨星.)."263라고 농부의 마음을 새벽 별이 헤아리고 있는 모양이었다.

동진(東晋)의 간보(干寶, A.D. 286~A.D. 336)264라는 천문도사(天文道士)는 '신선들의 괴기한 기록(搜神記)'을 남겼는데 "남두육성은 생명의 나무에 물을 주고 계셨고, 북두칠성은 죽음의 강에다가 물을 쏟아붓고 있더라(南斗注生, 北斗注死)."라고 적고 있었다. 4세기 이후에는 한반도 선인들은 남두육성을 농업의 신으로 모셨다. 한반도 고인돌 덮개에는 북두칠성을, 선돌 앞면에 남두육성을 암각화로 새겨왔다. 현재 달구벌에 남아 있는 유적으로는 동구 괴전동(槐田洞)의 별자리 암각화, 달서구 진천동(辰泉洞) 고인돌의 동심원과 달성군 천내리(川內里) 고인돌의 동심원 암각화도 별자리를 그려놓고 있다. 특히 달구벌은 '동쪽 별나라(辰國)'이었으며, 그 가운데 '별 가운데 별(辰韓)' 나라였다는 사실을 말하는 건 '천왕지(天王池)'가 있었다. 동양 천문학에서 옥황상제(天王)가 사시는 곳이 북극성 자미원이 비취는 천왕지(天王池)를 통해서 천기(天機)를 통치자들은 알고자 했다.

909년 6월 26일 득난(알찬)에 올랐던 최치원(崔致遠)이 달구벌 남령(南嶺)에서 들판을 내려다보고 "옳거니, 이곳이 바로 신성한 땅이지(是處是聖地也)."라고 경탄했던 곳이 달구벌이었고, 특히 천왕지(天王池)였다. 천왕지는 매립되었으나 오늘날까지도 '별빛 쏟아지는 샘(辰泉)'이란 진천동(辰泉洞)이 있다. 진천동 선사(靑銅器)시대 고인돌에서는 동심원 3개(三垣紫微垣)로 하늘 닭(天鷄: 二眼一足, 飛上天鷄)을 의미하는 추상화를 암각화로 남겼다.

삼한시대 달구벌에 있었던 나라 이름은?

삼한시대 달구벌(達句伐)이 속했던 국명에 대해 아직도 확정된 게 없어 갑론을박(甲論乙駁)이 필요하다.[265] 아직도 많은 자료에서는 삼한시대 대구가 탁국(卓國) 혹은 탁순국(卓淳國)이었다고 주장해왔던 근거는 일본서기(日本書記)에서 249(신공황후 49)년에 "아라다와케(荒田別)와 가가와케(鹿我別)를 정벌사령관으로 삼고, 구씨(久氏)와 함께 신라정벌을 도모하고자 출병해 탁순국(卓淳國)까지 부지런히 들어가서 신라를 기습하였다(至卓淳國, 將襲新羅)."[266]라는 기록을 근거로 탁순국(卓淳國)이 차음표기가 다벌국(多伐國) 혹은 달구벌(達句伐)과 유사하다는 이유로 '달구벌=탁순국'을 정설로 비정(比定)하였다. 그러나 2020년 9월 창원시 진해구 제2 안민터널 공사장 발굴유적에서 한자 기록 목간(木簡)이 대량적으로 발견되었고, 이로 인해 탁순국(卓淳國)이 창원에 있었다는 사실(史實)이 밝혀졌다.[267]

한편, 삼국사기(三國史記)에 의하면 제5대 파사이사금(婆娑尼師今, 재위 80~112)이 즉위 29(108)년 5월에 "큰물(홍수)이 났다. 그로 인해 백성들은 수해로 인한 기근이 심각해졌고, 10도 각처에 관리를 보내어 국고를 열어 먹을 걸 나눠줬다. 그럼에도 민심이 들끓었던 비지국(比只國, 오늘날 경남 창녕 혹은 경주 안강), 다벌국(多伐國, 達丘伐 혹은 포항 흥해) 그리고 초팔국(草八國, 합천군 초계면)을 토벌해 병합시켰다(遣兵伐北只國多伐國草八國幷之)."라고 기록하고 있다.[268] 여기서 오늘날 대구(달구벌)가 속했던 나라를 다벌국 (多伐國)이라고 i) 이병도(李丙燾) 사학자가 주장하였는데[269] 그 근거는 정 벌하려고 출정했던 군대의 진군 방향으로 봐서 오늘날 창녕 ▶ 달구벌 ▶ 초계(합천) 일진삼병(一進三井) 전략이 가장 합리적이라는 것에 착안했 다.[270] 물론 안강 ▶ 달구벌 ▶ 초계(합천)으로 성동격서(聲東擊西) 전략을 구사할 수 있으나, 천재지변(洪水饑饉)과 민란으로 국가위기를 자초할 전 략은 구사하지 않는다는 상식이다.

또 하나의 근거로는 언어학적으로 ii) 오늘날 경산(慶山)에 소국 압독국 (押督國, 102년에 신라에 병합)이 있었는데 '둙벌 앞에 있는 나라(達伐前國)'을 신라어로 '앞둙국(押督國)'으로 표기했다고 보면 '둙벌국(多伐國)'이라고 불 렸을 것이다.[271] 즉 '둙벌(達丘伐) 앞'을 '앞둙(押梁)'으로도 표기했다[272]. 오늘 날 우리들이 압량읍(면)이라고 한자를 독음할 수 있으나 삼한의 압독국 (押督國)이라는 흔적이 여전히 남아있다. iii) 양서(梁書)에서도 '둙벌(啄評)' [273]로 표기하고 있고, 일본 서기에서도 '달구벌 가야' 혹은 '둙국(啄國)'으로 기록하고 있다. 신라지명에는 오늘날 동네 혹은 마을(혹은 마실)[274]을 '모라 (牟羅)' 혹은 '모랑(牟朗)'이라고 했다가, 불교가 도입되고부터 산스크리트어 요새지(要塞地)라는 '부리(puri, 部里)'라는 말이 들어왔다.[275] 둙무실(啄部), 물둙마(沙啄部), 혹은 점둙마(漸啄部)' 등이 있어, 둙(鷄)을 차음표기(借音表 記)한 것으로 涿=啄=託=啄=託=梁(督)=多(道) 등으로 표기했다.[276]

정사서(正史書)에서 달구벌의 나라 이름 찾기

창해일속(滄海一粟)과 같은 삼한 이전에 둙벌(達句伐 혹은 達句火)의 옛 나 라 이름(古國名)을 찾고자, 뿌리원인 분석(Root Cause Analysis) 기법을 원용하여 i) 서지학상 달구벌이란 지명부터 고찰하고, ii) 풍수지리학설은 10 세기 나말려초(羅末麗初)에서 태동되었기에 기원전 달구벌(돍벌)이란 지명 이 생긴 천문학에서 근거를 찾아본다. 이어서 iii) 달구벌(達句伐)이란 지명 에서 옛 나라 이름(古國名)에 대해 각종 주장에 따라 하나씩 지워 최종적 으로 남아있는 국명을 찾아보고자 한다. 먼저 서지학상 현재 지명 대구 (大邱)를 거슬러 올라가면 대구(大邱)란 지명이 나온 것은 임진왜란 왜병 의 군사지도에 나오고 있었다. 그러나 공식적으로 역사적 기록은 영조 이 전은 대구(大丘)이고, 정조 이후에 대구(大邱)였다.

역사기록으로는 영조 26(1750)년 12월 2일 지역유생(地域儒生) 인천 이 씨, 이양채(李亮采, 1714~1776)[277]가 "신(臣)들이 사는 고을은 바로 영남대 구부(嶺南大丘府)입니다. 부의 향교(鄕校)에서 선성(先聖)에게 제사를 지내 온 것은 국초부터였는데, 춘추의 석채(釋菜)에는 지방관이 으레 초헌(初獻) 을 하기에 축문식(祝文式)에 대수롭지 않게 대구 판관(大丘判官)이라고 써 넣고 있습니다. 이른바 대구(大丘)의 구(丘) 자는 바로 공부자(孔夫子)의 이 름자인데, 신전(神前)에서 축(祝)을 읽으면서 곧바로 이름자를 범해(不避 諱) 인심이 불안하게 여깁니다. 삼가 바라건대, 편리함을 따라 변통하여 막 중한 사전(祀典)이 미안하고 공경이 부족한 탄식이 없도록 하소서(伏乞從 便變通, 俾莫重祀典, 無未安欠敬之歎焉)."라고 상소했으나, "전국에 그와 같 은 사실이 많거니, 어찌 선현들이 그걸 몰랐단 말인가?" 하며 되돌려 보냈 다.[28] 그런데 정조 2(1778)년 5월 5일 전국적인 기근(보릿고개)으로 인한 민 심을 달래려고 1월부터 시작했던 진휼미 방출을 5월 5일까지 했던 결과 보고를 하는데 '영남 기근 백성 13,283명에게 9,527석을 풀었다. 그 가운 데 대구에 구급했다(嶺南公賑知禮 … 安東, 大邱等邑)'는 기록이 있다.[279]

또한 대구(大丘)라는 지명은 삼국사기(三國史記)에 의하면 경덕왕

16(757)년 12월에 9주 5소경으로 행정구역을 개편하면서 고유어로 된 지명을 한자식으로 개칭함[280]에 따른 달구벌현(達句火縣)을 대구현(大丘縣)으로 변경했다. 수성군(壽城郡)에 속했던 달구벌현(達句火縣)을 대구현(大丘縣)으로 개칭했다.[281]이전에 대구(大丘)라는 지명이 없었던 것은 아니다. 삼국사기에서도 삼국미상지역(三國未詳地域)으로 제시된 대구(大丘) 수구성(水口城)이 있었는데, 신라 땅 대구가 아니고, 고구려 영토였다.[282] '달구화현(達句火縣)'은 '닭벌'이라는 고유지명 음차표기(音借表記)한 것이다. 당시는 '계림(鷄林)'을 '닭불'로 훈차표기(訓借表記)했던[283] 사례와 일치했다. 오늘날 달성 현풍(良州 玄驍)의 서쪽 산성에다가 진흥왕 5(544)년에 지역방어병력으로 십정(十停, 三千幢) 가운데 제4번째 '흑금효정(黑衿驍停)'을 설립해 18,000여 명 병정으로 흑색깃발(黑驍: 검정말) 군단(黑衿幢)을 주둔시켜 '삼량벌정(參良火停)'이라고 했다. 현풍을 고유어로 '삼량벌(參良火)'이라고 했다. 10정(十停) 가운데 제2 고량부리정(古良夫里停)이란 불교가 도입되면서 범어(산스크리트어)의 요새지(要塞地)에 해당하는 '부리(夫里, puri)'로 표기했다.[284]

제3장

지상천국을 구상했던
한반도(달구벌)의 선인들

1. 달구벌의 옛 나라 이름을 찾아서

문헌상 선사시대 달구벌의 국명 찾기

사실 달구벌(達句伐)이 신라영토에 복속된 제5대 파사이사금 29(婆娑尼師今, 108)년 5월에 홍수와 기근이 들어 민심이 극도로 요동쳤다. 신라는 민심동요기(民心動搖期)를 틈타 달구벌의 다벌국(多伐國: 듬블 나라)을 정복했다. 당시 치정(治政)이란 하늘의 운세에 따라 세속까지 살폈던 때(天運洞知期)라 천문학적인 개념으로 만사를 이해하려 했다. 천문학에서 신라를 샛별(金星)로 생각했는데, 가뭄이 지속됨에 따라 '전쟁의 신(火星)'이 날로 붉게 타오고, 민심이 극도로 격화하자 국왕의 마음은 더욱 불안해졌다. 끝내 화근을 없애고자 만조백관이 모여서 낸 결론은 '금극화(金剋火)'라는 사실에 착안해 '화성이 성남(火星叱怒)'은 바로 '불(火)=적색(赤色)=남주작(南朱雀)'으로 인식했다. 곧바로 화근제거 행동에 들어갔다. 즉 먼저 제압해 화근을 없애자(先卽制人) 즉 진화정벌(鎭火征伐)을

기획했다.[285] 진화정벌은 비지국(比只國, 昌寧)[286] ▶ 다벌국(多伐國, 닭불누루)
▶ 초팔국(草八國, 陜川草溪) 순으로 정벌하여 신라에 복속(遣兵伐北只國多
伐國草八國幷之)시켰다.[287] 그럼에도 정벌 당했던 지역은 여전히는 안정되
지(朱雀鎭火) 않자, 드디어 244년부터 달성토성을 호국성(護國城)으로 축
성을 시작했다.

일본서기(日本書紀)에선 249(신공황후 39)년에 신라정벌을 위해 '탁국(卓
國, 닭누루)' 혹은 '탁순국(卓淳國, 2020년 창원으로 밝혀졌음)' 병영에 주둔했다
는 말까지 나돌았다. 더 이상은 머뭇거릴 수 없어 261(첨해이사금 15)년에
달성을 완공하고 나마극종(奈麻克宗)을 초대성주로 파견했다. 여기서 나
마(奈麻)는 신라 17등 관계급 가운데 11등 관계급(等官階級)에 일명 나말
(奈末) 혹은 내말(乃末)로 칭했다. 10등 관계는 대나마(大奈麻) 혹은 한나마
(韓奈麻)라고 했다. 극종(克宗)은 국악 혹은 거문고 등의 악기제작을 업으
로 했던 사람을 칭했다. 통일신라의 기반을 닦고 보니 달구벌의 광활한 군
사적 요충지를 필요로 하게 되었다. 신문왕(神文王)은 호국사찰 송림사(松
林寺)를 682년에 건립하는 등 비밀리 천도 사업을 추진했으나 689년 윤
(潤) 9월 26일 장산성(獐山城)에 노루사냥을 나왔다가 신월성진(新月聖眞:
경주 귀족)들에게 천도의 밑그림이 들통 나는 바람에 거센 저항 끝에 복안
(腹案)을 접고 말았다.

한편 진(晉)나라 진수(陳壽, 233~297)가 저술하고 정사(正史)로 인정받는
『삼국지(三國志)』위지동이전(魏志東夷傳)에서 한반도 '별나라의 별 동네(辰
國辰韓)' 12국을 열거했는데 사로국(斯盧國, 경주, 지증왕 때 국호를 신라), 기저
국(己柢國, 안동), 불사국(不斯國, 양산 혹은 창녕), 근기국(勤耆國, 포항 혹은 청
도), 난미리미동국(難彌離彌凍國, 의성), 염해국(冉奚國, 울산 염포동), 군미국
(軍彌國, 군위군), 여담군(如湛國, 사천시), 호로국(戶路國, 상주함창 혹은 영천), 주

선국(州鮮國, 경산자인), 마연국(馬延國, 밀양시) 혹은 우유국(優由國, 울진 혹은 영일만) 등으로 기록(추정)하고 있다.

또한, 우리나라의 정사(正史)인 『삼국사기(三國史記)』에 등장하고 있는 진한 12국을 추려보면 감문국(甘文國, 김천시 개령면), 골벌국(骨火國, 영천 금호·화산·신령면), 다벌국(多伐國, 대구), 비지국(比只國, 창녕), 소문국(召文國, 의성), 실직곡국(悉直谷國, 강원도 삼척), 읍즙벌국(音汁伐國, 안강읍), 압독국(押督(梁)國, 경산), 우시산국(于尸山國, 울주군 응촌면), 거칠산국(居漆山國, 부산), 이서국(伊西國, 청도군) 그리고 초팔국(草八國, 합천군 쌍책과 초계 사이)로 추정(기록)하고 있다.

이어 삼국사기 신라본기(三國史記新羅本紀)가 아닌 열전(列傳)이나 야사(野史)[288]에 나오는 사량벌국(沙梁伐國, 상주, 三國史記昔于老傳), 창녕국(昌寧國, 안동, 練藜室記述)[289], 구령국(駒令國, 봉화 춘양면, 練藜室記述), 소라국(召羅國, 봉화 법전면 소천리, 練藜室記述)[290] 및 장산국(萇山國, 해운대 장산, 三國遺事, 新增東國輿地勝覽)[291] 등에서 국명이 나오고 있다. 그뿐만 아니라 문자기록이 아닌 구전국명(口傳國名)으로는 김천시(甘文國)를 중심으로 어모국(禦侮國, 김천시), 문무국(文武國, 김천시 감문면 문무리), 배산국(盃山國, 김천시 조마면 장암리), 아포국(牙浦國, 김천시 아포읍) 등이 있었다. 변한(弁韓)에 속했던 주조마국(走漕馬國) 혹은 (卒馬國, 김천시 조마면)[292] 등이 전해오고 있다.

선사시대 천문학으로 본 '돍볼누루(多伐國)'

대략 10만 년 전에 아프리카를 출발해서 낮에는 하늘의 태양, 밤에는 달과 별을 보면서 파라다이스를 꿈꾸면서 어로수렵활동(漁撈狩獵活動)만으로도 손쉽게 먹이를 구할 수 있는 해안을 따라 동방별(oriental star)을 향해 지상 최대 낙원(paradise)을 찾아서 3~4만 년 전에 이곳 달구벌(한반도)에 들어왔다. 아프리카 혹은 이집트에서 동방별은 우리나라에서는 28수 별자리에서 미수(尾宿, 전갈자리)와 기수(箕宿, 궁수자리)에 해당한다. 연려실기술(練藜室記述)에서는 한반도(朝鮮)은 마지막 고천문 12천의 십이차(十二次) 석목(析木)에 해당하고, 28수에선 미수(尾宿)와 기수(箕宿)에 해당했다. 달구벌(한반도)에선 하늘 한가운데 있는 은하수가 있고, 그 가운데 미수(尾宿)가 있다. 은하수는 하늘에 흐르는 거대한 강물처럼 보였다. 한반도에 도착했던 선인들은 이런 고대 천문학을 고조선 ▶ 고구려(四神圖) ▶ 고려 ▶ 조선까지 이어왔고, 이를 1395(태조 4)년에 '천상열차분야지도(天象列次分野之圖)'를 석판에다가 새겨 새로운 천년천문의 터전을 마련했다.

바다를 항해함에 있어서도 B.C. 10,000년 이전에는 대부분이 해안 주변의 지형지물을 이용하는 인문항법(人文航法, humanities navigation) 혹은 지문항법(地文航法, topographical navigation)을 사용했다. 그러나 한반도에서는 북극성 혹은 십자성 등의 별자리를 이용하는 천문항법(天文航法, astronomical navigation)을 창안했다. 대표적인 사례가 삼국사기에 의하면 신라는 천문항법을 이용한 669(문무왕 9)년[293], 672(문무왕 12)년 및 869(경문왕 9)년에도 신라침반(新羅針盤)을 만들어

중국에 진상했다. 새로운 자석(磁石)과 자침(磁針)을 생산했던 지역에 따라 사로신라(斯盧新羅) 혹은 강회신라(江淮新羅)라는 말은 이미 천문항법(天文航法)을 이용한 '새로운 나침반(新羅針盤)'을 사용했다는 의미다. 신라

(新羅)란 신라침반(新羅針盤)의 준말이다. 이런 과학적인 기반에서 장보고(張保皐, ?~846)는 해상왕국(海上王國)을 꿈꾸고 건설했다. 이전에도 천문학적인 사업은 국왕의 운세를 관장하고 있다고 믿었던 북두칠성 자미원(紫微垣, 玉皇上帝天宮)의 천기를 알고자 633(선덕여왕 2)년에 첨성대(瞻星臺)를 건립하였다.[294]

사실, 신석기 시대에 들어와서는 농경을 하면서, 농사(農事)는 하늘(별들)이 좌우하는 것이라는 믿음에서 천문학에 관심이 높았다. 농사 농(農)자를 풀이하면 풍년 풍(豊)자와 별 진(辰)자가 결합한 문자이고, 여기서 별 진(辰) 자는 바로 남두육진(南斗六辰)이 좌우한다고 믿었다. 사실 오늘날 기록에서도 B.C. 3,000년 전부터 메소포타미아(mesopotamia)에서는 양치기(목축)가 주업이기에 양치기(Dumuzi)[295] 별자리를 중시했다. 그리스로 넘어가서 물고기자리, 고래자리 및 황소자리 등으로 세분되었고, 이에다가 그리스 신화를 입혀 스토리텔링(storytelling)한 게 오늘날 황도 12궁이고, 여기서 점성술이 발전되었다. 1922년 국제천문연맹(IAU)에서는 88개 별자리를 지정했으며, 그 가운데 한반도에선 52개 별자리가 보이고 있다. 한반도 고인돌(선돌)에 암각된 것으로는 청주의 '아득한 고인돌'에선 북두칠성(곰자리), 북극성과 카시오페이아(Cassiopeia) 자리가 있고, 포항의 '오줌바위'에선 W자와 Y형의 별자리를 새겨 놓았으며, 고구려벽화에는 청룡(靑龍), 백호(白虎), 주작(朱雀) 및 현무(玄武)라는 사신도(四神圖)가 일본 기토라 고분(キトラ古墳)에까지 전파되었다.

현존하는 대구시에 산재된 고인돌에서도 자미원(同心圓) 혹은 성혈(星穴) 표시로 남두육성, 북두칠성 등을 그려서 기원했던 흔적이 많이 남아 있다. 특히 오늘날까지도 '별샘 동네(辰泉洞)'의 선사시대 고인돌에서도 동심원 3개(上二眼而下一足立)를 그려놓아 두 눈 사이에 주둥이를 그리고, 벼슬(鷄冠)과 몽둥이를 그려내려 아래까지 이으면 '긴 꼬리 하늘 닭(長尾天鷄)'이 된다. 사실 달구벌(닭불, 達句伐)이란 이름이 나온 데에는 '하늘이 비치는 거대한 호수(天照大湖)'가 생성되어 있었기에 그 신비성에서 '하늘에 닭이 우는 곳(天鷄鳴處)'이라는 믿음이 생겼다. 이런 믿음으로 일찍 삼한시대에 달구벌에다가 '아침신시(朝市)'를 개최했으며, 또한 선사시대에 생성되었던 '하늘의 옥황상제가 사시는 곳이 비치는 못(天王池)'이 1907년까지 존속했다. 이에 대해 909년에 최치원이 쓴 『신라수창군호국성팔각등루기(新羅壽昌郡護國城八角燈樓記)』에서도 "옳아, 바로 이곳이 성스러운 곳이지(是處是聖地也.)."라고 기록하고 있다. 당시는 호국달토성(護國達土城)에서 북극성의 자미원을 천왕지에서 봤던 것이다. 이런 천기를 십분 이용해서 일본제국은 달성에다가 1905년 달성공원이란 이름으로 성역화하면서 '천조대신(天照大神)'을 모시는 황태신궁(皇太神宮)을 지었다. 또한, 선사시대 천문학에서는 "곡식을 키(箕)로 까부는 주변에 닭이 모이를 먹고자 모여든다."라고 믿었기에 하늘 닭(天鷄)은 키별(箕星) 주변에 있다고 믿었다. 한반도 혹은 달구벌은 28수에서 기수(箕宿)이고, 또한, 키별(箕星) 혹은 궁수자리에 속하기에 천계(天鷄)사상에 '하늘 닭'에 해당하는 닭벌(鷄野, 닭불)이라고 했다.

주나라(周, B.C. 1046~B.C. 771) 때 지상에 도마뱀(十二時蟲)이 계절의 변화를 먼저 읽고 몸의 색깔을 바꾸듯이 하늘의 변화를 읽고자 체계화했던 주역(周易)이라는 학문이었다. 천문학의 일종인 주역(周易)[296]에서는 제5 손풍괘(巽風卦)를 오행으로는 나무(木)에 해당하고, 동물로는 닭(天鷄)으로 봤다.[297] 대륙(中國)에서 망국유민(亡國流民)이 달구벌로 흘러든 건 남동방향 손방(巽方)으로 이동했던 이유가 손방(巽方)은 동물에 비유하면 하늘닭(天鷄) 방향에 해당했기 때문이다. 그래서 기원전부터 '하늘 닭의 벌판(天鷄之野)'이라는 의미에서 달구벌(돌불)이라고 했다.

　다른 한편, 신라(新羅)의 상징성은 기울어짐을 잊고 크기만 하는 초승달
(忘傾成着新月)이었다. 그래서 신라 황궁의 내성(內城)을 반월성(半月城)이

라고 했다. 또한, 신라군의 상징마크로
도 초승달 깃발을 사용했다. 신라가 초
승달을 사용한 것은 천문학적인 신앙
에서다. 저녁에 초승달 주변을 보면 7
개의 좀생이별(七聯星)들이 따라 뜬다.
그리스 천문학에서는 7자매 별(seven-
sisters stars)이라고도 했다. 초승달과
좀생이별들을 '엄마가 이고 가는 밥 함
지박을 보고 졸졸 따라오는 아이들(母

搬飯器, 兒隨母飯)'로 봤다. 따라서 좀생이별은 농사와 관련을 지어서 초승
달과 멀리 떨어져 있으며(月星間遠, 饑遠自豊), 기근이 심하지 않은 풍년이
들 것이고, 가까이 다가가 있으면 흉년이 든다고 믿었다.

　28수 별자리에서 좀생이별들은 서쪽 묘수(昴宿)로 오늘날 황소자리에
해당해서 동·서양 천문학과 농경 목축에 일치점이 되고 있다. 600년경
천문학자 단원자(丹元子)298가 쓴 '28수천보가(二十八宿天步歌)' 가운데 묘
수(昴宿)에선 "초승달 아래 5개의 누런 별은 하늘의 그림자를 보이고, 하
늘의 그림자 6마리 가마귀(별)은 하늘의 경작지(蒭藁榮)라네(月下五黃天陰
明, 陰下六烏蒭藁榮.)."299라고 노래하고 있었다. 신라는 주변국을 7개 이상
통솔할 로마 대제국(大月國)을 꿈꾸면서 당시 '초승달 나라(新月國)'를 지
향했다.

2. 농경시대의 천문학을 더듬어 보면

최고천문학서 욥기(Liber Job)를 살펴보면

구약성서 욥기(Book of Job)에선 B.C. 1,800년경 이전에 욥(Job, Ayyūb)은 "어째서 악한 자가 더 건강하며 더 오래 사는가(Why do the wicked live on, growing old and increasing in power)?"[300]라는 선악에 대한 본질인 질문을 최초로 던졌다. 이후 석가모니(釋迦牟尼), 공자(孔子), 예수(Jesus) 등 모든 성현들이 부딪쳤던 종교와 철학의 근본적인 문제였다. 동방(Edom)의 의로운 사람 욥(Job)이 B.C. 20,000~B.C. 1,800년 동안에 발생했던 일들을 기록하고 있다. 한반도의 선인들이 농경 문제를 하늘의 별로 풀고자 했던 같은 과제를 해결하고자 했던 인물이 바로 욥(Job)이었다. 그는 대단한 천문학자였다는 사실은 "네가 묘성(昴星, Pleiades)을 한데 단단히 묶어 놓을 순 없으며, 오리온(參星, Orion) 별자리의 (허리)띠를 풀어헤칠 수 있겠는가(Canst thou bind the sweet influences of Pleiades, or loose the bands of Orion?)"라는 기록이 욥기(Book of Job)에 나온다.

당시는 모두가 그저 7자매 별(seven-sisters star)정도로만 알고 있었던 좀생이별(昴星, Pleiades)이 포도송이와 같이 묶여있는 걸 어떻게 알았는지? 1609년이 되어서야 비로소 이탈리아 천문학자 갈릴레오 갈릴레이(Galileo Galilei, 1564~1642)가 망원경을 만들었고, 망원경을 통해 좀생이별을 살펴봤더니 2,000여 개의 성단(Cluster)으로 마치 포도송이처럼 묶여있다는 사실을 알았다. 또한, 오리온 별자리를 관찰하니 평면상의 일직선 상의 별들이 아닌 입체상의 별이 풀려있어 '오리온의 허리띠(參星之帶,

Orion's Belt)'라고 했을 정도였다. 한편, 좀생이별(昴星)에 신비성을 더하는
건 동양에선 "북극성(北極星, Bear), 삼성(參星, Orion)과 묘성(昴星, Pleiades)
이 남방의 밀실을 만드셨으며, 측량할
수 없는 큰일을, 셀 수 없는 기이한 일
을 행하시느니라."[301]라고 믿었다. 이런
하늘의 기밀을 염탐하고자 우리의 선
인들은 좀생이별을 보고 정월 초하룻
날에 흉년과 풍년을 사전에 점쳐 풍년
을 위하여 빈틈없이 사전에 챙겼다.

　　한반도 특히 달구벌에 도착했던 선
인들은 밤마다 영롱하게 떠오르는 별을 보는 재미는 매일 밤 오늘날 우리
가 텔레비전을 보는 것보다도 더 환상적이었다. 왜냐하면, 미래를 꿈꾸며,
가슴이 두근두근 뛰는 풍년의 결실을 생각했다. 또한, 그들은 계절이 바
뀌고 있음을 매일 밤 별을 보고 생생하게 알았다. 봄과 초여름에는 동청
용칠수(東靑龍七宿)인 각·항·저·방·신·미·기(箕)가, 여름과 가을에는 북현무
칠수(北玄武七宿)인 두·우·여·허·위·실·벽(壁)이, 가을과 겨울에는 서백호칠
수(西白虎七宿)인 규·누·위·묘·필·자·삼(參)이, 그리고 겨울에는 남주작칠수
(南朱雀七宿)인 정·귀·유·성·장·익·진(軫)이 보인다. 세종 때 이순지(李純之, 출
생연도 미상~1465)가 왕명으로 저술한『천문류초(天文類抄)』에서는 삼성(參
星)은 중국에서는 백호(白虎)라고 하나 우리나라에선 기린(麒麟)이라고 했
다. 삼성(參星)을 주변에서 받쳐주는 별(補官附座)을 벌성(伐星)[302]이라고 적
고 있고, 삼성과 벌성(伐星)을 합쳐 삼벌(參伐)이라고도 했다. 여기서 벌성
(伐星, 獵戶座, Orion)은 28수 가운데 사신(四神) 동창용, 서백호, 남주작과
북현무 가운데 서백호(西白虎)에 해당하며[303], 7개 별자리 가운데(42 Ori, θ

2 Ori, ι Ori, 45 Ori, θ1 Ori) 7번째 별자리(θ1 Ori)에 둥지를 틀고 있다.

한반도를 고대 천문학에 비유하면, 신라금성(新羅金星)의 주변을 보관주좌(補官附座)하는 벌성(伐星)이 바로 달구벌이었다. 고대 천문학에서 강물이란 은하수(群星)를 보좌하고자 생성된 선상지(扇狀地,新月)를 벌성(伐星)에 비유했다. 벌(伐)이라고 적혀있는 곳은 고유한 우리말로는 '벌(들)' 혹은 '갯벌'을 한자로 표기할 때는 i) 차의표기(借意表記)로는 '불화(火)'로, ii) 차음표기(借音表記)로는 '벌(伐)' 혹은 '불(佛, 弗)' 등 한자로 표기할 수 있었으나, iii) 천문학적인 나라의 도읍지가 아닌 곳에는 벌성(伐星)처럼 보관부좌(補官附座)의 의미를 담아서 사벌(沙伐), 서라벌(徐羅伐), 사로벌(斯盧伐), 달구벌(達句伐), 삼량벌(參良伐) 등으로 표기했다. 선인들은 벌판에 피워있는 꽃들이 그렇게 아름다운 건 밤하늘의 별과 밤새워 소곤소곤 이야기를 하다가 올라갈 시간(昇天時機)을 놓친 별들이라고 생각했다(星天上花, 花地落星). 오늘날 우리들이 꽃을 보고 밤하늘의 별처럼 가슴 두근거림을 느낄 수 있음은 고대천문학적인 문화유전자(meme)가 흐르고 있기 때문이다.

달구벌의 선인들은 어떻게 동서남북과 시간을 알았을까?

먼저, 동서남북(東西南北) 4방위에 대해 어떻게 알았을까? 가장 손쉬운 방법으로 허신(許慎, 30~124)은 자신의 저서『설문해자(說文解字)』에서 언급하고 있다. 동(東)은 "소리(音)는 동(動也)이다. 나무를 기준으로(從木)으로 판단함이다. 관부(官溥)에선 '나무 가운데 해가 떠있음(從日在木中)'을 표현한 것이다."[304]고 설명하고 있다. 여기서 나무는 부상(榑桑) 혹은 신목(神木)을 의미하는데 우리나라 풍속으로 솟대, 장승나무 혹은 신당나무 등에 해당한다. 신목(神木)에 해가 가운데 걸려 있을 때는 아침에 해 뜰 때라서 그쪽을 동(東: 동쪽 동)으로, 해가 신목 위로 떠올라서 밝음(杲: 밝을 호)이고, 해가 신목 아래로 떨어지면 어둡다(杳: 어두울 요)고 덧붙였다. 갑골문자(甲骨文字) 전문가는 동(東)은 '아침 해(日)가 뜨는 걸 보고 무거운 짐을(十) 지고 가는 사람 모습(向日負人)'이라고 했다. 서(西)는 '해지는 것을 보면서 새들이 둥지를 찾아드는 모습(夕鳥回巢)'을 그렸으며, 남(南)은 북반구(北半球)에 사는 사람들은 움집도 남향으로 하고 출입을 알고자 달았던 종(鍾) 모양(南門鍾樣)이라고 했다. 마지막으로 북(北)은 '서

로 등지고 앉아 있는 사람들의 모습(相背向坐)이라고 했다.

우리 선인들은 동서남북을 어떻게 판단했을까? 해(태양), 달(초승달, 반달, 보름달, 그믐달), 두성(남두육성, 북두칠성 혹은 십자성), 나무(가지, 나이테, 껍질), 동네(집), 묘지(子坐午向), 개미집(이끼), 바람(북서풍, 남동풍) 등을 보고서 쉽게 알 수 있었다. 한반도는 북반구(北半球)에 있어 일향성(日向性)에 따라 남향으로 북극성 (혹은 남두육성, 십자성), 집, 묘지, 나뭇가지(나이테, 껍질), 개미집, 이끼 등에서 남북이 확연하게 드러나기에 직감으로 알았다. 달을 보고 방향을 판단하는 데는 초승달(上弦月)은 새벽 6시에는 동쪽, 저녁 6시에 서쪽에서 뜨며, 보름달(滿月)은 초승달과 반대로 아침 6시에 서쪽, 저녁 6시엔 동쪽에서, 그믐달(下弦月)은 새벽 3시 남쪽, 밤 9시에 동쪽으로 이동한다. 그림자로 방향을 알고자 하면 막대를 꽂아놓고 5분 정도 그림자이동(5cm 정도)을 그려서 시작점은 서쪽이고 끝나는 점은 동쪽이 된다. 오늘날 독도법(讀圖法, reading map)에서 손목시계(watch)로 방향을 감지하는 법

은 시침을 태양에 일치시키고 시침과 12시 방향 각도를 2등분 한 연장선 방향이 남쪽이다.

　오늘날처럼 해 뜨면 일터에 나오고 저녁엔 귀가하는 모습을 요순시절(堯舜時代, B.C. 2400년경)의 격양가(擊壤歌)에서도 "해 뜨면 일터에 나가 일하고, 해가 지면 둥지(집)로 돌아와서 잠을 자(쉬)니, 우물 파 물 마시고, 농사지어 배불리 먹는데. 국왕(帝王)인들 이것보다 더할 수 있겠나(日出而作, 日入而息. 鑿井而飮, 耕田而食. 帝力于我何有哉)?"305, 306, 307라고 노래를 했다. 그들도 오늘날과 같은 직장생활(working life)을 가졌으나 단지 시간에 쫓기는 건 없었다. 그들은 시

간을 알 수 있었던 방법은 낮에는 i) 태양의 그림자로 짐작을 했고, ii) 태양이 없는 날(비 오는 날, 구름 낀 날)에는 나팔꽃 등 식물의 생체시계(bio-clock) 혹은 iii) 사람들의 속칭 '배꼽시계'를 활용했다. 밤에는 i) 맑은 밤하늘에 북극성, 삼태성 혹은 달로 짐작했으나, ii) 비가 오는 날에는 새(닭, 나이팅게일, 소쩍새) 소리로 짐작을 했다.

　그리스(로마)시대 영화를 보면 막대를 벽에 꽂아서 그림자로 짐작했던 해시계(sun-dial) 모습이 영화화면에 나온다. 오늘날까지도 소수서원(紹修書院, 榮州順興)엔 해시계로 사용했던 '해그림자돌(日影臺)'이 아직도 남아 있다. 특히 식물의 향일성(向日性, heliotropic plant)과 배일성(排日性, nega-tive heliotropism)을 활용한 '꽃시계(flower clock)'가 있었다. 대구지역을 기준으로 볼 때 비가 오거나 구름 낀 날에 아침에 피는 나팔꽃(morning glory), 해가 져야 피는 박꽃, 달 뜰 때 피는 달맞이꽃(月迎草) 등이 많다. 시

골 장마철에서는 어머니는 박꽃이 피는 걸 보고 저녁밥을 준비했다. 가장 정확한 시계는 어린아이들의 '배꼽시계(belly clock)'였다. 인체 생리상 소화액(위액 등)이 위를 자극하기에 물시계처럼 생체시계로 작동되었다. 옛날 어른들의 배꼽시계는 '고장 난 벽시계(Broken Clock)'가 더 많다. 닭이 새벽에 우는 이유도 모래주머니(沙囊, gizzard)가 빔으로써 소화액과 근육 등에서 생체리듬(biorhythm)이 작동되기 때문이다. 이외에도 우리 인체엔 수면패턴, 호르몬 조절, 신진대사, 체온, 혈압 등이 24시간 주기로 생체가 작용되고 있다.

시골에서 살면서 동네 사람들이 밤(야간)에 사용했던 천문학 시계는 대부분이 북두칠성(혹은 삼태성)의 이동에 따라 지형지물을 기준으로 시각을 짐작할 수 있었다. "삼태성이 뒷산 흑응산(黑鷹山) 정상에 올라앉으면 자정… 동네 입구 성황당 용마루에서 졸고 있으면 새벽이다."라는 등이 있었다. 지난 2019년도 체코 프라하(Prague, Czech) 여행을 하는데 호텔에서 곤히 자다가 용변을 위해 밤중에 일어났는데 '밤 꾀꼬리(nightingale)'의 소야곡(小夜曲, serenade)을 듣고서야 비로소 자정(子正)임을 알았다. 일본에서 전통 술인 '사케(サケ)'는 일본고사기(日本古事記)에 의하면 백제인(百濟人) 수수고리(須須許理, すずこり)가 712년에 양조기술(釀造技術)을 전했다. 그때 숙성(熟成)을 강조하는 바람에 '삭혀(サケ)'로 거듭 말하자 그만 이름이 '사케(サケ)'가 되었다.[308] 오늘날도 일본에선 과거와 같은 전통방식으로 술을 삭히고 있는데 솥에 술을 끓이면서 젓는데 고대 시가 3곡(15분 정도)을 불려서 시간 조정을 하고 있었다. 당시 시간 측정은 5분 혹은 10분이 아니라 담배 한 대 피울 참(煙間), 노래 한 자락 할 사이(唱間) … 등으로 표현하고 있다.

3. 달구벌의 천문학이 윷판으로 탄생하다

달구벌(天鷄)은 윷판의 천원(紫薇垣)

오늘날 정치적으로 대구를 '보수의 텃밭(kitchen garden)'이라고 한다. 사실 텃밭이란 집터 가까이 있는 밭이며, 대개 채전으로 이용하고 있기에 크게 나누면 배추밭과 고추밭이었다. 그래서 텃밭을 영어로 번역할 때는 채전(vegetable garden)으로 표기한다. 그래서 우리의 선인들은 텃밭의 활용법을 민속놀이로 만들었는데 그게 바로 윷판놀이(戲擲 혹은 柶戲)다. 우주창조의 60억 년을 성경에서는 6일 만의 창조로 축소했듯이 둥근 우주를 하나 커다란 둥근 밭(大圓田)에 비유해서 종이 위에 그리고, 우주를 다스리는 북극성의 자미원(北極星 紫微垣) 혹은 바둑판의 천원(天元)을 가운데 동그라미로 그렸다. 그리고 춘하추동(春夏秋冬) 4계절로 나눠서 경작한다고 생각하며, 가축으로 돼지(도), 개(개), 양(걸), 소(윷) 그리고 말(모)을 사육한다[309]고 가정해 게임판(game table)인 윷놀이 판을 만들었다. 윷가락의 앞면과 뒷면을 음양(陰陽)으로 보고, 도, 개, 걸, 윷과 모의 5개 양상을 오행(五行)으로 의미를 부여했다. 이렇게 해서 음양오행의 철학까지를 윷판에다가 담았다.

좀 더 자세하게 설명하면 '철 따라 돌려가면서 경작(季節輪作)'을 생각해, 봄철에 '앞밭', 여름철은 '뒷밭', 가을에 해가 토끼 꼬리처럼 짧아서 꽁지 빠지게 달아나는 '쩰밭'이고, 겨울철에는 빨리 바닥을 들어내야(일을 끝내야) 하는 '날밭'이라고 했다.[310] 동물의 달아나는 속도에 따라 도(돼지) 한 걸음, 개(개) 두 걸음, 걸(양) 세 걸음, 윷(소) 네 걸음, 모(말) 5걸음으로 달아나게 규정을 마련했다.[311] 윷판의 한가운데 천원(天元)을 방(房)이라고 하고, 언제든지 생각나면 시작하라는 의미에서 출발점은 어디에도 따로 두지 않았다. 결승점은 참먹이(決勝點)가 되며, 다 끝났다고 안심하다가 다

죽은 경우도 생길 수 있어 "끝나기 전엔 끝난 것이 아니다(It ain't over till it's over, 終到才終)."라는 교훈을 얻는 게 가장 뼈아픈 결과다. 우리는 윷놀이를 단순하게 서로 잡아먹다가 끝나는 상살전쟁(相殺戰爭)으로 알고 있으나, 사실은 그것보다 편을 짜서 경기할 때는 같은 팀끼리는 업고 살아가는 상생협업(相生協業)에 주안점을 두고 있다. 결승점을 '참먹이'라고 표기한 건, i) "다 먹은 죽에 콧물 빠지는 꼴."을 당하지 말라, 즉 "죽음(斬)을 당할 수 있다."라는 경계, ii) 모임놀이에 있어 끝났으니 '참(간식)을 먹고 다시 시작하자.' 하는 단합, iii) '참된 먹거리(농사)'를 기원하기 위한 유흥(遊興) 등을 뜻한다.

윷놀이의 기원은 농경시대인 배달 환국시대(桓國三韓官景) B.C. 3,000년경으로 짐작되며[312], 2019년 7월 22일 경북 영양군 검각산성(劍角山城) 뒤 검산(劍山)에서는 윗덮개 돌(屋蓋石)에 윷판(또한 별자리)이 새겨진 고인돌 7기가 발견되었다. 사용연도는 B.C. 1,700년경으로 추정되었다.[313] 지금까지 윷판 암각화를 관광지로 개발한 곳은 2002년 임실군 신평면 상가마을이 있고, 2020년 상주시 중동면 우물리 천인대(天仞臺)에서도 낙동강

섶에 대량으로 발견되었다. 달구벌에도 없는 것이 아니라 윷판(柶板)을 암
각화한 유적은 달성군 다사면 죽곡리 모암봉(帽巖峰) 윷판형 암각화 2기
314와 팔공산 동봉(東峯) 표지석에 깔린 윷판 암각화 등이 언론에 게재되
었는데도[315, 316] 우리들은 관심 밖이었다.

사실 선사시대(先史時代)에 달구벌에 살았던 선인들은 고인돌에 남겨놓
았던 각종 암각화를 의미조차 모르고, 이용가치가 있다면 건축자재로 깨
졌고, 쓸모가 없다고 판단되면 땅속에다가 매몰했다. 줄잡아 3,000기 고
인돌들이 아무런 의미도 없이 이렇게 사라졌다[317]. 고대 천문학이 발달되
었던 달구벌이라서 윷판 암각화(星穴)가 어느 곳보다도 더 많았을 것이다.
그러나 몇 남아 있지 않아 안타깝기만 하다. 전국적으로 20여 곳에 90여
기(基) 윷판 암각화(성혈)이 발견되고 있고[318], 대부분 청동기 시대인 3,000
년 전의 비밀을 머금고 있다.[319]

옛 고향이었기에 귀천(歸天)해야 하는 별나라

한반도에 윷판 놀이는 농경사회의 희노애락(喜怒哀樂)을 예술(놀이)로
승화시켜 늦어도 고조선 시대에 형성되었다. 농경시대의 기상변화(날씨, 기
후 및 온도)와 농경기술(돌려짓기, 계절경작, 파종 시기 등)을 예술 차원에서 농경
놀이문화의 전수방법론이었다. 북두칠성을 중심(天元)으로 돌아가는 28
개 별자리를 그려서 농사계절에 따른 지혜를 소복이 담았다. 단순하게는
자미원(同心圓)으로, 좀 더 명확하게 삼태성(三台星, 南方七宿 太微垣), 북두
칠성(北斗七星, 天樞星, 紫微垣) 혹은 남두육성(南斗六星)의 별자리를 새기기
도 했다. 더 나아가 '시시때때로 풍년이 이어지기(歲歲連豊)'를 기원하는 윷
판기원(柶板祈願)으로 암각화를 새겼다. 윷판이 농경 천문학의 축소판이

 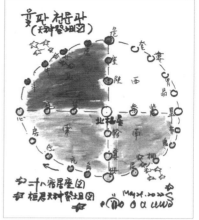

라는 주장은 조선 시대 1600년경 개성송악 출신 김문표(金文豹, 1568~1608)[320]가 천원지방(天圓地方)의 우주관을 큰 동그라미(大圓)로 그리고, 우주를 4등분해서 사분월(南東四分月), 햇살이 돋아나 우주의 밥그릇(宇宙飯器)을 마련하는 춘분길(春分道)인 하반월(下半月), 추분의 길(秋分道)은 동반월(東半月) 모양으로 돌고, 가장 낮이 긴 하지길(夏至道)은 전체를 한 바퀴 도는 보름달의 길(滿月道)이 된다.

윷판이 단순하게 윷놀이(柶戲, stick dice)에만 이용된 것이 아닌 다양한 문화적 수단과 생활양식의 방법으로도 사용되었다. 농경사회에서는 농경책력(農耕冊曆), 농사일정(農事日程), 작물휴경(作物休耕), 농경시필기(農耕始畢期) 등에 대한 지혜를 함축시켜 놓았다. 신앙과 자아인식에서도 '먼 별나라에서 와서 이곳 땅에서 살다가 죽어서 다시 돌아야 할 이상국(理想國)의 노정도'로도 인식되었다. 삶이란 '별에서 와 이 땅에 태어나는 것(生還地於星)'이고, '죽음이란 이 땅에서 고향 별나라로 돌아가는 것(死歸星於地)'으로 믿어왔다. 그래서 윷판은 살아있는 사람에게 '고향 별나라의 노정도(鄕星路程圖)'였고, 죽은 사람(망자)에겐 '돌아가야 하는 고향 별나라의 귀천노정도(歸天路程圖)'였다. 망자를 위한 윷판을 '칠성판(七星板)'이라고 해서 무덤 속에까지 넣어 매장했다.

유사한 오늘날 귀천(歸天) 이벤트로는 미국 중앙정보국(Central Intelligence Agency)이나 우리나라 국정원(Korea CIA)에서 "순국직원들은 하늘에 별이 된다(Martyrs become stars in the sky)."라고 믿고, 상징 전시판(symbol board)에다가 별표(aster)로 표시하고 있다. 2016년 8월 28일 이탈리아 중부 산악지대 강진 사고로 "동생을 품은 9살 소녀의 죽음, 이탈리아를 울렸다."라는 뉴스에서 소방관이 소녀에게 쓴 "… 나는 하늘에서 천사가 나를 보고 있다는 것을, 그리고 너는 밤하늘의 빛

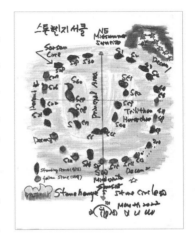

나는 별이 되었다는 것을 알게 되겠지. 안녕, 줄리아. 너는 나를 모르지만, 나는 너를 사랑한다(Saprò che c'è un angelo che mi guarda nel cielo e che sei diventata una stella splendente nel cielo notturno. Ciao Giulia. Non mi conosci, ma ti amo.)."라는 편지쪽지가 관 옆에 꽃과 같이 놓여 있었다.[321]

서양의 거석문화(mega-lithic culture)에서도 태양 혹은 별자리를 표시하는 영국 솔즈베리(Salisbury) 스톤헨지(stonehenge) 혹은 프랑스 브리티니(Brittany, France) 지역 등 스톤서클(stone circle)에서 볼 수 있는 B.C. 3,000년경 '거석 동심원(mega-lithic central circle)'에서도 별자리를 표시했다. 한반도에서도 고인돌의 집단배치에 있어 윷판과 유사하게 별자리를 표시했다. 그뿐만 아니라. 최초 윷판 동심원 모양으로 쌓은 거석문화는 기

록상 B.C. 2,283년 오늘날 강화도 마니산(摩尼山)에 쌓았던 참성단(塹星壇)이었다.[322] 이후 천신제(天神祭)를 지냈던 제천단(祭天壇)이 원형이 되었으며, 불행하게도 유적으론 하나도 남아 있지 않았다. 신라초기까지는 윷판 모양 제천단에다가 천신 제사를 지낼 수 있었지만 흔적도 없이 사라지고 없다. 아마도 그 이유는 '정란황음(政亂荒淫)'[323]으로 폐왕이 된 제25대 진지왕(眞智王)의 손자 김춘추(金春秋)가 제왕 꿈(大王之夢)을 실현하고자 함에 기인하고 있다. 그는 아들 김인문(金仁問) 등을 인질로 전당 잡히고 제후국서약을 했다. 즉 대당이십이제후국(大唐二十二諸侯國) 가운데 하나로 국왕 지위 보장과 나당연합군 결성을 약속받았다. 대당사대충성(大唐事大忠誠)을 보이고자 당의 연호사용과 당관복제(唐官服制, 649년)는 물론이었다. 국가의 자존심이었던 천신제(天神祭)를 지낼 수 있는 황제국 지위를 포기하고 제후국신라(諸侯國新羅)로 사직제(社稷祭) 혹은 명산제로 격하됨을 감수했다.

『고서지학(古書誌學)』에서 '예기왕제(禮記王制)'에 따르면 "천자는 천신에게 제사를 지내고, 제후들은 사직단에서 제사를 지낸다(天子祭天地, 諸侯祭社稷)."[324]라는 규정에 따라 신라는 천신제를 지내지 못하고, 사직단(社稷壇)이나 명산제만을 지냈다. 따라서 조선 '국조오례(國朝五禮)'에서도 천신제(天神祭)에 대해선 일체 기록하지 않고 있다. 특히 신라 시대 오악제(五岳祭)는 제후국으로 명산대천에 제사를 올렸다(諸侯祭名山大川之在其地者). 신라중악이었던 달구벌의 팔공산(中岳公山)에도 명산제(名山祭)를 올렸다. 중악공산은 통일신라 때엔 윷판에 비유하면 북극성 혹은 자미원(紫微垣)에 해당하는 천원(天元)이라는 의미를 가졌던 것이다. 구당서(舊唐書)에서도 천신제 가운데 "별의 신에게도 제사를 지냈다(事靈星神)."[325]라고 기록하고 있다. 그러나 신라는 '금성의 나라(金星國)'임을 자칭하면서도 성신제(星神祭)마저도 지낼 수 없었다.

만약 통일신라 이후라도 천신제를 지냈다면 제천단배치도(祭天壇配置圖)는 윷판과 같았다. 28수 별자리를 돌 제단(石祭壇)으로 다 배치하며, 만약 돌 제단으로 다 배치할 수 없으면 신선돌(神立石), 솟대(蘇塗) 혹은 신목(神木)이라도 설치했다. 구닥다리 같은 소리일지는 모르나 학문적인 연구를 위해 제천제의 의식절차(笏記)를 소개한다면, 개의(開儀), 참영(參靈), 전폐(奠幣), 진찬(進餐), 주유(奏由), 주악(奏樂), 원도(願禱) 및 사령(辭靈)이란 순서로 거행했다.

제단에 진설(陳設)은 천수(天水), 천래(天來), 천과(天果), 천탕(天湯), 천채(天菜), 사지(絲贄), 곡지(穀贄), 화지(貨贄), 천반(天飯)을 올렸다. 인간에게 제전(offering)이란 인간의 '피의 되갚음(血報復: bloody revenge)'을 '동물의 피를 대신해서 속죄(代贖, atonement on behalf of animal blood)'하는 의식이었다. B.C. 1,445년경 이와 같은 사실들이 모세(Mose)가 기록한 레위기(Leviticus)에서 천신제(天神祭)에 관한 내용으로 기록되어 있다. 더 자세하게 언급하면, 목적, 제물 및 방법에 따라 번제(燔祭, burnt offering), 소제(素祭, meal offering), 화목제(和睦祭, peace offering), 속죄제(贖罪祭, sin offering) 및 속건제(贖愆祭, guilt offering) 등으로 구분했다. 한반도의 기록은 이보다 앞선 B.C. 2,283년경 "마니산에 참성단을 만들고 하늘에 제사를 지냈다(築祭天壇於摩理山)."라고, 『단군세기(檀君世紀)』의 기록이 있다. 당시 대부분 제물(供犠幣物)을 태워 간절함(기원)을 하늘에 닿게 하고자(懇祈傳于天) 번제(burnt offering)를 지냈다. 시골에서 어릴 때 자주 봤던 기우제

(祈雨祭)마저도 땅이 갈라진 갯벌에다가 나뭇가지와 그 위에 온갖 제물을 올려놓고 태워 하늘에 올라감을 간절함이 하늘에 닿는다고 믿었던 번제(燔祭)였다. 과거에도 속죄 이후의 화목을 도모하고자 제물을 나눠 먹는 음복(飮福)의식을 가졌다. 『주자가례(朱子家禮)』에서는 음복(飮福)을 '신으로부터 받은 복을 나눠 가지는 의식(神福分儀)'으로 봤다. 조상에 대한 제사에서도 강신(降神) → 참신(參神) → 진찬(進饌) → 초헌(初獻) → 아헌(亞獻) → 종헌(終獻) → 유식(侑食) → 합문(闔門) → 계문(啓門)→ 진다(進茶) → 철시복반(撤匙覆飯) → 사신(辭神) → 분축(焚祝) → 철찬(撤饌) → 음복(飮福) 순서를 지켰다. 음복을 위해 제사가 존재했기에 가장 중요시했던 게 이렇게 복합한 절차였다.

농경문화 측면에서 언급하면, 우리나라 많은 사대주의 학자(전문가)들은 중국 '저포(樗蒲)'에서 윷놀이의 기원을 찾고 있다. 중국에서는 오히려 "저포놀이는 오목(五木), 척로(擲盧), 호로(呼盧)라고도 하며, 이는 고대 중국 동한(東漢)에서 당나라(唐)까지 유행했던 막대기 던지기 놀이였다(是古中國東漢至唐朝流行的擲賽遊戱)."라고 적고 있다. 또한, 시기에 대해선 "동한시대 중국으로 유입되어 전래되었다(樗蒲約東漢時由傳入中國)."라고 적고 있

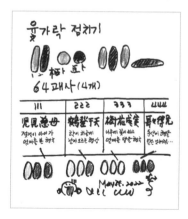

다.326 좀 더 『고서지학(古書誌學)』에 살펴보면, 동한(東漢, A.D. 25~220) 마융(馬融, 70~166)의 '윷놀이노래(樗蒲賦)'가 있는데 "옛날 현통 선생이 있다면, 윤리 도덕을 차려가면서 놀기엔 윷놀이만 한 좋은 게 있었는가(昔有玄通先生, 游于京都, 道德旣備, 好此樗蒲)?"327라는 구절이 있다. 남조의 유송(劉宋, 420~479)328과

하법성(河法盛)이 저술한 『진중흥서(晉中興書)』에선 "저포는 옛 어른들이 말씀하시길 동호인(東胡)들 갖고 놀았던 것이 유입되었기에 외국에선 즐기는 모양이다(樗蒲, 老子入胡所作, 外國戲耳)."329라고 적고 있다. 우리나라 학자들이 중국에서 들어왔다고 주장하는 걸 오히려 한반도 동쪽 오랑캐(東胡)들로부터 저포놀이가 들어왔다고 중국 고서에서는 기록하고 있다.

윷놀이와 유사한 외국놀이까지 연장선을 연결하면, 미국 펜실베이니아 대학 고고학 박물관(Archaeological Museum, University of Pennsylvania) 관장을 역임했던 민속학자 스튜워드 컬린(Stewart Culin, 1858~1929)330 이 쓴 논문 '한국의 놀이-유사한 중국, 일본의 놀이와 비교하여'331, 332에서 "고대 점술에 기원을 둔 윷놀이는 우주적이고 종교적인 철학을 담고 있다(cosmic and religious philosophy)."333라고 했다. 이어 "인도의 '파치시(pachisi)'와 '차우자(chausar)'334의 도형은 십자형이 있는 윷판을 확장한 모양이며, 서양의 '체스(Chess)' 혹은 일본의 야사스카리(八道行成, やさすかり)335은 윷놀이를 발전한 형태다."라고 결론을 내렸다. 북미 인디언들 가운데 윷놀이를 전승하고 있는 부족은 i) 오클라호마(Oklahoma)의 키오와족(Kiowa)336, ii) 애리조나 백산 아파치족(Arizona White Mountain Apache), 파파고족 및 호피족, iii) 뉴멕시코(New Mexico) 타구아족(Tagua) 등이 있다. 남미 인디오(Indio)에 있어서는 파라과이(Paraguay)와 볼리비아(Bolivia) 차코(Chaco)족, 마야후예인 북 과테말라(Guatemala) 케치(kekch)족 등이 있다. 캘리포니아(California) 소노마 레이크 인디언풍속박물관(Indian Folklore Museum, LakeSonoma) 전시관에 윷놀이하는 북미 인디언의 그림이 현재까지 전시되어 있다.

한편 윷놀이가 아닌 윷점(柶占)에서 유래한 '납작한 콩(flat bean)'이란 의미의 '파톨리(patolli)'337 콩윷(bean dice, 菽占)으로 점치는 놀이가 있다. 일

본(日本)에서는 '신의 뜻(神託, god's will)'을 알고자 점을 쳤던 것으로 7세기의 고시가(古詩歌)의 모음집이었던 『만엽집고의(萬葉集古義)』[338]에 "1개가 엎어지고 3개는 배를 들어내면(一伏三向) 도(コロ)이고, 3개가 엎어지고 1개만 배를 들어내면(三伏一向) 걸(シク)라고 주석을 달아 놓았는데…"[339]이는 한국의 윷놀이라고 일본인 하자 시카모치(鹿持雅澄, 1791~1858)는 실토했다. 또한, 1521년 유럽에서 남미를 정복하기 이전 테오티우아칸(Teotihuacan) 신전에서도 윷판유적(十字圖와 北斗七星)이 2기(基)나 발굴되었고 지금도 전속(傳續)되고 있다.

4. 이진법 정보처리로 컴퓨터를 태동시킨 윷판

음양(陰陽, byte)이란 이진법(二進法) 철학 탄생

우리의 선인들은 처음부터 세상을 남녀, 해달, 밤낮, 바다와 산, 옳음과 그름, 여름과 겨울, 하늘과 땅 … 등 이분법적으로 관찰했다. 세상도 그렇게 생성되었다고 생각했고, 이를 기반으로 한 학문을 음양조화설(陰陽調和說)이라고 했다. 같은 숫자라도 홀수(奇數)는 양수(陽數) 혹은 '하늘의 수(天數)'를 봤고, 짝수(偶數)는 음수(陰數)이고 '땅의 수(地數)'로 봤기에 우주창조를 '영(零, Zero)'에서 하나(一)가 태어나고 이어서 2(二) 그리고 3(三)이 만들어지는 과정을 『천부경(天符經)』에선 우주창조의 빅뱅(Big Bang) 혹은 블랙홀(Black Hole)의 기밀을 81자의 한자로 풀이했다. 1~10까지의 수리 (數理)를 하늘(天)·땅(地)·사람(人)을 삼극(三極)로 하여 탄생 → 성장 → 노화 → 질병 → 사멸(生·長·老·病·沒)의 변화과정을 유기적인 조화(organic harmony)로 풀이했다. 첫 구절은 "우주의 시작은 출발점도 없이 개벽된 것이며, 이미 3극(天地人)으로 나뉘어 창조되는 변화계획(本, change plan)은 끝도 없이 펼쳐짐이다(一始無始一析三極無盡本)."라고 했다. 세상이 음양으로 시작된다(陰陽萬物之源)는 최초변화의 철학은 주역(周易)이었다. 음양이라는 이분법적으로 수를 3차 결합해 8괘(八卦, 2^3)를 만들었다. 이를 다시 중복시켜 64(8^2 혹은 2^6)개 괘상(卦象, case)으로 세상변화를 풀이했다. 주나라시대의 역(易)이라고 우리는 주역(周易)이라 했다. 좀 더 세상이 복잡다단해지자 이를 다시 세분해서 256(2^8) 괘상(case)으로 설명했던 한나라 시대의 한역(漢易)이 있었다. 우리나라에서도 1885년 역학자 일부(一夫) 김항(金恒, 1826~1898)은 '바른 변화(正易)'를 만들었다.

음양 조화를 좀 더 쉽게 설명하고자, 10개의 천간(天干, 하늘을 떠받들고 있는 기둥)과 12개의 지지(地支, 땅을 지탱하고 있는 버팀목)를 음양으로 구분하면 10간(干)에선 갑(甲)·병(丙)·무(戊)·경(庚)·임(壬)은 양(陽.-), 을(乙)·정(丁)·기(己)·신(辛)·계(癸)는 음(陰.--)이다. 12지(支)에선 자(子)·인(寅)·진(辰)·오(午)·신(申)·술(戌)은 양(陽)이고, 축(丑)·묘(卯)·사(巳)·미(未)·유(酉)·해(亥)는 음(陰)이다. 10간(10개의 하늘기둥)을 다시 오방(위)색으로 분류하면 갑을(甲乙)은 동방청색, 병정(丙丁)은 남방적색, 무기(戊己)는 중앙황색, 경신(庚辛)은 서방백색, 임계(壬癸)는 북방흑색에 해당한다. 그래서 2022년 즉 임인년(壬寅年)을 검정호랑이 해(黑虎之年)라고 한다. 오늘날 우리들에게 참으로 쓸데없는 소리다.

지구에 가까이 있는 오행성(五行星)은 수성(水星), 금성(金星), 화성(火星),

목성(木星), 토성(土星)으로 농경시대엔 목성(木星)을 농업을 관장하는 별로 섬겼다. 조선 시대에 제사를 지낼 때 '유세차(維歲次)'라는 세차기준성(歲次基準星)을 목성으로 했다. 오늘날 서양에서는 남성은 화성(Mars)에서 여성은 금성(Venus)에서 왔다고 믿고 있다. 대표적으로 존 그레이(John

Gray, 1951년생)[340]가 1992년에 쓴 『화성에서 온 남자, 금성에서 온 여자(Men are from Mars, Women are from Venus)』[341]가 한때 베스트셀러가 되었다. 기억나는 구절로는 "여자는 사랑을 받으면 힘이 생기고, 남자는 인정을 받아야 움직인다(Women gain strength when they receive love, and men move when they have approval)."라는 말이 유행했다. 이는 마치 몽골속담(蒙古俗談)에 "여자는 봐주는 사람을 위해서 화장을 하고, 남자는 알아주는 사람을 위해서 목숨을 바친다(Эмэгтэйчүүд өөрсдийг нь харж байгаа хүнд зориулж нүүрээ будаж, харин эрчүүд таньдаг хүмүүсийн төлөө амиа золиослодог)."라는 말과도 같다. 남녀가 스트레스를 받았다면 "남자는 자기 동굴에 들어가고, 여자는 이야기를 한다."[342]라는 다른 행태를 보여주고 있다.

이와 같은 음양오행(陰陽五行)의 의미를 우리 민족은 4개의 윷가락(柶條)으로 응용해서 놀이를 창작했다. 윷가락(柶條) 하나로는 흑백(앞뒤)으로 이진법수 변화로 삶의 의미를 즐기면서 풍류까지 만들었다. 4개의 윷가락을 한꺼번에 던지면 도, 개, 걸, 윷, 모 등의 5가지 양상(phase)이 나타난다. 던지는 횟수에 따라 5의 n제곱(5^n)이란 경우 양의 상수를 만들게 된다. 조선 시대의 윷점(柶占)에서도 주역의 8(2^3)괘를 도입해서 64괘상(cases)으로 풀이하고 있다. 윷가락 하나로 3번을 던져서 나오는 수치로 앞이면 1(一)이고 뒤이면 2(二)로도, 아니면 주역(周易) 8괘처럼 음(--) 혹은 양(一)표시로도 표기할 수 있다.

오늘날 아라비아 숫자로 표기해서 111~444까지 64 괘상(cases), 즉 건삼연(乾三連, ☰)에서 곤삼절(坤三絶, ☷)까지 64괘상으로 한해 운세를 볼 수 있다. 같은 방법으로 토정비결은 $64(2^6)$개의 괘상보다 더욱 세분화하여 $128(2^7)$개의 괘상으로 풀이하고 있다. 어릴 때에 윷점을 했던 기억을 더듬어 몇 개의 괘상(cases)만을 적어보면 111은 "어린 젖먹이 아이가 젖을 줄 어머니를 만난다(兒見慈母).", 222는 "학이 구름을 타고 하늘에 오른다(鶴登於天).", 333은 "나무에 꽃이 피고 성장해서 열매를 맺는다(樹花成實).", 444는 "형이 귀여운 동생을 얻을 수 있다(哥哥得弟)."라고 풀이(占辭)했다.[343]

오늘날 일간신문이나 잡지에 게재되는 점성술(astrology)은 생년월일을 기준으로 '태양이 지나는 길(黃道)'의 백양(Aries), 금우(Taurus), 쌍아(Gemini), 거해(Cancer), 사자(Leo), 처녀(Virgo), 천칭(Libra), 전갈(Scorpio), 인마(Sagittarius), 마갈(Capricorn), 보병(Aquarius), 쌍어(Pisces) 등 12개의 천궁(horoscope)으로 분류해서 점괘풀이말(占辭)을 만들었다. 황도 12궁(별자리)은 B.C. 3,900년경 수메르(Sumer)인에 의해 관찰되어 B.C. 1,700년경의 메소포타미아(Mesopotamia)의 천문학으로 형성되었다. 이는 다시 그리스 신화와 융합되어 B.C. 4세기경에 탄생된 게 점성술(astrology)이었다. 단순하게 12개의 천궁과 64개의 쾌상으로 세분화된 윷점에 비교하면 점성술은 당해내지 못한다.

윷판(枰板)이 단순하게 i) 동양 천문학에서 28개의 '별자리 그림(星宿圖, Horoscope)', ii) 농경문화를 반영한 유희의 일종인 윷놀이의 '과정과 결과 판정표(Process and Judgement Diagram)', iii) 농경사회의 단순한 책력으로 농사일정표(Agricultural Schedule), iv) 천신제의 제단배치도(Altar Layout), v) 하늘과 별나라 제사의 기원 그림(祈願圖), vi) 별나라에서 왔다가 다시 돌아가야 할 별나라 귀천도(歸天圖) 등으로 볼 수 있다. 이보다도 삶의 전화위복(轉禍爲福)의 수단으로 윷점을 만들었고, i) 이를 이용해서 인생 상담(自强不息)과 자기코칭(self-coaching)하는 수단으로도 이용되었다. ii) 무엇보다도 오늘날 컴퓨터, 반도체 등의 발명품을 가능하게 된 이진법 수치원리를 제공한 것이 디지털 세상을 태동시킨 황금 열쇠가 되었다. 우리의 선인들은 0과 1이란 디지털 세상을 기원전 3,000년부터 음양, 흑백, 홀짝 등으로 이진수 기반을 윷놀이는 생활화했고, 도·개·걸·윷·모 등의 오행(五行)으로 수신제가철학(修身齊家哲學)까지 생활화했다.

윷놀이 기반이 반도체와 컴퓨터의 태반

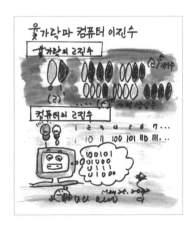

윷가락 하나는 겉(0)과 안(1)으로 반도체의 부도(不導, 0)와 전도(傳導, 1)와 같이 하나의 바이트(bite)를 이루고 있고, 4개의 윷가락을 1회 던지는 경우는 16(2^4)의 경우의 수(case number))이나 도·개·걸·윷·모라는 5 양상(phase)으로 5^n 결과치(result value)가 발생한다. 이런 정보처리 시스템의 원리로 탄생한 오늘날 물건은 바로 반도체이고 컴퓨터이다. 좀 더 추정확률을 살펴보면, 도(15.26%), 개=걸(34.56%), 윷=모(12.96%)정도 추산되나 실제로 윷가락이 반원이 조금 넘는 경우가 많아서 평면 60%, 곡면 40% 정도가 되어서 실제 실험을 한 결과는 개=걸 34.56%, 도 15.36%, 윷 12.96%, 모 2.56% 가 산출되고 있다. 4개의 윷가락으로 도·개·걸·윷·모의 5개 결과치(양상)가 나타나기에 3번을 던질 경우에는 125(5³)개 경우의 수가 나온다. 예외로 윷과 모를 칠 경우엔 한 번 더 던지도록 함은 4개가 엎어진 모는 천양(天陽)이고 젖혀진 윷은 지음(地陰)으로 천지부합(天地符合)이니, 모두에게 경사가 있을 것이니 한 번 더 놀자는 합의(合意)였다. 실제로 윷놀이를 한판 놀자면 적어도 28번 이상을 던져야 한다. 적어도 28번을 던진다면 5²⁸의 경우의 수의 결과치가 나오게 되기에 천문학적인 결과를 우리의 선인들은 어림짐작하고 있었다. 오늘날 컴퓨터 용어로는 바이트(bite), 킬로바이트(kilo-bite), 메가바이트(mega-bite), 기가바이트(giga-bite) 등으로 추산할 수 있다.

이런 의미에서 선인들은 윷말(柶馬)을 세는 단위명칭은 100단위 접(接)을 넘어, 풍년을 기원하는 1,000단위 동(棟)으로 하고, 4동(4,000)을 나야 승리한다. 28개의 밭을 거쳤기에 중심부의 열 십(十)을 사용하면 28×10(十) 하면 280이라는 수치가 산출된다. 한번 승리하고 얻는 수치는 4,280이 된다. 4,280이란 수치를 두고 해방 이후 건국 스토리로 단기(檀紀) 4280년은 B.C. 2,333년을 빼면 서기 1947년을 기준으로 선천(先天)과 후천(後天)을 언급했다. 이렇게 1948년 새로운 세상(後天)의 개벽이라는 대한민국 건국의미를 도출했다. 여기에다가 모 대통령 후보자께선 한마디(一節)는 60년(甲子)으로 봐서 2008년(1948년+60년)에 새로운 세상을 예언하기도 했고 대통령에 당선되었다.[344]

오늘날까지도 명문대가의 종가(宗家)에서는 제문(祭文)이나 축문(祝文)의 첫 구절엔 '유세차(維歲次)'라는 고대 천문학에 사용되는 용어가 나온다. 세차(歲次)란 '십간십이지(十干十二支)에 따라서 해당 연도에 순서(順序)'를 말한다. 이때는 오행성(五行星, 宮合, 相生 및 相剋) 가운데 농경 중심 신앙에서 목성(農耕神)을 기준으로 순서를 정했다. 전체적으로는 '천상열차(天象列次, 十二宮)'라는 순서를 볼 수 있다.[345] 분야(分野)란 해당 왕조, 해당 지역, 인물(皇帝 혹은 國王)이 어디(分野)에 해당하는지를 분별했다. 따라서 '천상열차분야지도(天象列次分野之圖)'는 황도(黃道)를 중심으로 하늘의 성상(星象)에 해당하는 왕조를 해당 분야에다가 표시한 그림을 말한다. 1850년에 대구지역 출신 이기정(李基晶)이 작성한 '태을산분정아국주군분야도(太乙算分定我國州郡分野圖)'라는 대구시 유형문화재 제66호에서는 제갈공명(諸葛孔明)의 '천하분야도(天下分野圖)'와 이순신의 '주군분야도(州郡分野圖)'를 정리하고 있다. 28성수별로 성좌의 성상도(星象圖)와 혼중도(昏中圖)를 24절기별로 구분 작성했다. 여기서 태을산(太乙算)이란 고대 중국의 천문학에서 예측(산출)기법으로 3가지 방식인 태을(太乙). 기문(奇門) 및 육임(六壬) 가운데 한 가지 방법이다.

유세차의 원형은 '이어지는 연호(年號)는 ○○이고 간지(干支)로는 ○○년 월건(月建)으로 ○○월 일진(日辰)은 ○○의 순서(維年號歲次某年某月某日)'로 고(敢昭告于)했다. 조선왕조실록(朝鮮王朝實錄)을 검색해 본 결과 36회[346]나 유세차(維歲次)로 언급되고 있는데 효종 이후가 30회로 봐서 청국호란(淸國胡亂)을 계기로 중국연호를 더 이상 사용하지 않았다. 단지, 인종(仁宗) 때에 '유순치이년세차(維順治二年歲次)'라는 기록이 있으나 이후는 없었다[347]. 고종실록(高宗實錄)에는 대한제국 이후 '유광무칠년세차(維光武七年歲次)'라는 기록으로 봐서 당당하게 대한제국의 연호를 사용했다. 그러다가 순종실록(純宗實錄)에서는 '유세차(維歲次)'가 나오고 있어 일본제국의 연호대정(年號大正)을 사용하지 않았다. 오늘날 천신제(薦新祭)를 지내거나 명문대가의 전통을 유지한다면 '유연호세차(維年號歲次)'에 종교적 행사에선 연호(年號)를 대신해서 불기(佛紀), 단기(檀紀), 서기(西紀), 공기(孔紀) 등을 넣을 수도 있다.

5. 달구벌 밤하늘에 빛나는 별들

상처는 별이 되죠(Scars Become Stars)![348, 449, 350]

오늘날 우리가 보고 있는 이집트 기자지구의 피라미드군(Pyramids in Giza, Egypt)은 B.C. 2,560년경 당시 파라오 쿠푸(Pharaoh Khufu, 재위 B.C. 2,589~B.C. 2,566, 22년간)의 무덤으로 추정하고 있다. 규모를 살펴보면, 높이 146.5m, 밑변 230.4m에 들어갈 벽돌은 대략 230만 개, 개당 평균 25톤으로 환산해도 590만 톤이나 된다. 석축기술에서도 돌 틈새에 종이 한 장도 들어갈 수 없는 정교함과 4변의 오차가 5.8m 정도로 외벽 풍화작용을 고려한 완벽함에 경탄을 자아낸다. 고대시대에 이렇게 '완벽한 공차범위(perfect tolerance)'로 동서남북을 정확하게 안분(安分)하고, 피라미드의 '밑변 둘레:높이= 원둘레:반지름'의 '외계인이 자문했을 법한 신비의 공식(mysterious formulas committed by aliens)'이 성립된다. 유클리드 기하학(Euclid geometry)상 선분의 황금비율인 1:1.618으로 설계되었다. 토목역학(civil mechanics)상 피라미드의 각도는 51°52'으로 모래가 아래로 흘러내리지 않는 최적 각도다. 여기에다가 고대 천문학을 정확하게 응용한 '동방의 별(Oriental Star)'이라는 오리온(Orion)자리와 일치되게 피라미드가 배치되었다. 더욱 신비한 건 하늘에 별이 뜨는 위치와도 일치한다. 우리나라 선인들이 동방의 별을 '삼형제별(Three Brothers' Stars)' 혹은 '삼태성(三台星)'이었다. 이는 오늘날 '오리온 벨트(Belt of Orion)'에 속한다. 초등학생의 상식으로 북두칠성 모양을 국자(혹은 똥바가지)라고 하면, 삼태성은 오늘날 천문학에선 민타카(Mintaka), 알닐람(Alnilam)과 알닐탁(Alniltak)의 2등성 3개로 국(혹은 똥)을 담는 부분의 비스듬히 들어간 곳에 있는 별이다.

2019년 『네이처지(Nature)』에 발표된 지구촌 현생인류(호모 사피엔스 사피언스)는 20만 년 전 아프리카 남부 칼라하리(Kalahari) 지역에 출현했으나 13만 년 전에 기후변화(climate change)로 생존을 위해 '꿈(별)'을 찾아서 떠났다.[351] 상상을 초월하는 천재지변, 야수의 공격, 강자로부터 죽음을 당하면서도 끊임없이 이동했다. 그들은 "험난할수록 더 밝은 별을 찾고, 시련으로 세상을 떠난 사람은 하늘에 별이 된다(險難益明,難爲天星).[352]" 믿었다. 그뿐만 아니라 오늘날까지도 『상처가 별이 된다(Scars become stars)』라는 소설과 노래가 지구촌에 전파되고 있다. '동물 왕국(動物王國)'인 세렝게티 국립공원(Serengeti National Park)에는 "(아무리 밀림의 왕자 사자이지만) 아무런 상처 없는 사자는 갓 난 아기 사자밖에 없다(Simba pekee asiye na majeraha yoyote ni mtoto wa simba aliyezaliwa)."라는 속담이 있듯이 지구촌에선

누구나 상처를 안고 살아간다. 인간은 어느 동물보다도 더 많은 상처를 안고 살아간다. 상처는 원한이 되고 원한은 자라서 별이 된다(傷は恨みになり,恨みは成長して星になる.).”

달구벌 밤하늘을 수놓는 은하수와 별들

지금으로부터 3~5만 년 전 동방 별(orient star)의 인도로 한반도 달구벌에 터전을 잡았던 선인들은 이곳을 바로 지상낙원으로 알았다. 사실상 윷판의 천원(天元)처럼 가정, 씨족 그리고 부족으로 성장하기에 북두칠성의 자미원(紫微垣: 옥황상제가 사는 곳)으로 여기고 살았다. 끊임없이 지속되었던 천재지변과 빈번하게 발생되었던 전쟁까지도 극복하면서 온갖 상처를 이겨내었다. 이에 따른 수많은 선인들은 상처를 안고 또한 꿈을 이룩하지 못한 채 원한을 가슴에 품고 하늘의 별이 되신 분들이 많았다(Мөрөөдөлдөө хүрч чадалгүй зүрхэндээ хорсолтой тэнгэрт од болсон хүмүүс олон байсан.). 오늘날 우리가 밤하늘에 볼 수 있는 별만큼이 많았다. 달구벌 밤하늘에 떠 있는 별들을 살펴보면, 전쟁으로 인한 백성들의 신음소리를 그치게 하고자 고민을 안고 부인사(符仁寺)[353]를 찾아들었던 ‘덕행과 미모를 다 갖춘 덕만공주(德曼公主) 님(德曼公主)’, 통일신라의 수도를 윷판의 천원 같은 달구벌에 천도하고자 했던 신문왕(神文王), 달구벌 이곳이 신고복지(神皐福地)라고 경탄했던 최치원, 금선탈각(金蟬脫殼)의 제왕 과제를 대신 목숨으로 해결했던 신숭겸(申崇謙), 동양 윤리도덕의 교과서로 명심보감을 쓰신 추적(秋適), 계유정란(癸酉靖亂)의 부도덕함을 호소하다가 삼족 멸문을 당하신 박팽년(朴彭年)도 밤하늘에 별이 되어 밤하늘에서 우리를 비추고 있다.

또한, 임진왜란의 왜장이었지만 이곳에 보금자리 둥지를 튼 김충선(金忠善), 대명지원군에서 전향했던 두사충(杜師忠), 임진왜란이란 풍전등화로부터 영남치영아문(嶺南緇營衙門)에서 승병 사령관을 맡았던 사명당(四溟堂), 서세동점(西勢東漸)의 소용돌이 속에서 인내천(人乃天)을 외치다가 북두칠성처럼 효수(梟首)당한 최제우(崔濟愚), 춘추필법(春秋筆法)의 사초(史草)를 고집하는 제자를 키운 김굉필(金宏弼), 달구벌을 에덴동산으로 만들고자 사랑의 선교(애락원 부원장)를 펼쳤던 챔니스 바바라(Barbara F. Chamness), 일본제국 식민지에서 빼앗긴 들에도 봄은 오는가를 외쳤던 이상화(李相和), 국채보상운동의 불씨를 피웠던 서상돈(徐相敦), 조국광복의 원한을 예술혼으로 승화시킨 이인성(李仁星), 2·28 학생운동을 이끌었던 이대우(李大雨) 등의 임들은 28수(宿)의 별자리를 다 채우고도 남는다.

그뿐만 아니라 이름 없는 수많은 별은 달구벌의 밤하늘에 오색영롱한 은하수로 남아있다. 고려 시대 가렴주구(苛斂誅求)의 해원(解冤)을 하고자 초계민란(草溪民亂)에 가세했다가 진압당했던 동화사승병(桐樺寺僧兵)들,

팔공산 상암(八公山 上庵)에서 은밀히 의병회맹(義兵會盟)을 했던 달구벌의 선비들, 일제의 최종심급 고등법원의 판결로 대구형무소 형장에서 이슬로 사라진 270여 독립운동가들, 10·1 폭동이란 오명을 뒤집어쓰고 사라진 영령들, 6·25 동족상잔으로 발생했던 가창 상원산 중석광산 수직굴, 지천 산골짜기, 본리동 골짝에서 속된 말로 '골로 갔던 사람들', 낙동강 방어 전선에서 밤낮으로 주인이 바뀌었던 팔공산전투 참전으로 산화(散華)한 무명 학도병(無名學徒兵)들, 그

리고 상인동 가스관 폭발사고와 중앙 지하철역 방화참사로 무주고혼(無主孤魂)이 된 영혼들이 모두 밤하늘에 은하수가 되었다. 오늘도 그들은 달구벌 밤하늘이란 흑색비단 피륙에다가 황홀하게 새록새록 수놓고 있다.

달구벌 밤하늘을 노래했던 사람들

중국 원난성 뚱추엔(雲南省東川)에 홍뚜띠(紅土地)라는 '신의 팔레트(God's Plate)'라는 별명을 가진 환상적인 풍경을 촬영하고자 세계관광객이 모여들고 있다. 강수량이 많은데 기온이 높아 토양철분과 알루미늄으로 온천지를 새빨간 세상으로 변신시킨다. 이런 홍색도화지(紅土地)에 농민들이 심어놓은 자주색 감자 꽃, 하얀 메밀꽃, 황금색 유채꽃, 푸른색 푸성귀들이 대자연에 함께하여 지상 걸작을 그린다. 여기에다가 눈부신 일출선경(日出仙境)을 보여주는 마을 타마칸(打馬坎, Tamakan Village), 저녁놀이 천하일품인 뤄시아쿠(落霞溝, Luoxiagou), 얼굴을 붉히면서 치맛자락을 살짝 들어 보이는 붉은 흙의 속살마을 진시우위안(錦繡園, Jinxiu Yuan), 7개 언덕에 비탈(다락)논밭(傾斜地)과 형형색색 조화언덕(七彩坡, Qicaipo), 그리고 눈길 닿는 곳마다 즐거움으로 가득 채우는 풍경 루에푸아오(樂譜凹, Yuepuao)가 있다. 그러나 그곳에 사는 분들은 남들이 비경(秘境)이라고 하나 늘 같은 것만 보니 별로 아름다움을 모른다. 법구경 우암품(愚暗品)에 나오는 "국 속에 푹~ 빠져있는 국자는 정작 국 맛을 모른다(不知如杓斟酌食)."354구절을 연상하게 했다.

달구벌에 살았던 우리들이 국 속에 묻혀있는 국자처럼 달구벌 밤하늘의 아름다움을 모르고 있다. 우리의 선인들은 달구벌 밤하늘을 얼마나 노래했고, 즐겁게 삶을 살았는데 남아 있는 지명만으로도 충분히 짐작된다. 해가 솟아오르다가 나무에 걸렸다고 웃음을 자아냈던 동산(東山), 옥황상제의 자미원이 비치는 못이란 천왕지(天王池), 달이 떨어지는 곳 월배(月背), 별이 쏟아지는 샘이란 진천(辰泉), 긴 밤 지새고 떠오르는 반달이란 반야월(半夜月), 낮에 나온 반달 쪽배라는 반월당(半月當) 등의 지명들이 아직도 남아 있다. 밤하늘 별빛이 물 위에 쏟아지는 것으로 알고 있으나, 달구벌에서는 맑은 물에는 낮에도 햇살을 받으면, 밤하늘에서 쏟아졌던 별들이 물속에서 숨어있다가 햇살과 물결 따

라 반짝거리고 있다. 선인들은 이를 '물고기의 비늘(魚鱗)' 혹은 '물비늘(水鱗)'이라고 했다. 오늘날 문학적인 표현으로 '윤슬(潤瑟, 윤기 흐르는 옥구슬)'이다. 달구벌에선 '물 위 낮별(水表晝星)' 윤슬(潤瑟)이 유명했던 곳으로 욱수 '반짝거리는 물(旭水)' 혹은 문양 '햇살 무늬 물결(汶陽)'이라는 지명이 달구벌이 별들의 고향임을 말하고 있다.

또한, 1801년 4월 8일 서대문 네거리에 참수형(斬首刑)을 당했던 이승훈(李承薰, 1756~1781)의 6촌 형이었던 연암(燃巖) 이좌훈(李佐薰: 1753~1770)[355]은 남인 유생(南人儒生)으로 태어났다. 5살 때에 시(詩)를 지었다는 천재시인(天才詩人)이었기에 영남유림의 본산(本山) 달구벌을 사랑했다. 특히 달구벌의 밤하늘에 떠오르는 별에 매료되어 「뭇별들이 흐르는데(衆星行)」라는 시를 남겼다. "밤은 깊어만 가는 푸른 달빛 아래, 뭇별들은 곳곳에서 휘황찬란하게 빛나는데. 작은 구름이 (저 많은 별을) 덮겠다고? 초하루 차가운 밤바람이 불어오니 별빛 더욱 유난하구나. 은하수 진주 알

이 무려 삼만 섬은 되겠네. 파란 유리 하늘에 모래 알알이 쏟아지듯이. (이 걸 보니) 가슴에 상처 딱지 하나 없이 떨어져 버리네. 원래의 기운을 찾아 더욱 힘을 내라고(群芒起虛無, 元氣乃扶持)….” 시작해 “이런 하늘의 이치를 누구 주인이 되어 펼치는지? 내라도 곧바로 하늘에 물어봐야지(天機孰主 張, 吾將問化翁).”라고 끝맺고 있다.356

물론 지구촌에 살았던 많은 선인들은 하늘의 별을 보고 꿈을 가졌고, 삶에서 얻는 아픔을 지웠다. 우리말로 개작한 ‘저 별은 너의 별, 저 별은 나의 별’이라는 가사는 독일의 민요 「두 개의 작은 별(Zwei kleine Sterne)」 이다. “커다란 하늘 천막에 소곤거리면 있는 두 개의 작은 별(Zwei kleine Sterne stehen, am großen Himmelszelt), 그건 이 넓고 넓은 세상을 분명히 너와 함께 갈 거라고. 두 개의 작은 별에게 내 마지막 인사. 오~ 내가 떠나 야만 하더라도 날 기억해줘~. 저녁 창가에서 난 나근나근 너에게 물었지? 나랑 영원히 있어 줄 거라고? 아, 나의 꼬마 녀석, 넌 (이렇게) 말했어(Ach, mein Kind, hast du gesag).”357 마치 윤동주(尹東柱, 1917~1945)의 「별 헤는 밤」에서 “가슴 속에 하나둘 새겨지는 별을, 이제 다 못 헤는 것은, 쉬이 아 침이 오는 까닭이요. 내일 밤이 남은 까닭이요. 아직 나의 청춘(靑春)이 다 하지 않은 까닭입니다. 별 하나에 추억과 별 하나에 사랑과 별 하나에 쓸 쓸함과 별 하나에 동경(憧憬)과 별 하나에 시(詩)와 별 하나에 어머니, 어머 니…”358를 노래했듯이.

6. 새해 첫날 동지, 햇살 깊숙이 드는 따사로운 달구벌

동짓날 쥐구멍에도 해 뜨는 달구벌

오늘날 지구촌의 달력은 율리우스 카이사르(Gaius Julius Caesar)가 만들어 B.C. 46년부터 사용했던 율리우스력을 1582년 그레고리오 13세(Papa Gregorio XIII) 교황이 그레고리역(Gregorian Calendar)으로 개력하여 지금까지 사용하고 있다. 그래서 한해의 시작은 1월 1일로 생각할 수 있다. 그러나 민족마다 고유한 '새해 첫날(歲首)'은 다르고 이를 맞이하는 풍속이 참으로 다양하다. 우리가 어릴 때는 "동짓날 팥죽을 먹으면 한 살 더 먹는다(冬至赤豆添歲)."라고 하면서 '새해 첫날(元日元旦)' 혹은 '해 머리(歲首)'라고 했다. 중국 고지서학을 통해서 해 머리(歲首)를 살펴보면 하(夏)나라 때는 1월(寅月)을 새해 머리달(歲首月) 혹은 바로달(正月)로 삼았다. 고고학적 출토 책력에 대해선 대략 39,680년 전(39,689bp, CAL) 농사철 달력으로 사용했던 '눈금 새김 돌(目線石, 硅質砂巖 20.6cm×8.1cm, 0.4cm 간격 22개 눈금)'[359]이 한강유역 충북도 '붉은 해 동네(丹陽)'에서 발견되었다.[360] 이 출토유물은 B.C. 3,000년경 세계 최초(最初) 달력이라는 '메소포타미아 달력(Mesopotamia Almanac)'보다 몇 만 년 전에 농사절기달력(農事節氣冊曆)을 만들어 사용했던 한민족이었다. 그뿐만 아니라, 중국 서지학에서도 최고기록(最古記錄)은 춘추좌전(春秋左傳)에 소공 17(B.C. 525)년에 담자(郯子)의 설명은 소호씨(少皞氏)가 새 이름으로 관직제(鳥名官制)을 시행하면서 봉조씨(鳳鳥氏)에게 책력을 담당하는 관직 역정(鳳鳥氏歷正也)에 임명했다.[361] 이에 대해서 타이완 역사학자 서량지(徐亮之)가 1954년에 쓴

『중국사전사화(中國史前史話)』에선 "중국의 역법(曆法)은 한민족(東夷)에서 창시되었다. 책력(冊曆)을 만든 사람은 희화자(羲和子)이며, 그는 은나라(殷國, B.C. 1,600~B.C. 1,046) 혹은 상나라(商國)의 한민족의 조상이다. 한민족이 달력을 만든 사실은 의심의 여지가 없다."362라고 기록하고 있다.

일반적으로 우리가 알고 있기는 은나라(殷國, B.C. 1,600~B.C. 1,046) 때는 12월(丑月)을 정월(正月)로, 주나라(B.C. 1,046~B.C. 771)에선 11월(子月)을 해 머리로 했으며 동지(冬至)는 인월(寅月)에 책정했다. 오늘날 우리가 지키고 있는 1월 1일을 정월 초하루는 한나라 무제(무제, B.C. 141~B.C. 87)가 제정한 것이다. B.C. 104(太初元)년에 11월을 갑자월(甲子月), 동지일 야반을 갑자일(甲子日) 갑자시(甲子時)로 역원(曆元)을 결정하면서 해 머리(歲首)를 '으뜸새벽(元旦)'이라고 표현했다. 이것이 한무제(漢武帝)의 태초력(太初曆)이었다. 우리나라의 지식인들이 '해 머리 첫날(正月初日)'을 '원일원단(元日元旦)'363이라고 표기해왔다. 한 무제 태초력(太初曆)에 이어 당나라의 선명력(宣明曆), 송(宋)나라의 원가력(元嘉曆), 원나라의 수시력(授時曆)으로 개력(改曆)하였다. 천문학에서 역법(曆法)이란 천체현상을 기반으로 계절, 날짜, 시간을 추산해서 책으로 묶어서 책력(冊曆)을 발행한다. 이는 주역(周易) 등의 동양철학에 기반을 두고 있었고, 특히 황제(국왕 혹은 제후)들은 천기(天機)를 백성들에게 전하는 신령스러운 존재임(天機傳言, 自稱靈人)을 보여주었다. 왕조의 당위성과 정권의 합리화에도 이용해 오늘날 개헌작업(改憲作業)처럼 개역작업(改曆作業)을 해왔다. 이런 맥락에서 위정 책력은 국가의 자주성과 정체성을 대변했다.

우리나라의 역법에 대해서 삼한시대 이전에는 동방군자국(東夷族)의 특이한 역법인 '쥐구멍에도 볕 드는 동지날(閃光鼠穴, 也冬至日)'의 해머리(歲首)를 기준으로 하는 인월세수(寅月歲首)의 하력(夏曆), 축월세수(丑月歲首)

은력(殷曆)과 자월세수(子月歲首)를 농경사회와 지역 특수성을 살려서 사용했다. '별나라 별동네(辰國辰韓)'에 살았던 달구벌의 선인들은 은력(殷曆, 동이족의 은나라 책력)을 지켰다. 따라서 달구벌의 선인들은 동지팥죽 한 그릇에 나이를 한 살 더 먹었다(冬粥添歲). 이렇게 했던 인습으로 삼국시대 (三國時代)에 들어서서도 백제는 송나라의 원가력(元嘉曆)을, 고구려는 당나라의 무인력(戊寅曆), 신라는 당나라의 선명력(宣明曆)을 사용했다. 고려 초기는 선명력(宣明曆)을 사용하다가 원(元)의 내정간섭으로 수시력(授時曆)을 시행했다. 조선 시대에 들어와서는 원나라의 수시력(授時曆)과 명나라의 대통력(大統曆)을 쓰다가 1454(단종2)년 칠정산력(七政算曆)을 만들었으나 명나라의 대통력(大統曆)을 사용했으며, 1564(효종 5)년에 청나라의 시헌력(時憲曆)을 받아서 시행했고, 1896(고종 33)년에 오늘날 우리가 사용하는 그레고리력(Gregorian calendar)을 사용하게 되었다. 이와 같이 중국왕조 책력을 시행한 것은 연호계수(年號繼受)와 더불어 사대주의의 2대 충성맹세증표(忠誠盟誓證票)였다. 이렇게 책력이 변했는데도 신라, 고려, 조선 시대에서도 동지하례사(冬至賀禮使)는 여전히 파견하여 배신 없는 충성을 맹세했다. 사실, 사대충성(事大忠誠)은 보이고자 i) 관제와 관복 시행, ii) 연호와 책력 사용, iii) 조공세납(租貢歲納)과 하례(문안)사 파견, iv) 제후제례(諸侯祭禮) 및 하명명호(下命名號, 국호, 관직명, 三爪龍) 사용 등으로 서약했다. 단적인 표현이지만 김부식(金富軾)은 고구려와 백제의 멸망 원인을 "겉으로 따르고 속으로 어겨 대국에 죄를 지었음으로 그만 멸망한 것이다. 또한, 그렇게 망한 게 마땅했다(以獲罪於大國, 其亡也亦宜矣)."364라고 백제본기(百濟本紀)를 끝맺고 있다.

오늘날 지구촌의 새해에 대한 전통적 고대 민족풍습을 살펴보면, 적도 인근에 거주했던 고대민족들은 하지(夏至), 북반구(北半球)나 남반구(南半

球)에 거주하는 민족은 대부분 동지(冬至)를 기준으로 '해 머리(歲首)'로 삼았다. 동양에서는 음양오행(陰陽五行)에 기초하여 "동짓날 새로운 해가 떠오르고, 모든 생명체가 동짓날을 기점으로 부활한다(冬出新陽, 萬物蘇生)."라고 믿었다. 동양철학에서 변화감지(易感)에서 '한 가닥의 햇살이 새로 살아나기 시작하는 고비(一陽始生之節)'이라고 했다. 그뿐만 아니라 "하늘은 정월에 열리고, 땅은 동짓달에 열리며, 사람은 시월에 열린다(天關於子, 地關於丑, 人關於寅)."365라고 했다. 주례(周禮)에선 '동짓날에 이르러 천신과 귀신이 같이 만나는 날(以冬日至, 致天神人鬼)'은 날이라고 천신제도 조상제사도 동짓날에 지냈다(祭天祭祖之日). 물론 살아있는 사람에게는 축하, 용서 등으로 화목을 꾀했다.366 심지어, 시골약방에선 못 받은 외상값 장부를 동짓날 태워버리면서 돈 못 갚은 사람들의 세상 물정을 이해하며 동시 건강을 축복했다.특히, 지구촌 북반구에 위치했던 서양에서도 유사한 동지풍습이 있었다. B.C. 6세기경에 조로아스터교가 로마에 전파되어 '태양이 죽음으로부터 되살아나는 날(dies sol ex mortuis)', '무적의 태양신 탄생축일(Dies natalis Dei Solis invictissimi)' 혹은 '절대 정복할 수도 없는 태양의 탄생일(dies natalis solis qui numquam vinci potest)' 등으로 동짓날(winter solstice)을 불렀고, 로마 시대 땐 이 날을 태양신축제일(sol deus festival)로 삼았다. 즉 태양숭배의 미트라(Mithras) 신앙은 4,000년 전 페르시아(Persia)에서 시작해 동쪽으로 인도와 중국까지 전파되었다. 그뿐만 아니라 스코틀랜드(Scotland)에서 사하라사막(Sahara Desert)까지도, 스페인과 흑해까지도 흘러들어 갔다. 로마의 태양부활절(Sun Easter) 계승은 오늘날 예수 탄생일(Xmas)까지 이어져 왔다. 우리나라에서도 신라 시대 157(阿達羅尼師今 4)년 일본 태양신으로 간 연오랑(延烏郎)과 세오녀(細烏女)를 되살리는 영일만 오천(烏川)에서 태양부활의식 '영일제전(迎日祭典)'이 있었다.367

달구벌 선인들은 동짓날 뭘 했을까?

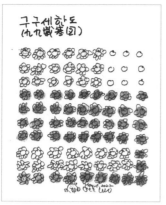

어릴 때 시골 두메산촌에 어머님께서는 동짓날을 위해서 평소에 많은 준비를 했다. 지금 기억을 더듬어 보면 i) 동짓날 온 집안을 밝히기 위해 예쁜 꽃(유채꽃, 달맞이꽃, 제비꽃, 맨드라미꽃, 모감주꽃 등) 들의 씨앗을 모았다가 기름을 짜서 등불을 밝히는 채종등유(菜種燈油), ii) 지난 한해 모든 액땜과 새해 액막이를 위해 동지팥죽거리(冬至豆粥), iii) 안방의 삼신할머니, 앞마루의 성주대감, 부엌의 조왕신(竈王神), 쇠마구간(牛舍)의 축신(丑神) 등에게 꽃씨기름 등불(花種油燈)을 밝히면서 드릴 먹거리 제물(祭物), iv) 동네 웃어른들이 두고 잡수실 건어물과 마른 과실 같은 동지하례예물(冬至賀禮禮物), v) 풍년 기원의 '동지 마당' 윷놀이를 위해 싸리나무 윷가락(矢栖)과 윷판을 마련했다. 한편, 할아버지께서는 동짓날에 꼭 두 가지를 했다. 하나는 자식들에게 조선 시대 벼슬 명칭을 적어 못 배운 원함을 그린 승경도(陞卿圖) 놀이판을 그려서 친구들과 윷가락으로 '벼슬 따먹기 놀이(陞卿戱)'를 했다. 다른 하나는 가장 긴요한 겨울 채비인 문(窓戶)을 바르고, 남은 자투리 창호지(窓戶紙)를 맞붙여 희미하게 간 먹물로 81(9×9)개의 매화꽃 밑그림(watermark, 일명 九九消寒圖)을 그렸다. 엄동설한에 추위와 배고픔을 잊고자 꼭 손자의 손목을 잡고 매화꽃 하나씩 붉은색으로 입혔다. 이렇게 사랑채 벽에 붙어 있는 구구소한도(九九消寒圖)에 매화가 만발하면 창밖 뜰에서도 매화는 화창하게 피었다.

그런데, 선사시대 달구벌에 살았던 선인들은 무엇을 했을까? 맹수나 맹독을 갖은 동식물로부터 액막이(辟邪)를 위해 팥죽을 끓여 먹었으며(冬至時食), '쥐구멍에도 볕 드는 날'의 고도가 낮은 따사로운 햇볕에 아쉬움을 기념하기 위해서 높은 산꼭대기 큰 바위에다가 '해 묶기(縛日, Tying sun to rock)' 제전을 갖기도 했다. 신석기 시대부터 신라초기까지 달구벌에선 팔공산(八公山), 비슬산(琵瑟山) 등지에서 박일제전(縛日祭典)을 했다. 현존하는 박일유적(縛日遺蹟)으로는 페루(Peru) 마추픽추(Machu Picchu) 태양 신전의 '인티 우아타나(Inti Huatana)'라는 바위가 현존하고 있다. 한편 신천변(新川邊) 구릉지에 살았던 선인들은 태양이 잘 보이는 곳에 있는 바위에다가 태양(紫微垣)에게 간절한 마음을 담아서 깊게 여러 개(2~10)의 동그라미로 암각화를 그려 새겼다(劃日祭典). 나중에는 사천성 강족(羌族)이 오늘날까지 전통으로 이어온 햇살이 반사하는 흰색 돌을 '햇돌(白日石)'이라고 동네 어귀 혹은 지붕 위에다 모셨다(創日祭典).

물론 요한계시록(The Revelation to John 2:17)을 보면, 서양에서도 햇돌(白日石)을 모시는 백석 사상(白石思想)이 있었다. 즉, "이기는 그에게 내가 감추었던 만나(manna)를 주고, 또한 흰 돌을 줄 터인데. 그 돌 위에 새 이름을 기록할 것이 있나니 받는 자 밖에는 그 이름을 알 사람이 없느니라." 368 오늘날도 중국 사천성(四川省) 강족(羌族)의 전통문화 혹은 천산산맥 주변 카자흐스탄 등지에서도 백석문화(白石文化)가 아직도 남아있다. 우리나라는 백두산(白頭山)과 백석대학을 비롯하여 흰돌 마을(白石洞), 흰바위(白巖), 흰 돌(素石)등 명칭이 지명(地名)과 인명(人名)에 아직도 사용되고 있다. 산명(山名)으로는 네팔의 히말라야산(白頭山, Himalayas), 일본 대마도의 시라다케(白岳, 對馬島), 우리나라 백두산(白頭山, 일명 長白山) 등이 있다.

또한, 동짓날 할머니께서는 붉은 팥주머니(赤豆囊)를 만들어 동서남북

나뭇가지에 가족 수만큼 액막이 걸이(揊厄懸囊)를 했다. 고대기록을 보면 제천제조(祭天祭祖)의 행사도 있었다. 현재도 지구촌 북반구의 일반적인 현상인 동지 해돋이 방향(冬至日出向)으로 안치(安置)된 문화유적들이 대부분이다. 토함산 석굴암(土啥山石窟庵)의 본존불(本尊佛)도 팔공산 관암석불(冠巖石佛)도 동지 일출 방향과 같다. 동서양 고대신앙유물(유적)의 대부분은 동지일출향(冬至日出向)이 일반적인 현상이다. 북반구에 있는 그리스, 이탈리아 신전(神殿)과 동양사찰(寺刹) 등에서도 이런 현상을 흔히 볼 수 있다.

동지에 대한 고문헌(古文獻)을 살펴보면 당나라 두보(杜甫, 712~770)[369]의 「작은 동짓날(小至)」이라는 시에선 "동짓날에 태양이 되살아나서 봄이 또한 온다지(冬至陽生春又來)."라고 노래했고, 송나라 원숙(袁淑)의 「동짓날을 읊으며(咏冬至)」라는 시(詩)에선 "이어진 별자린 태초부터 이어졌으니, 아름다운 동짓날 해 머리를 맞게 되었다네(連星貫初曆, 永月臨首歲)."라고 적고 있다. 조선 시대 문인 소세양(蘇世讓, 1486~1562)이 쓴 양곡집(陽谷集)에 나오는 '동짓날 밤에 내리는 눈(冬至夜雪)'에서 "동지가 드는 한밤중 자정, 한 자나 깊이 눈 내려 쌓였다네. 만물을 회생시키는 봄기운이 넘쳐 나네(冬至子之半, 雪花盈尺深, 津津回物意)."[370] 이 시 구절이 송나라의 소옹(邵雍, 宋國人, 1012~1077)[371]의 '동지음(冬至吟)' "동짓날 자정, 천심은 변함없는데. 일양이 막 일어나고, 만물이 아직 소생하기 이전(冬至子之半, 天心無改移, 一陽初起處, 萬物未生時)."[372]과 흡사하다.

이외에도 잡다한 세시풍속(歲時風俗)을 살펴보면, i) 동지첨치(冬至添齒)라고 동지팥죽으로 나이를 먹는다. ii) 일반 백성들은 동지고사(冬至告祀)로, 팥죽을 집 안팎으로 뿌렸으며, 신이 있는 곳마다 기름불을 밝혀 액막이 고사를 지냈다. 또한 종택(宗宅) 혹은 서원(書院) 등에선 사당(祠堂)에다가 동지차례(冬至茶禮)를 올렸다. iii) 동지불공(冬至佛供)은 팥죽 공양물로 새해 발원을 드린다. iv) 국가에서는 동지하례(冬至賀禮)를 위해 중국에 사신을 보냈다. v) 동지헌말(冬至獻襪)은 며느리들이 시부모님의 무병장수를 기원하면서 버선(洋襪)을 만들어 드리는 풍습이 있었다.[373] vi) 동지부적(冬至符籍)은 독성이 강력한 황화수은(HgS)인 경면주사(鏡面朱砂)로 삼재부적(三災符籍)인 '3두 1족의 송골매(三頭一足鶻)'[374]를 그려서 기둥(벽) 혹은 문설주 등에 붙여 액막이를 했다. 또한, 우리 동네에서 '뱀에 물림(蛇吻)'을 막고자 뱀 사자(蛇)를 써서 거꾸로 붙여 뱀이 숨 막혀 죽도록 했다. 독수리가 각종 재앙인 새를 잡아먹듯이

벽사 동물로 독수리를 사용했다. 과거 로마, 오스트리아, 제정러시아 및 미국 등 서양 대제국들이 '쌍두취(雙頭鷲, double-head eagle)' 깃발을 휘날리면서 뭉쳤다. 1867년 요셉 프란츠 바그너(Josef Franz Wagner, 1856~1908)는 「쌍두취 깃발 아래(Under the Double Eagle)」 행진곡(March)을 작곡했으며, 오늘날 미군행진곡으로도 사용되고 있다.

불여튼튼으로 "교활한 토끼는 굴 3개를 판다(狡兎三堀)." 등의 지혜를 활용했다. 신라 비단장수가 동방박사 3인으로 성경에 기록되었듯이 "세 사람이면 반드시 살길이 있다(三人行必有我生)."라고 믿었다. 중구난방(衆口難防)이라는 세론을 형성하는데 3명이면 없는 호랑이도 만든다(三人成虎)[375]는 사회학적인 현상까지도 이용했다. 우리나라의 '삼두취(三頭鷲, Three-Head Eagle)' 부적이 의미하는 건 "모든 가능성에 열린 생각을 하자." 혹은 "남보다 더 많은 생각과 영리하게 대응하자."로 해석이 된다.

한반도에서 살았던 송골매를 중국에선 해동청골(海東靑鶻), 줄여서 해청(海靑) 혹은 해동청(海東靑)이라고 했다. 『삼국사기(三國史記)』엔 김후직(金后稷)은 지증왕에게 '개와 매를 풀어놓아, 토끼를 쫓도록 하고, 말을 몰아 산야를 달리는 것(放鷹犬, 逐雉兎, 奔馳山野)'을 경계하라고 충언한 기록이 나오고 있다[376]. 고려 때 원나라에 세공(歲貢)했던 해동청골(海東靑鶻)이 너무 영리해서 머리가 3개나 된다고 했다. 그래서 원나라(元國)에서 해동청을 삼두일족응(三頭一足鷹) 혹은 삼두일족조(三頭一足鳥)이라고 했다. 경남 유형문화제로 등록된 심원권(沈遠權, 1850~1933)의 64권의 농촌일기에서도 "세 머리와 한 다리의 송골매를 그렸다(作三頭一足鷹)."[377]라는 일기를 볼 수 있다. 어릴 때는 한자음은 모르고 '삼두매'[378]라고 했다. 해동청의 이야기가 오늘날에도, 마치 오늘날 진돗개가 너무 영리해 맹인안내견(盲人案內犬)으로는 인기가 만점이다. 그러나 2011년 LA 경찰청에 경찰견(警察犬)으로 훈련시키다가 지시에 따르기보다 스스로 종합적으로 판단하기에 곧바로 중단했다.[379, 380] 지시에 따라 움직여야 과제를 해결할 수 있기 때문이다. 진돗개를 옛날 표현으론 '삼두견(三頭犬)'이다.

　동짓날 이야기를 이어가면, 국가조정(國家朝廷)에서는 대신들에게 동지책력(冬至冊曆)을 하사했다. 동지책력(冬至冊曆)은 조선 시대뿐만 아니라, 1990년대까지 지역 출신 국회의원들은 유권자들에게 1장짜리 정치연력(政治年曆)을 배송했다. 상호금고(농협, 은행, 새마을금고 등)에서도 홍보용 금융달력(金融月曆), 대(중·소)기업체에서는 목돈을 들여 유명배우 혹은 탤런트를 모델로 촬영한 12장짜리 탤런트 달력(talent calendar)을 매체로 아직도 달력마케팅(Calendar Marketing)을 하고 있다. 젊은이들에게 가장 인기 높은 달력은 주류업체가 발행하는 섹시한 여성(sexy girl)의 야한 모습으로 '술(맛) 당기게' 하는 달력이었다. 1990년 이전 고교 시절에 남학생들은 책상머리엔 핀업걸 달력(pin-up girl calendar) 하나쯤은 붙이거나 책갈피 속에 감춰 가지고 다녔다.

7. 지구촌 계란 속 노른자위 한반도

한반도에서 풍수지리설이 태어나기까지

옛날 시골 산촌마을에서 자랐을 때에 지게를 지고 더욱 많은 땔감을 마련하고자 크고 깊은 산에 들어갔다. 이때 어른들께서 하는 속된 말씀이 "산이 깊어야 범이 있다(深山有虎)."라고 했다. 이어서 "산이 높아야 골이 깊고, 깊은 골에 큰 범이 사는 법이다(高山深谷, 深谷大虎)."라는 말의 뜻을 최근에야 비로소 알았다. 미국에서 『큰 바위 얼굴(The Great Stone Face)』이란 소설을 쓴 나탈리엘 호손(Nathaniel Hawthorne, 1804~1864)의 주장은 "인간은 주변 자연환경에 영향을 받는다(Humans are influenced by the surrounding natural environment)."라는 생각을 주제로 한 이야기였다.

이를 교육심리학(敎育心理學)에서는 '호손 효과(Hawthorne effect)'라고 한다. 이와 같은 현상을 지구촌의 지리환경에다가 적용해서 글을 쓴 BBC 및 스카이뉴스 기자였던 팀 마샬(Timothy John Marshal, 1959년생)381이 2016년 저술한 『지리의 힘- 지리는 어떻게 개인의 운명을, 세계사를, 세계경제를 좌우하는가(Prisoners of Geography: Ten Maps That Tell You Everything You Need to Know About Global Politics)?』에서 언급한 사실은 "자연환경이라는 감옥 속에서 살아가는 모든 생명체는 죄수처럼 지정학적 영향을 받게 된다."라고 한 줄 요약이 가능하다.

이와 같이 자연환경이 인간에게 미치는 영향을 "삼밭에 다북쑥은 붙들어 매지 않아도 곧게 자란다(麻中蓬生不扶直)."382라고 했다. 특히 신석기 시대부터 오늘날까지 바람과 물에 의한 풍수작용(風水作用)을 중시했다. 풍수술(風水術) 혹은 풍수지리(風水地理)라는 용어는 동양 농경사회에서 오랜 역사를 갖고 있다. 옛날엔 감여술(堪輿術), 청오술(靑烏術) 혹은 청낭술(靑囊術)이라고도 했다. 일반적으로 평시에는 궁전, 주택, 택리, 묘지(좌향)에 이용되었으나, 전쟁에서는 진영설치(陣營設置), 진지구축(陣地構築) 등에서도 적군의 시선을 피하고, 예상되는 풍수해와 산사태 등 비상사태로부터 피해 최소화를 위한 병법풍수학(兵法風水學)으로 이용하였다.

중국 서지학에서는 진(晉)나라 곽박(郭璞, 276~324)의 '장서(葬書)'를 풍수지리의 기원으로 하고 있다. 즉 "매장을 잘 지내면 생기가 올라와서, 바람 기운을 흩어버리고, 경계에 물이 들어오지 못하게 한다(乘生气也, 气乘風則散, 界水則止). 풍수 비법은 물을 얻는 것이 최상이고, 바람을 감추는 것이 차선이다(得水爲上, 藏風次之)."383 어릴 때 읽었던 북송(北宋, 960~1127) 말 1120년대 시대 배경으로 한 수호전(水滸傳)에서도 "그놈의 산들이 수려하고, 소나무와 편백나무가 울울창창한데, 더욱 물과 바람까지 양산박과 다름이 없도다(其山秀麗, 松柏森然, 甚有風水, 和梁山泊无异)."라는 묘사가 있었다. 중국의 청오술(靑烏術)은 음양오행(陰陽五行), 주역팔괘(周易八卦)와 천지인합일(天地人合一)을 기반으로 생활 전반에 이용되었으며, 특히 손자병법의 구지편(九地篇)을 끌어들여서 병법 청오술(兵法靑烏術)이 발달했다. 임진왜란으로 대명조선지원군의 수육지획주사(水陸地劃

主事, 오늘날 測地部隊將校)로 조선전투에 참여했던 두사충(杜師忠)은 병법 풍수술(兵法風水術)의 대가였다.

한반도(달구벌)에 살았던 선인들은 신석기 농경시대부터 i) 물길 따라 마을이 형성(臨水擇里)되고, ii) 마을 뒤 언덕이나 산에 양지바른 곳에다가 시신을 매장하여 북풍한설을 피했다(藏風地葬). 한반도가 북반구에 위치하고 있어 햇살이 따사한 남향으로 나뭇가지는 더 뻗어가고 산토끼 혹은 노루도 그쪽으로 보금자리를 마련한다. 이렇게 하여 사람도 북풍한설(장풍)을 막아주고, 남향으로 햇살이 드는 보금자리(明堂)를 찾는 지혜를 자연히 터득하게 되었다. 고구려 시대의 사신도(四神圖)에서 동청룡(東靑龍), 서백호(西白虎), 남주작(南朱雀) 및 북현무(北玄武)를 방향 명칭에 덧붙여 의미를 더했다.

여기에다가 신라 말 도선(道詵, 827~898)은 은사인 혜철(惠徹) 스님으로부터 "말로 다 못하는 설법도 설법이다(無說說), 불법이 아니더라도 불법이 될 수 있다(無法法)."라는 설파에 '무장애법(無障碍法)'의 의미를 깨달았다. 땅에다가 사람의 몸과 같이 경맥(經脈)과 경혈(經穴)을 적용해 땅을 치유하는 지의법(地醫法) 혹은 풍수비보(風水裨補)를 창시했다. 인체의 경맥과 혈맥처럼 땅에다가 지맥(地脈)과 수맥(水脈)으로 구분했다. 인체에 침이나 뜸으로 혈을 돌아가게 하듯이 땅에도 지맥이 있고 방풍림(防風林), 수맥을 감추는 연당(蓮塘), 천재지변(邪惡) 등의 기세를 진압하는 불탑(佛塔) 혹은 불사(佛舍) 등으로 비보(裨補)하는 비보풍수설(裨補風水說)을 창안했다.[384]

왕건(王建)은 도선비기(道詵秘記)[385]를 받아들여 고려건국 당시 배산임수장풍(背山臨水藏風)의 여건을 구비한 개성송악(開城松嶽)에다가 도읍했다. 이런 지의사상(地醫思想)은 조선 시대 실학자 신경준(申景濬, 1712~1781)에게까지 이어져 한반도의 산천을 인체의 경혈로 재해석하게 했다. 백두산에서 지리산까지 백두대간을 척추로 보고, 나머지 14개의 정맥(靜脈)을 갈비뼈 혹은 동맥(動脈)이란 핏줄로 봤다. 한반도를 한 장의 도표(圖表)로 1769년에 '산경표(山經表)'[386]를 저술했다. 그이 제자 고산자 김정호(金正浩)는 스승의 사상을 '대동여지도(大東輿地圖)'[387]에 녹여냈다.

이런 신묘(神妙)한 사상을 시샘했던 동경제국대학교(東京帝國大學校) 지리학자 고토 분지로(小藤文次郎, 1856~1935)는 1902년에 조선의 산경이론(山經理論)을 박살 내고자 제자 이토 분지(伊藤文治, イトウ ブンジ), 야마다 스미로(山田澄良), 야마모토 구마타로(山本熊太郎) 등과 「산맥체계론(山脈體系論)」과 「조선산악론(朝鮮山岳論)」이란 논문(論文)을 쏟아내었다. 그 논문에서 "한반도의 형태는 늙은 놈이며, 허리는 굽고 양손은 팔짱을 끼고, 중국에 인사하는 모습이다(高齡者の姿であり, ウエストは燒き兩手は腕組みを寄稿中國に挨拶する姿のようだ.). 조선은 중국에 의존하는 게 마땅한 일이라고 여기는데, 이런 생각은 사대부들의 마음속에 깊이 뿌리박혀 있다."라고 주장했다.[388]

좀 더 자세히 언급하면, 고토 분지로(小藤文次郎)[389]의 1902년 「조선북부지세(朝鮮北部の地勢)」 및 1902년 「산악론(山岳論)」을 필두로 야마다 스미료(山田澄良)의 1929년 「조선의 산맥(朝鮮の山脈)」, 이어 이토 분지(伊藤文治)는 은사의 1931년 「조선산맥론을 소개하다(小藤博士の朝鮮山脈論を紹介す)」, 그리고 야마모토 구마타로(山本熊太郎)의 1935년 「조선론(朝鮮論)」이 대표적인 논문이다. 지금까지 우리나라 학교와 대만학교(臺灣學校)에서 교과서로 배웠던 산맥론(山脈論)이 이들의 학설이었다.[390] 그뿐만 아니라, 현재 우리가 사용하고 있는 지도가 일제 산맥체계를 그대로 옮겨놓은(繼受) 것이다.

조선신소론(朝鮮神巢論)과 달성성지(達城聖地)

한반도를 동아시아의 '신이 만들어 준 복된 보금자리(神造福巢)'라는 사실을 최근에 해외에서 밝히고 있다. 일본에서 화산폭발과 지진 등으로 천재지변을 당하는 것을 보고, 한반도의 안전성에 대해서 새삼스럽게 재평가하고 있다. 한반도는 태평양의 쓰나미(津つ波なみ)로부터 재난막이가 i) 오키나와열도(沖繩列島), ii) 큐슈 앞바다 오열도(五列島), iii) 큐슈(九州) 및 혼슈(本州), iv) 대마도, v) 동해 해저 방파 왕돌초로 5중 방패막이를 하고 있다. 마치 한반도가 지형상으로 복숭아 씨앗(桃仁, kernel) 혹은 양파 속(蔥核, onion core)처럼 주변 산과 섬들로 둘러싸여 있는 형국이다. 이런 아시아(Asia)에서 중심핵(the central part of Asia)이란 의미를 살려, 프랑스에선 고려(高麗, Core-A, la partie centrale de l'Asie)를 코리아(Core-A)로 표기했다. 중국 고전에서도 아무런 재앙 없이 연연세세 풍년을 약속한 '키 별자리의 별나라(箕子辰國)' 등으로 칭송했다.

지구촌에서 아시아의 핵심(Core of Asia)이란 뜻의 코리아(Core A)로 표기된 최고지도(最古地圖)로는 1594년 '프란키우스 세계지도(carte du monde de François)'391에 동해를 '고려해(高麗海, Sea of Corea)'로 표기했다. 1883년 9월 19일 뉴욕헤럴드(New York Herald)에 게재된 '한국의 인사(Corea's Greeting)'로 명기되어 있다.392 한반도를 중국 문헌에서도 '신이 축복 내린 언덕 위의 터전(神皐福地)'393, '푸른 언덕(靑丘, Green Hill of World)', '아침처럼 신선

한 반도(朝鮮半島)' 등으로 표기했다. 최근 BTS K-pop, K-방역 등의 '소프트 파워(soft power)' 최강대국(supper state)으로 등장하자, 과거 '한국 깎아내리기(Korea Discount)'에서 벗어나 재평가 열풍이 불게 되었다. 대표적인 사례가 2021년 7월 3일 유엔연합무역개발협의회(UNCTAD)에서 만장일치로 한국을 선진국(Korea, Advanced State)으로 결정했다. 2020년 7월 홍콩 소재 뉴욕 타임즈 지사(The New York Times Office)를 서울로 이전을 계획했다.394 2018년부터는 i) G5(초고속) 정보통신망, ii) 언론자유지수, iii) 인천국제허브공항, iv) 외교적 중립 메카 등의 세계적 수준의 인프라(infra)에서 v) 우수한 서울(Seoul)이 '지구촌의 영혼(Soul of the Earth)'이 될 수 있고, vi) 전쟁의 쓰레기통에서 민주주의의 장미꽃을 피운 영혼(the soul that blossomed the rose of democracy in the trash of war). vii) 또한 한강의 기적을 기반으로 지구촌 평화에 기여할 미래의 땅(a future land that will contribute to global peace based on the miracle of the Han River)인 서울(Seoul)에다가 유엔(UN) 제5본부를 이전해야 한다는 주장이 나오고 있다. 주장의 핵심은 viii) 강대국의 힘자랑(power game by suppers)으로 배치되었던 유엔본부(Headquarter of United Nations)에서 벗어나 국제기구(國際機構)를 '지구촌 균형발전과 평화공존의 논리(logic of balanced global development & postulate of peace)'로 서울로 이전하자395는 공론이 러시아(Russia)를 중심으로 제기되고 있다.

8. 거문고 곡조에 학과 함께 춤추는 달구벌

호국성팔각등루(護國城八角燈樓)에서 달구벌을 바라다보면서[396]

앞날이라곤 한 치가 보이지 않았다. 12살 때에 신라를 떠나서 7년간 당나라에서 유학해 18세에 빈공과(賓貢科) 과거시험에서 '사희(四喜)'라는 시제(時題)를 받아 "칠 년이란 큰 가뭄에 단비를 만날 때 기쁨이야. 천리타향에 고향 친구를 만나니 이 또한 기쁨이오. 백년가약을 하는 첫날밤에 불을 끄자 달빛이 비치니. 장원명단 게시판에 이름이 걸려 소년급제를 하다니."[397]라는 칠언절구(七言絶句)로 최치원(崔致遠, 857~몰년 미상)은 장원 급제했다. 876년 당나라 선주(宣州) 율수현위(溧水縣尉), 관역순관(館驛巡官), 879년 황소난(黃巢亂) 때 제도행영병마도통(諸道行營兵馬都統)에 올랐다. 3년 뒤에 도통순관(都統巡官)을 받았다. 일명 토황소격문(討黃巢檄文)이란 명문으로 당나라에 그의 이름을 날렸다. 17년간 당에서 관리를 하다가 885년 29세 나이로 신라로 되돌아오자, 헌강왕(憲康王, 在位 875~886)을 위한 시독 겸 한림학사수병부시랑지서서감사(侍讀兼翰林學士守兵部侍郎知瑞書監事)에 임용되었다. 신라는 이미 붕괴하려는 수많은 조짐이 보였다. 당나라 경험을 살려서 조국을 살려보려고 상당히 의욕적으로 혁신방안을 강구했다. 890년에 대산군(大山郡, 오늘날 태인), 천령군(天嶺郡, 함양) 및 부성군(富城郡, 서산)의 태수(太守)를 역임, 893년 하정사(賀正使)로 당나라 사신으로 갔다. 894년 국가개혁 방안인 '시무십여조(時務十餘條)'를 진성여왕(眞聖女王, 在位 887~897)에 상신(上申)한 뒤 10년간 노력을 쏟았으나 골품제 하에서 6두품 아찬(阿粲)까지가 한계였다. 그러나 진골 귀족(眞骨

貴族)들에겐 혁신의 기미는 손톱만큼도 없었고, 어떤 변혁도 먹혀들지 않았다. 40세(897) 젊은 나이로 관직에서 물러나 세상 물정을 익히고자 신라 강역을 떠돌아다녔다.

그는 신라 천 년 사직을 회생시키고자 각종 경학에서 나오는 국가위기관리(Nation Crisis Control) 관련 지식을 집대성해 890년대에『경학대장(經學隊仗)』을 저술했다. 그 책의 주요 내용은 국가의 평시 위기관리에 대해 i) 찰미(察微), ii) 통민정(通民情), iii) 청간(聽諫), iv) 정백관(正百官), v) 응변(應變), vi) 개과(改過), vii) 수상(守常) 등 7단계를 제시했다. 이를 오늘날 위기관리용어로 설명하면, i) 평소에 문제발견의식을 갖고 위험의 신호, 문제의 요인, 재난의 기미 등을 수시로 살펴보는 찰미(察微)398, ii) 한편으로 민심(民心), 민정(民情)을 보살펴 끊임없는 소통을 하며(通民情), iii) 측근의 보고사항, 전문가의 자문(諮問) 혹은 반대파의 의견까지 빠짐없이 들어야 한다(聽諫). iv) 하나라도 문제가 있다면 관리들의 부정부패를 바로잡아야 한다(正百官). v) 동시에 예상되는 급변이나 재난을 대비해 응변 조치를 취해야 한다(應變)399. vi) 제도나 관행 등에 민원이 발생한다면 '손톱 밑 가시'라도 고쳐야(改過) 한다. vii) 빠른 시일 내로 민심(民心), 사회 및 국가가 안정하게 정상적으로 되돌려 놓아야(守常)400한다. 이런 내용의 시무십여조(時務十餘條)로 신라의 기사회생(起死回生)을 구상했다.

달구벌에서 육두품알찬(六頭品閼粲)으로 호국성 도의장군(護國城都義將軍)을 역임했던 이재(異才)는 신라천년사직(新羅千年社稷)의 연명(延命)을 위한 기원불사로 909년 6월 26일에 팔각불등루각(八角佛燈樓閣)을 남쪽 고개(南嶺)에 세웠다. 11월 4일에 법회를 열었고, 누각기문(樓閣記文)을 최치원에게 부탁하자, 신라 골품제에 대해 동병상련(同病相憐)의 아픔을 안고 있었기에 쾌히 승낙했다. 그는 최성숙기였던 52세 명문장으로 달구벌의 정취, 풍광 및 당시 시대 상황을 기문에다가 쏟아 놓았다. 여기서 팔각등루(八角燈樓)가 세워졌던 남쪽 고개(南嶺)를 오늘날 어디쯤 되는지를 지정하기 위해 단순한 방법인 최치원의 기문(記文) "이 성의 서쪽에 불좌(佛佐, 용두방죽)라는 둑이 있고, 동남쪽으로는 불체지(佛體池, 대불지)가 있고, 동쪽에 천왕지(天王池, 서문시장)가 있다. 그곳엔 옛 달불성(達佛城, 達伐城土城), 그 성의 남쪽엔 불산(佛, 大德山)이 있다(是堡兌位有塘號佛佐者. 巽隅有池號佛體者. 其東又有別池, 號天王者. 坤維有古城稱爲達佛. 城南有山, 亦號爲佛.)."라는 묘사를 쫓아가면 남령(南嶺)은 오늘날 연구산(連龜山)이라고 추정된다.

당시 달구벌에는 달성토성(達城土城)은 랜드마크(landmark)였던 모양이다. 이를 모성(母城)으로 용두토성(龍頭土城), 봉무토성(鳳舞土城), 검단토성(檢丹土城), 고산토성(孤山土城)이 있었고, 주변산성(周邊山城)으로는 용암산성(龍巖山城, 道洞), 팔거산성(八莒山城, 鳩巖洞), 대덕산성(大德山城, 大明洞), 환성(環城) 등이 있었다. 이들 가운데 최치원의 팔각등루기문에서 묘사한 위치, 축성 모양 및 방향을 종합해 선택지(選擇肢, distractor)를 마련한다면, i) 강섶 절벽에 위치(臨流而屹若斷岸), ii) 평탄지에 축성된 긴 성(負險而矗如長雲), iii) 고성(達城土城)에 동북쪽에 있어야(坤維有古城) 하는 여건상 팔각등루(八角燈樓)가 있었던 곳은 검단토성(檢丹土城)으로 비정(比定)된다.[401] 여기서 최치원이 기문에다가 방향표시를 땅(地)에 해당하는 곤방(坤方, 남서쪽)을 주역팔괘(周易八卦)로 표기한 건, 자신이 기문을 쓰는 곳을 하늘(天座) 즉 건방(乾方)을 넌지시 알림이었다. 동시에 천왕지(天王池)를 태극천원(太極天元)임을 암시(暗示)하고 있다. 그는 천왕지(天王池) 혹은 달성(達城)을 태극(太極)으로 한 팔괘축성전략(八卦築城戰略)이란 천기(天機)만을 표현으로는 밝히지 않았으나 오늘날 메타리딩기법(meta-reading technique)으로는 감지할 수 있다.

금학루(琴鶴樓) 밝은 달빛은 누가 다 가지겠나?

오늘날 대구 중구 대안로 50번지(校洞)쯤 대구읍성 밖 옛 대구부 히가시혼마치(大邱府 東本町) 달성관(達城館, 1905, 日本人 岡田喜八郞)에서 동북쪽 모퉁이에 '거문고 가락에 학이 춤춘다는 천상의 누각(琴鶴樓)'이었다. 조선 태종 때 김요(金銚, 출생 미상~1455)[402]는 "거문고 소리 은은함에 화답이라도 하듯, 남풍에 세상시름 날려버린 듯 즐거움이 찾아드니, 그 이름이 금학루(琴鶴樓)라고 함이 맞도다."라고 명불허전(名不虛傳)임을 감탄하면서 "땅의 형세가 평탄하고 넓다. 겹친 산봉우리가 둘러 있고 큰 내가 꾸불꾸불 얽혀 있으니 사방에서 모이는 곳이다(地平而闊, 是重疊峰, 而环繞耳. 大川四八, 是處匯聚.)."[403]라는 기문을 적었다. 또한, 세종 때 강진덕(姜進德, 생몰 연도 미상)[404, 405]은 시(詩)로 "땅이 넓어 사람 많이 살고, 누각이 높아 시야가 넓구나. 학은 능히 구름과 날아가고 거문고는 달과 어울려 맑네(地廣人稀, 高塔野闊. 鶴隨雲飛, 琴隨月淸)."라고 시구를 적었다.[406]

이어 성종 때 서거정(徐居正, 1420~1488)[407]은 금학루(琴鶴樓)에 올라 달구벌 산천에 뜨는 한가위 보름달을 보고 일필휘지(一筆揮之)하여 "해마다 열두 번이나 보름달이 뜬다지만, 그토록 기다렸던 한가위 보름달이라 너무나도 둥그네. 한 가닥 길게 바람이 불어오더니 구름을 쓸어다 버리네. 이곳 누각엔 티끌 하나 남아있을 리 없겠네(一年十二度圓月, 待得中秋圓十分. 更有長風雲去, 一樓無地着纖)."[408] 거의 비슷한 시기에 매월당 김시습(金時習, 1435~1493)[409]보다 '방랑시인 김삿갓(放浪詩人 金笠)'으로 더 알려진 그는 '팔공산을 바라보면서(望公山)'이라는 풍월 한 수를 지었다. "험준하게도 높이 솟아오른 팔공산, 발길 막고 있는 장벽이라 동남쪽 어디로 가야 할까(公山峭峻聳崢嶸, 碍却東南幾日程)? 부득이 이렇게 많은 풍광을 다 읊지 못하기로. 자연에 비해 초췌함이란 변명을 늘어놓을 뿐이라네(多少風光吟不得, 只緣憔悴病中生)."410

세월이 흘러서 임진왜란이 일어나자 이곳 선비들은 붓을 던지고 칼을 잡았다. "나라가 위험함을 보고 목숨을 내놓아야지(見危授命)."라는 선비 도리를 다하자고 분기탱천하여 공산의진군(公山義振軍) 초대 의병장으로 활약하신 정사철(鄭師哲, 1530~1593)은 『임하실기(林下實記)』에서 주인지(朱訒之) 신언(愼言)에서 '팔공산 여행하다'의 시운을 빌려서(次朱訒之 愼言 遊公山韻)'라는 시제(詩題)에서 "죽장망혜(竹杖芒鞋)하고 팔공산에 오른다니. 큰 바위 옆문 깊은 그곳은 흰 구름 포대기에 싸여 있네(理屐尋山策短筇, 石門深處白雲封). 높은 산에 오르는 비결은 자네는 알겠는가? 오르고 또 오르면 언젠가는 정상에 오른다지(升高妙訣君知否, 去去須登最上峯)."411

당시 명나라에서 이여송(李如松, 1549~1598)을 사령관으로 조선에 대명지원군이 파견되었는데 그 가운데 진린(陳隣)의 장인이며, 지형과 군사작전에 긴요한 정보장교 수륙지획주사(水陸地劃主事, 測地將校)를 담당했던 두사충(杜師忠, 생몰 연도 미상)은 종전 후 조선에 귀화해 이곳 달구벌에서 뿌리를 내렸다. '두사충 결산도(杜師忠訣山圖)' 작전도에서 보듯이 달구벌 지형지물에 해박했다. 그는 달구벌을 처음 답사하고 경탄했던 것이 최치원이 쓴 기문에서 '곤방으로 옛 성이 이어짐(坤維有古城).'이란 표기에서 암시했던 천기(天機)를 품고 있다는 걸 직감했다. 그 천기(天機)란 후천팔괘(後天八卦)412를 그려놓은 것 같은 신라호국성의 축성전략(築城戰略)이었다. 바로 태극(太極)엔 달성토성

(達城土城)을, 손하절(巽下絶)엔 검단토성(檢丹土城), 곤삼절(坤三絶)엔 고산토성(孤山土城), 감중연(坎中連)에 팔거산성(八莒山城) 그리고 이중허(離中虛)에 봉무토성(鳳舞土城)을 축성했다는 사실을 감지했다. 그뿐만 아니라, 손자병법(孫子兵法) 구지편(九地篇)을 달통한 병법 지리 대가임을 자타공인했던 그의 눈을 의심하게 했다. 천하에 둘도 없는 구지(衢地, 軍事的要衝地)이며, 중지(重地, 軍事兵站基地) 또한 위지(圍地, 藏風得水)라는 사실이었다.[413] 바로 이곳에 "하루에 천 냥의 부가 쏟아지는 좋은 길지(日益千富之處)."[414]에 경상도호부가 자리를 잡고 있었다는 사실이다. 오늘날 풍수전문가들은 경상감영 선화당(宣化堂) 터가 '천계포란형(天鷄抱卵形)'이기에 하루에 황금알을 천 개를 낳는다는 형국(形局)이라고 말한다. 당시 경상도호부 병영에서 귀화인으로 국왕의 은전과 특별보호를 받았다. 그의 풍수 안목에선 자신이 국왕으로부터 하사받은 양택지는 천계(天鷄)를 닮은 지형과 금호강의 음양태극(陰陽太極)을 종합해서 계후(鷄後, 닭똥구멍) 혹은 현빈(玄牝, 오늘날 black hole)에 해당했다. 이곳에다가 1601년에 경상감영이 도호부와 같이 터를 잡았기에 사랑채 명칭 선화당(宣化堂)을 그대로 사용했다.[415] 그의 해박한 지리적 작전정보로 승전을 얻은 이순신(李舜臣, 1545~1598) 장군은 「두복야 선생께 드림(奉呈杜僕射)」[416]이라는 시(詩)를 적었으니 "북진으로 가서도 우리 같이 고생을 했고, 해동조선으로 와서 생사를 같이하게 되었구려(北去同甘苦, 東來共死生). 성곽 남쪽이 타향이겠지만 달밤 아래에 어렴풋이. 오늘 밤은 우리 술 한잔하면서 옛정을 나눠 보세나(城南他夜月, 今日一盃情)."[417]라는 주련시(柱聯詩)가 수성구(범어동) 모명재(慕明齋) 기둥에 지금도 걸려 있다.

한편, 제1차 정한전쟁(征韓戰爭)에서 실패한 일본은 "동양이 대동단결하여 공동번영을 누리자(大東亞共榮)."를 슬로건으로 한반도를 다시 공략하여 달구벌 땅 대구에다가 대륙침략의 병참기지를 설치하고, 이곳을 전초기지로 민족자원 수탈과 민족문화 말살을 감행했다. 이에 저항하던 젊은 이상화(李相和, 1901~1943)[418] 시인은 1926년 개벽(開闢) 6월호에「빼앗긴 들에도 봄은 오는가?」라는 시를 발표했다. 즉 "나는 온몸에 햇살을 받고, 푸른 하늘 푸른 들이 맞붙은 곳으로, 가르마 같은 논길을 따라 꿈속을 가듯 걸어만 간다. 입술을 다문 하늘아, 들아, 내 맘에는 나 혼자 온 것 같지를 않구나! 네가 끌었느냐, 누가 부르더냐. 답답해라. 말을 해다오. 바람은 내 귀에 속삭이며, 한 자국도 서지 마라, 옷자락을 흔들고. 종다리는 울타리 넘어 아씨같이 구름 뒤에서 반갑다 웃네. 고맙게 잘 자란 보리밭아, 간밤 자정이 넘어 내리던 고운 비로. 너는 삼단 같은 머리를 감았구나…"[419]

1945년 해방의 기쁨을 맛보기도 전에 1950년 6월 25일은 침략자 일본에게 '신의 축복'을 안겨다 주는 남북한 동란(動亂)이 터졌다. 이곳 달구벌(대구)엔 1949년도 37만 명 내외의 인구가 전국에서 모여든 피란민으로 갑작스럽게 200만 명이나 넘게 당시 표현으로 '통시 구더기처럼(like maggots)' 바글거렸다. 한마디로 '전쟁 잿더미 속에서 살고자 하는 비참한 모습'을 그대로 보여주었다. 대표적인 묘사로는 김원일(金源一, 1942년 김해출생 대구 농림 출신)의 1988년에 쓴『마당 깊은 집』장편소설에서 "골목길 가쟁이(섶)에는 덮개조차 없는 하수구가 나 있어, 겨울 한 철을 빼고는 늘 시궁창 냄새가 났고, 여름이면 분홍색을 띤 장구벌레가 오골(오물)거렸다는 장관동은 한편으로는 삼사십 평(30~40평)의 나지막한 디귿(ㄷ) 자 형 기와집이 태반이었던 부자 동네였다."[420] 우리의 선인들은 달구벌에서 시궁창 장구벌레처럼 냄새를 풍기며, 구더기처럼 오물거리면서 살았던 한때가 있었다.

제4장

한반도(달구벌) 선인들의
자랑거리를 모아 본다면

1. 알게 되면 참으로 사랑하게 되나니

우리가 사랑하지 않아 알지 못하는가? 달구벌을!

유한준(俞漢雋, 1732~1811)은 조선 정조(正祖) 때 문장가로서 "알게 되면 참으로 사랑하게 되고, 사랑한다면 참된 모습을 보게 된다. 그렇게 볼 줄 알게 된다면 쌓아두게 되니, 쌓아둔다고 해서 그저 무지막지하게 저장만 하는 게 아니다(知則爲眞愛, 愛則爲眞看, 看則畜之而非徒畜也)."[421]라고 했던 말이 '5살 차 친구로 지내던(肩隨之)'[422] 서화가 김광국(金光國, 1727~1797)의 화첩(畵帖) '석농화원(石農花苑)' 발문에 나왔다. 이 말을 듣고 생각나는 게. 동대구 기차역에 내려 대구 시내 택시를 잡아타고 "뭔가 좀, 볼거리 혹은 먹거리가 많은 좋은 곳으로 갑시다."라고 친구가 말했더니. "대구요? 볼 것도 먹을 것도 별로 없어요." 대답일색(對答一色)이었다고. 그런데 일전에 광주 시내 구경을 했는데 그곳 택시운전사는 문화해설사가 아닌데도 관광 명소는 물론이고 유명식당까지 쥐어 꿰고 있었다. 이건 사랑하지 않아서 모르는 것이라고 단정하려 하니 나 자신도 그런 범주에선 예외가 아니다.

오늘 변명 아닌 해명을 하고자 한다. "동네 점바치(무당) 용한 줄 모른다." 라는 할머니 말씀이 정곡을 찌르고 있다. "늘 같이 있으니 자기 마누라 소중한 줄 모르고…"라고 가슴을 찌르던 아내 말이 새삼 뇌리를 스친다. 국문학 교수 친구에게 이런 종류의 사자성어(四字成語)를 물었더니 i) 멀리 있는 고니는 귀하게 여기고 늘 곁에 있는 닭을 천하게 여긴다(貴鵠賤鷄). ii) 손이 닿기에 먼 귀는 귀중하게, 쉽게 닿은 눈은 천하게 생각한다(貴耳賤目). iii) 멀리에 있는 건 귀중하게, 늘 곁에 있는 걸 천하게 여긴다(遠貴近賤)를 뽑아주었다.

좀 더 유식하게 변명을 한다면, 당송팔대가(唐宋八大家) 가운데 소식(蘇軾, 1037~1101)[423]의 「서임벽을 제목으로 하여(題西林壁)」라는 시(詩)에서

"가로로 보니 고개 마루가 되고, 옆으로 보니 산봉우리로. 멀고 가깝게 혹은 높고 낮은 곳에서 보는 게 각각 같지 않다네(橫看成嶺側成峰, 遠近高低各不同). 여산(廬山)의 진면목을 알지 못하겠는데. 그건 내가 그 산 한가운데에 들어섰으니 말이지(不識廬山眞面目, 只緣身在此山中)."[424] 어릴 때 어머니가 늘 하시던 말로 "국 속에 아예 드러누워 있는 국자는 국 맛을 모른다(杓斟酌食)."라고 했다.[425] 대구시에서 수십 년을 살아왔다는 것 하나로 내가 대구에 대해서 많이 안다고 크게 착각을 해 왔다.

사실 되돌아보면, 배울 의지도 없었고, 어떤 계획도 행동도 취하지 않았기 때문이다. 할아버지의 말씀을 빌리면, "할 마음조차 없었다(心不在焉)." 할 수 있다. "마음에 없으면, 눈으로 본들 눈에 들어오지 않고, 귀로 듣는다고 해도 흘려듣게 된다. 입으로 먹는다고 해도 그 맛을 모르게 된다(視而不見, 聽而不聞, 食而不知其味)."라고 『대학(大學: 儒敎四書中一)』 구절을 몇 번이고 해석해 주시던 기억이 난다.[426] 『송고승전(宋高僧傳)』에 기록된 신라 의상의 자서전(唐新羅國義湘傳)에서는 "뭔가를 알고자 하는 마음이 생

겨나야 각종 법문도 받아들여지는 법이다. 그런 마음조차 없다면 산 사람이나 무덤 속 해골이나 뭐가 다르겠는가(則知心生故種種法生, 心滅故龕墳不二)?"[427] 하는 구절이 새삼 마음에 파고든다.

달구벌에 살았던 선인들의 속마음을 알아보자!

18세기 조선 시대 실학자 이중환(李重煥, 1690~1752)이 1751년에 쓴 인문지리서 『택리지(擇里志)』에서 전체분량의 절반을 차지하는 복거총론(卜居總論)에서는 '깃발을 꽂아 자손만대를 위한 삶의 터전'으로 i) 정치, 군사 및 경제에서 지역적 위상(地理), ii) 살아갈 먹거리(生利), iii) 거주하는 사람들의 인심(人心), 그리고 iv) 자연환경으로 산수(山水)를 자세하게 언급하고 있다. 여기서 지리(地理)란 풍수지리를 언급하고 있다. 오늘날 용어로는 지정학적 위치(geo-politic position), 지경학적 위상(geo-economic phase), 혹은 지리군사학적 위상(geo-military status)을 언급하고 있다. 생리(生利)란 천연자원(수자원, 삼림자원, 지하자원, 물길, 사통팔달의 도로 등), 특산물, 인력자원 등을 이용한 삶을 윤택하게 할 먹거리 재료들에 대해서 언급했다. 인심(人心)으로는 미풍양속은 물론이고, 사대부(士大夫)의 경우엔 당색(黨色)을 중요시했다. 달구벌은 사림파 영남유림(士林波嶺南儒林)의 본산지를 형성했다. 마지막 산수(山水)는 자연환경으로 인심(人心)을 순박하게 한다고 믿었다. 『택리지(擇里志)』의 근본취지를 현대적 용어로 지구촌을 설명한 팀 마샬(Tim Marshal, 1959년생)의 '지리의 힘(Prisoners of Geography)'이 보충적인 설명을 해주고 있다. 한편, 오늘날 문화도시(culture city)는 한 마디로 '문화의 도가니(crucibles of culture)'이라고 하지만, 도가니(crucibles)에 들어가는 재료는 i) 미술(art), ii) 음악(music), iii) 공연(performance),

iv) 음식(food), v) 건축(architecture), vi) 정체성(identity), 그리고 vii) 풍속 (customs)을 제시하고 있다.[428] 그러나 보다 단순하게 소급해 올라가면, 도시생성 혹은 발달에 3대 요소로 3W(water, way, will)를 제시할 수 있다. 오늘날이나 옛날이나 생명체로 생존하기 위해서는 물(water)이 필수 요건이었다. 인간도 70%가량이 수분이고, 식물과 동물은 인간처럼 '물주머니(water pocket)'에 불과하다. 오늘날 첨단산업이 원자력, 반도체, 전자 산업도 공업용수의 중요성을 부정할 수 없다. 물은 해운, 수운에 의한 뉴욕(New York), 런던(London), 도쿄(Tokyo), 상하이(Shanghai), 홍콩(Hong Kong), 싱가포르(Singapore) 등의 수제대도시(water-front mega city)가 형성되었다. 또한, 물은 산업용수, 농업용수, 생활용수로 먹거리의 소재로도 사용되고 있다.

다음 길(way)은 땅길(철로, 고속도로, 군사도로 등), 물길(해상로), 하늘길(항공로) 등에 의해 공항, 철도역 및 항구는 속칭 '역세권(驛勢圈, Station Influence Area)'이 형성하면서 번창하는 모습이 마치 '도시의 성장점(growth point of city)'과 같다. 도시의 번창에 가장 핵심적인 요소는 바로 그곳에 사는 주민들의 의지(will)다. "하늘 준 절호의 기회라도, 지리적 이점만 못하고, 아무리 좋은 지리적 이점도 사람들의 의지 혹은 화목단결만 못하다(天時不如地理, 地理不如人和)."[429]했다. 지구촌에서 인간이 만물의 영장이 된 이유는 단 한 가지는 바로 의지를 다졌다는 것이었다. 최초로 인간의 의지를 한곳에 모았던 제도가 바로 종교(宗敎)였다. 동서양을 막론하고 도시를 만들고자 먼저 교회, 사찰 혹은 사원(신전)을 지었다. 이런 종교시설은 오늘날 교육기관으로 역할을 했다. 그래서 '교육의 조종(祖宗之敎育)'이란 뜻으로 종교(宗敎, religion)라는 말이 생겨났다. 동서고금을 막론하고, 종교나 교육은 최종목적은 '스스로를 깨우치고(學己), 참된 의지를 갖게 하는 것(良志).'이다.

의지가 세계역사를 바꾼 단적인 사례로는 옛날 불법을 찾아 천축국(天竺國)으로 떠났던 실크로드(silk road)였다. 신라인 혜초(慧超, 704~787)는 719년 15세 어린 나이로 왕성서라벌(王城徐羅伐)을 떠나서 중국 광주에서

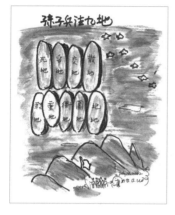

인도 승 금강지(金剛智)를 만나서 천축국(天竺國)에서 불법(佛法)을 긁어모았다. 732년경 28세로 인도 - 중앙아시아 - 동아시아를 거쳐 중국 장안(長安)으로 돌아왔다. 당시는 그렇게 험악했던 4,693m/SL 고도인 중국 신장 웨이우얼(新疆維吾爾)과 파키스탄 아보타바드(Abbottabad, Pakistan) 구간 1,200km의 장정의 길을 카라코람 하이웨이(Karakoram Highway)로 닦아 1978년에 완공되어 개통했다. 즉 1966년에 착공해서 12년간 수많은 암석추락 등 사고로 수천 명의 건설 인부들이 세상을 떠났다. 1978년 6월에 개통되자 공사 희생자들을 기념하는 파키스탄의 기념탑에는 "하고자 하는 마음만 있다면 산도 가루를 낼 수 있다(If you have the will, you can make mountains powder)."라는 숭고한 정신을 석판에 새겨놓았다.

달구벌에 대해 이중환이 쓴 『택리지(擇里志)』 복거총론(卜居總論)에 의하면 i) 지리(地理)에선 사방이 산지로 둘러싸여 있어 적침으로부터 나성(羅城)과 내성(內城)을 겹겹이 쌓은 천혜 요새지였다. 금호강과 낙동강은 자연해자(自然垓字) 역할을 하고 있다. 그래서 통일신라 수도로 천도계획까지 했던 곳이다. 또한, 군사적 요충지로는 임진왜란 이후에 『손자병법(孫子兵法)』 구지편(九地編)에서는 반드시 쟁취해 전쟁승리를 위해서 병참기지로

필요한 중지(重地)이며, 또한 사통팔달의 육운과 해운을 장악하기 위해 차지해야 할 구지(衢地)에 해당하는 천혜 요충지였다.

조선을 병합한 일본제국은 대동아공영의 슬로건으로 대륙침략용 병참기지화(大陸侵略兵站基地化)를 위해 1917년 미쓰비시그룹(三菱みつびし)의 조선 방직공장을 칠성공단에, 그리고 침산공단에다가 군복 등의 군수산업기지(軍需産業基地)를 설립했다. 이런 병참기지의 군수산업이 해방 이후 섬유공업과 경공업의 터전이 되었고, 우리나라 근대화산업의 산실이 되었다. ii) 동서양을 막론하고 도시성장에 가장 중요시하는 요인은 의지(will)이었다.

달구벌은 의지(will)에 있어 고대와 중세기까지는 신라 화랑정신의 화랑 5계, 통일신라와 고려 시대의 호국불교, 조선 시대에 들어와서 선비정신 가운데 '나라의 위험을 보고선 목숨까지 내놓겠다(見危授命).'의 올곧음(民忠大節)이 의병과 학도병으로 이어졌고, 일제강점기엔 국채보상운동으로, 한때는 '한반도의 모스크바(Moscow of Korean Peninsula)'라는 오명을 뒤집어쓰고도 '가진 자의 폭거에 항거(protest against the have)'하는 노동운동을 전개했다. 독재정치 때엔 2·28 학생운동을 전개해 '민주화의 기치(flag of Democracy)'를 들었다. 그러나 최근에 와서는 지나친 배타적 보수성(exclusive conservatism)과 권위적 지역주의(authoritarian regionalism)에 매몰된 나머지 다른 도시로부터 '고담 대구(Gotham Daegu)'라는 평가를 받고 있다.

겉껍질을 몇 겹 벗겨야 드러나는 새하얀 배추 속살

지구지질학에서 달구벌(達句伐)은 1억4천만 년에서 1억 년 사이에 형성되는 동안, 화산폭발, 대륙의 이동, 융기와 침강(지각변동) 등을 반복하면서 '신이 만든 위대한 분지(The God-made Great pot)' 달구벌이 이곳에 만들어졌다. 이글거리는 마그마 암류에서 형성된 달구벌은 기온변화, 대류 흐름, 비·바람의 작용 등으로 팔공산(중악-공산-팔공산)과 비슬산이 솟아났다. 낮은 곳이었던 금호강과 낙동강이 흐름에 따라 5~15m 사질수성퇴적암이 지표층을 덮음으로 두물머리(兩水扇狀地)마다 '비옥한 초승달(肥沃新月)'을 만들었다. 끝내 백 리 벌판의 축복받은 달구벌을 탄생시켰다. 선인들은 이곳을 보고 곧바로 '꿀과 젖이 흐르는 번영과 평온을 약속받은 땅(Promised Land Really Flowing with Milk and Honey)'임을 직감했다. 소중히 자자손손이 뿌리내릴 터전으로 삼았으며, 정성 들여 가꾸고 다듬어 지금까지 왔다.

그러나 오늘날 우리들, 한마디로 2021년에 유행했던 유행가 제목이, 2022년 1월 24일부터 ABC 방송극 가족 드라마 시리즈로 방영되었던 「약속한 나라(Promised Land)」를 연상하게 한다. "고개 떨구어 시곗바늘을

Morning Calm in the Dokdo Island

독도의 아침 포스항

쳤지만, 시간은 굴러가기만 하지 결코 멈추진 않아… 내게 약속된 땅은 어디에 있는가(Where's my promised land?)? 이곳 사막 길섶은 불같이 뜨겁지만 나에겐 차갑기만 해. 결단코 착륙할 수 없는 비행기의 선회처럼(Circlin' like a plane that never lands)."430 이러한 노래처럼 우리는 지금 방황하고 있다. 우리는 방황하는 동안 혼줄을 놓았다는 증거가 '동트는 달구벌'이라고 아침신시(朝市: 迎朝之市祭)를 열었던 이곳이 '고담 대구(Gotham Daegu)'로 '의지 사막화(will desertification)'를 향해 걷고

있다.

한편, 우리들의 선인들은 엄동설한에서도 송백(松柏)처럼 푸르름을 잃지 않는 채소 배추에다가 민족적 기상을 느껴 '배추 숭(菘)' 자를 만들었다.[431] 허신의 「설문해자(說文解字)」에서는 '남색, 푸르게 염색을 드리는 풀(藍染靑草也)' 혹은 '푸른색, 동쪽을 의미하는 색(靑東方色也)'이라고 적었을 뿐, 자세한 한민족의 "매서운 추위가 닥쳐야 비로소 푸른 송백의 지조를 알 것이다(歲寒然後知松柏之後凋)."[432]라는 의미를 숨겼다. 어떤 추위에서도 푸름을 조금도 잃지 않고, 몇 껍질 감싸고 있는 하얀 속살을 뭘까? 겉으로 보기에 고담 대구이지만 배추처럼 겉껍질을 몇 겹이고 벗기고 하얀 배추 속살을 살펴보면 어떨까?

2. 꿈을 안고 미래로 흘러가는 비슬산 너덜겅

바다 물속에서 1,000m나 솟아오른 비슬산 너덜겅

신라어 제2인칭 '너(汝)' 혹은 '니(爾 혹은 你)'는 '애태우는 심정을 몰라주는 목석연한 연인(木石然爾)'을 돌(石, stone)에 비유해 '너(旽)'로 표현했다. 신라 향가 「도솔가(兜率歌)」에서 "솟아

나게 한 꽃아, 너는(巴寶白乎隱花良汝隱).”이라고 기록했다. 돌을 너(乭)로 표현한 말로, 오늘날까지 사용되는 ‘너덜(崖錐, stony slope)’ 혹은 ‘너설(岩矗, rocky spot)’, 그리고 ‘널(棺, coffin)’ 혹은 ‘너와(乭瓦, stone tile)’라는 파생어가 생겨났다. ‘너덜’은 ‘너는 덜렁거리며 흐르는 돌 강(你是擾動流石河)’이며, ‘너설’은 ‘너는 앙탈이 설긴 삐죽삐죽한 돌산(你是挑剔形成石山)’이라고 비유했다. 점토판석 혹은 청석판(青石版)을 이영이나 기와를 대용해 돌기와(너와)집을 강원도(느에 혹은 능에), 함경도 등 산골 마을에서는 너와집을 지었다. 조선 시대에 와서 청석너와 대신 나무너와(수지가 많아 잘 썩지 않는 수피와 목재)을 사용했다.

또한, 신라어 ‘겅(溪 혹은 渠)’이란 오늘날 강원도, 충청도 혹은 경상도에서 ‘거들랑’, ‘~들랑’ 혹은 ‘거랑(혹은 거렁)’ 등으로 사용하고 있으며, 상주, 대구, 경주 및 울산 등지에선 ‘거랑(시냇물, 巨浪)’이라는 말을 사용하고 있다. 대구 달성군 유가면 쌍계리(雙溪里) 치마(馳馬)거랑마을, 경남 울산(蔚山) 매곡천의 돌거랑(石川), 언양(彦陽)의 감내거랑 등이 있다. 큰 개울을 ‘큰 거랑(巨浪)’ 혹은 ‘냉거랑(冷渠)’이라고 하고, 작은 개울을 ‘보또랑(堡渠)’이라고 했다. 만주어(滿洲語)에서 개울을 ‘고로(kolo, 河身)’와 ‘거랑(渠)’의 어근인 ‘걸’과 비교할 수도 있다. ‘강(江, river)’은 15세기 표현은 ‘ᄀᆞᄅᆞᆷ’ 혹은 ‘ᄀᆞᄅᆞᆯ’ 등이 있었다. 어근(語根) ‘골’, ‘걸(gul, 傑)’ 혹은 ‘거랑’의 ‘걸(gul, 傑)’과 어원이 같다. 오늘날 ‘갈매기(海鷗, sea-gull 혹은 sea-mew)’란 물이란 의미가 있다. 몽고어(蒙古語) ‘고올(河, kol)’ 혹은 만주어(滿洲語) ‘골오(河身, kolo)’, 돌궐어(突厥語) ‘골(kol, 湖 혹은 澤)’은 같은 어원으로 볼 수 있다. 좀 더 확장하면 ‘바이칼(Baikal, 貝加爾)’ 호수에서 ‘칼(kal)’이란 고어(古語)를 풀어보면 ‘갈(gal) → 갈이(gali) → 가이(gai)→ 개(gae)’로 변천했음을 알 수 있다.

한편, 선사시대 장례에서 시신보호를 위한 돌 쌓기(積石)을 '널(棺, coffin)'이라고 했다. 재료에 따라서 나무 널(木棺), 돌 널(石棺), 독 널(陶棺) 혹은 항아리 널(甕棺), 기와 널(瓦棺), 진흙 널(粘土棺), 석회갈무리 널(灰藏棺), 쇠 널(金屬棺), 건칠 널(乾漆棺) 등으로 분류하며, 만드는 모양에 따라 상자 모양 널(箱子棺), 배 모양 널(舟形棺), 집 모양 널(家形棺), 사람 모양 널(人形棺), 동물 모양 널(動物形棺) 등으로 제작했다. 오늘날은 대부분 상자형 모양이고 석관(石棺, stonecoffin)과 금속관을 많이 사용하고 있다. 널(null)이란 불교(梵語, 산스크리트어)에서 '색즉시공(色卽是空, रंगीन आकाश, Raṅgīna ākāśa)'에서처럼 '아무것도 발견할 수 없다(無見是空).'라는 뜻을 담고 있었다. 독일에서는 0(zero) 혹은 '값이 없다(no value).'로 사용되었고, 최근에는 전산 용어로 '아무런 의미가 없다(null).' 혹은 수학 및 물리학에서도 사용되고 있다.

　'너덜겅(stone river)'이란 지질학용어로는 애추(崖錐, talus, がいすい)라고 하는 '돌이 흘러내린 강(비탈)'을 뜻한다. 비슬산 대견사(大見寺, 달성군 유가면 휴양림길 230) 옆에서 반경이 1~2m 정도의 바윗덩어리가 2km 정도 흘러내린 너덜겅(巖塊流)이 지난 2003년 12월 13일에 천연기념물 제435호로 지정되었다. 좀 어려운 형성과정을 살펴보면, 너덜겅의 지형은 지금부터 1~10만 년 전 오늘날 알래스카와 비슷한 기후환경인 주빙하적 기후환경(周氷河的氣候環境, peri-glacial climatic environment)에서 초기엔 거력(巨礫, boulder)과 세립(細粒, fine grain)이 뒤섞인 큰 유동성괴(流動性塊)로 동활침식(凍滑侵食, solifluction)과 동상포행(凍床匍行, frozen-bed crawling)의 모양으로 비탈진 산 경사면(15도 정도)을 따라 서서히 흘러내려 움직였다. 주빙하적 기후환경이 끝남과 거의 같은 때에 흘러내림(流動性)은 사라지고 너덜겅 모습(巖塊流形)으로 자리 잡았다. 세립(細粒)은 침식과 운반으로 유실되었으나 큰 돌(거력)들만 남았다. 이런 과정을 반복함으로써 큰 바위엔 돌 버섯과 이끼류가 표면에 나타나는 화석화 지형(fossilized floor)이 만들어졌다.

지질학적 위상에 대해서 언급하면, 팔공산이 968m 정도 융기한 것으로 보고 있으나, 비슬산 대견사의 옆 해발 1,000m(1,000m/SL) 인근에서 시작해 경사면을 따라 내려오던 암괴류가 750m/SL 지점에서 합쳐져 450m/SL까지 흘러 내려오고 있다. 규모로는 길이가 2,000m, 폭 80m, 두께 5m 정도로 총면적은 989,792㎡ 정도다. 돌덩어리(巖塊)는 지름이 1~2m나 되는 거력이 있으며, 평균지름은 1.9m, 물론 단경의 평균지름은 1m 정도였다. 더욱 정확하게 살펴보고자 인공위성(NASA satellite imagery)에서 촬영한 사진으로 고위평탄면(high-level plane)에 암괴류가 나타난 건 비슬산이 1,000m/SL나 융기(uplift)했다는 지질학적 융기단서(geological uplift clue)를 제공하고 있다. 물론 비슬산(琵瑟山)만 아니라, 대구 나아가 한반도가 융기했다.

한편, 비슬산의 너덜겅이 '세계 최대의 빙하기 암괴류 유적'[433]이라고 하여 가슴 두근거림을 억제할 수 없었다. '세계 최대 돌 강(largest stone river in the world)'으로 구글 사이트에다가 검색어를 입력하고 엔터키(enter key)를 쳤다. 러시아 첼랴빈스크(Chelyabinsk)주의 영토에 있는 남부 우랄의 타가나이 산맥(Taganay Mountains) 경사면을 따라 흐르는 거대한 바위와 혼란스럽게 뒤범벅을 이루면서 길이 6km, 평균너비 200m(최대 700m)의 '빅스톤 리버(Big Stone River)'가 있었다.[434] 다음으로 불가리아 비토샤 산 말락레젠 봉우리(Vitosha Mountain, Malak Regen Peak) 1,800m/SL에서 시작되는 보토샤 돌강(Vitosha Stone River)은 길이 2.2km, 폭 150m로 큰 바위(수십에서 수백 톤의 거력)에 붙어사는 지의류(이끼류)가 발산하는 황금빛으로 '황금 징검돌다리(golden bridge)' 혹은 물소리도 물고기도 없는 '고요한 강(calm river)'이라고 한다. 불가리어론 '즐랫나이트 모스토브(Zlatnite Mostove)'[435]다. 이들 돌강(stone river)은 비슬산 너덜겅(block stream)보다 규모(길이, 폭, 면적, 거력 등) 수준을 훨씬 넘어서고 있다.

미래를 향해 도도히 흐르는 강(向未來滔滔之江)

2005년 어느 여름날이다. 직장 동료직원이 승진하지 못함을 비관하더니 우울증으로 시달리다가 13층 아파트에서 50세 인생을 마감했다. 비슬산 대견사(大見寺)에서 사후 49일간 천도재(薦度齋)의 종제(終祭)를 올린다고 해 생전인정을 잊지 못해 참석하기도 했다. 비슬산 기슭에 있는 예연서원(禮淵書院) 앞뜰에 세워진 곽재우(郭再祐, 1552~1617)와 곽준(郭遵, 1550~1597)의 삶의 기록을 읽으면서 신도비(神道碑)라는 의미를 새삼 생각했다. 유교(儒敎)에선 신도비(神道碑)란 '산 사람들이 죽은 사람을 위해 저승길(神道)을 닦고자 이승의 기록을 돌에 새김'이란 뜻이다. 불교에선 '죽은 영혼을 위해 악업을 벗어던지고 좋은 세상으로 가도록 하늘길(천도)에다가 꽃을 뿌리는 제의'로 천도제(天道祭)라 했다.

멍멍한 마음을 가눌 길 없어 대견사(大見寺) 옆길로 비슬산 너덜겅(block stream)에 들어섰다. "며칠 후 며칠 후 요단강 건너서 만나리!"라는 가사의 「해보다 더 밝은 저 천국(In the Sweet By and By)」찬송가를 흥얼거리고 있었다. "해보다 더 밝은 저 천국 믿음만 가지고 가겠

네(There's a land that is fairer than day, And by faith we can see it afar)."[436] 라는 가사를 몇 번이나 중얼거리면서 비슬산 너덜경을 건너고 있었다. 20 년 이상 같은 직장 동료로서 쌓았던 인정은 '요르단 강'과 같은 생자(生者) 와 망자(亡者)를 갈라놓은 '침묵이 흐르는 돌 강(stone river of silence)'은 아니었다. 1961년에 상영했던 「티파니의 아침(Breakfast at Tiffany's)」이란 영화에서 오드리 헵번(Audrey Hepburn, 1929~1993)이 하늘에 흘러가는 달을 보고 불렀던 「달의 강(Moon River)」이었다. "몇 마일이나 되는 넓은 강이여. 어느 날엔가 나는 아름다운 그대에게 건너가리. 그리운 꿈을 낳고, 또 그대는 마음을 깨기도 하네. 그대가 어디로 가건 나는 따라가리. 세계를 바라보려고 방황하는 두 사람. 아직 보지 못한 세계가 많이 있네. 같은 무지개의 끝을 추구하면서, 무지개다리의 모퉁이에서 기다리고 있네. 그리운 어린 시절의 친구들인 문리버(Moon River)와 나."[437]

문득 정신을 차리고 보니, 같이 온 직원들이 나를 찾고 있었다. 다시 한 번 더 비슬산 너덜경을 보고서야 비로소 존 케일(John Weldon Cale)[438] '스톤 리버(Stone River)'의 가사가 떠오르게 되었다. "너덜경, 물이랑 더 이상은 흐르지 않네. 너덜경, 물이랑 더 이상 흐르지 않네. 사람들이 물을 끊어 주변으로 흐르게 했겠지. 그곳은 물이 흐르는 강이 아니네… 자라는 나무도 없다네. 동물도 눈에 띄지 않네. 흐르고 있는 것이랑? 이젠 막 꿈이 흐르고 있다네…"[439] 아무런 소리도 없이 어떤 움직임도 없이 조용히 멀리 미래(진리, 사랑, 혹은 꿈)를 향해 흐르는 '침묵의 강(沈默之河)'이었다. 이런 '침묵의 강(River of Silence)'은 다정한 부부 사이에도 흐르고, 학문을 하는 학자들의 마음속에서도 흐른다. 종교에서는 참선(參禪), 명상(冥想) 혹은 수행수단으로도 이용하고 있다.

한마디로 "뭔가를 크게 넓게 그리고 깊게 보려면 침묵으로 봐라. 깊이 빠져들고 싶다면 침묵의 늪으로 끝없이 들어가라. 소리도 없이 움직임도 없이 침묵의 강물은 진리를 향해 흐른다(To see something big, broad and deep, look at it in silence. To dive deepest, go endlessly into the swamp of silence. Without sound and without movement, the silent river flows toward the truth)."라고 비슬산 너덜겅은 말하고 있다. 비슬산의 너덜겅을 무아지경으로 걷는다는 건 일종의 명상(冥想, meditation)과 같이 순수한 마음으로 돌아가게 하는 '초월의 강(river of transcendence)'이다. 남방불교 위빠사나(vipaśyanā, 毘婆舍那) 혹은 북방불교의 디야나(dhyāna, 禪那)에 해당하는 수양방법인 명상(冥想) 혹은 참선(參禪)이다. 세상을 바라다보는 색안경(sunglass)과 같은 '관(觀)'이다. 이는 생각을 멈추고(止) 혹은 멈추고 놓아줌(止息)을 거쳐서 새로운 뭔가 자리 잡음(定)에서 움직이지 않는 마음의 지혜(觀)을 얻게 된다. 이것은 바로 지혜(慧)에 해당한다. 이런 수행과정을 '사마타(samatha, 奢摩他)'라고 했다. 가장 단순한 '본다(見)'는 말에도 바르게 본다(正見), 분명히 본다(了見), 능히(가히) 본다(能見), 두루 본다(遍見), 차례로 본다(次第見), 딴 모양으로 본다(別相見), 뒤집어 본다(覆見), 입장 바꿔 본다(逆地見) 등으로 있다. 다시 요약하면, 위빠사나(vipaśyanā, 毘婆舍那)란 산스크리트어(Sanskrit語)로 '위(Vi)'란 '초월한(supper) 혹은 특별한(special)'이고, '빠사나(Passanā)'는 '보다(seeing)'라는 의미를 갖고 있다.440 이렇게 보는 걸 성찰(省察) 혹은 통찰(洞察) 차원을 넘어서 자성(自省)과 충만(充滿, introspection, mindfulness)을 얻기 위함이다.

3. 달구벌 호수에서 조선(아침의 신선함)이 탄생

'조선(朝鮮, Cháoxiǎn)'이란 한반도에 국한되지 않았음

먼저, 조선(朝鮮)에 대해 중국 고서지학에서 살펴보면, 기원전 사마천(司馬遷, B.C. 145~B.C. 86)이 저술한 『사기(史記)』에서 "법도를 위반해서 은나라의 국운이 쇠퇴해지자, (기자는) 조선으로 갔다(違衰殷之運, 走之朝鮮.)." 혹은 "기자를 조선의 벼슬에 봉했으나 신하는 아니었다(封箕子於朝鮮, 而不臣也.)."라는 구절에서 조선과 기자(箕子: 箕星之人, 출생 미상~B.C. 1,082)441라는 말이 나왔다. 여기서 조선(朝鮮)이란 조양(朝陽, Cháoyáng)이라는 오늘날 중국 라오닝성(遼寧省)의 성도(省都)에 도읍했던 기자를 조상(箕子朝陽, 國朝鮮)으로 하는 나라를 말했다. 기자(箕子)에 대해 『논어주소(論語注疏)』에서 "미자(微子)는 주왕(紂王)의 무도함을 보고 일찍 떠나버렸지만, 기자(箕子)는 미친 척하고 노예가 되었으며, 비간(比干)은 간언하다가 죽음을 당했다(微子見紂無道, 早去之. 箕子佯狂爲奴, 比干以諫見殺.)."442라고 적혀 있다.

남북조시대(南北朝時代, A.D. 386~589) 편찬된 『사기주역서(史記註譯書)』를 배인(裴駰, 생몰 연도 미상)443이 저술한 『사기집해(史記集解)』에서도 "조선(韓國)은 습수(濕水), 열수(洌水) 및 산수(汕水)가 있는데 세 강물이 합쳐져서 열수(洌水)가 되었고, 아마(疑) 이곳 낙랑(樂浪)을 조선이라고 불렀을 것이다(疑樂浪, 朝鮮取名於此也)."444 당나라 사마정(司馬貞, A.D. 679~732)445의 사기집역서인『사기색은(史記索隱)』에서는 "조선(朝鮮)이란 발음은 조선(潮仙, Joseon)이다. 산수(汕水: 泳魚之水)가 있음으로써, 산(汕)의 발음의 하나인 선(仙 혹은 訕)이다(朝音潮,鮮音仙, 以有汕水故名也. 汕一音訕.)."446 조선 시대 1530년 발간된『신증동국여지승람(新增東國輿地勝覽)』에서는 조선(朝鮮)이란 "나라가 동쪽에 있어서, 가장 먼저 아침 햇살을 받아서 광명(光明)과 신선(新鮮)함을 한 몸에 지니고 있는 곳이라고 칭했다(國在東方 先受朝日之光鮮 故名朝鮮)." 또한 이익(李瀷, 1681~1763)의『성호사설(星湖僿說)』은 "조(朝)는 동방(東)이고, 선(鮮)이란 선비족(鮮卑族)을 의미한다(朝是東方, 鮮謂鮮卑)."라고 했다.

일본 사학자들은 "조선(朝鮮)이란 중국에서 조공(朝貢)을 적게 바치는 나라(朝貢鮮少之國)."라고 멸시함으로 사용했던 용어로 해석하고 있다.447 황국신민역사관(皇國臣民歷史觀) 혹은 식민지사관(植民地史觀)으로 본색을 드러내고 있다. 사실 한서 제28권하(漢書卷二十八下) 에서 "기자는 조선에 부임하여 백성을 교화하였다(箕子赴朝鮮, 敎百民了.)." 이렇게 기자조선(箕子朝鮮)을 사실상 기록하고 있다. 또한, 1343년 원나라(元國)의 중서우승상(中書右丞相) 토크토(托克托, 1314~1355)가 저술한 거란족의 역사서『요사(遼史)』448에서도 "동경요양부(東京遼陽府)였던 오늘날 요령성 라오양(遼陽, 古代朝陽)이 조선(朝鮮)의 땅이었다(東京遼陽府, 本朝鮮之地)."449라고 기록하고 있다. 이런 기록은 일제식민지는 물론 조선건국 이전의 기록임에도 조선반도(韓半島)가 오늘날 우리가 아는 압록강과 두만강을 경계로 한정된 나라의 경계(輿地)가 아닌 만주까지를 조선반도라고 했다.

조선(朝鮮, Joseon)이란 달구벌호(達句伐湖)에서 기원한다면?

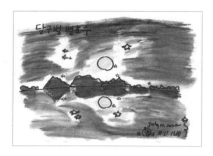

1990년 상영된 「쥐라기 공원(Jurassic Park)」, 1995년 「잃어버린 세계(The Lost World)」와 2018년 「쥐라기 월드(Jurassic world)」에서 중생대 공룡(dinosaurs)들의 우글거림, 아마존 원시림의 울울창창함, 원시인들의 급변하는 환경에 살아남고자 하는 발버둥 등이 생생함으로 녹아내렸다. 컴퓨터그래픽(Computer Graphic)기법을 이용해서 중생대 달구벌의 공룡 세계를 그려본다면 흥미진진한 '달구벌 백악기 공원(Dalgubol Cretaceous Park)'이 된다.

대략 22억 년 전 지구환경이 안정화됨에 따라 2~3% 내외 비중을 차지했던 산소비중이 13%까지 상승했으며, 더욱 화산폭발, 지진 등 지각 조산작용으로 지상에 번창했던 양치식물 등이 지하매몰(오늘날 석탄 및 석유로 나타남)로 이산화탄소 발생 생물체가 사라짐으로 이산화탄소(CO_2) 발생이 급격히 줄어들어 산소비중이 21%까지 올라갔다. 이에 따른 지구에 생존했던 단세포 동·식물에서 다세포 혹은 대형 식·동물이 탄생되었고 크게 번성했다. 대표적인 사례가 공룡이 1억 6천500만 년가량 지구촌에 살았다가 대략 6천5백만 년 전 백악기 말(the end of the Cretaceous Period)에 사라졌다. 멸종의 원인으로 확증된 건 i)'소행성 충돌(asteroid impact)'을 주장(隕石衝突說)하고 있으나, ii) 대규모 기후변화를 발생시키는 화산폭발, 지진 등(火山活動說)의 지구환경과 맞물려 돌아갔다. iii) 이외에도 빙하기 동멸설(氷河期凍滅說), 초식동물 부적응설(草食動物 不適應說), 생존경쟁설(生存競爭說) 및 복합원인설(複合原因說) 등이 있다.

　가장 끔찍한 동물이 바로 '공포의 도마뱀(恐龍, dinosaur)'이란 용어는 1841년 영국 해부학자이며 생물학자였던 리처드 오웬(Richard Owen, 1804~1892)이 이전에 없었던 파충류 도마뱀(공룡)에 대해 그리스어로 '끔찍한(Deinos)' 단어와 '도마뱀(Sauros)'이란 말을 복합해 '공룡(恐龍, dino-saur)'이란 학술어를 만들었다.[450] 이를 1842년에 저술한 『멸종된 거대한 나무늘보의 해골에 대한 설명(Description of the Skeleton of an Extinct Gigantic Sloth)』에서 공룡(恐龍)이란 단어를 처음 사용했다.

　달구벌(達句伐)은 1억 4천450만 년 전부터 1억 3천만 년 전까지 산으로 둘러싸인 달구벌 분지가 형성되었고, 화산폭발, 지진 및 대류 흐름 등으로 급변했던 지구환경이 비교적 안정화되었다. 달구벌 호수에 공룡이 살았던 시기는 1억 4천만 년 전까지 거슬러 올라갈 수 있다. 멸종한 시기는 지질학자들이 말하는 백악기(白堊紀, Cretaceous Period) 말까지로 추정되는 6,500만 년 전으로 본다. 이렇게 공룡이 살 수 있게 거대한 달구벌 호수는 6,000년 전을 기준으로 해도 오늘날 백두산 천지연(天地淵, 9.165㎢)에 비교하면 13배 정도 120.145㎢(현 달서구 62.34㎢의 1.9배)이었다. 현재 대구시 평균 고도는 49m/SL, 면적 883.5㎢의 13.59%를 기준으로, 구글어스(Google Earth) 프로그램을 이용해, 현재보다 5만 년 전(50,000 years bp)으로 가정하면, 팔공산이 968m나 융기했다고 하는데 이를 기준 하면 대구시는 평균 고도 939m/SL로 해저에 있었을 것이다. 다른 한편 달구벌 지질 구조상 5~15m의 수성 퇴적임이 생성되었다는 사실은 풍화침식작용으로 주변 산들이 깎여서 쌓였다는 의미다. 따라서 15m/SL이나 낮은 지역(34m/SL)을 추산하면 용수면적이 120.135~120.145㎢ 정도나 된다.

달구벌호(達句伐湖) 조시(朝市)에서 조선(朝鮮)

한반도에서 달구벌 호수는 '하늘이 비치는 거울(天照鑑)'이었고, 천상삼십삼천(天上三十三天)이 열리면 곧바로 달구벌 호수에 동이 텄기에 '(새벽)동트는 달구벌(黎明達句伐)'이라고 했다. 한반도에 최대의 옹달샘(九泉)으로 "근심 걱정 속에서 살다가 편안함 속으로 없어진다(生於憂患, 而死於安樂.)."라는 종교적인 신비성을 자아냈다. 한반도의 생명체에겐 '옹달샘(九泉)'이란 생명줄이 되었다. "깊은 산 속 옹달샘 누가 와서 먹나요? 새벽에 토끼가 눈 비비고 일어나, 세수하러 왔다가 물만 먹고 가지요. 맑고 맑은 옹달샘 누가 와서 먹나요? 달밤에 노루가 숨바꼭질하다가, 목마르면 달려와 얼른 먹고 가지요. 새벽에 토끼가 눈 비비고 일어나, 세수하러 왔다가 물만 먹고 가지요"[451] 이런 노랫말처럼 말이다. 따라서 별나라(삼한) 때에는 이곳에다가 '아침신시(朝市)'를 개최했다.

당시로는 달구벌 호수는 내륙의 바다였다(內陸海). 여기서 바다(海)란 '하늘의 못으로 수많은 냇물을 받아들이는 것으로 물(水)에다가 매번(每)이 합쳐서 된 글자(天池也. 以納百川者. 從水每聲.)'라고 『설문해자(說文解字)』는 설명하고 있다. 산스크리트어 '바다(समुद्र)'가 있으나, 우리말로 '받다(納, receive)' 혹은 '받아들이다(受納, accept)'를 어근으로 한다. 한자로는 바다 해(海)를 뜯어보면 '인간(人)의 어머니(母)처럼 가리지 않고 뭐든지 받아들이는 큰 물(氵 혹은 水).'이라는 합성어(compound word)로 보인다. B.C. 237년 진시황(秦始皇)에게 상신한 이사(李斯, B.C. 284~B.C. 208)가 쓴 『간축객서(諫逐客書)』에서 "(천하에 제일 높다는) 태산은 한 줌의 흙더미도 사양하지 않았기에 그 높음을 이룰 수 있었고, 넓은 바다 하해(河海)는 작은 물줄기도 가리지 않고 받아들였기에 그 깊이를 이룰 수 있었습니다(是以泰山不讓

土壤, 故能成其大. 河海不擇細流, 故能就其深.)."[452]라고 했다.

하늘의 삼원(三垣)이 다 비치는 거대한 거울(天三垣鑑)이었던 달구벌에서 가장 먼저 동트는 곳이라고 믿었다. 당시 천문학으로 옥황상제가 사는 자미원에서 하늘 닭(天鷄)이 있었고, 천계(하늘 닭, 天鷄)가 울어야 하늘이 열리면서 동튼다고 믿었다(鷄鳴開天, 開天黎明). 또한, 닭은 28수 별자리 가운데 동식물의 흉년과 풍년을 관리했던 별나라 '키 별자리(箕星)'에 해당하는 곳이 한반도(달구벌)였고 '별나라 별 동네(辰國辰韓)' 가운데 달구벌이 위치하고 있었다. 그래서 단군 국조가 개국할 당시에 바다와 산이 만나는 끝자락이라고 하여 '아침신시(朝市)'를 이곳(달구벌)에서 열었다.[453] 중국에선 아침신시에 올리는 생선(朝市生鮮)을 특별히 '조선(朝鮮)'이라고 했으나, 한반도에선 '아침의 신선함(朝市新鮮)'까지도 조선이라고 했다. 즉 조선(朝鮮)은 하늘이 준 음식이고 앞날을 기약하는 증표로 사용했다. 이와 같은 사실을 신라 박제상(朴堤上, 363~419)의 『밀봉사서(密封史書)』 '징심록(澄心錄)'에다가 감춰놓았던 '부도지(符都志)'에 적혀있다. 한반도의 새벽은 "닭이 울어야 동튼다(鷄鳴明黎)."라는 믿음에서 이곳을 닭벌(達丘伐, 鷄野)이라고 했고, 이곳을 '조시에 올랐던 생선(朝鮮)'처럼 신비스러운 곳(是處是聖地也)으로 여겼다.

'아침신시(朝市)'를 오늘날 용어로는 억지로 번역하면 '새벽시장(天光墟, dawn market)'이라고 할 수 있으며, 사례로는 홍콩에 5개 새벽시장을 소개할 수 있다. 날씨가 맑은 날 새벽에 열렸다가 거두어들이기에 속칭 '도깨비시장(鬼市, ghost market)'이라고도 한다.[454] 그러나 달구벌의 '아침신시(朝市)'는 오늘날 시대 감각으로는 이해할 수 없어 설명을 붙인다면, '저자시(市)' 자는 허신(許愼, A.D. 58~148)의 『설문해자(說文解字)』에서 "물건을 사고파는 것을 의미하며, 시장에는 담장을 둘러치고 있어 모양(冂)과 물건을 내다 걸었던 모양(十)을 그린 것이다(市 買賣所之也.市有垣, 从门从丂, 丂, 古文及, 象物相及也)."라고 풀이하고 있다.

그러나 이 설명은 기원후의 저잣거리(市場)를 설명할 수 있으나 기원전 수천 년 전으로 소급되는 '달구벌 조시(達句伐 朝市)'를 설명하기엔 태부족(太不足)이다. 태초에 사람이나 동물들이 모여서 정보와 생필품을 교환했던 곳은 산골에서는 옹달샘(谷泉, spring), 들판에서는 물섶(waterfront, 호수, 웅덩이, 늪)이고, 동네에서는 우물(民井, well)이었다. 그러나 제정일치의 단군(제사장과 군장의 통합)에선 신시(神市)를 개최해 물물교환, 정보교류는 물론이고, 신에게 감사, 통치이념 전달, 부족 간의 화합 등을 도모했다. 따라서 당시의 '저잣거리 시(市)'라는 "소도와 같이 신성시하는 장소에다가 금기시하는 것을 방지하기 위한 담장과 같은 시설물(门)을 설치하고, 솟대 혹은 상징물(토템)을 들어 올렸던 장대(十)를 형상화했다(牆僻邪惡, 而設如神木, 故市聖地也.)." 따라서 아침신시(朝市)란 '신선한 아침을 맞이하는 마음으로 축제 기간 동안 새벽부터 개최되었던 신시(祭開晨市,此謂朝市)'455라고 할 수 있다. 고대 그리스의 아크로폴리스(Acropolis) 혹은 로마제국의 로마 아고라(Roman Agora)에 해당하는 '신성한 민의 광장(sacred gathering police)'이었다.

좀 더 설명을 붙이면 한자 '저자 시(市) 자'는 오늘날 우리들에게는 겨울철 시장 아주머니들이 추위에 무릎에 올려놓은 담요 모양(膝甲)이라서 '슬갑(膝甲) 불(市, 音弗)'이라고 했으며, 요리하는 어머니들에게 앞치마 모양이라서 '앞치마 불(市)' 등으로도 사용되고 있다. 불(市)자로 사용된 사례론 B.C. 210년 이전 진시황제(秦始皇帝)에게 불로초 불사약을 구해오겠다고 약속했던 서불(徐市)이라는 사람의 이름자에도 '무성할 불(市, 茂盛也弗)'을 사용되었다. 이와 같은 용례는 시경 국풍(詩經國風)의 '후나라 사람(候人)'

에서 "저 길잡이 좀 보게! 어찌 창을 그렇게도 메고 있는가? 저기 저 사람들 좀 보게, 삼백이나 되는 병사들이 붉은 슬갑을 두른 걸 좀 보게나(三百赤市)!"[456]라는 시 구절이 나온다.

4. 옥황상제의 자미원을 볼 수 있는 물거울[457] 천왕지(天王池)

천기염탐(天機廉探) 용도의 물거울(연못)을 만들었던 달구벌 선인들

최근 10년 전만 해도 작은 치과의원에서는 충치 혹은 풍치의 상태를 탐지하고자 작고 앙증스러운 치과용 막대거울(dental stick mirror)을 사용했다. 이와 같이 달구벌에 살았던 선인들은 하늘의 천기를 알고자 연못(天王池)이란 거대한 물거울을 이용했다. 달구벌 물거울(達句伐水鑑)에는 하늘이 비춰 새벽 동트기, 아침 해돋이, 저녁 해넘이, 밤하늘 별들의 속삭임을 물론 두 눈으로 볼 수 있었다. 별을 엿본다는 첨성대(瞻星臺)가 아니더라도 북극성에 살고 있다는 옥황상제(玉皇上帝)의 거주지 자미원(紫微垣)을 염탐했던 i) 제사장 혹은 군장과 같은 통치자들은 천기(천기)를, ii) 농경사회를 살았던 백성들은 흉·풍년을 점칠 수 있는 단서를 찾았다.

고대 천문학에서는 하늘 닭(天鷄)가 살고 있던 곳은 천왕(옥황상제)이 있는 자미원, 농경신(農耕神)이 거주하는 곳은 천계28수(天界二十八宿) 가운데 '키 별(箕星)' 나라에서만 살았다고 믿었다. 농경사회 때는 5행(수금화목토) 가운데 목성(木星)에 속했기에 '태양(해)의 수레바퀴(天輪, Sky Wheel)'인 '세차(歲次)' 혹은 '천상열차(天象列次)'를 계산할 때는 반드시 목성을 기준으로 했다. 북극성의 자미원(紫微垣)이 비치는 연못을 천왕지(天王池)라고 했다. 때로는 자미원을 천왕당(天王堂)으로도 불렸으며, 조선 후기에 '천왕당지(天王堂池)'라고 개칭하게 되었다. 자연스럽게 자미원천계(紫微垣天鷄)와 연계된 지명인 닭벌(達句伐, 鷄野)이 생겨났다.

지구촌의 물그릇(water pocket), 물 두렁(물두멍, 드므) 혹은 물거울(water mirror) 역할을 했던 연못, 호수, 저수지 등이 만들어지는 것을 살펴보면, i) 화산폭발 혹은 지진 등에 의한 지각변동, ii) 별똥별이 떨어진 운석공(隕石孔, crater), iii) 농경사회에 접어들면서 농업용수로, 오늘날에는 도시의 식수원 혹은 산업용수 확보, iv) 그러나 극동아시아(儒敎文化圈)에선 처벌방법으로 못(연못)을 만들었다. 바로 파가저택(破家瀦宅 혹은 破家瀦澤)이란 형벌이었다. 속칭 역적죄(逆賊罪) 등 중대한 범죄자를 참형(斬刑)함은 물론이고, 부가형(附加刑)으로 범죄자의 가옥 등을 불사르고(以燒破家), 범죄자 거주지를 없애고자 그곳에다가 큰 연못(破址瀦澤)을 팠다. 이런 형벌을 파가저택(破家瀦宅)이라고 했다. '물거울'은 원래는 맑은 웅덩이에서 주변 풍경, 신비스러운 산사의 모습, 그리고 물을 바라보는 사람의 얼굴이 어렸다. 이를 이용해서 제천단 혹은 번제단 앞에서 물거울(물두렁, water laver 혹은 basin)[458]을 설치해서 손을 씻게 하면서 자신의 모습을 돌아보게 했다. 대표적으로 구약성서 회막(Meeting tent) 혹은 신전(델파인 신전) 앞에 놋두렁(laver of brass, 놋거울+물) 혹은 샘(spring)을 설치했다. 조선 시대 경복궁 앞에도 드므(두렁)을 설치해 신하들의 의관정제와 화마가 자신의 모습을 보고 도주하게 하는 주술적인 도구로 사용했다.

다시 이어서 못 파는 형벌은 "하늘그물(天網)은 성긴 것처럼 보이나 절대로 물샐 틈조차 없다(天網恢恢疎而不漏.)."[459]라는 체계와 "하늘이 땅에다가 처벌을 함에는 벼락을 쳐서 불로 태우고, 그 자리를 웅덩이로 만들었다(天罰以霹, 燒地瀦宅.)."라는 자연현상을 형벌제도에 채택했다. 예기 단궁하편(禮記檀弓下篇)에서 주정공(邾定公)이 처음으로 제도로 도입해 시행했는데[460], 사실은 이전 삼대 시대에도 행해졌다. 우리나라는 광해군 3(1611)년 3월 20일자 광해군(光海君, 재위

기간 1608~1623)『승정원 일기』에선 "우의정 이항복(李恒福, 1556~1618)이 파가저택에 대해 언급할 때 형법 서적에서는 나오지 않으나 삼강오륜을 저해하는 범죄에 대해서 파가저택(破家瀦澤)을 집행했다."[461] 이는 특히 천주교 박해사건에 덮어씌웠던(包攝) 죄명 '사도난정(邪道亂正)'이라는 조선시대의『경국대전(經國大典)』등의 형법전(刑法典)엔 없었기에 대명률(大明律)의 연좌형벌(連坐刑罰) 따라 전가보도(傳家寶刀)로 사용했다. 조선왕조실록을 더듬어 보면, 1439(세종 21)년, 1450(문종 원)년, 1586(선조 19)년 및 1617(광해군 9)년에도 삼강오륜(三綱五倫)을 흔든다고 처벌했던 기록이 있다. 이때 파가저택 형벌이 내려졌고, 1746(영조 22)년에는 아예 '속대전(續大典)' 형전추단조(刑典推斷條)에다가 파가저택형을 추가했기에 천주교박해 수단으로 보도역할(寶刀役割)을 했다.[462] 따라서 천주교 순교자가 많았던 곳에는 많은 연못들이 생겨났다.

한자로 표기된 각종 물그릇(貯水池, water pocket)에 대한 한자로 못 택(澤), 못 지(池), 못 연(淵), 못 당(塘), 웅덩이 저(瀦), 웅덩이 과(渦=科), 깊은 물 담(潭) 등이 있다. 더욱 정확한 고서지(古書紙)의 기록을 알기 위해 제작원리를 설명한 설문해자(說文解字)를 찾아보면, 못 택(澤)은 물비늘 혹은 윤슬처럼 햇살에 반짝거림(光潤也, 從水睪聲)에 착안해 물을 그릇에 담고자 만든 둑(水之鐘聚陂)을 칭하며, 못 지(池)는 땅을 파서 물을 그릇에 모아 담은 물(陂也,從水也聲, 穿地鍾水)을 칭한다. 못 연(淵)은 굽이치는 물과 좌우의 물막이를 상형화한 글자(回水也. 從水象形. 左右岸也)다. 못 당(塘)은 물을 모으고 있는 둑을 지칭(塘隄也. 從土唐聲)하며, 웅덩이 저(瀦)는 물이 머물고 있는 곳(水所亭也. 從水豬聲)이다. 때로는 물웅덩이 과(科=渦)와 상통하고 있다. 서당에서 맹자를 배우면서 "원천은 줄줄 흘러내림이 밤낮없이 쉬지 않고 흐르는데, 웅덩이를 만나면 가득 채워야 비로소 넘쳐흐르네. 자유분방하게 흘러도 바다에 이른다네(原泉混混, 不舍晝夜. 盈科後進, 放乎四海)."[463] 물웅덩이를 만나서 좌절하지 말라고 흐르는 물은 교훈을 준다면, 고여 있는 물은 개미구멍으로라도 둑이 터진다는 사실도, 자신도 모르게 썩고 있다는 사실까지도 모른다.

천기탐지용(天機探知用) 물거울 천왕지(天王池)

먼저 지질 혹은 지형에서 달구벌을 살펴보면, 1억3(4)천만 년 전 거대한 공룡의 삶(알)터였던 달구벌호(達句伐湖)가 형성되었다. 그 후 6,500만 년 동안 각종 풍화침식작용으로 사질수성 퇴적암층이 15m까지 쌓이면서 평균고도(平均高度) 34m/SL에서 오늘날의 평균고도 49m/SL(현재 국채보상공원 42m/SL)까지 상승하면서 많은 연못(池塘)과 물막이(堤堰)들이 자연적 혹은 인위적으로 만들게 되었다. 달구벌이 한반도의 물거울이었다는 사실은 평균고도만 살펴봐도 알 수 있다. 동아시아 평균고도는 910m/SL인데, 한반도의 남쪽(한)은 평균고도 448m/SL이다. 따라서 400m/SL 이하가 77.4%나 된다. 남한에서 가장 높은 강원도 태백시는 평균해발고도가 949m/SL이다. 이를 기반으로 만일 남극 혹은

북극 빙하가 녹아 해수면이 50m/SL만 상승한다고 해도 달구벌의 50% 이상은 물속으로 잠기게 된다. 지구과학자들은 남극지역 빙하만 다 녹으면 50~70m가량 해수면이 높아진다고 보고 있다. 우리가 자주 언급하는 일본 동경의 평균고도는 38m/SL로 우리가 살고 있는 대구의 평균고도 49m/SL보다 11m나 낮다.

다음으로 달구벌에 대한 국내고서지(國內古書誌)의 기록을 찾아보면, 909년 6월 26일 최치원(崔致遠, 857~909)이 호국의영도장(護國義營都將) 중알찬(重閼粲, 六頭品) 이재(異才)로부터 부탁받아 작성한 『신라수창군호국성팔각등루기(新羅壽昌郡護國城八角燈樓記)』에서 "대체도 하늘의 뜻임을 확증하는 것임은 이 보루(堡壘)에서 서방(兌位, 西方)에 방죽 이름(塘號)이 불좌(佛佐)이고, 남동방(巽隅, 東南方) 연못 이름(池號)에 불체(佛體)가 있다. 동쪽에 특별한 못(別池)이 있는데 이름이 천왕(天王)이라는 거다. 북서쪽(坤維, 北西方)으로 고성(古城)이 있는데, 성벽의 호칭(城稱)이 달불(達佛)이라니. 달불성의 남쪽에 산이 있는데 산 이름에 불(佛) 자(字)가 들어가고 있다(是堡兌位有塘號佛佐者. 巽隅有池號佛體者. 其東又有別池, 號天王者. 坤維有古城稱爲達佛. 城南有山, 亦號爲佛.). 이런 이름 하나도 헛되게 설정된 것이

없으니 이렇게 됨에는 반드시 어떤 사연이 있는 법이다. 명승지라 흥할 곳이다. 좋은 때를 만나면 이름값을 할 것이다(非虛設. 理必有因. 勝處所與. 良時斯應.)."464 오늘날의 명칭으로 비정(比定)하면 불좌제(佛佐堤, 龍頭防堤), 불체지(佛體池, 大佛池), 천왕지(天王池, 天王堂池), 달불성(達佛城, 達城土城)과 불산(佛山, 大德山 혹은 苞山 琵瑟山)이 된다.

한편, 1454(단종 2)년에 완성된 『세종(장헌대왕)실록』에서 제148권과 제155권(8권)에 실려 있는 지리지(世宗實錄地理志)에서 경상도 경주부 대구군(慶尙道 慶州府 大丘郡)을 살펴보면, "4개의 큰 둑이 있는데 성당(聖堂), 불상(佛上), 대구군 경계에 둔동(屯洞)이 있고, 수성경계엔 부제(釜堤)가 있다(大堤四, 聖堂佛上,在郡境屯洞, 在壽城境釜堤.)."465라고 기록하고 있다. 1530년 발간된 『신증동국여지승람(新增東國輿地勝覽』에서 "지세가 척박하고 주변 산들이 첩첩이 둘러싸여 있음에도 큰 강물이 굽이쳐 사방에서 모여드는 형상(地勢夷衍, 疊嶂周遭, 大川紆縈, 四方之會)이다…. 성당지(聖堂池)는 부청에서 남으로 10리에 있다…. 불상지(佛上池), 부청에서 북으로 10리에 있다. 연화지(蓮花池)는 부청에서 서쪽으로 5리에 있다."466라고 기록하고 있다. 1899년 및 1907년에 작성한 대구읍지(大邱邑誌) 제언조(堤堰條)에서는 98개 저수지(堤堰) 83개의 보(洑)가 있었으며, 성당제(聖堂堤, 성당못), 감삼제(甘三堤, 감삼못), 배불상제(背佛上堤, 배자못), 연화제(蓮花堤, 蓮花池), 범어제(泛魚堤), 둔동제(屯洞堤), 송라제(松羅堤, 신천동 송라시장), 사리제(沙里堤, 서부시장·초고 인근)467, 부곡제(釜谷堤) 등이 적혀있다. 여기서 세종실록지리지에선 불상제(佛上堤), 신증동국여지승람에선 불상지(佛上池)는 대구읍지에서는 대불상제(大佛上堤)라고 표기했는데, 둘레(周圍)가 4,295척(1,300m 정도)이고, 수심(水深)이 5척 3촌이었으나 1918년 일제(日帝)의 대구 지형도면에서는 대불지(大佛池)로 적혀있었는데, 1994년에 배자 못이란 이름으로 매립해 오늘날 아파트단지가 되었다. 감삼못도 대구읍지에서는 6,410척(2,000m 정도)에다가 수심 9척이라고 했음에도 1973년 달성고등학교(達城高等學校)로 절반 정도가 메워지더니 1984년에 광장 타운을 건설하는 바람에 모두 파묻혔다.

고대 천문학에서 달구벌 즉 돍벌(達句伐)이란 지명이 탄생시킨 사연으로는 '동트는 달구벌(黎明伐)'이란 신비성을 지녔기에 하늘이 비치는 물거울이 천왕지(天王池)였다. 천왕지란 이름값처럼 하늘의 옥황상제(玉皇上帝)가 사는 자미원(紫微垣)이 비쳐서 천계(天鷄)의 울음을 따라 달구벌의 닭이 새벽을 알렸다. 달구벌에 서식했던 공룡들은 천왕지 왕용(王龍)의 뜻을 받고자 하강해 용지(龍智)를 받아 승천했다. 이런 신화를 바탕으로 대략 400년 전에 달구벌에 가뭄과 돌림병으로 민심이 흉흉함을 방지하고자 천왕지를 주변으로 한 오늘날 비산동 혹은 내당동 지역 농민들은 '천지인조화(天地人調和)'를 기원하는 고신목(古神木)을 3대 천왕(三大天王)으로 섬겼다. 즉 오늘날 북비산 4거리의 고신목(古神木)을 기천왕(氣天王) 혹은 동천왕(東天王), 비산동 1번지 고목(古木)을 중천왕(中天王), 현 비산3동 전(前) 삼성예식장(달성 서쪽) 인근 고목을 말천왕(末天王) 혹은 서천원(西天王)이라고 했다. 또한, 이를 뒷받침하는 제의무악(祭儀舞樂)인 『천왕메기풀이(天王農樂戲)』가 전승되었다. 1988년 김택규와 김영철 박사의 집념으로 『천왕메기』가 발굴되어 무형문화재 김수기(金守基)로 전수되어 맥을 이어 오고 있다. 『천왕메기(풀이)』는 "길 굿→ 문 굿 → 엎어 패기→ 천왕제 → 천왕 메기 굿 → 천왕메기 지신 풀이 → 천왕 굿 → 천왕 풀이 → 마을 굿" 순서로 풀어가고 있다. 여기서 '메기'란 2000년도에 인기 음식이었던 '논메기 매운탕'을 만드는 메기(catfis)가 아니라, 논메기, 밭메기, 김 메기(weeding) 등의 농사 용어로 '잡초를 제거하고, 거름을 주며, 동시에 주변 흙을 모아서 북돋는

작업을 하는 것'을 말한다. '천왕메기'란 "천왕께서 i) 천지인(天地人)의 조화를 보살펴 주심으로써, ii) 천재지변(가뭄, 홍수, 이상기후, 지진 등)을 막아주시고, iii) 흉흉한 민심을 바로잡아 주시길 기원합니다. iv) 온 동민들이 정성(마음)을 모으고자 오늘 신명풀이 한 마당을 보여드리겠습니다."라는 의미를 담았다. 이런 민속놀이와 동제(洞祭)가 혼합되면서 고대 천문학에서 자미원(紫微垣)이라고 했던 것을 도교와 불교에서는 천왕당(天王堂)이라고 호칭함에 따라 천왕지(天王池)를 천왕당지(天王堂池)로 개칭되었다. 이것이 천주교(天主敎)가 들어옴으로써 성당못(聖堂池)으로 혼용하기도 했다.

이런 신화는 점차 사라지게 되었다. 1906년 10월 15일 미국인 선교사 제임스 아담스(James Edward Adams, 1867~1929, 한국명 安義窩)가 남성로(南城路) 자택에서 미션스쿨(mission school)을 설립했다가 1908년 3월 30일 '천왕당지(天王堂池)' 혹은 '성당지(聖堂池)' 옆에다가 '계성학교(啓聖學校)'를 세웠고, 1911년 6월 13일 첫 졸업생 13명을 배출하였다. 당시 서문시장은 천왕당지(天王堂池)에서 4시 방향(at your 4 o'clock)에 있었다. 1919년 3월 8일 서문시장(西門市場, 오늘날 섬유회관 건너편 동산동 15번지)에서 삼일 만세운동이 시작되자, 일제는 독립기세 발원지를 발본색원(拔本塞源)하고자 1920년부터 밑그림을 그렸고, 1923년 대구부청(大邱府廳, 현재 대구시청 자리)에서 천왕당지 매립 프로젝트를 추진한 계기는 1923년 10월 23일 '고려 도자기 연구(高麗陶磁の研究, 1944)' 전문가 노모리 켄(野守健, ノモリ ケン, 1887~1970)[468]이 조선총독부(朝鮮總督府) 촉탁업무(囑託業務)로 비산동(飛山洞)과 내당동(內堂洞) 고분발굴을 시작했다. 이때 발굴작업으로 파낸 흙(잔토)을 처리하고자 매립대상지를 천왕당지로 꼭 집어 지정해서 매립작업을 했다. 이어 1928년 서문시장이 매립된 천왕당지로 이전해서 신성지(神聖池)를 아수라장(市場)으로 만들겠다던[469] 기획대로 성공했다. 이를 통해 일제는 민속전통인 천왕 신앙과 삼일 만세운동의 시발점을 없앰으로써 아픈 이빨 2개를 동시에 **빼는** 발본색원작업(拔本塞源作業)을 속 시원하게 마쳤다.

그러나 이곳에 살았던 우리들에겐 일제가 했던 짓거리는 분명하게도 '촛불을 훔쳐 성경을 불사른 꼴(It's like stealing a candle and burning the Bible)'이란 걸 두 눈으로 지켜봤다. 우리의 선인들은 이런 비화(悲話)는 가만두고 있지 않았다. 죽은 시신에 영혼을 불어넣는 차시환혼(借尸還魂) 작업을 했다. 수성구 용 못(龍池)에서 승천하는 주용(朱龍)이 서문시장 천왕지(天王池)에서 왕지(王旨)를 받들어 거문고 소리에 춤추는 은하수(琴湖銀河水)를 건너서 구름 바위 못(雲巖池)에 잠시 쉬었다가 서리 못(霜池)에서 하루를 끝내도록 구상을 했다. 이런 신화(神話)가 매일 창출되게끔 제3호선 지상(천상) 열차를 건설했다. 2015년 3월 12일 시승(試乘)을 개시함으로써 천왕지의 왕룡(王龍)의 아바타(avatar)는 천상열차(sky tram)를 매일 타고 천상을 날아오르고 있다.

5. 남소하화(南沼荷花)에서 달구벌의 유머를

배추(白菜)라는 낱말의 속뜻을 알아야

배추(菘)란 '겨울에도 송백처럼 푸른 절개를 잃지 않는(松柏之節) 군자다운 채소(菜蔬)'라고 한자로 배추 숭(菘)자를 만들었다. 배추김치(菘菹)는 한 민족의 혼을 구성하는 민족 음식으로 자리를 잡았다. 특히 조선 유생들

은 '박학(博學) → 심문(審問) → 심사(深思) → 명변(明辯)→ 독행(篤行)'의 학문처럼 배추김치의 오사숙성미(五死熟成味)에 빠졌다. 오사숙성미(五死熟成味)란 i) 밭에서 배추의 모가지가 잘리는 참수사(斬首死), ii) 칼로 배추포기 속을 가르는 개복사(開腹死), iii) 소금, 고춧가루, 생강, 새우젓, 계피 등 온갖 맵고 짠 양념을 다 배 속에 집

어넣는 포복사(飽腹死), iv) 김칫독에다가 빈틈없이 꼭꼭 밟아서 집어넣어 질식시키는 기절사(氣絶死), v) 마지막 음식으로 유산균 범벅인 김치 조각이 목구멍부터 향미를 풍기면서 넘어가는 종천사(終天死)를 당해야 제대로 된 김치 맛을 알게 된다. 사실 이런 이야기는 대의명분이고, 속내는 더 야함(淫蕩)에 있었다. 대의명분을 양두구육(羊頭狗肉)에 비유하면 오사숙성미는 양두(羊頭)이고, 음담패설(淫談悖說)은 구육(狗肉)에 속했다. 당시는 양두구육을 진배기 개고깃국(眞狗肉蕩)이라고 생각했다.

일반적으로 고려 시대 한반도 선비들은 학문의 고리타분함을 깨뜨리기(破文閒) 위한 보한(補閑), 파한(破閑), 패설(稗說), 사설(辭說) 등의 이름으로 문집을 많이 내었다. 조선 시대에 들어와서는 보다 엄격하게 사장유행(詞章儒行)을 중시하는 바람에 언중유골(言中有骨)의 시부(詩賦)로 표현했다. 배추(白菜)란 단어는 병자호란 이후 윤리 기강이 흔들릴 때부터 유행했다. "푸른 겉껍질을 몇 겹이고 벗기고 보면 하얀 속살을 드러내는 채소(脫靑殼後, 顯白裏菜)"라는 의미에서 백리채(白裏菜) 혹은 백채(白菜)라고 했다. 오

늘날에는 배차 혹은 배추라고 한다. 이 정도의 골계(滑稽)는 통상적인 용어가 되었다. 시골 서당에서도 난고 김병연(蘭皐 金炳淵時)의 시집을 읽다가 보면 "서당엔 너무 일찍 도착하고 보니, 방안엔 소중한 학동들만 있는데. 훈장은 끝내 나를 뵙지 않겠다고 하네. 학동을 세어보니 열 명도 안 되네(書堂乃早至, 房中皆尊物, 先生乃不謁, 生徒諸未十.)."라고 했던 풍월은 '한 꺼풀만 벗기면 속살이 보이는 골계(一疊滑稽)' 혹은 노류장화(路柳墻花)라고 했다.

그러나 '배추처럼 몇 겹을 벗겨야 비로소 속살을 드러내는 유머(多疊滑稽)'를 시문으로 남긴 선비들로는 서거정(徐居正, 1420~1488)이 있다. 그는 1477(성종 13)년 『태평한화골계전(太平閑話滑稽傳)』을, 강희맹(姜希孟, 1424~1483)은 1480년경에 『촌담해이(村談解頤)』를, 이륙(李陸, 1438~1498)은 1512년에 『청파극담(靑坡劇談)』을, 그리고 성현(成俔, 1439~1504)도 1525년 『용재총화(慵齋叢話)』, 송세림(宋世琳, 1479~몰년 미상)은 『어면순(禦眠楯)』을, 성여학(成汝學, 1577~몰년 미상)의 『속어면순(禦眠楯續)』, 홍만종(洪萬宗, 1643~1725)의 『명엽지해(蓂葉志諧)』 등이 세상에 나오면서 골계의 색채는 강렬하면서도 향기는 잃어갔다(强色弱香).

각설하고 『태평한화골계 傳)』에는 "술안주로 잡을 닭은 없다고 하니, 타고 갈 닭은 빌려주시겠는가(借鷄騎還)?"[470] 하는 유머가 있다. 또한, "양반이 젊은 여종 (女婢)를 탐하다가, 그녀가 흰떡(白餠)처럼 지체 높으신 마님이 계시는데, 어째서 맛이 간 묵은 신 김치(黃虀) 같은 여종을 좋아하십니까? 이에 흰떡에는 묵은 신 김치가 제대로 된

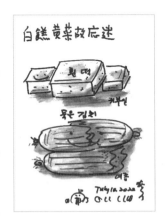

맛이다(黃虀爲妙)."471라는 음담패설이 실려 있다. 그뿐만 아니라 '친구 강진산에게 신 김치를 보내면서 동봉한 편지글 28자(黃虀餉姜晉山獻呈二十八字)'472 가운데 "(아내의) 흰떡에는 (여종의) 묵은 김치가 제맛이라는데(白餻黃菜故應迷)."라고 끝을 맺고 있다. 이는 곧바로 2017년 3월 9일 대선 모 후보자가 "텁텁한 고구마에 속이 뚫리는 사이다가 제맛이다."473라고 했던 유머가 유행했다.

백고황제(白餻黃虀)의 유머가 녹아내리는 남소하화(南沼荷花)

먼저 유머 넘치는 시문을 남기신 서거정이 쓴 「남소하화(南沼荷花)」라는 제목부터 비범하고 웃음을 자아낸다. "남쪽 향해 토실·몽실 체취를 풍기는 연꽃봉우리 아가씨, 뒷물이라고 하려는 양 속살을 드러내는 순간, 연못마저 물결이 일어난다(菡萏娘子, 嘲南滿香, 顯白裏肉, 淵心波及.)."라는 한 폭의 동양화를 연상하면서 입가에 미소와 붓끝의 표현이 어떻게 달라질지를 짐작만 해도 '웃음 넘치는 연꽃 그림 그리기(濫笑荷畵)'다. 여기 남(南)이란 설문해자에서 "초목이 지향하는 방향이고, 나뭇가지가 무성하게 뻗어가는 쪽이다(艸木至南方, 有枝任也)." 따라서 민심의 지향점(구심점)이고 위정자의 맡겨진 시대 감각이다. 남녘 남(南) 자는 높을 고(高) 자 혹은 장사 상(商) 자와 혼용하기에 상통관계가 있다. 조선왕조에선 고대광실(高臺廣室)이 고대 천문학에서는 옥황상제의 자미원(紫微垣)을 연상하는 글자다. 따라서 남소(南沼)란 신라시대 최치원(崔致遠)의 표현을 빌리면 천왕지(天王池)로 한때 천왕당지(天王堂池)라고도 했다. 1530년경 편찬된 『신증동국여지승람(新增東國輿地勝覽)』에서 유교식 용어로 순화해서 성당제(聖堂堤)로도 기록하고 있다.

이에 1899년 및 1907년에 작성한 대구읍지(大邱邑誌) 제언조(堤堰條)에서 나오는 연화제(蓮花堤)를 속칭 연신지(蓮信池)를 영선지(靈仙池)라고 주장하기도 한다. 사실 1923년 일본강점기 영선지 유원지를 개발하여 1960년 4월 12일 영선국민학교(靈仙國民學校)와 이후 영선시장(靈仙市場)이 들어서면서 매립되었다. 또한, 오늘날 성당동의 성당못(聖堂池)은 1910년에 성댕이(혹은 상댕이) 동네를 일제는 성당동(聖堂洞)으로 호칭하면서 오늘날 우리가 말하는 '성당못(聖堂池)'이 되었다. 이로 인해서 1530년 성당제(聖堂堤)와 1910년대 성당지(聖堂池)가 같다고 혼동할 수 있게 되었다.

화제를 돌려서 통계를 국가통치에 사용한 기원은 춘추전국시대 관포지교(管鮑之交)의 고사를 남긴 제나라(齊國)의 정치가 관중(管仲, 출생 미상 ~B.C. 645)이 저술한『관자(管子)』에서 "저울로 달아보고서야 무겁고 가벼운 걸 알 수 있고, 자로 재어봐야 길고 짧음을 할 수 있다(權然後知輕重,度然後知長短)."[474]는 뜻에서 '경중(輕重甲乙丙丁戊己庚)' 편에서 "수치가 명확하게 바른 실정을 드러낸다(數明顯正)."라는 계량 정치 혹은 계량경제학의 기초를 닦았다. 역대 국왕들은 국가의 영토 내(輿地)에 있는 인구, 토지, 가용자원 등에 대한 현실을 지리지(地理志)라는 기록을 만들었다. 조선 시대 세종은 1432(세종 14)년이 서거정(徐居正) 등에게『신찬팔도지리지(新撰八道地理志)』를 편찬하게 했으나 체계가 일목요연하고 통계치가 확실한 명나라의『대명일통지(大明一統志)』를 보고, 성종은 노사신(盧思愼, 1427~1498)을 관장으로 하고, 서거정 등이『신찬팔도지리』를 바탕으로 1481년에『동국여지승람(東國輿地勝覽)』을 편찬토록 했다. 1499년 수정 보완을 고쳐서 이행(李荇, 1478~1534) 및 홍언필(洪彦弼, 1476~1549)이 증보할 때 서거정의 '십영(十詠)'[475]을『신증동국여지승람(新增東國輿地勝覽)』에 넣었으며, 금유(琴柔)의 시를 먼저 앞세웠다.

당시 관찰사 김요(金銚, 재위 1446~1447)가 있을 때 군수를 지냈던 금유(琴柔, 생몰 연도 미상, 奉化人)476가 쓴『영각서청풍(鈴閣署風淸)』이라는 시가 올라왔다. 여기서 지방수령들이 집무하는 곳, 즉 포졸들의 방울 소리가 요란한 곳이라고 해서 영각(鈴閣), 영당(鈴堂), 영재(鈴齋), 영헌(鈴軒) 혹은 영각서(鈴閣署)라고도 했다. 시제 '방울 소리가 요란해도 이곳 풍도는 청렴하다(鈴閣署風淸).'라는 상징을 함축하고 있다. "지방(군)을 다스림은 몸이 피곤한 일이나, 누각에 오르니 눈 앞에 펼쳐짐이 분명한데(爲郡身疲倦, 登樓眼豁明), 금호엔 새로운 물이 넘쳐흐르며(琴湖新水滿) … 감히 바라건데 거문고 소리처럼 다스린다면, 멈춘다는 건 크게는 번영에 발목이 잡히겠지. 삼 년이란 세월은 아무런 효과가 없을 정도라네. 붓을 잡았으나 품은 속내를 속이려 하네."477 시제가 고려 진각국사 혜심(眞覺國師 慧諶, 1178~1234)이 쓴『조개영각선인풍(肇開鈴閣宣仁風)』과 닮아있으나 내용은 판이했다. 즉 "일찍이 정가(鈴閣, 政街)에서 인자한 풍도(風道)를 폈다고 하니, 한 고을 혼연한 기쁨 누구나 한결같다. 엊저녁 참선 뒤 잠자리 평온하더니, 새 원님 덕화가 산중에 미쳤음을 이제 알겠네(肇開鈴閣宣仁風, 一境欣然喜已同, 昨夜禪餘眼更隱, 是知新化及山中)."478

다시 앞에서 언급했던 서거정의『남소의 연꽃(南沼荷花)』에서는 "솟아나는 물 새롭더니 연꽃잎이 올망졸망 작은 엽전 같구나. 만개할 땐 선유하는

배보다도 연꽃이 더 크겠네. 그 연꽃 뿌리 약재(才=藥材)로 쓰기엔 너무 커 어렵다는 그런 말을 하지 말게나. 요긴하게 쓸 만백성들에게 보낸다면 온갖 숙환(固痾)도 가라앉히겠네(出水新荷疊小錢, 花開畢竟大

於船. 莫言才大難爲用, 要遣沈痾萬姓瘳)."479 유머가 넘치는 서거정의 시를 한 마디로 요약하면 "(연꽃과 미녀는) 작고 젊을수록 더 좋고, 향기와 몸매가 요염할수록 약발이 더 크다네(蓮如美女, 小少益善, 香艶益效)."라는 언중유골(言中有骨)에다가 너털웃음을 던져주고 있다.

여기서 연화(蓮花)라는 용어보다 '하화(荷花)'라는 용어를 택한 건 유생의 기품(儒品) 혹은 꽃의 기품(花品)'을 지키기 위함이다. 최세진(崔世珍, 1465~1542)의『훈몽자회(訓蒙字會)』에서 화품(花品, 蓮花細分)을 '연하부거(蓮荷芙蕖)'로 구분해서 연(蓮)이란 열매인 연자(蓮子), 하(荷)는 약이나 음식으로 쓰는 연채(蓮菜)를 말하면, 뿌리(藕)까지 포함했다. 부(芙)란 연꽃 혹은 연뿌리를 덜 핀 꽃봉오리를 함담(菡萏)이라고 했다. 마지막 거(蕖)란 부거하화(芙蕖荷花) 혹은 부용(芙蓉)이라고.480

그렇다면 다양한 연꽃에 관련된 고대 시문을 살펴보면, 공자(孔子, B.C. 551~B.C. 479) 이전 시경(詩經)에선 "저 못 둑에 부들과 연꽃이 피어있어, 아리따운 한 님이 있구려. 그대에게 아픈 내 가슴을 어찌하오니까(彼澤之陂, 有蒲與荷, 有美一人, 傷如之何)? 앉으나 서나 그대 생각으로 뭔 일이 되오리이까? 눈물 콧물만 줄줄이 흐르네(寤寐無爲, 涕泗滂沱)… 저 건너 연못 둑엔 부들과 (말 못 할 사연을 머금은) 연꽃봉오리가 있고, 아리따운 그녀마저 그곳에 있어(彼澤之陂, 有蒲菡萏, 有美一人.)…."481 당나라 유상(劉商, 생몰 연도 미상)의 "쌍쌍이 피는 연꽃을 노래하며(詠雙開蓮花)"에서 "연꽃봉오리가 새로운 꽃을 새벽에 피웠는데, 짙은 꽃단장에 어여쁘게 웃은 모습일랑 멀쑥해졌다네. 색이 짙어 화려한 서방정토의 극락조(極樂鳥 혹은 迦陵鳥)가 아침저녁으로 쌍쌍이 연못 위에 들락거리네."482 두보(杜甫)의『구일곡강(九日曲江)』에선 "술자리에 이어 산수유 한잔은 좋았는데, 배 띄워 놀자고 하니 연꽃이 시들어 버리네(綴席茱萸好, 浮舟菡萏衰)."483 우리나라 동문선(東文

選)에 게재된 이제현(李齊賢)이 쓴 시제 '옥연당(玉淵堂)에서 양안보국공이
개최하여 태위심왕(太尉瀋陽: 원나라 태위 벼슬을 하고 있는 심양왕)을 위한 잔치
에서(楊安普國公宴太尉瀋陽王于玉淵堂)'도, 이런 구절들이 있다. "연꽃봉오리

가 머금고 있던 향기를 풍기니, 지나
가는 빗소리에 놀랐는지 소리를 지
르네. 부들이 막 그림자를 드리우
자, 이를 본 구름이 그 속으로 숨어
버리네(菡萏香中聽過雨, 菰蒲影際見
行雲)."484

6. 거석들이 후손들에게 던지는 메시지

선사시대 사람들이 남긴 메시지돌(messagestone)

대략 300만 년 전에 지구촌 아프
리카에 최초로 인류가 출현한 뒤에
가장 흔하고 손쉽게 구할 수 있었
던 돌(재료)을 어떻게 이용했을까?
사용처를 살펴보면 i) 먹거리를 마
련하는 수렵채취에, ii) 생명을 유지

하기 위한 식생활에, iii) 동물로부터 생존을 위한 사회활동에, iii) 문화와 종교 및 정치활동에, iv) 자신의 삶과 꿈(예술, 학문 등)의 기록에 썼다. 수렵 채취에선 돌을 던져 열매 따기, 날(들)짐승잡이 덫과 함정 만들기, 물고기 잡이 고살 설치, 맹수 방어(사냥) 장벽을 위한 돌담 쌓기, 사냥용 돌도끼 혹은 돌칼(화살촉), 농경용 땅 고르게, 땅 파게, 구멍 파기 등이 있고, 식생활 용기로 돌솥, 돌 삼발, 돌 접시, 돌 밥그릇, 돌절구, 갈돌 등과 불을 만들어 보관하는 데 부싯돌, 돌화로(돌화덕), 구들 판돌 등에도 쓰였을 것이다.

사회활동에서는 돌 장난감, 선물용 조약돌, 몸치장용(문지르기, 돌가루 바르기), 치료용 약돌(찜질, 마시지, 통증 지압) 등, 물물거래 수치계산용 셈돌(算磊) 혹은 돌 화폐(石錢, stone money) 등 이외에도 소유표시(token stone), 화해 혹은 계약증표(reconciliation-contract stone), 거주지(국가) 경계 표시(境界石. milestone), 족휘 돌(族徽, totem stone), 해 그림자 바위(stone clock), 태양 신전에서 해묶기 바위(束日巖) 등에도 쓰였다. 종교정치에는 제단 돌쌓기(積石祭壇), 승전기념 돌탑 쌓기, 거석신전(巨石神殿, mega-lithic temple), 돌무덤(고인돌) 만들기, 돌쌓기 무덤방 만들기(積石槨) 등이 있었다.

오늘날 일기기록이나 예술작품처럼 자신의 삶과 꿈을 돌에다가 그리고, 새겨서 발자취 혹은 삶의 흔적(洞窟巖刻畵)을 남기고자 했다. 한 치 앞이 보이지 않았던 암울한 때에는 밤하늘의 달·별과 낮에 해에게 소원을 빌고자 돌에다가 일월성신(日月星辰)·비·풍년·무병장수의 기원을 그리고 새겼(巖刻畵)다. 씨족 혹은 부족 모두의 소망을 표현하고자 힘을 모아 거대한 돌무지(積石 혹은 支石) 혹은 돌 성역(蘇塗) 만들기 등 단합된 힘을 보이기도 했다.

오늘날 시계(時計)는 너무 흔해져서 길거리나 집안 화장실 등에도 걸려 있다. 그러나 인류가 최초로 디자인한 해시계(sundial)는 B.C. 1,500년 고대 이집트 천문학에 사용했던 L-자형 막대기 그림자 시계였다.[485] 맑은 날에는 산이나 거대한 바위의 그림자를 보고 하루의 시간을 짐작했다. 동네마다 '그림자 돌(sundial stone, 日影石)'을 세워 모두가 같이 사용했다. B.C. 1,500년 이후에는 개인이 휴대할 수 있는 '그림자 시계(shadow clock)'를 돌이나 흙 판에 막대기를 세워 제작했다. 이렇게 고대 바빌로니아인, 그리스인, 마야인 들은 그림자로 시간을 계산했다. 르네상스 시대 대학에선 벽에다가 막대기를 박아서 시간을 알렸듯이 조선 시대 1542(中宗 37)년 최초인 소수서원(紹修書院)엔 일영대(日影臺)가 아직도 사용되고 있다. 오늘날 우리 가족이 즐겁게 노는 해변에서도 '비치 파라솔의 그림자(beach parasol's shadow)'로 시간을 짐작한다.[486]

오늘날 우리가 볼 수 있게 선인들이 돌로 만들어 남겨놓은 고고학적 유적과 유물들이 많다. B.C. 3,000년 전에 만들었던 이집트 거대한 피라미드(pyramid)와 스핑크스(sphinx)는 주지사실(周知事實)이다. 신석기 시대에 속하는 B.C. 3,200년부터 B.C. 2,500년까지 건설된 '몰타 거석 신전(Mega-lithic Temples of Malta)'에 대해 1980년 유네스코에 주간티야 신전(Ġgantija Temple)이 등록되었고, 나머지 거석신전은 1992년에 추가로 등재되었다. 한반도의 선인들이 신라 때 동짓날 해 뜨는 방향으로 석굴암 등을 배치했던 것처럼 신전의 배치를 동짓날 해 뜨는 방향으로 세워 신전 깊숙한 곳까지 햇빛이 들어와 보살핀다는 신비감을 자아내게 했다. 또한, 신라인들이 하늘의 천기를 알고자 첨성대를 세웠던 것처럼 B.C. 3,100년에서 B.C. 2,000년에 세워진 영국 윌트셔 스톤헨지(stonehenge)는 선사시대 종합기념단지(complex of prehistoric monuments)에서 벗어나 1720년 윌리엄 스터클리(William Stukeley, 1687~1765)는 거석 배치의 원형, 거석 배치 지점, 역할(기능)을 종합해서 고대 천문관측 혹은 역법(曆法, ancient calendar)을 위한 유적이라는 점에 착안해 연구를 시작했다. 알렉산더 톰 (Alexander Thom, 1894~1985) 이후 오늘까지 동지(하지) 해돋이 지점(summer solstice point of sunrise), 태양의 그림자 및 고도 등을 통해서 천문학적 기초자료를 수합했다. 이를 통해 오늘날 달력(calendar)처럼 1년을 365일, 1달을 30일로 그리고 4년마다 윤달을 농경사회에 이용했다는 사실을 밝혀내었다.[487]

칠레 이스터 섬(Easter Island, Chile)에 1,250년에서 1,500년 사이에 거대조각상(giant statue, 스페인어 Moai)이 세워졌다. 1722년 유럽인들이 최초 방문하여 거석 조각상(Moai)을 보고, 신격화된 조상(aringa ora ata tepuna)으로 살아있는 얼굴(aringa ora)이란 의미로 900여 개의 거대한 조각상을 만들고 운반해서 세웠던 창조적인 위엄에 경악을 감추지 못했다. 최대 거대상인 아우 통가리키(Ahu Tongariki)는 쪼그려 앉은 모양이었다. 그 무게 84.6톤, 또 하나의 미완성 작품으로는 높이 21m에 무게는 145~165톤 정도 추산되었다.[488] 그런데 18세기 이전에 만들어진 제단 93개와 섬 안의 각종 자원과 비교연구를 통해서 뉴욕주립대학교(New York State University) 칼 필립 리포(Carl Philipp Lipo) 교수 이외 학자들은 "엄청난 양의 식수가 발견되었을 때는 거대한 석상이 보였다(manufactured nearly one thousand massive stone statues (moai) and more than)."[489]라는 점에 착안해서 식수(drinking water)와 관계성을 밝혀내었다. 전문가 아닌 우리가 봐서도 시선 방향이 식수지점(源泉, wellspring)이고, 석상 '모아이(moai)'들이 이고 있는 돌들은 물동이(水桶, water bucket)를 상징한다는 짐작이 간다.

우리에게 '샤워실의 한 바보(a fool in the shower room)'라는 유머로 정부의 섣부른 개입으로 경제적 경기(經濟的 景氣)를 뒤흔들 수 있다는 경고(警告)를 한 시카고대학교(Chicago University) 교수 밀턴 프리드먼(Milton

Friedman, 1912~2006)이 1991년에 「돌멩이를 돈으로 쓰고 있는 섬(The Island Of Stone Money)」이라는 논문으로 인해 서태평양 캐롤라인제도 야프 섬(Yap Island, Caroline Islands, Western Pacific)에 있는 돌 화폐(stone money)가 세상에 알려졌다. 야프 섬은 면적 100km² 정도, 인구는 2010년 현재 11,380명이고, 가장 높은 산은 178m로 되어 있다. "먼 섬에서 채석되어 둥근 동전 모양을 만들어진 큰 돌이 야프 섬에는 돈으로 사용되고 있다(Large stones quarried and shaped on a distant island were used as, money on the Island of Yap)."[490]라고 논문에 소개함을 시작으로 세계 최초 신용화폐(credit money)로 인정받았다.

돌 돈(stone money)의 기원에 대해서는 500~600년 전에서 크게는 2,000년 전으로 보기도 한다. 그러나 암석 방사능 측정 결과는 1636±200 bp(before present)와 1756±200bp로 나와서 지금부터 1956년에서 1436년 이전으로 볼 수 있다.[491] 거대한 원판 돌로 되어 있어 역할도 규모만큼 큼직했다고 한다. 작게는 부호(富戶)의 결혼지참금 혹은 상속, 부족 동맹 증표, 전쟁(전사자 배상) 및 정치적 거래 등에 사용되었다. 한때는 음식 교환 등에 사용하다가 최근에는 집회소 혹은 동네 주변에 관광자원으로 활용되고 있다. 소유권은 공유(公有)에서 사유(私有)로 변천했다. 가치는 희생된 생명, 제작 및 운반 등에 공들인 장인정신 등으로 평가(such as marriage, inheritance, political deals, sign of an alliance, ransom of the battle dead)[492]하는 인류 최초의 신용화폐(credit money)였다.

동서양에서 돌(石, stone)이란 말의 기원을 더듬어

먼저 돌(石, stone)이란 용어부터 살펴보면 영어단어 스톤(stone)은 영국 혹은 야드 파운드 계량 단위에서 14파운드(6.35kg) 단위 스톤(stone)에서 유래되었다. 대영제국(大英帝國)에서는 체중의 무게 단위로 오늘날까지 스톤을 사용하고 있다.[493]즉, 성경에 사용했던 저울추(weight) 혹은 저울대(scale) 등을 무게 단위 스톤(stone)으로 대용했다. 성경 법률(The Biblical Law)에서도 "작은 것이든 큰 것이든 저울추(錘, weight)를 하나로 매달지 말라(you shall not carry a stone(weight) and a stone(ואבן), a large and a small)."라는 구절에서 부담 혹은 무게(weight)를 무게 단위 스톤(stone)으로 번역한 데 기원하고 있다. 여기서 저울추(weight)란 "하느님께서 질색(가증)하시는 건 그놈의 저울추다. 크다니 작다니 하는 거짓의 저울은 옳지 않다(בוט אל המרמ ינדאמו ,ובאו ובג ה ' תבעות)."라는 뜻으로 사용되었다. 관련 성경 구절을 살펴보면 신명기(25:13)에선 "너는 주머니에 같지 않은 저울추 곧 큰 것과 작은 것을 넣지 말 것이며(Do not have two differing weights in your bag—one heavy, one light)", 그리고 잠언(11:1)에서도 "속이는 저울을 하느님께서 믿으시지 않았으나, 공평한 추는 그가 기뻐하시느니라(The LORD detests dishonest scales(weight), but accurate weights find favor with him)." 같은 잠언(20:10)에서 "한결같지 않은 저울추와 말은 다 여호와께서 미워하시느니라(Differing weights and differing measures, the LORD detests them both)."라고 적고 있다. 같은 맥락에서 한자 돌 석(石) 자에 대하여 살펴보면, 청나라 단옥재(段玉裁, 1735~1815)의 설문해자 풀이에선 "산 돌(山石)을 말하며, 클 석(碩)의 발음을 빌렸다. 어떤 사람은 120근의 무게 단위 석(秬)을 빌려서 사용했다고 주장하고 있다. 글자 모양새는 낭떠러지 엄(厂) 아래와 동굴(空) 혹은 사람(口)이 있는 모양을 하고 있다(山石也. 或借爲碩大字. 或借爲秬字: 秬, 百二十斤也. 在厂之下, 口象形)."로 풀이된다.

최근 일본에선 식물이든 동물이든 모든 생명체를 다 죽이는 '살생석(殺生石)'이 세계 언론을 달구고 있다.[494] 대표적으로 도치기 현(栃木縣) 나스마치(那須町) 나스유모토 온천(那須湯本溫泉) 인근에 있는 용암을 말한다. 유황분출로 모든 생명체를 죽인다는 내용인데 여기에 '꼬리가 9개인 요사스러운 여우(九尾狐)' 이야기를 입혀서 관광자원으로 활용하고 있다. 무용지용(無用之用)이란 지혜를 살린 이런 곳이 10여 개소가 넘고 있다.[495] 이런 구미호(九尾狐) 신화는 선진(先晉)시대 설화를 진(晋)나라(265~420)의 곽박(郭璞, 276~324)[496]이 주를 달아서 완성한 『산해경(山海經)』에서 '청구 구미호(靑丘九尾狐)'[497]가 나오는데, 한반도 별나라(辰國, 達句伐) 청구(靑丘)의 신비스러운 구미호(神妙九尾狐)로 적혀 있었다. 그런데 중국은 2000년 초부터 주민창작 프로젝트(住民創作工程)로 장가계(張家界)의 '천문산 구미호(天門山九尾狐)'를 오페라(演劇)로 창작했다[498]. 이어 일본도 차시환혼전략(借尸還魂戰略)으로 '살생석 구미호(殺生石九尾狐)'라는 스토리텔링(story-telling)으로 관광자원을 만들었다.

7. 천지삐까리 달구벌 고인돌은 어디로 가는가?

고인돌(dolmen)이 우리에게 던지는 의미는?

어떤 개념을 파악하는 데 정확한 용어를 선택하는 것이 '면도칼 같은 판단(Razor-like Judgment)'을 가능하게 한다. 고인돌(혹은 받침돌, 支石, pedestal stone)은 선돌(혹은 세운 돌, 立石, menhir), 눕힌 돌(혹은 누운 돌, 臥石, lied stone), 뚜껑돌(혹은 덮개돌, 蓋石, cover stone), 누름돌(鎭石, press stone) 등으로 사용하고 있다. 고인돌 무덤(dolmen, 支石墓)이란 수직 거석(vertical megaliths supporting) 2개 이상의 받침돌(支石, pedestal stone)과 수평 관석, 즉 뚜껑돌(蓋石, cover stone) 아래에 단순한 무덤방(尸身室, chamber)으로 만들어진(single chamber mega-lithic tomb) 큰 돌무덤(巨石墓, mega-lithic tomb)을 말한다. 기원전 4,000~3,000년 초기 신석기 시대까지 소급되며, 세계에서 한반도에 가장 많이 분포되어 있다. 특히 이곳에 30~100기(基)나 밀집되어 있기에 한반도를 '고인돌의 본향(本鄕, home)'이라고 한다. 한국엔 전 세계 총량의 40% 정도인 35,000기 이상이 있다.[499] 서양에선 가장 오래된 것은 7,000년 전으로 보고 있으나, 한반도에서는 B.C. 12,000년 전까지 소급되어 신석기부터 철기 시대 1,000년까지 지속된 것으로 보고 있다.[500] 최근 고인돌에서 발굴된 인골로 유전인자(DNA) 분석 혹은 안면복원기술을 통해 판별한 결과 오늘날 서양 백인(독일계, 영국계 등)들 계통이라는 사실이 밝혀지고 있어[501] 지구촌 내에 자유로운 이동이 있었음을 단적으로 입증하고 있다.

고인돌은 민간인 장례(葬禮)에 있어, 시신을 묻는 방(尸身房) 모양에 따라 항아리 묻(배)기(埋瓮), 바위 묻(배)기(埋岩), 혹은 항아리바위(瓮岩)라고 했다. 괸 돌(支石)을 괸(고인) 바위(撑石) 혹은 암탉바위(母鷄岩)라고도 하며, 덮개돌(蓋石)은 모양에 따라 배 바위(舟巖), 거북바위(龜巖), 두꺼비바위(蟾蜍岩), 개구리바위(蛙岩)라고 분류했다. 고대 천문학 혹은 민간신앙을 반영해 배치(설치)함에 따라 i) 북두칠성처럼 7개로 설치한 칠성바위(七星巖), ii) 남두육성을 본뜬 육성바위(六星巖), iii) 혼자 지키는 장군모양의 장군바위

(將軍石), iv) 2~10개 무더기로 세운 군집암(群集巖) 등이 있다.[502] 설치방법에 따라 i) 괸 돌과 뚜껑돌 구성된 고인돌(支石), ii) 프랑스나 영국처럼 표지(標識) 혹은 상징으로 세운 입석(立石), iii) 신전의 열주(列柱)처럼 줄지어 세운 열석(列石), iv) 영국의 스톤헨지(Stonehenge)처럼 30여 개의 거석을 환형으로 설치하는 환형열석(環形列石), 그리고 v) 칠레 이스터 섬(Easter Island)의 거인 석상(Giant Stone Statutes)처럼 작품화한 조각 석상이 있다. 일반적으로 세우는 석상이 가장 많다. 이곳에서 최고 10m 이상 82톤의 거석상은 '부활하는 새의 비밀(复活岛的秘密, Mystery of Easter Island)'을 의미하고 있다.[503]

고인돌 세우기 재현행사를 하고 있는 화순군(和順郡) 고인돌 문화 소개 홈페이지에선 고인돌 축조절차(笏記)는 i) 고인돌 세울 장소 마련하기(定設址), ii) 덮개돌 구하기(求蓋石), iii) 덮개돌 옮기기(搬蓋石), iv) 무덤방 만들기(破土壙), v) 받침돌과 묘역 설치하기(設支石), vi) 덮개돌 올리기(上蓋石), vii) 제사 지내기(祭儀)[504]를 제시하고 있다. 여기서 오늘날처럼 건축용 중장비를 동원할 수 없었기에 대부분 '사람의 힘(人力)'으로 채석(採石), 운반(運搬) 그리고 축조(築造)했기에 특별한 기법들이 동원되었다. 즉 먼저 채석에 있어 i) 동수팽창채석(凍水膨脹採石: 돌 틈에 물 부어 채석하기) 혹은 목수팽창채석(木水膨脹採石: 마른 나무쐐기에 물주기, 마른 콩 쐐기에 물주기로 팽창시켜 채석하기) 기법을 사용했다. 또한, 거대한 암석의 운반에 있어 ii) 결빙노상운반(結氷路上運搬) 혹은 통나무 굴대를 넣어가면서 옮기기, 이어 큰 돌 세움과 덮음에 있어 iii) 미리 파놓은 구덩이에 괸 돌(支石) 먼저 세우기(先壙後入支

石), iv) 괸 돌 묻은 흙무덤 위로 덮개돌 올려놓기(支石墳上蓋石), v) 덮개돌 올려놓은 뒤에 괸 돌 드러내기(흙 파내기) 작업(蓋石後破土)을 한다. 그러나 스톤헨지(stonehenge)와 같은 거석 작업엔 '제자리 넣기 덧나무 걸기' 기법을 사용했다.

2002년 10월 16일 전라남도 화순군(和順郡)에서 고인돌 축조재현 행사(支石墓築造再現行事)에서 신석기 시대를 상정해서 측정한 결과 9.8톤의 돌을 옮기는데 통나무 굴대 운반방식으로 85명이 동원되었다.[505] 현대인으로 1인당 101.5kg(0.1015톤) 정도 움직일 수 있었다. 따라서 고인돌의 무게에 따라 동원인력(動員人力)을 추산할 수 있다. 당시는 동원인력의 2~3배 상주인구와 집마다 4~5명의 가족으로 환산하면 거주민과 세대수를 추계할 수 있다. 같은 맥락에서 대구시 달성군 화원읍 천내리 화장사(川內里 華藏寺) 앞 칠성바위 가운데 칠성각(七星閣) 앞 가장 큰 암각화 고인돌을 측정한 결과 길이 4.33m, 높이 2.06m, 폭 2.26m이기에 중량을 환산하니 41톤가량 추정되었다. 계산식은 4.33m(길이)×2.06m(높이)×2.26m(폭)× 2.6(암석의 비중)×80%(20%가량 돌이 떨어져 나갔음) = 41.14톤이다. 이를 통나무 굴대에다가 볏짚 밧줄(稻索) 혹은 칡덩굴 밧줄(葛索)로 잡아당겨 이동한다면 적어도 372명(41.14톤/화순군 실험치 1인당 0.1015톤)이 필요했다. 이를 기반으로 탄성추계(彈性推計) 하면 지역주민 세대수가 300세대(호) 이상이었으며, 거주했던 주민은 1,500여[506] 명 정도가 살았던 규모가 비교적 큰 농경사회였다.

고인돌의 분포에서 달구벌의 아쉬움

대략 60,000여 기(基) 고인돌이 지구촌에 분포되어 있는데, 유럽은 대

서양 동안(東岸)을 따라 길게 집중 분포되어 있으며, 발트해 연안 스웨덴(Sweden) 남부부터 덴마크(Denmark), 네덜란드(Netherland) 북부, 독일(German) 등지에서 발견되었다. 서유럽으로 프랑스(France)가 중심지로, 포르투갈(Portugal)과 스페인(Spain), 서쪽으로 영국과 아일랜드(Ireland)에까지 이르고 있다. 지중해 연안에서는 코르시카(Corsica)와 사르디니아(Sardegna), 프랑스 남부인 프로방스(Provence), 이탈리아(Italia)의 동남부반도, 아프리카(Africa) 북부인 알제리, 지중해 동안(地中海東岸)인 시리아 등에 거석이 분포되어 있다. 흑해연안은 러시아 까프까즈(Kavkaz)에 집중되어 있으며, 아시아 지역은 인도(India), 인도네시아(Indonesia), 베트남(Vietnam), 대만(臺灣), 중국(中國), 일본(日本), 그리고 한국에는 집중되어 있다. 특히 동부 아시아 지역 한국, 일본 구주(九州) 북서부지역 나가사키(名古屋), 사가(佐賀), 후쿠오카(福岡) 등에 600여 기 분포, 중국 절강성(浙江省, 50여 기)과 요령성(遼寧省, 700여 기)에 분포되어 있다. 일본 고인돌의 특징은 비교적 작으며 큰 것은 2~3m, 작은 건 1m 내외, 탁자식(卓子式)은 존재하지 않고 기반식(碁盤式) 축소형이 대부분이다.

1999년 문화재청과 서울대학교가 공동조사한 보고서에서는 한반도에 45,910기 중 남한에 29,510기(북한 2만여 기)로 세계적으로 6만여 기 가운데 82.5%의 비중이라고 했으나[507] 최근 통계로는 남한 35,966이기로 자세한 내역은 강원도 412기, 경기도 957기, 충북 218기, 충남 743기, 전북 1,969기, 전남 22,560기, 경북 3,125기, 경남 1,660기, 제주 105기 등 총 35,966기가 발굴되었다.[508] 이들의 모양에 따른 분류(種類)로는 i) 탁자 모양 고인돌(卓子式支石墓), ii) 바둑판 모양 고인돌(棋盤式支石墓), iii) 덮개 모양 고인돌(蓋石式支石墓), 그리고 vi) 들려 싸기 고인돌(圍石式支石墓, 일명 濟州式支石墓) 등이 있다.[509]

그런데 달구벌(대구)에 있었던 고인돌을 생각하면 아쉬움만 앞선다. 100년 전에도 2,000~3,000기는 넘어섰다. 1973년 7월 31일에 발간된 경상북도 대구시『대구 시사(3권)』제2권 제1편 선사시대~삼국시대에서 "고인돌(지석묘) 무더기는 1920년대 초기만 해도 대구읍성 바깥에 분포해서 장관을 이루었다."라고 적고 있었다. 사실, 당시는 대구역 주변 혹은 달성공원 부근은 물론 도심지역에도 흔히 볼 수 있었다. 대부분 신천(新川, 사잇걸), 진천천(辰泉川, 별샘걸), 욱수천(旭水川, 윤슬걸), 율하천(栗下川, 밤거랑) 섶에 많은 고인돌이 발견되었다. 해방 전만 해도 달구벌 사람들은 '고인돌 천지삐까리'라고 했다. 조국 근대화와 새마을사업을 하면서 고인돌의 수난사는 시작되었다. 1996년도 발행된 제2차 '대구 시사' 제1권 제1편 선사시대 지석묘(고인돌)에서 43기가 기록되어 있는데 '진천천 유역(辰泉川流域) 15기, 욱수천 유역(旭水川流域) 10기, 율하천 유역(栗下川流域) 17기' 등이다.[510]

한편, 1927년 조선총독부의 역사말살정책을 입안하고 민족역사를 뒤집고자 고분발굴(도굴) 촉탁사업을 추진했다. 일본인 고이즈마 아키소(小泉顯夫, コイズミ アキオ, 1897~1993)와 사와 순이치(澤俊一)의 팀이 대봉동(大鳳洞) 지석묘 발굴 작업을 했다. 당시 고인돌을 묘표석(墓表石), 지경석(地境石), 제단석(祭壇石) 혹은 화결석(和決石) 정도 인식했다. 대봉동 고인돌로 구조상 강돌(水石)을 밑바닥에 깔고 설치한 묘표석(墓表石)으로 생각했다. 막상 뚜껑돌(蓋石)을 올리고 보니 그 아래에 여러 군데 매장부(埋葬部)가 있었다. 당시 달구벌을 가로지르는 신천(新川)을 중심으로 고인돌이 밀집된 이유는 청동기 시대의 사람들은 i) 식물의 뿌리는 물을 향해 땅속으로 뻗어 나가는 물굽성 혹은 습굽성(水向性, hydrotropism)이 있고, ii) 야생동물도 물(샘) 섶을 중심으로 집단생활을 한다. iii) 사람도 생전(生前)

에 식수와 농업용수로 경작하고 식량을 얻기에 생명수사상(生命水思想, Vita Aqua Cogitatio)을 가졌다. iv) 사후엔 신천에 비췄던 은하수 별나라를 통해서 저승으로 간다고 믿었던 수향문화(水向文化, aqua cultura)가 형성 되었다. 오늘날 종교에서도 즉 기독교에선 "요단강 건너서 천국에서 만나 리!" 불교에선 "용선을 타고 저승 극락으로."라는 믿음을 가졌다. 그런 믿음에서 달구벌에선 신천을 중심으로 3,000여 기가 넘게 분포되었다. 현재까지 남아있는 것을 살펴보면, B.C. 10세기 전후 농경 청동기 시대[511] 선사 천문학에 의해 거북 머리를 남두육성(혹은 키 별자리)을 향하게 하여 풍년을 기원하며, 동시 꼬리는 북두칠성으로 무병장수를 기원했던 사암 고인돌인 연구산 거북바위가 있다. A.D. 10세기 이후에는 당시의 믿음이었던 비보풍수(裨補風水)를 의해 i) 화산(앞산)의 화기진압(火氣鎭壓)을 하고, ii) 진산(鎭山, 連龜山)에다가 신천(龜首, 수맥)과 팔공산(龜尾, 지맥)을 잇기 위해, iii) 여러 차례 옮겼던[512, 513] 거북바위(龜岫)였다. 이에 대해 서거정은 '거북봉오리 날아든 봄 구름(龜岫春雲)'이란 시를 지었다. "거북봉오리라고 하나 희미하게 보이다 보니 자라 봉오리 같구나(龜岑隱隱似鰲岑). 들락날락하는 무심한 저 구름은 또한 유심하기도 하네(雲出無心赤有心). 대지에 돌아나는 신성한 생명체들 모두가 바라는 것이오니(大地生靈方有望), 가능하시다면 딴 맘 잡수시지 마시고 단비 장마(甘霖)나 만들어 주소서(可能無意作甘霖)."[514, 515]라고 기원했다. 그 거북바위가 현재까지 대구제일중학교(중구 명륜로 23길 16) 교정을 지키고 있다. 이외에도 달성군 가창면 냉천리(가창로 441) 대구시 기념물 제14호 고인돌 8기(B.C. 1,000~300년으로 추정)가 있고, 수성구 상동(上洞) 아르떼 수성랜드 부지 고인돌 5기, 상동 청동기 마을 고인돌 1기가 전시되어 있다.[516]

우리가 가장 잘 알고 있는 고인돌은, 1973년 시민회관 건립 때 경내에 있던 칠성바위를 발굴했으나 어떤 유구(遺構)나 유물(遺物)이 없어서 동측에 안치시켰다가 1998년 4월 4일 시민회관(公會館 → 市民會館 → 콘서트홀)에서 대구역 뒤 칠성2가 302로 옮겨진 칠성바위(七星巖, 청동기 고인돌) 7기가 있다. 전래설화에 의하면 조선 정조(正祖 19년, 재위 1752~1800) 병진(丙辰, 1796)년 경상감사 이태영(李泰永, 한산 이씨 목은 15대손, 1744~1803)이 읍성 북문(邑城北門) 밖에 기이한 바위 7개가 있어 칠성바위로 모시고(탁명의식을 치르고) 주변에 화훼를 심었다(奇其七巖之, 拱北環植卉).[517] 그 바위에다 아들들의 이름을 새겨서 무병장수를 기원했다는 전설이 있다.[518] 현장조사를 해보니 i) 암질(巖質)은 사암(砂巖)과 점토암(粘土巖) 등으로 각기 다른 것으로 봐서 일명 탁명의식(托名儀式) 혹은 의암모의식(義巖母儀式)[519]을 위해서 다른 곳에서 7개를 모았던 것으로 보이며, ii) 5개의 바위에는 이희갑(李義甲), 이희준(李義準), 이희정(李義井), 이희두(李義斗) 및 이희평(李義平)이라는 이름을 새겼으나 나머지 2개는 이름이 보이지 않은 것을 봐서 북두칠성의 의미로 나중에 추가했을 법하다.[520] iii) 규모와 무게를 실측한 결과 가장 큰 돌(李義甲)은 6.49톤(길이 2.08m×폭 1.34m×높이 1.4m×60%×비중 2.6)이고, 가장 작은 1.724톤(길이 1.8m×폭 1.1m×높이 0.5m×67%×2.6)이었다.[521] 가장 최근에 발견된 동구 괴전동(槐田洞) 선돌 2기(夫婦百年偕老石) 가운데 가장 큰 선돌(남편 석)은 남남동 방향(後天八卦巽方)으로 봐서 농경과 풍년을 맡고 있는 별인 키 별자리(箕星)을 향해 선돌의 앞뒤에다가 별자리 구멍(星穴)을 음각했는데, 앞면에선 길이 88.74mm, 폭 21.23mm, 깊이 7.07mm, 뒷면의 성혈은 길이 62.72mm, 폭 43.45mm, 깊이 13.00mm나 되며, 암각 단면을 10배로 확대해서 살펴보니 올통볼통한 사암 입자가 그대로 있는 것으로 봐서 돌보다 단단한 청동기로 쪼아서(啄刻, pecking skill) 새겼다. 암질은 사암(모래 바위)으로, 무게

0.943톤(길이 1.28m×높이 1.33m×폭 0.3m×70%×비중 2.6) 정도였고, 나머지 작은 선돌(아내 바위)은 새김은 없으나 남편 바위가 같은 방향을 향하고 있다.[522]

마지막으로 진천동(辰泉洞) 선사 역사공원 사암 암각 입석(동심원 암각) 및 고인돌(臥石) 3기에 대해서 많은 자료가 공개되어 있어 여기선 생략한다. 위에서 이미 소개한 달성군 화원읍 천내리 화장사(華藏寺, 川內里 515-1 番地) 사암(모래바위) 등 칠성바위(臥石)[523] 5기가 화장사 내 분산 배치되어 있으며, 가장 큰 고인돌은 칠성각 앞 바위에는 2~3중 동심원으로 남남동방향(後天周易巽方)[524]으로 농경과 풍년을 담당하는 키 별자리(箕星)을 향하고 있다. 청동기 시대(B.C. 6~4세기로 소급) 암각화가 새겨져 있어, 육안으로 확실히 보이는 4개의 동심원만을 실사한, 즉 지름 77.80mm와 깊이 4.36mm, 지름 46.05mm와 깊이 3.36mm, 지름 10.06mm와 깊이 3.14m, 그리고 지름 15.41mm와 깊이 5.10mm 정도였으며, 단면을 10배로 확대해서 살펴보니 미끈미끈한 사암 입자로 봐서 경도가 높은 청동기 등으로 문질러(engraving skill) 새겼다.

제5장

한반도(달구벌) 선인이 남긴 자랑스러운 문화

1. '맹수·맹조의 삶터' 지혜, 배산임수(背山臨水)

최초인류는 먼저 살아온 동물로부터 삶의 지혜를 얻었음

아미노산 물질형성과 출토되는 화석을 통해서 추정하기로는 지구상에 34~40억 년 전에 생명체가 나타나기 시작해, 6억 2천만 년 전에 동물이 생겨났고, 4억 6천8백만 년 전에 척추동물(脊椎動物)이 생겨났다. 영장류는 600만 년 전으로, 특히 영장류(靈長類)의 끝판왕인 인류가 300만 년 전에 출현했다. 최종 출현 동물인 인류가 지구 상에서 생존하는 방법은 먼저 살아왔던 척추동물로부터 배웠다. 특히 수렵채취생활을 하자면 가장 많은 지혜를 독수리와 사자(호랑이)로부터 훔쳐 배웠다. 동서양을 막론하고 오늘날 우리에게 문화유전자로 형성되어온 사상이 '사냥꾼의 위치선정(positioning of the hunter)'에서 유래한 극동의 풍수지리설 용어인 '배산임수(背山臨水)'다. 오늘날 서양 도시계획(건축, 조경 혹은 인테리어) 용어인 '조망·피신(眺望避身)의 원칙(Principle of Prospect & Refuge)'이다. 심지어 노벨 물리학 및 화학상 등에서도 학문적 배산임수가 적용되고 있다. 특히, 세계명문대학(혹은 연구소)에서도 노벨상 수상자의 교수진(혹은 동료연구진) 들은 배경(背景, back-ground) 혹은 배산(背山, back mountain)으로서의 역할을 한다. 학생(연구원)들에게 교수(혹은 동료연구진)의 추천으로도 노벨상 수상확률을 3,000분의 1까지 접근할 수 있는 조망권(眺望圈, prospect sphere)을 확보할 수 있다고 한다..

먼저 배산임수(背山臨水)란 '사냥꾼의 위치선정'이 사냥을 좌우했다는 수렵채취 시대의 사고는 오늘날 지식정보화시대에서도 그대로 적용되고 있다. 크게는 국토개발(국가 수도 건설 혹은 천도), 도시개발(왕궁, 신전, 사찰 등 배치), 건축(조경, 동선, 공간배치) 및 군부대진영 설치, 작게는 사업장 선정, 사무실 집기 배치, 국가행사 의전 상석 배치, 승차 좌석, 회의 배석 등에서 사용되고 있다. 수렵채취 시대는 먹거리가 사냥의 대상이었다면 오늘날은 명예, 비전, 정보, 권위, 영리, 사기(士氣), 자신감, 평온함 등을 위해서 '사냥꾼의 위치선정(positioning of the hunter)' 지혜를 이용한다.

절대로 피습을 당하지 않고, 완벽하게 먹잇감 등을 사냥하기 위해 '자신은 상대방의 일거수일투족(一擧手一投足)을 보면서, 자신은 모습이나 정보를 철두철미하게 감추기(Watching the opponent's every move, without your perfectly hiding yourself)'를 할 수 있는 위치를 선점하는 지혜다. 독수리가 둥지를 틀고 있는 절벽 위 바위에서는 절벽으로부터 자신을 감추면서 언제든지 피신이 가능한 곳이며, 동시에 강가에 뛰어노는 물고기 혹은 물 섶에서 살아가는 동물을 한눈에 다 볼 수 있기 때문이다. 이를 극동 풍수지리설에는 배산임수(背山臨水), 배산임소(背山臨沼), 배산면락(背山面洛), 배산임락(背山臨洛), 배산임계(背山臨溪), 배산면양(背山面陽) 등으로 표현했다. 같은 의미로 산하금대(山河襟帶), 산수회포(山水回抱), 산수환포(山水環抱)로도 표기했다. 배산임수란 용어는 후한(後漢)의 중장통(仲長統,

A.D. 179~219)이 쓴『낙지론(樂志論)』에선 "산을 등지고 흐르는 물을 앞에 두었네. 개울도 연못물까지도 돌아가는데 대나무가 둘러쳐 있고, 삶터 언저리 앞에는 텃밭이요 뒤에는 과실들이 달린다네(背山臨流, 溝池環匝, 竹木周布, 場圃築前, 果園樹後)."[525]라는 사언절구(四言絶句)에서 배산임류(背山臨流)가 나왔다.

가까운 조선 시대 서지학(朝鮮時代書誌學)을 통해서 배산임수에 대한 사항을 살펴보면, 이산해(李山海, 1539~1609)는『아계유고(鵝溪遺稿)』의 팔선대서촌(八仙臺西村)이라는 글에서 "즉 백성의 집들이 서로 맞보고 있는 것은 모두 배산임수이다. 솟아나는 물이 맛있고, 땅이 비옥해 수목이 무성하며, 오곡백과가 풍성해 이보다 더 좋을 수 있을까(民居相望, 皆背山臨水. 泉之甘土之沃, 樹木之鬱密. 禾穀之茂盛, 甚可喜也)."라고 술회했다. 또한 홍만선(洪萬選, 1643~1715)은『산림경제(山林經濟)』에서 "삶을 영위함에 있어 반드시 가장 먼저 터전을 선별해야 한다. 삶의 터전은 물과 땅이 조화가 이루는 곳이 가장 좋다. 배산임수(面湖)라는 위치선정이 승리를 안겨다 준다(治生必須, 先擇地理. 地理以水陸, 並通處爲最. 故背山面湖, 乃爲勝也)."[526] 개혁군주였던 정조(正祖)도 "옛말에도 하지 않았던가? 100호가 모이고, 10간 골짜기기 저잣거리(市)를 형성함에는 반드시 뒤로 산을 두르고 냇물을 안고 형성된다(古語不云乎. 百家之聚, 十室之市, 亦必依山帶, 溪者是也)."[527]라는 사실을 적었다.[528] 여기서 실학자 이중환(李重煥, 1690~1752)의『택리지(擇里志)』에서 언급한 배산임수를 빼놓을 수 없다.『택리지』의 복거총론산수편(卜居總論山水篇)에서 "여러 마을 살펴봤는데 모두가 산을 등지고 물을 앞에 두고 있는 배산임류였다(諸村皆背山臨流)."[529]라고 적고 있다.

1975년 영국 옥스퍼드대학교(Oxford University) 지리학과 제이 애플턴(Jay Appleton, 1919~2015)은「조망(眺望)과 피신(避身) 이론: 조경의 경험

(Prospect-Refuge Theory: The Experience of Landscape)」[530]을 발표했다. "인간에겐 조망과 피신할 수 있는 안전한 환경을 원한다. 이런 요구를 충족시킬 조망하고, 보여주지 않는 피신의 환경이 필요하다."[531]라는 이론을 제시했다. 한마디로 동양에서 A.D. 200년경에 이미 '배산임류(背山臨流)'라는 용어로 '조망과 피신(Prospect and Refuge)'이란 인간의 기본요구를 생활 전반에 반영한 지혜를 실천하고 있었다. 특

히 정치에서 풍수지리설이 대두된 것은 고려왕조 탄생 시기에도 비보풍수(神補風水)에 의한 '훈요십조(訓要十條)'가 생겨났다. 1135(인조 13)년 묘청(妙淸)의 서경천도론(西京遷都論)에 의한 반란, 조선건국에 무학대사(無學大師)와 정도전(鄭道傳)의 장풍득수론(藏風得水論), 계룡산천도론(鷄龍山遷都論)이란 도참설로 조선 시대를 지배했던 시대가 있었다. 근래에 와서는 해방 후 천하제일복지(天下第一福地) 청와대(靑瓦臺, Green House) 시대가 등장했다. 2022년 대통령선거를 계기로 선거 이슈로 풍수지리가 다시 등장했고, 당선인의 "용산(국방부) 집무실 새 시대를 개막하자!"라는 슬로건으로 새로운 정권을 창출했다.

'조망과 피신의 논리'에서 본 선사시대의 달구벌

미국 서부활극으로 1964년 「황야의 무법자(A Fistful of Dollars)」에서 총잡이들이 사활을 걸고 결전을 전개하는데 '자신은 보이지 않으면서 상대방을 보기(To see without being seen)'가 승전의 관건이었다. 자연생태환경

에서 '보이지 않고 보기(See without being seen)' 기법은 i) 파충류의 보호색, ii) 맹조류의 '사냥꾼 위치'에서 둥지 틀기, iii) 사자와 같은 맹수들은 '제왕의 위치'를 선점한다는 사실을 오스트리아 생태학자 동물행동학자로 콘라트 로렌츠(Konrad Zacharias Lorenz, 1903~1980)가 이를 발견함으로써 동물 행동을 연구해 1973년에 노벨 생물의학상을 수상했다. 1975년 영국 옥스퍼드대학교 지리학 교수였던 제이 애플턴(Jay Appleton)은 '서식지 이론(habitate theory)'과 '조망 피신 이론(prospect-refuge theory)'을 담은『조경학의 경험(The Experience of Landscape)』이라는 저서를 출판했다. 오늘날 도시계획(urban planning), 조경학(landscape), 국토개발(national land development) 등의 사회적 인프라(social infrastructure) 개발에서도 활용하고 있다.

　이를 역사를 거슬러 설명한다면 선사시대의 i) 수렵채취생활에서 사냥감과 사냥꾼의 위치, ii) 국가의 도읍지 결정(혹은 천도) 혹은 거석신전 등의 종교시설 배치에도 피통치자와 통치자의 위치, iii) 전쟁터에서 적진을 제압할 수 있는 고지(高地) 선점 등을 설명할 수 있게 되었다. 가장 대표적인 사례로는 델파이 신전의 위치는 "험악한 석산을 배경으로 온화한 강물을 앞에 두고 언덕 위에 살포시 내려앉은 한 마리의 학과 같다(Είναι σαν ένας γερανός που κάθεται απαλά στο λόφο με το απαλό ποτάμι μπροστά από το απόκρημνο βραχώδες βουνό στο βάθος)." 특히 전쟁에서는 배산임수를 병영지, 군사작전의 지획(地劃, 지형전략기획)에 활용했던 손자병법구지편(孫子兵法九地篇)이 바로 이것이다.

　이와 같은 오늘날 서양의 '조망(眺望)과 피신(避身)의 논리(Prospect and Refuge Theory)'로 우리 선인들이 살아왔던 달구벌에다가 잣대를 들이대 본다면, i) 4~5만 년 전에 구석기시대에 달구벌에 터전을 잡았을 때는 한반도 평균고도 448m/SL에 비해 달구벌의 평균고도는 34m/SL 정도로 옴 폭하게 내려앉은 포근한 새들의 둥지(鳥巢, nest-like place))처럼 보였다. ii) 주변을 둘러싼 산들은 맹수 혹은 적은 물론 풍우와 같은 천재지변까지도 막아주는 '어머니의 품 안(母胸, mothers' breast)'이었다. iii) 거대한 달구벌 호수에서는 거센 바다의 파도와도 싸우지도 않아도 풍부한 물고기와 수 변 동물들을 사냥해서 배불리 먹을 수 있었다. iv) 그뿐만 아니라 달구벌 호(達句伐湖)에 비치는 새벽의 동트는 모습은 장관이었기에 미래가 이처럼 밝았다고 믿었다.

여기서 i)과 ii)는 피신(避身, refuge) 항목이고, iii)과 iv)는 조망(眺望, prospect) 항목으로 상대적으로 만족했기에 이곳에 터전을 잡았다. 이후 에 지각 및 풍화작용으로 수성퇴적암이 15m 정도 쌓이면서, 금호강이 굽 이돌아가는 동촌 유원지에서 금호강·낙동강 두물머리(兩水里)까지 '질펀 한 백리 벌판(slimy 40km plain)'[532]이 형성되었다. 오늘날 세계사 용어를 빌 리면 메소포타미아(Mesopotamia)의 '비옥한 초승달(fertile crescent)'이었 다. 성경의 표현으로 '젖과 꿀이 넘쳐흐르는 땅(land flowing with milk and honey)'이었다. 한마디 더해 그리스 '미의 여신 헤라(Hera, goddes of Beau-ty)' 신화를 빌리면, 팔공산과 비슬산이란 두 젖가슴에서 금호강과 낙동강 물이란 젖국물이 흘러서 달구벌에 풍요함을 기약했다.[533]

B.C. 108년 이전부터 백 리 벌판 달구벌 가운데에는 7개(鎭山, 飛山, 砧 山, 孤山, 燕巖山, 頭流峰, 佛山)의 올망졸망한 푸른 언덕(靑丘: Green Hill)에 서 호연지기(浩然之氣)를 키우더니 다벌국(多伐國, ᄃᆞ불ᄂᆞ루)이란 깃발을 올 렸다. 마치 로마제국이 7개의 언덕 가운데 로물루스(Romulus)가 팔라티 노 언덕(Palatine Hill)에다가 깃발을 꽂으면서 시작했듯이. 동로마제국도 7 개의 언덕인 이스탄불(Istanbul)에 수도를 정했다. 이렇게 '통치자의 조망

권(ruler's vision)'을 확보하기 위해서 7개의 언덕이 있는 곳에다가 터전을 잡았다. 이런 소문은 주변 국가에 전파되었고, 멀리는 중국 대륙까지 전파되어 사람들이 이곳으로 몰려들었다. 역사적 기록을 살펴보면 B.C. 2,600년경 탁록대전(涿鹿大戰)의 대패, B.C. 206년경 진시황(秦始皇)의 대제국 멸망, A.D. 23년경 왕망(王莽)의 신(新)나라 등으로 망국유민(亡國流民)들이 별나라(辰方之國) 별 동네(辰韓) 달구벌로 모여들었다. 족보상 기록이 남아있는 성씨를 살펴보면 고려 시대 현풍 곽씨(玄風郭氏), 달성 하씨(達城夏氏) 등, 가장 많이 모여들었던 때는 임진왜란으로 두릉 두씨(杜陵杜氏, 杜思忠), 절강 장씨(浙江張氏, 명국 조선 원병 귀화), 우록 김씨(友鹿金氏, 金忠善)와 수성 빈씨(壽城賓氏)가 찾아들었다.534 대부분 망국유민으로서 혹은 변란(전쟁과 천재지변)을 피해 승람승지(勝覽勝地)로 달구벌에 찾아들었다. 금호강·낙동강이란 젖줄과 비슬산·팔공산 기슭이란 치맛자락(in the skirt of Bisl Mount & Palgong Mount)에 많은 성씨들이 관향(貫鄕)과 집성본향(集姓本鄕)으로 자리를 잡았다. 현대 역사에서도 6·25 전쟁 때 대구는 '전쟁 이재민의 어머니(Mother of War Victims)'로 역할을 했다.

2. 가야 정벌을 위한 국방연구소와 방위산업체

군사요충지(軍事要衝地) 달구벌이란?

최근 '인도·태평양에 있어 혈맹 한국은 린치핀(South Korea alliance 'linchpin' in Indo-Pacific)'이라는 표현과 "아시아 안정과 평화를 위해선 미일 동맹은 초석으로 남아있다(U.S.-Japan Alliance Remains Cornerstone of Peace in Asia)."라는 미국 언론의 표현에 한·일 양국은 서로가 자신이 가진 잣대로 친밀도를 측정해 서로 자기네들이 더 가까움을 과시하곤 했다. 국내에서도 지역경제 활성화를 위해서 국가정책을 유치함에 있어 지역의 중요성을 표시하고자 지정학적 요충지(geo-

politic key point) 혹은 전략적 요충지(place of strategic importance)라는 표현을 하고 있다. 요충지(key point)란 '지세가 군사적으로 아주 중요한 곳'으로 낱말풀이가 된다. 지리적 정치학을 지정학(地政學, geopolitics)이란 용어를 최초로 사용한 스웨덴 정치학자 요한 루돌프 첼렌(Johan Rudolf Kjellén, 1864~1922)이 1916년도 학문적으로 제시했던 말이다. 사실 이 말은 동양에서는 군사적 혹은 정치적으로 '반드시 충돌해야 하는 지점(要衝地)'이라는 말로 많이 사용했다. 같은 말로 '반드시 박살을 내야 하는 지점(要害地)'이라고도 사용했다. 최근에 와서는 '반드시 먼저 점령해야 할 장소'로 의미변천을 거쳐 전략적 요충지 혹은 교통의 요충지라는 말을 쓰고 있다.

지난 2022년 2월 24일부터 러시아가 우크라이나를 침공하여 제3차 세계대전의 위험을 제공하고 있는 데에는 모스크바대학교 철학자 알렉산드르 두긴(Aleksandr Gelyevich Dugin, 1962년생)이 블라드미르 푸틴(Vladimir Putin, 1952년생)에게 사상적 브레인 역할을 해왔다. 1997년에 출간한『지정학적 기초(The Foundations of Geopolitics: The Geopolitical Future of Russia)』에서 i) 반미감정을 촉발하기 위해 일본에게 쿠릴열도를 할양하고 (Russia should manipulate Japanese politics by offering the Kuril Islands), ii) 중국은 러시아의 위협이 되기에 분열(China, which represents a danger to Russia), iii) 우크라이나는 러시아의 역사적 정신적 본향이기에 합병 (Ukraine should be annexed by Russia) 등[535]을 주장했다. 이런 지정학적인 연구로는 BBC 기자이며 저널리스트였던 팀 마샬(Timothy John Marshall, 1959년생)이 2015년에 쓴 『지리의 힘(Prisoners of Geography)』이라는 베스트셀러에서 지정학적 환경이 어떻게 국가에 영향을 끼치고, 국제적 전략과 미래에 관련성에 대해 설명했다(explaining how a country's geography affects their internal fortunes and international strategy).

조금은 머리 아픈 이야기를 하면, 군사용어로 요충지(要衝地)는 B.C. 500년경 손무(孫武, B.C. 545~B.C. 470)가 쓴 『손자병법(孫子兵法)』 구지편(九地篇)에서 전쟁에 상대방(적)보다 유리한 고지(要地)선점을 위해서 산과 물길 등의 지세(地勢), 피아(彼我)의 공방에서 유·불리(有不利), 전투 물자의 후방지원 및 주변 부족(국가)의 이해상반 등을 종합적으로 판단해서 9개 지세(九地)로 분류했다. 이렇게 구지(九地)로 분리하고자 사전에 전투대상지를 면밀히 조사했다. 대표적인 사례로 임진왜란 당시 대명조선지원군(大明朝鮮支援軍)에 종사해 '수륙지획주사(水陸地劃主事)'란 직책을 맡았던 두사충(杜師忠)이 쓴 『산수결록(山水訣錄)』에서 '군사·정치적인 견지에서 지리 이점을 살리는 전쟁기획(地劃, geographic planning)'을 짐작할 수 있다. 즉 구지판단(九地判斷) 매트릭스와 점검사항 목록(checklist)을 보면 선인들의 지혜에 감탄하게 된다. 손자병법에서는 산지(散地), 경지(輕地), 쟁지(爭地), 교지(交地), 충지(衝地), 중지(重地), 구지(衢地), 위지(圍地)와 사지(死

地) 등 9개[536] 범주로 분류했다. 이런 지획(地劃)을 위해 반드시 몇 차례 사전점검과 문제점 해소, 상대방 계책에 대한 대응전략은 물론이며, 최악을 상정해 우발계획(偶發計策)은 물론이고, 출구기획까지 포함한 비상기획(emergency planing)을 마련했다.

사실, 지세에 따른 판단은 같은 곳이라도 시기, 주변 환경, 지역주민 등 수많은 요인에 따라 다른 결과를 낳곤 한다. 대표적으로 달구벌을 신라 시대는 대가야 정벌의 충지(衝地)로 보았고, i) 달성토성을 중심축으로 팔괘진법에 따른 호국성(八卦陣護國城)을 구축, ii) 가야 정벌 군사기지로 (1) 가야에서 귀순한 철제무기장인을 비밀리 구지산중에 부곡(仇知山部曲)을 마련해 수용한 인재로 군사기술연구원 이용, (2) 이들의 연구결과물을 각종 첨단무기로 제작하기 위한 병기창 논공(論工)을 운영, (3) 현풍에다가 신라 10정 가운데 제4정 삼량벌정(三良火停)에다가 첨단정예병 18,000명 주둔시켰다. iii) 가야 혹은 백제에서 귀순한 귀빈(철제무기장인)들에게 극진한 음식 대접을 위한 석빙고까지 설치했다. 이렇게 군사·정치적 첨단전초기지(尖端前哨基地)로 군사첩보의 핵심지역이었다.

그러나 고려 시대에 들어와서는 왕건이 동수대전(桐藪大戰)에서 삼중포위로 36계 전략 가운데 '금선탈각(金蟬脫殼)' 전략으로 구사일생 도주(逃走)했다. 왕건이 국권을 회복한 뒤 '포위당하는 곳(圍地)'으로 분류하고, 성주현(星州縣)에다가 대구를 속현(屬縣)시켰다. 임진왜란 이후에 달구벌은 '충지(衝地)'로 다시 분류되어 오늘날까지 군사적 요충지(military stronghold)라는 명칭을 얻고 있다. 가장 중요한 것은 맹자(孟子)는 "하늘이 주는 좋은 기회도, 지리적 이점만 못하고, 아무리 좋은 지리적 이점이라도 지역주민의 화합만 못하다(天時不如地利, 地利不如人和)."였다. 오늘날 대구광역시가 지정학적 요충지(地政學的要衝地)이고 교통상요충지(交通上要衝地)

인데도 지역경제발전에서 상대적으로 열위에 있는 건 바로 인화(人和, soft power) 즉, 지역 간 광역적 상호관계 형성이나 협상의 자세 등에 문제가 있는 것이 아닌가 생각해 본다.

구지산부곡(仇知山部曲)이란 역사상 비밀코드 풀기

먼저 구지산(仇知山)이란 달성군 구지면에 있는 오늘날 대니산(戴尼山)의 옛 산 이름이다. 조선 시대에 들어와 산 이름을 원수 구(仇)와 알 지(知)라는 험악한 의미에서 구할 구(求)와 지혜 지(智)로 순화시켰다. 1568(宣祖 1)년 영남 유림들이 현풍현 비슬산(毗瑟山→琵瑟山) 기슭에 쌍계서원(雙谿書院)을 건립했다. 임진왜란 때 왜군에 의해 소실되었다. 1605(宣祖 38)년에 현재 자리에 다시 세웠고, 이름을 보로동서원(甫老洞書院)이라고 했다. 1607(선조 40)년 "공자의 도가 동쪽 이곳에 왔다(孔子之道也此東來)."라는 의미로 사액(賜額)을 도동서원(道東書院)으로 내렸다. 이에 따라 동네 이름까지도 도동리(道東里)로 개칭했다. 도동서원의 병풍 역할을 했던 당시 구지산(朝鮮時代 救智山)을 "공자님을 머리에다가 이고 모시겠다(戴頭仲尼)."라는 의미로 대니산(戴尼山)이라고 개칭했다.

과거 구지산(仇知山)이란 이름을 가졌던 곳은 대구시 달성군 구지면 가야 구지산(伽倻仇知山. 現 戴尼山), 김제시 백제구지산(百濟仇知山), 부산 강서구의 구지산(串山), 당진의 구지산(龜之山), 부안군 동진면 구지산, 황해북도 수안의 구지산(九夷山), 김해의 구지산(龜旨山) 혹은 구지봉(龜旨峰) 등이 있다. 산명의 한자를 확인하니 김제시 백제(百濟) 구지산(仇知山)만이 같았다. 이곳 달성군 구지산은 신라 시대 밀성현(오늘날 달성군 구지면)의 가야(伽倻) 구지산(仇知山)이었다. 김제시 백제구지산은 경덕왕 때 구지지산현(仇知只山縣)에서 금구현(金溝縣)으로 개칭했다. 물론 밀성군(密城郡)의 구지산의 행정구역명칭도 추량벌현(推良火縣), 삼량벌현(三良火縣)이라고 했다가 경덕왕 때는 현효현(玄驍縣), 현풍현(玄風縣)으로 변천했으며, 이어 비자벌군(比雌火郡), 화왕군(火旺郡)에서 고려 시대는 밀성군(密城郡)으로 했다가 조선 시대에서 구지(求智)로 개명했다.

신라가 김제와 달성에 각각 1개씩 구지산(仇知山)을 마련한 건, 적국(가야 혹은 백제)으로부터 귀순한 철제기술자(鐵鋌匠人)를 이용해 첨단철제 무기제조창을 만들었다. 당시 신라의 당면과제는 삼한일통(三韓一統)이었기에 전쟁 상대국의 기술자를 군사산업에 활용하는 특수프로젝트를 추진했다. 김제구지산과 달성구지산에서 공통점은 i) 백제 혹은 가야라는 적국의 접경구역(산)에다가 설치, ii) 적국으로부터 귀순한 야금기술자(冶金技術者)를 군사산업에 활용했다. 여기서 군사산업이란 철제기술자를 이용한 첨단철제무기를 제조했다. 이와 같은 비밀코드가 풀리게 된 단서는 김제군의 백제 구지산(부곡)이라는 특수행정구역을 경덕왕 때에 금구현(金溝縣)으로 개칭했다.[537, 538] 즉 '구지(仇知)'란 '구드(金)' 혹은 '구르(金)'라는 신라어를 한자로 음역한 것이다.[539] 당시 신라어 '구드(gud)' 혹은 '구르(gur)'는 오늘날 '(쇠같이) 굳음'이었다. 당시 신라어로 구지산(仇知山)을 '구드뫼(gudmoi)' 혹은 '구르뫼(gurmoi)'라고 했다. 7~8세기 이후에 한자로 차음표기(借音表記)를 했다. 뜻으로는 '원수를 알라(仇知).'라는 의미가 결합되어 구지산(仇知山)으로 기록되었다.

이와 같은 신라어(新羅語)에 대해선, 629년 진(陳)나라 요찰(姚察, 533~606)[540]이 편찬한 『양서(梁書)』에 의하면 "신라는 문자가 없어서, 나무를 깎은 편지로 의사소통했으며, 백제를 통해서 신라와 의사소통을 했다(無文字, 刻木爲信. 語言待百濟. 而後通焉)."라고 기록되어 있다.[541] 따라서 구지산(仇知山)이란 기록도 한자를 사용했던 8세기경에 비로소 차음표기(借音表記)로 작성되었다. 심지어 삼국사기(三國史記)에서도 저자 김부식(金富軾, 1075~1151)은 구지산 부곡(仇知山部曲, 最初 國防硏究所)에 대해 자세한 언급을 고의적으로 회피했다.542 1454년『세종(장헌대왕)실록(世宗地理志 卷 150)』경상북도 현풍편에서 현풍현(玄風縣)은 원래 추량벌현(推良火縣)이었는데 삼량벌현(三良火縣)이라고도 했다. 경덕왕 때에 현효(玄驍)이라고 고쳐 화왕군(火旺郡)의 영현(領縣)이었다. 고려 시대에 들어와서는 지금의 이름인 현풍(玄風)이라고 했다. 현종(顯宗, 1018)년에는 밀성군(密城郡)의 임내(任內)에 붙였다.543 다시 공양왕2(1390, 庚午)년에 감무(監務)를 두고, 밀성(密城)에다가 구지산부곡(仇知山部曲)을 떼어다 붙였다. 구지산 부곡(仇知山部曲)에 사시는 성씨는 단본으로 변(卞)이었다.544 땅이 반은 기름지고 반은 메말랐다. 기후는 따뜻하고 간전(墾田)이 3,625결이었다. 논이 7분의 2이다. 벼, 기장, 조, 보리가 생산되었고, 토산품으로 조공(土貢)은 배, 호도, 석류, 종이, 왕대, 꿀, 밀(黃蜜), 옻(漆), 지초(쑥), 삵 가죽, 수달 가죽에다가, 약재로는 황기(黃耆), 모향(茅香), 맥문동이 생산되었다.545

삼국시대 당시 가야중심 철제산업에 관련하여 살펴보면, 지증왕 때 A.D. 500년경 '부곡(部曲, 最初國防硏究所)' 및 '논공(論工, 防圍産業體)'이란 용어와 진흥왕 때 A.D. 540년경 신라 10정 가운데 제4 삼량벌정(三良火停)을 현풍(玄風)에다가 설치해 가야 정벌 전초기지(伽倻征伐前哨基地)로 역할을 했다. 가야로부터 귀순하는 귀빈에게 극진히 대접하고자(luncheon technique) 유리이사금(재위 기간 A.D. 24~57) 때 A.D. 27년경에 설립한 경주 월성의 황궁석빙고 다음으로 현풍 석빙고(石氷庫)를 설치했다. 이렇게 볼 땐 구지산부곡(仇知山部曲)은 가야국 합천에서 야금(철제)기술자들이 신라로 귀순하여 철제무기생산에 종사했던 첨단국방산업집단으로 볼 수 있다. 당시 석빙고로 한여름에도 '아이스 푸드(ice food)'를 제공했다는 건 오늘날 국제외교에서 사용하는 음식 설득 기법인 '런천 테크닉(luncheon technique)'을 사용했다는 것이다.

이렇게 구지산부곡(仇知山部曲)을 중심으로 방위산업클러스터(Defense Industry Cluster)를 마련했기에 군사상 극비를 보호하고자 신라, 고려 및 조선 시대 세종 때까지 변씨(卞氏), 단일 성씨만이 살도록 해 장소적·인적 제한을 했다. 이런 사실은 1930년 일본제국 문화적 말살을 위해 조선총독부에서 다시 발간했던, 현재 미국 LA 캘리포니아대학교 도서관(California University Library)에 소장 중인 1530년 편찬된 『신증동국여지승람(新增東國輿地勝覽)』에선 "구지산 부곡은 현풍현의 서남쪽에 있다(仇知山部曲, 在縣西南)."라고 적혀있다. 당시 거주했던 백성들의 성씨(姓氏)는 현풍 본현에선 문(文)씨, 임(林)씨, 곽(郭)씨, 박(密陽朴)씨, 하(昌寧河)씨, 김(安定金)씨가 있었고, 구지산부곡(仇知山部曲)엔 변(卞)씨만 있었다.[546]

3. 하늘이 내린 천부삼인(天符三印)을 어떻게 받았는가?

하늘의 권위를 빌려서(天賦) 왕권을 확립

인류가 지구촌에 출현하고 난 뒤부터 가장 절대적인 존재(절대자) 혹은 신적 존재를 하늘이라고 믿었다. 이런 믿음은 천신사상이지만, 이를 통해

서 제사장(天官) 혹은 군주(君主)는 반드시 하늘의 영험(위엄성)을 등에 업고 권한을 만들어 나겠다(狐假虎威). 동양에선 하늘의 아들(손자)이라고 하는 천손사상(天孫思想, heaven's descendants)을 심어주는 신화, 신앙 및 각종 민속적 풍속을 마련했다. 서양에서는 하늘의 선택을 받았다는 선민사상(選民思想, heaven-chosen people)을 만들었다. 동양 천손사상에선 천손강림형 신화(天孫降臨型神話) 혹은 강림화소(降臨話素)의 건국신화를 만들었다. 일반 인간과는 달리 하늘을 날아다니는 새들의 알(난생)에서 태어났다는 게 대부분이었다. 일본의 천손강림(天孫降臨, てんそんこうりん)이나 우리나라의 단군신화, 동명왕 신화, 박혁거세 신화 등이 하나같이 조난탄생(鳥卵誕生)이다. 서양에서 선민(選民)이란 '귀한 백성('am segullah, trea-sure people)' 혹은 '상속받는 백성('am nahallah, heritage people)'을 번역하는 과정에 '신에게 선택받은 민족(God's chosen people)'이라는 뜻을 살렸다. 그뿐만 아니라 특이한 표현으로는 '태양의 아들(son of sun)', '세계의 배꼽(belly button of world)', '해가 뜨는 곳(朝鮮, 日本)', '동트는 달구벌(닭불)' 혹은 '해맞이(迎日)' 등으로 '하늘의 마음 혹은 믿음(天信)'을 빌려서 정체성을 마련했다.

이렇게 신화(神話)라고 하는 스토리텔링 설득(storytelling persuasion)보다도 "백 마디 말보다 한 번 보는 것만 못하다(百聞不如一見)."라는 사실, 즉 물증확신(物證確信, conviction from material proof)으로 변경한 가시화 전략(visual-ization strategy)이 나왔다. 명산대천에 이름 붙이기, 거석 인물상, 천부증표 제

시 등이었다. 우리나라엔 거울(銅鏡), 칼(天賜劍) 그리고 인감(印鑑) 등의 권한을 상징하는 천부삼인(天賦三印)이었다.[547] 일본에선 칼(草薙劍), 거울(八咫鏡) 그리고 옥(八尺瓊勾玉)을 신기3종(神器三種, Three Sacred Treasures)을[548] 제시하면서 천손강림사상(天孫降臨思想)을 확립했다. 이와 같은 신물(神物)에는 반드시 신화(神話)로 믿음 굳히기(確信)를 했다.

세계적으로 가장 강력한 확신을 심어주었던 물증으로는 하늘에서 떨어진 별똥별 암석(隕石)으로 만든 칼(隕鐵劍, meteoric-iron sword)[549]이었다. 즉 i) 하늘이 선택해서 내려다 주었다는 천부적 상징성(天賦的 象徵性)에다가, ii) 하늘이 떨어뜨려 준 별 돌 운석에는 철분이란 물질은 물론이고, 니켈과 같은 녹슬지 않는다는 불변성(不變性)이 있었다. iii) 하늘별이 떨어지는 천재지변으로 인한 민심불안은 왕권강화엔 오히려 전화위복(轉禍爲福)이 되었다. 대표적인 운철검(隕鐵劍)으로는 고대 이집트 투탕카멘(Tutankhamun, 재위 B.C. 1361~B.C. 1352)의 운석검이 3,300년간 녹이 슬지 않았다. 무굴제국의 제4대 황제 자항기르(Jahāngīr, 재위 1605~1627)가 소유했던 운석 명검도 바로 그런 상징성이었다. 동양에서 많은 국왕들이 운석검(meteoric sword)을 만들고자 혈안이 되었으나 어느 누구도 기회를 포착하지 못했다. 고려사 전문지를 보면 918년부터 1392년까지 700여 회, 조선 시대는 왕조실록이나 승정원일기를 통해서 검색하면 3,500개의 별똥별이 등장했다. 17세기 들어와서 1,500여 회가 집중되었으나[550] 어느 국왕도 운석검(隕石劍, meteoric sword)을 하나도 만들지 못했다.

하늘로부터 미션(Mission)과 계명(誡命)으로

B.C. 1,446년 이스라엘 지도자 모세(Mose)가 시나이 산(Mount. Sinai)에

서 '하느님의 10마디 말씀들(Asheret Hardvariim, משרת הרדורים)'이 새겨진 석판을 받아 내려와서 세상에 전하였던 게 오늘날 십계명이라고 호칭되었다. 출애굽기(24:28)에선 "모세는 하느님과 같이 그곳에서 마흔 날(40일) 동안 밤낮으로 먹지도 마시지도 않으면서 하늘에게 약속하는 10마디의 말씀(十誠命)을 돌 판에다가 새겼다."[551] 동양에서도 황제나 국왕이 '하늘과 땅에게 즉위를 신고하고, 천하태평을 기원하는 의식' 봉선(封禪)을 행했다. 중국에서는 '태산에 올라 제단을 쌓고 천신(天神)에게 제사를 지냄(封)'이라고 한다. 혹은 '양부산(梁甫山) 여지(餘地)의 지신(地神)에게 제전을 올림(禪)'을 합쳐 '봉선(封禪)'[552]이라고 했다. 사마천(司馬遷, B.C. 145~B.C. 86)의 사기 진시황본기(史記 秦始皇本紀)에 "노나라 선비들과 의논하여 돌을 세우고, 진나라의 덕송(德訟)을 돌에다가 새겨놓고, 산천을 바라다보면서 봉선제를 지내는 일을 의결했다."[553]라는 기록이 있다. 지난 2015년 10월 8일 유엔 사무총장 반기문(潘基文, 1944년생)이 우중(雨中)에서도 중국 태산(泰山, 中國山東省 1,533m)에 올랐다[554]는 사실을 두고 봉선(封禪)이라고 해석을 했다.

신라 선덕여왕(善德女王, 재위 632~647)은 '덕성과 아름다움을 겸비한 공주'라는 뜻인 덕만공주(德曼公主) 때인 631년경 '울음소리가 하루라도 그치지 않는 서라벌의 앞날'을 고민하면서 중악공산(中嶽公山, 오늘날 八公山)에 있었던 '하늘의 증표를 내리는 사찰(符印寺)'에서 100일간 기도함으로써 '새롭게 천 년 사직을 펼쳐라(新羅千年)'의 천부과제(天賦課題)를 받았다. 유교 경전인『맹자(孟子)』에선 "하늘이 어떤 사람에게 중대한 일을 맡기기 전에는 반드시 그의 마음을 괴롭히고, 근육을 단련하도록 만들며, 육체에 굶주림을 줌으로써, 몸을 제대로 가지지 못하도록 해서 움직임마저 못하게 만들어 매사에 실패하는 쓰라린 맛을 보인다. 그렇게 함에는 마음을 분발시키고, 성격상 인내심을 함양시키며, 이제까지 엄두도 못했던 일까지 할 수 있는 능력을 제공한다. 또한, 과오를 범한 뒤에 반면교사하고, 번민과 고뇌로 얼굴 모양과 목소리에 자신감을 갖도록 만든다."555라 적고 있다. 이런 격물치지(格物致知)와 수신제가(修身齊家)의 과정을 마쳐야 비로소 제왕과제를 부여한다. 서양에서도 같은 선결과제로 독일 시성(詩聖) 괴테(Johann Wolfgang von Goethe, 1749~1832)는 1,776년 두 번째 장편소설 『빌헬름 마이스터의 수업시대(Wilhelm Meisters Lehrjahre)』를 썼는데 여기서 '눈물로 얼룩진 빵을 먹어보지 않는 자(Harfenspieler, Who Never Ate With Tears His Bread)'라는 시 구절에선

"한 번이라도 슬픈 밤을, 울며불며 침대에서 긴 밤을 지새워 본 적이 없는 사람이라면, 그는 당신을 알지 못한다, 당신을 통해 하늘의 위대하심과 인생의 참된 길을 우리는 얻었고, 긍휼하게도 죽을 자를 타락하게 하시며, 고통 속에 버리셨다니, 그럼에도 우리들은 죗값을 치르게 된답니다."556

신라의 국가동량(國家棟樑)이었던 덕만공주(德曼公主), 김유신(金庾信), 김춘추(金春秋, 재위 654~661) 등이 이렇게 중악공산(中嶽公山, 1,193mm, 隆起968m)에서 호연지기(浩然之氣)를 도야하고, 제왕의 꿈을 약속받는 봉선을 올렸던 이유에는, i) 신라제국의 한가운데 산으로 인체에 배꼽(丹田)에 해당해 정기(精氣)가 맺혀있는 곳(丹田), ii) 원래 바닷물 속에서 968m나 천상으로 솟아올랐다는 사실에 '승천용약(昇天龍躍)'을 바랐기 때문이다. iii) 무엇보다도 회남자(淮南子)에선 '신선이 산다는 중국 안휘성(安徽省) 팔공산(八公山, 241.1m, 32˚38'N / 116˚48'E)'557보다 대범하고, 같은 명칭

의 장수군 팔공산(八公山, 1,151m)[558] 보다 '보듬는 품'이 대단했다. 『맹자(孟子)』에 나오는 구절인 "동산에 오르면 노나라가 작아 보이고, 태산에 올랐더니 천하가 눈 아래에 들어왔다(登東山小魯, 登泰山小天下)."[559]라는 호연지기(浩然之氣)를 도야할 수 있는 명산대천(名山大川)이었다. 그래서 오늘날도 대통령 후보자들이 팔공산 품 안에 있는 동화사(桐樺寺)에서 봉선(封禪)을 받아가고 있다.

그런데 중악공산(中岳公山) 혹은 부덕공산(父德公山)이 가장 혹독하게 제왕 과제를 던진 제왕으로는 고려 태조 왕건(王建, 877~943)이 있다. 927(태조 10)년에 i) 국왕 왕건이 몸소 친정(親征)도 하지 않고 정예기병(精銳騎兵) 500명으로 동화사(桐樺寺)를 접수하자 호국승병에게 대패를 당했다. ii) 견훤(甄萱)이 이끈 친정군은 경주 분탕에서 사기가 탱천했는데도 후백제군을 얕잡아보고 은해사(銀海寺, 809년 惠哲國師 창건사) 세 갈래 길목을 막아서면서 공격했으나 연전연패하고 말았다. iii) 후발 지원군으로 온 왕건휘하(王建麾下)가 권토중래(捲土重來)하고자 했으나, 견훤(甄萱, 재위 892~935)은 주변 산세가 『손자병법』 구지편(孫子兵法九地篇)의 '포위하기에 좋은 땅임(圍地)'을 직감했다. 곧바로 미끼 병졸(餌兵)을 배치하여, 왕건을 유인해 지묘 파군재(智妙破軍峙)에서 삼중포위(三重包圍)로 '독 안에 든 쥐(盆內之鼠)'를 만들어버렸다. iv) 간절하게 축원하는 왕건에게 그때야 부덕공산(父德公山)은 제왕 과제(king's task)로 "황금 매미가 되고자 한다면 모든 것을 벗어던져라(金蟬脫殼)."를 출제했고, 그는 실행을 당부했다. 36계 가운데 제21 계략으로 왕건은 황금갑옷과 황금투구(黃漆甲胄)를 신숭겸에게 벗어주자마자, 곧바로 견훤병졸(甄萱兵卒) 군복으로 변장해 황급히 도주했다. 주야로 탈주하여 당시 성주현(星州縣) 벽진장군(碧珍將軍)의 군영까지 숨어 들어가는 구사일생(九死一生)을 체험했다. 이렇게 동수대전

(桐藪大戰)으로 제왕 과제 혹은 봉선의식(封禪儀式)으로 치른 것이 가장 혹독한 사례였다. 물론 지난 1998년 김대중(金大中, 1924~2009) 대통령은 부덕공산에서 '국가부도(IMF) 외환위기 극복'이란 제왕 과제를 봉선의식에서 부여받았다.

사실, 이렇게 천손강림, 난생신화, 천부검, 혹은 봉선의식(제왕과제) 등으로 "국왕은 하늘이 낸다(天生帝王)."라는 믿음을 갖게 하여 역성혁명(易姓革命)을 방지하고 왕권강화(王權强化)를 위한 오늘날 용어로는 킹 메이킹 프로젝트(king making project)였다. 36계 가운데 제1 계략인 '하늘을 핑계로(속여서) 바다 건너기(瞞天過海)'560 계략이었다. 혹독한 제왕과제를 해결한 지도자에게 국민들은 오히려 더 많은 신뢰를 가졌다. 조선 시대(朝鮮時代) 가장 혹독한 제왕과제를 해결해야 했던 국왕은 세종대왕(世宗大王)이었다. 그에게는 부왕(父王) 태종(太宗)이 왕권에 도전했다면 친형제들까지도 손에 피를 흘렸기에 조정 대신들은 하나같이 사사건건 구밀복검(口蜜腹劍)이었다. 심지어 한글 창제 국책사업엔 영의정 최만리(崔萬理, 출생 미상~1445)까지도 결사반대했다. 그렇지만 17년간 부단한 설득작업, 행동적 소통과 출구기획(exit planning) 등을 통해 개혁군주(改革君主)로 자리를 잡았다.

최근 달구벌을 두고 자타가 '제왕지향(帝王之鄕)' 혹은 '풍패지향(豊沛之鄕)'이라고 한다. 신라시대 선덕여왕 덕만공주(德曼公主)는 부인사(符仁寺)에서 제왕과제(封禪)을 받았고, 태종 무열왕 김춘추(金春秋)는 화랑도 시절 중악수련(中嶽修鍊)에서 제왕지기(帝王之氣)를 키웠다. 고려 태조 왕건(王建)은 동수대전에서 제왕과제(金蟬脫殼)를 구사일생으로 풀었다. 일본 제국 땐 대동아공영(大東亞共榮)을 위한 대륙전쟁의 병참기지(兵站基地)로, 신사참배 등의 황국신민화(皇國臣民化)에도 앞장섰더니, 해방 이후에

환골탈태(換骨奪胎)하기 시작했다.

가장 먼저 동양의 제왕서(帝王書) 『대학(大學)』 첫머리에 나오는 구절은 이렇게 말한다. "대학이란 가르침이 지향하는 큰길은 덕행으로써 분명히 밝혀 백성들을 새롭게 하는 데 최선을 다함에 있다(大學之道, 在明明德, 在親民, 在止於至善.)."[561] 이 구절을 교명(校名)으로 따온 '대명국민학교(大明國民學校)'가 1953년 3월 10일에 개교했다. 이런 교명을 짓는 데 많은 고심을 했으며, 1920년 고운봉(본명 高明得, 1920~2001)이 작사한 『학도가(學徒歌)』 "청산 속 묻힌 옥도 갈아야만 광채 나고, 낙락장송 큰 나무도 깎아야만 동량 되네."에서 국가 동량을 키우겠다는 비전제시로 '대명(大明)'이라고 네이밍(Naming)을 했다.

그런데 '대명지원군으로 조선에 온 두사충(杜師忠)이 고국을 사모하면서 지은 모명관(慕明館)에서 따온 것'이라고 사대명국(事大明國)의 해명이 대명초등학교 홈페이지 등에 올라와 있다. 대명동(大明洞)이란 지명이 논산군 상도면에서도 대명리(大明里)가 있고, 군산시에서 1949년에 일제의 영정3정목(榮町三丁目)을 대명동(大明洞)으로 개명했다. 북한에선 황해남도 봉천군에서도 대명동(大明洞)이 있다. 모두가 하나 같이 "크고 밝은 새로운 세상을 만들어가자(大明世以德)."라는 의미인데, 대구시만이 '대명제국을 사대함(事大慕明)'을 담고 있다니 안타깝다. 같은 맥락으로 명덕동(明德洞)도 제왕서 대학의 '국가 지도자의 공명정대한 덕목을 밝힘(明明德)'이란 비전을 제시한다고 해석할 수 있다. 1940년 4월 5일 대구남부심상소학교를 개교하고, 1941년 4월 1일 대구남부국민학교로, 1952년 6월 3일 대구명덕국민학교(大邱明德國民學校)로 교명을 정했다. 이때에도 국가동량을 양성하는 큰 뜻에 맞게 '태양과 같은 덕성을 밝힌다(明明德).'라는 의미를 담았다. 전국적으로 명덕이란 지명이 많다. 명덕동(明德洞)은 서울특별시

성북구 장위동의 옛 동네 명덕동(明德洞)은 은사(隱士) 윤용구(尹容求) 가문의 높은 덕망을 받들겠다는 취지에서 강원도(江原道) 판교군 상인원리의 마을 명덕동(明德洞)은 '해가 잘 드는 밝은 언덕(明德)'이라는 뜻이며, 김제시(金堤市) 월촌면의 명덕동(明德洞)은 1989년 시 승격으로 명덕제(明德堤)에서 동명을 따왔다. 이제부터라도 대구시(달구벌)에 있는 대명(大明) 혹은 명덕(明德)이란 지명(校名, 驛名)이 풍패지향(豊沛之鄕)답게 '밝은 덕성과 행동으로 세상을 밝힘(明明德)'을 슬로건으로 삼아 이곳에 살아가는 후손들에게 늘 제왕봉선(帝王封禪)을 받고 있다는 긍지를 가졌으면 한다. 나아가 국가동량(national leader)을 초월하여 지구촌 미래지도자(global future leader)들이 달구벌에서 태어나기를 바란다. 대구 사람들이 자찬하고 있는 대구 출신 전(前) 대통령으로 박정희(朴正熙), 전두환(全斗煥), 노태우(盧泰愚), 박근혜(朴槿惠) 등의 자긍심을 뛰어넘어, 금호강(琴湖江)과 비슬산(琵瑟山)에 나오는 임금 왕(王) 자처럼 많은 지구촌 지도자(global leader)가 배출되기를 바란다.

4. 신라 가마터에서 나온 팽이형토기가 말하는 건

청동기 시대(bronze age)가 철기 시대(鐵器時代)보다 앞선 이유

청동(靑銅, bronze)은 구리와 주석이 혼합된 합금이다. 야금기술(冶金技

術, metallurgy)에서 일반적으로 단순제련보다 합금제련이 고차원의 기술을 요구하기에 철기 시대보다 청동기 시대가 나중에 와야 한다고 주장한다. 그러나 보다 깊이 생각하면, i) 녹이는 온도에서 구리나 주석은 용융점(melting point)이 400℃ 이상 차이가 난다. 즉 주석(錫)은 납처럼 저용융점으로 180~200℃, 구리(銅)는 1085℃이나 철은 1538℃라서, ii) 당시 산업기술로는 철(鐵, iron)을 녹일 고온 발열 연료를 찾거나 혹은 만들지도 못했다. iii) 구리 제련과정에서 순수

한 구리만을 정제할 수 없었고, 불순물(不純物, impurity)이 들어갔기에 청동뿐만 아니라 아연(亞鉛)이 혼합된 황동(黃銅, 놋쇠) 등도 철기 시대 이전에 생산되었다. iv) 구리제품의 마모와 휘기 쉬운 허약함을 보완하고자, 주석 혹은 아연 등을 혼합해 야금처리를 했다. 주석의 비중은 15~30%까지로 색깔(구리가 많을수록 붉은색이 짙음)과 경도(주석이 많을수록 경도가 높음)가 차이가 나서 용도에 따라 주석 배합비율이 달랐다.

달구벌에서 청동기 시대를 살았던 선인들이 남겼던 많은 유적과 유물이 있으나, 대표적으로 팽이형토기(角形土器)에 대해서 알아보고자 한다. 일반적으로 모양이 팽이(top) 혹은 젖가슴(乳房)과 같아 '팽이형토기' 혹은 '팽이그릇'이라고 하며, 한자로 '쇠뿔모양 토기(角形土器)'라고도 한다. 그릇 주둥이(혹은 아가리)를 말아서 겹으로 만들거나 누름 무늬(壓縮紋)를 넣는다. 태토(胎土, 바탕흙)는 빗살무늬토기(櫛文土器)와 같고, 구멍무늬토기(孔列紋土器)와 함께 민무늬토기로는 초기에 출현했다. 모양은 독 모양(甕形)과 항아리 모양(壺形)으로 양분해서 대부분이 독 모양이다. 후기로 갈수

록 항아리 모양이 증가하고 있다. 초기엔 끝을 말아서 겹아가리(二重口緣)로, 이곳에 3~4줄씩 짤막한 빗금무늬로, 긋는 방향은 때로는 반대로 긋기도 했다. 후기에는 간격 없이 연속적으로 시문(施紋)하거나 하지 않는 것이 있다. 대체로 B.C. 1,000년에 출현해서 B.C. 300년경까지 지속되었다.

달구벌에서 현재까지 발굴된 삼국(신라)시대 가마터(窯址)로는 i) 1981년 5월 계명대학교 발굴팀이 발견한 달서구 신당동 산 49번지에 있는 가마터 4기를 시작으로[562] ii) 1995년 5월 25일 대구효성가톨릭대학 박물관이 달서구 도원동에서 삼국시대 대규모 가마터 6기를[563], iii) 이어 1995년 수성구 지산동의 택지개발사업으로 발굴된 대구시 욱수동(旭水洞)과 경산시 옥산(玉山洞)에서 가마터 5기가 발굴되었다. 위 삼국시대 가마터의 연대측정은 지하식 가마(땅굴가마, 洞窯) 혹은 반지하식 가마(오름가마, 登窯)로 봐서 A.D. 400~600년대(5세기부터 7세기까지)로 연대가 추정된다. 보다 자세하게 언급하면 수성구 욱수동과 경산시 옥산동 신라 가마터에서 5기는 지하식 가마로 A.D. 400~500년으로, 반하지식 가마 4호는 A.D. 500~600년으로 추정된다.[564]

욱수동(旭水洞) 신라 가마터에서 발굴된 팽이형 토기를 통해 청동기 시대를 살았던 달구벌의 선인들에게 팽이 모양으로 토기를 만든 이유는 i) 처음에는 토기로 음식을 담았으나 농경사회가 진척되면서 농작물의 씨앗을 보관하는 데 사용했다. ii) 비교적 대류의 기온변화를 적게 받도록 하고자 아이들이 갖고 놀았던 팽이 모양으로 삐쭉하게 만들고 땅에다가 묻어서 이용했다. iii) 그릇 모양이 삐쭉하다가 보니 땅에 묻고 음식물을 보관하거나 맛 들이기(숙성)에 가장 알맞다는 사실을 발견하고, 그 뒤에 달구벌에서는 갯가에 자생하는 갓나물 김치를 그 그릇에 담았더니 천하일미(天下一味)라는 사실을 발견했다.

사실, 욱수동의 팽이형토기에 유사한 발효 음식을 만든 서양 사례가 있어, B.C. 6,000년경 인류 최초로 포도주를 주조해서 먹었다[565]는 조지아의 '가다크릴리 고라 지역의 유적(Gadachrili Gora Regional)'에서 발효용 대형 팽이형토기(egg-shaped amphorae without handle)가 사용되었다. 작은 건 20리터에서 큰 건 10,000리터나 들어가며, 일반적으로 80리터 대형 팽이형토기(Qvevri, 혹은 조지아어로 Tchuri)를 땅에 묻고 포도를 따서 발효시켰다.[566] 제작 당시부터 대형 항아리로 손잡이를 만들지 않는 이유는 굴려서 땅속에 묻고 발효용으로만 사용하기 때문이었다. 끄집어내거나 이동하기 위해서는 반드시 손잡이가 있어야 하나, 아예 만들지 않음은 땅에 묻어놓고 발효 전용으로 사용하고자 했던 의도였다. 항아리 모양을 아이들이 갖고 노는 팽이 모양(top-shape) 혹은 계란 모양(egg-shape)이라고 하였으나 오늘날 젊은이들은 '미녀 얼굴(Beauty's Face)' 모양이라고 하며, '술맛 당기는 미녀 얼굴(beauty face attracting taste of wine)' 술독(wine amphorae)은 당연했을 것이다.

여기서 조지아 가다크릴리 고라 지역에선 B.C. 6,000년경에 이미 팽이형토기를 땅에 묻어 포도주를 만들었다. 그러나 대구시 욱수동(달구벌)에선 A.D. 400년경에 팽이형토기를 같은 방법으로 갓나물김치를 만들었다. 여기에서 공통점은 팽이 모양, 계란 모양 혹은 젖가슴 모양도 같았고, 손잡이도 없어 땅에 묻기 위한 용도였다. 차이점으로는 i) 욱수동은 1리터 정도인 소형인데 조지아는 20리터에서 10,000리터의 대형이라는 크기와 ii) 만드는 음식의 종류가 조지아엔 포도주라는 알코올 발효이고, 달구벌에선 김치라는 젖산 발효가 차이점이다. 조지아가 포도주의 알코올 발효 양조라면, 달구벌이 젖산 발효로 김치를 만든 것이 세계 최초가 되었다. 물론, 인류 최초 양조는 고대 중국에선 B.C. 9,000년경에 미주(米酒) 혹은 포도주(葡萄酒)을 만들어 마셨다.[567] 중국 시경(詩經)이나 예기(禮記)에 기록된 오이소금 절이기(瓜菹, alcohol fermentation)나 창포소금 절이기(菖蒲菹)는 B.C. 1,000년경에도 만들어 먹었으나, 우리나라처럼 젖산발효 갓김치(芥菹, lactic acid fermentation)는 아니었고 우리나라가 최초였다.

질항아리로 세계최초 발효 음식 된장을 만듦

질항아리(陶器)의 음식 숙성 비밀로는 i) 온도 차이에 발생하는 기류를 흡수하는 효과, ii) 땅속에 묻으면 유익균(有益菌) 발효에 최적조건을 형성, iii) 대기(大氣)에 노출되어도 기류와 온도 차이를 발효균 조정이 가능하여 항아리를 발효 음식 용기로 많이 사용해 왔다. 특히 팽이형 토기(角形土器)는 i) 입구가 넓어서 저장했다가 끄집어내기 용이하고, ii) 항아리(토기) 가운데 넓은 입구로 대기와 노출면이 넓어서 발효(숙성)되기에 더 쉬웠다. 이를 이용한 사례로는 B.C. 5,000년경 조지아(Georgia)에서 최초로 포도주를 주조(酒造)하면 대형 팽이형 토기(Qvevri)를 땅에 묻고 숙성시켰으며, 한반도 달구벌에서도 작은 팽이형토기(角形土器)를 땅에 묻어 지역토산물 개울 갓나물(川芥子)로 김치(菹菜)를 발효시켜 먹었다. 오늘날 항아리를 이용한 음식 숙성에 대해서 국내외 언론[568]에서 좋은 점을 보도하고 있다.

한편, 콩(菽, bean)의 원산지가 한반도와 만주라는 사실은 국내외학회에서 공인하고 있다. 당연히 최초재배지였다. 그뿐만 아니라 기원전 10세기 이전 최초로 콩을 발효시켜 콩장(豆醬)을 만들었는데 이를 세분하면 청국장(豉)과 메주(末醬)를 만들고 이를 소금으로 숙성시켜서 된장(甘醬), 간장(醬油)과 그리고 고추장(苦椒醬) 등을 만들었다. 콩을 발효시킨 메주(豉) 혹은 막 메주(末醬)를 만든 시기를 철기 시대 말기(원삼국시대 초기)로 보고 있다. 진수(陳壽, 233~297)가 쓴 역사서 『삼국지 위지동이전(三國志魏志東夷傳)』에선 "고구려에서 큰 창고는 없으나, 집집이 각자가 작은 창고를 마련했는데 이를 부경(桴京, bukjeong)이라고 하며, 그들은 청결하고 매우 낙관적이며, 발효 음식을 보관했다가 먹기를 좋아했다(無大倉庫, 家家自有小倉, 名之爲桴京. 其人絜淸自喜, 善藏釀)."[569]라는 기록이 있다. 물론 이전에 최식(崔寔, 103~170)이 A.D. 150년경 쓴 『사민월령(四民月令)』이란 농사일정표에서는 메주(末都)란 명칭으로, 가사협(賈思勰, 생몰년도 미상)이 6세기경에 쓴 『제민요술(齊民要術)』에서도 말도(末都, 메주)로, 『삼국사기(三國史記)』에서도 메주 시(豉)가 든 김수로왕(金首露王)을 이진아시(伊珍阿豉)왕이란 인명과 시염성(豉鹽城, 冬音忽一云豉鹽城)[570]이란 지명이 등장하고 있고, 『삼국사기』 서문(進三國史記表)에서도 "(두꺼운 삼국사기 책이) 민가에서 간장 항아리 뚜껑으로 사용되지 않기를 바랄 뿐이다(庶無使壔之醬瓿)."[571]라는 구절이 나오고 있다. 고려 시대에는 장(醬)을 메주(味醇)라고, 조선 초기엔 말장(며주)으로, 1624년 훈몽자회(訓蒙字會)에서 장(醬)을 감장(甘醬), 간장(醬油)으로 분류했다. 『조선왕조실록(朝鮮王朝實錄)』이나 『승정원일기(承政院日記)』에서는 장유(醬油)를 관리하는 부서로는 사옹원(司饔院)이었는데 항아리 생산을 관리한다고 된장 관리를 맡겼던 것이다. 구황제도(救荒制度)에서도 구황장(救荒醬), 진휼장(賑恤醬) 혹은 대변장(待變醬)을 제공했으며, 상중(喪中)에 장류(醬油)를 먹지 않았다고 효행(孝行)으로 표창하기도 했다.

더욱 이해를 돕고자 메주와 간장에 대해 언급하면, 말장발효(末醬醱酵, 메주 띄우기)는 메주덩이를 만들어서 따뜻한 곳에 보관하면서 볏짚과 공기로부터 발효균(미생물)이 자연적으로 발육하도록 하는 과정이다. 미생물을 통해서 콩의 단백질 분해효소(protease)와 녹말 분해효소(amylase)를 분비해서 간장에 고유한 맛과 향기를 내는 미생물을 발육시키는 생화학적 작업과정이다. 덧붙여 간장용 메주를 만드는 과정은 메주콩 선별(選別豉荳) → 물에 불림(水沈, 실온에서 12시간 정도) → 삶음(熟豆) → 절구 등 찧음(臼豆) → 메주덩이 만들기(型豉) → 메주 겉 말리기(表乾) → 짚 배게 끼우고 묶기(蓋禾葉, 4주일간) → 햇볕에 말리기(曝日) → 잠(숙성) 재우기(2개월 정도) 순으로 작업을 한다.

보다 자세하게 서지학적으로 살펴본다면, 장(醬)이란 한자의 제자원리(製字原理)를 알고자 허신(許愼, A.D. 30~124)의 『설문해자(說文解字)』의 풀이에서 "장(醬)이란 소금 절이기(鹽)이다. 닭고기 소금 절이기가 최초였으며, 술처럼 발효시킴(醬, 鹽也. 從肉從酉, 酒以和也)."으로 풀이하고 있다. 단옥재(段玉裁, 1737~1818)의 『설문해자주(說文解字注)』를 보면, "장이란 발효(醯)시킴이다. 고기소금절이기(젓갈)는 발효다(醬, 醯也. 從肉者, 醯無不用肉)."라고 해명을 했다. 『주례(周禮)』 천관편(天官篇)에서도 "귀중한 8가지 제물 가운데 발효한 제물이 120항아리나 될 정도였다(珍用八物, 醬用百有二十甕)."라는 구절에 정현(鄭玄, A.D. 127~200)은 "여기서 장(醬)이란 초산 발효음식(醯)이고, 젓갈 음식(醢)을 말한다(醬謂醯, 醢也)."라고 덧붙이고 있다. 메주 혹은 청국장(豉)은 『설문해자(說文解字)』에서 "소금을 배합하여 콩을 깊숙하고 어두운 곳에서 발효시킨 것(配盐幽尗也.尗豆也. 幽谓造之幽暗也)."이라고 해설했다. 유희(劉熙, 생년 미상~329)가 319년경에 쓴 『석명(釋名)』에서 "메주는 발효시킨 것인데, 5가지 음식 맛의 조화를 이루고자 반드시 숙성시켜야 하며, 마지막에는 단맛이 잡힌다(豉, 嗜也.五味調和, 須之而成, 乃可甘嗜也)."[572]라고 적혀 있다.

우리가 오해하고 있는 것은 청국장(淸麴醬)인데 청국장(淸麴醬)이란 술누룩처럼 깔끔하게 띄운 된장이라는 한자표기였다. 그런데 이를 청나라

전쟁터에서 말안장에서 숙성시켜 먹었던(淸國醬) 것으로 해석하거나, 콩을 삶아서 띄운다는 의미에서 전시장(煎豉醬)이라고도 표현했다. 삼국사기에 청국장 시(豉) 자 혹은 메주 시(豉) 자가 인명과 지명 등에서 나오고 있었고, 고구려 음식에서도 많이 나오고 있다. 청국장(淸麴醬)이란 표기는 1760(영조36)년 유중임(柳重臨)의 저서 『증보산림경제(增補山林經濟)』에서 발효법을 소개하고 있다. 이규경의 『오주연문장전산고(五洲衍文長箋散稿)』에서도 청국장이란 오해를 "속칭 전국장이라고 표기를 하는데 이는 무슨 놈의 전쟁이라도 치르듯이 하룻밤 사이에 후다닥 만들어 먹었기에 붙여졌다. 또한, 전쟁 통 군대 진영에서 쉽게 먹었기 때문이다. 청나라와는 관계없는 황당무계(荒唐無稽)한 이야기다(蓋無稽之說也)."[573] 어림잡아도 한반도에서 청국장이 만들어 먹었던 역사는 기록상으로도 고구려시대부터 오늘날까지 2,200년이 넘고 있다.[574]

5. 간절한 마음 닿지 않는 곳 어디 있으랴

가장 간절함이 기적을 만들었다

인간으로 태어남에서는 1~3억 개의 정자(精子) 가운데 오직 1개만이 자신보다 8만5천 배쯤 큰 난자(卵子) 하나를 만나 수정(授精, fertilization)하게 된다. 그리고 세포분열로 난자할구(卵子割球, blasto-mere)를 하는

데, 이때 모습이 마치 '두 손을 모으고 기도하는 모습(Putting your hands together and praying)'으로 가장 간절히 탄생의 기적을 바란다. 따라서 기도 혹은 축원하는 어떠한 종교, 제례의식에서는 '태아의 간절한 모습(the desperate look of the fetus)'인 두 손을 모으고 기원을 한다. 그래서 모든 종교나 제례에서 간절한 기도를 드리지 않고서는 효과가 없다. 인류가 기도(prayer)를 발견한 것은 '눈에는 눈, 이에는 이(eye to eye, tooth to tooth)'라는 복수(復讐)로 '피 흘리는 앙갚음(bloody vengeance)'에 대한 보속으로 속죄금(贖罪金, ransom) 혹은 속죄제(贖罪祭, sin offering)로 대신하게 했으나 가진 것 없는 사람들에게 다른 방법이 없어 종교적 차원에서 발명한 제도가 바로 회개(悔改, repentance)와 기도(祈禱, prayer)였다. 따라서 어느 종교이든 어떤 제례의식이든 간절함과 경건함을 강조하고 있다.

간구(懇求)하라 혹은 간절히 기원하라는 성경 구절을 살펴보면, "오직 모든 일에 기도와 간구로(빌립보서 3:6)", "기도할 때에 이방인과 같이 중언부언하지 말라. 말을 많이 하여야 들으실 줄 생각하느냐(마태복음 6:7)?" 및 "의인의 간구는 역하는 힘이 많으니라(야고보서 5:16)."라는 구절이 있다. 물론 불교에서도 "간절한 마음을 닿지 않는 곳 있으랴(有懇之心, 不到何處)."라는 구절이 있다. "구하라 그러면 얻을 것이다(Ask and it will be given to you)."[575]라는 구절이 성경 마태복음에 최초로 나온다고 생각하지만, 사실은 B.C. 300년경 맹자(孟子, B.C. 372~B.C. 289)가 쓴 『맹자(孟子)』라는 책에서도 "구하라, 곧 그것을 얻을 것이다. 버려라, 그러면 모든 게 사라질 것이다(求則得之, 舍則失之)."[576]라고 적고 있다. B.C. 6세기에 사셨던 석가모니(釋迦牟尼, Siddharta Gautama, B.C. 624~B.C. 544)는 "가장 위대한 기도는 인내다(सब्भनन्दा ढूलो प्रार्थना धैर्य हो l. The greatest prayer is patience)."라고 갈파하면서. 간절함이 묻어나는 원천엔 솔직함, 부단한 실천과 진심(양심)이 바탕에 녹아 있었다. 이를 직설적으로 법구경(法句經, Dhammapada) 184장에서는 "인내와 용서는 최고의 고행이다(Patience and forgiveness is the highest asceticism)."라고 했다. 기도란 "이를 갈면서도 눈물을 흘리는 고행 속에서 용서하고 인내하는 것이다."라는 의미다.

그럼에도 요사이 기도란 "돈 몇 푼 놓고 걱정거리를 해결해 주기를 바라는 거래."와 같다는 생각이다. 대표적으로 세계 어느 곳을 가든지 '한 가지 소원만을 들어준다는 용한 곳'이 수없이 많다. 대구에서도 팔공산 갓바위 부처(冠峰石造如來坐像)가 있다. 선본사에서 1km 정도, 850m/SL 갓바위(冠峰)에 바닥에서 좌대와 석관모(石冠帽)까지 대략 4m 정도 높이로 "소원 하나는 꼭 들어준다."라는 통일신라시대 석조좌불(보물 제451호)이 있다. 원광법사(圓光法師)의 불제자였던 의현대사(義玄大師)가 어머니의 명복을 기원하면서 '육 년간 사모 작불(六年間思母作佛)'해 A.D. 648(혹은 638)년에 조성했다.

이에 대해 자세하게 살펴보면, 경산(慶山) 선본사(禪本寺)에서 1821년 범해(梵海) 스님이 작성한『선본사사적기(禪本寺事蹟記)』가 발견되어 "천여 년이 지났는데도(凡經千有餘載), 석상은 의연하게 단아하면서 자비로운 모습(而石像依然端雅慈容), 불상을 보고 감응이 생겨나 기도와 축원을 올렸고, 이로 인해 복을 받으실 분들이 많다(觀感興起祈祝獲應者多矣). 이 불상은 의현화상(義玄和尙)의 공덕으로 만들어졌으니(此即義玄和尙之功)…."577 라고 적혀있다. 의현화상(義玄和尙)은 진평왕 22(600)년 때 사량부(沙梁部)에 사는 귀산(貴山)과 추항(箒項)에게 '화랑오계(花郎五誡)'를 만들어 주었던 원광법사(圓光法師, 542~640 혹은 630)를 스승으로 모셨던 불제자였다. A.D. 640(혹은 630)년에 스님이 열반에 들자 임종(臨終)을 지켜보고 난 뒤에 집에 왔더니 어머니께서 이미 종천(終天)하시고 말았다. 어머니의 임종

마저 지켜드리지 못했던 죄책감을 풀고자 망치로 6년간 '거대한 갓 바위 속에서 계시는 부처님을 구출함(巖佛製作)'으로써 구천에 떠도는 어머님의 명복들 빌었다(祈母之冥福, 以刻出巖佛, 六歲思母作). 현재 석불(佛頂)과 천관(天冠)을 자세히 보면 돌의 미세한 차이가 있어 보이며, 이를 미뤄본다면 고려 시대 미륵석불의 천관(天冠)을 나중에 올렸다.

현존하는 서지학적 기록을 살펴보면, 오늘날 경산(慶山)은 1742(英祖18)년에 화성현(花城縣)으로 개칭했다가 1895년에는 하양군(河陽郡)으로 고쳤다. 1891년도 '경상도 지도(慶尙道地圖)'에서도 화성(花城)이란 지명으로 갓바위(冠巖)가 기록되어 있었다. 1923년 화성지(花城誌)에선 i) 갓바위 부처가 눈물을 흘려야 비가 내린다니, ii) 부처 얼굴을 새까맣게 더럽혀야 세불(洗佛)을 하고자 하늘에서 비를 내린다고 믿었기에 청솔 잎으로 연기를 피워 기우제(祈雨祭)를 지냈기에 오늘날까지 돌 갓(天冠)이 검정색으로 그을려 있다. 1933년 화성지(花城誌)에 "해 뜨는 관봉에 갓 바위 미륵불이 있음(日出冠峰在冠癌彌勒不)."이라고 기록되어 있었다. 1938년에는 세간을 떠들썩했던 청림미륵불사건(靑林彌勒佛事件)이 있었다. 1962년엔 관암사(冠巖寺) 배광 스님이 미륵불을 중생들의 병을 고쳐준다고 믿고 있는 약사여래불(藥師如來佛)로 개칭했다. 1965년 9월엔 국가문화제 431호 관봉석조여래좌상으로 등록, 1975년 7월 선본사에서 제기한 소유권 판결에 선본사사적기가 스모킹 건(smoking gun)이 되어 선본사 소유로 판결 났다. 이때 국가재건최고회의 소속 육군측지부대가 현장 출동해 4각천관(四角天冠)을 측정해, 0.954톤(1.8m×1.8m×0.17m×2.6×2/3) 정도로 육계(肉髻, 일명 佛頂)와 천관(天冠) 사이에 음압(陰壓)이 생겨서 어떤 태풍에도 날아가지 않는다는 사실을 알아내었다. 천관(天冠)이 거의 8각형으로 된 사연에는 1950년에서 1970년 사이에 몰지각했던 사람들이 괭이로 파손했다는 기록까지 남아있다. 물론 제관당시(製冠當時, 고려 시대로 추정)에는 육계(肉髻)와 천관(天冠)에 '물 끊임 홈파기' 작업을 섬세하게 했기에 8각형 모양에 가깝게 되어도 오늘날의 모습을 유지하고 있다.

간절한 마음 닿지 않는 곳 있으랴

최근에 와서 갓바위 부처(冠巖佛)가 바라보고 있는 방향(坐向)에 대해, i) 몰타 섬(Maltha Island)의 신전을 비롯해 페루 마추픽추(Machu Picchu)에 있는 태양 신전 방향이 '신전 바닥까지 해가 들어오는 방향(the direction the sun rises to the temple floor)'을 하고 있다는 주장과, ii) 신라는 동짓날을 세수(歲首)로 했기에 석굴암 등이 '동짓날 해 뜨는 방향(歲首日出向)'으로 하고 있다는 주장이 있다. 사실 동서양을 막론하고 태양의 고도가 제일 낮아야 햇볕이 신전(사찰) 등에 깊숙이 들어오는 동(東)에서 30°~32°쯤 남쪽(EES, 4시 방향)이다. 동양 고대 천문학에서는 12지지로 진방(辰方)이다. 그러나 관암불(冠巖佛)의 시선 방향은 실제로 측정한 결과는 동(East)에서 50° 정도인 남남동(SSE, 5시 방향)을 향해서 앉아있다. 북반구에서 동짓날 해 뜨는 방향은 계산한다면 대구시는 i) 동경 126°38'에서 127°이고, ii) 북위 34°15'에 위치하기에 54°45'(90°- 35°15') 정도로 계산된다. 따라서 갓바위부처의 시선 방향이 5시 방향에 가깝다.

좀 더 살펴보면, 동양 천문학에서 '하늘의 기둥 10개(天干十柱)와 땅의 버팀목 12개(地撑十二支)'인 십간십이지(十干十二支)로는 30°~32°에선 진사간방(辰巳間方)이고, 52°인 경우는 사오간방(巳午間方)에 속한다. 이는 팔괘(八卦) 방향으로는 진방(震方)이고 손방(巽方)에 해당한다. 이십팔수(二十八宿, 별자리)로 말하면 동청용칠수(東靑龍七宿) 가운데 각항(角亢) 별

자리와 미기(尾箕) 별자리에 해당한다. 서양의 황도십이궁(黃道十二宮)으로
는 물고기자리와 물병자리에 속한다. 그러나 풍수지리설로 설명할 수 없
는 이유는 비보풍수설이 10세기경에 생겨났기 때문이다. 즉 신라 말 고려
초(新羅末 高麗初)에 도선국사(道詵國師)와 왕건(王建)의 고려건국(A.D. 918
년)과 송악(松嶽)에 도읍을 정할 때 풍수지리설(裨補地理)이 크게 작용하였
다. 이를 계기로 이후에 풍수지리설이 자리를 잡았다. 이전에 신라는 '한
해의 첫날(歲首)'을 동짓날로 봤기에 "동지팥죽을 먹으면 나이를 한 살 더
먹는다(冬至豆粥, 食添一歲)."라고 믿었다. 달구벌(대구)에 사는 우리는 아직
도 그런 말을 하고 있다.

우리나라 불상 배치 방향에 대해 살펴보면, 북반구에 위치했기에 '해 뜨
는 방향(日出向, sun-rising direction)으로 사찰을 배치했다. 따라서 대부분
사찰의 정면은 남쪽을 향하고 있다. 예외로는 베트남 다낭(Đà Nẵng, 沱瀼)
영흥사(Chua Linh Ung) 67m 해수관음상(海水觀音像). 중국 황하강변 낙산
시(樂山市)의 71m 낙산관음대불(樂山觀音大佛), 우리나라 남해 보리암 해
수관음상(海水觀音像), 부산 해동용궁사 해수관음상(海水觀音像) 등은 해
난사고 등이 빈발하는 곳을 바라보고 있다. 이런 경우는 부처가 재앙이
발생할 곳을 바라다봐야 재앙을 막아준다고 믿었기 때문이다. 이런 특수
목적이 아닌 일반사찰의 석불들은 갓 바위 부처(冠巖石佛)처럼 남향과 항
마촉지(降魔觸地)의 수인(手印, finger sign)을 하고 있다. 석가여래불(釋迦如
來佛) 가운데 8세기와 9세기에 건립된 불상으로는 대구 가까이 있는 군위
삼존불(軍威三尊佛), 경주 칠불암의 삼존불(三尊佛), 영주 부석사의 본존불
(本尊佛) 그리고 남해 보리암(菩提庵)의 석조불(石造佛) 등은 하나같이 남
동방향(SE, 巽方)이다.

6. 달구벌에서 "우리가 남이가?"라는 의미는?

맹서(盟誓)란 하늘에다가 목을 매는 것(盟絞於天)

과거는 "한 입으로 두 말 하는 건 호로 자식이다(一口二言, 二父之子)."라 했으며 "믿음을 얻지 못하면 정치란 있을 수 없다(無信政不立)."라고 했다. 요즘 선거가 있는 철을 '배신의 계절'이라 했고 "정치인의 약속은 다채로

운 풍선껌, 한번 씹고 뱉으면 된다."라는 유행어가 생겨났다. 그러나 지구촌에 인류가 출현하고 지금까지는 "언약을 한다는 건 하늘에다가 자신의 목을 맨다(盟絞於天)."라는 뜻으로 소중히 여겼다. 성경(마태 18:18)에서도 "진실로 그대에게 말하노니, 땅에서 맺는다는 것 하늘에도 맺어질 것이다. 땅에서 풀어헤치면 하늘에서도

풀어지게 된다."[578, 579] 영국 BBC에서는 인류 최초의 성약(聖約, covenant)을 창세기에서 B.C. 2,091년경 아브라함과 하느님과의 언약(Abrahamic covenant)이라고 했다[580]. 이외에도 노아의 언약(Noahic covenant), 모세의 언약(Mosaic covenant) 및 다윗의 언약(Davidic covenant) 등이 있다. 이렇게 언약이 많다는 건 뒤집어 말하면 그만큼 배신이 잦았다는 증거다.

한편 동양에서는 B.C. 652년 춘추시대 중국 중원의 패자였던 제나라 환공이 규구회맹(葵丘會盟, Alliance Rituals in Kyugu)[581]이란 충성 맹세를 받았다. 황하 지역 8개 제후(齊, 魯, 宋, 魏, 鄭, 許, 曹, 周襄王不參宰孔派遣)들

과 국가 존망에 대해 논의를 하면서 희생(犧牲, 사람 혹은 가축)의 피를 마시거나 입가에 바르기(歃血)[582, 583] 전에 맹세하도록 했다. 약속을 어기면 이렇게 희생이 된다는 사실을 심어주고자 삽혈의식(歃血儀式)을 행했다. 당시 맹세사항은 i) 공유의 강물에 사익으로 둑을 쌓지 않는다(不可壅塞水源), ii) 조잡하고 불량한 음식물(식량)을 유통하지 않는다(不能阻碍粮食流通), iii) 적출자를 갈아치우지 않는다(不可改換嫡子), iv) 첩을 아내로 받아들이지 않는다(不可以妾爲妻), v) 아내가 국정에 참여하지 못하게 한다(不可讓婦人參与國事), vi) 현명한 인재를 육성할 필요가 있다(要尊賢育才), vii) 관직을 자손들에게 세습하지 않겠다(不可不讓士世襲官職), viii) 노인을 공경하고 아이들을 자애로 대한다(敬老慈幼) 등을 약속하며 문서로 남겼다. 이와 같은 기록은 춘추(春秋) 곡양전(穀梁傳)[584], 좌씨전(左氏傳), 공양전(公羊傳) 등과 맹자(孟子)[585]에서도 곳곳에 기재되어 있다.

이와 같은 군주에 대한 충성 맹세는 국난 때에는 백성들에게 구국 맹세를 했다. 대표적인 구국맹세로는 삼국지에서 도원결의(桃園結義)가 유명하다. 지난 2017년 중국 사천성(四川省) 청두(成都)시에 있는 무후사(武侯祠)라는 제갈공명(諸葛孔明) 사당을 찾았다. 삼국지에선 그곳 뒤뜰에서 천지신명께 분향재배(焚香再拜)하고 유비(劉備), 장비(張飛) 그리고 관우(關羽)가 "같은 마음으로 협력하여 나라를 위험에 구하고, 위로는 나라에 보국하고, 아래론 백성들에게 평온을 찾아드리며, 한날한시에 죽기를 원한다(則同心協力, 救困扶危. 上報國家, 下安黎庶 … 只愿同年同月同日死)."라는 서약과 의형제를 맺었다.[586]

최근 2022년 3월 9일 대통령선거를 했다. 대통령 당선인(大統領當選人)이 청와대(靑瓦臺)에 들어가지 않고 용산 국방부 청사로 이전하겠다고 선언했다. 이를 계기로 언론에서는 현 청와대의 본관이 조선 시대 국왕에게 충성 맹세를 서약했던 회맹단(會盟壇) 터였다.[587] 역성혁명(易姓革命)으로 건국했던 조선왕조를 두 번 다시는 같은 역성혁명이 없기를 바랐다. 그래서 왕자들은 물론이고 중신들에게도 충성서약을 받았다. 예조(禮曹)에서 회맹제(會盟祭)에 참석했던 공신들에게 서명 등을 받아서 회맹등록(會盟謄錄)을 기록으로 남겼다. 1628년부터 1728년까지 100년간 회맹등록을 살펴보면 구체적이고 일목요연(一目瞭然)하게 작성되어 있다.

전 국민에게 국가에 대한 맹세를 매일 하도록 한 사례는 1937년 10월 2일 미나미 지로(南次郎, 1874~1955) 조선총독부 총독이 일본제국의 식민

지 조선 국민에게 황국신민(皇國臣民)으로서 맹세하도록 하는 '황국신민의 서사(皇國臣民の誓詞)'를 만들어 날마다 황국충성을 강요했다. 현재까지도 달성군 현풍읍 상리 539의 1번지 현풍초등학교 교정에 1940년에 건립된 황국신민서사비(皇國臣民誓詞碑)가 남아 있다. 이런 발상과 유사한 사례론 1972년도 우리나라에서는 '국기에 대한 맹세(The pledge to the flag)'를 문교부에서 제정했다. 1980년 국무총리 지시로 국민의례 때 '국기에 대한 경례'와 병행하도록 했다. 1984년 2월 "대한민국 국기에 관한 규정(대통령령)"으로 법제화, 1996년에도 많은 논란이 있었으나 미국의 제도를 벤치마킹(benchmarking)해서 '대한민국 국기에 관한 규정'을 개정했다. 우리나라가 벤치마킹했던 미국은 1892년 남북전쟁 당시 조지 발치 대위(Captain George Thatcher Balch)로부터 시작되었다. 이를 공식적인 '국기에 대한 맹세(The Pledge of Allegiance)'론 1945년에 채택했으며, 1954년에 '하느님 아래(under God)'라는 구절을 추가했다.[588]

새로운 세상을 열고자 힘을 합하고 결의도 다짐

작게는 개인적인 꿈을 실현하고자 스스로 자성하고 격려하는 문구를 적어서 결의를 하거나, 크게는 새로운 세상(국가)을 열겠다고 결의를 다졌던 사례로는 i) 중국 상(商, B.C. 1600~B.C. 1046)나라를 세운 탕왕이 목욕탕의 발판에 새겼던(湯之盤銘) 좌우명인 "하루하루 새로워진다. 또한 날로 새로워진다(日日新又日新)."[589], 오월동주(吳越同舟)에 구천(句踐)과 부차(夫差)의 와신상담(臥薪嘗膽)[590] 등의 고사가 있다. 우리나라에서도 A.D. 552 년경(혹은 612년)에 신라 경주왕성 석장사(錫杖寺, 오늘날 경주시 현곡면 금장리) 인근에서 개울가에서 반들반들한 돌(길이 30cm와 너비 12.5cm)을 주워 결의를 적고 돌에다가 새겨 기념으로 세웠다. 내용은 "임신년 6월 16일에 (우리) 두 사람이 같이 맹세함을 적고자 합니다. 하늘 앞에 맹세하노니, 지금부터 3년 이후로(天前誓. 自今, 三年以後), 충성과 도리를 지켜 실패가 없도록 맹세합니다(忠道執持, 過失无誓). 만약 이를 어긴다면 하늘에 대죄인으로 남는다는 걸 맹세합니다(若此事失, 天大罪得誓). 만약 나라가 불안해지거나 전쟁이 발생하더라고 이들을 받아들이고 대응 행동을 다할 걸 맹세합니다(若國不安, 亂世可容行, 誓之). 덧붙여 별도로 앞서 신미년(작년) 7월 22일에(又別先辛末年, 七月卄二日), 크게 맹세했던 시경, 서경, 예기, 좌전(左傳)을 3년 동안 깨우칠 것을 맹세합니다(誓詩尙書禮傳, 倫得誓三年)."[591] 이를 1934년에 발견하고 '임신서기석(壬申誓記石)'[592]이라고 불렀다. 이런 화랑도의 임신서기석처럼 우리나라에서는 무신들 사이에는 회맹이 많았다. 최근 사례로는 1993년

김영삼 대통령이 척결하겠다고 장성 18명을 전역시킨 '하나회'593를 비롯하여 '알자회'594 혹은 '독사파(독일사관학교 출신)'595라는 모임이 언론에 보도되었다.

다른 한편으로 1592년 임진왜란이 일어나자 전남 고창군 흥덕면 남당 마을에선 의병장 채홍국(蔡弘國, 1534~1597) 등의 사발통문(檄文)을 돌려 창의(倡義)해 92명의 선비와 500여 명의 의병들이 모여, 8월 1일에 제단을 쌓고 다시 백마희생혈로 삽혈회맹(歃血會盟)을 하고 참전했다.596 이렇게 의병창의가 전국을 달구었다. 1592년 4월 13일에 부산포에 도착한 제1군 고니시 유키나가(小西行長, 생년 미상~1600) 사령관은 18,700여 명의 병력으로 경상중로(慶尙中路)인 동래(東萊) → 양산(梁山) → 청도(淸道) → 대구(大邱)로 무혈입성을 거듭하더니, 4월 21일에 드디어 팔조령(八組嶺) → 파잠(巴쪽, 오늘날 파동고개) → 대구읍성(大邱邑城)까지도 무혈입성을 하였다. 서사원(徐思遠, 1550~1615)의 『낙재선생일기(樂齋先生日記)』 4월 21일자에도 "말을 타고 대구읍성 서문 밖으로 달려가니 문은 활짝 열려 있고 … 한 사람도 성에 남아 있는 자가 없었다."597라고 적혀 있다.

하필이면 그때 대구읍성의 성주는 원정(遠征)을 갔고 없었으니, 무혈 입성하도록 했지만, 왜군은 후면공격을 대비해 1,600명의 후견병(後見兵)을 남겨 향교(鄕校)에다가 주둔시켰다. 그들이 온갖 약탈을 감행해도 속수무책이었다. 대구읍성 성주 부윤(府尹) 윤현(尹睍)은 4월 24일에 울산좌병영(蔚山左兵營)에 출병했다가 돌아와 보니, 적진에 들어간 읍성 탈환은 불가능했다. 후사기약(後事期約)을 위해 2,000여 명의 대구 부민들과 함께 공산성(公山城)598, 즉 동화사(桐樺寺) 관군병영(官軍兵營)으로 들어갔다.599 따라서 대구 관아(官衙)는 자연스럽게 팔공산 동화사로 옮겼다. 영남유림의 본산을 자랑했던 지역 선비들은 유사상 전대미문의 산중관아(山中官

衙)의 꼴을 보고 참지 못했다.

이에 서사원(徐思遠, 1550~1610)을 비롯하여 영남유림들은 1592년 6월 8일 동화사(桐華寺)에 모여 의병 창의를 독려하는 '고향을 지킬 의병을 모집하는 통문(招集鄕兵通文)'을 짓고, 여러 의병장을 맡으실 분들과 의결하여 향토예비군 전투수칙에 해당하는 '향병입약(鄕兵立約)'을 제정했다. 7월 6일 팔공산 부인사에서 손처눌(孫處訥), 정광천(鄭光天), 이주(李輈) 등의 지역인사들과 향회(鄕會)를 열어 '공산의진군(公山義陳軍)'을 결성했다. 7월 7일에 향병장(鄕兵將), 면리장(面里將), 유사(有事)를 결정했다. 이때 결자해자(結者解之)의 논리에 발목이 잡혀 낙재 서사원(徐思遠)이 의병장으로 선임되었다. 『낙재선생일기(樂齋先生日記)』에선 "사람들이 모여 모두가 의병장이 없는 걸 고민하였다. 보잘것없는 나였지만 임하 정사철(鄭師哲, 1530~1593)에게 첩지(帖紙)를 내었으나 나에게 사양하는 바람에 부득이 맡게 되었다."라는 구절이 있다.

임진왜란(壬辰倭亂, 文禄の役)이란 전쟁은 끝나지 않고 민생고는 극으로 치달았다. 1596년 3월에는 공산성회맹(公山城會盟)과 같은 해 7월 21일에 팔공산상암회맹(八公山上庵會盟)을 하였다. 이어 9월 15일에 회맹했던 32명이 은밀히 다시 모였다. 이때 '나라가 위험하면 의당 목숨을 바쳐야(見危授命)' 하니 응당 선비의 도리를 다하고자 i) 붓을 놓고 칼을 잡는(棄筆握劍) 구국일념을 다지고, ii) 전쟁에 대한 두려운 마음을 다스리며, iii) 연서(連書) 끝머리에 골계를 담은 이름 풀이로 회맹등록을 했다. 이를 『팔공산상암유시제익각호자희련(八公山上庵留時諸益各呼字戲聯, 1596)』이라는 회맹등록부가 만들어졌다. 여기서 상암(上菴)이란 i) 사찰의 암자라고 볼 때 지리상 은해사와 파계사 사이에 있었다고 볼 수 있고, ii) 지명(地名)으로 봐선 경산시 와촌면 상암리(上巖里) 인근의 한 정암(上巖里 亭庵)으로도 생각할 수 있다. iii) 그러나 억불숭유(抑佛崇儒)란 생각에 박혀있던 영남 유림들에겐 단순한 사찰 상암(上庵)이 아닌, 대유호칭(大儒呼稱)의 암자명(庵子名) 혹은 정암명(亭庵名)을 사찰암자로 위장했다고 볼 수 있다.

또한 팔공산상암회맹(八公山上庵會盟, 1596)에 대한 기록에 대해 공식적으로는 2004년 영덕군이 발행한 『팔공산상암임란창의제현행록(八公山上庵壬亂倡義諸賢行錄)』600이 있고, 서지학적으로 언급하면, 영남지역 유림들의 문집에 많이 기록되어 있는데, 『망조당실기(望潮堂實紀)』, 『지악실기(芝嶽實紀)』, 『수졸당일고(守拙堂逸稿)』, 『호수실기(湖叟實紀)』, 『청허재집(淸虛齋集)』, 『수월재집(水月齋遺集)』, 『기봉선생일고(岐峯先生逸稿)』, 『매와실기(梅窩實紀)』 및 『난고선생유고(蘭皐先生遺稿)』 등에 오언연귀희언시(五言聯句戲言詩)를 같은 내용으로 기록하고 있다.601 등록된 선비들의 연령을 보면 최연자는 18세 수도(修道) 조동도(趙東道, 1578생)로, 박 의장의 맏아들이며, 최연장자는 61세 화숙(和叔) 정세아(鄭世雅, 1525)였다.

여기서 몇 분의 오언희언시를 살펴보면, "위노가 흉률한 임금을 만났고(渭老遇聖主), 사문에서 도수를 우러러 보도다(斯文景道修), 임금을 보필하는 어진 신하에게 상을 내리고(君弼賚良臣), 나라의 재상은 성군이 다스리는 조정을 돕도다(邦輔翊聖朝). 충성스러운 마음을 공평하고 정직한 사람을 추천하고(忠心推公直), 장렬한 전략은 선비의 강직함을 얻도다(壯略得士剛). 옥을 캐는 데 백헌을 생각하고(埰玉思伯獻), 도를 닦는 덴 경망에게 기댈 뿐(修道倚景望). 불꽃과 같은 성실함과 간절한 마음을 쏟을 뿐(炳然傾丹悃), 그곳에 서니 동악이 오뚝하네(立之屹東嶽) … 수양하고 자성하면 귀한 덕과 존경을 한 몸에(修省貴德敬), 금과 옥은 나라의 보배가 아니오(金玉非國寶). 용과 봉은 문체에 서성이 옵니다(龍鳳是文瑞). 부르면 달려와 화답하겠노라(有唱相應和), 때는 마땅히 태평성대로세(時可太平世)."로 끝을 맺고 있다.

이와 같은 연작시문(連作詩文, rolling poem paper)으로 지역유림의 시회 연문(詩戲聯文)의 대표적 사례는 1601년 3월 21일 다사(多斯) 선사사(仙査寺)에서 부강정(浮江亭)까지 선유시회(船遊詩會)에 대해, 시화문(詩畵文)엔 한가운데 신라고찰 선사사(仙楂寺)가 위치한 마천산(馬川山)을 진경산수화(眞景山水畵)로 그렸다. 23인의 선비 성명과 시귀(詩句)를 써넣고 그림을 더해 시화(詩畵)를 남겼다. 바로 그 시화문이 금호선사선유도(琴湖仙査船

遊圖)다. 선산의 장현관(張顯光, 1554~1637)께서 다사 서낙재에 있던 서사원(徐思遠) 문우(文友)를 찾아와 선유회와 시화문을 구상했다. 시희(詩戲)는 주자의 무이어정(武夷漁艇)의 구절인 "나 갈 땐 무거운 안개를 오래 실었는데, 들어올 때는 가볍게도 조각달만 싣고 왔네. 수천 개의 바위도 원숭이도 그리고 학마저 친구이고 보니, 뱃노래 한 가락에 근심마저 사라졌다네(出載長烟重, 歸裝片月輕, 千巖猿鶴友, 愁絶棹歌聲)."[602]를 적어놓고, 시문 20운자에 따라 지어갔다. 중간에 빠진 건 나중에도 수합하지 못해서 7명이 빠져있다. 아래쪽엔 여대로(呂大老, 1552~1619)의 서문(序文), 서사원(徐思遠)의 배경기술이 있다. "1601년 음력 3월 23일, 가랑비 뒤 갬. 봄날 신라고찰 선사사 앞 금호 강물 섶에 있었던 서낙재, 장여헌, 여감호 정자들을 지나. 23인이 모두 모여, 배엔 문방사우(文房四友)와 술통을 가득히 싣고, 금호강변 풍광을 감상하며, 시풍월(詩風月)과 풍류(風流)를 만끽했다. 1박 2일 동안 23명 가운데 20명은 부강정(浮江亭)에서 풍찬노숙(風餐露宿)했고, 3명은 인근 이 진사 댁에 신세를 졌다."로 요약된다.

7. 부러질지언정 굽히지 않는 올곧음의 본향

기와로 온전하기보다 옥으로 부서지겠다(寧玉碎不全瓦)

달구벌 선비들의 기상(氣像)을 표현하는 말에는 '송죽대절(松竹大節)'603
혹은 '태산준령(泰山峻嶺)'이라는 말이 있다. 조선 건국 당시에 이성계(李成
桂)가 정도전(鄭道傳)에게 조선 팔도 인물평을 하라는 주문에 "경상도 사
람들은 태산준령(泰山峻嶺) 같다."라고 했다가 다시 묻기에 '경상도 송죽대
절(松竹大節)'이라고 했다.604 사실은 조선 팔도는 1413(태종 13)년에 행정구
획을 8도로 획정했다. 이야기는 1896(고종 33)년 조선 13도제를 실시하기
전까지 483년간 스토리텔링(storytelling)되어 내려왔다. 영남 선비들을 표
현하는 말에는 "기와로 온전히 보전하기보다 옥으로 부서지겠다(寧爲玉
碎, 不爲瓦全)."605라는 표현이 있다. 이보다 "부러질지언정 굽히지 않는다
(寧折不屈)."606가 올곧음의 더 정확한 표기다. 송죽대절(松竹大節)을 주제
로 월상계택(月象谿澤) 이식(李植, 1584~1647)이란 조선 중기 문장가는 「소
나무가 묻고 대나무가 답하다(松問竹答)」라는 시에서 "소나무가 대나무에
게 묻기를, 눈보라 몰아쳐 온 산이 풍설로 가득한데도 나는 강직하게 머
리를 꼿꼿하게 세웠다가 똑 부러질지언정 굽히지 않는다오. 대나무가 소
나무에게 답하기를, 고고하지만 쉬이 부러질 터라 나는 청춘의 푸름만은
고이 지키고자, 머리 조아려 북풍한설에 온몸을 맡긴다오."607 그는 대사
간(大司諫)으로 인조 생부인 정원대원군(定遠大院君)의 추숭(追崇)을 반대
하다가 국왕의 분노를 사서 강원도 간성현감(杆城縣監)으로 좌천되면서
「도루묵(還目魚)」이라는 시로써 인생만사새옹지마(人生萬事塞翁之馬)임을

다시금 느꼈다.

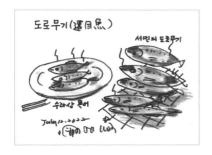

조금은 긴 '도루묵(還目魚)' 시문이지만, "눈(目)이 큰 고기라고 목어(目魚)[608]라 부르고 있었는데. 해산물로 취급조차 받지 못했던 처지였다네. 번지르르 기름기 있는 고기도 아니기에. 그 꼴값도 해볼 만한 게 없었다네. 그래도 자근자근 씹어 먹으면 고놈 맛이 담박하기는 한데. 겨울철 술 안주론 그런대로 먹을 만했지. 예전에 나라님께서 난리 피해 이곳에 와. 이 해변에서 배고픔이란 고초를 겪으실 때, 목어가 마침 나라님 수라상에 올라갔다네. 허기진 배를 든든하게 해 드렸다지. 그러자 고상하게 은어라는 이름까지 하사하셨고(勅賜銀魚號), 길이 특별한 해산물로 나라에 바치게 했다네. 난리가 끝나고 나라님은 한양으로 돌아온 뒤, 수라상에 진수성찬들이 서로들 맛을 뽐낼 적에, 꼴조차 불쌍한 이 고기도 그 사이에 끼었다네. (배부른 나라님이) 그 고기를 맛보시는 은총을 한 번도 못 받았네. 이름조차 삭탈어명(削奪魚名)되어 도로 목어(還目魚)로 떨어져서. 순식간에 버려지는 꼴로 푸대접을 받아야 했다네. 잘나고 못난 게 자기 하는 짓거리와는 상관없고, 귀하고 천한 건 때에 따라 달라지는 법이지. 이름은 그저 겉치레에 불과한지라, 버림을 받는 건 자네가 애써 되는 게 아니라네. 물고기란 그저 넓고 넓은 저 푸른 바다 깊은 곳에 유유자적하는 게 자네의 본모습이 아니겠나?"[609]

달구벌 선비들에겐 "부러질지언정 굽히지 않는다(寧折不屈)."의 대표적 사례로 도동서원에 배향되고 있는 김굉필(金宏弼, 1454~1504)을 살펴보면, 그는 1471년 함양군수(咸陽郡守)로 부임하여 갔다. 관내 모 정자(亭子)

에 들렸더니, 당시 응양장군(鷹揚將軍)이며, 숭정대부무령군(崇政大夫武靈君)에 봉해졌던 최대권력가 유자광(柳子光, 1439~1512)이 쓴 시문이 붙어 있었다. 불의와 협상하지 않는다는 평시 소신이 발로되어 "그따위 자광이 감히 현판을 걸어 놓은 게 말이 되냐?"라고 불호령을 내렸고, 즉시 현판을 떼어 불태워버렸다. 이 사건은 "발 없는 말이 천 리 간다."라는 결과로 장본인의 귀에 들어갔다.

영남사림파영수(嶺南士林派領袖)였던 김종직(金宗直, 1431~1492)은 1492년 8월 19일 불행의 씨앗을 남기고 세상을 떠났다. 즉 1498년 그의 문하생이었던 당시 27세의 혈기왕성한 사관(史官) 김일손(金馹孫, 1464~1498)이 우려를 무릅쓰고, "기술하되 짓지는 않는다는 춘추필법을 사수하겠다(述而不作, 春秋筆法)."[610]는 의지 혹은 "절필하라면 절명하리라(絶筆而絶命)." 하는 비상한 각오로 스승의 글 조의제문(弔義祭文)을 조선왕조실록의 원고(史草)로 넣었다. 그들은 "천하는 하루라도 역사가 아닌 날은 없다(天下, 不可一日而無史也)."[611]고 '역사의 서술자(史官)'로서 목숨까지 걸었다. 1498년 7월 19일에 유자광이 파놓고 기다리고 있었던 함정에 김종직 대신 문하생들이 굴러 떨어졌다.

이렇게 발생한 무오사화(戊午士禍)는 김종직의 문하생들에겐 조의제문을 사초에 넣는데 같이 동조했다는 제목으로 거열형(車列刑)을 받았다. 그러나 B.C. 213년부터 B.C. 206년까지 있었던 중국 진시황의『분서갱유(焚書坑儒)』의 역사적 교훈을 받아서 "선비는 자신의 붓으로 자신 숨통을 자른다(士筆去命)."라는 사실을 일찍 알고 있었다. 문하생 김굉필(金宏弼, 1454~1504)이 태어나 성장했던 고향 솔례(率禮) 마을에선 "산불이 번질 곳을 미리 태워버리자."라는 평소 소신으로, 그동안 문하생들과 오고 갔던 서한, 문집, 휘호 등을 모두 불태워버렸다. 이렇게 방화선(防火線)을 미리

설치했기에 끝내 '김종직의 문하생으로 무리를 지어 행동했다는 죄목'으로 곤장 80대(杖八十)와 원방부처(遠方付處)라는 형벌을 받아 평안도 희천(熙川)에 유배되었고, 2년 뒤 순천(順天)으로 옮겨졌다.

그는 학문연구와 후진양성을 힘써 희천(熙川)에서도 조광조(趙光祖, 1482~1520)에게 학문을 전수했다. 1504년에 갑자사화(甲子士禍)가 일어났고, 김굉필을 무오당인(戊午黨人)이라는 죄목으로 51세 나이에 순천 철물시장(順天 鐵物市場)에서 목이 잘리고, 저잣거리에다가 머리가 내달렸다. 이후 중종반정(中宗反正)으로 신원(伸寃)되어 승정원 도승지 겸 경연참찬관(承政院都承旨兼經筵參贊官)에 추증(追贈)되었다. 그 가문의 자손에게 관직 등용이라는 시혜가 주어졌다. 이황(李滉, 1501~1570)은 그를 '근세 도학의 할아버지(近世道學之祖宗)'라고 숭상해 칭송했다.

이득이 되더라도 먼저 옳은지를 생각함(見利思義)

지난 2010년에 "정의란 수수방관자의 구경거리가 아니다(Justice is not a spectator sport)."라는 새로운 개념으로 『정의: 옳은 일을 한다는 건 뭘까(Justice: What's the Right Thing to Do)?』[612]라는 저서로 지구촌을 달구었던 하버드 대학교(Harvard University) 마이클 샌델(Michael Joseph Sandel, 1953년생)이 새삼스럽게 우리에게 정의(正義, Justice)를 생각하게 했다. 동양에서는 B.C. 600년경 '삶(생활) 속에서 정의(生活正義, Justice in Life)'를, 이에 반해 서양에서는 B.C. 410년경에 '정치 속에서 정의(政治正義, Justice in Politics)'를 외쳤다. 오늘날 유엔안전보장이사회(UN Security Council)에서 상임이사국(permanent states)이 자국의 국익에 매몰되어 한 치도 양보하지 않음을 보이면서 모든 인류가 새삼스럽게 정의를 생각하게 한다.

이런 추세에 따라 삶 속에 정의를 실행하겠다는 건 우리의 선인들이 그만큼 앞선 사고방식이었다.

좀 더 자세히 살펴보면, 공자(孔子)는 『논어(論語)』에서 "이로운 걸 보고 정의로운 것인지를 생각하고, 국가의 위태로운 걸 보고 목숨을 내놓고 실행함을 평생 잊지 않고 행한다면 가히 사람이 되었다고 하겠다(見利思義, 見危授命. 久要不忘平生之言, 亦可以爲成人矣)."[613]라고 삶 속에서 정의 실행을 강조했다. 서양에서 정의(justice)란 B.C. 410년경 철학자 소크라테스(Socrates, B.C. 479~B.C. 399)와 궤변론자 트라시마쿠스(Thrasymachus, B.C. 459~B.C. 400) 사이에 논쟁이 벌어졌다. 당시 횡행하던 정의의 개념은 "정의는 강자의 이익이며, 강자에게 유익한 것으로 귀결된다(Justice is whatever is in the interest of the stronger party in a given state; justice is thus effected through power by people in power)." 이를 플라톤(Plato, B.C. 429~B.C. 348)은 자신의 저서 『이상국가론(The Public)』에서 '정의란 강자의 이익(Justice is in the interest of the stronger)'을 논제로 새삼스럽게 언급했다.

'삶 속 정의(justice in life)'를 살아온 선인들의 언행을 살펴보면, 단군신화에서 나오는 '홍익인간(弘益人間, Benefit for All Humankind)' 혹은 '경천애인(敬天愛人, Reverence and Love for Humankind)'은 적어도 오늘날 유엔에서 내놓을 만한 슬로건이다. 이런 철학적 이념이 바탕에 깔려 있는 한국으로 유엔본부를 이전해야 한다는 주장이 나옴 직하다. 그뿐만 아니라 고조선의 건국이념 '광명이세(光明理世, Rule with Justice)'도 정의를 기반에 두고 민족발전을 도모하겠다는 의지였다. 이를 삶 속으로 녹여 생활덕목을 만든 분은 원광법사(圓光法師, 542~640 혹은 630)로 그는 589(진평왕 11)년에 진(陳)나라에서 구법하고, 화랑도(花郞徒)들에게 정의를 실행하도록 화랑오계(花郎五戒) 혹은 세속오계(世俗五戒)를 실행하도록 귀산(貴山) 등 화랑에게 전수했다. 그의 제자 의현(義玄) 648(혹은 638)년에 갓 바위 석불(冠岩石佛)을 6년간 망치 작업으로 달구벌 후예들에게 남겨놓았으니 정의덕목을 마음속에 새기고 있다.

달구벌의 역사 속에서 '이득을 보고 정의를 생각함(見利思義)'의 사례를 살펴보면, 가장 먼저 839년 12월에 서라벌로 진격한 평동장군(平東將軍) 김양(金陽, 808~857)이 휘하에 염장(閻長, 생몰년도 미상)을 데리고 무주(武州)에서 철야현(鐵冶縣)을 거쳐 달구벌(達句伐)에 도착했다.[614] 달구벌 호국성과 동화사의 호국승병들이 평소에 민심을 철저히 외면했던 국왕에 대한 반감에서 "백성은 존귀하며, 국가사직이 다음이고, 국왕은 마지막으로 고려할 대상이다(民爲貴, 社稷次之, 王則輕)."[615]라는 정의(正義)를 구현할 절호의 기회를 기다리고 있었다. 다음 해(839년) 2월(윤정월) 19일에 신라 국왕의 군대가 도착해서 장보고군과 일전을 벌렸다. 달구벌에서는 이득보다 정의를 택했고, 장보고군을 도왔고, 이로 인해 왕군이 대패하고 피신해서 경주에 도주했다. 그럼에도 끝까지 따라가서 민애왕을 죽이고 우징을 왕으로 삼았다.[616]

927년 공산 동수전투 당시에 왕건의 정예기병 500명이 호국사찰 동화사 승병에게 대패를 당하고 은해사(銀海寺) 쪽으로 물러났을 때도 동화사 승병들은 정의감에 불탔다. "아무리 세상이 어지럽기로 신라 호국사찰의 호국승병인데 국왕을 배신하고 왕건을 도울 수 있겠나?"라는 정의감에서 '두 임금을 섬기는 사악함(事二君邪)'을 범하지 않겠다는 의사표시로 결사 항전해 대승했다. 1202(신종 5)년에 경주 별초군(慶州 別抄軍)이 무신정권에 저항하여 봉기를 일으켰다. 영천 지역 농민들과의 불화를 빌미로 청도 운문의 도적 떼와 부인사, 동화사 두 절의 승려들을 끌어들여서 '불사이군(不事二君)'을 대의명분으로 내세워 당시 지명 영주(永州), 오늘날 영천(永川)을 공략했다. 그러나 견수(堅守)와 이극인(李克仁)의 정부군은 이들이 항복했음에도 잔인하게 진압해서 후사 도모를 위해 경주로 패주했다 [617]가 권토중래(捲土重來)를 도모했지만, 그것마저 무신정권은 무관용(無寬容)으로 발본색원(拔本塞源)했다.

1232(고종19)년 제2차 몽고군의 침입으로 이곳 부인사(符印寺)에까지 전쟁의 참화가 닥쳤다. 그 결과는 소중한 민족 문화재 고려 초조대장경이 완전히 소실되었다(蒙古入這, 寇時烏有). 현재 다행히도 일부가 일본 동경 남선사(東京南禪寺)에 일부 소장되고 있다. 그 당시 전쟁참상을 기술한『고려사(高麗史)』에선 "여러 군현에서 피난민들이 공산에 있는 산성으로 모여들었다. 그런데 보급로가 멀었기에 식량이 다 떨어졌다. 노약자 죽은 시신 무더기가 온 골짜기를 메우고도 남았다. 어린아이들까지도 나무에 묶어 놓고 가버렸던 놈들이 다 있었다(公山城合入郡縣, 粮盡道遠者, 飢死甚衆老弱, 塡壑至. 有繫兒於樹而去者)."[618]

8. 고려 때 동양 윤리 교과서 『명심보감(明心寶鑑)』을 저술

동방예의지국의 당간지주(幢竿支柱)를 세우다

삼성그룹 고(故) 이병철(李秉喆, 1910~1987)의 『호암유고(湖巖遺稿)』에 그

분이 1938년 3개월간 일본, 만주, 중국(상해) 동양 삼국의 정세를 살펴보고, "동산에 오르면 노나라가 작아지고, 태산에 오르니 천하가 눈 아래에 보인다(登東山小魯, 登泰山小天下)."[619]라는 세상 보는 식견의 중요성을 언급했다. 곧바로 대구시 중구 인교동(43번지 1)에 '삼성상회(三星商會)'를 세웠다. 이것이 초석이 되어 삼성그룹을 이어받은 이건희의 인사비망록에 "코이(こい, 鯉)란 물고기는 적은 어항에서는 관상용 금붕어로, 대형 수족관에서는 2~30센티의 큰 물고기로, 연못이나 강에서는 120센티까지 준치로 자란다."를 적고 있다. 이 말은 그가 1963년 일본 도쿄 와세다 대학(わせだだいがく, 早稲田大學) 경영학과 교수로부터 들었던 '코이의 법칙(鯉の法則)'[620]이었다.

한편, 지역사회를 하나의 유기체로 본다면, 지역성장은 곧바로 지역주민의 성장으로 직결된다. 뒤돌려 본다면 지역주민의 성장은 i) 밀림의 왕자로 어린 사자를 키우는 엄마 사자와 같고, ii) 더 넓은 세상을 보고자 높은 산에 오르는 노력과도 유사하며, iii) 무한한 성장환경을 제공함으로 지역사회와 지역주민은 동반성장을 하게 된다. 성장과 교육은 서로 맞물린 톱니바퀴처럼 모두가 성장(教育相長)한다. 이런 현상을 미국 실용주의 철학자 존 듀이(John Dewy, 1859~1952)는 『민주주의와 교육(Democracy and Education)』이란 책에서 "교육이란 성장이고, 삶이다(Education is growth and life.)."라고 꼬집어 말했다.

바꿔 말하면, 미래성장은 지역주민교육에 좌우되고, 교육이 성장판(physeal plate, 成長板) 혹은 성장점(growth point)이 된다. 이젠 교육이란 단순히 학생들에게만 국한되었던 의무교육만 아니다. 이제는 '교육받을 권리(Right of Education)' 혹은 '평생교육 권리(Right of Life-Long Education)'가 미래의 성장을 좌우한다. 따라서 최근 노르웨이, 스웨덴 등의 북유럽 복지선진국에선 모든 대학에 45세 이상 대학생이 40%를 넘어섰다. 심지어 독일 하이델베르크(Heidelberg)시는 시민 14만여 명 가운데 1386년 설립된 하이델베르크 대학(Heidelberg University)에 3만여 명이 재학하고 있다. 교육환경은 3개 캠퍼스와 320만 권을 소장한 도서관으로 재학생 가운데 20%인 6,000명이 국제학생이다. 과반수가 40대 이상 성인을 대상으로 교육이 이뤄지고 있다. 노벨상 수상자 숫자도 독일에서 제1위이고, 유럽에서도 4위를 자랑하고 있다.

B.C. 450년경 관자(管子)가 주장했던 백년대계 교육을

"한 해 농사는 곡식 경작만 한 게 없고, 십 년 영농은 나무를 심는 것보다 나은 것이 없다. 백년대계는 자식(사람)을 교육하는 것을 당할 게 없다(一年之計, 莫如樹穀. 十年之計, 莫如樹木. 百年之計, 莫如樹人)."621라는 주장은 B.C. 650년경이다. 출처는 춘추시대 제(齊)나라 재상으로 관포지교(管鮑之交)의 주인공이었던 관중(管仲, B.C. 725~B.C. 645)이 쓴 『관자(管子)』에 나오는 말이다. 우리나라에서도 '한 번 심어놓으면 100년 동안은 무진장으로 수확할 수 있는 인재(一樹百穫之材)'를 양육하자고 주장했던 분은 고려 충렬왕 5(忠烈王, 1305)년에 『명심보감(明心寶鑑)』을 저술한 추적(秋適, 1246~1317)이다. 국가발전과 지역발전을 위해 "가장 소중한 것은 자식 교육이다(至要莫如敎子)."622라고 갈파했다.

오늘날 가장 앞선 지역사회교육제도(community-education system)가 정착한 곳은 우리가 가장 문명 미개인으로 알고 있는 아프리카다. 그들은 "아이 한 사람 키우는 데 온 동네가 달려들어야 한다(Inachukua kijiji kumlea mtoto)."라는 슬로건으로 추진해 왔다. 오늘날 의무교육의 효시는 1861년 독일 비스마르크(O. E. Bismarck) 총리가 '교육입국(敎育立國)'을 제창한 데 기인했다. 그는 교육입국을 통해 10년 후 독일을 역사상 최초로 통일시켰다.

이를 지켜봤던 대한제국은 1894년 '교육입국칙어(敎育立國勅語)'를 선포했다. 또한, 1968년 12월 5일 박정희 대통령은 '국민교육헌장'을 제정해 교육입국을 선언했다. 이를 원동력으로 하여 1976년 1인당 국민소득 1,000$, 수출 100억$ 고지를 달성했다. 그뿐만 아니라 유구한 반만년 역사 속에서 지긋지긋하게 지속되었던 '보릿고개(麥嶺)'마저도 이 땅에서 사라지게 했다. 그동안 3차례 경제개발 5개년계획을 추진했고, 연평균 8.4%의 경제성장으로 '한강의 기적(Miracle of Han River)'을 만들었다.

6·25동란 당시는 우리나라 전 국토가 전쟁의 잿더미로 지구촌의 최빈국이었다. 이에 대해 제레드 다이아몬드(Jared Diamond, 1937년생)의 저서 속에선 1950년대 미국의 학자들 사이에서 "한국, 필리핀 그리고 가나 가운데 최종적으로 빈국으로 남을 나라에 대해 도박을 걸었는데 대부분이 한국이다."[623]라고 술회했다. 필리핀이나 가나는 열대지역으로 농작물을 한해 2~3번 수확도 가능하고, 천연자원도 상대적으로 풍부했기 때문이다. 한국은 단지 입에 풀칠도 어려운 형편에 가장 흔한 건 사람이었다. 자원 빈국인 한국에 1972~1973년까지 배럴당 2.5$가 되던 석유 가격이 8.7$(연평균 348%)로 치솟았다. 전쟁 참화 속에서 허덕이는 그들에게 닥친 제1차 오일쇼크(oil shock)였다. 온 국민이 밤낮으로 노심초사한 결과, 그

해는 14.8%의 경제성장을 기록했다. 심지어 1976년 미국 주간지 뉴스위크(News Week)는 "한국인들이 쳐들어오고 있다(The Koreans're coming)."라는 표지제목으로 특집을 게재했다. '맨손 돌격대(bare-hand troops)', 즉 비록 풍부한 자본도 자원도 없지만 고등 교육과 숙련된 기능으로 무장한 산업예비군이라고 극구 칭송했다. 아무도 생각하지 못했던 교육을 통해 부족한 천연자원을 필적할 인적자원(human resource)으로 개발했다.

명·청 제국의 국운 쥐고 흔들었던 명심보감

지난 1997년부터 우리나라 말로 귀신 씨나락(볍씨) 까먹는 소리(판타지소설)가 지구촌을 뒤흔들었다. 바로 소설 『해리포터(Harry Potter)』다. 1965년생으로 영국 엑시터대학(Exeter University) 불문학(고전학)을 전공했으나, 32세의 이혼녀 조앤 롤링(Joanne Kathleen Rowling, 1965년생) 여사는 가난에 헤어나고자 젖먹이를 유모차에 태워 잠재우면서도 판타지소설을 쓰기 시작했다. 그 소설시리즈는 2007년까지 7권을 완성했다. 소설, 영화, 캐릭터, 상품까지 IMF 외환위기 때 우리나라의 GDP의 20%가량을 그녀 혼자서 벌어들였다. 그녀가 가진 밑천이라고는 우중충한 날씨에 커피 혹은 홍차 한잔 앞에 놓고 밤새도록 이야기하는 스토리텔링(storytelling) 문화가 전부였다.

임진왜란 당시에 이여송 등의 명나라 지원군이 조선에 와서 왜병과 전투는 뒷전에 두고, 명군깃발에 "황제의 깃발이니 조선 국왕도 고두례(叩頭禮, kowtow)를 올려라."라고 거만한 본색을 드러냈다. 영의정 유성룡은 좋은 게 좋다고 동양에선 항복의 굴욕을 표시하는 구고두삼배(九叩頭三拜)까지 올리는 고두례(叩頭禮, kowtow)를 몸소 실행했다. 명분은 조선지원군이었으나 하는 행색은 점령군이었다. 밉다 하니 오히려 업어달라는 꼴이었다. 매일 밤에 '꽃 같은 처녀(花樣女)'를 요구하는 바람에 영의정 유성룡은 벼슬아치를 그만둘 마음도 먹었다. 그때 "부처님의 밑구멍을 들어보면 거미줄이 보인다."라고 했듯이 대명제국의 치부를 밝혀내고자 조선조정에 비밀프로젝트가 전개되었다. 전쟁이 끝난 뒤 대명제국에 '조선을 다시 세워주신 은공(再造之恩)'으로 사례를 올리러 따라갔던 마부 비망록(馬夫 備忘錄)이 최근에 발견되어 밝혀졌다. 즉 대명제국의 건국주(建國主) 주원장의 치부가 드러났다.

그는 어릴 때 부모를 여의고, 가난해서 떠돌이 소작농 신세를 면하지 못했던 주원장(朱元璋, 1328~1398)은 '죽기 아니면 까무러치기다.'라는 마음으로 4년간 탁발승을 했다. 오늘날 말로 "비록 새우잠을 자나 고래 꿈을 꿨다(雖寢以蝦, 心夢以鯨)." 늘 마음속에는 '해와 달을 다스리는 국왕(日月治帝)'이란 꿈을 갖고 흉노족을 규합하여 중국은 물론이고 한반도국경까지 넘나들었다. 주원장이 애타게 찾았던 건국의 대의명분의 단서를 잡았다. 명심보감에서 대명제국의 국명을 찾았다. 즉 추적(秋適)의 손자 추유(秋濡)가 건국프로젝트에 참여했다. 추유(秋濡)[624]가 공민왕 13년 중국에 귀화하여 주원장의 대명제국 건국기획에 협조했기에 국명 '명(明)'이었고, 이 국명은 명심보감에서 따왔다.[625]

이와 같은 대명제국 건국의 천기누설(天機漏泄)은 최근 속칭 '배추 머리' 김병조(金炳朝)의 강의에서 여지없이 까발려지고 있다. 그는 강의에서 "명심보감(明心寶鑑)에서 명나라의 국명이 나왔다."라고. 명심보감(明心寶鑑)의 첫 글자 밝을 명자(明字)는 해(日)와 달(月)이 서로가 서로를 안고(품고) 있는 모양이다. 이렇게 명심보감이 중국의 제왕서(帝王書)로 등극했다. 그런데, 추적의 『명심보감』이 대명제국을 탄생시켰다는 사실을 지우고자 절강성(浙江省) 서호 항주 무림(西湖杭州武林)이었던 범립본(范立本, 1393~1454)이란 학자는 고려의 명심보감(明心寶鑑)이 246 꼭지(이야기)로 묶어져 있었음에 착안해 대륙 중국의 품격에 맞춰 3배나 되는 774꼭지나 챙겨 1393년 2월 16일에『명심보감(明心寶鑑)』이란 동명제왕서를 발행했다.626

그런데, 1454(端宗 2)년 청주(清州)에서 목판본으로『신간교정대자명심보감(新刊校正大字明心寶鑑)』이 간행되었다. 3개 판본으로 즉 초략본(抄略本), 통속본(通俗本), 통행본(通行本)이 간행되었다. 상식상으로 봐서도 당연하게도 영남 유림이 명심보감을 발간했어야 했다. 그런데도 이상하게도 충청감사 민건(閔騫, 출생년도 미상~1460)이 지시하여 청주 목사 황보공(皇甫恭)이 사간원 김효급(金孝給), 구인문(具人文), 유득화(庾得和) 등과 협력해 발간했다. 이렇게 발간된 시대적 배경을 살펴보면, 1453(단종 1)년에 발생된 대사건 계유정란(癸酉靖亂)으로 인해 동방예의지국의 인륜이 저잣거리 길바닥에 내동댕이쳐졌다. 이에 분개한 청주 유학교수관(儒學教授官) 유득화(庾得和)가 1454년 11월에 발문을 쓰고, 충주목 판관 구인문(具人文, 1409~1462) 등이 당시 중국 범립본(范立本)의 명심보감을 몰아내고자, 추적 선생의 명심보감(明心寶鑑)을 국민 윤리 교과서로 널리 배포하고자 추진했다.

이렇게 된 사연에는 추적의 손자 추유(秋濡)가 공민왕 13년에 중국에서 가서 주원장의 대명제국 건국기획에 협조했기에 국명 '명(明)'은 명심보감에서 따왔다.627 이와 같은 사실에 착안하여 일본에서는 임진왜란 이후 에도시대(江戶時代) 1631년에 신시대개막의 신호탄으로 간행했다. 동양은 물론 서양에까지도 전파되었다.628 1592년 필리핀에 거주했던 천주교 선교사 주안 코보(Juan Cobo, 1546~1592)가 스페인어로 범립본(Beng sim po cam)을 번역했으며, 1595년 에펠릭스 3세(Sanctus Felix PP. III)에게 헌정했다.[629] 오늘날 대만과 월남에도 『민탐부지암, Minh tâm bửu giám(明心寶鑑)』이란 책명으로 번역되어 읽히고 있다.

끝으로 누군가 글재주라도 있다면 명심보감(明心寶鑑)을 소재로 「반지의 제왕(King of the Ring)」 혹은 「해리포터(Harry Potter)」와 같이 지구촌의

모든 사람들을 환상의 도가니에 빠뜨릴 판타지를 쓸 수 있을 텐데…. 그런 글재주가 없어 아쉬운 마음뿐이다. 우리나라 지방자치단체에서는 대표적인 저서가 있다면 저서 마케팅(book market-ing)을 빠짐없이 하고 있다. 실례를 들면 전라북도 장수군(長水郡)의 『홍길동전(洪吉童傳)』, 남원(南原)의 『춘향전(春香傳)』, 경기도 옹진군의 『백령도 인당수(印塘水) 심청전(沈淸傳)』, 경상북도 군위군(軍威郡)의 『삼국유사(三國遺事)』의 저서 축제는 물론 예술제까지 하고 있다. 심지어 2016년 경상북도 예천군(醴泉郡)에선 정탁(鄭琢, 1526~1605)의 상소문초안 메모지였던 '신구차(伸救箚)'를 뮤지컬로 제작, 2021년 안동에서는 「원이 엄마」 뮤지컬 드라마를 제작 공연했다.

이에 비해 『명심보감(明心寶鑑)』은 동양 아시아에 보급된 세계적 윤리 교과서다. 적어도 청주시(淸州市)가 하는 세계 최초의 활자본 『직지심경(直指心經)』을 소재로 스토리텔링, 국제학술대회 정도는 벤치마킹해야 한다. 욕심 같아서는 1999년 독일 괴테재단(Goethe Foundation, German)에서 새로운 천 년 맞이 에세이 현상 공모전(100만$)을 개최했던 국제적 저서마케팅을 벤치마킹했으면 한다. 여기서 당선작은 영화 등의 예술작

품으로 각색하는 방법도 있다. 1999년 당시 독일에선 공모전 심사위원 대부분을 노벨문학상 수상자들을 초빙했고, 당시 수상작에 10억 원 상금을 줬다.

제6장

한반도^(달구벌) 선인들의
얼과 혼을 더듬어

1. 철옹성(鐵甕城)은 민심으로 쌓였다

빈손 털터리로 만리장성을 쌓겠다는 발상을!

오늘날까지 "우주 공간에서 지구를 내려다보면 중국 만리장성이 보인다(現代中國的北防工作由偵査衛星和防空雷達網)."라는 슬로건으로 시작된 동북공정(東北工程, East-North Project)이 우리나라에 먹혀들고 있다. ENP(東北工程, East-North Project)의 핵심은 만리장성을 연장하면서 역사와 민족 정체성까지 중국배속화(中國配屬化)를 시키고 있다. 만리장성, "기원전 220년 진시황(秦始皇, B.C. 259~B.C. 210)은 북방민족의 침입에 대비하여 통합된 방어 산성을 쌓기로 해서 만리장성(萬里長城)의 축조는 그 후 명나라 시대(1368~1644)까지 계속되었다. 세계에서 가장 장대한 규모의 군사시설물이며, 역사적·전략적으로 중요한 성벽인 동시에 건축학적으로도 탁월한 유적이다."라고 중국은 주장하고 있다. 축성 당시는 "전쟁도 없는 대낮에 대비한다며 밤늦게까지 성을 쌓았다. 천만 명의 사람의 뼈로 성을 쌓았다네. 영웅적 위용의 만리장성 그 아래, 세계 최대의 무덤이라는 사실을."[630]라고 분개했던 백성들의 아우성이 지금도 들리고 있다.

중국이 동북공정을 하든 우리와는 무관하다고 생각해 왔던 결과는 산동반도(山東半島) 동이족이 세웠던 노(魯)나라, 732년 고구려 유민 이정기(李正己, 재위 732~781)가 건국했던 제(濟)나라의 옛 땅은 물론이고, 당 태종과 국운을 걸고 싸웠던 요동 반도 봉황성(鳳凰城, 安市城)이란 고구려 호국성까지도 만리장성에 포함하는 것에 묵시적인 동의를 해왔다. 더욱이 우리 국사에서 제외했던 발해를 중국의 제후국으로 만들었음은 옛일이 되었다. 현재는 한반도 깊숙이 파고들어 고려 천리장성(千里長城)과 평양성까지 만리장성에 집어넣었으며, 최근엔 중국 국가 주석 시진핑(習近平, Xi Jinping)은 "한국은 실제로 중국의 속국이다(Korea actually used to be a part of China.)."라는 발언까지 서슴지 않는 중국 속국화(中國的屬國化)[631]에 박차를 가하고 있다.

사실 만리장성은 흉노족 방어용 춘추전국시대(B.C. 770~B.C. 221)의 초(楚)장성, 위(魏)장성, 제(齊)장성, 조(趙)장성, 노(魯)장성 및 연(燕)장성을 다 포함한다. 역사적 기록 상엔 만리장성(萬里長城)은 진시황제 때 시작했으며 진(秦)장성(B.C. 221), 한(漢)장성(B.C. 121), 수(隋)장성, 당(唐)정성, 요금(遼金)장성에 이어 명(明)장성까지 개·중축되어 왔다. 실제적으로 만리장성 축성 발상을 했던 때는 B.C. 1,046년이다. 그때는 상(商)나라 주왕(紂王)의 폭정에 시달리고 있었던 주(周) 문무왕(文武王)의 군사(軍師)였던 강태공(姜太公, 생몰연도 다양)은 전략가답게 목야전쟁(牧野戰爭)에서 4만5천 명으로 72만 명의 대군에 대승을 거두었다. 그로 인해 정의(正義)는 반드시 이긴다(正義必勝)는 본을 보여주면서 제(齊)나라를 건국했다. 제나라가 32대 800년을 존속할 수 있었던 초석으로 만리장성이 있었기 때문이다.

당시 강태공(姜太公)의 입장에서는 장기전쟁으로 인해 피폐한 제나라의 국가사정으로는 축성을 위한 재원을 조달할 길은 한 치 앞도 보이지 않았다. 그러나 '육도삼략(六韜三略)'의 전략가답게 기상천외한 재원조달방법을 고안했다. 바로 오늘날 용어로 복권재원조달사업(福券財源調達事業)이었다. B.C. 600년 이전 시가집인 『시경(詩經)』에서 "왼쪽으로 돌리고, 오른쪽으로 뽑았으니. 가운데에 있던 사람들이 좋아라고 야단이다(左旋右抽, 中軍作好)."632 구절에서 복권을 추첨하는 장면이라고 해석했다. B.C. 205 년과 B.C. 187년 사이 한나라 때에도 오늘날 '빙고게임(keno slips)'과 같은 추첨을 사용해서 만리장성의 재원을 조달했다.633 그러나 사실 시경 청인장(詩經 淸人章)의 시 구절의 표현은 "청(淸)나라 사람들이 축 지방에 살고 있는데. 네 마리 말이 끄는 전차병들이 무장하고 있는 모습은 당당하게도. 왼쪽으로 돌아가고, 오른쪽으로 빠지는데. 가운데 있는 병정들은 좋아라고 환호하네(淸人在軸, 駟介陶陶. 左旋右抽, 中軍作好)."라는 병정사열(兵丁査閱) 하는 장면을 묘사했다. 그런데 제비뽑기 모습으로 "좌로 돌리고 우로 뽑는다."라는 해석을 해서 중국 최초의 복권 관련 시로 해석하고 있다.

오늘날 용어를 빌리자면 '프로젝트 파이낸싱(Project Financing)'이다. 재원조달 방법론으로 보첨(宝籤), 승찰(勝札) 혹은 표권(票卷)이라고 했던 오늘날 복권(福券, Lottery)을 도입했다. 한때 초등학교 앞 문방구에서도 '제

비뽑기(抽籤)'라는 이름의 유희게임이 유행했다. 로마제국은 콜로세움(Colosseum) 등 기반시설을 확충하는 데 복권사업을 많이 했다. 근래에 와서는 미국 하버드대학(Harvard University) 건립, 영국에서는 수에즈운하 건설의 자금을 이런 방식으로 마련했다. 서양에서 가장 오래된 공식적인 복권의 기록은 아우구스투스 카이사르(Augustus Caesar, B.C. 63~A.D. 14)가 기원전에 도시도로 보수공사를 위해

복권을 판매했다. 복권당첨금이란 상금을 제공한 건 1466년이며, 벨기에 (Bruges)에서 가난한 사람의 지원금을 마련하고자 지금까지 사용해 오고 있다.[634] 1726년 네덜란드 국립복권(Dutch National Lottery)이 공식적인 국가기관으로 아직도 남아있다. 1907년 대구 거주 일본거류민단에서도 달성토성(達城土城)에 주둔했던 일본 제국군 제14연대가 청일전쟁에서 대승하자 전승기념사업으로 달성공원 성역화를 위해 성금 모으기 복권판매를 시작했다. 또한, 1941년 12월 8일 진주만 기습으로 시작된 태평양전쟁의 승전을 위해 대구에서 "황국신민의 도리를 다하기 위하여."라는 기치로 1945년에는 황국승전복권(皇國勝戰福券) 판매가 열광적이었다.

백성의 고혈(膏血)이란 성, 돌로 성벽이 쌓였다

"제국의 힘은 노예의 피에서 나온다(Imperii potestas a sanguine servorum est)."라는 로마제국들의 신조나 "황국의 위력은 신민의 희생에서 나온다(皇國の威力は臣民の犧牲から出てくる)."라는 일제총독부의 슬로건처럼 성벽(城壁)은 백성의 고혈이 성돌이 되었다. 따라서 만리장성처럼 견고했던 진시황제도 중원통일 15년(B.C. 221~B.C. 206) 만에 무너지고 말았다. 맹강녀고사(孟姜女故事)에서 "엄동설한에 축성 부역에 떠난 서방(范喜良)을 위해 두툼한 솜옷을 지어 변방 길을 나섰다. 몇 날 며칠이 지나 만리장성 축조현장에 도착했다. 하지만, 남편은 이미 숨을 거두고 말았다. 성벽 아래 다른 수많은 사람들과 같이 묻혔다고 했다. 원통하고 분통해… 그녀는 기절통곡을 했다. 사흘 밤낮을 그렇게 울부짖었다. 하늘이 답했다. 만리장성 800리가 무너졌다(孟姜女放聲大哭, 八百里長城爲之倒下)."라고 적고 있다.

오늘날 우리들에게 "하룻밤에 만리장성을 쌓는다(一夜築萬里長城)."이

라는 속담과 『맹강여고사(孟姜女故事)』를 남겼다. 1820년 정약용(丁若鏞),
1762~1836)이 저술한 『이담속찬(耳談續纂)』에서 "하룻밤을 자도 만리장
성을 쌓는다고 할지라도 마땅히 대비하지 않으면 안 된다(一夜之宿長城或
築, 雖暫時之須不宜無備.)."라고 적고 있다. 이에 대한 해석으로 1855년 조
재삼(趙在三, 1808~1866)은 『송남잡지(松南雜識)』에서 "왜놈들이 우리나라
에 하룻밤을 자고 가더라도 성을 쌓았다는 데 유래했으며, 남녀 간의 인
연에다가 비유했다."라고 설명까지 했다. 『시경(詩經)』에서 '마차를 같이 탔
던 여인(有女同車)'이라는 구절에는 "무궁화(舜華) 숲 속으로 꽃마차는 달
려간다. (하늘은 오렌지 색) 아가씨의 귀걸이는 한들한들, 부딪치는 패옥 소
리는 들려온다. 저 예쁜 아가씬 강씨네 맏딸이어라(孟姜女). 가슴 소리 꿍
꿍, 아름답기만 하구나."[635] 마치 1939년 일제식민지 때에 진방남(秦芳男,
1917~2012)이 불렀던 「꽃마차」 가사처럼 폭정(暴政)을 승화시킨 사랑을 만
들고 말았다.

성(城)이란 한자의 제자원리를 살펴보면, 『설문해자(說文解字)』에선 "성
(城)이란 백성의 번성(以盛民也)을 의미로 흙 토(土)와 이룰 성(成)를 결합했
으며, 음을 성(成)에서 따왔다."[636] 여기서 "온 백성들이 번창(盛民)하도록
사람과 물산을 받아들인다(盛也, 所以盛受人物)."라고 서개(徐鍇, 920~974)
의 『설문해자계전(說文解字系傳)』에서 해설을 붙이고 있다. 『사기 시황본기
(史記·始皇本紀)』에선 "진시황제는 만리장성을 쌓았다(帝筑万里長城)."라고.
전한 때 『원제기(元帝紀)』에서도 "진시황제가 처음으로 만리장성을 쌓았는
데, 남쪽에서 모양은 남두육성이고, 북쪽에선 북두칠성을 닮았다고 장성
(長城)의 이름을 '두성(斗城)'이라고 했다."[637] 다른 한편 서양에서는 뒤늦게
중세기에 들어와서 비로소 축성을 많이 했다. 유럽형 성(European-style
castles)들은 카롤링거 왕조(The Carolingian, 751~987)가 사라지면서 9세

기와 10세기에 쌓기 시작했다. 그럼에도 세계에서 가장 오래된(世界最古) 성벽은 B.C. 3,000년경까지 소급되는 시리아 알레포 성채(The Citadel of Aleppo)다. 현존하는 성벽으로 가장 오래된 건 A.D. 1,070년에 축성한 영국의 윈저 성(Windsor Castle)으로 오늘날까지 사용되고 있다. 가장 큰 성으로는 70,000㎡ 체코의 프라하 성(Prague Castle)으로 유럽여행에 필수 코스가 되었다.

서양의 성채나 성벽은 영주의 봉토와 주민보호가 목적이었으나 동양성벽은 적군의 침입방어 혹은 '조망과 피신의 병영선점(爲先眺望, 而避身之, 先制敵之)'을 위해 축성했다. 따라서 i) 천혜 요새지에 축성해서 난공불락(難攻不落)이 특징이다. ii) 가장 완고한 성벽은 지리적 이점보다 인화단결이란 금성탕지(金城湯池)를 만들고자 했다. 우리나라에서 철옹성(鐵甕城)이란 별명을 가진 평안북도 영변군의 영변 산성이 있었다. 『삼국지(三國志)』에선 "병법에 이르기를 아무리 금성탕지에다가 철갑으로 무장한 백만 대군이라고 해도 식량 보급이 없다면 지켜낼 수 없다."[638] 했고, 이구(李覯)의 『강병책(强兵策)』에서도 "백성과 함께함이 싸우지 않고 승리하는 비법이다."[639]라고 주장하고 있다. 오늘 현대전에서도 세계군사대국 2위 러시아(Russia)와 22위 우크라이나(Ukraine) 전쟁에서도 순위는 숫자에 불과하고 '비대칭적 무기 혹은 전략(asymmetrical weapons or strategies)'에 좌우되고 있다.

서양의 성벽은 봉토와 영지거주민을 보호하기 위한 축성이기에 '조망과 피신의 논리(Prospect & Refuge Theory)'를 철두철미하게 지켰다. 즉 평시엔 영토와 영주민을 관리를 위한 조망권(眺望圈, Prospect View)을 확보하고, 위험이 닥쳤을 경우에 영주와 영주민의 피신(避身, Refuge)을 확보할 수 있는 위치와 시설을 마련했다. 조망권 확보를 위한 대표적인 역사적 사례가 '제국의 7개 언덕(Seven Hills of Empire)'이란 자연 여건이다. 이를 구비했던 로마, 이스탄불, 모스크바 등이 제국수도가 되었던 자연 환경적 여건이었다.

물론 고대 동양의 축성에서도 '조망과 피신의 논리'가 무시되지 않았다. 10세기 이후에 체계를 확립했던 풍수지리설의 용어를 빌리면 '배산임수(背山臨水)'라는 원칙이다. 더욱 자세하게 축성대상지로 여건을 살펴보면 i) 적군의 상황은 물론 아군의 전황을 살펴볼 수 있는 조망권이 확보된 곳(可察彼我), ii) (적에게 포위되었을 때) 독 안에 든 쥐가 되지 않기 위해 산정과 깊은 골짜기를 피해(避窮頂谷), iii) 산을 등져 자신은 숨기며, 전방의 적은 볼 수 있는 곳(隱我察彼), iv) (장기적 고립전투에서) 식수, 식량 그리고 물자와 지원병의 제공이 쉬운 곳(易水糧物), v) (최악의 상황을 상정해 후사 도모를 위해) 암문(dog hole), 벽채 다리(wall bridge), 지하비밀통로(underground secret passage) 등으로 36계(逃走)가 가능한 곳(走爲上略)을 선정하게 된다.

물론 이태백(李太白)의 "촉나라로 가는 길이 그렇게 어렵다더니, 푸른 하늘에 오르는 것보다도 더 어렵구나(蜀道至難難於上靑天)."[640] 하는 천혜 요새 검문관(劍門關)에선 "병사 한 사람이 길목을 지키고 섰는데, 적병 천 명의 간담을 서늘하게 하는 데 족하다(一夫當逕, 足懼千夫)."[641]는 전략적 요충지였다. 산전(山戰)에선 성벽(城壁)이었으나 수전(水戰)에는 전선(戰船)이 싸움터였다. "그곳에는 시신이 늘려있는 곳이기에 죽기를 각오하고 싸워야 살 수 있고, 꾀부렸다가는 죽기 십상이다(兵戰之場, 立尸之地. 必死則生, 幸生則死)."[642, 643]

2. 달구벌을 지켰던 옛 성(古城)들을 더듬어 보면

달구벌은 성읍 도시로 고성(古城)이 많았는데

일전에 향토사학자로부터 "임진왜란 때에 대구읍성이 축조되기 전이었는데 고성에 진주했다고 하니 오늘날 고성동(古城洞)에 있었던 성이었냐?"644라는 질문을 받았다. 먼저 고성동(古城洞)의 명칭에 대해서 대구광역시 연혁과 북구청 연혁을 기반으로 고성동 고성의 존재 유무에 대해 정리를 하면 1938년 11월 2일 대구부북부출장소(大邱府 北部出張所) 신설, 1946년 북구출장소에 태평로3가, 4가, 5가 및 6가를 관할하다가, 태평로3가를 중구로 편입하고, 나머지는 태평로4가~6가를 고성동(古城洞)으로 명칭을 변경하여 관할, 1963년 1월 1일 북구출장소와 동변동(公山面)과 서변동을 편입하여 북구(9개 동)로 승격, 1975년 10월 1일 태평로4가동을 고성1가동으로, 태평로5, 6가동을 고성2, 3가동으로 분동했다. 1978년 8월 19일 칠성동2가 470번지에서 고성동3가 1번지(현 대구 도시개발공사)로 이전, 1980년 3월 1일에 고성1, 2, 3가동을 고성동(古城洞)으로 다시 통합시켰다. 이렇게 동명을 변경함에 '옛 성(古城)'이란 '대구부성(大邱府城)'에 연유했다. 물론 신라 중엽 김유신과 백제군이 싸웠던 토성이 있었다며, 이에 연유했다는 일설도 있었다.645 고성성당의 연혁에 따르면 1958년 10월 28일 계산동 본당에서 분리되어 설립되어 명칭을 '칠성동 본당(七星洞本堂)'으로 하다가 1979년 3월 행정구역명변경에 따라 '고성동 본당(古城洞本堂)'으로 개칭했다.

그렇다면 현재 고성동(古城洞)에 '옛 성(古城)'이 있었다는 기록이라고 있느냐?[646] 임진왜란 때에 대구부성(大邱府城 혹은 大邱邑城)이 있었는데 고성(古城)이라면 달성토성(達城土城)이다. 아니라면 대구부성에도 토성(土城)이 있었느냐? 등의 질문이 꼬리를 물고 생겨난다. 오늘날 우리들이 중국 관광객에게 서문시장을 설명할 때 "서문시장의 위치는 원래 대구 고성(대구 부성)의 서문에 있었다고 서문시장이라고 했다(西門市場位, 于原大邱古城的西門, 故名西門市場)."라는 설명을 하고 있다.[647] 그러나 대구부성 혹은 대구읍성을 석축하기 전의 선조 23(1590)년 대구도호부사로 취임한 윤현(尹晛, 1536~1597)이

선산(善山), 군위(軍威), 인동(仁同)의 3개 읍민과 대구부민을 동원해 경상 감영관아를 둘러싸는 울타리와 같은 평지토성(平地土城)[648, 649] 대구부읍성(大邱附邑城)을 '옛 성(古城)'이라고 했다. 따라서 임진왜란 당시에 왜군에 의해서 대구읍성은 함락되어 파괴되었다. 140년이 지난 영조 12(1736)년 경상감사 겸 대구부사 민응수(閔應洙, 1684~1750)가 '축석성 상신문(築石城上申文)'을 올려 국왕으로부터 윤허(允許)를 받고 4월부터 돌성 쌓기를 다음 해 5월까지 하여 석성 읍성을 완성했다.

물론 '대구읍지(大邱邑誌)' 혹은 '대구부지(大邱府誌)'에서 "수성의 서쪽 십 리, 옛 성(고성)이 있었다고 하는데 현재는 없다(壽城西十里 有古城今無.)."라는 기록이 있다. 여기선 옛 성(古城)은 '수창군관아성(壽昌郡官衙城)' 혹은 줄어서 '수성(壽城)'을 말한다. 수성구청에서 고성이란 수성(壽昌郡官衙城)[650]의 서쪽에는 신라 말 고려 초에 축조했던 능선을 따라서 쌓았던 포곡석성(包谷石城)이었던 대덕산성(大德山城)이 있었다.[651] 또한, 909년 6

월 26일에 최치원(崔致遠)이 쓴 『신라호국성 팔각등루기(新羅壽昌郡護國城八角燈樓記)』에서 "곤방으로 이어지는 옛 성(古城)의 이름이 달불(성)이다 (坤維有古城稱爲達佛)."라고 한 것은 달구벌토성(達句伐土城)을 의미했다. 일명 달불성(達佛城) 혹은 달성토성(達城土城)이라고도 했다.

신라는 대가야 정벌의 전초기지로 달구벌에다가 신라호국성(新羅護國城)이라는 천혜 요새지를 마련했다. A.D. 244년에 사통팔달 어느 방향으로도 방어가 가능한 팔괘 축성체계로 신라호국성을 마련했다. 태극에 해당하는 모성(母性) 달불성(達佛城)을 261년에 완성하여 나마극종(奈麻克宗)을 초대성주로 파견했다. 자성(子城)으로 용두토성(龍頭土城), 봉무토성(鳳舞土城), 검단토성(檢丹土城), 고산토성(孤山土城), 용암산성(龍巖山城, 道洞), 팔거산성(八莒山城), 대덕산성(大德山城) 등을 축성했다.

따라서 신라수창군호국성(新羅壽昌郡護國城)이 고성(古城)이 될 수 있다. 당시에도 수성(壽城)이란 오늘날 수창군 관아(중동아파트 단지)를 칭했다.[652] 대구분지의 "사주팔산이강(四周八山二江)"이라는 천혜 요새지였다. 즉 금호강과 낙동강은 대형해자(大形垓字)였고, 사주팔산(四周八山)은 천혜외성(天惠外城)이며, 팔괘호국성(八卦護國城)은 내성(內城)이었다. 사주팔산(四周八山)으로는 중악공산(中岳公山, 오늘날 팔공산), 환성산(環城山), 용암산(龍巖山), 초례봉(礎禮峯), 산성산(山城山), 비슬산(琵瑟山), 최정산(最頂山), 와룡산(臥龍山), 마천산(馬川山), 고산(孤山) 등이 있었다.[653]

달성토성을 성축하기 전은 달서천이 휘감아 감으로써 생긴 5~19m나 퇴적된 수성 퇴적암으로 형성된 구릉지(盆丘)로 둘레는 1.3km 정도로 '조망과 피신이 확보된 여건'에 부합하였기에 내성의 모성으로는 가능했다. 축성지반은 사암 혹은 수성 퇴적암으로 주변 토사를 모아서 토성을 쌓아야 했으며, 다행히도 배수가 안 되는 저지대의 연약(점토)지반은 아니었다.

석축이 아니더라도 판축공법(版築工法)으로도 토성 성축이 가능했다. 더욱 견고하게 하고자 성토 다짐(달구질)은 물론이고, 영정주(永定柱)와 횡장목(橫膓木)을 넣어 도시혈 현상(盜屍穴現象, soil slip) 혹은 토락현상(土落現象) 등의 붕괴를 방지할 수 있었다. 축성연대는 삼국사기에선 A.D. 108년 달구벌에 있던 다벌국(多伐國)을 병합[654]한 뒤에 261년에 달벌성(達伐城) 토성을 성축했다.

당시 자성(子城)에 해당하는 팔거산성(八莒山城)의 축성을 살펴보니, 급경사(175~220m/SL)의 골짜기 위에 정상부를 둘러싼 테뫼형 산성(山頂形山城)이나 250m 정도 떨어진 정상부(287.7m/SL)를 통해 적진을 살필 수 있고, 최악의 경우엔 정상부에 피신여지(避身餘地)로 남겨두고 있었다. 동서 20m, 남북 37m 총연장 1.13km의 규모에다가 동·북·남은 흙과 돌을 이용한 토석혼축(土石混築)의 편축공법(片築工法)으로 쌓았다. 서쪽은 자연산 돌을 이용해 성축했다. 2개의 정문(東門과 西門), 7개의 치(雉), 2개의 우물(軍井)과 수문(水門) 그리고 암문(暗門)까지 마련했다. 산성(山城)의 최고 취약점인 식수확보(食水確保)를 위해 2개의 우물로 급수(給水)와 수문을 통한 배수(排水)까지 치밀하게 관리했다.

비변사의 청야계책(淸野計策)[655]으로 대구도호부 토성 축조

먼저 조선건국 이후 1394(태조3)년에 대구현(大丘縣)에 주변 속현으로 수성현(壽城縣)이 이었다. 사실은 신라시대 수창군(壽昌郡)에 소속했었으며, 이후에 해안현(解顔縣) 그리고 하빈현(河濱縣)에 한때 영속했던 적이 있었다. 1419(세종 원)년에 대구현이 영속하던 4개 현을 통합하여 대구군(大丘郡)으로 승격되었으니 현군(縣郡)의 영속 역사는 뒤집어졌다. 1466(세조

12)년에 대구군(大丘郡)을 대구도호부(大丘都護府)로 승격과 병마절도사(府使)를 파견했다. 조선 비변사에서는 왜군의 침입위기를 감지하고 정확한 정보를 탐색하고자 1590년에 통신사절을 파견했다. 정파(政派)가 다른 정사(正使)는 황윤길(黃允吉), 부사(副使)는 김성일(金誠一)이 통신사로 동행시켰다. 1590년 4월 29일 일본통신사 정사(正使) 황윤길(黃允吉)과 부사(副使) 김성일(金誠一)이 국왕 선조(宣祖)에게 왜군의 침략예징(侵略豫徵)과 동향(動向)을 보고했다. 황윤길은 "한 번에 뛰어들어 곧바로 대명제국을 칠 테니, 조선을 먼저 몰아내 조선조정을 장악하겠다(一超直入大明, 貴國先驅而入朝)."656라는 도요토미 히데요시(豊臣秀吉)의 말을 그대로 전달했다. 이에 반해 김성일(金誠一)은 도요토미 히데요시豊臣秀吉)는 전쟁을 할 위인이 못되니 공연히 평지풍파(平地風波)를 만들지 말라는 비전론(非戰論)을 주장했다. 선조는 황윤길의 전쟁론(戰爭論)보다 김성일의 비전론(非戰論)을 옹호했다.657 그러나 마음이 편하지 않으며, 언제나 뒷골이 당겼다. 결국은 비변사(備邊司)로 하여금 '만사는 불여튼튼(有備無患)'이라고 당부를 했다. 국왕의 지시에 따라 비변사는 "왜란의 장기화를 대비하되, 개전초기에 산성을 거점으로 청야전(靑野戰)을 전개할 복안으로, 왜군의 진격 요로를 선제적으로 장악해 요해처(要害處)에 타격할 수 있게 산성을 수축하라(以對日戰, 爲長戰完, 要塞爲基, 防長日進, 對靑野計, 修築要處)."라는 계책을 마련하라는 어명이 하달되었다.

임진왜란 이전 대구도호부 부사엔『대동운부군옥(大東韻府群玉)』이란 대백과사전을 저술했던 권문해(權文海, 1534~1591)가 7년간(1584~1590) 부임했고, 이어 1590(선조 23)년 최희(崔禧, 1535~몰년 미상)에서 같은 해 당시 조선 최고 권력가(朝鮮最高權力家) 삼윤(三尹) 가운데 한 분인 윤현(尹睍, 1536~1597)이 대구부사로 부임했다. 당시 윤현(尹睍, 1536~1597)이란 부사는 1576(선조 9)년에 전랑(銓郎)에 이어 1578년에 이조전랑(吏曹銓郎)에 올랐으나 서인 거두 3윤(三尹)과658 같이 전랑(銓郎)에 승급한 김성일(金誠一)과는 견원지간(犬猿之間)이었다. 이때 마치 1578(선조11)년 서인 거두 3윤을 눈여겨보고 있던 동인(북인)의 거두 이산해가 사간원 대사간(司諫院大司諫)으로 발탁되자 윤두수(尹斗壽)의 이종사촌 동생이었던 진도군수 이수(李銖) 옥사에 관련하여 김성일로부터 논핵되어 윤두수(尹斗壽), 윤근수(尹根壽) 그리고 윤현(尹晛)이 연좌되어 탄핵(파직)되었다.659 윤두수(尹斗壽)는 다음 해에 환배(還拜)되었고, 윤현(尹晛)은 1581(선조 14)년에 안악군수(安岳郡守)와 이조정랑(吏曹正郎)을 거쳐 승문원 판교(承文院判校)를 역임했다. 대구도호부로 부임되었다는 그 자체만으로도 영남유림과 김성일은 신경을 곤두세웠다. 평화로운 영남유림에 호랑이 한 마리가 나타난 격이었다. 누구도 한시도 마음을 놓을 수 없었다.

취임한 지 얼마 되지도 않았는데 비변사(備邊司)에서 어명으로 하달된 교지(敎旨)가 '수축요처(修築要處)'였다. 이에 따라 대구도호부사로서 i) 민심의 동요를 없애고자 ii) 최소한 울타리 역할이라도 하는 방어성벽을 쌓는 방안을 모색해야 했다. 대구부민들에게 최소한의 동원방안으로 선산(善山), 군위(軍威), 인동(仁同) 읍민을 동원했다. 또한, 조심스럽게 대구부민에게도 부역을 부과했다. 대구도호부를 방어하기 위한 평지축성(平地築城)을 해야 하지만, 붕괴되지 않도록 영정주(永定柱)와 횡장목(橫長木) 등을 넣고 판축 기법으로 토성을 쌓았다.660, 661 1592년 음력 4월 13일에 왜적이 침입해온다는 봉홧불과 파발이 빗발쳤다.662 경상좌병사(慶尙左兵使) 이각(李珏, 출생 미상~1592)의 지시가 떨어졌다. 늘 가시방석에 앉아 있었던 대구도호부 부사 윤현은 여의주를 얻은 승천용처럼 4월 15일 울산좌병영으로 대구도호부의 병력을 이끌고 출전해 지원했다. 여기서 상관이었던 이각(李珏, 출생 미상~1592)663은 패전으로 도주하다가 임진도원수 김명원(金命元, 1534~1602)에게 잡혀 선조가 보낸 선전관(宣傳官)에게 참수를 당했다(臨津都元帥金命元出現陣中, 把他逮捕, 後被判斬首)."664, 665

그 바람에 울산 왜군진격 합동저지작전에 참전했던 대구부사 윤현(尹晛)도 대패했다. 지원 병력들은 패잔병으로 퇴각해 4월 24일에 대구도호부로 돌아왔으나, 함락된 대구부성(大丘府城)의 관아는 불타 없어진 채(焦土化) 재만이 남아있었다. 그뿐만 아니라 토성 성벽마저도 군데군데 무너져 내렸다. 무혈입성(無血入城)했던 왜군은 후미추격전(後尾追擊戰)을 대비해 주둔병 1,600여 명을 대구향교에 주둔시켜 방어하게 하였다. 임진왜란 이전의 대구도호부 병영이 모두 재만 남았기에 들어갈 수도 없었다. 부사 윤현(尹晛)는 잔병과 부민 2,000여 명을 데리고 팔공산 동화사(桐樺寺)에 주둔하고 있는 관군 진영(혹은 公山山城)을 향해 갔다. 임시 도호부를 염불암(念佛庵) 암자에 막사를 마련했다.666, 667, 668 그렇게 했음에도 부사 윤현은 안심되지 않아 삼성암(三聖庵)으로 피신했다.669 영남유림에서는 평소에도 윤현(尹晛)에 대해 평판을 좋게 하지 않았다. 8월 20일에는 대구부사 윤현은 더 이상 참지 못하고(경솔하게) 왜병을 공격한다는 명분으로 700여 명의 사상자만 더 만들었다. 그 다음 날에는 병사(兵使) 박진(朴晉)이 왜병에게 대패해 600여 명의 사상자를 내었다. 이에 대한 전황은 학봉(鶴峰) 김성일(金誠一, 1538~1593)이 국왕에게 상신했던 장계(狀啓)에 적혀있다.670 1593년 4월 21일에 대구부사 윤현(尹晛)에게 설상가상으로 아내와 딸이 한양에서 왜병들에게 포로로 생포되었으나 강물에 투신해 익사했다. 참으로 이상하게도『동국신속삼강행실도(東國新續三綱行實圖)』에선 윤현의 부녀가 열녀로 정절을 위해서 강물에 몸을 던졌다고 기록되어 있다. "나는 국토를 수호해야 할 신하로 응당 이 땅을 지키다가 귀신이 되어야 하거늘 선조님께 욕되게 하는 일이 없도록 하겠다(我爲守土之臣, 當做此地鬼. 祖先神主不宜汚賊)."라고 단호함을 보이자. 그의 부인 김씨(金氏)와 출가한 18세 딸이 왜병으로부터 잡히기 전에 강물에 투신 자결(投身自決)했다.671

임진왜란 이후 잦은 변동사항은 1593(선조 26)년 10월에 경상좌·우도를 합쳐 경상감영을 성주목(星州牧) 속현인 팔거현(八莒縣, 1593~1596, 오늘날 칠곡 읍내)에 설치하였으며, 1595(선조28)년 다시 좌도와 우도로 분도(分道)했다가 다음 해에 다시 합쳐 경상감영을 대구달성(達城, 오늘날 달성공원, 1596~1599)으로 옮겨서 설치했다. 그러나 1597(선조 30)년에 정유재란(丁酉再亂)으로 달성에 설치했던 경상감영이 소진(消盡)되자 유영(留營)을 다시 폐지했다. 전란이 끝나고 복구사업이 진행됨에 따라 조정에서 논의되었다. 그런데 1599(선조 32)년 경상도 관찰사 한준겸(韓浚謙)과 체찰사 이덕형(李德馨)이 장계로672 "성주와 대구가 경상도의 중앙이지만 전염병 창궐이 끝나지도 않고, 전화회복이 멀었으니 차라리 안동부에 유영을 설치하도록 해주십시오(星州大丘一道中央, 瘡痍未蘇, 榛莽猶塞. 姑於安東府留營)." 라는 주청(奏請)이 있었다.

이로 인해 1599년 안동감영(1599~1601) 시대가 개막되었으나 곧바로 위치상 부적합하다고 재차 논의되었고, 1601(선조 34)년 지정학상 중심부인 대구에다가 대구 감영을 결정했다. 5월 24일에 더운 날씨에도 불구하고 안동에서 대구로 감영이 옮겨졌다. 이런 변동기에도 1599년 김구정(金九鼎, 의성 김씨, 1550~1638) 부사에 취임으로, 한준겸(韓浚謙, 1557~1627) 감사가 합심하여 대구향교(大丘鄕校)를 달성공원 인근으로 이전했다가, 1601년 5월 24일673 경상감영이 안동에서 대구로 이전함674에 따라 1605년에 향교(鄕校)를 임진왜란 이전의 교동으로 다시 옮겼다. 그 사이에 대구부의 위정자는 1597년에 대구도호부사로 김구정(金九鼎)675이 부임했고, 1601년 1월 13일 배응경(裵應褧, 1544~1602) 부사가 부임했다가 얼마 있지 않고 사임했다. 그해 5월 24일에는 안동경상감영이 대구로 이전함에 따라 당시 관찰사 겸 부사로 당시 세력가의 대명사였던 김신원(金信元)이 부임했다. 1607년에 경산현(慶山縣)과 하양현(河陽縣)이 대구도호부 관할에서 빠져나갔다. 1612년 김구정(金九鼎)이 대구도호부 부사로 다시 부임했다.

3. 달구벌의 미혼(美魂)을 살려냈던 대구부성

대구부읍성(大丘府邑城)이 석축(石築)되기까지

임진왜란 이전 1590년에 대구도호부 부사 윤현(尹睍)에 의해 관아방어용 평지토성으로 축성했다. 1592년 4월 21일 왜군 제1진 사령관 가토 기요마사(加藤淸正)는 조총 정예 8,000여 명의 병력으로 대구를 진공했다. 대구부성 성주(城主) 부사 윤현은 4월 15일에 경상좌병사 이각(李珏)의 지시에 따라 울산 진공작전에 지원하러 갔다. 왜군을 맞이하는 성주조차 없자 무혈입성한 뒤에 혹독한 대가로 관아를 불태웠다. 죄 없는 백성들은 인정도 사정도 없이 도륙되고 소탕되었다. 관아방어가 목적이었던 대구읍성(토성)은 점령군의 설욕대상으로 남김없이 파훼되었다. "성을 쌓기보다 성을 지키는 데 더 많은 사람이 죽는다(築城易, 守城血)."라는 역사적 교훈을 우리의 선조들은 뼈저리게 느꼈다. "관아도 백성도 지키지 못했던 대구고부성(大丘古府城)은 성주(城主) 윤부윤(尹府尹) 한 사람만을 지켰다."라는 악평(惡評)은 무쇠까지 녹이고 말았다(衆口削金). 대구부민의 악담의 결과는 1593년 4월 21일 '서인 실세 3윤'이라던 윤현(尹晛)의 부인과 딸이 한양에서 왜군에게 포로로 잡혔다는 소식으로 진정되었다. 끝내 한강 물에 투신 자결했다는 소식이 날아들었다. 대구 백성들은 '사필귀정(事必歸正)'이라고 야단법석을 떨었다. 당시 그의 권력을 당할 자는 아무도 없었고, 다시 뒤집어져 온 백성의 윤리 교과서인『삼강행실도(三綱行實圖)』의 열녀도(烈女圖)에 윤현의 부녀가『이부투강(二婦投江)』이라는 열녀귀감(烈女龜鑑)에 등록되어 오늘날까지 내려오고 있다.

이런 결과를 받아든 대구부민들은 부성(府城)에 관심이 전혀 없었다. 경상감영은 성주목 팔거현(星州牧 八莒縣, 칠곡 읍내)에서 대구달성(達城, 1596~1599)에 왔다가 안동(安東, 1599~1601)에 갔다가 1601년 5월 24일 대구도호부로 이전되었다. 당시 관찰사 겸 대구부사는 '동인의 수장(東人之首長)' 김효원(金孝元)의 동생인 김신원(金信元, 1553~1614)이었다. 그의 품행에 대해선 서인들도 "조금 청렴하다(少廉)."[676]라고 조선실록에 기록되어 있다. 임진왜란이라는 국란이 아물기도 전에 1627년 정묘호란(丁卯胡亂)과 1636년 병자호란(丙子胡亂)이 이어졌다. 1639년 6월 19일 인조 때에는 고려 제2차 몽골 침입 때 파손되었던 대구의 공산성(公山城)과 성산(星山)의 독음산성(禿音山城)에 대해 "형세가 가장 좋다(形勢最好)."라는 평가에 따라 수축(修築)에 대한 조정에 논의가 있었다.[677] 그러다가 1640(인조18)년 칠곡도호부(漆谷都護府)를 가산산성(架山山城)으로 옮기고 전략적 기지촌(戰略的基地村)을 마련했다. 그러나 대구도호부성(혹은 경상감영읍성)에 대한 축성은 뒤로 우선순위가 밀렸고, 이후 한동안은 아무도 관심을 갖지 않았다.

1733년 사은겸동지부사(謝恩兼冬至副使)로 청나라 사신으로 다녀와 성균관 대사성(大司成)과 사헌부 장관(오늘날 검찰총장)인 대사헌(大司憲)을 역임하시던 민응수(閔應洙)가 1735(영조11)년 3월에 경상도관찰사(慶尙道觀察) 겸 대구도호부사(大丘都護府使)에 부임하였다. "경상감사 한 번 하면 7대는 배 두드리고 먹는 수 있다(一回赴任, 七代飽食)."라는 한양정가(漢陽政街)의 소문과는 아주 딴판이었다. 영남유림의 날카로운 눈매와 임진란으로 무너진 옛 토성(古土城)만이 남은 을씨년스러움이 관아 감영을 엄습했다. 1736년 정초에 국왕에게 신년인사와 축성건의를 장계에 담아 올렸다. 1월 22일 "경상감사 민응수가 대구읍성을 쌓도록 해달라고 청했다. 경상감영 그 자리는 지형상 평지로 전략상 요새지를 지킬 성은 아니더라도 울타리로 막을 수 있는 구축물은 없다는 건 말이 안 된다고 하겠다(其地形雖難守城, 不可無藩籬之阻). 1730년 6월에 경상도 관찰사를 역임했던 조현명(趙顯命, 1690~1752)[678]도 일찍이 그곳에 성을 쌓을 필요성을 언급했다. 국왕은 그렇게 하는 것이 옳다."[679]라고 영조실록에 있다.

얼마나 사전에 준비되었는지, 국왕의 공식적인 허락이 떨어지기 전에 주변을 찾아본 결과 금호강변 까치역원(鵲院, 일명 깐촌) 인근에 붉은 사암 채석이 가능한 장소(팔달동 산14-1번지, 오늘날 대백인터빌 옆)를 마련해 놓았다. 또한, 돌 깨기(採石)와 정석(整石)을 채석장에서 하고, 최단거리 물길을 찾고자 i) 금호강과 신천(新川) 물길을 따라 칠성둑(七星堤)까지, 다른 방안은 ii) 금호강에서 달서천(達西川)으로 수운한 뒤 달성토성 앞(속칭 자갈마당)까지 두 개의 수운방안을 실측해 선택했다. 1번 안은 거리도 더 길고, 강물 흐름에 거슬러야(逆行) 했다. 그러나 2번 안은 금호강 물에 순행(順行)하고, 개울물(達西川)만 거리를 거슬러 올라가면 되었다.

또한, 무거운 돌을 채석해서 운반하는 최적기는 i) 동결된 도로를 이용한 통나무 굴대 방식이 가능하고[680], ii) 농번기가 아니어야 우마(牛馬)와 인력의 동원이 가능했기에 엄한설동(嚴寒雪冬)을 이용했다. 1736년 정월 8일에 채석과 정석을 시작했다. 12일에는 옛 토성터전(土城基盤)을 이용해서 터를 닦으며 축성을 시작했다. 동절기 끝나기 전에 채석과 운반을 끝내고, 4월 25일에 성곽의 모양새(體城)가 드러났다. 6월 5일부터는 여첩과 사대 정문을 건축했다.

한편으로 물리적 축성보다도 달구벌(영남유림)의 얼(선비정신)을 4대 정문에다가 녹여 아로새기고자 '쌍무지개 문(雙虹霓門, double-rainbow gate)'에다가 누각을 살포시 얹어놓은 '봉황새의 둥지누각(鳳凰巢樓)'을 만들었다. 여기에다가 누각 지붕 끝에는 '봉황새가 하늘을 향해 날아오르는 기상(鳳凰飛天之氣)'을 느끼도록 '무지개를 하늘에 거꾸로 달아 놓은 현수곡선(懸垂曲線, dangling curve)'을 만들었다. 임진왜란과 같은 국란을 생각해 유비무환(有備無患)으로 동남쪽 손방(巽方)과 서북쪽 건방(乾方)에다가 비상 출입구(暗門)를 설치했다(兩暗門則居巽而位乾也).[681] 4대 정문으로는 동문(東門)은 '인근에 군부대 진영(鎭營)에 연결되는 문'이라는 뜻으로 진동문(鎭東門), 서문(西門)은 '서광창성(西光昌盛)이 매일 도달하기를 기원함'을 위한 달서문(達西門), 남은 영남제일관(嶺南第一關), 북은 '덕으로 정치할 것을 북두칠성에게 천명을 받듦.'[682]을 상징하는 공북문(拱北門)으로 지었다. 총 둘레는 2,124보, 여첩(女牒, corner fence)은 819첩, 성벽의 높이는 성지(城址)의 굽이를 고려해서 서남 측은 18척, 동북 측은 17척[683]으로, 차이가 1척이나 났다(오늘날 구글어스 1m/SL 정도 차이). 성벽의 뒤쪽 너비(後築廣)는 7보로 성벽의 높이로는 3급에 해당했다.[684] 마지막으로 기록을 남기고자 영영축성비(嶺營築城碑)를 관찰사 민응수(閔應洙)가 손수 작성했다. 글씨는 당시 명필가였던 백상휘(白尙輝)가 써서 남쪽 영남제일관 옆에 세웠다.[685] 영영축성비(嶺營築城碑)에 의하면 축성 기간은 6개월이고, 동원인력은 78,534명이 달했으며, 축성기념행사로 활쏘기 대회(弓師大會)를 개최해 부상을 주었다. 이 영영축성비(嶺營築城碑)는 1737(영조 13)년에 남문 영남제일관 옆에다가, 1906년에 일본 거류민들의 건의로 읍성이 헐리자 1932년까지 대구향교에서 이전되어 있다가 1980년에 현재 영남제일관(嶺南第一關)이 있는 만촌동으로 다시 이전되었다.

이 정도의 석성(石城)을 오늘날 축성한다면 성벽 둘레 3,823m(2,124보×6척×0.3m)를 표준품셈으로 1m당 2,300만 원 정도 보면 순수한 축성비(築城費)는 87억 9,200만 원 정도 소요된다. 당시 조선 시대는 왕토 사상에 의해 개인적 소유권을 인정하지 않았기에 토지보상비용은 계산하지 않았다. 1870년 김세호(金世鎬) 관찰사가 대구읍성 수리공사비 7만 전을 썼다는 기록을 잣대로 추산하면, 당시 기와집 1채가 100전 정도로 환산하면 700채의 기와집으로 봐서 오늘날 기와집 1채당 건축비를 최소한 1억 원이라도 700억 원이라는 추계가 나온다.

대구부성이란 한 송이의 장미꽃으로 피어나다

1866년에 흥선대원군은 "서양 오랑캐가 침입하는데도 싸우지 않고 화친을 하자고 주장함은 나라를 팔아먹는 것이다(洋夷侵犯, 非戰則和 主和賣國). 우리 자손만대에 경계하노라. 병인(1866)년에 짓고, 신미(1871)년에 세우다(戒我萬年子孫, 丙寅作辛未立)."라는 척화비(斥和碑)가 전국에 세워지고 있었다. 1869(고종 6)년 암행어사로 탐관오리를 타도한 공로로 이조참판을 지내다가 경상도 관찰사로 임명을 받아 부임한 김세호(金世鎬, 1806~1884)에게 기다리고 있었다는 듯이 과업이 부여되었다. 1870(고종 7)년에 서구 양이(西歐洋夷)들의 침입을 대비해 8~9개월 내로 성을 보수하라고 경비 7만 전이 내려와 있었다. 1870년 8월까지 대구부성을 보수작업을 추진하는 데 i) 성벽의 몸집을 더 높이고 더 넓히자, ii) 불편사항과 추한 부분을 뜯어고치자는 2대 방향을 설정했다. 자세하게 언급하면, (1) 체성(體城)을 높이는 데 확장 신축 97보, 개축 118보, 보축 1409보, (2) 치첩(雉堞)에 신 신축 2,680보, (3) 문루(門樓)와 공해(公廨)로 새로 세운 것 72간, 중건 37간, 중수 57간, (4) 공해(公廨)와 곳곳에 보수한 건 256군데, 증설한 표루(標樓)로는 남쪽에 선은루(宣恩樓), 동쪽으로 정해루(定海樓), 서쪽으로 주승루(籌勝樓), 북쪽엔 망경루(望京樓), (5) 이외에도 중간에 4개의 포루(砲樓)를 세우고, 석돈(石墩)도 신축했다. (6) 누각에는 단청(丹靑)을 칠하고, 치첩(雉堞)에는 백회(白灰)를 칠했다. 총경비로는 7만 전이 들었다.

이 당시의 대구읍성 성벽의 아름다움에 대한 기록은 프랑스 인류학자 샤를 바라(Charles Louis Varat, 1842~1893)[686]가 저술한 『조선기행(Voyage en Corée, 1892 출간)』[687]에서 대구읍성을 봤을 때인 1888년에 기록을 그대로 옮긴다면 "대구 읍내거리가 그렇게도 화려하게 행렬을 이뤘으며, 읍내의 구석구석을 오랫동안 둘러보았다. 성벽 위에서 한 번에 내려다볼 기회를 얻고자 줄을 썼다. 마침 성벽 위에서 읍내를 둘러볼 기회를 포착했다. 읍성순시로(邑城巡視路)는 중국 북경성(北京城)의 축소판인데도 더 깊은 인상을 주었다. 도시를 포근히 감싸 품은 장방형(평형사변형) 성벽이 이어져 있었다(La route a également fait une impression plus profonde sur le château raccourci de Pékin. Des murs en parallélogramme ont été alignés pour embrasser la ville.). 그 각 벽면의 중앙에는 똑같은 규모로 방어진지를 만든 성문이 위용(威容)을 드러내고 있었다. 그 위로 단아한 누각이 세워져 있었다. 누각의 내부는 과거의 사건들을 환기하는 글귀와 그림들로 장식되어 있었다. 성벽 위에서 가을 황금빛 들판을 구불구불 흘러가는 금호강의 아름다운 모습까지도 바라볼 수 있었다. 발아래로 큰 도시의 길과 관아(官衙)가 펼쳐져 있었다. 일반 백성들이 사는 구역에는 초가지붕들이 옹기종기 이마를 맞대고 있었고, 양반들이 사는 중심부에는 우아한 기와지붕들이 쭉쭉 늘어서 있었다."688

대구읍성 황홀함에 하늘에 별들이 우수수

해외여행을 마치고 대구로 귀국할 때 대구시 상공을 선회하는 순간, 항공기 창문을 통해 대구 전모의 야경을 볼 때마다 뇌리를 스치는 것이 있었다. 만약 조선 시대 휘황찬란한 대구읍성등루(大邱邑城燈樓)의 야경을 하늘에서 봤다면 '청사초롱 불 밝혀놓고 옷고름을 풀어헤친 여인의 실루엣(A silhouette of a woman who unwrapped her clothes after lighting a blue lantern)'이 연상되었다. 한때 옛 대구읍성의 사진을 보고도 i) 하늘이 내리는 축복의 의미인 쌍무지개 정문(雙虹霓門, double rainbow gate), ii) 그 위에 사뿐히 올려 앉은 문루 지붕의 끝선(ending line)은 하늘로 날아오르는 봉황 날개 모양(鳳飛上天), iii) 노랫가락에 어깨가 들썩이는 양 추녀 끝선이 무지개를 거꾸로 매달아 놓은 현수곡선(懸垂曲線, dangling curve)을 이루고 있다. iii) 또한 가마솥 달구벌 한 여름날, 붉은 사암으로 쌓아진 대구읍성이 저녁놀을 받아 "오빠, 나랑 한잔할래요?"라는 얼굴 불그스레한 시골 복순이(福順) 얼굴빛을 하고 있다. iv) 한 무명인이 읊었던 「여름 놀에 꽃 같은 대구읍성(夏霞華邑城)」이란 시구를 여기에 옮겨보면, "여름 폭염에 달구어져 붉은 성 돌이 되었다네. 더욱 불그스레함이야 어떤 홍화를 넘어서니. 놀이 꽃피운 그 화사함은 첫날밤의 황홀함 그대로였다네. 처음 맺는 사랑은 저승까지도 갖고 가야겠네요(夏炎可城石, 砂石更紅華, 霞華如初夜, 初戀之幻界)."

오늘날 젊은이들의 표현을 빌리면, 중국 북경성(北京城)은 「태양의 눈물 (Tears Of The Sun, 2003)」에서 망가진 의사를 연기한 글래머스타 모니카 벨루치(Monica Bellucci, 1964년)의 모습이라면, 대구읍성은 「7년 만의 외출(The Seven Year Itch, 1955)」에서 지하도 통풍구(underpass vent) 바람에 하얀 치맛자락을 움켜쥔 마릴린 먼로(Marilyn Monroe, 1926~1962)의 모습이다. 대구읍성이 겪었던 임진왜란과 일제식민지의 아픔은 "선의의 수수방관이라도 결국은 악의를 꽃피우도록 한다(The only thing necessary for the triumph of evil is for good men to do nothing)."[689]라는 말을 누군가에게 던져주고 있다.

4. 조선의 명줄을 돈으로 옭아매기(以金斷命)

동아줄로만 알았던 세계화가 맥도 없이 풀려버렸다

지난 1990년대에 들어와서 지구촌은 경제적, 과학기술적, 사회문화적

이나 심지어 정치권력에서도 상호의존성이 심화되었다. 민족국가의 경계가 약화되고 세계 지역사회가 경제를 중심으로 통합해 가는 현상이란 세계화 유행병을 앓게 되었다. 세계화의 5대 특징으로 i) 국제화(internationalization), ii) 자유화(liberalization), iii) 보편화(universalization), iv) 서구화(westernization) 및 v) 탈국경화(deterritorialization)가 추진되었다. 우리나라도 1995년 김영삼(金泳三) 정부에서 '세계화 추진위원회(Globalization Promotion Committee)'를 대통령 직속으로 설치해 '코리아 바로 세우기'의 추진동력이 되었다. 기억 속에 남아 있는 건 '생활 속 세계화(globalization in life)'라는 슬로건이었다.[690] 이렇게 경제적 이득을 기준으로 국경도 이념까지도 허물어가면서 세계는 하나의 지구촌을 형성해 왔다. 세계화로 인하여 끈끈한 동조화(同助化, coupling)와 가치사슬(value chain)까지 형성되어 왔다. 동아줄처럼 단단한 세계화라는 '지구촌의 한 묶음'이 2017년 1월 20일 미국 도널드 트럼프(Donald John Trump, 1946년생) 대통령이 취임하고부터 '미국 우선주의(America First)'를 위해 세계 경제의 침체와 세계화를 해체해가면서 국민 우선행동을 거침없이 멈추지도 않았다[691]. 끝내는 미국과 중국의 경제적 갈등을 빚었고, 일본은 이를 벤치마킹해서 한국에다가 3대 필수소재를 화이트리스트(white list)에서 제외하는 경제보복을 단행했다.

2022년 2월 4일부터 2월 20일까지 제24회 베이징(北京, Beijing) 동계올림픽이 끝나자마자, 우크라이나를 침공해 수도(首都) 키이우(Київ, 러시아 Киев)를 3일 내로 함락하겠다는 세계 제2위 군사대국 러시아의 장담도 빛이 바래졌다. 왜냐하면, 러시아의 첨단 기갑부대는 '진흙탕 장군(Mud General)'에게 발목이 잡혀 개인휴대용 대전차무기 재블린(Javelin)에 참혹하게 괴멸당했다. 개전 후 수개월째 접어들고 있지만, 전쟁이 끝날 기미는 전혀 보이지 않고 군사력 2위 국가 러시아가 22위 나라인 우크라이나에게 쩔쩔매고 있는 모습을 보고서야, '종이호랑이(paper tiger)' 혹은 '무기 뻥 스펙(weapon fake specs)'이라는 말이 나오고 있다. 러시아 무기 시스템을 전수받은 공산주의 국가(중국, 북한, 인도, 이집트 등)의 무기에 대한 불신이 이어졌다. 세계 경찰국가를 자임하고 있는 군사 1위 미국도 직접전쟁에 참여하지 않고, 대러시아 경제적 제재(economic sanctions)에 가담했음에도 특별한 효과가 없자, 방어 무기뿐만 아니라 공격용 무기까지 제공했다가 최근 전투기, 미사일 등까지 1조 원어치를 제공했다.

경제 제재로는 미국 달러 국제 결제망(SWIFT, Society for Worldwide Inter-bank Financial Telecommunication)에서 러시아를 퇴출시켰다. 중국은 이를 천재일우의 기회로 '위안화 국제결제시스템(CIPS, The Chartered Institute of Purchasing and Supply)'을 활성화하고자 했다. 러시아 자원교역에 승기를 중국이 잡았고 이를 통해서 배를 채우고 있다. 2017년부터 도널드 트럼프(Donald Trump, 1946년생) 대통령으로 인한 미국 중국 경제적 갈등으로 탈동조화(解構, decoupling)와 2020년 코로나 19 질환이 지구촌을 엄습하여 3년째 뒤덮고 있어서 과거 '성읍국가(城邑國家, citadel state)'를 연상하게[692] 세계화(globalization)는 꼬리를 내리고 있다. 지구촌의 지역사회는 자국 중심의 폐쇄경제로 급회전했다. 따라서 아웃소싱(outsourcing) 혹은 오프 소어링(off-shoring)에서 자국으로 되돌아가는 리소어링(re-shoring) 현상으로 뒤집어지고 있다.

여기에다가 우크라이나-러시아(Ukraine-Russia)전쟁으로 세계는 에너지(석유 혹은 천연가스), 식량, 희토류 등으로 자원전쟁(資源戰爭, resource war)에 돌입하고 있다. '국제간 협업에 의한 가치체인(value chain through international collaboration)'으로 원윈 전략(win-win strategy)보다 "네가

죽고 내가 살자(殺彼我生, You-Die-I-Live)."라는 비정상적인 추세로 돌변하고 있다. 2011년 상영된 「신들의 전쟁(Immortals)」에서 "평화 땐 아들이 아버지의 시신을 묻어야 하는데, 전쟁 땐 아버지가 아들의 시신을 묻어야 한다(In peace sons bury their fathers, and in war fathers bury their sons)."라는 기원전 400년경 아테네(Athena) 신의 신탁이 오늘날에 재현되고 있다.

흰 여우 가죽으로 이웃 나라를 멸망시키는 전략(白狐皮戰略)

전쟁무기, 병력동원 혹은 인명 살상이 전혀 없는 '경제로 이웃 나라 정복(以經濟收服鄰國)'이라는 전략을 구사한 사례는 지구촌에 인류가 출현 이후에 줄곧 있어 왔다. 사람들이 사용하는 '먹이를 이용한 동물 길들이기(taming animals with food)' 방법이다. 제(齊)나라 재상 관중(管仲. 출생연도 미상~B.C. 645)은 칼 한 번 휘두르지 않고, 피 한 방울을 흘리지 않으면서도 주변국(魯)을 정벌하고자 하는 방안을 국왕 환공(桓公)에게 제안했다. 경제로 이웃 나라를 정복[693]하자는 것으로 B.C. 650년경에 저술된 『관자(管子)』에선 백호피전략(白狐皮戰略)이 소개되어 있다. 또한, 황금보다 비싸다는 비단으로 주변 약소국가의 숨통을 걷어 들인다는 '비단으로 정복하기(錦征國論)'를 주장했다[694]. 경제적 기반이 허약한 주변 국가를 대상으로 i) 비단을 고의적으로 아주 비싼 값에 구입해주고, ii) 동시에 누에씨를 무상으로 제공해준 뒤, iii) 앞으로 계속해서 사준다는 약속까지 해줌, 동시에 적극적으로 양잠을 장려하도록 지원금과 물자까지도 대준다. iv) 주변 약소국은 잠업(蠶業) 혹은 명주생산에 사활을 걸도록 만든다. 이렇게 2~3년간 신용을 면도칼 같이 지켜 매입을 착실히 한다. v) 약소국의 주생산물에 있어 비단생산이 국운을 좌우할 지경에 도달했을 때 갑자기 파탄시켜서 국가사직을 무너뜨린다. 한마디로 vi) '약소국가의 명줄을 명주에 매달아서 당겨 숨통을 거둔다(把錦絶國命).'

그러나 "백성들에겐 먹고사는 게 바로 하늘이다(民爲食天)."라는 사실을 알았던 국왕들은 경제로 국가사직을 거두는 것이 너무 잔인해서 포기

했다. 그러나 우리 한반도의 주변 강대국에서는 잔인한 경제 정벌이 정한론(征韓論)의 핵심전략이었다. 일본은 우리나라 정벌에 늘 사용했으나 우리는 몰랐다. 일본제국은 비단(명주) 대신에 쌀(米)과 무명(木綿)으로 대한제국의 숨통을 거두고자 경술국치 40년 전부터 속칭 '미목절한전략(米木絶韓戰略)'을 구상했

다. 즉 1870년경 가격 면에서 조선 무명(木棉) 한 필 가격은 12문(文)이었으나 일본 옥양목은 3문에다가 조선에 내다 팔았다. 조선 돈으로는 절대 팔지 않았고, 단지 쌀(米)로만 주고 팔았다. 순진한 우리나라 상인들은 싸고질 좋은 것이라서 쌀을 주고 샀다. 그렇게 해서 당시 국왕부터 노비까지 하나같이 옥양목(玉洋木: 옥색 빛깔 서양 무명)으로 옷을 해 입었다. 왜냐하면, 조선 아낙네들이 베틀로 짠 조선 무명과 직기로 짠 일본 옥양목(日本玉洋木)을 비교하면 무명이 10수이면 옥양목은 30수로 결이 너무 고왔다. 그뿐만 아니라 무명은 폭이 1.3자(40cm)인 협목(狹木)에 비해서 옥양목은 3.3자(100cm)나 되어 훨씬 넓게 짠 광목(廣木)이었다. 여기에다가 가격은 4분의 1에 불과해 조선 무명은 조선에서도 천덕꾸러기로 전락했다. 그때 조선의 미곡 생산량 70~80% 쌀이 일본 상인들의 손으로 들어갔고, 일본 상인들을 이를 밀반출하였다. 조선에서는 파종(모내기) 전 '밭떼기 전매'를

'입도선매(立稻先賣)'라는 이상한 계책까지 써서 삼천리금수강산의 쌀을 거두어들여서 인위적 흉년을 획책했다.

이렇게 어느 정도 조선의 숨통을 조일 목줄을 마련했다고 생각한 일제는 1876년에 강화도조약을 체결하여 공식적으로 곡물을 반출했다. 1888(고종 25)년에 흉년까지 겹쳐 굶주린 백성을 구제할 방도가 없자, 조선 천지는 연일 민란이 일어났다. 곡물 수출항인 원산(元山)을 관장하는 함경도 관찰사 조병식(趙秉式)은 국왕에게 방곡령(防穀令)을 제안했다. 그럼에도 9월에 조일통상장정(朝日通商章程) 제37조를 근거로 쌀은 언급도 못 하고 겨우 콩만 해외 반출을 금지하는 긴급명령을 내렸다. 일제의 항의로 조병식은 해직되었고, 그 자리에 한장석(韓章錫)으로 교체되었으나, 그는 원산항(元山港)뿐만 아니라 황해도까지 방곡령을 오히려 확대했다. 적반하장(賊反荷杖)으로 일제상인들은 조선정부를 상대로 손해배상금 14만7,168환을 요구했다. 일본제국(日本帝國)은 1893년 1월 조선정부에 배상금에 이자를 합산해 17만 5,000환을 지급하라고 재차 협박했다. 조선정부는 곧바로 1893년 4월 방곡령 해제와 손해배상금 11만 환을 지급하는 "교수대의 버킷을 걷어내는 꼴(like kicking a gallows bucket)"을 했다.

청일전쟁에 승리한 일본제국은 느슨한 조선의 목줄을 더욱 단단히 죄고자 1889년에 서울 황국중앙총상회(皇國中央總商會)를 통해 일본상인의 상권수호운동을 전개했다. 1904년에는 고문정치(顧問政治)의 미명(美名) 아래 한국경제를 파탄에 빠뜨릴 경제예속화(經濟隸屬化) 전략 혹은 '일본 돈줄로 조선 명줄 끊기 전략(以金朝鮮斷命戰略)'을 구사했다. 주요 내용은 i) 조선의 문란한 화폐경제의 질서를 확립해 경제융성기반을 공고히 하고자(朝鮮の煩わしい貨幣經濟の秩序を確立し經濟融性基盤を强固にしよう) 일본으로부터 경제차관 도입, ii) 조선통감부(朝鮮統監府)를 통한 일제 차관을 도입, 경찰기구 확장, 일본인 지위 향상과 거류 일본인의 투자환경 조성을 위하여(朝鮮統監部を通じた, 日帝借款を導入, 警察機構擴張, 日本人地位向上と投資環境づくりのため) 추진했다.

일본제국이 이렇게 한반도에다가 경제정복전략을 구사할 수 있는 지혜를 얻는 것은 서양 열강들이 일본 국교개방을 압력하자 '존왕양이론(尊王攘夷論)'의 목소리가 커지고 있었고, 메이지유신(明治維新)을 계기로 정한론(征韓論)이 대두되었던 때였다. 1820년을 기준으로 일본의 1인당 소득은 669달러에 조선은 600달러였다.[695] 메이지유신(明治維新) 직후에도 일본과 조선의 경제적 생활 수준을 그렇게 크지 않았다. 영국 메디슨(Angus Maddisonngus Maddison, 1926~2010)[696]의 통계에 따르면, 심지어 일제식민지 시기였던 1911년, 조선은 815달러로 아시아 4위, 1915년 1,048달러로 아시아 2위 경제 대국이었다[697]. 그럼에도 우리는 아직도 '일본의 조선경제개발론(日本の朝鮮経濟開發論)' 주장만을 믿고 있다.

당시 발간했던 조선경제(1인당 국민소득)에 대한 해외통계를 살펴보면, 1914년 1,254달러, 1916년 1,325달러, 1919년 1,363달러 이후에는 통계조차 해외에 유출되지 않았다가 1946년 916달러, 1951년 991달러, 1963년 1,721달러였다.[698] 일본에 대해 일제식민지와 6·25전쟁으로 어떻게 성장했는지를 살펴보면 1913년 1,387달러, 1950년 1,921달러였으나, 625전쟁으로 연간경제성장률 30~60%로 급성장해 1973년 11,434달러, 1989년 17,843달러 2008년 22,816달러를 기록했다.[699]

오늘날 우리나라 지식인까지도 믿지 않는, 조선이 아시아에서 경제 대국이었다는 사실을. 실제 사례를 들면 아시아에서 최초로 토마스 에디슨(Thomas Edison, 1847~1931)이 백열전구를 발명하고 8년 뒤 1887년 3월 6일에 서울 경복궁 후원에 전등불이 밝혀졌다. 다음으로 미국인 코브란(H.

Collbran, 한국명 高佛安)과 해리 보스트윅(Harry R. Bostwick)가 설립한 콜브란보스트윅개발회사(Collbran-Bostwick Development Company, 漢城電氣會社)가 고종으로부터 허락과 투자(50%)를 얻어내어 1898년 9월에 서대문과 청량리를 연결하는 전차(75kW 600V, 40인승 1대) 공사를 했다. 이때 일본 노무(기술)자를 투입하여 1899년 5월에 완공, 아시아에서 일본 교토(Kyoto, 京都)에 이어 2번째로 운영했다는 사실만으로 대한제국의 경제적 위상을 말해주었다.

5. 일본 거류민 유학 여비까지도 조선 국채로 덤터기 씌우기

오늘날도 이용되는 '부채 덤터기로 경제 식민지화'

1607년은 영국이 오늘날 최대강대국 미국을 경제 식민지화에 성공했던 해다. 미국은 이를 벗어나고자 1773년 12월 16일 밤, 보스턴항구에 정박하고 있던 영국의 동인도회사의 중국홍차(中國紅茶)를 인디언 복장으로 가장한 식민지 주민 50여 명에 의해 15,000파운드 정도가 바다에 던져졌다. 이를 두고 유머스럽게도 '보스턴 티 파티(Boston Tea Party)'라고 표현한다. 이 사건을 계기로 1775년엔 남북전쟁이 발발했고, 내부갈등이란 진통을 겪고 난 뒤 1776년 7월 4일에 영국식민지로부터 미국이 독립선언을 하게 되었다. 물론 이전에도 1764년 4월 5일에는 설탕 법(Sugar Act)을 제정하여 기호품(설탕, 홍차 등) 식민화 혹은 부채 식민화 전략을 법제화하여 경제올가미(economic noose)를 마련했다. 대영제국(Great British Kingdom)은 동양에서도 태국, 라오스 및 캄보디아 국경지대 황금 삼각주(Golden Delta)에서 재배한 아편을 중국 청나라에 싼값으로 공급해 중국 전 국민을 '아편 중독의 함정(poppy poisoning trap)'에 빠뜨렸고, 중독된 뒤로 '고가 덤터기(expensive dumpster)'를 씌웠다. 끝내는 아편전쟁을 야기하여 홍콩 등을 100년간 조차(租借)하는 등 경제 식민화를 도모했다.

오늘날 영국은 자신들의 과거 대영제국 식민지화 전략을 감안했던 경험을 기반으로 판단해 '굴러온 돌(외국매판자본)'이 박혔던 돈을 뺄 우려가 있다고 유럽연합(European Union)을 탈퇴하는 브렉시트(Brexit, Britain Exit)를 감행하면서도, 자신들의 경제식민지를 위해서 빠른 성장을 하고 있는 옛 식민지대륙을 모색하여 2년간 20억 파운드를 투자해 경제적 영토를 넓혀왔다. 후진국 혹은 식민지 국가에 외국자본과 결탁해 자국민의 이익(국익)을 해치는 토착 자본, 일명 매판자본(買辦資本, comprador capital)으로 경제 식민지화 혹은 합병을 지속해왔다.

현재 가장 비난을 받고 있는 중국이 '인프라 시설구축으로 중국 안마당 만들기(Creating a Chinese courtyard by building infrastructure facilities)' 전략도 일종의 매판 자본화 방안이다. 중국이 지구촌의 맹주로 군림하겠다는 야심, 즉 '중국몽(中國的夢, China Dream)'을 위해 아프리카 혹은 동남아시아 많은 나라에다가 i) 고난의 동병상련(同病相憐) 지원, ii) 배고픈 가

난을 벗어나게 인프라 건설, iii) 부채 덤터기(債務傾銷, debt dump)에서 벗어나지 못하면 그땐 각종 운영권 등을 장악(以金斷命)해 나가고 있다. 현재 지구촌 64개국이나 중국 일대일로(一帶一路, China Silk-road) 사업에 참여해서 2019년 현재 7,299억 달러의 중국채권이 자본식민지를 위해 국가 인프라사업(National Infra-Construction)에 투입되었다. 동아시아(스리랑카, 미얀마, 라오스, 캄보디아, 방글라데시 등)에 55%, 중앙아시아(파키스탄, 키르기스스탄, 몽고 등)에 34%, 아프리카(지부티, 통가, 몰디브. 콩고, 니제르 등) 11%를 차지하고 있다. 극단적인 사례로 파키스탄(Pakistan)은 중국파키스탄경제회랑(CPEC, ChinaPakistan Economic Corridor)사업으로 1,000억 달러(파키스탄 외환 보유고의 1,000%)를 중국에게 빚을 졌고, 스리랑카(Sri Lanka)도 33억9천만 달러(스리랑카 GDP의 430%)의 중국부채를 갚지 못해 조정을 중국에 요청했으나 여지없이 거절당했다. 이들은 IMF 구제금융을 신청했으나 중국부채청산에 직접 지원할 수 없다고 난감함을 표시했다. 결국은 국가 디폴트 사태(national default situation)를 직면하고 있다. 바로 "국가가 빚을 통제하지 못하면, 그땐 그놈의 빚이 그 국가를 통제한다(If the state can't control debt, then the god-damn debt controls it)."라는 작동시스템을 만들어 왔다.

부채 덤터기보다 국가지도자가 국가운명을 좌우

고대 맹자(孟子, B.C. 372~B.C. 289)는 저서 『맹자양혜왕 하편(孟子, 梁惠王下篇)』에서 국가의 멸망을 "국가 지도자들이 노인을 위해 나뭇가지를 꺾어서 지팡이를 만들어 주는 것보다도 쉬운 일을 불가능하다고 한데 있다(爲長者折枝, 語人曰我不能, 是不爲也. 非不能也)."[700]라고 단정했다. 이와 같은 진단을 정도전(鄭道傳)도 고려 멸망의 원인을 "관료들이 해야 할 것을 하지 않고, 하지 말아야 할 것을 하는 데 있다(要做不行, 莫作卽行)."[701]라고 『조선경국전(朝鮮經國典)』에다가 기록하고 관료의 독직죄에 대해서는 팽형(烹刑, 가마솥에다가 삶아 죽이는 형벌)으로 다스리도록 초안을 작성했다. 사실, B.C. 5세기 노자(老子, B.C. 571~몰년 미상)는 『도덕경(道德經)』에서 "아무리 큰 나라라도 다스리는 건 작은 물고기를 굽는 것과 같다(大國治若烹小鮮)."[702]라고 했다. 즉 지나친 간섭으로 서로 들어 먹으려고 해도 안 된다. 로마 격언에서도 "국가와 물고기는 머리부터 썩는다(Patriae et piscem similiter, Rots a capite)."라고 했다. 지난 2013년 다론 아제모을루(Daron Acemoglu, 1967년생)가 쓴 『국가는 왜 망하는가(Why nations fail)?』에선 "국가 지도자가 해야 할 일을 하지 않았기 때문이다. 또한, 하지 말아야 할 건 찾아서 했기 때문이다."[703]라고 결론을 내렸다. 대한제국이 멸망하고 일본제국에 합병되는 과정을 살펴보면, 국가지도자가 "하지 않은 것이며, 불가능했던 것이 아니었다(是不爲也 非不能也)."라는 데 원인을 찾을 수 있다.

우리나라도 과거 부채 덤터기로 일본식민지로 전락했던 역사적 아픔을 안고 있다. 1904년 8월 22일에 대한제국과 일본제국 사이에 상호발전을 위해 협약을 체결했다. 일본제국은 조선을 경제적 식민지로 전락시키고자 "조선의 명줄을 일본 돈(부채)으로 끊어버리겠다(以日債金, 斷朝鮮命)."라는 음모를 숨기고, 대외적 대의명분은 '대한제국과 일본의 공영을 위해 일본의 차관공여'라는 미명을 내세웠다. 일제의 속내를 뒤집어 구체적인 행동계획(action plan)을 열거하

면 i) 대한제국의 국가재정을 일본제국에 예속화, ii) 식민화 사전정지작업 (植民地化 事前整地作業)을 단계적으로 추진했다. 즉 1906년까지 4회에 걸쳐 1,150만 원을 차관을 강제적으로 공여했다. 1905년 6월부터 1906년 3월까지 4차례에 걸쳐 관세수입담보 등으로 일본흥업은행(日本興業銀行, にっぽんこうぎょうぎんこう)[704]으로부터 1,000만 원을 빌렸다. 연 이자율은 6.6%의 고리채, 5년 거치 후 5년 상환의 단기차관이었다. 더욱이 10%의 선이자로 100만까지 잡아떼(횡령한) 강제적인 악성 차관이었었다. 이 모두를 통감부가 임의로 정했고, 대한제국 탁지부에서는 어떻게 생긴 돈인지 구경조차 못 했다. 그럴 수밖에 없었던 게 이 돈의 사용처는 일본 관련 은행과 회사에 배분하거나, 거류 일본인들의 위생을 위한 상수도(국)사업과 위생문제 해결에 사용했다. 심지어 일본인 유학생들의 여비에도 사용되었다.[705]

자세히 살펴보면 대한제국의 재정 고문으로 부임한 메가타 다네타로(目賀田種太郎, めがた たねたろう, 1853~1926)에 의해 1905년 1월 제1차는 해관세(海關稅)를 담보로 하고 '화폐 정리 자금채(貨幣整理資金債)' 명목으로 300만 원을, 1905년 6월에 대한제국의 국고를 담보로 제2차 '부채 정리와 재정융통자금' 미명으로 200만 원, 1905년 12월에 '토착 자본의 일본 예속화'를 목적으로, 제3차 '금융 자금채'로 150만 원, 1906년 3월 제4차 '기업 자금채' 명목으로 500만 원이 세계 보충금(歲計補充金)으로 공여했다. 사용처는 문란한 화폐 질서를 바로잡겠다는 화폐 발행 등에 사용되었다. 1905년의 대한제국의 세출 총액은 19,113천 원으로,[706] 1,300만 원 차관 공여는 세출 총액에 비하면 큰돈이었다. 당시 매년 77만 원 내외의 세출부족액으로 부채를 가중시키고 있었기에 빚(국채) 덤터기를 뒤집어씌워 벗어나지 못하게 했다[707]. 일반 백성들에겐 '부채 멍에로 일어날 수 없다.'라고 걱정하도록 주요 언론들은 부채망국론(負債亡國論)으로 지상도배를 했다. 한편으로 사려 깊은 우국지사들은 목적용 강제차관 공여, 식민지 사전정지작업 용도 및 탁지부를 통한 일본 거류민 생활기반시설에 투입되게 강압하는 등에 착안해서 "국가부채로 절대로 인정할 수 없다." 하니 혹은 "인정하지 말고 차분하게 되갚자."라는 고민을 시작했다. 경거망동(輕擧妄動)으로 일제 강제차관을 국채로 인정하는 꼴불견으로 인해 '모든 백성이 빚 덤터기를 뒤집어쓰는 결과(すべての民が 借金のなげなわを 覆す結果)'를 초래될 위험성에 모두가 노심초사(勞心焦思)했다.

누구보다도 대한제국의 탁지부(度支部)에 1894년부터 10년간 검세관(檢稅官), 세무시찰관(稅務視察官) 그리고 경상북도 시찰관(視察官)에 임명708을 받아 일했기에709 국가 재정 상황과 일제 강제 공여 차관의 사용처를 잘 알았던 서상돈은 1907년 1월 29일에 광문사(廣文社, 前吹鼓手廳)710에서 '국채 보상 취지서'를 작성하여 국채보상운동에 신호탄을 올렸다. 2월 21일자 '대한매일신문(大韓每日新聞)'에 '보상취지서'711가 보도되었다. 그날 대구에선 대구민의소(大邱民議所)712에서 '담배 끊기 모임(斷烟會, quit-smoking meeting)'을 설립했다. 그 뒤 북후정(北堠亭, 옛 서문시장 입구)713에서 국채보상모금을 위한 대구 군민대회를 개최하고 취지서까지 낭독했다. "국채 1천3백만 원은 바로 우리 대한제국의 존망에 직결되는 것으로 갚지 못하면 나라가 망할 것인데, 국고로는 해결할 도리가 없으므로 2천만 인민들이 3개월 동안 흡연을 폐지하고 그 대금으로 국고를 갚아 국가의 위기를 구하자."라고 국채보상운동의 불길이 타오르게 착화(着火)시켰다.

국채보상운동을 전개한다는 소식을 들었던 일본 제국자의 입장(めがたたねたろう, 目賀田種太郎)에서는 자승자박하는 처사임인데 운동으로 전개한다니 의아해했다. 스스로 목을 올가미에다가 옭아매(以金束命)는 행동

인즉, i) 국채보상(國債報償, National Debt Compensation)에서 강제공여차관을 정당한 국채로 인정하였다니? ii) 보상국민운동(報償國民運動)이란 '버팔로의 낭떠러지를 향한 질주(Buffalo's run to the cliff)'를 했다니? 일제는 겉으로 오두방정을 떨었으나 속내는 36계 가운데 제19계인 "솥 밑 장작을 끄집어내어 불 끄기(釜底抽薪, ふていちゅうしん)" 전략714을 이미 마련하고 있었다. 장작불에 해당하는 인물에 대해 i) 황국신민으로 충성의 귀감(皇國臣民の忠誠龜鑑)으로, ii) 식민화의 효수지목(梟首之木) 등으로 사용할 복안을 갖고 있었다. 일단 일제는 탁지부에서 검세관(檢稅官) 및 세무시찰관(稅務視察官)으로 10년간(1894~1904) 통면(通面)했던 서상돈(徐相敦, 1850~1913)이라는 사실에 안심했다.

대동광문회은 단연회(斷烟會, quit-smoking meeting)를 통해서 직접 모금운동을 나섰고, 1907년 2월 21일 군민단연대회를 개최했다. 같은 날 대한매일신문(大韓每日新聞), 제국신문(帝國新聞), 만세보(萬歲報), 황성신문(皇城新聞) 등에 연이어 보도했다. 각계각층에서 광범위한 호응으로 들불처럼 번져나갔다. 한성 서울에서는 2월 22일 김성희(金成喜), 유문상(劉文相), 오영근(吳榮根) 등이 주도하여 국채보상기성회(國債報償期成會)를 설립하고 취지서를 발표했다. 여론형성용 선언에서 벗어나 행동적 운동체계로 들어가고자 모금장소를 서점, 약국, 대한매일신문사, 잡지사 등에다가 지정·운영했다. 20여 개 국채보상운동단체가 창립되었다. 관료, 자본가, 지식인, 상인, 유림, 학교, 언론기관, 각종 시민단체, 왕실 등에까지 참여하여 보상운동(報償運動, Compensation Movement) ▶ 보국운동(保國運動, patriotic movement)으로 승화되었으며, 범국민적인 참여가 줄을 이었다.

6. 국채보상운동, 왜 대구에서 신호탄을 올렸을까?

'돈줄로 조선국명 끊기 계책(以金斷朝命計)'의 대성공

조선정벌(征韓論, せいかんろん)을 구체화하기 위해 첫 번째로 쌀과 옥양목으로 조선을 옭아맨다(米木征朝)는 전략이 대성공을 거두었고, 동시 조선조정과 미국 등과의 국제관계에서도 조선 외교력을 단절하는 '뿌리 돌림(根回し)' 작업까지도 빈틈없이 마쳤다. 마지막 남은 작업은 겨우 붙어있는 숨통까지 마주 걷어드리는 계책인 "돈줄로 조선국명을 끊는다(以金斷朝命, お金の線で朝鮮國命を壞す)."라는 계책이었다. 한마디로 1904년 조선에 "근대화를 추진하여 일본이 조선을 더욱 살갑게 보살핀다(以推進近代

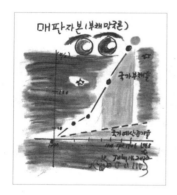

化, 並使韓國更加靠攏日)."[715]라는 대의명분(大義名分)이었다. 속내는 경제 파탄의 함정에 빠뜨려 허덕이는 조선을 구해주는 척하면서 예속화하는 방안이었다. 경제 파탄을 빠뜨리는 묘안이 '장밋빛 경제독립국의 허상을 보여주고, 강제차관으로 부채 덤터기를 씌우는 것(バラ色の経済独立局の虚像

を 見せ, 強制次官として借金のヨークを かぶること)'이었다. 1904년 강제적으로 차관을 도입하게 했고, 1905년엔 식민지전초작업(植民地前哨作業)으로 '문란한 화폐경제 질서를 바로잡고자(牽引した貨幣経済秩序を正しよう)'화폐정리채(貨幣整理債) 300만 원을 또 차입, 이어 12월에는 화폐개혁과 경제공황을 타개하고자 150만 원을 추가 도입하게 했다.

이렇게 2년간 16,500천 원의 국채부담을 짊어지게 했다. 1907년 2월에 3,500천 원을 변제하고 1,300만 원이 국채로 남았다. 당시 대한제국의 1905년 세출 총액은 19,113천 원의 68% 정도였는데 부채비율도 높았고, 특히 고리채로 부채 악순환의 함정에서 허덕이게 했다. 이런 풍전등화(風前燈火)의 국가운명을 간파할 수 있었던 사람은 국가지도자들이었다. 모두가 '일본 황제국이 조선 망국의 축배를 들고자 때려잡는 조선 돼지(日本皇國が 朝鮮亡國の祝盃を 飲みたいと屠る 朝鮮豚)'라는 시대적 절박감(時代的切迫感)을 느꼈다. 그럼에도 몰지각한 일부 국가지도자는 신분과 사명을 망각하고, 천재일우(千載一遇)의 기회를 포착하고자 일본제국(日本帝國)의 편에서 열심히 일했다. 그들이 한 일이란 i) 국가지도자로서 절대 하지 말아야 할 일만을 찾아서 했고, ii) 일본 천왕의 작위(爵位, tile)와 은사금(恩賜金)을 받고자 혈안이었다. 이를 두고 봤던 백성들은 을사오적(乙巳五賊), 매국노(賣國奴), 토착왜구(土着倭寇) 등 온갖 비난을 퍼부었다.

한편 이와 같은 나라의 위험 상황(國危狀況)이 당면하자 지역적 특성이 나타나기 시작했다. "부러질지언정 절대 굽히지 않는다(寧折不屈)."라는 올곧음의 고장 달구벌(대구)의 반응은 크게 2가지로: i) 대부분은 "옷깃을 여미면 팔꿈치 드러난다(捉襟見肘)."라는 딱한 나라(대한제국)의 사정을 차마 볼 수 없다는 참불인견(慘不忍見), ii) 구국(救國)에 뜻을 가진 일부는 "나라의 위험을 보고 선비로서 목숨을 내놓아야 한다."라는 견위수명(見危授命)으로 갈라졌다.

이때 1894년부터 탁지부 검세관(檢稅官), 세무시찰관(稅務視察官)과 경상도 시찰관(視察官) 등으로 10여 년간 나라 살림을 맡아봤고, 일제의 국권야욕에 맞서 독립협회 회원으로, 제4기 민중 투쟁 때는 재무부 과장과 부장을 역임했던 경험 등을 바탕으로, 그리고 4대 천주교 가문의 자손답게 "누가 먼저 앞서 싸우는 자(지도자)가 되리라."[716]라는 '행동하는 회개 (repentance in action)'를 고민했던 서상돈(徐相敦, 1851~1913)은 1907년 1월 29일 내심 행동계획(action plan)을 마련했다. 2월 16일 광문사(廣文社, 대구 중국 국채 보상로 567번지 앞)에서 '모두 함께 넓게 문명화하는 모임(大同廣文會)'이라는 특별모임을 마련해서 국채 1,300만 원을 보상하는 방안을 제의했다. 즉석에서 2,000여 원을 갹출(醵出)했다. 그의 증조부께선 천주 쟁이(天主敎人)를 하시다가 1801년 신유박해(辛酉迫害)를 피해 강원도, 충청도를 거쳐 1839년 기해교난(己亥敎難) 때는 경상도 문경, 상주 등지로 피난하셨고, 1859년 대구에 드디어 정착했다. 그럼에도 1866년 병인교난 (丙寅敎難) 때 신앙문제로 파문(破門, 문중에 축출)당해 가산탕진의 험악한 꼴을 당했다.

그의 증손자 서상돈은 1871년 다시 대구로 와 독학, 지물행상 및 포목 상을 했다. 1886년에는 이재(理財)에 밝다는 사실만으로 경상도 시찰관 에도 임명되었다. 1898년 독립협회와 만민공동회의 간부로도 활약했다. 러시아의 내정간섭을 규탄하고, 민권보장 및 참정권 획득운동까지 전개 했다. 이런 경험을 가졌기에 국채보상을 위해 "먹장구름 같은 백성들의 무식함에서 온 허물을, 오리무중의 죄악을 내가 도맡아 쓸어버리리라(I have wiped out your transgressions like a thick cloud And your sins like a heavy mist)."[717]라고 자신에게 기도하는 심정으로 행동을 개시했다. "국채 1천3백만 원(당시 1원은 오늘날 2.5만 원 환산)을 갚지 못하면 장차 토지라도 주어야 하므로, 우리 2천만 동포가 담배를 석 달만 끊고 그 대금으로 국채 를 보상하자면서 자신부터 8백 원을 내겠습니다."라고 제안을 했다. 참석 회원은 만장일치로 찬성했다. 세상의 모든 섶을 태울 하나의 별빛이(一星 之火能燒萬頃之薪)란 '행동하는 회개'로 불쏘시개가 되었다.[718] 단순한 국채보상운동이 아니라 보국운동(保國運動)으로 더 나아가 애국운동(愛國運動)으로 불길이 거세게 타올랐다.

마른 갈대밭에 들불처럼 번지는 국채보상운동(國債報償運動, National Debt Compensation Movement)은 2월 21일 대한매일신보(大韓每日申報)에 취지서 게재를 신호탄으로 황성신문, 제국신문, 만세보 등에서 연이어 보도되었다. 이를 봤던 2월 26일 고종 황제(高宗皇帝)는 "온 백성들이 국채보상을 위해 한마음 한뜻으로 단연하고, 그 돈을 모은다 하니 짐이 어찌 담배를 피울 수 있겠는가? 짐 또한 단연하겠다. 아울러 국채보상운동을 격려하는 의미에서 영친왕의 길례(吉禮)를 연기하겠노라."[719]라는 칙어(勅語)까지 내렸고, 참정대신(參政大臣) 김성근(金聲根, 1835~1919) 등 고관들에게 적극적으로 동참하게 했다.[720]

오늘날 남한지역에 해당하는 곳부터 당시 운동의 열기를 언급하면, 3월 8일엔 옥천에서 불똥이 튀었다. 3월 10일 동래부에서도, 3월 14일 경남 국채보상 찬성회, 3월 17일 한산, 3월 19일에는 전주와 광주, 3월 26일에는 진안, 장수 및 춘천군, 3월 28일 경남에선 국채보상 경남상회, 3월 29일 경기도 안성군 서리, 수원 및 창원에까지, 4월 3일 충청도 보은, 4월 4일 청도군, 4월 9일 상주군, 4월 13일 성주군, 4월 14일 군산항 객주상사, 의령군 덕곡서당(德谷書堂), 4월 19일 청주군과 부산항 좌천리, 4월 28일 경산군, 5월 1일 부산항 좌천리 단연회(斷烟會), 5월 2일 장성군, 5월 9일 전북 정읍, 4월 10일 제주도 신제면 성덕리, 5월 12일 원주군, 5월 14일 예천 용궁과 달성 현풍 그리고, 제천 호서협상회, 5월 22일 공주군, 5월 28일 마산항과 강원 포천, 5월 29일 강화도 외주동, 6월 1일 부안군, 6월 30일 무장군, 7월 5일에는 광주와 완도, 7월 13일 구례, 7월 30일 해남과 무주, 8월 2일에 충청도 추풍령까지 국채보상운동의 불꽃이 타올랐다.

다른 한편 오늘날 북한지역으로는 2월 28일 평안도 국채보상 서도의성회, 3월 15일 황해도 수안, 3월 21일 평양, 3월 21일 함북 국채보상 단성회, 3월 28일 재령군, 3월 31일 평안도 국채보상 관서동맹, 4월 7일 함흥군, 4월 11일 평안도 정주군 및 통진, 4월 14일 단천군(端川郡) 남문, 4월 18일 평안도 용천부, 4월 19일 함흥군 북면, 4월 20일 평안도 중화군, 4월 23일 함흥군 북면 상동, 4월 27일 황해도 은진, 5월 7일 황해도 안악군, 5월 24일 원산항, 5월 25일 철산군, 5월 28일 황해도 은률군, 6월 26일 평안도 의주, 6월 29일 평안도 태천, 7월 9일 황해도 웅진, 9월 24일 평안도 영유 등으로 번져나갔다. 나중에 안 사실이지만 항일운동가 안중근(安重根)도 당시 호응하여 평양에서 국채보상 기성회 관서지부장(國債報償期成會關西支部長)에 취임해서 활동했다.[721]

이렇게 하여 1908년 7월 27일 주한일본헌병대가 발표한 내사집계자료[722]엔 대한매일신보 36,000원, 대한매일신보사 내 총합소 42,308원 10전, 황성신문 82,000원, 제국신문 8,420원 6전, 만세보와 대한신문 359원, 국채보상기성회 18,700원 22전 7리, 총계 187,787원 28전 7리였다.[723] 따라서 추정치는 적게는 16만4천200원[724]에서 19만 원(현재 가격 환산 대략 48억 원)을[725, 726] 넘어서는 성금실적까지 쌓여 실현 가능성이란 희망을 백성들이 느낄 수 있었다.

식민지 매판자본을 순수 국채로 인정하고 보상하겠다니?

일본제국(日本帝國)은 조선조정에 재정 고문으로 메가타 다네타로(目賀田種太郎, めがた たねたろう, 1853~1926)를 파견해서 강제차관 도입뿐만 아니라 식민지화 본격작업을 위해 1905년 11월 17일 제2차 한일협약으로 외교권을 박탈했다. 곧바로 조선통감부를 설치하고 이사관을 배치했다. 그 협약에 따라 11월 21일에 조선통감부(朝鮮統監府, 1906년 2월부터 1910년 8월까지, 이후 朝鮮總督府)를 설치했으며, 초대 통감(統監)에 명치헌법(明治憲法)의 기초와 일청강화조약(日淸講和條約)의 초안을 작성했던 전략가이며 정한론의 중심야심가, 초대 귀족원(貴族院) 의장이었던 이토 히로부미(伊藤博文, いとう ひろぶみ, 1841~1909)가 취임했다. '대한제국 황실의 안녕과 평화를 유지한다는 명분으로 서울에 설치한 통치기구'727가 통감부(統監府)였다. 초대통감은 정한(征韓, 대한제국 식민지화)에서는 한 치의 오차도 허용하지 않았으며, 정한 관련 문제는 반드시 '100가지 문제점과 100가지 대책(百聞百答)'을 마련해서 '모든 경우의 수와 모든 가능성(すべてのケース数とすべての可能性)'을 열어놓고 대책을 강구했다. 오늘날 용어로 상황별 시나리오기법(狀況別シナリオ技法)을 활용해 철저한 사전대비를 했다.

1907년 2월 21일 '국채 1,300만 원 보상취지서(國債一千三百萬圓報償趣旨書)'가 대한매일신문 등 주요일간지에 게재되었고, 경시총감(警視總監) 마루야바 시게토시(丸山重俊)로부터 조선통감부(朝鮮統監府) 공작(公爵) 통감(統監) 이토 히로부미(伊藤博文殿)에게, 대구 거주 전 탁지부 시찰관이고 경북도 시찰관이었던 서상돈(徐相敦) 등이 단연회를 결성하여 1,300만 원의 국채보상을 하자는 취지를 천명했다고 보고했다. 보고를 한 사람이나 받은 사람들 모두가 의아해했다. 이제까지 대비책으로 강구했던 건, i) 식민지화 매판자본으로 도입한 강제차관이기에 국채로 인정할 수 없다는 거부운동, ii) 강제차관의 단기고리채로 국가 재정권을 겁박하는 식민지화 음모를 분쇄하자는 저항운동 등으로 전개될 것이라고 생각했는데, iii) 순수하게 원리합계금 1,300만 원을 고스란히 인정하고, iv) 고리채의 이자도 못 갚을 백년하청(百年河淸)의 담배를 끊어서 국채보상을 하겠다니, v) 사발통지문(沙鉢通知文)이나 의병결사처럼 비밀리에 하지 않고 주요언론을 통해서 만천하에 공개적으로 추진한 점이 의심스럽기만 했다.[728] 그래서 추수조사(follow research)와 지속적인 활동을 통해 보고하도록 했다.

이렇게 드러나는 사실만으로도 짐작할 수 있었던 건, i) 러일전쟁 및 조일 조약 등에 고등통역관으로 지면이 많았고, 세칭 수양아들로 통했던 박중양(朴重陽) 대구군수 겸 경북도 관찰사 서리께서 ii) 탁지부 시찰관 및 경북도 시찰관 등의 경륜과 선견지명(先見之明)을 갖춘 분인 서상돈(徐相敦) 선생을 설득하여 "야마모토 노부(山本信, 朴重陽の日本名)가 헤아려 먼저 가려운 곳을 긁어줌(山本信の忖度)."[729]으로 봤다. 곧바로 이들의 뒤를 봐줘야 한다는 묵시적 약속(後見の默約)을 할 수밖에 없었다. 당장 대구군수 겸 경북 관찰사 서리(署理) 박중양(朴重陽, 1874~1959)의 처지를 헤아려 전남도 관찰사, 평안남도 관찰사 겸 평안남도 세무서 세무관으로 영전시켜 험지(險地)를 벗어나게 했다.[730, 731] 1908년 다시 경북도 관찰사로 배치하여 국채보상 운동진화작업(國債報償運動鎭火作業)의 잔불 뒷정리를 맡겼다.[732]

7. 국채보상이란 열쇠 구멍으로 국권 회복을 내다봤다니!

36계 부저추신계(釜底抽薪計)와 손자병법의 반간계(反間計)로

1907년 4월 8일 범국민적 운동으로 확산하기 위한 선결문제인 백성들에게 신뢰와 확신을 얻고자 i) 의연금의 집금실적 공개(분기보고)와 ii) 13개 국채보상지원금총합소 설치 및 전문 29조 연합운영규칙을 제정하여 규정대로 운영, iii) 처리 과정상 투명성을 높이고자 국채보상조사회와 검사소를 통해 중복 체크 시스템(double check system)까지 마련했다. 또한, iv) 일제(통감부)의 방해 공작을 대비해서 전직 고위관료였던 한규설(韓圭卨, 1856~1930), 윤웅렬(尹雄烈, 1840~1911), 김종한(金宗漢, 1844~1932)과 민족자산가를 영입해 앞장세워서 방패 역

할을 하도록 국채보상지원금총합소 소장에 추대하였다. 4월 초에 한성부 국채보상지원금총합소 소장에 윤웅렬이 추대되었다. 이렇게 하여 4월부터 12월까지 활발하게 전개되어 4만여 명이나 적극적으로 참여하였으며, 5월부터 8월에는 가장 많은 의연금이 모였다.

일제 통감부에서는 뭔가 이상하게 돌아가고 있을 감지하고 첩보안테나를 높이 세워 1907년 5월 27일 일본헌병대가 대한매일신보사의 현황에 대해 운영진 명단, 발행 부수, 운영자금 현황 등에 대해 실사 보고를 통감부 경시총감의 명의로 했다. 오늘날까지 밝혀진 당시 주요조사내용은: i) 금연운동으로 국채보상운동 자금을 갹출하고 있음에도 금연모금액으로 몰래 담배를 사서 피운다는 부도덕성이 드러났고, ii) 보상금 모금액을 지도자들이 사용(消費)했다[733]와 언론기관으로 선동(煽動, sedition)하고 있다는 사실로 둔갑시켰다. 또한, 몇 차례 첩보동향을 수합하여 비밀리 '대한매일신보를 대상으로 36계의 부저추신(釜底抽薪, ふていちゅうしん)과 보상운동 전체조직체를 대상으로 손자병법의 반간계(反間計)[734]'를 마련했

다. 그 사실은 이미 피아상호(彼我互相)가 모를 정도로 암암리 가동하고 있었다.[735] 오늘날 용어로 협박, 회유, 매수, 이간(이중첩자), 내분조장, 내부고발, 요인암살, 테러 등으로 자멸시키는 방안이었다.

조선통감부 경무총감(警務摠監)의 보고서에선 "국채보상운동은 기독교청년회·대한자강회·대한매일신보 등의 후원 아래 그 목적은 현 정부가 부담하고 있는 일본의 국채 1,300만 원을 보상하는 데 있다고 표방하나, 내용은 국권 회복을 의미하는 일종의 배일 운동임은 말할 나위도 없다."[736] 라고 보고했다. 아울러 국채보상운동의 주동적 역할을 하는 대한매일신보사를 탄압하고자 먼저 사장 베델(Bethell)과 총무 겸 국채보상지원금총합소(國債報償志願金總合所) 회계인 양기탁을 의연금 30만 원 횡령죄로 몰아 구속하는 방안을 제안 보고했다.[737]

1907년 7월 9일자 황성신문 보도기사를 보면 "(한성부) 국채보상지원금총합소 윤웅열 소장이 대구에 내려와 경상북도 41개 군데 국채보상금수전소(國債報償金收錢所) 소장을 소집해서 일장연설을 하고, 11일에 상경했다."라는 기사가 있었다. 이렇게 열성적으로 국채보상운동을 전개했던 분이 한성부 상업전문학교 교장으로 선임되었고, 육군부장 직위에서도 전

역했다. 1908년 3월에는 대일본(제국) 황태자 전하 봉영 한성 부민회(大日本帝國皇太子殿下奉迎漢城府民會) 부장과 기호흥학회(畿湖興學會) 회장에 선출되었다. 곧바로 국채보상지원금 총합소(國債報償志願金總合所) 소장직을 내놓고, "보상금 가운데 3만 원은 영국인 베델(裵說, Ernest Thomas Bethel)이 개인이 사용했으므로 반환을

요청한다."라는 반환청구서를 공개적으로 제출했다.

베델(裵說, Ernest Thomas Bethel, 1872~1909)은 1904년 일본 고베(神戸)에 무역상으로 들어왔다가, 영국신문『데일리 크로니클(Daily Chronicle)』통신원으로 지원해 러일전쟁을 취재하고자 한국에 건너왔다. 그는 한국에 있어 일본 제국주의의 만행을 보고했는데, 특히 일본제국의 권력남용, 불공평과 월권행위에 대해서 게재했다. 1904년 7월 18일 양기탁과 같이 대한매일신보(大韓每日申報, The Korea Daily News)를 한국어와 영문으로 발간했다. 당시는 영일동맹(英日同盟)의 협조적 분위기에 편승하여 일제에게 치외법권(治外法權)을 내세워 신문사에 "개와 일본인은 출입을 금한다(犬と日本人は出入りを禁じる)."라는 간판까지 내걸었다. 일본에 대한 강력한 적대적인(strongly antagonistic) 발간물이었다. 박은식과 신채호 등 많은 항일 인사들이 이곳에 기고문을 실었다.

대표적인 사례로는 1905년 11월 장지연(張志淵, 1864~1921)이 을사늑약의 부당함을 "목 놓아 대성통곡해야 할 오늘이다(是日也放聲大哭)."라는 사설(영문판)로, 1907년 1월 고종이 영국 런던 트리뷴(London Tribune)을 통해 을사늑약 반대 칙서를 게재, 1907년 일본 궁내 대신 다나카 미쓰아키(田中光顯)가 경천사 10층 석탑(敬天寺十層石塔)을 해체해 반출했던 사건을 국제여론에 까밝혀 결국은 반환토록 하는 등 일본 제국주의자들에겐 눈엣가시 같은 존재였다. 국채보상운동도 대한매일신보가 주동자 역할을 하고 있고, 사실상 대한제국의 국권 회복운동으로 몰고 가고 있다는 낌새를 알아차리고부터 영국인이라는 치외법권부터 박탈하고자 1907년 7월에 주한영국영사법원(British Consular Court in Seoul)에 '평온을 저해한 혐의(for breach of the peace)'로 기소하여 '6개월간 근신'을 조건으로 가석방되었다. 그는 나오자마자 1908년 일본 통감부(Japanese

Residency-General)가 '항일운동을 선동한 혐의(for sedition against the Japanese government of Korea)'를 주한영국법원과 주상해영국(駐上海英國) 대법정(British Supreme Court for China and Corea)에 기소했다. 1908년 5월에 유죄판결로 '3주간의 징역과 6개월 근신보증금(three weeks of imprisonment and a six-month good behaviour bond)이 부과되었다. 한국·영국 영사관엔 교도소가 없어 중국 상해(中國上海)로 이송되어 상해·영국 영사관(British Consular Gaol in Shanghai)에서 구금되었다.[738]

한편 1907년 7월에 조선 통감부에 "대한매일신보가 보관한 국채보상금을 배설(裵說, Bethel)과 양기탁(梁起鐸, 1871~1938) 두 사람이 마음대로 3만 원을 비용으로 사용(費消)하였다."라는 터무니없는 혐의로 '국채보상금 비소사건(國債報償金費消事件)'[739]을 기소하여 구속했으나 사장 베델(Bethel, 裵說)은 증거를 들어 허위조직된 것임을 입증하는 바람에 2개월만에 증거불충분으로 무죄 선고(証據不十分な無罪宣告)를 받았다. 여기서 끝나지 않고, 1908년 3월에는 윤웅렬 소장은 베델이 보상금 가운데 3만원을 사취했다고 반환청구서를 제출했다. 이렇게 국채보상운동지도자 간의 이전투구(泥田鬪狗)하는 꼴불견을 보여주었기에 백성들로부터 불신감을 받기에는 충분했다.

국채보상운동 진압을 궐련(담배) 불 끄기 방식으로

일본 통감부는 '가마솥 밑바닥에 불을 빼낸다(釜底抽薪).'라는 계책에 만족하지 않고, 두 번 다시 그런 생각을 못 하게 i) 가마솥의 밑바닥을 뚫어 구멍을 내고, ii) 눈에 띄는 불쏘시개나 장작을 먼저 태워버리고, iii) 사람들이 모여드는 것까지를 못하게 대책을 마련했다. 다른 한편으로 국채보상운동의 성금 모금액 처리를 두고 고민에 빠졌다. 끝내 '담배 끊어 성금 모으기(斷煙集金)'에 착안해서 '담뱃불 끄기' 작전에 들어갔다. 당시 일본인들이 궐련(卷煙)의 담뱃불을 끄는데 i) 궐련 불에 침을 뱉고, ii) 벽이나 땅바닥에 꽁초를 비비며, iii) 땅바닥에 던져놓고 발로 밟고 3~4번 문지른다. iv) 마지막으로 하수구에다가 발로 차 넣는다.

사실, 대한매일신보사 배설(裵說) 사장은 국채보상운동기금을 보다 금리가 좋은 투자로 미국계 금광회사 헨리 콜브란 (Henry Collbran)의 주식을 매입했다. 또한, 한성(漢城)에서 호텔을 운영하던 프랑스인이 마르탱(Martin)에게 대여한 사실까지도 재판과정에서 밝혀내어 이를 횡령한 사실로 국채보상운동의 열기에 찬물을 뒤집어씌웠다 (다 같이 침 뱉기). 재판이 끝난 뒤 '의연금처리회(義捐金處理會)'를 구성을 의결하였다. 그곳에서 양기탁(梁起鐸)은 "각 지방에 반환해 조정에서 국채보상을 할 때 일시에 다시 내놓자."라고 제안하기도 했다(벽이나 땅바닥에 비비기). 다른 한편, 1909년 5월 1일 배설이 36세 나이로 별세하자, 조선총독부는 계획대로 착착 추진했고, 대한매일신보는 일본어판 기관지 '경성일보(京城日報)'에 인수·흡수되었다. 신문제호(新聞題號)를 i) 독립운동신문의 이미지를 고스란히 갖고 가면서, ii) 죽은 시체(大韓每日申報)를 빌려 영혼(日本魂)을 불어넣는다(借屍還魂)는 의미로 대한(大韓)을 떼어낸 '매일신보(每日申報)'로 제명을 갱신했다.

곧바로 1910년 8월 30일부터 총독부 조선어판 기관지(機關紙, organ paper)가 되었다(3~4번 밟고 문지르기). 1909년 11월 '국채보상금처리회'를 결성해 처리방안을 논의했다. 다양한 방안이 나왔는데 학교설립, 식산진흥(은행) 설립 등 의견이 나왔으나, 미리 정해놓았던 바에 따라 어느 것 하나도 실행을 하지 않았다. 1910년 8월 22일에 한일합병조약(韓日合倂條約)이 체결되었고, 8월 29일에 합병이 되었다. 1910년 12월 13일 총독부(總督府) 경무총감부(警務摠監部)에선 기금을 모두 압수했다. 압수된 돈은 국채보상금처리회의 교육기본금관리회(敎育基本金管理會)가 관리하고 있던 9만여 원과 국채보상지원금총합소(國債報償志願金總合所)가 갖고 있던 4만2천 원이 고스란히 압수되어 일제(日帝)의 손아귀로 넘어갔다(하수구에 발로 차 넣기). 총독부 기관지 매일신보(每日申報) 1910년 12월 15일자 기사 '국채보상금처분(國債補償金處分)'을 마지막으로 담배 연기처럼 사라지고 말았다.

8. 대구문화산업의 초신성(supernova) 탄생을

한류의 어제와 오늘을 더듬어 보면

한류(韓流) 가운데 K-Pop이란 역사는 어제와 오늘 시작된 게 아니다. 1950년 결성되어 '에드 설리번 쇼(The Ed Sullivan Show)'에 22번이나 출연했던 김시스터즈(Kim Sisters, 여성 3인조), 2000년 '아시아의 별' 보아(BoA, 권보아), 2012년 '강남스타일'로 지구촌에 인사했던 '싸이(Psy, 朴載相)',

2016년에 혜성처럼 나타난 '블랙핑크(Black Pink, 여성 4인조)', 2016년 시작하여 2020년 빌보드 100 차트에 1위를 기록했던 '방탄소년단(BTS, 남성 7인조)'은 세계적인 공연은 물론이고 2번이나 유엔총회 회의장에서 초청공연을 했다.

1998년 우리나라는 일본 대중문화 개방(도입허용)을 놓고 "온실 속 화초가 된서리를 만난다(溫室の中の花草になった霜に逢う)."라는 우려(반대)가 더 많았다. 이외로 2002년 1월 14일 상영했던 드라마 「겨울연가」를 2003년 일본 NHK가 수입해 「겨울 소나타(冬のソナタ)」라는 이름으로 일본국민을 대상으로 방영했다. 특히, 40대 아줌마들이 '욘사마(ようんさま, 배용준 구세주)'라는 돌풍을 몰아왔다. 욘사마(ようんさま) 아줌마 부대는 한국 관광시장을 폭발시켰다. 단적인 사례로 조직폭력배들의 싸움터였던 가평군 남이섬을 단박에 '남이관광공화국'으로 변신시켰다. 배용준(裵勇浚, 1972년생)의 폴리(folly) 앞에 드라마 속 주인공처럼 사진촬영을 하고자 환장을 할 지경이었다.

최근 한류(韓流)는 K-Pop 못지않게 K-드라마도 2003년 「대장금(大長今)」, 2013년 「별에서 온 그대」, 2016년 「태양의 후예」, 2019년 「사랑의 불시착」, 2019년 영화 「기생충」, 2020년 「미나리」, 2021년 「오징어 게임」은 2022년 에미상(Emmy Award) 6관왕, 2022년에는 무명의 ENA 방송에서 방영한 자폐증 천재변호사 「이상한 변호사 우영우」가 인사법에서 각종 상품까지 지구촌을 흔들고 있다.

물론 대구문화에서도 1932년 9월 화원(사문진 나루터)를 배경으로 한 「임자 없는 나룻배」, 1957년 달성공원(達城公園) 배경 「산적의 딸」, 2007

년 이윤복 명덕초등학생의 일기를 기반으로 「저 하늘에도 슬픔이」, 그리고 2013년 "쌤요, 내 똥 아입니더!"라는 명대사를 남긴 「파파로티(Papa Roach)」가 제작되어 국내 상영에서는 어느 정도 성공했으나 크게 흥행하지는 못했다. 다시는 없기 바라는 마음에서 실패작을 살펴보면 2001년 6월에 월 10% 이율배당 약속으로 100억 원이나 모금했던 담대한 「나티 프로젝트(Nati Project)」[740]는 희대의 사기극으로 끝맺었다.[741]

해외시장에 성공한 사례론 2012년 KBS2에 방영해 시청률 5.0~6.4%이었음에도 해외 12개국에 '한류 파워'를 과시해 일본에 90억 원에 수출되었다. 그해 5월 26일부터 케이블 KN TV에서 매주 2회, 7월부터 후지 텔레비전(フジテレビジョン)에서 「사랑 비(愛の雨, Rain of Love)」로 방영함으로써[742] 대구 중구 골목 관광과 만세운동(청라언덕) 계단 앞 '세라비(C'est la vie) 음악다방'을 일본 사람들에게 알리는 계기를 마련했다.

신라·가야·유교 문화의 '별의 순간'을 달구벌에서 만들기

이제까지 대구지역의 문화산업은 i) 정치적 치적 쌓기에선 '심심풀이 땅콩으로' 임기 내에 뭔가가 떠벌리기에는 좋은 화젯거리였다. ii) 시민들의 자긍심은 물론 정치지도자의 자존심까지 상승시키는 속칭 행정 립스틱 효과(lipstick effect)가 높은 사업이었다. 또한, iii) 관광사업 혹은 k-pop과 연상시키면 '생색이 나는 정책'으로 인식되었다. 그래서 경상감영 복원프로젝트 혹은 대구읍성 복원사업을 2,000년부터 줄곧 여러 차례나 언급해 왔다.

특히, 경상감영이나 읍성 복원에 있어서도 방법론에서 36계 전략에 비유하면 일본에서 '차시환혼(借尸還魂)' 전략이 많이 구사되고 있다. 대구에선 더욱 영악스럽게도 '만천과해(瞞天過海)' 전략으로까지 이용하고 있다. 일반적으로 문화복원사업은 i) 복원화 단계(유적 설치, 기념관 혹은 박물관 설립, 학회, 연구회 구성, 연계정책과 스토리 사업화), ii) 산업 자원화 단계(관광, 예술, 학술 관련 사업과 융·복합 부가가치 창출), iii) 지속발전 단계(문제점 개선, 지원육성의 법제화, 국제적 진출의 지원 등)를 끊임없이 추진해야 실질적으로 생산성 있는 산업으로 자리를 잡을 수 있다. 그런데 대구시 정책에서는 '물 위에서 뜨는 빙산의 일각'에 해당하는 복원화 단계작업이 마치 문화진흥(복원)사업의 전부로 인식되고 있다.

한편 2021년 12월 9일 김종인(金鐘仁, 1940년생) 님이 윤석열과 한동훈에게 한 마디로 '별의 순간(sternstunde)을 잡았다.'[743]라고 평가했다. 즉 '미래 운명적으로 영향을 미치는 결정, 행동 또는 시간'이라는 사실을 문학적으로 표현했다. 사실 이 표현은 1927년 오스트리아 소설가 슈테판 츠바이크(Stefan Zweig, 1881~1942)가 쓴 소설 제목 『인류의 별의 순간(Sternstunden der Menschheit)』[744]에서 나왔다. 여기서 '별의 순간(Moment of Star)'에 내포된 의미를 살펴보면 i) 별처럼 반짝이는 아이디어, ii) 별처럼 순간적으로 올인(all-in) 결정, iii) 별처럼 융합반응으로 폭발에너지 발산, iv) 별처럼 지속적인 핵융합 자가발전으로 광도를 유지한다. 이런 점에서 문화산업에서 '별의 순간'을 만든다면 별을 닮은 '스타 산업(star biz)'이 될 수 있다.

좀 더 살펴보면, 우주(물리)학 혹은 천체(물리)학에선 별(star)의 생성과정은 우주먼지(宇宙塵, cosmic dust) ▶ 우주진(宇宙塵)의 수소 융합과 대폭발(Big Bang) ▶ 지속적인 핵융합이 가능한 주계열단계 별(main sequence phase star) ▶ 후주계열단계 별(post-mainsequence star) ▶ 별로 생명을 다하는 마지막 사멸단계(Big Rip)에 접어들게 된다. 이런 모든 과정을 겪게 되는 문화산업이 스타 산업(star biz)이다. 여기서 Rip란 "고인에게 삼가 명복을 빕니다(Rest in peace.)."를 줄인 말이다. 때로는 처음부터 '립 계곡(Rip Valley)'에 곧바로 빠질 수도 있다. 따라서 문화사업의 정책은 별의 생성 → 성장 혹은 지속 → 사멸에 대응한 새로운 융합을 '지속가능발전목표(SDG, Sustainable Development Goals)'에 맞추어 지속적으로 추진해야 한다.

문화(콘텐츠) 산업을 위해 한마디

금년 한 해 동안 달구벌을 중심으로 신·가·유(신라·가야·유교) 문화를 살펴봤다. 대구 지역경제에 생산성이 있는 산업으로 문화산업 혹은 스타 사업(star biz)을 추진하고자 한다면, 첫째로 문화산업에 우주먼지(宇宙塵) 혹은 별 먼지(星塵)에 해당하는 스토리 혹은 콘텐츠를 수합하는 성진포집(星塵捕集, cosmic dust collecting)에 해당하는 데이터베이스 작업을 해야 한다. 이런 작업을 위해선 언론, 역사, 예술, 교육, 문화 분야 혹은 일상생활에서도 정치지도자는 안테나를 세우고, 관련 지도자 혹은 담당자들은 더욱 많은 아이템 포집과 부가가치창출을 위해 은밀한 그물을 쳐놓아야(networking) 한다. 두 번째로는 융합 혹은 복합(融複合)을 통해서 문화 빅뱅(Culture Big-Bang)을 만들어야 한다. 방탄소년단(BTS)이 '별의 순간'을 어떻게 만들었는지, 어떻게 조직원들이 각자도생(各自圖生)을 위해 자기계발을 했는지, 혹은 조직적 융합으로 에너지 폭발을 유도했는지를 창의적으로 도용(benchmarking)할 필요가 있다. 세 번째로는 지속적인 수소(H_2) 핵융합 작업과 빛나는 별로 존속할 수 있게 주계열화 단계(주계열화, main sequence phase)로 진입(upgrade, update, upgrowth)시켜야 한다. 별의 수소

융합(hydrogen fusion)에서도 수축과 압축(충전)에서 폭발에너지가 발생한다. 문화산업에서 수소에 해당하는 건 첨단기술(high technology), 첨예감성(high touch) 및 기술·감성의 초월적 연계(hyper link) 등이다. 이런 점에서 하이테크가 아닌 인해전술(人海戰術)로 승부를 내고자 하는 방대한 조직은 충전보다 방전만 된다. 마지막으로 지역경제에 좀비기업(Zombie Biz)이 되거나 대사멸(Big Rip)의 방아쇠를 당기지 않도록 사전에 대비해야 한다.

물론 대구시에도 스토리텔링, 문화콘텐츠 및 문화관광 등 촉진을 위해 추진했던 실적을 언론보도를 중심으로 간추려보면, 1985년 월간잡지 '대구문화(daegu.go.kr/cts)' 창간, 1990년 5월 21일 대구문화예술회관 개관, 2003년 8월 8일 대구 오페라하우스 개관, 2008년 7월 대구예술발전소 개관, 2009년 4월 16일 194억 원 자본금으로 대구문화재단(dgfc.or.kr) 발족, 2010년 5월 26일 '대구문화예술지원센터' 선정(운영), 2016년 문화체육부의 용역으로 한국관광문화원(노영순 박사)에서 수립한 '경북도청 이전 부지 활용방안'에선 '대구문화예술중장기계획'에서 의미와 방향이 제시되었다. 2021년 1월 대구관광재단, 2021년 12월 21일 대구 콘텐츠비즈니스 지원센터를 개관하였다. 그뿐만 아니라 하이테크(Hi-Tech)에 대구문화를 입힌 하이터치(Hi-Touch) 시대를 열겠다는 야심을 말하기도 했다.

그런 맥락에서 지난 6월 1일 지방총선거에서 선임된 시장(市長)의 방침으로 2022년 8월 27일 대구문화예술진흥원을 추진하고자 원장 공모에 들어갔다. 이를 통한 대구문화재단, 대구관광재단, 대구오페라하우스, 대구문화예술회관, 대구미술관을 통합하고 있다. 조직통폐합으로 경영의 '다운사이징(Down-sizing) 기법' 혹은 '빅뱅(big bang)'에서 원소 질량 가운데 가장 가벼운 수소 융합을 통해서 폭발에너지를 발생시키는 원리를 적용하고자 함에 발상의 전환이 보인다.

최근 지구촌을 흔들고 있는 한류 콘텐츠산업(Contents Biz)을 보면, 문화예술 혹은 콘텐츠산업은 '규모의 경제(economy of scale)' 혹은 '파워 게임(power game)'이 적용되는 경제정책이나 군사작전이 아니다. 공급자의 규모(조직, 지원 등)에 좌우되기보다는 수요자의 심리와 행동을 뒤흔들어대는 내용(콘텐츠)과 별의 순간을 만드는 정성에 의해서 좌우된다. 서문시장 아주머니의 말씀처럼 '밥그릇이 예쁘기보다 밥이 맛이 있어야 맛집이 된다.'

　이와 같은 내용으로 2021년 소설가 정만진(1955년생)은 '대구문화예술진흥위원회(舊 대구문화재단)'의 지원으로 예술 소재, 역사문화 자연유산, 대구 유일 콘텐츠로 창안을 제시했다. 당장 눈앞에서 볼 수 있는 역사·자연유산에서 세계콘텐츠시장에 내놓아도 손색이 없는 달구벌의 내용으로 i) 1,000m나 융기된 2km 길이의 비슬산 너덜겅(stone river), ii) 3,000여 개가 넘었던 선인들의 삶이 담긴 고인돌, iii) 세계 최대, 최고의 한의학의 메카 약령시(藥令市), iv) 하늘의 별마저 넋을 잃고 떨어진 대구읍성(大邱邑城), v) 태극 팔괘의 신라호국성의 모성(母城) 달성토성을 비롯한 고성들, vi) 임진왜란 의병회맹(義兵會盟)과 호국독립의 성지(聖地) 동화사 등 팔공산 기슭 사찰들, vii) 지구촌 노동권운동에 최초 물방울이 된 10·1 대구사건, viii) 6·25 동족상잔의 상처가 남아 있는 대구 현장(해방촌, 먹자골목, 번개시장, 도깨비시장, 방천시장, 열차촌 등), ix) 역반(逆反)의 도시에서 한국 정치의 대통령을 최대 배출한 풍패지향(豊沛之鄕), 그리고 2·28 민주화운동의 성지 달구벌, x) 영남유림의 풍류가 흐르는 금호강 상록수변의 문화 등을 제시했다.745

인용 문헌 (참고자료)

1) Guest Contributor, Opinion: Why those who tell the best stories rule society(Αυτοί που λέν ε ιστορίες κυβερνούν την κοινωνία), March 16, 2018.

2) 檀君世紀,本文四: "十三世 檀君屹達(一云代音達) 在位六十一年 … 天指花故時人稱爲, 天稱 花郞, 戊辰五十年五星聚婁, 黃鶴來棲苑松, 乙卯六十一年,帝崩萬姓絶食而哭不絶."

3) 박창범·라대일, 단군조선 시대 천문현상기록의 과학적 검증, 한국상고사학보 제14권 제14호, 1993. pp. 95~109

4) 이종호, 유물·유적 연대측정 어떻게 하나, 정책브리핑(Korea.com), 2004. 11. 6.: "현재까지 알려진 절대 연대 측정방법에는 C14 탄소연대측정법, 열형광법, 아미노산정량법, 핵분열비적법, 전자상자성 공명법 등 10여 가지가 있다."

5) AGE OF THE EARTH(nationalgeographic.org): "Earth is estimated to be 4.54 billion years old, plus or minus about 50 million years. Scientists have scoured the Earth searching for the oldest rocks to radiometrically date. In northwestern Canada, they discovered rocks about 4.03 billion years old. Then, in Australia, they discovered minerals about 4.3 billion years old. Researchers know that rocks are continuously recycling, due to the rock cycle, so they continued to search for data elsewhere. Since it is thought the bodies in the solar system may have formed at similar times, scientists analyzed moon rocks collected during the moon landing and even meteorites that have crash-landed on Earth. Both of these materials dated to between 4.4 and 4.5 billion years."

6) 유홍준, 나의 문화유산답사기(4) 평양의 날은 개었습니다, 국강사, 2020, pp. 122~127

7) 이종호, [칼럼] 과학이 만드는 세상: 단군릉 유골 어떻게 측정했나(2), 과학타임즈(sciencetimes. co.kr), 2004. 11. 29.: "전자상자성공명법 사용에 대한 논쟁은 1987년, 캐나다 맥매서대학의 슈왈츠 박사가 발표한 논문에 의하여 더욱 가열된다. 이 논문은 전자상자성공명법으로 인골을 측정할 경우 가장 적합한 것은 치아에 있는 에나멜이며 그 외의 뼈들은 측정 결과가 정확하지 않다고 발표했다. 특 히 화석화된 인골은 성분이 변하므로 인골의 절대연대 측정의 정확도를 떨어뜨린다고 주장했다."

8) 老子, 道德經 第六章: "谷神不死, 是謂玄牝. 玄牝之門, 是謂天地根. 綿綿若存, 用之不勤."

9) 康熙字典: "天下所歸往也. 董仲舒曰 古之造文者, 三劃而連其中爲玉. 孔子曰一貫三爲玉."

10) 여기서 오늘날 러브 샵(love shop)에서 판매하는 황제옥환(penis ring) 혹은 옥환황제(Ring's King)과는 혼동하기 쉬우나, 다양한 곡옥, 가락지, 팔찌, 목걸이, 왕관, 환도(環刀) 등에서 시작해서 오늘날 영화 「반지의 제왕(King of Ring)」 성인용 장난감 철환까지 다양하게 사용하고 있다.

11) 金瓶梅之寫: "玉門伏道, 沉沉無底, 窮老盡齒, 鑽研故紙, 而妄冀身後之名, 其現象亦復."

12) Wikipedia, John Michell (/ˈmɪtʃəl/; 25 December 1724~21 April 1793) was an English natural philosopher and clergyman who provided pioneering insights into a wide range of scientific fields including astronomy, geology, optics, and gravitation. Considered 'one of the greatest unsung scientists of all time', he is the first person known to have proposed the existence of black holes, and the first to have suggested that earthquakes traveled in

(seismic) waves. Recognizing that double stars were a product of mutual gravitation, he was the first to apply statistics to the study of the cosmos. He invented an apparatus to measure the mass of the Earth, and explained how to manufacture an artificial magnet. He has been called the father both of seismology and of magnetometry.

13) Karl Schwarzschild, Editors of Encyclopaedia Britannica(https://www.britannica.com/biography)7, 2022: "Karl Schwarzschild, (born October 9, 1873, Frankfurt am Main, Germany—died May 11, 1916, Potsdam), German astronomer whose contributions, both practical and theoretical, were of primary importance in the development of 20th-century astronomy···. Schwarzschild gave the first exact solution of Albert Einstein's general gravitational equations, which led to a description of the geometry of space in the neighbourhood of a mass point. He also laid the foundation of the theory of black holes by using the general equations to demonstrate that bodies of sufficient mass would have an escape velocity exceeding the speed of light and, therefore, would not be directly observable."

14) M87*, which lies 55 million light-years away, is one of the largest black holes known. While Sgr A*, 27,000 light-years away, has a mass roughly four million times the Sun's mass, M87* is more than 1000 times more massive. Because of their relative distances from Earth, both black holes appear the same size in the sky.

15) Sagittarius A* (/ˈeɪ stɑːr/ AY star), abbreviated Sgr A* (/ˈsædʒ ˈeɪ stɑːr/ SAJ AY star[3]) is the supermassive black hole[4][5][6] at the Galactic Center of the Milky Way. It is located near the border of the constellations Sagittarius and Scorpius, about 5.6° south of the ecliptic,[7] visually close to the Butterfly Cluster (M6) and Lambda Scorpii.

16) Ker Than June, How Did the Universe Begin?, Live Science(livescience.com), June 28, 2019: "According to the standard Big Bang model, the universe was born during a period of inflation that began about 13.8 billion years ago. Like a rapidly expanding balloon, it swelled from a size smaller than an electron to nearly its current size within a tiny fraction of a second. Initially, the universe was permeated only by energy. Some of this energy congealed into particles, which assembled into light atoms like hydrogen and helium. These atoms clumped first into galaxies, then stars, inside whose fiery furnaces all the other elements were forged··· Inflation is an extremely powerful theory, and yet we still have no idea what caused inflation or whether it is even the correct theory, although it works extremely well, said Eric Agol, an astrophysicist at the University of Washington."

17) 윤신영, 노벨물리학상 美 피블스, 스위스 마요르-쿠엘로 공동수상··· 우주탄생 비밀-외계행성 존재 밝혀, 동아사이언스, 2019. 10. 9.: "우주의 탄생과 초기 진화를 연구한 우주론 학자와 태양계 밖에 지구 이외의 행성이 존재함을 처음으로 발견한 두 명의 행성 과학자가 2019년 노벨 물리학상 수상자로

선정됐다.”

18) Francis Albarède, Late Venee, Encyclopedia of Astrobiology, March 16, 2021:"The term late veneer refers to the late accretion of asteroidal or cometary material to terrestrial planets. Iron and nickel segregation during core formation leaves the mantle of the planets depleted in siderophile elements, notably platinum-group elements. The modern abundances of these elements in the terrestrial mantle greatly exceed the level expected from such a wholesale removal of metal. It is therefore surmised that 0.51.5% of chondritic or cometary material was brought to the planet by the late veneer after core formation(Dauphas and Marty 2002; Maier et al. 2009). This hypothesis is germane to the issue of water delivery to the Earth."

19) Joe Pinkstone, How Earth was born: Solar winds and Jupiter's gravitational pull combined in a 'one-two punch' to force debris together into planets, researchers find, The Daily Mail(dailymail.co.uk), 6 December 2018: "Jupiter's huge gravity and the solar wind acted as a 'one-two punch' The forced debris close to the sun towards the developing planets. This added mass to Mercury, Venus and Earth and cleared away the space debris····."

20) 이광식, [아하! 우주] 지구 '탄생의 비밀'이 밝혀졌다, 나우뉴스(nownews.seoul.co.kr), 2018. 12. 9.: " 지구, 행성의 탄생. 천문학자들은 태양풍과 목성 중력이 작용해 우주 암석들을 서로 뭉쳐지게 했으며, 그 결과 수성과 금성, 지구가 형성됐다고 생각한다. 새 연구에 따르면, 46억 년 전 지구 탄생의 비밀 키워드는 태양풍과 목성으로, 태양계 형성의 초기 태양에 가까운 우주 공간을 떠돌던 암석과 미행성들이 태양풍과 목성의 중력이라는 원-투 펀치를 맞은 결과 지구로 뭉쳐졌다고 주장한다····. 원시 태양계의 탄생. 예일대학의 크리스토퍼 스펄딩(Christopher Spalding, Yale University)은 원시 태양계 초기를 컴퓨터로 모의실험한 결과, 원시 태양의 자전 속도와 활동이 지금보다 빠르고 강력해 태양풍이 현재보다 더 강했다고 전한다."

21) Job 36:30-33: "See how he scatters his lightning about him, bathing the depths of the sea. This is the way he governs the nations and provides food in abundance. He fills his hands with lightning and commands it to strike its mark. His thunder announces the coming storm; even the cattle make known its approach."

22) Benjamin Hess, Ph. D. Candidate, Earth & Planetary Sciences, Yale University; Jason Harvey, Associate Professor of Geochemistry, University of Leeds, and Sandra Piazolo, Professor in Structural Geology and Tectonics, University of Leeds, Did lightning strikes spark life on Earth? Earth Sky, March 30, 2021: "··· One particular problem that has long faced scientists who study the origin of life is the source of the elusive element, phosphorus. Phosphorus is an important element for basic cell structures and functions. For example, it forms the backbone of the double helix structure of DNA and the related molecule RNA. Though the element was widespread, almost all phosphorus on the early Earth–around 4 billion years ago-was trapped in minerals that were essentially insoluble and unreactive. This means the phosphorus, while present in principle, was not available to make the compounds needed for life. In a new paper, we show lightning strikes would have provided a widespread source of phosphorus. This means lightning strikes may have helped spark life on Earth, and may be continuing to help life start on other Earth-like planets."

23) Riley Black, Ancient Lightning May Have Sparked Life on Earth, More than a billion strikes a year likely provided an essential element for organisms, Science Correspondent, March 16, 2021: "Even lightning has a fossil record. The brief flashes of electrical current in the sky are ephemeral events, here and gone in a flash, but sometimes lightning strikes the ground under such conditions that the discharge creates a root-like system of melted soil. The branching series of tubes is known to geologists as fulgurite, and this special form of mineraloid, a mineral-like object that doesn't form crystals, might offer a critical clue about the history of an essential element for life. All life needs phosphorus. This chemical element, notes Yale University geologist Benjamin Hess says, is used in biomolecules such as DNA, RNA and the fats that make up cell membranes. This ubiquitous need for phosphorus has led experts to hypothesize that an abundance of phosphorus must have been important to the emergence of Earth's earliest organisms, but the question has been where life got its supply."

24) 심재율, 100경 번의 번개로 지구 생명체 탄생, 생명 성장의 필수무기물 '인' 생성, 더 사이언스 타임즈, 2021. 3. 22.: "지난 16일 네이처 커뮤니케이션즈(Nature Communications)에 발표된 논문은 10억 년 동안 지구에 떨어진 번개가 지구에 생물학적 생명체가 태어나도록 자극하는 데 결정적인 역할을 했다는 것을 시사한다."

25) When Humans Became Human, The New York Times, Feb. 26, 2002: "The first human ancestors appeared between five million and seven million years ago, probably when some apelike creatures in Africa began to walk habitually on two legs. They were flaking crude stone tools by 2.5 million years ago. Then some of them spread from Africa into Asia and Europe after two million years ago."

26) Jaclyn Jeffrey-Wilensky, Ancient star explosions could have led early humans to walk upright, NBC (nbcnews.com), May 31, 2019: "Scientists believe stellar explosions, also called supernovas, could have affected the early Earth and helped make proto-humans stand upright. More than six million years have passed since early humans first walked upright, and it's still unclear exactly why we made the switch from four legs to two. One popular theory holds that the change was the natural result of an evolving landscape that made it more efficient to walk upright."

27) When Humans Became Human, The New York Times, Feb. 26, 2002: "The first human ancestors appeared between five million and seven million years ago, probably when some apelike creatures in Africa began to walk habitually on two legs. They were flaking crude stone tools by 2.5 million years ago. Then some of them spread from Africa into Asia and Europe after two million years ago."

28) Becky Little, How Did Humans Evolve?, History(history.com), Mar. 4, 2020: "The first humans emerged in Africa around two million years ago, long before the modern humans known as Homo sapiens appeared on the same continent. There's a lot anthropologists still don't know about how different groups of humans interacted and mated with each other over this long stretch of prehistory."

29) 김상진, 31만5000년 전 '호모 사피엔스' 화석 첫 발견…'아프리카 전역이 에덴동산', 중앙일보, 2017. 6. 8.: "아프리카 북부 모로코에서 약 31만5000년 전에 살았던 '호모 사피엔스(Homo sapiens)'의 화석이 발견됐다. 독일 막스플랑크 진화인류학연구소 등이 참여한 연구팀이 발견해 7일(현지시간) 네이처에 발표했다…. 화석이 발견된 장소는 모로코 서부 해안도시 사피에서 남동쪽으로 55km 정도 떨어진 고대 유적지 제벨 이르후드(Jebel Irhoud)다."

30) Ewen Callaway, Oldest Homo sapiens fossil claim rewrites our species' history, Nature(nature.com), June 7, 2017:"Remains from Morocco dated to 315,000 years ago push back our species' origins by 100,000 years — and suggest we didn't evolve only in East Africa."

31) Eva K. F. Chan, Axel Timmermann, Benedetta F. Baldi, Andy E. Moore, Ruth J. Lyons, Sun-Seon Lee, Anton M. F. Kalsbeek, Desiree C. Petersen, Hannes Rautenbach, Hagen E. A. Förtsch, M. S. Riana Bornman & Vanessa M. Hayes, Human origins in a southern African palaeo-wetland and first migrations, Nature(nature.com) volume 575, 28 October 2019, pages 185189: "Here we generate, to our knowledge, the largest resource for the poorly represented and deepest-rooting maternal L0 mitochondrial DNA branch(198 new mitogenomes for a total of 1,217mitogenomes) from contemporary southern Africans and show the geographical isolation of L0d1'2, L0k and L0g KhoeSan descendants south of the Zambezi river in Africa. By establishing mitogenomic timelines, frequencies and dispersals, we show that the L0 lineage emerged within the residual MakgadikgadiOkavango palaeo-wetland of southern Africa 7, approximately 200ka(95% confidence interval, 240165ka). Genetic divergence points to a sustained 70,000-year-long existence of the L0 lineage before an out-of-homeland northeastsouthwest dispersal between 130 and 110 ka. Palaeo-climate proxy and model data suggest that increased humidity opened green corridors, first to the northeast then to the southwest. Subsequent drying of the

homeland corresponds to a sustained effective population size (L0k), whereas wetdry cycles and probable adaptation to marine foraging allowed the southwestern migrants to achieve population growth (L0d1'2), as supported by extensive south-coastal archaeo-logical evidence 8, 9, 10. Taken together, we propose a southern African origin of anatomi-cally modern humans with sustained homeland occupation before the first migrations of people that appear to have been driven by regional climate changes."

32) 이상희, 사라진 인류를 찾아서 현생인류 기원에 대해 다시 쓴 논문이 있다고? 시사인 2019. 11. 22.: "염기서열 1만7000여 개로 이루어진 미토콘드리아 유전체에서 일어난 돌연변이는 그 자체로 흥미로운 정보. 버네사 헤이스 교수 연구팀은 미토콘드리아 유전체 1,217개를 수집해 분석한 결과를 10월 28일자 〈네이처〉 10월 28일자 기고했다. 인류의 조상은 모계 조상인 '이브'라는 별명, 분석한 결과 미토콘드리아 유전체 하플로그룹(haplogroup) 가운데 가장 오래된 조상형이라고 볼 수 있는 엘0(L0) 중 한 형태가 남아프리카 잠베지강 남쪽 오카방고에서만 사는 코이산 집단 사람들에게 국한되어 나타났습니다. 엘0형이 기원한 지역은 지금은 염전이지만 200만 년 전부터 아프리카에서 가장 큰 호수였습니다. 엘0형은 그곳에서 약 20만 년 전에 발생하고 이후 7만 년 동안 그대로 머물렀습니다. 13만 년 전에서 11만 년 전에 북동쪽과 남서쪽 지역으로 확산하는 초지를 따라 고인류도 확산했습니다. 그 뒤 기원지에서는 건조기를 맞아 그대로 있었지만, 습윤과 건조 주기가 반복되는 남서쪽에서는 인구 확산이 일어나 아프리카를 비롯해 전 세계로 퍼져 나가기 시작했다는 내용입니다. ⋯ 미토콘드리아를 다룬 이번 연구는 부계로 유전되는 Y 염색체 하플로그룹 중 조상 형인 디0(D0)형이 서아프리카에서 5만 년에서 10만 년 전에 세계로 확산했다는 연구와 비교됩니다. 그리고 북아프리카에서 발견된 호모사피엔스 고인류 화석 턱뼈에 있는 이빨이 30만 년 전으로 연대 측정되었던 연구와도 비교됩니다. 현생인류는 서아프리카, 남아프리카, 북아프리카 중 어디에서 기원했을까요? 여자는 남아프리카에서 기원하고 남자는 서아프리카에서 기원했을까요?"

33) Scientists Find New Clues About Mysterious Origins of Humans in Neanderthal Sex and Ape DNA, Newsweek, Jan. 10, 2018: "Once we get to the origins of our own species Homo sapiens we have the added advantage that we are able to now use next genera-tion sequencing methods to recover ancient DNA(aDNA). As geneticists recover ancient genomes from different extinct hominin species, they are generating insights that are not possible from comparing the anatomy of the fossils alone."

34) Bridget Alex, Molecular clocks track human evolution, Earth Sky Voices, April 9, 2017: "When scientists say that modern humans emerged in Africa about 200,000 years ago and began their global spread about 60,000 years ago⋯The case of Neanderthals illustrates how the mutation and recombination clocks can be used together to help us untangle complicated ancestral relationships. Geneticists estimate that there are 1.5-2 million mu-tational differences between Neanderthals and modern humans. Applying the mutation clock to this count suggests the groups initially split between 750,000 and 550,000 years

ago. For the divergence between Neanderthals and modern humans, the slower rate provides an estimate between 765,000-550,000 years ago. The faster rate, however, would suggest half that age, or 380,000-275,000 years ago: a big difference. ⋯ For the divergence between Neanderthals and modern humans, the slower rate provides an estimate between 765,000-550,000 years ago. The faster rate, however, would suggest half that age, or 380,000-275,000 years ago: a big difference. ⋯ This strategy recently resolved the debate over the timing of our divergence with Neanderthals. In 2016, geneticists extracted ancient DNA from 430,000-year-old fossils that were Neanderthal ancestors, after their lineage split from Homo sapiens. Knowing where these fossils belong in the evolutionary tree, geneticists could confirm that for this period of human evolution, the slower molecular clock rate of $0.5 \times 10?$ provides accurate dates. That puts the Neanderthal-modern human split between 765,000 to 550,000 years ago."

35) 진태하, 中 학계 "한자는 동이족 문자 ⋯ 한국만 몰라." 뉴데일리, 2011. 4. 17.: "한자(漢字)는 중국 문자가 아니라 우리 조상 동이족(東夷族)이 만든 우리글입니다. 중국 학계에서는 이런 역사적 사실을 인정하는데 한국만 모릅니다. ⋯ 우리나라 초대 문교부 장관인 안호상(1902~1999) 박사가 장관 시절, 중국의 세계적 문호 임어당(林語堂, 1895~1976)을 만났을 때 여담처럼 말했죠. '중국이 한자를 만들어 놓아서 우리 한국까지 문제가 많다.' 고요. 그러자 임어당이 놀라면서 '그게 무슨 말이오? 한자는 당신네 동이족이 만든 문자인데 그것도 아직 모른단 말입니까?'라는 핀잔을 들었답니다. 임어당의 일화를 소개한 진 이사장은 인사를 차릴 틈도 주지 않고 한자의 조기교육을 계속 강조해 나갔다. 1967년 대만에 유학, 국립사범대학에서 박사 학위를 받고 국립정치대학에서 1975년까지 교수로 재직. 그의 학위논문 「계림유사(鷄林類事) 연구」의 『계림유사』는 송(宋)나라 학자 손목(孫穆)이 고려에 왔다가 고려언어를 수집 설명한 책으로, 11세기 한국어 연구에 귀중한 자료의 하나다⋯."

36) "일본 가타카나 기원은 신라 향찰·이두" 한국일보, 2013. 9. 2.: "2일 NHK에 따르면 고바야시 요시노리(小林芳規) 히로시마(廣島)대 명예교수는 서기 740년께 신라에서 건너온 불교 경전 대방광불화엄경(大方廣佛華嚴經)에서 한자를 생략한 문자들이 기록돼있는 사실을 발견했다. 두루마리 형태의 이 경전은 나라(奈良)의 도다이지(東大寺)사가 보관 중이며, 일본의 국가 중요 문화재로 지정돼있다."

37) Rabindranath Tagore, 28th March, 1929: "In the golden age of Asia / Korea was one of its lamp-bearers / and that lamp is waiting / to be lighted once again / for the illumination in the East."

38) Alan Templeton, Out of Africa again and again, Nature volume 416, March 7, 2002, pages 4551:"The publication of a haplotype tree of human mitochondrial DNA variation in 1987 provoked a controversy about the details of recent human evolution that continues to this day. Now many haplotype trees are available, and new analytical techniques exist for testing hypotheses about recent evolutionary history using haplotype trees. Here I present formal statistical analysis of human haplotype trees for mitochondrial DNA, Y-chromosomal DNA, two X-linked regions and six autosomal regions. A coherent picture of recent human evolution emerges with two major themes. First is the dominant role that Africa has played in shaping the modern human gene pool through at least two—not one—major expansions after the original range extension of Homo erectus out of Africa. Second is the ubiquity of genetic interchange between human populations, both in terms of recurrent gene flow constrained by geographical distance and of major population expansion events resulting in interbreeding, not replacement."

39)THE HUGO PAN-ASIAN SNP CONSORTIUMMAHMOOD AMEEN ABDULLAIKHLAK AHMED-ANUNCHAI ASSAWAMAKINJONG BHAKSAMIR K. BRAHMACHARIGAYVELLINE C. CALA-CALAMIT CHAURASIACHIEN-HSIUN CHEN[···BIN ALWI ZILFALIL, Mapping Human Genetic Diversity in Asia, SCIENCE Vol 326, Issue 5959, 11 Dec 2009: "Our results show that genetic ancestry is strongly correlated with linguistic affiliations as well as geography. Most populations show relatedness within ethnic/linguistic groups, despite prevalent gene flow among populations. More than 90% of East Asian (EA) haplotypes could be found in either Southeast Asian (SEA) or Central-South Asian (CSA) populations and show clinal structure with haplotype diversity decreasing from south to north. Furthermore, 50% of EA haplotypes were found in SEA only and 5% were found in CSA only, indicating that SEA was a major geographic source of EA populations."

40) 최영태, "북방계 한민족은 없다." 파격적 새 학설 -동남아시아에서 해안 따라 올라온 이동이 주류, CNB뉴스, 2009. 12. 28.: "전 세계 93명의 연구자들이 73개 아시아 민족 1,900여 명의 유전자를 분석한 결과, 한국인은 남방계통의 후손들이란 학설을 증명하면서 그 논문을 세계적인 과학지 <사이언스> 최근호에 실어 기존의 연구 결과를 뒤엎었다. ··· '한국인은 모두 동남아시아에서 해안선 루트를 타고 올라온 남방계통의 후손들'이란 학설을 증명하는 논문이 세계적인 과학지 <사이언스> 최근호에 실렸다. 더군다나 이 연구는 한국의 박종화 박사(테라젠 바이오연구소 소장), 강호영 연구원(국가생물자원정보관리센터), 국립보건원, 숭실대를 포함하여 전 세계 11개국 40개 연구소의 93명 연구자가 참여해 73개 아시아 민족 1,900여 명의 유전자를 분석한 초대형 연구의 결과이기 때문에, 기존 연구 결과를 압도하고 있다."

41) Handaxe: National Musium of Korea(www.museum.go.kr), Culture / Period Paleolithic Period, Provenance Gangwha-gun, Materials Stone - Other/ Miscellaneous DimensionsL. 15.0cm, Accession NumberSinsu 16420, "This handaxe was excavated from the prehistoric site of Jeongok-ri, Yeoncheon, in Gyeonggi-do. A handaxe with its edge sharpened was produced a few million years after some hominid had produced the first tool in history. The reason that a handaxe is a symbolic artifact from which human evolution can be traced, is that it was produced by a hominid who had begun to stand up and think."

42) Hallam Leonard Movius(19071987) was an American archaeologist most famous for his work on the Palaeolithic period.

43) Wikipedia, The Movius Line is a theoretical line drawn across northern India first proposed by the American archaeologist Hallam L. Movius in 1948 to demonstrate a technological difference between the early prehistoric tool technologies of the east and west of the Old World.

44) 선사시대, 위키페디아(ko.wikipedia.org): "한국인들이 최초로 기원전 12500년경에 농사한 흔적(소로리볍씨)이 있고, 다음으로는 수메르인들이 기원전 9500년경에 농경을 시작하였고, 기원전 7000년경에는 농업이 인도로 전파되었다. 기원전 6000년경에는 이집트로, 기원전 5000년경에는 중국으로 이어졌다. 기원전 2700년 전에 농경은 중앙아메리카로 전파되었다."

45) 코리아 이브(Eve) 1편- 가덕도! 7천 년의 수수께끼, KBS, 2014. 9. 23.: "유라시아의 최종점인 부산 가덕도에서 7,000년 전 인골에서 모계 유전자인 미토콘드리아 H형 DNA를 추적하니 독일 마인대학교의 인골과도 같고, 몽골지역 9,000년 전 인골(몽골로이드)에서 같은 유전자가 발견"

46) Martine Robbeets, Remco Bouckaert, ··· Chao Ning Show, Triangulation supports agricultural spread of the Transeurasian languages, Nature volume 599, 10 November 2021, pages 616621: "The origin and early dispersal of speakers of Transeurasian languages—that is, Japanese, Korean, Tungusic, Mongolic and Turkic—is among the most disputed issues of Eurasian population history 1, 2, 3. A key problem is the relationship between linguistic dispersals, agricultural expansions and population movements 4, 5 ···."

47) 우리말에 속에 천손임을 나타내는 말로는: i) 어린아이들에게 '생일(生日)'이란 하늘의 태양에서 생겨나서 이곳에 내려왔다(生於天日, 而往此地)는 의미이며, '태어나다'라는 말 역시 "태양에서 생겨나서 이곳에 왔다."를 줄인 것이다. 어른들에게 '생신(生辰)'이란 별나라에서 오셨으니 그곳으로 가신다(生於月星, 而去此地)는 뜻이며, 세상을 떠난다는 말 대신에 별세한다(別此星向, 古星星辰)고 한다. 즉 별세계로 떠난다는 의미다. 그래서 무덤 관 밑바닥을 북두칠성의 칠성판(七星板)이라고 했다.

48) 韓學重, 四字小學, 學民社, 2012. p. 343: '放糞溲溺, 不向日月'

49) 신용하, 고조선 국가와 고조선 문명의 형성(뿌리를 찾아서), 국학원 국민강좌 2018. 2. 2.: "사단법인 국학원은 2013년 1월 8일 오후 7시 서울 종로구 사간동 대한출판문화협회에서 신용하 서울대 명예교수를 초빙하여 '고조선 국가와 고조선 문명의 형성'이라는 주제로 ··· 신 교수는 "기존 학계에서는 한민족의 기원을 바이칼 지방, 흑해와 카스피해 인근의 카프카스 지방, 알타이 지방, 몽골 지방, 시베리아 지방 등에서 이동, 이입되었을 것이라는 학설을 주장했으나 검증결과 과학적 근거가 없고 새로운 발굴 성과와 과학적 기초위에서 새 패러다임을 정립할 필요가 있다."라고 강조했다. 신용하 교수는 '금강 유역 청원군 소로리에서 발굴된 서기 전 10,550년 볍씨 등 농경 유적에서 보다시피 동아시아에서 가장 먼저 '신석기 시대 농업혁명'을 시작하여 전파시킨 문화민족이며, 신석기인 일반의 '태양숭배'와는 매우 큰 차이가 있는 '태양숭배' 사상과 천손 의식을 가졌다."라고 했다. 신 교수는 고조

선 국가 건국에 대해 "기존 학계에 예맥(濊貊) 1부족설(이병도 교수), '예' 부족과 '맥' 부족이 2부족 결합설(김상기 교수)이 있었다. 그러나 새로운 발굴 성과를 토대로 연구한 결과 '한' 부족에서 왕을 내고 '맥' 부족이 왕비를 내는 혼인동맹으로 결합하고, '예' 부족은 자율권을 가진 후국족으로 결합한 형태가 유력"하다며 '한' 부족과 '맥' 부족, 그리고 '예' 부족의 3부족 결합설을 제기하였다. 그는 "'한', '맥', '예' 3부족이 하나의 문화공동체로 결합하고 융합된 '고조선 민족'이 바로 한국의 '원민족'이며 '한국 민족의 기원'이다. 고조선민족은 한강문화, 대동강문화, 요하문화를 통합하여 '고조선 문화'를 창조하고 후국들의 문화를 포함한 '고조선 문명'을 형성하였다."라고 한다. 그는 홍산문화 중 우하량의 여신 숭배, 옥장식 문화가 여족장 지배의 '맥' 족의 흔적이며, 후한서에 기록된 '예'가 범 토템을 가진 부족이라고 규명했다."

50) 一然, 三國遺事: "昔有桓因 庶子桓雄 數意天下 貪求人世 父知子意 下視三危太伯可以弘益人間 乃授天符印三箇遣往理之 雄率徒三千 降於太伯山頂 神壇樹下 謂之神市 是謂桓雄天王也 將風伯雨師雲師, 而主穀主命主病主刑主善惡凡主人間三百六十餘事, 在世理化."

51) 古事記: "天邇岐志國邇岐志, 天津日高, 日子番能, 邇邇芸命"

52) 李奎報, 李相國集, 東明王編: "王知慕漱妃, 仍以別室寘, 懷日生朱蒙, 是歲歲在癸, 骨表諒最奇, 啼聲亦甚偉, 初生卵如升, 觀者皆驚悸, 王以爲不祥, 此豈人之類, 置之馬牧中, 群馬皆不履, 棄之深山中, 百獸皆擁衛…."

53) 三國遺事卷一新羅始祖赫居世工條: "理國六十一年, 王升于天, 七日後, 遺體散落于地, 后亦云亡, 國人欲合而葬之, 有大蛇逐禁, 各葬五體爲五陵, 亦名蛇陵, 曇嚴寺北陵是也."/ 輿地勝覽. 二十一卷: "赫居世陵, 在曇嚴寺傍, 官禁田柴, 世傳王升天, 七日後, 五體散落于地, 國人欲合而葬, 因蛇妖, 名葬之, 遂號五陵, 亦云蛇陵."

54) 天是靑黑色的, 地是黃色的, 宇宙形成于混沌蒙昧的狀態中. 太陽正了又斜, 月亮圓了又缺, 星辰布滿在无邊的太空中.

55) 寒暑循环變換, 來了又去, 去了又來. 秋天收割庄稼, 冬天储藏粮食. 積累數年的閏余幷成一个月, 放在閏年里. 古人用六律六呂來調節陰陽.

56) Clover Stroud, France: the dark mystery of Dordogne's ancient cave art, the Telegraph, 28 JULY 2012: "Rouffignac's cave lies 10 miles from Les Eyzies, known as the capital of pre-history, as the Vézère Valley is home to thousands of ancient cave paintings. The most famous are at Lascaux, the biggest and, at 15,000 to 17,000 years old, some of the oldest… The beautiful horses of Rouffignac made it my favourite cave, but there are hundreds to explore. Near the museum we visited the cave at Abri Pataud, first inhabited 37,000 years ago, and useful because it's one of the few caves where we found an English-speaking guide, who made spotting the ibex carved onto the ceiling in 19,000 B.C. a more thrilling experience for the children."

57) 라스코 동굴 벽화(Painting, Grotte de Lascaux)는 운석 충돌 별자리 기록, "4만 년 전 선사시대 인류 천문지식 갖춰" 연합뉴스, 2018. 11. 29.: "영국 데일리 텔레그래프 등에 따르면 에든버러 공학대

학원의 마틴 스웨트맨 박사가 이끄는 연구팀은 터키와 스페인, 프랑스, 독일 등지의 신·구석기시대 유적지에서 발굴된 동물 상징 벽화와 조각품 등을 분석한 결과를 '아테네 역사저널(Athens Journal of History)'을 통해 밝혔다. … 동굴벽화가 그려진 시기와 당시 밤하늘의 별 위치를 비교해 추상적으로 보였던 벽화와 조각이 당시 밤하늘의 별자리에 기초한 황도 12궁을 나타내는 것으로 해석할 수 있다는 결론을 내렸다. 기원전 1만5천200년께 발생한 운석 충돌사건을 묘사하고 있는 것일 수 있다고 밝혔다. "한가운데 남성은 죽어가고 있고, 주변의 네 마리 동물 중 부상한 들소는 하지의 염소자리, 새는 춘분의 천칭자리, 무엇인지 명확치 않은 다른 두 동물은 동지와 추분의 사자자리와 황소자리를 나타낸다는 것이 연구팀의 해석이다. 이런 별자리 구조는 기원전 1만5천150년께 나타난 것으로 그 무렵 인류에게 충격을 가하는 사건이 발생했다는 점을 벽화로 기록했다는 것이다."

58) 鄭景姫, 동아시아 '天孫降臨思想'의 원형 연구 - 倍達古國의 '北斗(삼신하느님)신앙'과 천둥번개 신(雷神) 桓雄(A study on the original form of the idea of Chunson's descent(天孫降臨思想) in East Asia - the Big Dipper belief(the Samsin-Hananim belief) and the lightninggod(雷神) Hanwoong(桓雄) in Baedalkook(倍達國), 백산학보 제91호, 2011, pp. 5~52

59) Isaiah 14:12: "How you have fallen from heaven, O star of the morning, son of the dawn! You have been cut down to the earth, You who have weakened the nations!"/ 2 Peter 1:19: "So we have the prophetic word made more sure, to which you do well to pay attention as to a lamp shining in a dark place, until the day dawns and the morning star arises in your hearts."/ Job 38:7:"When the morning stars sang together, And all the sons of God shouted for joy? / Revelation 22:16:"I, Jesus, have sent My angel to testify to you these things for the churches. I am the root and the descendant of David, the bright morning star."/ Revelation 2:28:"I will give him the morning star."

60) 황석영, 개밥바라기별, 문학동네, 2014. 1. 15.

61) 朝鮮王朝實錄, 英祖實錄三十六卷:"英祖九年, 十二月十二日己未, 太白見於巳地. 或云見於午地, 而日官諱之, 稱巳地云."

62) 이기환, 고구려 고분과 아라가야 왕릉의 남두육성 … 그 깊은 뜻은?, 경향신문, 2019. 1. 4.: "5~6세기 아라가야인들은 왜 남두육성을 무덤방 덮개돌에 새겨 넣었을까. 지난해 12월 18일 아라가야 왕릉급 고분인 함안 말이산 13호분(사적 제515호)에서는 전갈자리와 궁수(사수)자리 등의 별자리 125개가 새겨진 덮개돌이 확인됐다. 더욱 특이한 것은 별자리가 새겨진 구덩식 돌덧널 무덤방의 벽면이 붉게 채색되어 있었다는 것이다."

63) 啓蒙篇: "天編, 日出於東方, 入於西方, 日出則爲晝, 日入則爲夜, 夜則月星著見焉. 天有緯星, 金木水火土五星, 是也. 有經星, 角亢氐房心尾箕, 斗牛女虛危室壁, 奎婁胃昴畢觜參, 井鬼柳星張翼軫, 二十八宿, 是也."

64) 윤형주, 두 개의 작은 별: "저 별은 나의 별 저 별은 너의 별, 별빛에 물들은 밤같이 까만 눈동자, 저 별은 나의 별 저 별은 너의 별, 아침 이슬 내릴 때까지, 별이 지면 꿈도 지고 슬픔만 남아요. 창가에 지는 별들의 미소 잊을 수가 없어요. 저 별은 나의 별 저 별은 너의 별, 별빛에 물들은 밤같이 까만 눈동자,

저 별은 나의 별 저 별은 너의 별, 아침 이슬 내릴 때까지…."

65) 밤하늘의 별을…: "밤하늘의 별을 따서 너에게 줄래, 너는 내가 사랑하니까 더 소중하니까, 오직 너 아니면 안 된다고 외치고 싶어, 그저 내 곁에만 있어 줘 떠나지 말아 줘, 너의 집 앞에서 한참 동안 기다린 거야…."

66) Matthew 2:78:"Then Herod, when he had privily called the wise men, enquired of them diligently what time the star appeared. And he sent them to Bethlehem, and said: Go and search diligently for the young child; and when ye have found him, bring me word again, that I may come and worship him also."

67) Mattew 2:12:"And being warned of God in a dream that they should not return to Herod, they departed into their own country another way."

68) 金富軾, 三國史記, 新羅本紀 朴赫居世五十四年春, 二月己酉, 星孛(彗)于河鼓.

69) Brent Landau, Revelation of the Magi: The Lost Tale of the Wise Men's Journey to Bethlehem, HarperCollins, November 2, 2010, 375 pages.

70) 배한철, 한국기독교, 조선말 아닌 신라시대 때 전파?, 매일경제, 2019. 6. 19.: "일부 학자가 오른쪽 어깨 옆에 히브리어로 `도마의 눈과 손`이 암각돼 있다고 주장하는 영주 분처상의 모습. 가슴에 십자가 모양과 왼쪽 하단에 명문이 새겨져 있다. … 1987년 8월 경상북도 영주시 평은면 강동2리 분처(分處)바위에서 머리 부분이 없는 암각상이 발견됐다. 이 불상을 놓고 '깐수 간첩 사건'으로 유명한 정수일 전 단국대 교수 등 일각에서 놀라운 주장을 펼친다. 정 전 교수는 불상의 왼쪽 어깨 부분에 히브리어 4자가 암각돼 있다고 말한다. 해석하면 '도마의 눈과 손'이라는 것이다. 성경에는 예수가 자신의 부활을 의심하는 도마 앞에 나타나 "손을 내밀어 내 옆구리에 넣어 보라."라고 했다고 쓰여 있다. 기독교에서 믿음을 강조할 때 많이 인용되는 성경의 구절이다…."

71) 백영찬, [기고] 동방 박사들의 고국은 우리나라 신라, 국민일보(news.kmib.co.kr), 2021. 12. 7.: "B.C. 4년 신라인에 의해 관측된 특별한 별(그리니치 천문대 다비드 랭크 등 3명의 천문학자들은 그것이 그리스도 탄생 때에 나타난 별이었음을 입증한다.) 삼국사기 신라본기에 시조 박혁거세 54년에 혜성이 나타났다는 기록이 있으며, 이는 예수님이 탄생하신 B.C. 4년과 일치한다. 동방의 신라국은 예수님 탄생 당시 천문학이 가장 발한 곳으로서 지금도 경주에는 신라인들이 별을 관측했던 세계 최고의 천문대인 첨성대가 있다. … 이는 동방박사의 이스라엘 방문과 무관한 일이 아니며, 사도 도마가 가락국의 시조 김수로왕의 부인으로 인도 중부 아유타국(유대인 공동체, 남유다 난민의 국가)의 공주 허황옥을 데리고 왔다는 기록이 삼국유사 가락국기에 기록된 것 또한 무관하지 않다. … 마태복음이 기록된 1세기 후인 주 후 2세기 중엽에 기록된 시리아 사본에 동방박사들의 고국은 '신라'라는 근거가 기록으로 남아있다. 그리고 바티칸 도서관에 소장된 주 후 8세기 시리아 사본에 수록된 '동방박사의 묵시'에도 동방박사들의 고국은 '신라'라는 근거가 기록되어 있다. … 한편 '시라아 사본'에는 그 후 동방박사들이 도마에게 세례를 받았다는 기록도 있으며, 경북 영주시 평은면 강동리 산기슭에는 암벽에 도마라는 히브리어가 새겨져 있고 사도 도마상이 있으며, 도마와 신라가 모종의 연관이 있었음을 보여주고 있다. 현재 대구에는 도마박물관과 도마학회가 있다."

72) 漢書卷六十一張騫列傳:"及漢氏遣張騫使西域, 窮河源, 經歷諸國, 遂置都護, 以總領之, 然後西域之事具存, 故史官得詳載焉."

73) Translator: Dr. Shin Sa Hoon(Hebrew expert, the former Professor of Religious Study in the Seoul National University.

74) Park Tae-Seon & Han Gang-Hyen, A Comparative Study on the Deciphering Petro-glyph of Mt. Lawz(so-called Mt. Sinai) & the Ancient Hebrew on the Roof-End Tiles of Gojoseon(古朝鮮) Dynasty in Korea, The President of International Academy of Neohumans Culture, 2019. 7. 26.

75) 이원식, 왕류동 마애상(磨崖像)의 비밀, 기독교상? 불교상? 지금도 논란, 영주시민신문, 2020. 5. 21. / 평은면 강동리 왕유동에 '도마바위(예수의 제자)'가 있다?, 영주시민신문, 2019. 12. 27.

76) 도마 박물관(관장 조국현 목사), 대구 동구 방촌동 강촌종합상가 4층, 전화 053-982-4006, 018-391-4006

77) 도마(Thomas, 刀劇)가 팔공산을 넘었던 A.D. 48~49년경 이후는 '도마가 넘었던 고개'에서 도마재라고 했으나, 조선 시대에 영남 유림들은 한자명으로 '신녕재(新寧峙)'라고 했다. 예수의 12제자 가운데 도마(Thomas)는 예수의 부활을 부정했으며, 직접 두 분으로 경험하지 않은 것을 의심했기에 많은 비난을 받았다. 그래서 '늘 칼 받는 칼판(cutting board)'이라는 이름으로 사용하게 되었다. 도마재는 대구(동구) 도학동(道學洞)에서 영천군 신녕면(新寧面) 치산리(雉山里)로 넘어가는 996.5m/sl 고개다. 지질학상으로는 중생대 백악기 경상 누층군 불국사 층군화강암에 속하는 팔공산 화강암이 기반암이다. 신령면에서 동화사로 접근하는 최단거리의 고개다. 도마를 엎어놓은 모양이라고 도마재라고 설명하고 있다.

78) 나마(奈麻)는 신라의 17등 관계(官階) 중의 제11등 관등명이며 진골(眞骨)·육두품 이외에 5두품이 받을 수 있다. 바로 다음 관등인 대사와는 큰 차이가 있어서 시랑(侍郎)이나 경(卿)의 지위는 나마 이상의 관등을 가지고 있어야만 오를 수 있다. 나마는 나말(奈末·「창녕비(昌寧碑)」)이라고도 한다.

79) 金富軾, 三國史記, 新羅本紀: "沾解尼師今立, 助賁王之同母弟也 … 十五年 春二月 築達伐城, 以奈麻克宗爲城主. 三月, 百濟遣使請和不許, 冬十二月二十八日, 王暴疾薨."

80) 多馬福音(古沙依迪克 科普特語: ⲡⲉⲩⲁⲅⲅⲉⲗⲓⲟⲛ ⲡ.ⲕⲁⲧⲁ.ⲑⲱⲙⲁⲥ), 又譯爲多默福音, 多瑪斯福音或湯瑪士福音, 僞經之一. 美國的非宗敎性學術硏究團體「耶穌硏究會」, 將《多馬福音》列爲値得信賴且有關耶穌傳道訓義的「第五福音」. 天主教教宗本篤十六世指《多馬福音》和《多馬行傳》「對基督信仰團體的起源, 這兩份文獻是很重要的硏究資料」, 但天主教不認爲這部福音是天啓的.

81) 1500년 전 신라 유리잔 … 빛깔만큼 신비로운 동서문명 교류 역사, 경향신문(khan.co.kr), 2018. 11. 16.: "1973년 발굴 당시 발굴단을 놀라게 한 유물은 또 있었다. 온전한 형태의 짙은 푸른색 유리잔. 1975년에는 천마총 인근 황남대총이 발굴됐다. 은관이 나온 남분에서도 유리병과 잔들이 발굴됐다. 로마나 페르시아 유물 같은 유리 그릇들이다. 특히 남분에서는 국내 유일한 형태의 유리병이, 북분에서는 세계적으로도 독특한 유리잔이 출토됐다. … 이국적인 유리 그릇은 천마총·황남대총만이

아니라 금관총·서봉총·금령총 등에서도 나왔다."

82) 박현주, "로마 유리제품 신라보다 가야에 먼저 전해져." 김해뉴스, 2013. 3. 12.: "대성동고분군 91호분에서 발견된 로만 글라스 … 경주서 발굴된 것보다 70년 앞서, 중앙박물관 "신라와 다른 교역단계…"."

83) 혼펠스(Hornfels)는 관입 화성 덩어리의 열에 의해 구워지고 굳어지고 거대하고 단단하며 부서지기 쉽고 어떤 경우에는 매우 거칠고 내구성이 있게 된 접촉 변성암 세트의 그룹 이름입니다. 이러한 특성은 판형 또는 각주형 습성을 갖는 미세 입자 비정렬 결정으로 인한 것이며, 고온에서 변성되지만, 변형을 수반하지 않는 특성입니다. 이 용어는 동물의 뿔을 연상시키는 탁월한 인성과 질감 때문에 '뿔돌'을 의미하는 독일어 Hornfels에서 파생되었습니다.

84) Hornfels is medium-to-coarse crystalline metamorphic rocks formed out of contact metamorphism, dark color, and rich in silicates with granoblastic and porphyroblastic texture. They consist of andalusite, garnet, and cordierite as major minerals and quartz, feldspar, biotite, muscovite, and pyroxene as a characteristic mineral. Hornfels often include epidote, diopside, actinolite, or wollastonite and sometimes Titanite, and tremolite.

85) 김교영, 대구·경북 반반한 지질자료 없다, 매일신문, 2000. 1. 27.: "대구 지하철 공사장 붕괴사고가 연약한 지질구조(단층구조)를 충분히 고려치 않아 발생했을 것이란 의문이 제기되고 있는 가운데 지하공사의 안전을 위해 반드시 필요한 지질 관련 기초자료가 대구·경북지역에는 거의 없어 지하공사의 안전을 크게 위협하고 있다. 지질·토목공학 전문가들은 대구·경북지역에는 일본강점기 때 지질도가 처음으로 만들어졌으나 당시 지질조사 수준을 고려할 때 이는 정밀성이 떨어지며 그동안 조사·연구된 지질 단위나 구조가 반영돼 있지 않아 새로운 지질도 마련이 시급하다."

86) 이재혁, 대구 삶의 태동지 신천 물길 변천을 밝힌다, 연합뉴스, 2017. 11. 19.: "대구시는 오는 20일 '신천개발 자문단·협의회' 회의를 열어 도심을 가로질러 흐르는 신천과 소하천 유로 변천 조사용역 결과를 놓고 토론한다. 연구 책임자인 송언근 대구교육대 교수는 퇴적층과 하식애 조사, 1910년대 지형도·지질도·수도지도·지적도를 하계망도를 작성하고 청동기 시대 유물 분포지를 분석했다. 그는 신천 본류가 청동기 시대에도 현재와 유사한 방향으로 흘렀고, 읍성과 향교가 있던 좌안 지역에 분류 하천들(일명 대구천·상동천)이 흘렀다는 것을 밝혀냈다."

87) 관광자원 또는 자연학습장, 두드리소 민원 사례(smart.daegu.go.kr), 2017. 5. 25.: "에리조나의 배링거 운석충구가 운석충돌의 예로 많이 이용되는데 대구에도 … 귀하께서 와룡산 일대의 운석충돌로 인한 크레이트(운석구)를 활용하여 …" / "누워 있는 용을 깨워 하늘로 …" 제37회 와룡산비룡제, 뉴스사천(news4000.com), 2015. 5. 5.: "와룡산은 산 이름과 더불어 '용' 자를 이름 삼은 지명이 많이 있다. 민재봉을 기준으로 세 가닥으로 뻗은 산줄기 가운데 남서릉 끝자락에 자리 잡은 마을을 좌룡동이라 하고, 남서릉과 남동릉 사이에 마치 거대한 운석이 떨어져 움푹 들어간 형태의 분지 안의 마을은 와룡동이라 불린다. 또한, 포물선을 그리며 뻗은 남동릉 끝자락에 솟은 봉은 용의 머리 형상을 하고 …"/ 와룡산(799m) 철쭉 산행, 사천(2008. 05. 11.), 2008. 5. 4.

88) 高麗史八卷, 世家八: "文宗(在位: 1046~1083) 二年(庚戌)二十四(1070)년年春正月癸巳朔放朝賀 … 庚子星隕於大丘縣化爲石."

89) 世宗實錄地理志, 地理志, 慶尙道慶州府 大丘郡: "大丘郡: 本達句火縣, 景德王改名大丘, 爲壽昌郡領縣. 高麗 顯宗戊午, 屬京山府任內, 仁宗二十一年癸亥, 始置縣令. 【卽宋 高宗 紹興十三年】 本朝今上元年己亥, 以千戶以上, 陞爲知郡事. 屬縣三. 壽城縣, 本喟火郡, 景德王改壽昌郡, 高麗改今名. 解顔縣, 本雉省火縣, 【一云美里】 景德王改今名, 爲獐山郡領縣. 顯宗戊午, 皆屬慶州任內. 恭讓王二年, 庚午, 始置壽城, 解顔, 兼監務. 本朝太祖三年甲戌, 革監務, 爲大丘任內, 歷一世而還屬慶州. 太宗十四年甲午, 復屬大丘. 河濱縣, 本多斯只縣, 景德王改今名, 爲壽城郡領縣. 顯宗戊午, 屬京山府任內, 後爲大丘任內. 所一, 資己. 鎭山, 連龜. 【諺傳作石龜藏于山脊, 南頭北尾, 以通山氣, 故謂之連龜】 公山 【在解顔縣北十一里, 新羅時稱父嶽, 擬中嶽爲中祀. 今令守令行祭】 琴湖, 其源出永川 母子山, 西流過郡北, 又西南入于洛東江. 四境, 東距慶山二十三里, 西距星州四十一里, 南距淸道三十五里, 北距義興三十五里. 本郡戶四百三十六, 口一千三百二十九. 壽城戶二百六十四, 口六百四十四. 河濱戶三百五十一, 口一千二百四十九. 解顔縣戶一百九十八, 口一千二百單三. 軍丁, 侍衛軍五十一, 鎭軍一百單五, 船軍四百五十四. 本郡土姓五, 白,夏,裵,徐,李; 來姓一, 都. 壽城姓四, 賓,羅,曺,㟒; 來姓七, 柳,張,崔,申,劉,高,鄭; 續姓六, 芮, 【缶溪來】,陳, 【桂城來】 崔, 【保寧來】 金二, 【一金海來, 一淸道來】 李 【本貫不知, 皆爲鄕吏】 河濱姓三, 申,李,宋. 解顔姓五, 牟,白,河,申,丁. 來姓三, 諸,秦,朴; 續姓一, 韓. 資己所續姓一, 金. 厥土肥塉相半, 風氣暖, 俗好苗種, 墾田六千五百四十三結. 【水田十分之三强】 土宜, 稻,黍,稷,麥,麻,木綿. 土貢, 胡桃,棗,松子,石茸,漆,紙,芝草,笠草,銀口魚,狐皮,狸皮,獐皮,山獺皮. 藥材, 天門冬,當歸,麥門冬, 陶器所二, 一在解顔東村汝里, 一在壽城南村上院洞.【皆下品】邑石城, 在郡西二里【周回四百五十一步, 內有泉二】 琴鶴樓 【在客舍北】 驛二, 凡於 【在壽城】 新驛 【在河濱】 烽火二處, 法伊山, 在壽城縣南, 【南準淸道八助嶺, 北準慶山 城山】 馬川在河濱縣南, 【南準花園 城山, 北準星州角山】 大堤四, 聖堂佛上, 【在郡境】 屯洞 【在壽城境】 釜堤, 【在解顔境】 笠岩. 【在郡東二里許, 新川中有石屹立, 俗號笠岩, 世傳星隕爲石.】"

90) 김해용, [야고부] 신천의 별똥별, 매일신문, 2017. 11. 30.: "『고려사』에 의하면 문종 24년(1070년) 1월 대구현에 별이 떨어져 돌이 되었다는 기록이 있다. 『경상도지리지』에는 '대구군(大丘郡)의 동쪽 2리쯤 신천 가운데에 삿갓과 같이 생긴 바위(笠巖)가 있는데 전해지는 이야기에 의하면 이 바위는 운석이다.'라는 내용이 나온다."

91) 역사 앞에서 선사시대를 만나다, 대구역광장 칠성바위, 대구도시철도(dtro.or.kr), 2020. 7. 31.: "이곳은 모르는 분들이 많더라구요. 바로 칠성바위가 그것인데요. 대구역 뒷편 광장에 위치해 있기에 못 보고 지나칠 가능성이 큽니다. 하지만 선사시대의 흔적이 남은 의미가 깊은 바위랍니다. 칠성바위의 이름은 이 바위가 원해 하늘의 북두칠성처럼 자리 잡고 있어서 이름이 붙여졌습니다. 조선 정조 때 경상감사로 부임한 이태영이 꿈에 읍성에 북두칠성이 떨어지는 것을 보고, 그 장소에 가니 이 바위들이 7개가 북두칠성처럼 놓여 있었고 그래서 그 바위에 자신의 일곱 아들의 이름을 새기고 복을 빌었다고

도 합니다. 원래는 부변에 의북정이라는 정자도 자리하였는데 지금은 헐려서 만날 수 없습니다."

92) Deuteronomy 26:9: "He brought us to this place and gave us this land, a land flowing with milk and honey."

93) 唐代中宗皇帝, 立春日游苑迎春: "神皐福地三秦邑, 玉台金闕九仙家. 寒光犹恋甘泉树, 淑景偏临建始花. 綵蝶黃鸎未歌舞, 梅香柳色已矜夸. 迎春正启流霞席, 暫嘱曦轮勿遽斜."

94) 老子, 道德經 第八章: "上善若水, 水善利萬物而不爭, 處衆人之所惡, 故幾於道. 居善地, 心善淵, 與善仁, 言善信, 政善治, 事善能, 動善時. 夫唯不爭, 故無尤."

95) Gunnar Roaldkvam, a writer from Stavanger, puts this so simply and so aptly in his poem "The last drop": "Once upon a time / there were two drops of water; / one was the first, / the other the last. / The first drop / was the bravest. / I could quite fancy / being the last drop, / the one that makes everything / run over, / so that we get / our freedom back. / But who wants to be / the first / drop?"

96) 朴堤上, 符都誌, 第二十七章: "…又象鑿符都八澤之形, 報賽於曲水之間, 會燕而行濟物之儀…每歲十月, 行白衣祭 此因黃穹氏束身白茅之儀也, 設朝市於達丘, 開海市於栗浦."

97) 조선(朝鮮)이란 산스크리트어 Kha Lasa(광명의 땅, 햇볕이 비치는 곳)를 차음 표기한 것이며, 아침 조(朝)는 땅(地, 一), 별이 쏟아짐(星注, 丿), 태양(日), 땅(地, 一)에서 서기(瑞氣)가 솟아오르며, 달마저 밝은 우주를 형상하고 있다. 신선할 선(鮮)는 아침 생선이나 양처럼 펄떡거리는 양동감과 조용함을 형상했음.

98) 書經, 第六編, 周書: "… 古人有言曰: 牝鷄無晨, 牝鷄之晨, 惟家之索 …."

99) 郭璞(276~324), 字景純, 河東郡聞喜縣(今屬山西省)人, 西晋建平太守郭瑗之子. 東晋著名學者, 既是文學家和訓詁學家, 又是方術大師和《游仙詩》的祖師. 著作《爾雅注》(成書於313-317年), 《方言注》(成書於318-210年) 成爲研究晋代漢語的方言地理的重要文獻.

100) 郭璞, 錦囊經上, 第一氣感編: "風水之法, 得水爲上, 藏風次之. 何以言之氣之盛, 雖流行, 而其餘者猶有止. 雖零散, 而其深者猶有聚, 故藏於燥者宜淺, 藏於坦夷者宜深."

101) Tim Marshall, Prisoners of Geography: Ten Maps That Explain Everything About the World (Politics of Place), Scribner Book Company, October 1, 2016. 320pages.

102) Prisoners Of Geography explains how the location of a country dramatically affects its success and the amount of power it has in the world, and how this has determined the outcomes of major world events for centuries.

103) 檀君世紀, 誓効詞: "朝光先受地, 三神赫世臨, 桓因出象先, 樹德宏且深, 諸神議遣雄, 承詔始開天, 蚩尤起青邱, 萬古振武聲, 淮岱皆歸王, 天下莫能侵, 王儉受大命, 懽聲動九桓, 魚水民其蘇, 草風德化神, 怨者先解怨, 病者先去病, 一心存仁孝, 四海盡光明."

104) 三國志, 蜀誌: "良禽相木而棲 賢臣擇主而事."

105) 資治通鑒, 晋安帝元興三年: "魏主珪臨, 昭陽殿, 改補百官, 引朝臣文武, 親加銓擇, 隨才授任 … 官名多不用 漢魏之旧, 仿上古龍官, 鳥官."

106) 春秋左氏傳, 昭公十七年: "少昊曾統一中原, 登基這天, 百鳥來賀. 根据東方部落習慣, 少昊以鳥爲官名, 其中因鳳鳥傳說知天命, 因此命鳳鳥氏爲 …."

107) 說文解字, 卷十四下: "辰震也(震域是辰方也)"

108) 後漢書, 東夷傳, 韓條: "韓有三種, 一曰馬韓, 二曰辰韓, 三曰弁辰. 馬韓在西, 有五十四國, 其北與樂浪, 南與倭接. 辰韓在東, 十有二國, 其北與濊貊接. 弁辰在辰韓之南, 亦十有二國, 其南亦與倭接."

109) 三國史記 禮志: "震域古邦, 皆祭日天, 仰日始祖…."

110) 三國遺事, 卷一奇異一, 高句麗: "… 卽卒本扶餘也. 或云, 今和州又成州等, 皆誤矣. 卒本州在遼東界, 國史高麗本記云. 始祖東明聖帝 … 我是天帝子河伯孫, 今日逃遁, 追者垂及, 奈何. 於是魚鼈成橋, 得渡而橋解, 追騎不得渡. 至卒本州[玄菟郡之界]."

111) 廣開土王碑文: "天神造萬人, 一像均賦三眞於, 是人其代天而能立於世, 也況我國之先出自北夫餘, 爲天帝之子乎…."

112) 說文解字: "卓, 高也,"; 論衡: "卓之義, 發于顚沛之朝."; 漢書, 霍去病傳: "卓行殊遠而粮不絶."; 后漢書·祭遵傳: "卓如日月"; 漢書, 劉輔傳: "必有卓詭切至."

113) 說文解字: "剝取獸革者 謂之皮", "獸皮治去其毛曰革更也"; 廣韻: "韋柔皮也."; 史記, 孔子世家: "孔子晚而喜易 … 韋編三絶."

114) 태양의 후예: KBS2 드라마, 2016. 2. 24. ~ 2016. 4. 14. 16부작, 시청률 38.8%, 송중기와 송혜교가 주연, 낯선 땅 극한의 환경 속에서 사랑과 성공을 꿈꾸는 젊은 군인과 의사들을 통해 삶의 가치를 담아낼 블록버스터급 휴먼 멜로드라마.

115) Matthew 13:31-34: "The Kingdom of Heaven is like a grain of mustard seed, which a man took, and sowed in his field; which indeed is smaller than all seeds but when it is grown, it is greater than the herbs and becomes a tree, so that the birds of the air come and lodge in its branches."

116) Matthew 17:20: "He replied, Because you have so little faith. Truly I tell you, if you have faith as small as a mustard seed, you can say to this mountain, 'Move from here to there.' and it will move. Nothing will be impossible for you."

117) 冶父, 金剛經冶父頌, 須彌納芥子偈: "毛吞巨海水, 芥子納須彌, 碧漢一輪滿, 淸光六合輝, 踏得故鄕田地穩, 更無南北與東西."

118) 李斯, 諫逐客書: "臣聞吏議逐客, 竊以爲過矣. 昔穆公求士, 西取由余於戎, 東得百里奚於宛, 迎蹇叔於宋. 來邳豹 公孫支於晉 … 是以泰山不讓土壤 故能成其大 河海不擇細流 故能就其深…."

119) 박종화, 다종불심, 박문서관, 1940

120) 太宗實錄, 卷第三十卷十九章: "太宗十五年八月十四日戊寅 … 上曰, 三韓甲族子弟, 亦爲甲士. 故嘗以甲士爲監察. 然知司諫兼執義, 於上大護軍中. 尙難得, 况司直副司直中, 兼監察之人, 豈易得乎."

121) 하응백, 창악집성(唱樂集成), 휴먼앤북스 출판사, 2011. 6. 27. : "셋을 맞고 하는 말이 삼한갑족(三韓甲族) 우리 낭군, 삼강(三綱)에도 제일이요. 삼춘화류승화시(三春花柳勝花時)에 춘향이가 이도령 만나 삼배주(三杯酒) 나눈 후에 삼생연분(三生緣分) 맺었기로 사또 거행(擧行)은 못하겠소."

122) 陵陽河遺址, 維基百科, 自由的百科全書: "新石器時代, 編號 2-128, 1992年 6月 12日, 陵陽河遺址, 位于山東省日照市莒縣陵陽鄉陵陽河村, 大寺村, 是中華人民共和國山東省文物保護單位之一."

123) 一然, 三國遺事, 奇異古朝鮮條: "古記云…王儉以唐高即位, 五十年, 庚寅唐堯, 即位元年戊辰, 則五十年丁巳, 非庚寅也. 疑其未實都平壤城. 今西京始稱朝鮮. 又移都, 於白岳山阿斯達. 又名弓一作, 方忽山. 又今旀達御國, 一千五百年周, 虎王即位. 己卯封箕子, 於朝鮮壇君, 乃移於藏唐京. 後還隱於阿斯達, 爲山神壽, 一千九百八歲."

124) 一然, 三國遺事, 奇異古朝鮮條: "魏書云, 乃往二千載, 有壇君王儉, 立都阿斯達. 経云, 無葉山, 亦云白岳在, 白州地或云在. 開城, 東今白岳. 宮是, 開國號, 朝鮮, 與高同時."

125) 강상원, 산스크리트어는 전통적인 우리말이다. 블로그(blog.naver.com), 2018. 10. 30. ; "아사달(阿斯達)은 산스크리트로 'Asaddhar'인데 영어로 번역하면 a holy city, invincible castle, stronghold로써, 난공불락의 성지란 뜻이 된다."

126) Monier Monier-Williams, Sanskrit-English Dictionary, Etymologically and Philologically Arranged with Special Reference to Cognate Indo-European Languages, New edition greatly enlarged and improved with the collaboration of Professor E. Leuman and Professor C. Cappeller.

127) 司馬遷, 史記, 卷一五帝本紀第一: "軒轅之時, 神农氏世衰. 诸侯相侵伐, 暴虐百姓, 而神农氏弗能征. 于是轩辕乃习用干戈, 以征不享, 诸侯咸来宾从. 而蚩尤最为暴, 莫能伐. 炎帝欲侵陵诸侯, 诸侯咸归轩辕. 轩辕乃脩德振兵, 治五气, 蓺五种, 抚万民, 度四方, 教熊罴貔貅貙虎, 以与炎帝战于阪泉之野. 三战, 然后得其志. 蚩尤作乱, 不用帝命. 于是黄帝乃征师诸侯, 与蚩尤战于涿鹿之野, 遂禽杀蚩尤. 而诸侯咸尊轩辕为天子, 代神农氏, 是为黄帝."

128) 三國史記, 列傳第一, 金庾信上: "羅人自謂少昊金天氏之後. 故姓金, 庾信碑亦云. 軒轅之裔, 少昊之胤, 則南加耶 … 住. 行止隨緣, 名則難勝也. 公聞之, 知非常人, 再拜進曰僕新羅人也, 見國之讐…."

129) 司馬遷, 史記, 匈奴列傳: "其秋, 單于怒渾邪王, 休屠王居西方爲漢所殺虜數萬人, 欲召誅之. 渾邪王與休屠王恐, 謀降漢, 漢使驃騎將軍往迎之. 渾邪王殺休屠王, 幷將其衆降漢. 凡四萬餘人, 號十萬."

130) 김재현, [인문학 칼럼] '독일계 DNA'가 가덕도서 발견된 까닭, 국제신문, 2020. 1. 1. : "장항 유적서 유전자 검출, 충북에선 고대 백인 유골, 주변국에는 나온 적 없어. … 한국인이 이미 오래전부터 '혼성체 민족' 아니었을까…."

131) 전게서, 국제신문, 2020. 1. 1. : "1962년 발굴된 충북 제천 황석리 고인돌의 주인공 인골은 그간 생각지도 못했던 엄청난 주장의 근거를 제시하는 계기를 낳게 된다. 당시 인골을 분석한 결과 현재 한국

인과 형질적으로 너무나 다르다는 결론이 내려졌기 때문이다. 고고학자 김병모 씨는 황석리 지석묘 (고인돌) 남자 주인공을 북유럽인, 즉 백인이라고 주장하기까지 이른다(경향신문 2003년 6월 30일 자 보도).”

132) 도재기, 정선 청동기 유적지 ‘서양인 유골’ 나왔다, 경향신문, 2006. 12. 5. : “현재의 영국인과 유사 한 유전인자를 가진 약 3,000년 전의 인골이 국내 청동기 시대 고인돌에서 발굴돼 고고학계의 주목 을 받고 있다. … 강원문화재연구소가 지난해 강원 정선 아우라지 유적에서 발굴한 인골 출토 모습. 이 인골은 최근 DNA 염기서열 분석에서 백인 중 영국인 유전자와 유사한 결과가 나와 고고학계의 관 심을 모으고 있다.”

133) 金富軾, 三國史記, 新羅本紀 第八, 神文王條: “九年, 王欲移都達句伐, 未果.”

134) 西周時, 八公山附近爲 “州來” 諸侯國, 其都邑在八公山下. 西漢時, 八公山屬淮南國. 383年 (東晋太元八年), 淝水之戰發生于八公山附近. 前秦苻堅帥90万大軍進攻東晋. 兩軍對峙于壽 春. 遠望八公山上草木, 誤以爲是東晋士兵. 此卽成語 “草木皆兵” 的出處. 八公山下也是豆腐 的發源地.

135) John 1:1~2: “In the beginning was the Word, and the Word was with God, and the Word was God.”

136) John 1:14: “The Word became flesh and made his dwelling among us. We have seen his glory, the glory of the one and only Son, who came from the Father, full of grace and truth.”

137) سان سان انسانن نگ سان نا ء انا، ويجو، فرارهيم كي كلايوي وجي، يي طرتفت مادر ييه ت هيي يي فيرياشني كي پريشاني اها كي مون (كا يرتري م وج وه يسجي. ويجي كي انسانا كي ميشه ءلا درهايفت نه كيك ويجه. جور: “جيني انسانا كيك ميشه وه هن نّهن كيك، يِّجي، كرك ايني دك اونوا وثنا وه ه انا كيك وجود م دوجو ءي دّسسو، انا كرك هن خاص كرك ان ويلايكا م دل دجينهنپن كي كي.”

138) 靜思妙蓮華, 見光稀有勸衆同求第 1007集(法華經, 化城喩品第七): “所念所行向道之機, 智 力福力受道之實, 宿命行業得道之因, 各有大小淺深應機. 念所行向道之機, 智力福力受道之 實, 宿命行業得道之因, 各有大小淺深應機. 諸梵天王各作是念: 今者宮殿光明, 昔所未有, 以 何因緣而現此相? 是時, 諸梵天王卽各相詣, 共議此事. 時彼衆中有一大梵天王名救一切, 爲 諸梵衆而說偈言. 大梵諸梵中所被尊重, 以慈悲故, 名救一切 … 見所希有, 勸衆同求. 爲大德 天生, 爲佛出世間: 諸天中之具威德者, 將生之時光明先現, 故共疑爲大德天生或是諸佛出 世.”

139) 沆瀣 洪吉周, 峴首甲藁, 舍弟世叔文: “… 文所以載言也. 言所以載道也. 道之所在, 言隨….”

140) 孟子, 眞心章下篇: “孟子曰, 仁也者人也. 合而言之道也.”

141) 孟子, 眞心章下篇: “… 孟子曰 言近而指遠者, 善言也. 守約而施博者, 善道也.”

142) 禮記, 中庸篇: “… 天命之謂性, 率性之謂道, 修道之謂敎. 道也者, 不可須臾離也; 可離, 非道 也. 是故, 君子戒愼乎其所不睹, 恐懼乎其所不聞. 莫見乎隱, 幕顯乎微, 故君子愼其獨也.”

143) 華嚴經: “若人欲了知, 三世一切佛, 應觀法界性, 一切唯心造.”

144) 華嚴經: "心如工畫師, 能畫諸世間. 五蘊實從生, 無法而不造."

145) 孟子, 離婁上篇(集註): "范氏曰, 此言治天下, 不可 無法度, 仁政者, 治天下之法度也. 今有仁心仁聞而民不被其澤, 不可法於後世者, 不行先王之道也. 仁心, 愛人之心也 … 君子小人, 以位而言也."

146) Wolfgang Enard, Sabine Gehre, Kurt Hammerschmidt, Julia Fischer, Johannes Schwarz, Svante Pääbo, A Humanized Version of Foxp2 Affects Cortico-Basal Ganglia Circuits in Mice, Cell. VOLUME 137, ISSUE 5, P961-971, MAY 29, 2009.

147) Gordon W. Hewes, R. J. Andrew, Louis Carini, Hackeny Choe, R. Allen Gardner, A. Kortlandt, Grover S. Krantz, Glen McBride, Fernando Nottebohm, John Pfeiffer, Duane G. Rumbaugh, Horst D. Steklis, Michael J. Raliegh, Roman Stopa, Akira Suzuki, S. L. Washburn and Roger W. Wescott, Primate Communication and the Gestural Origin of Language [and Comments and Reply] , Current Anthropology, The University of Chicago Press, Vol. 14, No. 1/2 (Feb. - Apr. , 1973), pp. 5-24(20 pages)

148) David Buss is one of the founders of the field of evolutionary psychology. His primary research focus is on strategies of human mating. He is most well-known for his studies on mate selection, tactics of mate attraction, infidelity, tactics of mate retention, tactics of mate poaching, and the mating emotions of jealousy, lust, and love. He has taught at Berkeley, Harvard University, the University of Michigan, and the University of Texas. David has authored several books for wide audiences, such as The Evolution of Desire: Strategies of Human Mating, and textbooks such as Evolutionary Psychology: The New Science of the Mind. He lectures widely within the United States and internationally, and he has appeared on TV many times in science documentaries and in breaking news stories as an expert on human mating strategies.

149) MacDermot KD, Bonora E, Sykes N, Coupe AM, Lai CS, Vernes SC, et al. (June 2005). "Identification of FOXP2 truncation as a novel cause of developmental speech and language deficits." American Journal of Human Genetics. 76 (6): 107480. doi: 10.1086/430841

150) Leslie J. Meredith 1 & Chiung-Min Wang 1 & Leticia Nascimento 1, Runhua Liu 2, Lizhong Wang 2, and Wei-Hsiung Yang 1, The Key Regulator for Language and Speech Development, FOXP2, is a Novel Substrate for SUMOylation, J Cell Biochem. 2016 Feb; 117(2): 426-438. : "…Transcription factor forkhead box protein P2 (FOXP2) plays an essential role in the development of language and speech…."

151) 한상갑, 서변동 별 모양 돌도끼의 비밀, 2014. 3. 22. : "… 이런 문명의 반전(反轉)은 서변동 별모양 도끼(성형석부, 다두형석부 모두 같은 용어)에서도 찾아볼 수 있다. 1998년 동화천변에서 이상한 도끼 하나가 출토되었다. 별 모양의 다두형(多頭型) 석부. ◆ 도끼 지름 14.6cm, 무게는 1kg, 도끼의 지름은 14.6㎝, 두께 6.1㎝, 무게는 1천4g이다. 전체 모양은 톱니 모양이고 재질은 사암(砂岩). 11개의

톱니바퀴가 둘러쳐진 석부로 구멍은 관통되지 않았고 한쪽엔 3.2cm, 다른 쪽엔 2.1cm의 홈이 파진 상태다…."

152) 페루, 해발 2,400m `태양의 신전` 마추픽추, 경북매일(kbmaeil.com), 2010. 2. 16. : "인티우아타나 아래쪽에는 중앙 광장이 있다. 마추픽추의 중심에 해당하는 곳으로, 가장 눈에 띄는 곳은 말굽모양으로 생긴 태양의 신전. 마추픽추에서 가장 독특한 모양을 자랑하는 이 신전은 커다란 바위 위에 부드러운 곡선으로 돌을 쌓은 탑 모양이다. 태양의 신전에는 2개의 창문이 있다. 그중 동남쪽 창문은 동짓날 아침에 떠오르는 태양이 창문을 통과하게 만들었다."

153) 三國史記, 卷六新羅本紀, 文武王條: "文武王, 九年春正月唐僧法安, 來傳天子且見. 命求磁石, 夏五月王遣珍山級演等人唐. 元宗十四年五月, 己卯命判事朱惊, 伴元使. 獻磁石二箱. 探金南方…."

154) 김용임, 앨범명 부초 같은 인생, 노래 가사 '밧줄로 꽁꽁 밧줄로 꽁공': "사랑의 밧줄로 꽁꽁 묶어라, 내 사랑이 떠날 수 없게, 당신 없는 세상은 단 하루도, 나 혼자서 살 수가 없네. 바보같이 떠난다니, 바보같이 떠난다니, 나는 나는 어떡하라고. 밧줄로 꽁꽁 밧줄로 꽁꽁, 단단히 묶어라. 내 사랑이 떠날 수 없게…."

155) At day, all kinds of food were growing in the green fields under the sunlight from the sky, and an eagle flew in the sky. At night, the stars in the sky and the flowers on the ground looked at each other, laughing and whispering. In the starry river water, the fish were fussing about to catch the sky-star cookies and it was just dainty(陽光豊穀, 鷹飛平天, 夜星花笑, 星照江魚, 爭釣星餅).

156) 詩經, 大雅旱麓篇: "瑟彼玉瓚黃流在中, 豈弟君子復祿攸降, 鳶飛戾天漁躍于淵, 豈弟君子遐不作人." / 退溪, 陶山十二曲: "春風花滿山(화만산)하고 秋夜(추야)에 月滿臺(월만대)로다. 四時佳興(사시가흥)이 사람과 한가지라 하물며 魚躍鳶飛(어약연비) 雲影天光(운영천광)이야." / 栗谷李珥, 贈 楓岳小庵老僧: "鳶飛魚躍上下同, 這般非色亦非空, 等閑一笑看身世, 獨立斜陽萬木中."

157) 풍수지리설에 따라 옥문형국(玉門形局)으로 인해 인근동리(隣近洞里)에 성속문란(性俗紊亂)을 선인들은 많이 우려했다고 한다. 오늘날 용어로 호손 효과(Hawthorne Effect)에 해당해 산세 및 지형이 살아가는 사람들에 영향을 끼친다. 이런 지역으로 예천군 지보면의 명칭 전설도 유사하다. 이는 노자의 도덕경에 나오는 '검정 암소(玄牝)'에 비유되며, 오늘날 우주탄생의 신비를 밝히는 블랙홀(black hole)에 해당한다. 일제식민지 시기부터 지명에 고민했다. '용발굽(龍蹄)' 혹은 '용 못(龍池)'이라고 표기했다. 우리나라에 수많은 옥녀폭포, 옥녀탕, 옥녀봉 등의 명칭은 인류(문화)학에서는 '여근숭상문화(yoni worship culture)'의 일종이며, 대표적 여근숭상문화를 생활도구로 만든 것으로 맷돌, 디딜방아, 절구, 나사못, 분수대, 인공폭포, 요가 체조의 하트 손 모양 등이 여기에 속하고 있다. 세계각처에 있는 힌두교 혹은 불교사원 등지에서 여근이나 남녀 정사 모습을 작품으로 만들기도 한다. 경산과 수성구 경계선을 이루고 있는 성암산(聖岩山, 469m) 등에서 남쪽을 둘러싸고 있는 부분을 대구지역 지질학에서도 용제산괴(龍祭山塊)라고 했다는 기록으로 봐서 기우제(龍祭)

를 용지(龍池)에다가 지냈다는 기록이 된다.

158) 論語, 爲政篇: "子曰, 爲政以德. 譬如北辰, 居其所, 而衆星共之."

159) 崔致遠, 新羅壽昌郡護國城八角燈樓記, 東文選: "… 於溪滸. 見一女子, 因訊晬容所以然·優婆夷答曰. 是處是聖地也. 又見城南佛山上 有七彌勒像…"

160) Genesis 28:1012: "And Jacob went out from Beer-sheba, and went toward Haran. And he lighted upon the place, and tarried there all night, because the sun was set; and he took one of the stones of the place, and put it under his head, and lay down in that place to sleep. And he dreamed, and behold a ladder set up on the earth, and the top of it reached to heaven; and behold the angels of God ascending and descending on it."

161) Robin Scagell, Urban Astronomy: Stargazing from Towns and Suburbs, Illustrated, Firefly Books, November 6, 2014, 208pages

162) 자우림(Jaurim), 제6앨범 『애쉬투애쉬(Ashes to Ashes, 2013. 11. 1.)』, 곡명 「샤이닝(Shining)」, "지금이 아닌 언젠가 여기가 아닌 어딘가, 나를 받아줄 그곳이 있을까, 가난한 나의 영혼을 숨기려 하지 않아도, 나를 안아줄 사람이 있을까, 목마른 가슴 위로 태양은 타오르네, 내게도 날개가 있어 날아갈 수 있을까, 별이 내리는 하늘이 너무 아름다워, 바보처럼 나는 그저 눈물을 흘리며 서 있네. 이 가슴속의 폭풍은 언제 멎으려나, 바람 부는 세상에 나 홀로 서 있네. … 지금이 아닌 언젠가 여기가 아닌 어딘가, 나를 받아줄 그곳이 있을까."

163) 维基百科, 自由的百科全书, 來自星星的你(별에서 온 그대, Byeoreseo On Geudae; My Love from the Star)為韓國 SBS自 2013年 12月 18日 起播出的水木迷你連續劇, 由金秀賢 及全智賢主演, 朴智恩擔任編劇, 與《風之畫師》,《樹大根深》 導演張太侑聯手打造. 當中 全智賢是自 1999年 《歡樂時光》 之後時隔 14年 復出參演電視劇. 本劇以 《朝鮮王朝實錄》 中 1609年(明朝万历三十七年 [b]即光海君执政的第一年) 的不明飛行物體相關紀錄 … 1609年, 天空出現了不明的圓形發光物體, 乘之而來的是外貌與地球人沒有什麼差別的外星人, 他們在地球短暫停留後便離去了, 其中一名外星人卻因故無法與夥伴們同行而獨留於地球, 若想要回到原居地必須再等待 400多年. 如今這名外星人仍保持著初來垟到地球時的年輕英俊模樣, 400多年 來變換過各種姓名和身分, 現在是名為都敏俊金秀賢飾) 的大學教授. 距離都敏俊離開地球的日子只剩下3個月之時, 他原本平靜的生活卻被高傲又無知的韓流明星千頌伊(全智賢飾)成為新鄰居打亂, 開始掀起了很大的漣漪.

164) 곽성일, 대구 월성동 흑요석, 1만8천 년 전 백두산 것, 경북일보, 2017. 1. 5. : "국립대구박물관(관장 권상열)은 소장품 연구성과를 담은 '대구 월성동 유적 흑요석 원산지 및 쓴 자국 분석'을 발간했다. 이 책에는 '월성동 777-2번지 유적(대구에서 조사된 최초의 구석기 유적)'에서 출토된 흑요석과 석기를 분석한 논문 2편, 주요 석기 사진을 수록했다. 우리나라의 구석기와 신석기 유적에서 출토되는 흑요석(또는 흑요암, obsidian)은 화산지대에서 주로 생성되는 검은 돌이다. 이 암석은 각기 고유한 산지가 있다. 우리나라 구석기 유적 중 흑요석이 출토된 곳은 50여 곳이 넘지만, 흑요석 산지가 밝혀진 곳은 그리 많지 않다. 대구박물관이 소장 중인 월성동 출토 흑요석도 그동안 산지를 알 수 없었

다. 이런 이유로 대구박물관 연구진(김종찬 전 서울대학교 물리학과 교수·장용준 대구박물관 학예실장)은 월성동 유적에서 출토된 흑요석 357점 중 100점을 레이저절삭 유도결합 플라즈마 질량분석기(LA-ICP-MS)로 분석을 진행했다. 이번에 분석된 100점 중 97점은 모두 백두산 계열 가운데 제1형(PNK1)으로 판명됐다. 분석된 100점은 단일 유적으로는 가장 많은 흑요석을 분석하고, 정확한 방법을 사용함으로써 분석신뢰도를 높였다. 한반도 북부에 위치한 백두산에서 대구 월성동까지의 거리는 약 700~800km이다. 흑요석은 구석기인들의 손을 거치면서 700km가 넘게 이동했던 것이다.

165) 김보환, 해적과 약탈경제 —中世日本 해적을 중심으로— 고려대학교, 한국연구재단, 2006년 10월

166) 百科, 殷墟宮殿宗廟遺址是中國考古學的誕生地, 甲骨文發祥地, 又是中宣部公布的全國百個愛國主義敎育示范基地之一和首批全國旅游景區全國靑年文明号, 屬歷史遺址類型的全國重点文物保護單位.

167) 維基百科, 甲骨文, 又称契文, 甲骨卜辭, 爲商朝晚期王室用於占卜記事而在龜甲或獸骨上契刻的文字. 是中國及東亞已知最早的成體系的文字. 商代文字上承原始刻符號, 下啓西周文字, 是漢字發展的關鍵形態. 現成熟的今文字或說楷書卽由商代文字漸漸演變而來. 除了甲骨文, 商代文字也包括商代金文, 是通常比甲骨文更正式的書體. 一般認爲, 晚淸官員, 金石學家王懿榮於光緒二十五年(1899年) 從來自河南安陽的甲骨上發現了甲骨文. 安陽城西北的小屯村, 是商晚期國都遺址 '殷墟' 的所在, 考古發掘及其他途徑出土的甲骨已超過十萬塊. 此外, 在河南其他地方也有例如狩獵旅行, 獻祭, 戰爭或其他事件的記錄.這些甲骨文年代被確定爲從商晚期武丁在位開始(約前 1250~前 1200年) 延續到春秋.

168) Marshall David Sahlins(/ˈsɑ ː lɪnz/ SAH-linz; December 27, 1930-April 5, 2021) was an American cultural anthropologist best known for his ethnographic work in the Pacific and for his contributions to anthropological theory. He was Charles F. Grey Distinguished Service Professor Emeritus of Anthropology and of Social Sciences at the University of Chicago.

169) Marshall Sahlins, Stone Age Economics, Routledge ISBN 9781138702615, April 25, 2014, 376 Pages.: "Sahlins concludes, controversially, that the experiences of those living in subsistence economies may actually have been better, healthier and more fulfilled than the millions enjoying the affluence and luxury afforded by the economics of modern industrialisation and agriculture⋯."

170) Spencer Wells(born April 6, 1969) is an American geneticist, anthropologist, author and entrepreneur. He co-hosts The Insight podcast with Razib Khan. Wells led The Genographic Project from 2005 to 2015, as an Explorer-in-Residence at the National Geographic Society, and is the founder and executive director of personal genomics nonprofit The Insitome Institute.

171) Spencer Wells, Pandora's Seed: The Unforeseen Cost of Civilization Hardcove-Random

House, June 8, 2010, 256 pages: "More food but also disease, craziness, and anomie resulted from the agricultural revolution, according to this diffuse meditation on progress and its discontents. Wells (The Journey of Man), a geneticist, anthropologist, and National Geographic Society explorer-in-residence, voices misgivings about the breakthrough to farming 10,000 years ago, spurred by climate change. The food supply was more stable, but caused populations to explode; epidemics flourished because of overcrowding and proximity to farm animals; despotic governments emerged to organize agricultural production; and warfare erupted over farming settlements. Then came urbanism and modernity, which clashed even more intensely with our nomadic hunter-gatherer nature."

172) 淸虛休靜, 示義天禪子: "火裏生蓮雖好手, 爭如千釰日中行, 山僧指示無端的, 斬却心頭辨死生, 定眼三年能射蝨, 凝神五月可粘禪, 山僧日用無多子, 念念常看火裏蓮,"

173) 顧炎武, 日知彔卷十三 正始: "有亡國,有亡天下. 亡國与亡天下奚辨曰. 易姓改号. 謂之亡國. 仁義充塞, 而至于率獸食人, 人將相食, 謂之亡天下. 是故知保天下, 然后知保其國. 保國者, 其君其臣肉食者謀之. 保天下者, 匹夫之賤与有責焉耳矣."

174) Richard Linklater, Before Sunrise, ROSE PEDDLER: "You are both stars, don't forget. When the stars exploded billions of years ago, they formed everything that is this world. The moon, the trees, everything we know is stardust. So don't forget. You are stardust."

175) 日本愛知縣 火の祭典: "炎の祭典(ほのおのさいてん)は, 愛知縣豊橋市で行われる手筒花火の觀光イベントである. 江戶時代より伝統的に行われている東三河地方と遠州地方獨自の手筒花火をまちの觀光資源にしようと,1996年に豊橋市制施行90周年記念事業の一環として豊橋商工會議所靑年部が立ち上げた手筒花火イベントである."/ "炎之祭典" 是愛知縣三河地區最大的手筒焰火慶典表演, 歷史悠久.這个手筒烟花, 是在竹筒里塞滿火藥, 由人怀抱燃放, 火柱冲向空中后火花如雨般飄落.整場表演長達2个多小時, 最多有 23人同時点燃手筒烟花, 火柱可以升空 10m 之高, 非常惊心動魄! 在和太鼓雄壯有力的鼓点聲中, 手筒烟花, 速射連环創意烟花的多种烟花騰空升起, 非常美麗.

176) 강성환 외 2, 달성 행복 만들기, 비슬신문사, 2018. 156면: "지질학적 위상으로, 비슬산 해발 약 1,000m 부근에서 시작한다. 서로 다른 사면을 따라 내려오던 암괴류가 해발 약 750m 지점에서 합쳐 약 450m 지점까지 형성되어 있다. 규모는 길이 2km, 폭 80m, 두께 5m이며, 암괴들의 직경(直徑)은 1~2m다. 암괴류 거력들의 평균 크기는 장경(長徑) 약 1.9m, 단경(短徑) 약 1m이며, 면적은 989,792㎡이다. 인공위성에서 촬영된 사진을 볼 때 고위평탄면(high-level planation)에 암괴류가 나타나는 건 한반도가 융기했다는 지질학적인 단서가 된다. 단순하게 추정하면, 비슬산 암괴류만 봐서 대략 1,000m/ SL(sea level) 정도는 솟아올랐다." 유사한 융기단서는 함지산 해돋이 봉우리에서도 바닷조개와 해변몽돌들이 발굴되고 있다.

177) 전게서, 157면: "폐사된 명확한 사유와 연도는 알 수 없으나 1900(광무 4)년에 영친왕이 즉위하여 축하하기 위해 이재인이 중창했으며, 1908(융희 2)년에 허물기 시작하여 1917년 6월 23일 조선총독

부에 동화사 주지 김남파(金南波)가 "대견사가 일본 대마도의 기세를 억압한다(大見寺が日本對馬島の勢いを抑壓する)."라는 사유로 폐사 청원을 하여 조선총독부관보 제1466호로 "동화사의 말사인 대견사 폐지를 6월 20일자 허한다(桐華寺に 末寺大見寺の廢址を 6月20 日に許可する)."로 곧바로 폐사되었다.

178) 이무원, 지상의 은하수(유고시집), 황금마루, 2015. 9. 9.

179) 大慧禅師(一行, 673~727), 唐朝僧人. 中国唐朝著名天文学家和释学家, 本名张遂, 魏州昌乐(今河南省濮阳市南乐县)人. 谥号 "大慧禅师". 一行少聪敏, 博览经史, 尤精历象, 阴阳, 五行之学. 时道士尹崇博学先达, 素多坟籍. 一行诣崇, 借扬雄 《太玄经》, 将归读之. 数日, 复诣崇, 还其书. 崇曰: "此书意指稍深, 吾寻之积年, 尚不能晓, 吾子试更研求, 何遽见还也? "一 行曰: "究其义矣." 因出所撰 《大衍玄图》 及 《义决》 一卷以示崇. 崇大惊, 因与一行谈其奥赜, 甚嗟伏之. 谓人曰: "此后生颜子也." 一行由是大知名.

180) 태조 7년 1건(1398년) / 태종 10년 2건(1410) / 태종 11년 1건(1411년) / 세종 1년 1건(1419년) / 세종 8년 1건(1426년) / 세종 31년 1건(1449년) / 성종 19년 1건(1488년) / 연산 5년 1건(1499년) / 연산 9년 1건(1503년) / 중종 30년 1건(1536년) / 명종 3년 1건(1548년) / 명종 9년 1건(1554년) / 명종 10년 2건(1555년) / 명종 14년 1건(1559년) / 명종 15년 1건(1560년) / 선조 26년 1건(1593년) / 선조 29년 1건(1596년) / 선조 33년 1건(1600년) / 선수 22년 1건 선수 24년 1건 / 인조 1년 1건(1624년) / 인조 3년 1건(1626년) / 인조 7년 1건(1630년) / 인조 11년 2건(1634년) / 인조 12년 2건(1635년) / 인조 17년 1건(1638년) / 인조 19년 1건(1640년) / 인조 20년 1건(1641년) / 인조 22년 1건(1643년) / 효종 4년 1건(1653년) / 숙종 3년 1건(1677년) / 숙종 6년 1건(1680년) / 숙종 15년 2건(1689년) / 숙종 34년 1건(1708년) / 경종 2년 1건(1722년) / 경종 4년 1건(1724년) / 영조 3년 1건(1727년) / 영조 5년 1건(1729년) / 영조 7년 1건(1731년) / 영조 23년 1건(1747년) / 영조 25년 1건(1749년) / 영조 46년 1건(1770년) / 정조 18년 1건(1794년) / 정조 21년 1건(1797년) / 정조 23년 1건(1799년)

181) 구석기 / 신석기 시대, 대구향토역사관(artcenter.daegu.go.kr): "대구에서는 신석기 시대 중기에 해당하는 유적으로 수성구 상동의 지석묘가 확인되었는데, 발굴 과정에서 빗살무늬 토기 편이 출토되었다. 후기에 해당하는 것으로 중구 …." / '대구의 신석기' 가르쳐 주는 서변동 선사유물전시관, 오마이뉴스(ohmynews.com), 2011. 1. 8. : "'대구 서변동 선사 유적 전시관 홍보물에 나오는 글이다. 서변동에서 신석기 시대 유물이 많이 출토된 것이 대구 역사를 새로 쓰는 계기가 되었다는 이 …." / 선사 및 고대의 유적, 대구광역시 북구청(buk.daegu.kr): "조사된 신석기 시대 유구는 숫자는 적지만 출토된 유물들을 통해 당시 사람들이 이곳에서 일정 기간 거주하였다는 사실을 알 수 있다. 무엇보다 대구지역에서 선사시대 중 …." / 대구의 역사: 대구의 구석기시대, 대구의 역사(daegucity.net). 2010. 12. 16. : "인류가 지구 상에 출현해서 처음으로 돌을 깨어 도구로 사용하게 되었던 석기문화(石器文化) 시대를 구석기 …."

182) 홍은경(Eunkyung Hong), 新石器時代 集石遺構의 機能에 대한 批判的 檢討, 한국고고학회, 한국고고학보 제81집, 2011. 12. 31. 245~268쪽, 전체 24쪽

183) 遺跡トピックス No. 0118 玉川金山遺跡 - 山梨縣(pref.yamanashi.jp), 2017. 6. 16. : "1. 集石

とは? (1) 穴を掘った後,その中に表面の平らな石を敷き詰めてその上に燒けた石を並べたも
の・(2)穴を掘った後,その中に燒けた石を並べただけの…:"/ 穗高古墳群-近世集石遺構の調
查-全國遺跡報告總覽(sitereports.nabunken.go.jp) / 穗高古墳群-近世集石遺構の調査(sit-
ereports.nabunken.go.jp), 法人長野縣文化振興事業団長野縣埋藏文化財センター 1997. /
かごしま考古ガイダンス第3回(jomon-no-mori.jp): "繩文時代の遺跡では, 大小多くの石が
意図的に集められた「集石」という遺構が數多く發見されています.集められた石に燒けた痕
があることや炭が發見されることから…:."

184) Edward S. Casey, Spirit and Soul: Essays in Philosophical Psychology (Spring Publica-
tions, 1991: "The very word culture meant 'place tilled' in Middle English, and the same
word goes back to Latin colere, 'to inhabit, care for, till, worship' and cultus, 'A cult, es-
pecially a religious one.' To be cultural, to have a culture, is to inhabit a place sufficiently
intensely to cultivate it—to be responsible for it, to respond to it, to attend to it caringly."

185) Sir Edward Burnett Tylor FRAI(2 October 1832–2 January 1917) was an English anthro-
pologist, the founder of cultural anthropology. Tylor's ideas typify 19th-century cultural
evolutionism. In his works Primitive Culture (1871) and Anthropology (1881), he defined
the context of the scientific study of anthropology, based on the evolutionary theories of
Charles Lyell. He believed that there was a functional basis for the development of soci-
ety and religion, which he determined was universal. Tylor maintained that all societies
passed through three basic stages of development: from savagery, through barbarism to
civilization. Tylor is a founding figure of the science of social anthropology, and his schol-
arly works helped to build the discipline of anthropology in the nineteenth century. He
believed that research into the history and prehistory of man [···] could be used as a basis
for the reform of British society.

186) Edward Burnett Tylor, Primitive Culture: Researches into the Development of Mythol-
ogy, Philosophy, Religion, Art, and Custom, Cambridge University Press, April 2012, (First
published in 1871): "··· complex whole which includes knowledge, belief, art, morals, law,
custom and any other capabilities and habits acquired by man as a member of society···."

187) Oxford dictionary, culture : noun. /ˈkʌltʃər/ way of life. [uncountable] the customs and
beliefs, art, way of life, and social organization of a particular country or group European/
Islamic/African/American, etc. culture working-class culture.

188) 白虎通: "古之人皆食禽獸肉.至于神農, 人民衆多, 禽獸不足, 至是神農因天之時, 分地之利,
制耒耜, 敎民農耕."

189) 太平御覽, 周書: "神農耕而作陶…."

190) 易經·系辭: "神農氏作, 斫木爲耜, 揉木爲耒, 耒耜之利, 以敎天下."

191) 淮南子: "嘗百草之滋味, 水泉之甘苦··· 一日而遇七十毒."

192) 史記·補三皇本紀: "神農始嘗百草, 始有医藥."

193) 神農氏, 又称烈山氏, 或稱連山氏以及炎帝, 相傳生存年代在夏朝以前, 現存文字記載多出現在戰國以後. 相傳 "神農嘗百草", 教人医療与農耕, 中國人視之爲傳說中的農業和医藥的發明者, 守護神, 尊称爲 「藥王」, 「五谷王」, 「五谷先帝」, 「神農大帝」 等.

194) 五穀豊穰歌, 夏川りみ, "五穀豊穰 サー天(てぃん)ぬ恵{み ハリ今日(くとぅし) / 果報(かふ)しどぅスリ サー御祝(うゆえ)さびら 嘉例(かりー)さびら / 太鼓三線小(てーくさんしんぐゎ) うち鳴らち ハリ今日(ちゅう)や / 舞(もう)いる美童(みやらび)ぬ美(ちゅ)らさ 他(ゆす)にまさてぃ / 野山(ぬやま)緑、花や咲ち / 真南(まふぇ)ぬ風(かじ)や稲穂(いなふ)撫でてぃ / 来年(やーん)また 神ぬ美作(みさく) 御願(うに)げさびら…"

195) 詩經 大雅篇民勞: "民亦勞止, 汔可小康. 惠此中國, 以綏四方. 无縱詭隨, 以謹无良. 式遏寇虐, 憯不畏明. 柔遠能邇, 以定我王…."

196) 許愼, 說文解字: "也. 五穀之長, 從禾叟聲, 古文稷省, 子力切."

197) 詩經 王風黍离: "彼黍离离, 彼稷之苗, 行邁靡靡, 中心搖搖)", 詩經 豳風七月: "黍稷重穋, 禾麻菽麥."

198) 陶潛, 桃花源诗: "嬴氏乱天纪, 贤者避其世. 黄绮之商山, 伊人亦云逝. 往迹浸复湮, 来径遂芜废. 相命肆农耕, 日入从所憩. 桑竹垂余荫, 菽稷随时艺…."

199) Tell Abu Hureyra, Wikipedia: "Tell Abu Hureyra(Arabic: تل أبو هريرة) is a prehistoric archaeological site in the Upper Euphrates valley in Syria. The tell was inhabited between 13,000 and 9,000 years ago in two main phases: Abu Hureyra 1, dated to the Epipalaeolithic, was a village of sedentary hunter-gatherers; Abu Hureyra 2, dated to the Pre-Pottery Neolithic, was home to some of the world's first farmers. This almost continuous sequence of occupation through the Neolithic Revolution has made Abu Hureyra one of the most important sites in the study of the origins of agriculture."

200) 정수정 외 2, 우리의 먹거리 이야기, 생각나눔, 2022. 1. 13. p. 70

201) Colin Renfrew & Paul Bahn, Archaeology: Theories, Methods, and Practice Seven Edition, Thames & Hudson, July 1, 2019: "Rice planting in Korea can be traced back to 1000 or 2000 B.C. Archaeological evidence shows that people living on the Korean peninsula started to plant rice from the later period of the Neolithic Age or the early Bronze Age (National Museum of Korea [NMK], 2000, p. 11). In recent years, newly excavated archaeological…."

202) 상게서 p. 71

203) 詩經·小雅: "采菽采菽, 筐之筥之.君子來朝, 何錫予之? 雖無予之, 路車乘馬. 又何予之? 玄袞及黼.觱沸檻泉, 言采其芹.君子來朝, 言觀其旂."

204) Wikipedia, Bean: "… In the Iliad (8th century BCE) there is a passing mention of beans and chickpeas cast on the threshing floor: 'And as in some great threshing-floor go leap-

ing. From a broad pan the black-skinned beans or peas."

205) 管子內言: "山戎有冬蔥, 戎菽 今伐之, 故其物布天下 / 史記 齊伐北山戎, 去孤竹國, 得戎菽 / 史記三家注本紀: 爾雅云「荏菽, 戎菽」也, 郭璞曰 「今之胡豆」, 鄭氏曰 「豆之大者」 是 也."

206) 戎菽: "山戎所种植的一种豆科植物,大豆. 管子·戒: "北伐山戎, 出冬葱与戎菽, 布之天下." / 诗·大雅·生民: "蓺之荏菽"毛传: "荏菽, 戎菽也"郑玄笺: "戎菽, 大豆也."一说为胡豆, 蚕豆. 《尔雅·释草》: "戎叔, 谓之荏菽."郭璞注: "即胡豆也."或谓戎菽,胡豆皆豌豆别名.见明李时珍 《本草纲目劃·谷三·豌豆."

207) 曹雪芹, 紅樓夢, 第七十九回: "情人眼里出西施/的下一句, 應爲'西施眼里出英雄'."

208) 李基白, 蔚珍 居伐牟羅碑에 대한 考察, 한림대학교 아시아문화연구소, 아시아문화 제4호, 1988. p. 240

209) 김온순, "탐모라(耽牟羅)는 한반도 남부권 언어 통일신라 이후 탐라(耽羅)로 변해", 제주일보 (jejunews.com), 2002. 11. 16.: "제주의 옛 명칭 중 하나인 '탐모라(耽牟羅)'가 삼한시대부터 한반 도 남부권의 언어였고, 통일신라 이후 소멸돼 '탐라(耽羅)'로 바뀌었다는 주장이 제기됐다. … '거벌모 라(居伐牟羅)와 탐모라(耽牟羅)'라는 주제 발표를 통해 이같이 주장했다. 남 교수는 울진 봉평 신라 비(524년 추정)를 비롯해 '일본서기(日本書紀, 720년)', '삼국사기(1145년)' 등 금석문과 고문헌에 나 타난 '모라'의 뜻을 추적했다. 그는 울진 신라비의 '거벌모라(居伐牟羅)', '일본서기'의 '임나'와 신라 의 지명조에 보이는 '모라'는 11종이 나오는데, '성(城)'이나 '요새'로 쓰이는 취락을 나타내는 의미였 다.'라고 밝혔다. 그러나 '광개토대왕비'에 백제에서 뺏은 성 가운데 '고모루성(古牟婁城)' 등이 보이 는 것으로 미뤄 '모루(牟婁)'가 남방의 '모라(牟羅)'에 해당하는 말로 추정된다."라며 '모라'의 언어권 을 한반도 북방까지 연장했다."

210) 新唐書, 卷二百二十, 東夷列傳新羅條: "其俗呼城曰健牟羅, 其邑在內曰啄校勘, 在外曰邑 勒, 亦中國之言郡縣也. 國有六校勘. 啄評五十二校勘. 土地肥美, 宜植五穀, 多桑麻, 作縑布, 服牛乘馬, 男女有別."

211) 金富軾, 三國史記, 百濟本紀: "… 盧國, 素謂乾國. 古爰國, 莫盧國, 卑離國, 占離卑國, 臣釁 國, 支侵國, 狗盧國, 卑彌. 國, 監奚卑離國."; 三國史記, 地理志: "莫盧國, 古臘國, 臨素半國, 臣 雲新國, 如來卑離國, 楚山塗卑離國…."

212) 일제강점기 한국문학전집(Literary Collections), 37권 신채호, 2016(google.co.kr): "여래비리 (如來卑離), 초산비리(楚山卑離) … 등 54국을 통솔했다. 비리의 여러 나라는 삼국사기 백제본기 (三國史記新羅本紀)의 부여와 백제지리지(百濟地理志)의 부리(夫里)이니, 비리는 부여비리는 지 금의 부여이고, 감해비리는 고막부리(古莫夫離)로 지금의 공주(公州)다. 벽비리는 파부리(派夫里) 로 지금은 능주(綾州, 和順)이다…."

213) 三國史記: "二月, 巡幸古所夫里郡, 親問高年, 賜穀 … 未多夫里停 … 至二十六世聖王移都 所夫里."

214) Wikipedia, In Buri District: "It's a formal word for City, derived from the Sanskrit 'Puri'

meaning 'fortified city' 2. bilboalaska. 6 years ago. Buri is a town, muang is a city, ban is a village."

215) 梁書, 新羅傳: "其俗呼城曰健牟羅. 其邑在內曰啄評. 在外曰邑勒. 亦中國之言郡縣也 … 其冠曰遺子禮. 襦曰尉解. 袴曰柯半. 靴曰洗.)."

216) 前揭書: "其拜及行與高驪相類. 無文字, 刻木爲信語言待百濟而後通焉."

217) 박상현, "미륵사지 목간서 수사(數詞) 확인 … 백제어와 신라어는 유사" 연합뉴스, 2017. 10. 12.: "(서울=연합뉴스) 박상현 기자 = 지난 1980년 전북 익산 미륵사지에서 출토된 사면(四面) 목간에 백제의 수사(數詞)가 기록돼 있다는 주장이 나왔다. … 미륵사지 목간은 길이가 17.5cm로, 함께 출토된 명문 기와 조각을 보면 716년 전후에 제작된 것으로 추정된다. 사면에 글자가 남아 있는데, 그중 1·3·4면은 한 줄만 기록했고 2면만 세 줄로 글자를 남겼다. … 백제의 수사는 '日古邑(일고읍, 일곱)', '今毛邑(옫털읍, 여덟)', '矣毛邑', '新台邑' … 등이었으나, 신라어의 수사는 '一邑', '二尸', '三邑'처럼 한자 수사를 그대로 썼지만, 백제는 이두형태로 수사를 적었다고 설명했다."

218) 박종덕, 한국어 형성에서 신라어 기반 가설에 관한 담론 재고, 동아시아 고대학회(earticle.net), 동아시아 고대학, 통권 제25집, 2011년 8월, pp. 1~30

219) 김용운, 한국어는 신라어 일본어는 백제어 한국어와 일본어는 같은 뿌리다, 시사 일본어사, 2009년 1월 15일, p. 324

220) 물거울로는 선사시대에는 웅덩이, 물두멍 및 드므(두렁) 등이 있었음. 구약성서 등에서는 번제단과 회막(성막) 사이에 놋쇠그릇(놋쇠거울에 물을 담음, 물두렁, laver of brass)에 손을 씻게 했으며, 출애굽기 40:30~32 등에 나오며, 오늘날 성당에서는 입당 전에 세수하게 하는 의식, 조선 시대 경복궁 등에 화재방지용 드므(두렁)에 담긴 물속에 화마가 자신의 모습을 보고 놀라 도주하게 하는 주술적인 도구였음.

221) 황인술, 포은 정몽주선생 고향집 터 복원, 경북일보, 2018. 6. 19. : "영일군 오천읍은 삼한시대 진한 12국 가운데 근기국(勤耆國)의 영역이었으나 신라 편입 후 근오지현(斤烏支縣)이라고 했으며, 일명 오량우현(烏良友縣)이라고도 했으며, 오늘날 오천(烏川)이라고 불렸다. 오천은 해와 해맞이(迎日)를 상징하는 지영의 설화는 제천지(祭天地)인 해돋이 들(都祈野)와 해맞이(迎日)은 음과 훈으로 연관된 지명으로 포항시에 가장 오래된 지명 가운데 하나다."

222) 삼족오(三足烏), 네이버 지식백과, 한국문화재단 제공, 2012. 8. 21. : "삼족오는 한(漢)나라의 책[춘추원명포(春秋元命包)]에서 태양이 양(陽)이고 3이 양수이므로 태양에 사는 까마귀는 발이 셋이라 풀이한 것에 기인하였으며, 주역의 팔괘에서 음은 곤(坤)이고, 양은 건(乾)이기 때문에 건괘(三)의 상징으로 발이 셋이라는 설도 있다. 그밖에 자연스레 태양에 사는 까마귀의 발도 3개라고 여겼기 때문이라고도 하고, 삼신일체사상(三神一體思想), 즉 천(天)·지(地)·인(人)을 의미하는 것으로 해석하는 경우도 있다. 음양 사상은 한민족의 원형적 사유구조라고 볼 수 있어 해와 달 하늘과 땅을 근본으로 삼아왔다. … 세 발은 자연의 생명성을 보여주는 새싹, 시공, 힘, 완성 등을 상징한다."

223) The three-legged crow gives the meaning of starting one step faster and acting once more, which has shaped the nation's character today.

224) 三國遺事 卷第一紀異卷第一: "延烏郎 細烏女: 第八<阿達羅王>卽位四年丁酉, 東海濱有<延烏郎>·<細烏女>, 夫婦而居. 一日, <延烏> 歸海採藻, 忽有一巖(一云一魚), 負歸 <日本>, 國人見之曰 「此非常人也」, 乃立爲王. (按《日本帝記》, 前後無<新羅> 人爲王者, 此乃邊邑小王而非眞王也.) <細烏>怪夫不來, 歸尋之, 見夫脫鞋, 亦上其巖, 巖亦負歸如前. 其國人驚訝, 奏獻於王, 夫婦相會, 立爲貴妃. 是時, <新羅>日月無光, 日者奏云: 「日月之精, 降在我國, 今去<日本>, 故致斯怪.」 王遣使求二人, <延烏>曰: 「我到此國, 天使然也, 今何歸乎? 雖然朕之妃有所織細綃, 以此祭天可矣.」 仍賜其綃.使人來奏,依其言而祭之, 然後日月如舊. 藏其綃於御庫爲國寶, 名其庫爲<貴妃庫>. 祭天所名<迎日縣>, 又<都祈野>.

225) 小笠原 通当, 神代巻秀真政伝(かみよのまきほつまつたゑ), 東興書院, 1991年 2月 発売: "本書は,江戸時代に京都天道宮の神主の任にあった,小笠原通当に依って著された草書体に依る『神代巻秀真政伝』全10巻を訳し,新たに註解を加えたものである.『神代巻秀真政伝』は,『日本書紀』「神代」の奥旨を,その原典と言われる『秀真伝』を以て註釈し,それに通当の神道思想を加えたものである.

226) 三國史記,卷六文武王條: "文武王十年(679) 十二月, 倭國更號日本,自言近日所出以爲名."

227) 上田正昭(うえだ まさあき, 1927~2016)(は, 日本の歴史學者, 小幡神社宮司, 歌人. 京都大學名譽敎授, 大阪女子大學名譽敎授, 西北大學名譽敎授. 專攻は日本古代史. 勳二等瑞宝章. 修交勳章崇礼章(韓國) 從四位.

228) 홍윤기, 일본 속의 한류를 찾아서: 신라 농업신 신주 모신 '稻荷大社', 세계일보, 2006. 10. 4. : "일본 교토시의 남쪽 후카쿠사(深草) 지역에는 전통의 명산인 이나리산(稻荷山)이 아담하게 솟아 있다. 그 산기슭으로 펼쳐지는 큰 사당을 가리켜 후시미이나리대사(伏見稻荷大社)라고 부른다. 이 신사(사당)에 모신 주신은 '우카노미타마노카미(宇迦之御魂大神)'라는 농업신이다. 이 신라 신은 쉽게 말해서 이 고장의 벼농사 풍년을 관장할 뿐 아니라 일본 전국 벼농사의 풍년도 지켜주는 종주가 되는 최고의 신령이다. 그래서 일본 전국에는 이곳 이나리대사를 본사로 하는 각지의 '이나리신사'들이 2만여 곳이나 된다니 엄청난 규모가 아닐 수 없다. … '후시미(伏見)'라는 것은 해마다 풍년을 베풀어주는 거룩한 신라 농신 앞에 엎드려 우러른다.'라는 뜻이라고 일본 고대사의 태두(泰斗) 우에다 마사아키(上田正昭 1927~) 박사가 필자에게 직접 설명해 준 일이 있다. 우에다 박사는 필자에게 후카쿠사의 명소 이나리대사에 대해 "쿄토의 이나리대사야말로 고대 일본에서 한반도의 벼농사를 일으킨 신라 농업신을 모시고 제사 지냈던 유서 깊은 옛 터전으로 결코 망각할 수 없는 사당입니다."라고 거듭 말했다. 우에다 박사는 "해마다 11월 8일에는 일본 왕실의 11월 23일 밤 제사인 니이나메노마쓰리(新嘗祭) 때와 똑같은 제사가 이나리대사에서 거행됩니다. 이때 제사의 무용 음악인 '어신악(御神樂)'이 거행됩니다. 물론 이 제사에서도 왕궁 어신악과 똑같은 한신(韓神)이라는 한국신을 모시는 신 내리기의 강신(降神) 축문이 낭독됩니다. 이 제사 때에 거행되는 제사 춤은 역시 일본 왕실과 똑같은 '한신인장무(人長舞)'라는 춤입니다. 언제 한번 11월 8일에 저와 함께 직접 가보시죠. 궁사님도 소개해드리죠"라고 상세히 설명했다. 자택에서 우에다 박사는 필자에게 덧붙여 이렇게 권유했다. '한신'이라는 일본 왕실의 축문에는 한반도의 신라 아지매(阿知女) 여신을 부르는 신라어(경상도말)의 강신

축문이 나온다. 이것에 관해서는 앞으로 상세하게 밝히겠다."

229) 阿知女【鎮魂歌】(https://ameblo.jp/bu-chan1960/entry-12547440108.html) : "大切なの
は祓いと鎮魂. 今日は阿知女【鎮魂歌】のご紹介です.阿知女は阿知女作法 (あちめのわざ)
とも言って 宮中 及び神社等で歌われる神楽歌の一つです. 本来は,神の降臨を喜び,神聖な雰
囲気を作るためと思われる一種の呪文で,あ〜ち〜め―(一度)、お〜お〜お―(三度)、お〜
け―(一度) のフレーズを阿知女作法と呼び,これが2組 (本方・末方) に分かれて唱和されま
す. 言葉の意味とか非常に分りにくいのですが「鎮魂」の儀式と関係が深く, 諸説あってよく
分からない部分、謎の多い歌でもあります. 阿知女とは、アメノウズメの事だとか神功皇后の
事であるという説もあります.しかし、言霊で「あ」というのは「現れる」「始まり」の意味があ
り「始まりを知る女」という事になります.故に天照大御神の事であると捉える事も出来るの
です.「あちめ」と神を呼ぶと「お〜〜〜」って答える. そんな感じもする不思議な歌、祝詞なの
です. 私なりのリズムで唱えていますので、本来の祭祀や、神楽として唱えているのでは有りま
せん. 日常生活で穢れる,ふわふわした氣を肚に戻す,肚に収める. そんな感覚でお聴き頂いた
り,唱えて頂ければ幸いです. そらみつ大和の国は,言霊幸わう國. 古代からの叡智,エネルギー
を感じて頂ける事と想います.『鎮魂歌』アチメ　オオオオ　オオオオ　オオオオ / 天地ニキ
揺ラカスハ　サ揺ユラカス　神ワカモ　神コソハ　キネキコウ　キ揺ラナラハ / アチメ　オ
オオオ　オオオオ　オオオオ / 石ノ上　布瑠社ノ　太刀モガト　願フ其ノ児ニ　其ノ奉ル /
アチメ　オオオ　オオオ　オオオ / 猟夫ラガ　持タ木ノ真弓　奥山ニ　御狩スラシモ　弓
ノ弭見ユ / アチメ　オオオ　オオオ　オオオ / 上リマス豊日霎カ　御魂欲ス　本ハ金矛
末ハ木矛 / アチメ　オオオ　オオオ　オオオ / 三輪山ニ　アリタテルチカサヲ　今栄エデ
ハ　何時カ栄ヘム / アチメ　オオオ　オオオ　オオオ / 吾妹子ガ、穴師ノ山ノ山ノ山モト
人も見ルカニ　深山カ縵為ヨ / アチメ　オオオ　オオオ　オオオ / 魂筥ニ　木綿取リシデ
ワ　魂チトラセヨ　御魂上リ　魂上リマシシ神ハ　今ゾ来マセル / アチメ　オオオ　オオ
オ　オオオ / 御魂ミニ　去マシシ神ハ　今ゾ来マセル　魂筥持チテ　去リクルシ御魂　魂
返シスナ/ 一二三四五六七八九十百千萬."

230) 이해리, 자갈치 아지매: "흥남부두 돌아 돌아 국제시장 돌고 돌아 / 소리 내어 울었네 소리 내어 불
렀네 당신을 찾아 헤맸네 / 반짝반짝 반짝이는 항구의 작은 별들아 / 우리 엄마 계신 곳까지 나를나를
데려가 다오 / 영도다리 난간 위에서 남포동 뒷골목에서 / 자갈치 아지매가 목놓아 부르는 이름 / 엄
마엄마 엄마를 찾는 자갈치 아지매 …."

231) 정진명, 2,000년 전 우리가 사용했던 언어는? 굿모닝충청, 2022. 9. 15. "'21년 경성(京城)에 성을
쌓아 이름을 금성(金城)이라 하였다(三國史記 卷1 新羅本紀 始祖 赫居世居西干) 그 이름은 금
성탕지(金城湯池)에서 취하였다기보다는 「검城」 또는 「임금城」(王城)의 뜻이 아닌가 한다.'
… 황금을 만주어로는 'asin(我新)', 몽골어로는 'alta(遏止)', 터키어로는 'altin(闕進)'이라고 합니
다. 2,000년 전에 누군가 金이라는 기록을 남겼다면 그들의 언어로 읽어야 한다. 수도는 중앙에 있다.
중앙을 뜻하는 터키어는 'orta'이고 '목책을 쌓은 성'은 'tura'다. 터키어를 쓰는 사람들이 '올타두라

(orta-tura)=나라의 중심 수도'라고 부른 동네를 몽골어를 쓰는 사람들은 '알타다라(alta-dara)=황금의 성'을 한자로 '金城'이라고 적었다."

232) 三國史記 卷第三十四: "都長三千七十五步, 廣三千一十八步, 三十五里, 六部, 國號曰徐耶伐, 或云斯羅, 或云斯盧, 或云新羅, 脫解王九年, 始林有雞怪, 更名雞林, 因以爲國號, 基臨王十年復號新羅, 初赫居世二十一年, 築宮城, 號金城, 婆娑王二十二年, 於金城東南築城, 號月城, 或號在城, 周一千二十三步, 新月城北有滿月城, 周一千八百三十八步, 又新月城東有明活城, 周一千九百六步, 又新月城南有南山城, 周二千八百四步, 始祖已來處金城."

233) 爱新觉罗氏(满语: ᠠᡳᠰᡳᠨ ᡤᡳᠣᡵᠣ, 穆麟德: Aisin Gioro), 是清朝国姓。清朝皇室以 《愛新覺羅宗譜》 來記錄宗族成員.

234) 三國史記 第 二十八卷, 百濟本紀 第六 義慈王二十年六月: "深三尺許有一龜, 其背有文. 曰百濟同月輪,新羅如月新, 王問之巫者曰. 同月輪者滿也. 滿則虧, 如月新者未滿也. 未滿則漸盈. 王怒殺之. 或曰, 同月輪者盛也."

235) 三國史記, 百濟本紀, 義慈王二十年六月: "有一鬼入宮中, 大呼. 百濟亡. 百濟亡. 卽入地 王怪之, 使人掘地. 深三尺許. 有一龜, 其背有文曰. 百濟同月輪, 新羅如月新. 王問之巫者, 曰同月輪者滿也. 滿則虧, 如月新者未滿也. 未滿則漸盈, 王怒殺之. 或曰. 同月輪者盛也. 如月新者微也. 意者國家盛. 而新羅. 微者乎王喜."

236) 笑變形! 韓網友試吃中國月餅, 他們的反應也太出乎意料了吧, 每日頭條(kknews.cc), 2018. 9. 25. : "三國史記, 中百濟義慈王時代發現了寫有. 百濟是滿月, 新羅是半月. 的龜背記錄. 對此有了. 百濟是滿月, 所以國運\會衰敗. 新羅是半月, 所以今後更加昌盛直至滿月. 這樣的解釋 … 所以相傳新羅人捏半月形狀的鬆餅, 比起月亮已經圓滿的狀態, 還是期望走向圓滿的含義更好."

237) 三國史記, 第四十卷雜志九武官條: "… 羅人徽織以靑赤等色爲別者. 其形象半月 …."

238) 노형석, 반달곰 가죽으로 군대 깃발 만들고 피마자 처음 수입한 신라인들, 한겨레신문, 2020. 4. 1. : " 최근 신라 천 년 궁터인 경주 월성 해자(연못)에서 나온 곰의 특정 부위 뼈들이 모두 반달곰의 것으로 추정된다는 분석 결과가 나왔다. 곰 몸체 특정 부위의 가죽들이 당대 신라군 각 진영의 다채로운 깃발을 수놓는 고급스러운 장식 재료로 쓰였다는 <삼국사기>의 기록과 들어맞는다. 당대 신라 장인들이 월성 왕궁 공방에서 반달곰 가죽을 써서 군영 깃발 등의 군사 상징물을 만들었음을 알 수 있게됐다. <삼국사기> 권 40 잡지 9 '무관' 조를 보면, 곰 뺨 가죽과 팔 가죽, 가슴 가죽을 '제감화(弟監花)', '군사감화(軍師監花)', '대장척당주화(大匠尺幢主花)' 등 군대 무관의 깃발 장식으로 썼다는 기록이 있다. 실제로 월성 주변에서는 작은 수혈 구덩이를 판 공방의 흔적이 적잖이 발견되는데, 연구소 쪽은 이를 근거로 강원도 등의 외지에서 곰을 반입한 뒤 궁궐 근처 공방에서 몸체를 해체한 뒤 가죽을 군사용 상징품을 만드는 데 활용했다는 추정을 내놓았다."

239) 金富軾, 三國史記, 新羅本紀, 神文王條: "神文王二年, 春正月, 親祀神宮, 大赦. 夏四月, 置位和府令二人, 掌選擧之事. 五月, 太白犯月. 六月, 立國學, 置卿一人. 又置工匠府監一人, 彩典監一人."

240) 李康七(文化財專門委員), 對哲宗大王御眞復元小考, 한국과학기술정보연구원(koreasci-ence.or.kr), 문화재(지) 제20호, 1987. 12. 29. , pp. 195-218: "또한 신라(新羅)의 신문왕(神文王) 2 年(682) 2月에는 전채서(典彩 … 로 옷깃이나 가슴에는 달(반월(半月)) 모양을 만들어 달았고 바지 는 장과(長誇)로 하여 편…."

241) James Henry Breasted (/ˈbrɛstɪd/; August 27, 1865-December 2, 1935) was an American archaeologist, Egyptologist, and historian. After completing his Ph. D. at the University of Berlin in 1894, he joined the faculty of the University of Chicago. In 1901 he became direc-tor of the Haskell Oriental Museum at the university, where he continued to concentrate on Egypt. In 1905 Breasted was promoted to full professor, and held the first chair in Egyptology and Oriental History in the United States.

242) Ancient Times — A History of the Early World. Boston: The Athenæum Press. 1916

243) Wikipedia, fertile crescent : "Area of the fertile crescent, circa 7500 BCE, with main sites of the Pre-Pottery Neolithic period. The area of Mesopotamia proper was not yet settled by humans. Includes Göbekli Tepe, a site in modern-day Turkey that is dated circa 9000 BCE. As well as possessing many sites with the skeletal and cultural remains of both pre-modern and early modern humans (e.g., at Tabun and Es Skhul caves in Israel), later Pleistocene hunter-gatherers, and Epipalaeolithic semi-sedentary hunter-gatherers (the Natufians); the Fertile Crescent is most famous for its sites related to the origins of agri-culture. The western zone around the Jordan and upper Euphrates rivers gave rise to the first known Neolithic farming settlements (referred to as Pre-Pottery Neolithic A (PPNA)), which date to around 9,000 BCE and includes very ancient sites such as Göbekli Tepe, Chogha Golan, and Jericho (Tell es-Sultan)."

244) 최정환(경북대학교), 신라수창군호국성팔각등루기의 새로운 고찰, 대구사학회, 대구사학 vol. 136, 2019. pp. 153-190(38pages)

245) 신라수창군호국성팔각등루기(新羅壽昌郡護國城八角燈樓記, 連龜山): 909년 6월 26일~11월 4일 사이에 최치원(崔致遠, 856~몰년 미상)이 지었다는 글이며, 출전은 동문선(東文選) 제64권 누 기(樓記)에 편집되어 있음. 그해 11월 4일에 법회를 개최, 894(진성여왕 8)년 '시무십조(時務十條)' 를 올린 뒤에 관직을 사퇴하고 방랑하다가 해인사에서 은거, 이후 수창군(大邱)의 호국성팔각등루 (護國城八角燈樓)에 걸려있었던 글을 동문선에 올렸음. 908년 10월 이재가 국가의 경사를 빌고, 전 쟁의 화를 물리치고자 남령(南嶺, 連龜山)에 팔각등루를 세웠음. 누각의 위치는 호국성(達城土城) 서쪽, 동쪽에 연못(天王池), 남쪽에 수려한 산이 있어 명당, 누각을 세운 중알찬(重阿湌) 이재(異才) 는 직명은 의영도장(義營都將)'이란 지역지도자이나 육두품 출신으로 최치원과 친구지간으로 세상 돌아가는 이야기를 기록하고 있음. i)"난세를 맞아 국왕에게 보은하고, 미혹한 무리를 깨우치려고 법 등(法燈)을 높이 달아 병화를 없애고자 함(八角燈樓)." ii) 같은 해 11월 4일 공산(公山, 護國中岳), 동사(桐寺, 護國寺)의 홍순대덕(弘順大德, 護國大師)을 맞아 좌주(座主)로 호국법회(護國法會)

를 열었으니 이곳이 바로 호국성(護國城)이다고 함. 당시 지명으로 달불성(達佛城), 불체제(佛體池: 사리못), 천왕지(天王池: 서문시장), 남령(南嶺, 連龜山), 장산(獐山: 경산) 등이 기록되어 있음.

246) 崔致遠, 新羅壽昌郡護國城八角燈樓記: "氣高者志望偏高, 心正者神交必正乃, 以龍年羊月 庚申中夜夢. 於達佛城北摩頂溪寺. 都一大像坐蓮花座峻極, 於天左面有保處菩薩, 高亦如之.南 行御溪滸, 見一女子因訊眸容所以然. 優婆夷答曰是處是聖地也. 又見城南佛山上有七彌勒像 累體踏肩 面北以立其高珪空 …."

247) 이상훈(경북대학교), 칠곡 송림사의 입지조건과 창건배경, 한국고대사탐구학회(sehistory.so-gang.ac.kr), 한국고대사탐구, 2014. vol. No. 18 p. 13: "'龍年(=巳年) 洋月(=未月) 庚申日 밤에 꿈을 꾸었는데, 達佛城 북쪽 摩頂溪寺에 있는 都一大 불상이 앉은 蓮華坐가 하늘끝까지 솟고 좌편에 있는 補處菩薩 높이도 역시 그러하였다. 남쪽으로 가다가 시냇가에 이르러 한 여자를 보고 불상이 저렇게 되는 이유를 물으니 優婆夷가 대답하기를 이곳은 거룩한 지역이라고 하였다.' 등루기에 따르면, 達佛城의 북쪽에는 摩頂溪寺가 있다고 되어 있다. 달불성(=達佛城)은 현재의 달성공원이 있는 곳으로 達城土城이 남아 있다. 그리고 달불성 북쪽의 마정계사가 바로 송림사로 추정되고 있다."

248) 三國史記卷八, 神文王九年: "秋閏九月二十六日, 行獐山城, 築西原京城, 王欲移都達句伐, 未果."

249) 이상훈, 전게서, p13

250) 정온형, 신라 신문왕대 왕권 강화와 달구벌 천도 시도, 석사학위 논문, 한국교원대학교, 2014년 8월, p. 29 / 싱상훈, 전게서, p. 13

251) 三國史記, 卷二 新羅本紀, 沾解尼師今條: "十五年春二月築達伐城而奈麻極宗爲城主."

252) 팽이(tops): B.C. 3,500년 경 이라크 우르(Ur)에서 발견된 팽이(top)가 최초, 고대 중국과 그리스, 그리고 로마인들이 즐겼으며 나무, 돌, 점토, 뼈, 조가비, 도토리(상수리) 열매 등으로 제작, B.C. 1,250년 경 중국에서 채찍을 사용, 시인 호머(Homer) '일리아드(Iliad)'에서 토로가 몰락을 "마지막 회전에 가까워져서 비틀거리는 팽이처럼 휘청거렸다."라고 표현, 일본에선 '고마 아소비(koma asobi, こま あそび)'라는 점토팽이로 가장자리에 구멍을 뚫어 휘파람소리가 나는 팽이를 선호, 뉴질랜드 마오리족도 소리 나는 팽이 '포타카 타키리(potaka takiri)를 만들어 놀았음. 호리병박으로도 만들었으며, 장례식장에 등장해 크게 울부짖는 곡소리를 내게 했음. 유럽에선 14~16세기 빌리지 탑(village top) 혹은 패리쉬 탑(parish top) 등 대형팽이로 게임을 했음.

253) 論語, 子路編: "子路曰. 衛君待子而爲政, 子將奚先? 衛君, 謂出公輒也. 是時魯哀公之十年, 孔子自楚反乎衛. 子曰: 必也正名乎!"

254) Homēros, Iliad : "As it approached the final turn, it staggered like a staggering top."

255) 崔致遠, 新羅壽昌郡護國城八角燈樓記: "觀夫今昔交質, 有無相生. 凡列地名, 蓋符天意. 是堡兌位有塘號佛佐者. 異隅有池號佛體者. 其東又有別池號天王資. 坤維有古城稱爲達佛城. 南有山亦號爲佛名非虛設. 理必有因, 勝處所與, 良時斯應 …."

256) 진한과 변한의 24개국: 이저국(已柢國), 불사국(不斯國), 변진미리미동국(弁辰彌離彌凍國), 변진접도국(弁辰接塗國), 근기국(勤耆國), 변진고자미동국(弁辰古資彌凍國), 변진고순시국(弁辰古

淳是國), 염해국(冉奚), 변진반로국(弁辰半路國), 변진낙노국(弁辰樂奴國), 군미국(軍彌國), 변군미국(弁軍彌國), 변진미오야마국(弁辰彌烏邪馬國), 여담국(如湛國), 변진감로국(弁辰甘路國), 호로국(戶路國) 주선국(州鮮國), 마연국(馬延國), 변진구야국(弁辰狗邪國), 변진주조마국(弁辰走漕馬國), 변진안야국(弁辰安邪國), 마연국(馬延國), 변진독로국(弁辰瀆盧國), 사로국(斯盧國), 우유국(優由國)

257) 陳壽, 三國志, 卷三十 魏書東夷傳, 第七韓傳: "韓在帶方之南, 東西以海爲限, 南與倭接, 方可四千里. 有三種, 一曰馬韓, 二曰辰韓, 三曰弁韓. 辰韓者, 古之辰國也 … 凡七十八國 … 皆古之辰國也."

258) 後漢書 卷八十五, 東夷列傳七十五: "(韓傳) 韓有三種 一曰馬韓 二曰辰韓 三曰弁辰 … 凡七十八國 … 皆古之辰國也 馬韓. 最大 共立其種爲辰王 都目支國 盡王三韓之地."

259) 一然, 三國遺事: "《後漢書》 云: 「<辰韓>耆老自言, <秦>之亡人來適<韓國>, 而<馬韓>割東界地以與之. 相呼爲徒, 有似<秦>語, 故或名之爲<秦韓>. 有十二小國, 各萬戶, 稱國. 又<崔致遠>云: 「<辰韓>本<燕>人避之者, 故取<涿水>之名, 稱所居之邑里, 云<沙涿>·<漸涿>等.(<羅>人方言, 讀「涿」音爲「道」. 故今或作「沙梁」, 「梁」亦讀「道」."

260) 詩經, 小雅大東篇: "… 維天有漢, 監亦有光, 跂彼織女, 終日七襄, 雖則七襄, 不成報章, 睆彼牽牛, 不以服箱, 東有啓明, 西有長庚, 有捄天畢, 載施之行, 維南有箕, 不可以簸揚, 維北有斗, 不可以挹酒漿, 維南有箕, 載翕其舌, 維北有斗, 西柄之揭 …."

261) 啓明長庚: 金星(又名太白星) 晨在東方, 叫啓明, 夕在西方, 叫長庚

262) 丹元子, 步天歌 (箕宿): "四紅其狀似簸箕, 箕下三紅名木杵, 箕前一黑是糠皮"

263) 吳文英, 滿江紅: "竹下門又呼起, 胡蝶夢淸閑里看. 鄰墻梅子几度仁生. 灯外江湖多夜雨, 月邊河漢獨晨星."

264) 干宝(286-336), 字令升, 新蔡(今屬河南駐馬店市新蔡縣, 爲祖籍)人. 東晉時期的史學家, 文學家, 志怪小說的創始人.

265) 전영권, [광장] 달구벌국(達句伐國)은 존재했을까?, 매일신문, 2020. 4. 3. : "만약 우리 지역에 소국이 있었다면 위화군과의 관련성에서 찾아보는 것이 합리적이다. 사로국이 진한 12소국을 차례로 병합하여 하나의 통일된 국가로 발전해 나가는 과정을 볼 때 이러한 추정은 훨씬 설득력이 있다. 신라가 병합한 소국을 행정조직에 편입시키는 경우, 군(郡) 이상의 행정 규모로 편제하는 경우가 대부분이다. 예를 들면, 사벌국이 사벌주, 압독국이 압독주, 조문국이 문소군, 감문국이 청주(나중에 감문군), 실질국이 실직주, 거칠산국이 거칠산군(나중에 동래군)으로 편제된 사례가 그렇다. 아무튼, 삼한시대 진한의 12소국 중 하나가 우리 지역에 존재했다면, 그 명칭이 달구벌국이라는 증거는 그 어디에도 없다. 따라서 달구벌국 명칭에 대한 논의는 여전히 현재진행형이라 보아야 할 것이다."

266) 日本書紀 卷九 神功皇后四十九年春三月條: "以荒別田別鹿我爲將軍, 則與久氏等, 共勤兵而度之, 至卓淳國, 將襲新羅 …."

267) 탁순국(卓淳國), 한국민족문화대백과사전(encykorea.aks.ac.kr): "탁순국에 대한 기록은 『일본서기(日本書紀)』 신공기(神功紀)와 흠명기에만 나오는데, 그 위치에 대하여서는 종전까지 대체

로 지금의 대구지방으로 비정하고 있었으나, 최근 출토유물의 성격이나 문헌 사료의 서술을 대비, 고
증하여볼 때 대구는 적합하지 않으며, 경상남도 창원으로 비정하는 것이 타당하다는 견해가 제시되
었다."

268) 三國史記, 新羅本紀, 卷一婆娑尼師今條: "… 婆娑尼師今立, 儒理王第二子也. 或云, 儒理
第奈老之子也. 妃金氏史省夫人, 許婁葛文王之女也. 初 脫解薨, 臣僚欲立儒理太子逸聖, 或
謂, 逸聖雖嫡嗣, 而威明不及婆娑, 遂立之, 婆娑節儉省用而愛民, 國人嘉之. 二十七年, 春正月,
幸押督, 賑貧窮, 三月, 至自押督, 秋八月, 命馬頭城主伐加耶. 二十九年, 夏五月, 大水, 民飢, 發
使十道, 開倉賑給, 遣兵伐北只國多伐國草八國并之. 三十年, 秋七月, 蝗害穀, 王遍祭山川, 以
祈禳之, 蝗滅, 有年. 三十二年, 夏四月, 城門自毁, 自五月至秋七月, 不雨. 三十三年, 冬十月, 王
薨, 葬蛇陵園內 …."

269) 李丙燾, 國譯 三國史記, 乙酉文化社, 1977. p. 124

270) 다벌국(多伐國), 나무위키: "원삼국시대 진한(경상도) 지역의 소국들 중 하나. 대구 지역에 위치했
다고 보는 것이 정설이다. 지금의 대구광역시의 옛 이름인 달구벌 등 여러 이름과 유사성이 있어 대구
땅에 있던 소국으로 보기도 하나, 경상북도 포항시 흥해읍 쪽으로 보기도 한다. 그런데 후술할 비지국,
초팔국과 더불어서 망했다는 기사 덕분에 그 방향성으로 대구에 비정하는 것이 일반적이다."

271) 상게서: "… 그런데 후술할 비지국, 초팔국과 더불어서 망했다는 기사 덕분에 그 방향성으로 대구
에 비정하는 것이 일반적이다. 대구로 볼 경우, 다벌, 달구벌 등 조류 '닭'과 벌판을 나타내는 '벌'이 조
합된 국명이며, 한편 동쪽의 경산 지역은 압독국이 있다는 점에서 의미심장하다(방향 명사 '앞' + 닭,
닭벌 앞에 있는 땅이라는 의미).즉, 대구는 닭벌, 경산은 앞닭인 셈. 이름부터 양자 간의 위치 관계를
잘 드러내고 있으며 현재 대구 경산이 특별한 지형지물 없이 인접해 있다는 점과 상통하고 있다."

272) 三國遺事, 新羅始祖赫居世王: "辰韓之地古有六村. 一曰閼川楊山村, 南今曇嚴寺. 長曰謁
平初降于瓢嵓峯是爲及梁部李氏祖 奴校勘礼正九年置名及梁部, 本朝太校勘 236祖天福五
年庚子改名中興部. 波潛校勘東山彼上東村屬焉 … 二曰突山高墟村, 長曰蘇伐都利初降于兄
山, 是爲沙梁部(梁讀云道或作涿, 亦音道.) 鄭氏祖 …."

273) 梁書, 卷五十四 列傳第四十八 諸夷: "其俗呼城曰健牟羅, 其邑在內曰啄評, 在外曰邑勒, 亦
中國之言郡縣也. 國有六啄評, 五十二邑勒."

274) 무ᅀᆞᆷ(15세기~16세기)/무슬(15세기~17세기) > 무ᅀᅳᆯ(16세기~19세기)/무을(16세기~19세기) > 무
읈(17세기~19세기)/무을(18세기) > 마을(18세기~현재)

275) 三國史記, 卷第三十七 雜志第七職官下武官: "십정(十停)은 일명 삼천당(三千幢)이라고도 했
으며, 첫째는 음리벌정(音里火停), 둘째는 고량부리정(古良夫里停), 셋째는 거사물정(居斯勿停),
넷째는 삼량벌정(參良火停), 다섯째는 소삼정(召參停), 여섯째는 미다부리정(未多夫里停), 일곱째
남천정(南川停)…. (三國史記, 卷三十七雜志第七 職官下武官: "… 十停一云三千幢, 一曰音里
火停, 二曰古良夫里停, 三曰居斯勿停, 四曰參良火停, 五曰召參停."

276) 김양진, 초기 한민족 형성기의 차자 표기 자료를 통해 살펴본 한민족어. 민족어문학회, 어문논집,
vol. , no. 61, 2010, pp. 253-290(38pages): "진한(및 신라)의 언어를 위만 조선 혹은 단군 조선의

언어와 관련하여 논증하고자 하였다. 특히 신라의 지명, '喙部, 沙喙部, 漸喙部'에 등장하는 '喙'와 관련한 논의에서 '喙=啄=涿=涿'가 모두 '*돍'을 나타내는 표기였음을 기존의 여러 역사적 기록들과 『양서(梁書)』의 '啄評[*돍벌]' 및 『일본서기』에서 '大邱'를 '達丘伐加耶' 혹은 '喙國'으로 기록한 내용들을 통해 입증하고자 하였다."

277) 李亮采(仁川李氏二十七世, 1714~1776): 인제(仁濟)의 아들이며 자는 군약(君若)이요 호는 취몽헌(醉夢軒) 또는 동호(東湖)이며 벼슬은 첨지중추부사(僉知中樞府事)에 이르렀으니, 숙종(肅宗)四十年 갑오(甲午, 1714)에 출생하고 정조(正祖)二十年 병진(丙辰, 1776)에 졸(卒)하였다(인천이씨 대동보에 의거).

278) 朝鮮王朝實錄, 英祖實錄七十二卷, 英祖二十六(1750)年 十二月 二日 辛未: "大丘幼學李亮采上書, 略曰: 臣等所居之鄕, 卽嶺南之大丘府也. 府校之祀先聖, 粵自國初, 春秋釋菜, 地方官例爲初獻, 故祝文之式, 輒以大丘判官塡書. 所謂大丘之丘字, 卽孔夫子名字也, 神前讀祝, 直犯名字, 人心不安. 伏乞從便變通, 俾莫重祀典, 無未安欠敬之歎焉. 承旨黃景源白上曰: '禮'凡祭不諱.' 自古縣號, 犯孔子之名者多矣. 開封府有封丘縣, 陳州府有沈丘縣, 歸德府有商丘縣, 河間府有任丘縣, 順天府有內丘縣, 濟南府有章丘縣, 靑州府有安丘縣, 而縣學釋奠之時, 未嘗諱也. 上敎曰: 今聞元良所棄, 大丘儒生, 以邑名事陳章云. 噫! 近者儒生之務爲新奇, 一何如此乎? 然則三百餘年本府多士, 不若一李亮采等而泯默乎? 非徒我國商丘, 顧丘之名尙今在焉, 昔之先賢, 豈不覺此? 命給其章."

279) 朝鮮王朝實錄, 正祖實錄五卷 正祖二(1778)年 五月 五日 甲子: "京畿, 湖西, 嶺南, 關東四道設賑, 自正月始設, 至是畢賑 … 嶺南公賑知禮, 比安, 河東, 金山, 開寧, 醴泉, 龍宮, 安東, 大邱等邑, 救急尙州, 星州, 仁同, 善山, 慶州, 晋州, 昆陽, 永川, 三嘉, 禮安, 居昌, 漆谷, 草溪等邑, 摠饑民一萬三千二百八十三口, 賑穀九千五百二十七石. 關東麟蹄, 高城二邑, 總饑民七百八十四口, 賑穀百石."

280) 三國史記, 新羅本紀卷第九景德王條: "十六年 … 冬十二月, 改沙伐州爲尙州 …."

281) 三國史記 卷第三十四雜志 第三 地理 一: "<壽昌郡>(<壽>一作<嘉>), 本<喟火郡>, <景德王>改名, 今<壽城郡>. 領縣四: <大丘縣>, 本<達句火縣>, <景德王>改名, 今因之. <八里縣>, 本<八居里縣>(一云<北耻長里>, 一云<仁里>), <景德王>改名, 今八居縣. <河濱縣>, 本<多斯只縣>(一云<沓只>), <景德王>改名, 今因之. <花園縣>, 本<舌火縣>, <景德王>改名, 今因之."

282) 三國史記卷第三十七雜志第六(地理四高句麗百濟): "高句麗按通典云朱蒙以 … 壤 石城 江陵鄕 萬年縣 末康成 阜夷島 狐鳴城 石吐城 武谷城 大丘 水口城 …."

283) 권인한, 三國史記·三國遺事 자료 연구의 방법과 실제- 고유명사 이표기에 의한 고대한국안자음 연구를 중심으로, 서울대 출판부(s-space.snu.ac.kr), 2008. p. 266: "(1)鷄林*돍블(돌블): 먼저 鷄林은 다른 예들과는 달리 訓借表記로 보아야 한다. 기존 논의들에서도 이점에 대해서는 일치를 보이나, 그 구체적인 음상 재구에 대해서는 크게 '*ㅅㅣ블', '*돍블'의 두 가지 견해로 나누어진다. 필자는 鷄林의 字義를 따라 '*돍블'로 재구하되 그 실제 발음은 '돌블'에 가까웠던 것으로 추정하고자 한다(동남방언에서 닭의 발음 '달'을 참조)."

284) 三國史記, 卷三十七雜地 第七 職官下武官: "… 十停一云三千幢,一曰音里火停,二曰古良夫里停,三曰居斯勿停,四曰參良火停,五曰召參停."

285) 司馬遷, 史記,卷七項羽本紀: "秦二世元年七月, 陳涉等起大澤中.其九月, 會稽守>通謂梁曰:「江西皆反, 此亦天亡秦之時也 / 吾聞先卽制人, 後則爲人所制. 吾欲發兵, 使公及桓楚將. 是時桓楚亡在澤中."

286) 창녕군 홈페이지 등: 창녕군(昌寧郡)은 가야시대 불사국(不斯國) 혹은 비화가야(非火伽倻)로 존립해 오다가 신라에 병합되어 비자화군(比自火郡) 또는 비사벌(比斯伐), 비자벌(比子伐)이라고 했기에 비지국(比只國)을 창녕으로 비정하기도 하며, 혹자는 지(只)는 취락 혹은 성(城)을 뜻하기에 화(火), 벌(伐), 불(弗), 부리(夫里) 등과 상통관계를 봐서 의창군(義昌郡)의 비화현(比火縣)으로 보고 오늘날 영일군 안강(安康)으로, 이설로는 음즙벌국(音汁伐國)과 인접한 두 집단 혹은 동일집단의 별칭이라는 견해도 있음.

287) 三國史記, 新羅本紀, 卷一婆娑尼師今條: "… 二十九年, 夏五月, 大水, 民飢, 發使十道, 開倉賑給, 遣兵伐北只國多伐國草八國并之 …."

288) 유산필기(酉山筆記), 작가 미상, 조선 후기에 저술된 백과사전: "진국(辰國)·마한오십사국(馬韓五十四國)·기준마한(箕準馬韓)·후마한(後馬韓)·진한십이국(辰韓十二國)·변한(弁韓)·변한십이국(弁韓十二國)·백제(百濟)·탐라(耽羅)·휴인국(休忍國)·주호국(州胡國)·주류국(周留國)·신라육경(新羅六京)·우시산국(于尸山國)·거칠산국(居漆山國)·장산국(萇山國)·음십벌국(音汁伐國)·실직국(悉直國)·압독국(押督國)·비지국(比只國)·다벌국(多伐國)·초팔국(草八國)·소문국(召文國)·감문국(甘文國)·골벌국(骨伐國)·사량벌국(沙梁伐國)·이서고국(伊西古國)·우산국(于山國)·골포국(骨浦國)·칠포국(漆浦國)·고포국(古浦國) 등이 실려 있다.

289) 창녕국(昌寧國): 오늘날 안동에 삼한시대 진한(辰韓)에 속했으며, B.C. 57년경에 염상(念尙)이란 도사가 "모든 별빛이 쏟아져 꽃을 피우는 곳이라 국가는 번창하고 백성이 편안할 복된 땅(萬星注花, 國昌民寧, 以福吉地)"으로 보고 터전을 잡았으며, 국명을 창녕(昌寧)이라고 했으며, 신라 경덕왕 때에는 새로운 창녕(昌寧)이람 지명이 생겨나자 '고창녕(古昌寧)' 혹은 '고창(古昌)'이라고 했음.

290) 大東地志 七, 慶尙道, 安東: "삼한시대의 부족 국가 이름. 경상북도 봉화군(奉化郡) 법전면(法田面) 소천리(召川里·韶川里) 지역에 있었다. 옛 소라부곡(召羅部曲) 일대를 중심으로 하여 있었던 소국으로, 뒤에 신라에 병합되었다가 고려 때 소라 부곡이 되었다."

291) 부산역사문화대전(busan.grandculture.net): "삼국유사(三國遺事)와 신증동국여지승람(新增東國輿地勝覽)에서 "동래현은 옛날의 장산국(萇山國) 일명 내산국(萊山國)이라 하였다."

292) 김천시, 나무위키: "… 고대에는 감문국이라는 나라가 있었는데, 지금의 감문면이 아니라 개령면에 있었다. 그 외에 김천의 옛 고을 이름은 감물(甘勿), 금물(今勿) 등으로 불렸다. 조마면에는 주조마국, 혹은 졸마국이라는 가야 계통의 나라가 있었다고 비정하고 있지만 확실한 정설은 아니다."

293) 三國史記 劵第六 文武王條: "九年春正月唐僧法安來傳天子命, 求磁石 … 夏五月 … 入唐獻磁石二箱 …."

294) 三國遺事, 善德女王知機三事: "別記云是王代鍊石築瞻星臺(世宗實錄, 善德女王二年建瞻星臺)"

295) Wikipedia, Dumuzid (Sumerian: 𒌉𒍣𒉺𒇻, romanized: Dumuzid sipad) or Dumuzi, later known by the alternative form Tammuz, is an ancient Mesopotamian god associated with shepherds, who was also the primary consort of the goddess Inanna (later known as Ishtar). In Sumerian mythology, Dumuzid's sister was Geshtinanna, the goddess of agriculture, fertility, and dream interpretation. In the Sumerian King List, Dumuzid is listed as an antediluvian king of the city of Bad-tibira and also an early king of the city of Uruk.

296) 周易, 繫辭上傳: "巽卦鷄: 「古者包犧氏之王天下也, 仰則觀象於天, 俯則觀法於地, 觀鳥獸之文與地之宜, 近取諸身, 遠取諸物, 於是始作八卦, 以通神明之德, 以類萬物之情."

297) 周易,說卦傳: "「乾爲馬, 坤爲牛, 震爲龍, 巽爲雞, 坎爲豕, 離爲雉, 艮爲狗, 兌爲羊」, 這是爲什麼呢?"

298) 丹元子, 隋末唐初人, 本名王希明.官右拾遺. 以所著 《步天歌》 而知名. 此歌將恒星表編成七言歌訣, 广爲流傳, 有益于普及天文知識. 歌辭全文保存于宋王應麟《玉海·天文·天文書》.

299) 丹元子, 昴宿天步歌: "七紅一聚實不少, 阿西月東各一星, 月下五黄天陰明, 陰下六烏蒭藁榮, 營南十六天苑形, 河裡六洪名卷舌, 舌中一黑天讒星, 礪石舌傍斜四丁."

300) Job 21:7: "Why do the wicked live on, growing old and increasing in power?"

301) Job 9:9: "He is the Maker of the Bear[a] and Orion, the Pleiades and the constellations of the south. He performs wonders that cannot be fathomed, miracles that cannot be counted."

302) 伐星: 古星名. 屬二十八宿中的參宿, 卽參宿中間一字斜排的三顆小星, 在今獵戶座內. 《石氏星經》: "參七星, 兩肩双足三爲心."《公羊·昭公十七年》: "伐爲大辰" 實以伐代參.伐在參宿區界內.

303) 伐是中國古代星官, 屬于二十八宿中的參宿, 位于現代星座中的獵戶座, 在獵戶座大星云的位置. 伐含有三顆恒星, 清代欽天監所編《儀象考成》 和 《儀象考成續編》, 伐增加了兩顆恒星. 史記《天官書》 記載: "(參)下有三星, 兌, 曰罰", 爲斬艾事. 《丹元子步天歌》 關于參宿的段落有叙述 "伐有三星足黑深."

304) 說文解字: "東, 動也. 從木. 官溥說. 從日在木中."

305) 十八史略, 教人日中爲市: "帝王世紀曰帝堯之世天下太和百姓無事有八九十老人. 含哺鼓腹, 擊壤而歌曰. 日出而作, 日入而息. 鑿井而飲. 畊田而 … 去三四十步, 以一壤擊之, 中者爲上 【日出云云】此樂道之辭, 帝堯之世 …."

306) 司馬遷, 史記, 帝堯之世: "擊壤而歌. 日出而作, 日入而息. 鑿井而飲, 耕田而食. 帝力于我何有哉."

307) 欽定四庫全書, 古詩紀卷一, 明馮惟訥古逸第一: "… 擊壤歌, 帝王世紀曰帝堯之世天下太和百姓無事有八九十老人擊壤而歌. 風土記壤以木爲之前廣後銳長三寸形如屨臘童少以爲戲分部如摘博藝經云長尺四闊三寸將戲先側一壤于地遙于三四十步以手中壤擊之中者爲上古野老戱也. 日出而作日入而息鑿井而飮耕田而食帝何力於我哉力字爲韻一作帝力於我何有哉 …."

305) 古事記, 中卷, 応神天皇段, 須須許理: "應神天皇獻上酒, 良氣分醉歌詠. 須須許理賀, 迦美斯美崎邇, 和禮惠比邇祁理, 許登那只具志, 惠具志爾, 和禮惠比裏祁理."

309) 申采浩, 『朝鮮上古史』 第2篇 首頭時代, 『丹齋申采浩全集』上, 丹齋申采浩全集記念事業會, 螢雪出版社, 1979, 8面.

310) 신채호(申采浩)의 '조선상고사(朝鮮上古史)'에서는 고조선의 오가(五加) 즉 동서남북 및 중(방)의 행정구역편제에 기원을 두고 있다며, 이병도(李丙燾)의 '한국사(韓國史)'에서는 부여 사출도(四出道), 즉 마가(馬加), 우가(牛加), 저가(猪加), 구가(狗加)에서 4개의 텃밭을 나눈 것이라고 설명했다.

311) 崔南善, 『朝鮮常識問答』, 第4 風俗, 윷 38面 擲柶

312) 太白逸史 三韓管境本紀 馬韓世家 上: "是作柶戱, 以演桓易, 盖神誌赫德所記. 天符之遺意也."

313) 박원양, 영양군, 유적지 탐방 … 고인돌·별자리와 윷판 그림, 영남 이코노믹, 2019. 7. 22. : "영양군 청기면 상청리 검산 윷판목이에 귀중하게도 지금으로부터 3,719년 전인 청동기 시대(B.C. 1700년경) 유적 고인돌에 별자리와 윷판형 그림이 있다는 것을 향토연구회 박원양(해설사) 외 2명(이재욱, 이상국)의 유적지 탐방에 의해 알려졌다… 이것은 7기의 윷판형 바위 그림과 불분명한 3기의 윷판형 암각, 그리고 100여 점의 작은 바위 구멍으로 구성된 유적이다."

314) 송인석, [동네뉴스] 대구시 달성군 죽곡리 모암봉 윷판형 암각화, 과연 선사시대 유적일까? 영남일보(yeongnam.com). 2021. 6. 14. : "지난 13일 오후 대구 달성군 다사읍 죽곡리 뒷산 모암봉을 찾았다. 모암봉 정상 아래에 있다는 두 개의 윷판형 암각화를 보기 위해서였다. 암각화는 모암봉 8부 능선 각기 다른 두 곳의 등산로로 바닥 암석 표면에 한 개씩 새겨져 있었다. 두 암각화는 각각 지름이 약 30㎝, 40㎝로 모양은 지금의 윷판과 정확히 일치했다. 주변에는 선사시대 유적으로 추정되는 또 다른 유적들이 산재해 있었다. 바위에다 성혈이라 불리는 동전 크기만 한 홈을 여러 개 판 성혈바위와 북두칠성을 새겨 넣은 성혈바위도 있었다.

315) 박진관, [기고] 김재원 (영남불교문화연구원장) … 팔공산 동봉 표지석에 깔린 윷판 암각화, 영남일보, 2020. 11. 16.: "팔공산은 주봉인 비로봉(천왕봉, 중봉)을 중심으로 동봉(미타봉) 쪽과 서봉(삼성봉) 쪽이 양 날개를 펼친 모습으로 솟아 있다. 이 세 봉우리 중 동봉 정상에 윷판 암각화가 새겨져 있다. 안타깝게도 윷판 암각화의 절반 정도가 동봉 표지석 밑에 깔려 있다. 동봉 표지석이 들어서던 1970년대는 서낭당, 장승, 돌탑 같은 전통유적들을 미신의 상징으로 낙인찍어 부수고, 헐어내는 '미신 타파' 운동이 활개를 치던 시절이었다. 윷판 암각이 만신창이가 된 지 40년 세월이 흘렀다."

316) 박정, 동봉(東峯) 표지석 아래 윷판 암각화? TBC, 2020. 11. 20. "팔공산 동봉 표지석 아래에 윷판 암각화가 깔려있다는 주장이 제기됐습니다. 해발 1,167미터 팔공산 동봉입니다…. 김재원(영남불교문화연구원장) 제의의 장소였을 것이다. 이 암각화는 직경 29센티미터 크긴데요. 지금은 전체의 3분의 2 정도를 육안으로 확인할 수 있고 나머지는 이 표지석 아래 완전히 덮여 있는 상탭니다. 또 동봉

정상부에서 기와 조각과 토기 등 파편이 다수 발견된 점으로 미뤄 하늘에 대한 제사 또는 팔공산 산악에 대한 신앙을 기린 것으로 추정됩니다.

317) 정만진, 예술 소재로서의 대구, 예사문화자연유산, 역사민화진흥원, 2021. 11. P. 63 "대구가 잃어버린 세계 제일의 고인돌 유산, 전 세계 고인돌 6만여 기 가운데 3,000여 기가 대구에 있었다."

318) 이하우, 한국 윷판형 바위 그림 연구 - 방위각을 중심으로, 한국암각화학회, 한국 암각화 연구, 통권 제5집, 2004. 12. pp. 23~56: "한국 윷판 암각화 분포: 집안, 강화도, 북한산, 영통, 익산, 부안, 정읍, 남원, 단양, 울진, 안동, 포항, 경주, 울산, 창녕, 광양, 대구."

319) 박정애, [바둑 이야기] ⑤ 바위에 새긴 윷판과 별자리 한반도 문화의 원형들, 양산신문, 2016. 8. 23.: "바둑판, 장기판, 윷판, 그리고 성혈로 알려진 별자리며 무엇을 의미하는지 알 수 없는 추상적 도형들이 전국(강화도, 북한산, 영동, 익산, 무안, 정읍, 남원, 광양, 창녕, 울산, 경주, 포항칠포리, 안동, 울진, 단양 등)은 물론, 만주 집안현 등지에서도 발견되고 있다. 현재까지 한반도에서 암각화는 모두 스무 곳에서 발견됐다. 전북 임실 가덕리 상가마을 윷판 유적지는 윷판 바위(넝바위)에 암각화 23점과 윷판 39개가 한곳에 있다. 유사한 것까지 90여 점으로 전국에서 유일하게 대규모로 발견됐다. 최근 들어 3,000년 전 암각화 비밀들이 하나둘씩 풀리고 있는데, 사람의 발길이 잘 닿지 않는 산 정상과 숲속의 바위와 계곡에 있는 바위들에 새겨진 암각화는 대부분 추상적인 도형들로 글씨인지 그림인지 뭔지 모르는 상태였다.

320) 金文豹(松京文人, 1568~1608), 貫鄕淸風(sungssi.co.kr), 1576(宣祖9)年 式年文科乙科及第, 郡守歷任, 著述柶道說

321) 조기원, 동생 품은 9살 소녀의 죽음 … 이탈리아 울렸다, 한겨레신문, 2016. 8. 28. : "소방관은 언니에게 이탈리아 강진 발생 뒤 첫 장례식이 열린 27일 중부 마르케주 아스콜리피체노에서 9살 소녀 줄리아 리날도의 관을 사람들이 옮기고 있다. 줄리아는 24일 지진 발생 16시간 만에 페스카라델트론토 무너진 집에서 발견됐으며, 줄리아 몸 아래에 있었던 동생은 언니 덕분에 목숨을 건졌다. … 목숨을 구조하지 못했던 소방관이 '… 나는 하늘에서 천사가 나를 보고 있다는 것을, 그리고 너는 밤하늘의 빛나는 별이 되었다는 것을 알게 되겠지. 안녕, 줄리아. 너는 나를 모르지만, 나는 너를 사랑한다(Saprò che c'è un angelo che mi guarda nel cielo e che sei diventata una stella splendente nel cielo notturno. Ciao Giulia. Non mi conosci, ma ti amo).'"

322) 檀君世紀: "戊午五十一年(B.C. 2283), 築祭天壇於摩璃山, 今塹星壇是也."

323) 三國遺事, 奇異一桃花女 鼻荊郞條: " 大建八年丙申卽位[古本云 十一年己亥 誤矣.御國四年 政亂荒淫. 國人廢之 前此 …."

324) 禮記. 王制賓幕: "…天子祭天地, 諸侯祭社稷, 大夫祭五祀, 天子祭天下名山大川, 五嶽視三公, 四瀆視諸侯, 諸侯祭名山大川之在其地者, 天子諸侯祭因國之在其地而無主後者 …."

325) 舊唐書, 東夷列傳, 高句麗條: "其俗多淫祀, 事靈星神. 日校勘神, 可汗神, 箕子神. 國城東有大穴, 名神隧校勘, 皆以十月, 王自祭之."

326) 維基百科(zh.wikipedia.org): "樗蒲, 或名摴蒲, 五木, 擲盧, 呼盧, 是古中國東漢至唐朝流行的擲賽遊戲."

327) 東漢 馬融《樗蒲賦》: "昔有玄通先生, 游于京都, 道德旣備, 好此樗蒲, 伯陽入戎, 以斯消憂."

328) 劉宋(420~479) 史稱劉宋或稱南朝宋, 又稱前宋, 是中國歷史上南北朝時期南朝的第一个 朝代, 也是南朝版圖最大的朝代, 當時所謂「七分天下, 而有其四」. 439年, 北魏統一中國北方 後, 與劉宋形成南北對峙. 劉宋强盛時, 其統治地區北以秦岭, 黃河与北魏相鄰, 西至四川大雪 山, 西南包括云南, 南至越南中部横山, 林邑一帶.

329) 劉宋·何法盛《晉中興書》: "樗蒲, 老子入胡所作, 外國戲耳."

330) Stewart Culin (July 13, 1858-April 8, 1929) was an American ethnographer and author interested in games, art and dress. [1] Culin played a major role in the development of ethnography, first concentrating his efforts on studying the Asian-Americans workers in Philadelphia. His first published works were "The Practice of Medicine by the Chinese in America." and "China in America: A study in the social life of the Chinese in the eastern cities of the United States.", both dated 1887. He believed that similarity in gaming demonstrated similarity and contact among cultures across the world.

331) 스튜어트 컬린(역 윤광봉), 한국의 놀이: 유사한 중국 일본의 놀이와 비교하여, 한국기층문화의 탐구, 열화당, 2003. 7. 29.

332) CulinStewart(University of Pennsylvania Press, 1895). Korean Games With Notes on the Corresponding Games of China and Japan. (Ed. 1958/1960) Games of The Orient. Rutland, Vermont: Charles E. Tuttle Company. 177 pages. (Ed. 1991) Korean Games With Notes on the Corresponding Games of China and Japan. Dover Publications. 256 pp. ISBN 0-486-26593-5.

333) Stewart Culin, Korean Games With Notes on the Corresponding Games of China and Japan, University of Pennsylvania Press, 1958: "Yutnori, which has its origins in ancient fortune-telling, contains a cosmic and religious philosophy."

334) Chaupar(IAST: caupaṛ), chopad or chaupad is a cross and circle board game very similar to pachisi, played in India. The board is made of wool or cloth, with wooden pawns and seven cowry shells to be used to determine each player's move, although others distinguish chaupur from pachisi by the use of three four-sided long dice.[1] Variations are played throughout India. [2] It is similar in some ways to Pachisi, Parcheesi and Ludo. In most of the villages of Punjab, Haryana and Rajasthan, this game is played by old people.

335) 古代の遊戯の一. 盤上に八條の線を引き, その線に從って棋子 (きし) を動かして勝負を決 めるものかという. 後世の 「十六むさし」 の類か. さすかり.

336) Kiowa(/'kaɪəwə, -wɑː, -weɪ) people are a Native American tribe and an indigenous people of the Great Plains of the United States. They migrated southward from western Montana into the Rocky Mountains in Colorado in the 17th and 18th centuries, and finally into the Southern Plains by the early 19th century. In 1867, the Kiowa were moved to a

reservation in southwestern Oklahoma.

337) Patolli (Nahuatl: [paˈtoːlːi]) or patole (Spanish: [paˈtole]) is one of the oldest known games in America. It was a game of strategy and luck played by commoners and nobles alike. It was reported by the conquistadors that Moctezuma Xocoyotzin often enjoyed watching his nobles play the game at court.

338) 鹿持雅澄の『萬葉集古義』の故地研究という題でお話しをする,(manyo.jp): "雅澄の死後,孫が祖父. 雅澄の遺稿『萬葉集古義』の存在することを他言したことが端緒となり,明治天皇の叡覽するところ. となって,明治十二年(1879) に宮內省から公刊…"

339) 校本江談抄とその研究上, 甲田利雄, 1987 :"…つ澤瀉久孝博士の「萬葉集注釋」を引く. 3 巻十三.三二八四,菅根之根毛一伏三向凝呂爾云々,が見える.「三伏一向」「一伏三起」「一伏三向」とよまれてるる."

340) John Gray: Born December 28, 1951(age 70) Houston, Texas, U.S. American, Alma materMaharishi International University, Columbia Pacific University, Notable work Men Are from Mars, Women Are from Venus, Spouse(s) Barbara De Angelis(div. 1984) Bonnie Gray (19862018; her death)

341) John Gray, Men Are from Mars, Women Are from Venus: The Classic Guide to Understanding the Opposite Sex, 1992. Harper(English) 368 pages.

342) John Gray, Men are From Mars, Women are From Venus, Harper Collins, 1992, p.286: "When men go into their cave, they are actually going through a phase of their relationship with a woman, when they want to be left alone. Any woman who has wondered why a boyfriend is not emailing/calling/messaging/meeting her will know what it feels like to be shut out of the cave."

343) 111 兒見慈母). 112 鼠入倉中. 113 昏夜得燭. 114 蒼蠅遇春. 121 大水逆流. 122 罪中立功. 123 飛蛾撲燈. 124 金鐵遇火. 131 鶴失羽翼. 132 飢者得食. 133 龍入大海. 134 龜入筍中. 141 樹木無根. 142 死者復生). 143 寒者得衣. 144 貧者得寶. 211 日入雲中). 212 霖天見日. 213 弓失羽箭. 214 鳥無羽翰. 221 弱馬駄重). 222 鶴登于天. 223 飢鷹得肉. 224 車無兩輪. 231 嬰兒得乳. 232 重病得藥. 233 蝴蝶得花. 234 弓得羽箭. 241 拜見疎賓. 242 河魚失水. 243 水上生紋. 244 龍得如意. 311 大魚入水. 312 炎天贈扇. 313 鷙鷹無爪). 314 擲珠江中. 321 龍頭生角. 322 貧而且賤. 323 貧士得祿. 324 貓兒得鼠. 331 魚變成龍. 332 牛得蒭荳). 333 樹花成實. 334 沙門還俗. 341 行人思家. 342 馬無鞭策. 343 行人得路. 344 日照草露. 411 父母得子. 412 有功無賞. 413 龍入深淵. 414 盲人直門. 421 暗中見火. 422 人無手臂. 423 利見大人. 424 角弓無弦. 431 耳邊生風. 432 穉兒得寶. 433 得人還失. 434 亂而不吉. 441 生事茫然. 442 魚吞釣鉤. 443 飛鳥遇人. 444 哥哥得弟

344) 김인호, (시론)윷놀이의 미래관(未來觀), 대한경제신문(dnews.co.kr), 2022. 1. 5. : "윷놀이는 윷가락 4개를 던져서 나오는 '도(돼지)·개·걸(양)·윷(소)·모(말)'의 결과로 윷판 위에서 네 마리 말을 운

용하여 승부를 결정하는 확률게임이다. 윷가락을 던져서 나오는 경우 수는 16(24)이다. 그 단면이 정확한 반원이면 발생빈도는 '개(37.5%)〉 도=걸(25%)〉 윷=모(6.25%)'지만 실제 단면은 반원을 약간 넘기 때문에 평면이 나올 확률은 60%, 곡면의 발생 가능성은 40% 정도다. 이에 따른 가능성은 '걸=개(34.56%)〉, 도(15.36%), 윷(12.96%), 모(2.56%)'이다. 모두 엎어진 모는 순양(하늘)이고 전부 잦혀진 윷은 순음(땅)이다. 모나 윷이 나오면 천지와 부합했으니 한 번 더 놀고 상대 말을 잡으면 포획자의 권한으로 또 한 번 논다…. 윷놀이는 후천(後天)에 대한 비전(祕傳)을 담고 있다. 동양에서 군주(君主)가 천도(天道)를 펴는 세상이 선천(先天)이라면 후천은 신분차별이 없고 남녀평등과 인간 존엄성이 중시되는 시대로 일컫는다. 윷놀이는 후천시기에 한민족이 세계의 주도권을 잡아야 한다는 염원을 내포하고 있다. 후천시대는 언제부터인가? 말을 세는 단위는 '동'이고 넉동빼기를 한다. 말 네 개를 먼저 내는 쪽이 이기는 것이다. 우리 숫자단위에서 한 접은 100이고 한 동은 1,000이다. 따라서 넉동인 4,000에 말밭 수 28과 중심부에 그려진 십(十)을 곱한(28×10) 값 280을 더하면 4,280이 된다. 이를 근거로 단기 4280년(1947년)에 선천이 끝나고 단기 4281년(1948년)에 후천이 시작된다고 말한다. 1948년에 대한민국정부를 수립하여 제국(帝國)에서 민국(民國)으로 탈바꿈된 것도 이와 무관치 않다는 것이다. 후천시대로 온전히 진입하기 위해서는 겨울에서 봄에 이를 때 꽃샘추위를 겪듯이 1절(一節) 동안 진통을 감내해야 한다고 한다. 주역(周易) 64괘중에서 60번째에 절괘(節卦)가 있으므로 60년을 일절로 본다. 따라서 '1947년~2007년(60년)' 기간을 격동의 시대로 본다. 1948년에 후천이 시작되지만, 본격적으로 느끼는 시기는 2008년 이후라는 것이다.

345) 百科, 歲次: 歲次也叫年次. 古代以歲星(木星)紀年. 古人將天空的赤道部位分作12等分, 每等分中以某些恒星爲標志. 木星正好每年走一等分. 12年走一周. 每年歲星(木星)所値的星次与其干支称爲歲次.

346) 承政院日記 六冊, 孝宗卽位年九月七日癸亥, 皇帝大行大王祭文: "維順治六年歲次己丑乙酉日甲戌朔, 越皇帝遣禮部啓心郞烏合, 戶部愛什喇庫谷兒馬洪, 諭祭於故朝鮮國王姓諱之靈曰, 侯服秉朝宗之義, 奉職惟虔, 朝廷廣懷遠之仁, 遇哀斯卹, 爾朝鮮國王姓諱, 秉志恭忠, 牧民仁恕, 守箕裘以紹緖, 克率典常, 獻共球而求之, 有嘉儀物, 故海隅出日, 咸近天光, 而島嶼滄溟, 共遵聲敎, 維屛維翰, 克長克君, 聿輯爾邦, 以蕃王室, 方期彤弓, 優貺昭德, 致於遐年, 詎意玄扃, 逍遙傷溘, 先於一朝, 朕聞告訃, 憫悼良深, 特賜祭賻, 謚曰莊穆, 仍封王世子諱, 爲朝鮮國王, 承襲如制, 嗚呼, 盟堅帶礪, 應思華表之歸, 氣壯山河, 永鬱佳城之宅, 靈如不昧, 尙克欽承(以上迎接都監謄錄)"

347) 李廷夔 / 洪柱元, 祭文: "維順治十八年歲次辛丑二月辛巳朔二十日庚子朝鮮國王臣姓諱謹遣陪臣永安尉洪柱元以淸酌大牢之奠敢昭告于大行皇帝靈筵黃鐵伏以天佑大邦篤生聖皇沖年嗣服睿智夙彰無疆之休大有爲志春溫其仁秋肅其義將多于前爰奮厥武削平僭僞勢如拉朽定都于燕遂開明堂無思不服奄有八荒孝切羹墻終天孺慕承顔順志奉太皇后敦親以恩立賢無方聖德神功高出百王遠柔邇能罔不願戴聖壽天齊萬年億載大勳甫集未命遽揚率土含靈奔走悲遑矧惟東藩忝厠近服三世恪謹偏蒙覆育無恩不推有罪必赦海隅蒼生咸囿至化庶竭心力思報萬一天何不弔降此大割撫膺長號五內如裂奉讀遺詔字字嗚咽地限外藩迹阻趍奔抱弓莫追執緋無因北望雪涕攝薦菲薄如在如臨庶幾降格尙饗."

348) 커피소년, 앨범명: 상처는 별이 되죠(Scars Become Stars), 2011.: 가사"상처 투성이 눈물쟁이, 절망 투성이 외롬쟁이, 그대에게 꼭 말하고 싶은, 하늘의 비밀, 상처는 별이 되죠, 상처는 별이 되죠, 눈물 흘린 그 만큼, 더욱 빛나죠…"

349) Catherine Gathoni Gitonga, Can Scars Become Stars? One Woman's Journey to Recovery, 311 pages

350) Ralph Andrus, Scars Become Stars, Jul 27, 2005: " If you want to live an emotionally healthy and happy life you must discover how to handle the hurts that come."

351) 신선미, 현생인류 발상지는 아프리카 칼라하리…기후변화로 이주 시작" 연합뉴스, 2019.10.29.: "IBS, 호주·남아공 연구진과 공동연구 … '네이처'에 성과 발표, 기초과학연구원(IBS)의 악셀 팀머만 기후물리연구단장(부산대 석학교수)팀이 호주 가반의학연구소, 남아프리카공화국 기상청 등 국제연구진과 함께 현생인류 '호모 사피엔스 사피엔스'의 발상지와 함께 이들이 거주지를 옮겨가게 된 원인을 제시하는 연구 결과를 내놨다."

352) The more difficult it is, the brighter the star is found, and the person who passed away due to ordeal becomes a star in the sky.

353) 부인사(符仁寺), 천인사(天仁寺), 부인사(夫人寺)라고도 하며, 창건년도는 미상, 선덕여왕을 숭모하는 것으로 봐서 선덕여왕이 창건한 것으로 추정, 매년 3월 보름에 선덕여왕 숭모제(崇慕祭)를 지내며, 1011년 고려현종 최조대장경판을 재작하여 보관했으나 1232년 제2차 몽고침입으로 소실, 사찰명에 대해선 958년 옥용사동진대사보운비(玉龍寺洞眞大師寶雲碑)에서 天仁寺로, 1241년 동국이상국집(東國李相國集)과 1382년 진각국가(眞覺國師) 비문에 符仁寺로, 1453년 고려사절요(高麗史節要)와 1454년 고려사(高麗史) 그리고 1456 출간된 三峰集에서 符仁寺로 표기되어 있다. 1530년 신증동국여지승람(新增東國輿地勝覽), 1920년 대구부읍지(大邱府邑誌)에서는 夫人寺 로 표기, 1788년 명부전이전기(冥府殿移轉記), 1911년 조선총독부사찰령동화사조, 1999년 불행된 백불당 선생(1705~1786)언록에서는 부인사로(夫人寺)로 기록하고 있음.

354) 法句經, 第五章愚闇品: "不寐夜長 疲倦道長 愚生死長 莫知正法, 學無朋類 不得善友 寧獨守善 不與愚偕 自受大罪, 行爲不善 退見悔燐…過罪未熟 愚以恬淡. 至其熟時 愚人盡形壽 承事明知人 亦不知眞法 如杓斟酌食…"

355) 연암 이좌훈(李佐薰: 1753~1770)는 18세의 삶을 살면서 5세부터 천재시인으로 많은 유고한시를 남겼다. 1773년 천재시인의 죽음을 애통하게 여겨 평생동안 썼던 유고시집 '연기처럼 사라진 사람의 바위 같이 남을 한시 모음(燃巖詩集)'을 출간했다. 닭싸움(투계), 뭇별들이 흐려 가는데(중성행) 등 237수를 엮었다. 아버지는 이동현이며, 6촌 동생으로는 우리나라 최초천주교세례자 혹은 순교자 이승훈(李承薰, 1756~1781)이 있다.

356) 李佐薰(1753~1770), 衆星行: "夜深淸月底, 衆星方煌煌, 微雲掩不得, 朔風就有光, 眞珠三萬斛, 磊落靑琉璃, 群芒起虛無, 元氣乃扶持, 霏霏露華滋, 明河聲在東, 天機孰主張, 吾將問化翁."

357) Heintje Simons, Zwei kleine Sterne (Heintje, 1967) : "Zwei kleine Sterne stehen, am großen Himmelszelt. Sie werden mit dir gehen, wohl in die weite, weite Welt. Zwei kleine Sterne sind, mein allerletzter Gruß. Oh, denke an mich, wenn ich fortgehen muss! Es war Abend, als am Fenster, ich einst dich leise gefragt: Wirst du immer bei mir bleiben? Ach, mein Kind, hast du gesagt. (Refrain) La, la, la, la, la, la, la, la, la, la, la, la, la, la, la, la, la, la, la, la.,,,"

358) 윤동주, 별 헤는 밤: "계절이 지나가는 하늘에는 / 가을로 가득 차 있습니다 / 나는 아무 걱정도 없이 / 가을 속의 별들을 다 헤일 듯합니다 / 가슴 속에 하나둘 새겨지는 별을 / 이제 다 못 헤는 것은 / 쉬이 아침이 오는 까닭이요 / 내일 밤이 남은 까닭이요 / 아직 나의 청춘이 다하지 않은 까닭입니다 / 별 하나에 추억과 / 별 하나에 사랑과 / 별 하나에 쓸쓸함과 / 별 하나에 동경과 / 별 하나에 시와 / 별 하나에 어머니, 어머니 ….."

359) '눈금 새김 돌'의 사용처에 대해 학자 간에 다양한 견해: i) 농사철 24(22개에 양단)절기 책력 돌, ii) 10간 12지 역법 잣대, iii) 천부인처럼 황금 잣대의 상징물, iv) 성인남성의 성기 잣대, v) 해시계의 그림자 위치 표지석, vii) 별자리와 별간 거리측정 잣대, vii) 태양의 고도 표시, viii) 피륙의 섬세함 측정, ix) 어린아이 혹은 여성 애완물, x) 부족 간의 약속한 계약석 등으로 해석하고 있음.

360) 눈금 새김 돌 등 구석기 유물 다수 발굴, YTN, 2014. 6. 17.: "충북 단양군 적성면 하진리 남한강가에서 지난 2011년부터 진행한 발굴조사에서 눈금 새김 돌 등 후기 구석기 유물 만5천여 점이 출토됐습니다. 문화재청은 특히 눈금 새김 돌은 동아시아 지역에서 처음 발견된 것으로 후기 구석기 연구에 획기적인 도움을 줄 것이라고 설명했습니다. 가장 아래층인 제3문화층에서 발견된 눈금 새김 돌은 길이 20.6cm, 너비 8.1cm 크기의 규질 사암에 0.4cm 간격으로 22개의 눈금을 새긴 것입니다. 또 발굴 유물 가운데에는 몸돌, 망치 등 석기 제작용 석기와 함께 주먹도끼, 긁개, 밀개 등 물건 제작용 연모도 다수 포함됐습니다. 이 지역 유적 형성 시기는 만8천 년 전후로 추정됐습니다." 문화재청 보고서 요약 (2014. 6. 16.): 남한강 유역 충북 단양군(수양개) 하진리 남한강변 구석기 유적발굴에 3개 층, 구석기 유적 최하층(제3문화층)에서 '줄새김자갈돌(눈금돌)'을 비롯해 15,000여 점 발굴, 줄새김자갈돌(22눈금)이 출된 제3문화층을 탄소동위원소 연도 측정한 2기관 39,930bp와 39,689bp(CAL)로 결과가 나왔음.

361) 春秋左傳,昭公十七年: "郯子來朝, 公與之宴, 昭子問焉, 曰, 少皞氏鳥名官, 何故也, 郯子曰, 吾祖也, 我知之, 昔者黃帝氏以雲紀, 故爲雲師而雲名, 炎帝氏以火紀, 故爲火師而火名, 共工氏以水紀, 故爲水師而水名, 大皞氏以龍紀, 故爲龍師而龍名, 我高祖少皞, 摯之立也, 鳳鳥適至, 故紀於鳥, 爲鳥師而鳥名, 鳳鳥氏歷正也, 玄鳥氏司分者也, 伯趙氏司至者也, 靑鳥氏司啓者也, 丹鳥氏司閉者也…."

362) 徐亮之, 中國史前史話, 亞洲出版社, 臺灣 臺北, 1954. : "… 中國曆法始於東夷. 造曆者羲和子也. 系出殷商. 東夷先公也 東夷造曆之, 事實無疑問矣."

363) 元旦と元日は, どちらも1年 の 始まりを表す言葉ですが, 一体どのような違いがあるのでしょうか. 元旦: 元日の朝(「旦」 という字は, 太陽を表す 「日」 と地平線を表す 「一」 から成

り立っている)

364) 金富軾, 三國史記, 卷第二十八, 百濟本紀, 義慈王條: "… 以獲罪於大國, 其亡也亦宜矣."

365) 邵康節, 河洛理數: "… 天關於子, 地關於丑 …."/ 馮友蘭, 中國哲學史, 1994: "… 八四七邵康節時代第十一章周濂溪第二篇經學此會有三十運三百六十世(每運十二世, … 零時至二時)「天開於子」朱子謂邵子皇極經世說「天開於子地關於丑人生於寅」…."

366) 冬至, 陰氣盛極而衰, 一陽始生之時! 每日頭條, 2017.12.22. : "冬至, 又名「一陽生」. 古人對冬至的說法是: 陰極之至, 陽氣始生, 日南至, 日之至, 日影長之至, 故曰「冬至」. 古人認為自冬至起, 天地陽氣開始興作漸強, 代表下一個循環開始, 是大吉之日. 《周禮春官·神仕》: 「以冬日至, 致天神人鬼」. 冬至· 三侯《月令七十二候集解》: 冬至, 十一月中. 終藏之氣至此而極也. 中國古人將冬至分為三候: 「一候蚯蚓結; 二候麋角解; 三候水泉動.」…祭天祭祖, 很多地區在冬至這一天有祭天祭祖的習俗, 現在仍有一些地方在冬至這天過節慶賀. 祭祖的同時, 有的地方也祭祀天神、土地神, 叩拜神靈, 以祈福來年風調雨順, 家和萬事興…"

367) 三國遺事 卷第一紀異卷第一: "延烏郎 細烏女: 第八 <阿達羅王> 卽位四年丁酉, 東海濱有 <延烏郎>, <細烏女>, 夫婦而居. 一日 …."

368) Revelation 2:17: "Whoever has ears, let them hear what the Spirit says to the churches. To the one who is victorious, I will give some of the hidden manna. I will also give that person a white stone with a new name written on it, known only to the one who receives it."

369) 杜甫(712~770), 字子美, 號少陵野老, 一號杜陵野客, 杜陵布衣, 唐朝現實主義詩人. 其著作以弘大的社會寫實著稱. 杜甫家族出于京兆杜氏分支, 唐朝時京兆杜氏多自稱爲杜陵人. 曾任左拾遺, 檢校工部員外郎, 後曾隱居成都草堂, 世称杜拾遺, 杜工部, 又稱杜少陵, 杜草堂.

370) 蘇世讓, 陽谷集, 冬至夜雪: "冬至子之半, 雪花盈尺深, 津津回物意, 浩浩見天心, 關閉爲禁旅, 陽生初破陰, 窮愁添一線, 捫馬正堪斟."

371) 邵雍(1012~1077), 字堯夫, 自號安樂先生, 人又稱百源先生, 謚康節. 後世稱邵康節, 北宋五子(未親炙于孔子, 而得以配祀孔廟封号先賢的五位大儒)之一, 術士, 道士, 儒士. 儒學家. 易學家, 思想家, 詩人.

372) 邵雍, 冬至吟: "冬至子之半, 天心無改移. 一陽初起處, 萬物未生時. 玄酒味方淡, 大音聲正希. 此言如不信, 更請問包羲."

373) 冬至献袜是媳妇亲手制作传统布袜, 送给婆家奶奶或婆婆, 姑婆, 丈夫姐妹等婆家女人之事. 若家境允许, 也为大人们和孩子们做衣服, 就算家境不好也一定会亲织布袜. 因其意味着祈愿丰年与多产而被称为"丰呈". 18世纪实学家李瀷的《星湖僿说》(朝鲜后期学者李瀷著作—译注)记载, 当时出嫁的妇女在冬至做布袜送公婆, 这也是来自中国的风俗. 因此时太阳到达极南点, 影子比冬至前长出1丈3尺, 所以被称为长至. 人们相信穿上新的传统布袜, 踏上从冬至开始变长的影子便会延长寿命, 这时因为冬至起白昼变长, 故祈愿寿命也变长. 冬至也是阴气竭尽, 阳气复升之时, 因此做布袜送人的习俗可谓反映出布袜所蕴涵的富饶多产之意的类感咒术行为.

374) 三頭一足鷹符籍: "머리가 2개인 독수리는 파리 한 마리도 못 잡는다(A two-headed eagle cannot catch a single fly. 双頭鷹不抓一蠅)."로마속담을 활용해 삼재(三災)에다가 3개 머리에 다리 1개의 독수리로 그려놓아, 재앙이 3개 머리의 지시로 왔다 갔다 하다가 제자리에서 자멸하게 함을 의미하는 부적으로 선인들의 골계가 깃들이 있음.

375) 劉向, 戰國策·魏策二: "龐葱与太子質于邯鄲, 謂魏王曰. 今一人言市有虎, 王信之乎? 王曰: 否. 二人言市有虎. 王信之乎? 王曰: 寡人疑之矣. 三人言市有虎, 王信之乎? 王曰: 寡人信之矣. 龐葱曰: 夫市之无虎明矣, 然而三人言而成虎."

376) 三國史記, 卷第四十五 列傳第五金后稷條: <智證王>之曾孫. 事<眞平大王>, 爲伊, 轉兵部令. 大王頗好日{田} 獵, <后稷>諫曰: 古之王者, 必一日萬機, 深思遠慮, 左右正士, 容受直諫,不敢逸豫, 然後, 德政醇美, 國家可保. 今, 殿下日與狂夫獵士, 放鷹犬, 逐雉兎, 奔馳山野, 不能自止. <老子>曰: '馳聘田獵, 令人心狂.' 『書』曰: '內作色荒, 外作禽荒, 有一于此, 未或不亡.' 由是觀之, 內則蕩心, 外則亡國, 不可不省也, 殿下其念之. 王不從, 又切諫, 不見聽."

377) 沈遠權日記上, 元鼎二年冬(1870, 同治九, 庚午, 高宗七): "四月十七日, 日曉. 開戶見天色, 或有白雪, 或黑雲, 旦飯卯時密密暗, 辰初急雨, 如流水. 或有雷聲, 巳時, 靑天白日溫圖, 作三頭一足鷹, 午後, 家君去柳串, 未時 ⋯."

378) 삼두매는 삼재를 막아주는 상상의 새입니다. 사나운 매와 비슷한데 세 개의 머리와 발톱이 날카로운 한 개의 다리를 갖고 있어서 삼두매, 삼두일각조(三頭一 脚鳥), 삼두일족응(三頭一足鷹) 등으로 불립니다. 우리 조상들은 이 새 그림을 집 안의 출입문 기둥이나 벽에 붙여두면 삼재를 피할 수 있다고 믿었습니다.

379) JOHN M. GLIONNA, LAPD rejects South Korean Jindos as police dogs, LOS ANGELES TIMES, NOV. 12, 2011.

380) Jindo dogs not suitable for police work, The Korea Herald, May 19, 2011: "Los Angeles Police Department has failed to train two Korean Jindo dogs for police work as two dogs from the breed that is South Korea's 53rd national treasure "didn't have enough focus, drive or consistency needed," LA daily news reported ⋯."

381) Timothy John Marshall (born 1 May 1959) is a British journalist, author and broadcaster, specialising in foreign affairs and international diplomacy. Marshall is a guest commentator on world events for the BBC, Sky News and a guest presenter on LBC, and was formerly the diplomatic and also foreign affairs editor for Sky News.

382) 荀子, 勸學篇: "蓬生麻中.不扶而直; 白沙在涅, 与之俱黑."/ 顔氏家訓, 風操: "目能視而見之, 耳能听而聞之, 蓬生麻中, 不扶而直, 不勞翰墨."

383)郭璞, 葬書: "葬者, 乘生气也, 气乘風則散, 界水則止, 古人聚之使不散, 行之使有止, 故謂之風水, 風水之法, 得水爲上, 藏風次之."

384) 김기섭, 高麗初期 國都風水에 關한 硏究, 원광대학교 동양학대학원 동양학과 석사학위논문,

2015, 102면, 한국교육학술정보원(riss.kr): "新羅末 교종(教宗)에서 선종(禪宗)을 수용함에 따라 풍수지식을 가지고 있었던 禪僧들은 佛教뿐만 아니라 山川信仰 등 다양한 신앙요소와 풍수설의 이론을 가지고 있었다. 특히, 神補塔이나 사찰을 세움으로써 나쁜 산천의 기운을 鎭壓하고 땅을 裨補하는 神補寺塔 개념은 풍수이론이 아니라 하더라도 인간의 삶에서 과학이고 지혜라고 본다. … 국도 개경, 도선의 명당설은 장서법에 의하여 이른바 '藏風之局'의 명당이라고 하는 개경과 그리고 '得水之局'의 명당이라고 하는 서경의 지리적 조건을 설명하는 데 이용된 것은 특기할 만한 것이라고 할 수 있다."

385) 《도선비기》(道詵秘記)는 통일신라 후기의 승려 도선(道詵, 827~898)이 지었다고 전하는 풍수서로 현재 원본은 전해지지 않고 《고려사》에 언급된 것이 있을 뿐이다. 풍수지리설(風水地理說)과 음양도참설(陰陽圖讖說)을 기초로 하여 쓰여진 『도선비기(道詵祕記)』는 고려의 정치·사회에 많은 영향을 주었다.

386) 백두대간(白頭大幹)을 민족의 대통맥에 해당하는 척추로, 갈비뼈에 해당하는 장백정간(長白正幹), 낙남정맥(洛南正脈), 청북정맥(淸北正脈), 청남정맥(淸南正脈), 해서정맥(海西正脈), 임진북예성남정맥(臨津北禮成南正脈), 한북정맥(漢北正脈), 낙동정맥(洛東正脈), 남금북정맥(漢南錦北正脈), 한남정맥(漢南正脈), 금북정맥(錦北正脈), 금남호남정맥(錦南湖南正脈), 금남정맥(錦南正脈), 호남정맥(湖南正脈) 등

387) 1864년 고산자(古山子) 김정호(金正浩, 1804_1866)가 전 재산을 투입하여 대동여지도목판(大東輿地圖 木板)을 제작, 일본제국 조선총독부에서는 1923년 대동여지도목판을 비밀리 입수해 수장고에 보관, 1925년 동아일보에 기사로 "김정호는 옥사했으며, 지도 목판은 불태워졌다."라고 보도했음. 1934년 "조선어 독본(朝鮮語 讀本)"에서 불타고 없다고 했으며, 1967년 우리나라 5학년 2학기 역사책에 일제 기록을 계수, 조선총독부 수장고에서 보관되었던 대동여지도 목판은 국립박물관 수장고, 625년 전쟁 당시 대전, 부산으로 이동, 다시 국립박물관 수장고에서 K-93(미분류 전시물)로 1995년까지 있다가 학자들에게 3개월간 개방하여 마지막 날에 "대동여지도 목판"으로 발견, 유인지도본과 대조, 특수 부분 대조, 역사적 기록 대조 등으로 보물 1581호로 지정(大東輿地図は 1861年, 金正浩(キム・ジョンホ)が地理に關する知識を普及するため,木版を作り,印刷したものである.韓半島を南北12里間隔で區分して22層に分け,各層の地図は東西8里を基準に折りたためるようにして一冊にし,全22巻の本を上下に/繋げると全國地図になるよう構成している.全國地図の大きさは縦約6.7m,横約3.8mになる.大東輿地図を印刷するために作られた木版は約70枚であり,材質はヘラノキ,木版の裏表とも彫刻されている.完成されたのは1861年であるが,その後,数回の修正作業を経た痕跡が木版に残っている.高宗1年(コジョン,1864)には,大東輿地図再刊本が刊行された. 大東輿地図には,山の尾根や川の流れが詳細で正確に描かれており,現代の地図のように様々なものが色々な記号によって印されている.詳しく描かれた交通路には1里ごとに点が付けられているため,利便性も非常に高い.近代の測量技術をもって作られた地図と比べても遜色が0なく,わが國の地図製作伝統が集大成された最高の地図である.) 이렇게 일본의 날조하고 일본이 보관하고 있는 것으로 화랑세기(花郎世紀), 백제서기(百濟書

記) 등이 일본박물관 등에 비밀리 수장되고 있음. 1929년 일본국립도서관에서 촉탁직으로 22년간 근무했던 박창화(朴昌和, 1889~1962) 씨가 '화랑세기(花郎世紀)' 필사본을 남긴 것으로 봐서 확실시됨.

388) 小藤文次郎, 山嶽論, 1902: "形態は,高齢者の姿であり, ウエストは燒き両手は腕組みを寄稿中國に挨拶する姿のようだ. 朝鮮は中國に依存しているのが適当であるであるとここにのに, このような考えは. 士大夫たちの心の中に深く根付いている."

389) 小藤文次郎(1856~1935)は, 日本で最初にできた地質學教室(東京大學理學部)の最初の卒業生で, その後ほぼ 40年の間, 同大學の教職にあって, 多數の研究者の育成と研究に專心した. 小藤が亡くなったときに, Spencer(1936) が「日本の地質學・岩石學の父」と紹介した. 日本地質學會は, 小藤文次郎の業績を記念して 小藤賞をおいている. (日本の地質學・岩石學の父」という称号がふさわしい小藤は. 人生そのものが日本の 地質學の步みとみなされるところがある. どんな人生で何をしたのだろうか.

390) 臺灣山脈列表: 臺灣是個南北狹長, 高山密佈的島嶼, 山脈分佈縱貫全台. 若依陵脈延伸的完整性, 大致可成呈南北縱走方向的中央山脈, 雪山山脈, 玉山山脈, 阿里山山脈和海岸山脈等五大山脈, 以及位於西北方的大屯火山彙, 及其他小型山脈. 各主要山脈的基本走向爲北北東向, 位于太平洋板塊和歐亞板塊的消亡邊界, 形成于喜馬拉雅運動.(楊貴三, 沈淑敏民 99), 台灣全志, 卷二, 土地志, 地形篇. 南投市: 台灣文獻館.)

391) 'Corea' 표기 최고 세계지도 발견, 중앙일보, 2006. 7. 18. : "한반도를 'Corea'라고 표기한 가장 오래된 세계지도가 발견됐다. 한스글로벌문화연구소 한병훈 소장은 오스트리아 빈국립도서관에 소장돼 있는 '프란키우스 세계지도(1594년 간행)'를 발굴해 '월간중앙' 8월호를 통해 공개했다. 지금까지 우리나라. 일본 등의 모습을 담은 가장 오래된 서양 고지도는 1595년 벨기에에서 제작된 '테이세이라&오르텔리우스 지도'다. 현재 경희대 혜정박물관에 소장돼 있다. 이번에 발굴된 '프란키우스 세계지도'는 '테이세이라&오르텔리우스 지도'보다 1년 앞서 한반도를 'Corea'라고 명시하며 세계지도 속에 그려 넣은 것이다."

392) 김형남, 대한민국은 Corea(Core of Asia)다. 월드코리아넷(worldkorean.net), 2010. 10. 14. : "남북한 양쪽 모두 Korea라는 고유명사를 사용함으로써 연원을 고려(高麗)에 두고 있다. 국문명칭은 북한은 (고)조선, 즉 단군 조선에 연원을 두고 있으며, 남한 역시 한(韓)은 '환(桓)'의 의미로서 그 연원을 환국(桓國) 즉 단군 조선에 둠으로써 단군을 계승하고 있다. 남한의 국경일인 개천절(10월 3일)은 단군 조선의 개국일을 뜻한다. 국문명칭의 한(韓) 또는 조선(朝鮮: 아침 朝, 고울 鮮)이나 영문명칭의 고려(高麗: 높을 고, 고울 려)의 의미만 놓고 보더라도 흔민족이 얼마나 '고운 아름다움'을 추구했는지 알 수 있다. 한국의 영문명칭은 원래 Korea가 아니고 Corea였다. 최고의 문헌은 「프란키우스 세계지도」(1594)이다. 대조선국의 전권 대신 민영익과 부대신 홍영식을 환영하는 1883년 9월 19일 미국 New York Herald에 게재된 Corea's Greeting과 the Corean Official Document에도 Corea로 명기되어 있다.

393) 唐中宗皇帝, 立春日遊苑迎春. 神臯福地三秦邑: "神臯福地三秦邑, 玉臺金關九仙家. 寒光猶戀甘泉樹, 淑景偏臨建始花. 綵蝶黃鸝未歌舞, 梅香柳色已矜誇. 迎春正啓流霞席, 暫囑曦輪勿遽斜."

394) New York Times Will Move Part of Hong Kong Office to Seoul, the New York Times, July 14, 2020: "The New York Times said on Tuesday that it would relocate its Hong Kong-based digital news operation to Seoul, South Korea, a significant shift by an American news organization as China has stepped up its efforts to impede the affairs of the Asian metropolis."

395) Emanuel Yi Pastreich, Bring United Nations headquarters to Korea, The Korea Times, 2018. 1. 1. : "But every crisis is an opportunity, if you have the courage to seize the moment. No country is more deeply committed to multilateralism in trade, in diplomacy and in security than South Korea, granted that the alliance with the U.S. limits the South's ability to make good on this general sentiment among policy makers. Whether on the left or on the right, there is a remarkable consensus in South Korea concerning good relations with all its neighbors (with the notable exception of North Korea). What if South Korea proposed that U.N. headquarters be moved from New York City to the Korean Peninsula, perhaps even to Seoul?"

396) 崔致遠, 新羅壽昌郡護國城八角燈樓記: "天祐五年戊辰冬十月. 護國義營都將重閼粲異才. 建八角燈樓于南嶺. 所以資國慶而攘兵釁也. 俚語曰, 人有善願. 天必從之. 則知願苟善焉. 事無違者. 觀夫今昔交質. 有無相生. 凡列地名, 盖符天意. 是堡兌位有塘號佛佐者. 巽隅有池號佛體者. 其東又有別池. 號天王者. 坤維有古城. 稱爲達佛. 城南有山. 亦號爲佛, 名非虛設. 理必有因. 勝處所與. 良時斯應. 粵有重閼粲者. 偉大夫也. 乘機奮志, 嘗逞儁於風雲. 易操修身. 冀償恩於水土. 豹變而併除三害, 蛇盤而益愼九思. 既能除剗荊榛, 爰必復歸桑梓. 所居則化. 何往不諧. 遂乃銓擇崇丘. 築成義堡. 臨流而屹若斷岸. 負險而矗如長雲. 於是乎靜守西畿. 對從南畝. 按撫安土. 祗迓賓朋. 來者如雲. 納之似海. 使憧憧有託. 能榾榾無辭. 加以志切三歸. 躬行六度. 頓悟而朝凡暮聖. 漸修而小往大來. 皆由貶己若讎. 敬僧如佛. 常營法事. 靡导他緣. 實綻火中之蓮. 獨標霜下之桂. 况乎令室. 素自宜家. 四德有餘. 一言無失. 風聞玉偈. 必託于心. 日誦金經. 不離於手. 是乃用慈悲爲鉛粉. 開智慧爲鏡輪. 嘉聲孔彰. 衆善普會. 古所謂不有此婦. 焉有此夫者. 閼粲眞是在家大士. 蔚爲奉國忠臣. 以盤若爲干戈. 以菩提爲甲胄. 能安一境僅涉十秋. 氣高者志望偏高. 心正者神交必正. 乃以龍年羊月庚申夜. 夢於達佛城北摩頂溪寺都一大像. 坐蓮花座. 峻極于天. 左面有補處菩薩. 高亦如之. 南行於溪滸. 見一女子. 因訊睟容所以然. 優婆夷答曰. 是處是聖地也. 又見城南佛山上. 有七彌勒像. 累體蹈肩. 面北而立. 其高柱空. 後踰數夕. 復夢於城東獐山. 見羅漢僧披毳衣. 以玄雲爲座. 抱膝面稱可其山口云. 伊處道, 殉命興法之列士也. 由此地領軍來時矣. 洎覺乃念言曰. 天未悔禍. 地猶容奸. 時危而生命皆危. 世亂而物情亦亂. 而我偶諧先覺. 勉愼後圖. 今得魂交異徵. 目擊奇相. 輒覬裨山益海. 寧慙撮壤導涓. 决報君恩. 盖隆佛事. 所願不生冥處. 遍悟迷群. 唯宜顯擧法燈. 亟銷兵火. 爰憑勝楽. 高拂麗譙. 蓺以銀釭. 鎮於鐵甕. 永使燭龍開口. 無令燧象焚軀. 其年孟冬. 建燈樓已. 至十一月四日. 邀請公山桐寺弘順大德爲座主. 設齋慶讚. 有若泰然大德, 靈達禪大德, 景寂禪大德, 持念緣善大德. 興輪寺融善呪師等. 龍象畢集, 莊嚴法筵. 妙矣是功德也. 八觚之九光. 五夜之中. 四焰無幽不燭. 有感必通則乃阿那律正炷之緣. 維摩詰傳燈之說. 宛成雙美, 廣示孤標者. 闊粲之謂矣. 錠光如來. 切利天女. 前功不弃. 後世能超者. 賢耦之謂矣. 愚也尋蒙遙徵拙文. 俾述弘願. 遂敢直書其事. 用警將來. 且道叶忘家. 功斯永立. 城題護國. 名亦不誣. 德旣可誇. 詞無所媿者爾."

397) 崔致遠(新羅 958~?), 四喜: "七年大旱逢甘雨, 千里他鄕遇故人, 無月洞房華燭夜, 少年登科挂名時."

398) 崔致遠, 經學隊仗, 乙酉文化史, 1976, p. 354: "察微: 下之事, 必有其微, 幾者終之初, 吉凶禍福之先見者也. 制之於其微, 而微者不得者, 閑之於其細, 而細者不得大 …."

399) 上揭書: "應變: 膠柱調瑟者, 非所以爲治, 而善爲治者, 當如權之稱物. 刻舟求劍者, 非所以制事, 而善制事者, 當如珠之走盤 …."

400) 上揭書: "守常: 天有常道, 地有常理, 人有常事, 初不可出奇以驚世. 立異以駭俗也. 君臣父子夫婦兄弟, 此人之常也 …."

401) 이상훈(경북대 연구교수), 달구벌 호국성은 어디인가? 양파티브뉴스(yangpatv.kr/news), 2015. 11. 2.: "최치원의 기록에 가장 근접한 곳은 바로 검단 토성이다. 달성의 동북쪽 금호강변에 위치하며 평평히 길게 늘어진 토성이다. 새벽 물안개가 피어오르면 '길게 꼬리를 문 구름과 같이' 보였을 것이다. 검단토성이 위치한 곳은 영천에서 흘러온 금호강이 북쪽으로 크게 휘어지는 지점이다. 그리고 검단토성에서 금호강을 건너면 팔공산 동화사로 들어가는 진입로가 있다."

402) 조선 전기의 문신(?~1455). 자는 자화(子和). 호는 졸재(拙齋). 태종 11년(1411)에 문과에 급제하고, 승지·예조 판서를 지냈다. 간의대·자격루의 제작에 참여하였고, 갑인자의 주조에도 관여하였다.

403) 金銚, 琴鶴樓記文: "地平而闊, 是重疊峰, 而環繞耳. 大川四八, 是處匯聚."

404) 강진덕(姜進德, 세종 9년 임사), 자수(子修), 진주(晉州), 을과3등(乙科三等) 2위, 세종실록 37권 기록에 관직에 나갔음.

405) 世宗實錄, 三十七卷: "世宗九年(1427) 八月四日己未 … 召大司憲李孟畇, 執義金宗瑞, 掌令尹須彌, 持平金連枝, 姜進德就職. 前此孟畇等, 以署經成揆告身辭職, 待罪于家.

406) 신정일, 새로 쓰는 택리지(3): 경상감사가 있던 곳, 다음생각, 2012. 10. 5. : "달구화(達句火) 또는 달구벌(達句伐)이라는 이름의 부족국가였던 대구가 지금의 이름으로 바뀐 것은 신라 경덕왕 때인 737년이다. 조선 시대인 1601년 경상좌도와 경상우도가 합쳐지면서 경상감영이 대구에 설치되었고, 그 뒤로 3백여 년간 경상도의 중심지로 자리매김하게 된다. 조선 초기의 문신인 김요는 금학루(琴鶴樓) 기문에 "땅의 형세가 평탄하고 넓다. 겹친 산봉우리가 둘러 있고 큰 내가 꾸불꾸불 얽혀 있으니 사방에서 모이는 곳이다"라고 썼다. 강진덕은 "땅이 넓어 사람 많이 살고, 누각이 높아 시야가 넓구나. 학은 능히 구름과 날아가고 거문고는 달과 어울려 맑네."라는 시를 남겼다. 이중환은 『택리지』에서 다음과 같이 기록하였다. 대구는 감사(監司)가 있는 곳이다. 산이 사방을 높게 둘러싼 그 복판에 넓은

들을 펼쳐놓았으며, 들 복판에는 금호강이 동쪽에서 서쪽으로 흐르다가 낙동강으로 들어간다. 고을 관아는 강 뒤편에 있다. 경상도의 한복판에 위치하여 남북으로 거리가 매우 고르니 또한 땅의 형세가 훌륭한 도회지라고 할 수 있다."

407) 서거정(徐居正, 1420~1488) 조선 전기의 문신. 본관은 대구(大丘). 자는 강중(剛中)·자원(子元), 호는 사가정(四佳亭) 혹은 정정정(亭亭亭). 서익진(徐益進)의 증손으로, 할아버지는 호조전서(戶曹典書) 서의(徐義)이고, 아버지는 목사(牧使) 서미성(徐彌性)이다. 어머니는 권근(權近)의 딸이다. 자형(姉兄)이 최항(崔恒)이다.

408) 徐居正, 鶴樓明月: "一年十二度圓月, 待得中秋圓十分. 更有長風雲去, 一樓無地着纖."

409) 김시습(金時習, 1435~1493, 서울 출신), 본관 강릉, 자 열경(悅卿), 호 매월당(梅月堂) 청한자(淸寒子) 동봉(東峰) 벽산청은(碧山淸隱) 췌세옹(贅世翁) 설잠(雪岑), 시호 청간(淸簡), 저서론 매월당집, 금오신화, 만복사저포기, 취유부벽정기, 탕유관서록, 탕유관동록, 탕유호남록, 유금오록, 동일록, 신귀설, 태극설, 천형, 애민의, 산행즉사, 위천어조도, 도중, 등루, 소양정, 하처추심호, 고목, 사청사우, 독목교, 유객, 고금제왕국가흥망론, 위치필법삼대론 등이 있다.

410) 金時習, 梅月堂集, 望公山: "公山峭峻聳崢嶸, 碍却東南幾日程. 多少風光吟不得, 只緣憔悴病中生."

411) 鄭師哲, 林下實記, 次朱訒之愼言遊公山韻: "理屐尋山策短節, 石門深處白雲封. 升高妙訣君知否, 去去須登最上峯."

412) 후천 8괘의 방향: 건(乾)방 북서, 태(兌)방 정서, 이(離)방은 정남, 진(震)방 정동, 손(巽)방 남동, 감(坎)방 정북, 간(艮)방 북동, 곤(坤)방 남서쪽으로 봄.

413) 孫子兵法, 九地篇: "孫子曰,用兵之法, 有散地, 有輕地, 有爭地, 有交地, 有衢地, 有重地, 有圮地, 有圍地, 有死地. 諸侯自戰其地, 爲散地, 入人之地不深者. 爲輕地, 我得則利, 彼得亦利者, 爲爭地. 我可以往, 彼可以來者. 爲交地, 諸侯之地三屬, 先至而得天下衆者, 爲衢地. 入人之地深, 背城邑多者. 爲重地, 山林險阻沮澤, 凡難行之道者, 爲圮地. 所從由入者隘, 所從歸者迂, 彼寡可以擊我之衆者, 爲圍地."

414) 두사충과 뽕나무골목(매일신문사 벽면) 안내판, 2022. 9. 1. : "두사충은 풍수지리에 밝아 '하루에 천 냥이 나오는 자리(The Land of Thousands Coins)'에 집터를 잡고 살았으나 … (杜師忠精通風水, 在一天出一千兩的位置, 建造房屋居住.)."라고 적혀있었음. 그 옆에 '하루 천 냥이 나오는 명당' 안내판: "… 두 아들에게 '이 터는 하루에 천 냥이 나오는 자리'라고 하였다(這塊地以後會是一塊才之才金的寶地.)."라고 적혀 있다.

415) 현경용, 모명두사풍의 소점 연구, 영남대학교 환경대학원, 풍수지리학전공, 석사학위논문, 2008년 3월, 37면: "경상감영의 집무소인 선화당의 명칭이 중국에서 두사충에게 하사한 집(사랑채)에서 유래했다."

416) 두사충(杜師忠, 출몰연도 미상) 본관 두릉(杜陵), 호 연재(蓮齋), 기주자사(冀州刺史) 교림(喬林)의 아들로 태어나, 상서(尙書) 벼슬을 지내다가 1592년(선조 25) 임진왜란 때 원군(援軍)에 편성, 명장(明將) 이여송(李如松) 및 그 사위 진인(陳隣)과 함께 왜병격퇴에 공을 세웠음. 명 망국(亡國)

을 예상하고, 조선에 귀화해 달구벌 대구(大邱)에 정착해 세상을 떠났으며, 후손들은 그를 시조 본향(本鄕)인 두릉을 본관으로 하여 대(代)를 이어 오고 있음. 그는 풍수지리에 대가로 "하루 천 냥이 쏟아지는 명당(日出千兩富之處)" 터로 자리 잡았고, 그 후에 경상도감영이 그곳에 설치되었음. 저서로는 '두사충결산도(杜師忠訣山島)'가 있음. 수륙지획주사(水陸地劃主事)의 임무를 맡아 조선군과 전략전술상 긴밀한 협조를 하여 이순신으로부터 '봉정두복야(奉呈杜僕射)'를 받았음.

417) 李舜臣, 奉呈杜僕射: "北去同甘苦, 東來共死生. 城南他夜月, 今日一盃情"

418) 이상화(李相和, 1901~1943) 본관 경주, 무량(無量), 상화(尙火), 상화(想華) 등 이칭, 1926년 '개벽(開闢)' 6월호에 '빼앗긴 들에도 봄은 오는가'를 발표. 자사로는 나의 침실로, 빼앗긴 들에도 봄은 오는가?, 이중의 사망 등이 있음.

419) 이상화, 지금은 남의 땅 ― 빼앗긴 들에도 봄은 오는가?: "나는 온몸에 햇살을 받고, 푸른 하늘 푸른 들이 맞붙은 곳으로, 가르마 같은 논길을 따라 꿈속을 가듯 걸어만 간다. 입술을 다문 하늘아, 들아, 내 맘에는 나 혼자 온 것 같지를 않구나! 네가 끌었느냐, 누가 부르더냐. 답답워라. 말을 해다오. 바람은 내 귀에 속삭이며, 한 자국도 섯지 마라, 옷자락을 흔들고. 종다리는 울타리 너머 아씨같이 구름 뒤에서 반갑다 웃네. 고맙게 잘 자란 보리밭아, 간밤 자정이 넘어 내리던 고은 비로. 너는 삼단 같은 머리를 감았구나. 내 머리조차 가뿐하다. 혼자라도 가뿐게나 가자. 마른 논을 안고 도는 착한 도랑이. 젖먹이 달래는 노래를 하고, 제 혼자 어깨춤만 추고 가네. 나비, 제비야, 깝치지 마라. 맨드라미, 들마꽃에도 인사를 해야지. 아주까리기름을 바른 이가 지심 매던 그 들이라 다 보고 싶다. 내 손에 호미를 쥐어다오. 살진 젖가슴과 같은 부드러운 이 흙을. 발목이 시도록 밟아도 보고, 좋은 땀조차 흘리고 싶다. 강가에 나온 아이와 같이, 짬도 모르고 끝도 없이 닫는 내 혼아, 무엇을 찾느냐, 어디로 가느냐, 웃어웁다, 답을 하려무나. 나는 온몸에 풋내를 띠고, 푸른 웃음, 푸른 설움이 어우러진 사이로, 다리를 절며 하루를 걷는다. 아마도 봄 신령이 지폈나 보다. 그러나 지금은 ― 들을 빼앗겨 봄조차 빼앗기겠네."

420) 최병일, "옛 문인들 발자취 따라 달구벌 예술 속을 걷다." 머니투데이 뉴스(news.mt.co.kr), 2011. 5. 11.: "골목길 가쟁이에는 덮개조차 없는 하수구가 나 있어 겨울 한 철을 빼고는 늘 시궁창 냄새가 났고 여름이면 분홍색을 띤 장구벌레가 오골거렸다는 장관동은 한편으로는 삼사십 평의 나지막한 'ㄷ'자 형 기와집이 태반이었던 부자 동네였다."

421) 金光國, 石農花苑跋: "畵有知之者, 有愛之者. 有看之者, 有畜之者. 飾長康之廚, 侈王涯之壁. 惟於畜而已者. 未必能看. 看矣而如小兒見相似. 啞然而笑 … 知則爲眞愛, 愛則爲眞看, 看則畜之而非徒畜也."

422) 禮記, 曲禮上篇: "… 年長以倍則父事之, 十年以長則兄事之, 五年以長則肩隨之 …."

423) 蘇軾(1037年 1月 8日~1101年 8月 24日), 眉州眉山(今四川省眉山市)人, 北宋時著名的文學家, 政治家, 藝術家, 醫學家. 字子瞻, 一字和仲, 号東坡居士, 鐵冠道人. 嘉佑二年進士, 累官至端明殿學士兼翰林學士, 礼部尙書. 南宋理學方熾時, 加賜諡號文忠, 複追贈太師. 有《東坡先生大全集》及《東坡樂府》詞集傳世, 宋人王宗稷收其作品, 編有《蘇文忠公全集》.

424) 東坡 蘇軾. 題西林壁: "橫看成嶺側成峰, 遠近高低各不同, 不識廬山眞面目, 只緣身在此山中 …."

425) 法句經 第五章 愚暗品 第六十四: "愚者自稱愚, 常知善點慧. 愚人自稱智, 是謂愚中甚 … 過罪未熟. 愚以恬淡. 至其熟時, 愚人盡形壽. 承事明知人, 亦不知眞法, 如杓斟酌食.

426) 大學 第七章: "心不在焉: 視而不見, 聽而不聞, 食而不知其味. 心有不存則無以檢其身, 是以君子必察乎此, 而敬以直之. 然後此心常存, 而身無不修也."

427) 宋高僧傳, 卷四, 「唐新羅國義湘傳」. "前之寓宿謂土龕而且安, 此夜留宵託鬼鄉而多崇, 則知心生故種種法生, 心滅故龕墳不二, 又三界唯心萬法唯識, 心外無法胡用別求.

428) What makes a successful city?, Culture, innovation and governance have always been, and still will be, the drivers of the successful city in 2040, (highstreetresidential.com). Feb 28, 2022: "What makes a successful city? There's a huge body of literature which analyses this most complex and intriguing invention of human civilisation, but in this collection of insights, CBRE researchers return again and again to three key factors: culture, innovation and governance⋯What makes a successful city? Successful cities are crucibles of culture: art, music, performance, food, architecture, identity and customs ⋯."

429) 孟子眞心章: "天時不如地理. 地理不如人和."

430) Promised Land, Collab OG: "Head down as I punch this clock / The hours roll, they never stop / And I can't ever seem to get ahead / Always tryin' to do what's right / Straight and narrow, it's gettin' tight / Don't know how much longer I can stand / And I'm wonderin' / Yeah, I'm wonderin' / Where's my promised land? Out here on this desert road / It's hot as fire but I've grown cold / Circlin' like a plane that never lands /And even though the questions change / The answers always stay the same / Maybe someday I will understand / So I'm wonderin' / Got me wonderin' / Where's my promised land? / Yeah, I'm wonderin' / Still, I'm wonderin' / Where's my promised land? ⋯."

431) 【南史·周顒傳】 秋末晚菘. / 【埤雅】 "菘性隆冬不彫, 四時長見, 有松之操, 故其字會意."

432) 論語, 子罕篇: "歲寒, 然後知松柏之後凋也."

433) 정수근, 비슬산 오르며 확인한 세계 최대의 빙하기 암괴류 유적, [주장] 암괴류와 비슬산 경관 망치는 케이블카 계획 중단해야, 오마이뉴스, 2021. 12. 13. : "외국 학자들이 이 산을 찾는 것은 그렇게 등산을 즐기기 위해서가 아니다. 그들은 무엇 때문에 비슬산을 그토록 애써 찾는 것일까? 비슬산에는 지구 최대의 빙하기 암괴류 유적이 있기 때문이다. 8만~1만 년 전 지구의 마지막 빙하기에 형성된 암괴류(岩塊流), 바로 그것이다. 영국 다트무어, 미국 시에라네바다, 호주 타스마니아 암괴류가 유명하지만, 비슬산 암괴류는 그것들을 단연 능가한다."

434) Big Stone River, Russia, KAUSHIK PATOWARY(amusingplanet.com), JUN 28, 2016: "The Big Stone River is a chaotic jumble of huge boulders flowing down the slope of the Taganay mountains in the Southern Urals, on the territory of Chelyabinsk Oblast, Russia. The river of stone is 6km long and averages 200 meters in width. Parts of it are 700 meters wide."

435) Zlatnite Mostove(Bulgarian: Златните мостове, 'Golden Bridges') is the largest stone river on Vitosha Mountain, Bulgaria. The feature is situated in the valley of Vladayska River, extending 2.2 km, and up to 150m wide, with several 'tributary' stone rivers. The stone river is 'descending' from elevation 1,800m above sea level in Boeritsa Chalet area to 1,410m at Zlatnite Mostove site. The lower extremity of the stone river is known as Zlatnite Mostove site, a popular tourist destination accessible from Sofia by road. The name 'Golden Bridges' derives from the golden colour of the lichens growing on the surface of stone run boulders.

436) Sanford Fillmore Bennett, In the Sweet By and By, 1868: "There's a land that is fairer than day / And by faith we can see it afar / For the Father waits over the way / To prepare us a dwelling place there / In the sweet by and by / We shall meet on that beautiful shore / In the sweet by and by / We shall meet on that beautiful shore / We shall sing on that beautiful shore / The melodious songs of the blessed / And our spirit shall sorrow no more / Not a sign for the blessing of rest / In the sweet by and by / We shall meet on that beautiful shore / In the sweet by and by / We shall meet on that beautiful shore / In the sweet by and by / We shall meet on that beautiful shore / In the sweet by and by / We shall meet on that beautiful shore / In the sweet by and by / In the sweet by and by, oh."

437) Johnny Mercer, Moon River: "Moon river, wider than a mile / I'm crossing you in style some day / Oh, dream maker, you heart breaker / Wherever you're going, I'm going your way / Two drifters, off to see the world / There's such a lot of world to see / We're after the same rainbow's end, waiting, round the bend / My Huckleberry Friend, Moon River, and me / Two drifters, off to see the world / There's such a lot of world to see / We're after that same rainbow's end, waiting, round the bend / My Huckleberry Friend, Moon River, and me."

438) John Weldon 'J. J.' Cale (December 5, 1938-July 26, 2013) was an American guitarist, singer, songwriter and sound engineer. Though he avoided the limelight, his influence as a musical artist has been widely acknowledged by figures such as Mark Knopfler, Neil Young, Waylon Jennings, and Eric Clapton, who described him as 'one of the most important artists in the history of rock'. He is considered to be one of the originators of the Tulsa sound, a loose genre drawing on blues, rockabilly, country, and jazz.

439) J.J.(John Weldon) Cale, Stone River: "Stone river/ Water ain't runnin' no more / Stone river / Water ain't runnin' no more / Man he done cut if off / And moved it all around / There ain't no river runnin' / No water can't be found / Stone river / Water ain't runnin' no more / Fish ain't swimmin' / Ain't no fish around nowhere / Fish ain't swimmin' / Ain't nobody seem to care / They botteled up and dammed it / Choked it up and jammed it

/ Killed the life around it / And stole it like a bandit / Stone river / Water ain't runnin' no more / What used to be a river / Now is just an empty site / Ain't no vegetation / It's just an agitation / It don't seem right / There ain't no trees a growin' / No animals are showin' / What used to be a stream / Is now just a dream / Stone river / Water ain't runnin' nowhere / Stone river / Water ain't runnin' no more / Man he done cut it off / And moved it all around / There ain't no river runnin' / No water can't be found / Stone river / Water ain't runnin' no more / They botteled up and dammed it / Choked it up and jammed it / Killed the life around it / And stole it like a bandit / Stone river / Water ain't runnin' no more / There ain't no trees a growin' / No animals are showin' / What used to be a stream / Is now just a dream / Stone river / Water ain't runnin' nowhere / Stone river / Water ain't runnin' no more."

440) Wikipedia, Vipassanā (Pāli) or vipaśyanā (Sanskrit) literally 'special, super (Vi), seeing (Passanā)', [1] is a Buddhist term that is often translated as 'insight'.

441) 箕子(沒年紀元前1082年), 子姓, 名胥余, 殷(今河南省安阳市)人, 商王文丁的儿子, 商王帝乙 的弟弟, 商王帝辛的叔父. 官太师, 封于箕, 在商周政权交替与历史大动荡的时代中, 因其道之 不得行, 其志之不得遂, "违衰殷之运, 走之朝鲜", 建立朝鲜, 其流风遗韵, 至今犹存.

442) 論語, 微子篇: "微子去之, 箕子爲之奴, 比干諫而死, 殷有三仁焉."

443) 裴駰(生沒年度未詳)字龍駒, 河東郡聞喜縣(今山西省運城市聞喜縣)人. 著名史學家裴松之 之子, 官至南中郎外兵參軍.

444) 司馬遷, 史記 卷一百一十五, 朝鮮列傳第五十五(集解): "張晏曰朝鮮有濕水, 洌水, 汕水, 三 水合爲洌水, 疑樂浪, 朝鮮取名於此也."

445) 司馬 貞(しば てい, A.D. 679~732)は, 中國唐代の文人. 『史記』の注釋書である『史記索 隱』を著したほか, 『史記』三皇本紀を補筆した. 字は子正. 号は小司馬.

446) 史記索隱: "朝音潮, 直驕反. 鮮音仙, 以有汕水故名也. 汕一音訕."

447) 朝鮮, wikipedia: "… 一方, 朝鮮の名は, 中国から「朝貢鮮少」の地(中国皇帝への貢物が少 ない国)と蔑まれたため, すなわち「(中国に対する)『朝(貢)』が『鮮(すくない)』という一種の 蔑称」という指摘がある. 意味として, 論語の「巧言令色鮮仁」の鮮(少なし)の意味から来てい るが, 朝鮮の鮮の発音が「鮮やかである」の意である第一声ではなく, 「少ない」の意である 第三声であることなどが理由であり, 高木桂蔵は「中国人からみれば依然として朝鮮半島は 『まごうことなき藩属国』なのです.朝鮮という呼称も侮辱的なのものです.中国皇帝に対して 朝貢し, 朝鮮国王を授かったとき, 『貢ぎ物が少なし』とつけられた, 『朝(みつぎもの)鮮(すく なし)』なのです. これをいまも信じて変えないのも面白いことです」と述べている. 高山正之は 「中国は昔, 大国だった. ただ嫌な癖があった. やたら周りを見下して, 例えばチベットは吐蕃, 北方の民族は匈奴と名づけて公文書, つまり正史に書いている. よその国の名を勝手に決める 尊大さも問題だが, それに『吐』とか『奴』とかひどい字を当てる …."

448) 遼史爲元朝脫脫等人所撰之紀傳體史書.由元至正三年(1343年)四月開始修撰.翌年(1344年)三月成書.脫脫爲都總裁,鐵木兒塔識,賀惟一,張起岩,歐陽玄,揭奚斯,呂思誠爲總裁官,廉惠山海牙等爲修史官.元修《遼史》共116卷, 包括本紀三十卷, 志三十二卷, 表八, 列傳四十五,此外還有〈國語解〉一卷.記載上自遼太祖耶律阿保機, 下至天祚帝耶律延禧遼朝歷史(907年－1125年), 兼及耶律大石所建立之西遼歷史.至正五年與《金史》同時在江浙,江西二行省刻板印行.

449) 遼史, 東京遼陽府條: "… 東京遼陽府, 本朝鮮之地. 周武王釋箕子囚, 去之朝鮮, 因以封之 …."

450) Wikipedia, Richard Owen : "…Most of his work on reptiles related to the skeletons of extinct forms and his chief memoirs, on British specimens, were reprinted in a connected series in his History of British Fossil Reptiles (4 vols. London 1849–1884). He published the first important general account of the great group of Mesozoic land-reptiles, and he coined the name Dinosauria from Greek δεινός (deinos) 'terrible, powerful, wondrous' + σαύρος (sauros) 'lizard'…."

451) 옹달샘: "깊은 산 속 옹달샘 누가 와서 먹나요 / 새벽에 토끼가 눈 비비고 일어나 / 세수하러 왔다가 물만 먹고 가지요 / 맑고 맑은 옹달샘 누가 와서 먹나요 / 달밤에 노루가 숨바꼭질하다가 / 목마르면 달려와 얼른 먹고 가지요 / 새벽에 토끼가 눈 비비고 일어나 / 세수하러 왔다가 물만 먹고 가지요…"

452) 李斯, 諫逐客書: "臣聞吏議逐客 竊以爲過矣.昔穆公求士 西取由余於戎 東得百里奚於宛 迎蹇叔於宋 來邳豹 公孫支於晉…是以泰山不讓土壤 故能成其大 河海不擇細流 故能就其深…"

453) 朴堤上, 符都誌, 第二十七章: "…又象鑿符都八澤之形, 報賽於曲水之間, 會燕而行濟物之儀…每歲十月,行白衣祭 此因黃穹氏束身白茅之儀也, 設朝市於達丘, 開海市於栗浦."

454) 天光墟是在省港流行的一種市集,天清晨或半夜開始開店,天亮就會打烊的墟. 故名(粵語天光即天亮. 亦因此「天光墟」此一名詞只在粵語地區出現.北京也有類似的0市場, 在潘傢園附近, 專門轉售古董或仿製品, 稱爲鬼市. 在香港有深水埗天光墟, 紅磡天光墟, 旺角天光墟,上水天光墟, 又天水圍天光墟等

455) 管子, 小匡篇: "處商必就市井."/ 水滸傳: "你若買酒吃時,只出草料場投東大路去,三二里便有市井."/ 史記, 魏公子列傳: "臣乃市井鼓刀屠者,"/ 史記, 平准書: "然市井之子孫, 亦不得仕官爲吏."

456) 詩經, 國風 第十四曹風, 候人: " 彼候人兮, 何戈與祋. 彼其之子, 三百赤芾 …."

457) 물거울: 명사, 모양을 비추어 보기 위하여 거울로 삼은 물.

458) Exodus 30:17-20: "Make a bronze basin, with its bronze stand, for washing. Place it between the tent of meeting and the altar, and put water in it. Aaron and his sons are to wash their hands and feet with water from it. Whenever they enter the tent of meeting, they shall wash with water so that they will not die. Also, when they approach the altar to

minister by presenting a food offering to the Lord."

459) 老子, 道德經 第七十三章 天网恢恢: "勇于敢则杀, 勇于不敢则活. 此两者, 或利或害, 天之所恶, 孰知其故. 是以圣人犹难之. 天之道, 不争而善胜, 不言而善应, 不召而自来, 繟然而善谋. 天网恢恢, 疏而不失."

460) 禮記, 檀弓下第四: "邾婁定公之時, 有弑其父者, 有司以告. 公瞿然失席, 曰, 是寡人之罪也. 曰, 寡人嘗學斷斯獄矣. 臣弑君凡在官者殺無赦. 子弑父凡在宮者殺無赦. 殺其人, 壞其室, 洿其宮而豬焉. 蓋君踰月而后擧爵…"

461) 光海君日記: 光海君三年九月二十日, 右議政李恒福議. 破家瀦澤之法, 不見於刑書, 始行邾定公之時. 亦非定公所自創爲, 三代之際, 相因而行之者也. 觀定公之言, 只擧臣弑君·子弑父者爲破家瀦澤之典, 不擧妻殺夫一節, 則意必有在. 而我國亂前, 亦因玆而只行於弑父之家, 不唯其時領府事臣尹承勳詳記而明言之, 臣亦能記之. 亂後相臣柳永慶倡爲殺夫者亦當破豬之議, 一時大臣有三綱一也之說, 至行於殺夫之家. 臣意不然.…大槪今此破豬之法, 我國所取爲據而行之者, 只依邾定公之論, 而不見於他經, 則何可別立意見, 枝上生枝, 行所未行之法乎? 此一款, 臣常以爲不可也."

462) 朝鮮王朝實錄, 正祖實錄: "正祖八年七月二十九日…義禁府啓, 大逆不道罪人夏材, 籍沒家産, 破家瀦澤. 降邑號罷守令等事, 令該曹奉承傳擧行. 行子夢伊仁伊年未滿. 依律免絞, 夢伊珍島郡爲奴. 仁伊南海郡爲奴. 妻任伊黑山島爲婢, 女桂完康津縣爲婢. 庶母夢月吉州牧爲婢. 庶弟英材渭原郡爲奴. 姪斗恭巨濟府流三千里安置 姪斗恒之父魯材. 卽夏材之伯兄. 而出繼於三寸叔星澤. 斗恒乃是夏材五寸姪. 依律文免坐從之. 義禁府啓曰. 賊惺已爲追刑, 破家瀦澤籍沒. 依律文施行. 傳曰允…"

463) 孟子 離婁下篇: "原泉混混, 不舍晝夜. 盈科後進, 放乎四海."

464) 崔致遠, 新羅壽昌郡護國城八角燈樓記: "天祐五年戊辰冬十月. 護國義營都將重閼粲異才.建八角燈樓於南嶺.所以資國慶而攘兵礬也.俚語曰,人有善願.天必從之.則知願苟善焉.事無違者.觀夫今昔交質.有無相生.凡列地名,盖符天意.是堡兌位有塘號佛佐者.巽隅有池號佛體者.其東又有別池.號天王者.坤維有古城.稱爲達佛.城南有山.亦號爲佛,名非虛設.理必有因.勝處所與.良時斯應.粤有重閼粲者.偉大夫也."

465) 世宗實錄地理志, 地理志, 慶尙道 慶州府 大丘郡: "大丘郡: 本達句火縣, 景德王改名大丘, 爲壽昌郡領縣. 高麗 顯宗戊午, 屬京山府任內, 仁宗二十一年癸亥, 始置縣令…大堤四, 聖堂佛上,【在郡境】 屯洞,【在壽城境】 釜堤…"

466) 新增東國輿地勝覽, 卷二十六 大邱都護府: "…形勝, 地勢夷衍, 疊嶂周遭, 大川紆紫, 四方之會.幷金銚琴鶴樓記…新川, 在府東四里, 出八助嶺, 入琴湖. 聖堂池, 在府南十里. 東安津, 在河濱縣西十六里. 源出奉化縣太白山. 杏灘, 在河濱縣南十里. 佛上池,在府北十里. 蓮花池, 在府西五里…"

467) 박진관, 사라진 대구의 못을 찾아 시간여행을 떠나다, 영남일보, 2013.10.25.: "1924년 동아일보에 실린 영선못(영선시장)은 달성공원과 함께 대구의 명승지로 안내되어 있었다. 배자못/대불지(아파

트), 감삼못(광장타운), 남소/천왕당지(서문시장), 평리못/들마못(서구청), 한골못(MBC 네거리), 소래
못/소못(효목동), 사리못(서부초교, 서부시장), 범어못(수성구청, 수성 경찰서)도 오랫동안 삶의 애환
을 같이하다, 지금은 세월의 뒤안길에 묻혀 버린 곳들이다."

468) 동북아역사넷, 노모리 겐(野守健, 1887~1970). 조선총독부 고적조사사업 주도, 세키노 다다시의
친동생으로 태어났는데 노모리(野守)가(家)에 양자로 입양, 원래 서양화가의 길을 걷고 있었는데 취
직난으로 어려움을 겪고 있던 동생의 처지를 안타깝게 여긴 형 세키노의 권유로 1916년부터 조선총
독부 고적조사 촉탁이 되어 총독부박물관에서 근무하게 되었다. 그 후 1916년도에 실시된 낙랑 고분
의 조사에 참가한 것을 계기로 평양지역의 고구려와 낙랑 유적의 조사를 주도한 '세키노조사단'의 중
요한 일원이 되어 활동하였다. 당시에 배운 실측과 측량 기술을 바탕으로 낙랑토성 주변에 산재하는
낙랑 고분의 분포조사를 전담하고 지역을 넘나들며 왕성하게 활동한 정황이 확인된다. 경상북도 달
성군의 달서고분군 조사에서 중요 멤버였으며 공주 송산리의 백제 고분 발굴조사에도 참가하였다.
1930년도에 실시된 평양 오야리 낙랑 고분의 발굴조사에서도 다수의 고분에 대한 현장조사를 도맡
았으며, 1937년에 실시된 강동군 만달산록의 고구려 고분의 발굴조사에도 주도적으로 참가했다. 오
바 쓰네키치와 마찬가지로 그림에 조예가 있었던지라 각종 도면의 작성에서 능력을 발휘하였다.

469) 정만진, 호수만 그냥 두었으면 세계적 관광지가 되었을 텐데, 오마이뉴스(ohmynews.com),
2019.6.8.: "천왕당지는 1928년에 매립되었다. 일제는 비산동과 내당동 등지의 고분을 마구 파헤쳐
그 흙으로 천왕당지를 메운 후, 달서문 터(중구 경상감영길 1) 앞에서 동산 파출소 터(동산동 15) 앞
오토바이 골목 일대에 자리잡고 있던 서문시장을 그곳으로 강제 이전시켰다. 일제로서는 1919년 3월
8일 대구 독립만세 운동의 발원지인 서문시장을 본래 자리에 그대로 두는 것을 참을 수 없었다."

470) 徐居正, 太平閑話滑稽傳, 借鷄騎還: "金先生者, 善談笑. 嘗訪友人家, 主人設酌, 只佐蔬菜.
先謝曰: 家貧市遠絶無兼味, 惟淡泊, 是愧耳. 適有群鷄, 亂啄庭除. 金曰: 大丈夫不惜千金, 當
斬吾馬, 佐酒. 主人曰: 斬一馬, 騎何物而還? 金曰: 借鷄騎還. 主人大笑, 殺鷄餉之, 仍與大噱."

471) 徐居正, 太平閑話滑稽傳, 黃虀爲妙: "有一家老, 喜竊婢. 一夜潛抵婢寢, 婢諫曰尊婦人肥膩
如白餠. 何用竊黶黲黲婢爲, 家老曰於白餠黃虀爲妙. 俗仍號婢曰黃菜僕, 近以黃虀餉. 友人詩曰
吾家一兩甕塩虀, 相勸朝昏有老妻. 肉餚如君將底用. 白餚黃菜故應迷"

472) 徐居正, 黃虀餉姜晋山獻呈二十八字: "吾家一兩甕鹽}虀,相勸朝昏有老妻,肉食如君將底用,
白餚黃菜故應迷."

473) 고구마에 사이다 같은 갑을 드라마, 시사IN, 2016.5.5.(sisain.co.kr): "'고구마에 김치, 달걀엔 사
이다.' 이 오랜 공식이 깨졌다. 요즘은 '고구마에 사이다'다. 먹을 때 목이 메어 답답한 '고구마'처럼 퍽
퍽한 현실을 다루면서도, 가슴 뻥 뚫리는 '사이다'같이 청량한 전개가 핵심이다. '갑을 관계'를 다룬 드
라마들의 플롯이 대개 그렇다."

474) 孟子,梁惠王上: "權然后知輕重. 度然后知長短.物皆然, 心爲甚."

475) 新增東國輿地勝覽, 第二十六卷 慶尙道 大丘都護府: "…題詠, 鈴閣暑風淸.琴柔詩: 爲郡身
疲倦, 登樓眼豁明.琴湖新水滿, 云云.敢望絃歌治, 休誇組綏榮. 三年無寸效, 操筆謾含情. 十
詠 徐居正詩: 琴湖泛舟, 琴湖淸淺泛蘭舟, 取次閑行近白鷗.盡醉月明回棹去, 風流不必五湖

遊…南沼荷花: 出水新荷疊小錢, 花開畢竟大於船. 莫言才大難爲用, 要遣沈痾萬姓瘳."

476) 琴柔: [文科]太祖5年(1396) 丙子式年試丙科 2位

477) 琴柔, 鈴閣署風淸, 新增東國輿地勝覽, 第二十六卷 慶尙道 大丘都護府: "爲郡身疲倦, 登樓眼豁明. 琴湖新水滿…敢望絃歌治, 休誇組綬榮. 三年無寸效, 操筆謾含情."

478) 眞覺國師, 肇開鈴閣宣仁風: "肇開鈴閣宣仁風, 一境欣然喜已同, 昨夜禪餘眼更隱, 是知新化及山中."

479) 新增東國輿地勝覽, 第二十六卷 慶尙道 大丘都護府: "…題詠, 鈴閣署風淸.琴柔詩: 爲郡身疲倦, 登樓眼豁明.琴湖新水滿, 云云.敢望絃歌治, 休誇組綬榮. 三年無寸效, 操筆謾含情. 十詠徐居正詩: 琴湖泛舟, 琴湖淸淺泛蘭舟, 取次閑行近白鷗.盡醉月明回棹去, 風流不必五湖遊…南沼荷花: 出水新荷疊小錢, 花開竟大於船. 莫言才大難爲用, 要遣沈痾萬姓瘳."

480) 崔世珍, 訓蒙字會, 花品: "蓮, 芙蕖實也又曰蓮子송이曰蓮蓬蓮房 / 荷, 蓮葉也根曰藕 / 芙, 荷花又呼藕花又未開者曰菡萏 / 蕖, 芙蕖荷花又呼芙蓉."

481) 詩經, 國風 第一十八陳風, 澤陂: "彼澤之陂, 有蒲與荷, 有美一人, 傷如之何, 寤寐無爲, 涕泗滂沱, 彼澤之陂, 有蒲與蕑, 有美一人, 碩大且卷, 寤寐無爲, 中心悁悁, 彼澤之陂, 有蒲菡萏, 有美一人, 碩大且儼, 寤寐無爲, 輾轉伏枕."

482) 劉商, 詠雙開蓮花: "菡萏新花曉竝開, 濃裝美笑面相隈, 西方采畫迦陵鳥, 早晚雙飛池上來."

483) 杜甫, 九日曲江: "綴席茱萸好, 浮舟菡萏衰. 季秋時欲半, 九日意兼悲. 江水淸源曲, 荊門此路疑. 晚來高興盡, 搖蕩菊花期."

484) 李齊賢, 楊安普國公宴太尉瀋陽王于玉淵堂: "湖上華堂愜素聞,國公開宴樂吾君.十千美酒鸕鶿杓,二八佳人翡翠裙. 菡萏香中聽過雨,菰蒲影際見行雲, 笙歌未歇輪蹄鬧, 漠漠西山日欲曛."

485) History of sundials, Wikipedia, free encyclopedia: "…The earliest household clocks known, from the archaeological finds, are the sundials (B.C. 1500) in Ancient Egypt and ancient Babylonian astronomy. Ancient analemmatic sundials of the same era (about B.C. 1500) and their prototype have been discovered on the territory of modern Russia …."

486) Farmers' Almanac Staff, Sundials: Where Time Began, It's hard to imagine, but this simple device once served entire civilizations as the means to tell time. January 28, 2021: "The earliest design of the sundial dates as far back as 3500 B.C. where a simple stick wedged in the earth monitored the shadows of the passing day. And although no one knows for certain who actually invented the sundial, its credit goes mainly to the ancient Egyptians who, by 1500 B.C. had perfected the "shadow clock," a more portable device that measured time throughout the day. But other civilizations, including the ancient Babylonians, Greeks and Mayans, also understood that time could be calculated by the position of the Sun in the sky and the shadows it cast on objects below. If you go to the beach with the family and pitch your umbrella in the sand, you can get a basic understanding of how

sundials work. As you enjoy the afternoon by the ocean, you may notice how the shadow your umbrella casts on the sand changes throughout the day. Without even looking at your watch, you probably know when it's time to head home by where the Sun is in the sky and the position of your umbrella's shadow."

487) James Miller, Was Stonehenge an Ancient Observatory? March 10, 2018(astronomytrek. com): "Stonehenge in Wiltshire, England, is just one component of a complex of prehistoric monuments that is covered by the UNESCO World Heritage program, and also includes the village of Avebury and its associated sites. However, nothing definitive is known about the peoples and cultures that constructed Stonehenge over the period from around 3,100 B.C. to 2,000 B.C. When William Stukeley(1687-1765) first investigated Stonehenge in 1720, he recognized that one feature, known as the Heel Stone, which is located outside of the ring of standing stones, was somewhat aligned with the point on the horizon where the Sun rises at the summer solstice····. Although Alexander Thom(1894-1985) had been investigating stone monuments for several decades ··· which is believed by many to have been the basic unit of measurement that was used by the builders of ancient stone circles, he only got around to investigating Stonehenge in 1973 ····."

488) Wiki[edia, Moai /ˈmoʊ.aɪ/ (audio speaker iconlisten) or moʻai (Spanish: moái, Rapa Nui: moʻai, meaning 'statue' in Rapa Nui) are monolithic human figures carved by the Rapa Nui people on Easter Island in eastern Polynesia between the years 1250 and 1500···The statues still gazed inland across their clan lands when Europeans first visited the island in 1722, but all of them had fallen by the latter part of the 19th century. The moai were toppled in the late 18th and early 19th centuries, possibly as a result of European contact or internecine tribal wars. The production and transportation of the more than 900 statues is considered a remarkable creative and physical feat. The tallest moai erected, called Paro, was almost 10 metres (33 ft) high and weighed 82 tonnes (80.7 tons). The heaviest moai erected was a shorter but squatter moai at Ahu Tongariki, weighing 86 tonnes (84.6 tons). One unfinished sculpture, if completed, would have been approximately 21 m (69 ft) tall, with a weight of about 145–165 tons.

489) CP Lipo, Robert J. DiNapoli. Mark E. Madsen & Terry L. Hunt, A hypothesis for localized community patterns on Rapa Nui(Easter Island, chile), Journal PLOS ONE(journals.plos. org), May 21, 2021.

490) Milton Friedman, The Island Of Stone Money, Working Papers in Economics, no. E-91-3. Stanford, California, Hoover Institution, 1991.: "Large stones quarried and shaped on a distant island were used as, money on the Island of Yap. After Germany acquired the island at the turn of the century, its officials had difficulty inducing the residents to repair the footpaths until they resorted to the desperate expedient of taking possession of many of the stones by marking them with a cross in black paint, to be removed when the paths were repaired."

491) Wikipedia, Rai Stones: "··· It is unknown how long the rai stones have been used in Yap. Flat rocks have been found there that are up to 2000 years old, but the oldest do not resemble today's rai stones, and it is not known how they were used. An alternative hypothesis for the origin of rai stones is that they may have evolved from smaller carved beads. Two disks (without holes) measuring 3.5 centimetres(1.4in) and 11.2 centimetres(4.4in) were found and radiocarbon-dated 1636±200 and 1756±200 respectively. However, the relation between these objects and the rai stones is not clear ···."

492) Wikipedia, Rai stones have been viewed by modern economists as a form of money, and are often used as an example to support the thesis that the value of some form of money can be assigned purely through shared belief in said value. Rai stones were, and still are, used in rare important social transactions, such as marriage, inheritance, political deals, sign of an alliance, ransom of the battle dead, or, rarely, in exchange for food. Many of them are now placed in front of meetinghouses, around village courts, or along pathways.

493) The stone or stone weight (abbreviation: st.) [1] is an English and imperial unit of mass equal to 14 pounds (approximately 6.35kg). [nb 1] The stone continues in customary use in the United Kingdom for body weight.

494) Dieynaba Young, Ancient Japanese Stone Said to Contain 'Demon' Cracks Open, Legends say the evil spirit of a beautiful woman plotted to kill the emperor was trapped inside more than 1,000 year ago(smithsonianmag.com), March 15, 2022: "According to local folklore, the volcanic rock, called Sessho-seki(meaning "killing stone") held the evil spirit of Tamamo-no-Mae, a nine-tailed fox who took the form of a beautiful woman. She became involved in a plot to overthrow Emperor Toba, who ruled from 1107 to 1123, per the Guardian. A warrior by the name of Miura-nosuke caught wind of the plan, however, and killed her before she could execute it. Upon her death, Tamamo-no-Mae's fleeing spirit became trapped inside the chunk of volcanic stone, which, according to the myth, kills anyone who touches it."

495) 殺生石(せっしょうせき)は 栃木縣那須町の那須湯本温泉付近に存在する溶岩である. 付近一帶に火山性ガスが噴出し, 昔の人々が「生き物を殺す石」 だと信じたことからその名がある. 松尾芭蕉が『おくのほそ道』でこの地を訪れていることなどで知られ, 國指定名勝となっている(2014年平成 26年 3月 18日 指定). なお伝承上,この石に起源を持つと伝えられている石が全國にいくつかあり, それらの中に「殺生石」と呼ばれているものがあるほか, 那須の殺生石同樣に火山性ガスが噴出する場所で「殺生石」と呼ばれる石があるとする文献もある. しかし單に「殺生石」といえば那須の殺生石を指すことが多い. 鳥羽上皇が寵愛したという 伝説の女性. 玉藻前が九尾の狐の化身(妖狐)で, 陰陽師の安倍泰成に見破られて東國に逃れ, 上總介廣常と三浦介義純が狐を追いつめ退治すると狐は石に姿を変えたという伝説がある. しかし石は毒を發して人々や生き物の命を奪い續けたため「殺生石」と呼ばれるようになり, 至德 2年(1385年)には玄翁和尚によって打ち碎かれ],そのかけらが全國に飛散したという. 殺 生石が飛散した先は日本各地の「高田」という地名の3ヶ所(諸說あり)とされ, 一般には美作 國高田(現·岡山縣眞庭市勝山), 越後國高田(現·新潟縣上越市の高田地區), 安芸國高田(現·廣 島縣安芸高田市), 豊後國高田(現·大分縣豊後高田市), 會津高田(現·福島縣會津美里町)のい ずれかとされる.

496) 郭璞(276~324), 字景純, 河東郡聞喜縣(今屬山西省)人, 西晋建平太守郭瑗之子. 東晋著名學 者, 旣是文學家和訓詁學家, 又是方術大師和《游仙詩》的祖師. 著作《爾雅注》(成書於 313-317年), 《方言注》(成書於 318-210年) 成爲研究晋代漢語的方言地理的重要文獻.

497) 九尾狐, 維基百科, 自由的百科全書: "中國神話生物,山海經 《南山經》云: 「靑丘之山, 有 獸焉, 其狀如狐而九尾.」還有 《海外東經》云: 「靑丘國在其北, 其狐四足九尾.」《大荒東 經》云: 「有靑丘(靑邱)之國, 有狐九尾.」"

498) 2000년 초부터 중국이 2008년 북경올림픽을 계기로 "새로운 중국(新天地中國)"이란 이미지를 만들고자 장이머우(張藝謀, Zhāng Yìmóu, 1950년생) 감독이 i) 지역 특유의 고사(story)로, ii) 지역 주민으로 참여시켜, iii) 관광자원으로 개발하여, iv) 지역경제발전은 물론 이미지갱신을 도모하고자 국가 프로젝트로 추진했으며, 대표적 연극(오페라, 혹은 뮤지컬 드라마)으로 북경 금면왕조(金面王 朝), 장가계 천문산구미호(天門山九尾狐), 계림 인상유삼저(印象劉三姐), 곤명(여강) 인상여강(印 象麗江) 등이 있음.

499) Wikipedia, dolmen: "··· A dolmen(dɒlmɛn) is a type of single-chamber megalithic tomb, usually consisting of two or more vertical megaliths supporting a large flat horizontal capstone or 'table'. Most date from the early Neolithic (4000~3000 B.C.) and were some-times covered with earth or smaller stones to form a tumulus···. The Korean Peninsula is home to the world's highest concentration of dolmens, including 'cemeteries' consisting of 30~100 examples located in close proximity to each other; with over 35,000 dolmens, Korea alone (for as-yet unknown reasons) accounts for approximately 40% of the global total."

500) Dolmen Year, http://dolmen.or.kr/eng/sub.php?PID=0209: "Appearance of Dolmen - 1200 B.C: It is assumed that dolmens disappeared in the 3rd~2nd Centuries B.C based on the relics excavated in the first-half of the Bronze Age. Thus the dolmens of Korea is the representative architecture in the Bronze Age existing for 1,000 years from the 12th cen-tury B.C to the 2nd century B.C."

501) 2020년 가덕도 장항(독일계 DNA), 2003년 제천 황석리(북유럽계 백인), 2006년 정선 아우라지(현재 영국인계 백인) 등에서 우리와 같은 황인종이 아닌 서양 백인종으로 밝혀졌다.

502) 고인돌 문명, https://dolmen.or.kr/sub.php?PID=020201

503) Kinds of Megalithic Culture, https://dolmen.or.kr/eng/sub.php?PID=0204

504) 고인돌 문명, 고인돌 축조, https://dolmen.or.kr/sub.php?PID=020204

505) 이돈삼, 화순군, 고인돌 축조과정 재현, 11월 1~2일 화순서 세계 거석문화 축제, 오마이뉴스, 2002. 10. 16.

506) 고인돌 왕국-고조선, KBS 역사 스페셜, 2001. 10. 27. : "고인돌의 이동에 화순군 고인돌 만들기 축제에서 1인당 100kg 정도 이동 인력과 세우는데, 동원인력은 1톤에 10여 명이 소요, 당시 지역사회의 규모를 짐작하는데 고인돌 이동(건립)동원인력의 5개가량 거주했다고 볼 수 있다."

507) 문화재청/서울대학교 박물관, 한국지석묘(고인돌) 유적 종합조사: 분포, 형식, 원, 전파 및 사회복원, 1999년

508) 支石墓의 分布(http://dolmen.or.kr › chi › sub): "在韓國分布的有3万基以上的支石墓集中分布在沿西海岸的地帶. 包括靠近西南部的全北高敞的全南地區, 形成最大密集分布圈, 其次是以平壤爲中心的大同江流域. 此外密集分布在洛東江流域, 慶南地區, 漢江流域, 忠南西海岸等地區. 這顯示支石墓在海岸和沿着江流域分布的特徵. 最近根據支石墓分布的統計表, 可知北韓有 4,217基, 江原 412基, 京畿道 957基, 忠北 218基, 忠南 743基, 全北 1,969基, 全南 22,560基, 慶北 3,125基, 慶南 1,660基, 濟州 105基 等, 約爲 35,966基."

509) 支石墓形態, 世界遺産和順支石墓遺址(dolmen.or.kr): "i) 卓子式支石墓, ii) 棋盤式支石墓 iii) 蓋石式支石墓 iv) 圍石式支石墓(濟州式支石墓): 称爲濟州式的圍石式支石墓, 其墓室裸露于地上, 是數枚板石沿着蓋石的邊緣圍成的形態. 裸露于地上的板石數爲6枚以上, 接近于橢圓形或方形的墓室形態爲其特徵. 具有代表性的爲濟州龍潭洞4号支石墓, 類似的可在中國浙江省地區看到."

510) 대구 시사, 1996, 제1권 제1편 선사시대, 지석묘 p. 107~118: "진천천유역지석군(107면) 15기: 상인동 3기, 월성동 2기, 진천동 5기, 월암동 5기, 욱수천지석묘 10기: 사월동 10기(113면), 율하천지석묘군 17기: 동내동 6기, 율암동 2기, 신서동 9기(118면)

511) 박진관, 잘못된 지명 신천은 '사이천(間川)'의 오류, 영남일보, 2012. 11. 23. : "경상도지리지(세종 7년)에 따르면 '대구에 연구산이 있는데 돌로 거북을 만들어 산등성이에 머리를 남쪽, 꼬리를 북쪽으로 묻어 맥을 이은 까닭으로 이을 연(連), 거북 구(龜) 자를 써서 연구산으로 한다'라고 나와 있다. 세종실록지리지, 신증동국여지승람, 대구읍지에도 이와 비슷한 이야기가 적혀있다. … 하지만 1934년 일본 학자는 이 돌거북을 청동기 시대 유적이라고 주장했다. 서거정이 지은 대구 십 영 중 3영 '거북 봉우리의 봄 구름'인 구수춘운(龜岫春雲)도 바로 연구산을 바라보고 읊은 시다."

512) 이대영(연구소장), 연구산 거북바위 바로놓기 사업 보고서(최종), 대구광역시직장협의회(부설) 달구벌역사문화연구소, 2003. 10. : "1. 개요 1) 거북바위 위치: 대구광역시 중구 명륜동 제일여중 교정, 2) 거북바위 규모: 길이 1.77m, 높이 0.6m, 폭 1.1m, 무게 1.94톤(=1.77m×0.6m×1.1m×2.6

×70%), 3) 재질: 사암(석질의 형성환경으로 신천수변), 4) 제작: 사용도구는 둔탁한 청동기 망치 등으로 다듬어짐. 등껍질에 투박한 무늬로 봐서 거북의 귀갑(龜甲)을 새겼음, 기법으로는 청동기 시대로 소급(1937년 일본학자 의견과 일치). 5) 배치방향: 지구 자기장 기반 지문(magnetic-field base fingerprint)으로는 여러 차례 이동했으며, 청동기 시대 설치 당시는 선사 천문학으로 머리는 남두육성(南西, 弓手)을 향하게 했으며, 머리 뒤 남남동(巽方)쪽 귀갑에는 키 별자리(箕宿)와 귀갑의 꼬리 부분에 북두칠성(北斗七星, 子方)을 성혈(星穴)로 새겼는데, 별의 밝기를 깊이와 크기로 표시했음. A.D. 10세기(羅末麗初) 비보 풍수지리설이 도입된 이후 조선 시대에 앞산 화기진압을 위해 진산(鎮山,連龜山)에다가 신천(龜首,水脈)과 팔공산(龜尾,地脈)을 잇는다는 의미에서 연구산(連龜山)으로 호칭. 1945년 4월 20일 대구제일여중의 개교 당시 교정 동쪽 구석으로 이동, 2003년 11월 9일 현재 위치 교정 앞으로 이동하고 비보풍수설에 의해 자오(子午) 방향을 다시 잡았음. 6) 설치목적: 청동기 농경시대에서는 풍년 기원, 라말려초 때는 화기진압으로 지역 평온 기원 비보풍수 등 7) 제작 시기: 1937년 일본학자는 청동기 시대로 추정, 방사능연도측정(radiometric dating)으로 3070±200bp 혹은 2956±200bp로 봐서 B.C. 1,000년 전후로 보임."

513) 新增東國輿地勝覽, 卷二十六, 慶尙道, 大丘都護府: "形勝, 地勢夷衍, 疊嶂周遭, 大川紆紫, 四方之會. 并金銚《琴鶴樓記》. 山川: 連龜山, 在府南三里. 鎭山. 諺傳建邑初, 作石龜藏于山脊, 南頭北尾以通地脈, 故謂之連龜."

514) 徐居正, 新增東國輿地勝覽, 龜岑春雲: "龜岑隱隱似鰲岑, 雲出無心赤有心, 大地生靈方有望, 可能無意作甘霖."

515) 2003년 11월 19일 10시에 달구벌얼찾기모임(회장 이정웅)에서 "연구산거북바위 바로놓기 사업"으로 5cm 정도 땅에 묻고 잔디와 주변 교목을 정비(사업비 600만 원 정도)하고, 본래의 머리는 정남으로 꼬리는 팔공산으로 놓았다(定首向南,尾向公山). 거북바위는 현재 중구 봉산동 제일여중 본관 앞 작은 정원 잔디밭에 앉혀 있으며, 길이 1.77m 높이 0.6m, 폭 1.1m으로, 무게 1.94(1.77m×0.6m ×1.1m×2.6×70%)톤으로 타원형에다가 여러 곳에 남두육성수(南頭六星宿)가 육안으로 볼 수 있었음(장희자, 달구벌 얼 담긴 연구산 거북바위, 시니어매일신문, 2019. 11. 19.)

516) 임훈기, 신천변 고인돌 유적, 영남일보, 2018. 1. 23. : "대구 십 영의 제3경이 '귀암춘운', 가창 냉천리(가창면 가창로 441) 대구시 기념물 제14호 B.C. 1000~300년 8기 고인돌, 상동 아르떼 수성랜드 부지 고인돌군, 수성랜드 서편 유소년축구장 돌아 주차장 부지 내 5기 고인돌군, 상동 청동기 마을에 전시된 1m 정도 고인돌."

517) 大邱邑誌(1920년 출간): "七星巖藪在府北城外正廟, 丙辰觀察使李泰永, 奇其七巖之, 拱北環植卉 …."

518) 칠성바위 지하철 대구 역사로 옮긴다, 매일신문, 1998. 4. 4. : "중구 시민회관 옆 광장에 놓여 있는 칠성바위가 북구 칠성 2가에 들어설 지하철 대구 역사 만남의 광장으로 옮겨진다. 칠성바위는 가로세로 각각 1~2m가량의 지석묘 7기가 타원형으로 둘러싸여 있는 것으로, 조선 정조 때 경상감사 이태영이 아들 7형제의 이름을 바위에 각각 새겨 넣자 7형제의 운명이 바위의 생김새대로 결정됐다는 전설이 서려 있다."

519) 의암모의식(義巖母儀式)이란 주변에 큰 바위에다가 자식을 의탁하여(자식을 돌에 판다고 함) 무병장수를 기원하는 전통(무속)의식의 하나였으며, 큰 나무에다가 질병이 많은 자식을 팔아서 부모처럼 돌봐달라고 기원하는 의식이었음.

520) 韓山李氏世譜權知公派 李泰永之家繼譜를 간추려보면, 기계 유씨(1744~1781)의 소생에 아들 7명(희갑, 희평, 희두, 희승, 희준, 희조, 희화)과 딸 1명이 있고, 첩(성씨와 생몰 연도 미상)의 소생으로 아들 4명(희오, 희신, 희명, 희공)과 딸 2명 모두가 1795년 10월 28일생 이후였기에 아들 11명의 이름이 다 올려야 할 것인데, 7명만은 북두칠성에 맞춰 스토리텔링한 것으로 보임.

521) 이대영(연구소장), 칠성바위 현장조사 결과보고, 2022. 3. 26. 코리아미래연구소: "(요약) 칠성역 옆 청동기 시대 칠성바위 7기, 정조 이태영(李泰永) 경상감사는 경상도선생안 798대 도백으로 등록되어 있으며, 대구부읍지(大邱府邑誌)엔 '七星巖藪在府北城外正廟, 丙辰觀察使李泰永, 奇其七巖, 之拱北環巖植卉.'라고 기록되어 있음. 한편 전설에선 꿈에 현몽했던 읍성 북문(현 대구콘서트홀)에 나가보니 7개의 고인돌이 있어, 7명의 아들 이름을 새겨서 무병장수를 기원했다는 설화가 있었음. 그러나 사실 당시 읍지의 기록으로 봐선 경상도감사의 권력으로 주변 거석(지석묘)을 7개 모아서 탁명의식(托名儀式)을 위해서 사당 앞에 조성한 것으로 보임. 1973년 시민회관 건립 때 발굴 조사했으나 유물은 없어 동쪽 정원에 안치, 1998년 4월 4일 현재 위치로 이전(현재 실사). 바위 7개가 각각 다른 암질(巖質)로 사암, 이암 및 변성암으로 구성되어 있어 다른 곳에서 모은 것이며, 5형제(李義甲, 李義準, 李義井, 李義平, 李義斗)의 이름만 새겨져 있어 나머지 2개는 북두칠성의 상징성을 위해 추가했음. 무게를 실측하니 가장 큰 이희갑 바위는 적색 사암으로 6.49톤(=길이 2.08m×폭 1.43m×높이 1.4m×60%×2.6)정도, 가장 작은 건 1.724톤(길이 1.8m×폭 1.5m×높이 0.5m×67%×2.6)임."

522) 신대곤, 대구 괴전동 동심원문 암각화, 고고학지, 한국고고미술연구소, 1998. 19p~32p

523) [류혜숙의 여행스케치] 대구 화원읍 천내리 지석묘군, 영남일보 위크리포유, 2015. 1. 9. : "1970년대 중반까지 천내리 주변에는 200여 기의 고인돌이 있었다고 전해진다. 하지만 1980년대에 대구시로 편입, 도시화 과정에서 대부분 없어져 지금은 8기의 천내리 지석묘군만 남아 있다."

524) 남남동(SSE, 後天周易巽方, 시계방향으로는 5시 30분, 12支方向巳方), 28수 별자리론 키별자리(箕聖)에서 해당

525) 仲長統, 《文選·任昉<竟陵文宣王行狀>》: "良田廣宅, 符仲長之言." 李善 注引《后漢書》: "仲長統, 字公理, 山陽人也. 少好學, 博涉書記.每州郡召命, 輒稱疾不就, 欲卜居淸曠, 以樂其志, 嘗論之曰: '使居有良田廣宅, 背山臨流, 溝池環匝, 竹木周布, 足以息四體之役.'"

526) 洪萬選, 山林經濟, 第一卷一篇 卜居論: "… 治生: 必須先擇地理. 地理以水陸並通處爲最. 故背山面湖. 乃爲勝也 …."

527) 正祖實錄, 五十四卷: "正祖二十四年六月一日 壬子 … 以名碩之宏謨參之, 則平壤之城說, 而養長林於江右, 善山之治完, 而置巨藪於溪左. 古語不云乎, 百家之聚, 十室之市, 亦必依山帶溪者是也. 先從今年, 種以樹木 …."

528) 배산임수, 한국민족문화백과사전(encykorea.aks.ac.kr)

529) 李重煥, 擇里志, 卜居叢論山水篇: "而栗峙以北, 地勢最高. 諸村皆背山臨流.而原野綠淨,草樹馨香.是亦別一乾坤 …."

530) Jay Appleton, Experience of Landscape, John Wiley and Sons, 1975, 296 Pages.: "This classic book, first published by John Wiley and Sons in 1975, proposed and argued a new theoretical approach to landscape aesthetics, including 'habitat theory' and 'prospect-refuge theory' based on an analysis of research literature, and experience in a wide area of art and science."

531) Prospect and Refuge Theory, CGScholar: "The theory of 'prospect and refuge' seeks to describe why certain environments feel secure and thereby meet basic human psychological needs. Environments that meet such needs will often provide people with the capacity to observe (prospect) without being seen(refuge)."

532) 박진관, 사라진 대구의 못을 찾아 시간여행을 떠나다, 영남일보(위크리포유), 2013. 10. 25. : "… 대구 동쪽 동촌 유원지에서부터 금호강과 낙동강 합수머리 구간은 100리(40km)다…"

533) 정수정 외 2, 우리의 먹거리 이야기, 생각나눔, 202. p. iii: "… 팔공산과 비슬산은 미의 여신 헤라의 양 젖가슴이다. 따라서 금호강과 낙동강은 헤라 여신의 젖 국물이 된다…"

534) 新增東國輿地勝覽, 卷二十六, 慶尙道, 大丘都護府: "姓氏: (本府) 白, 夏, 裵, 徐, 李,都, 來 (河濱) 申, 李, 宋. (壽城)賓, 羅, 曺, 嵇. 《周官六翼》: '壽城古有三城: 壽大郡, 一名壤城, 其姓賓; 句具城, 其姓羅; 仍助伊城, 其姓曺, 嵇.' 柳, 張, 崔, 申, 劉, 高, 鄭, 芮, 陳, 金, 李. 竝來. (解顔) 白, 河, 申, 丁. 《六翼》 亦云: "省火城, 牟; 無價城, 申; 佛坐城, 白,河; 鳴城, 丁.'諸, 秦, 朴/竝來. 韓…."

535) Wikipedia, The Foundations of Geopolitics: The Geopolitical Future of Russia: "… In East and Southeast Asia: China, which represents a danger to Russia, must, to the maximum degree possible, be dismantled. Dugin suggests that Russia start by taking Tibet-XinjiangInner MongoliaManchuria as a security belt.[1] Russia should offer China help in a southern direction-Indochina (except Vietnam), the Philippines, Indonesia, Australia as geopolitical compensation. Russia should manipulate Japanese politics by offering the Kuril Islands to Japan and provoking anti-Americanism. Mongolia should be absorbed into Eurasia-Russia …."

536) 孫子兵法, 九地篇: "用兵之法, 有散地, 有輕地, 有爭地, 有交地, 有衢地, 有重地, 有衢地, 有圍地, 有死地…."

537) 금구(金溝), 한국민족문화대백과사전: "본래 백제의 구지지산(仇知只山)이었는데, 663년 당나라 치하에서 당산(唐山)으로 개칭, 노산주(魯山州)의 영현(領縣)으로 하였다. 757년(경덕왕 16) 금구로 개칭, 전주도독부(全州都督府) 관내 전주의 영현으로 하였다. 고려 시대에도 계속 전주목의 임내(任內)였다가 1170년(의종 24) 이의방(李義方)의 외향인 연고로 현령관으로 독립 고을이 되고, 전주 임내 역양현(轢陽縣)과 대율부곡(大栗部曲), 김제 임내 거야현(巨野縣)과 종정소(從政所)가 편입되었다. 이들은 조선 초기에 직촌(直村)이 되었다."

538) 韓國古代社會文化研究: 靑銅器社會 에서 三國時代까지, 1990. 158면: "李崇寧은 '仇知只山

縣'이 '金溝'로 , '仇知'가 '金池'로 바뀐 것으로 봐 '仇知=金'의 대응관계가 성립된다고 말하고 있다."

539) 가람 李秉岐博士頌壽論文集, 1966, 364면: "百濟에서 「金」을 (구)였던 것이라는 推定은 「金將仇知山」, 「金池百」을 提示 하는데 「金一鐵」은 漢字에서 同訓이니 形態가 消滅한 語辭인가…."

540) 姚察(533~606), 南朝陳及隋朝文學家及歷史學家, 二十四史中《梁書》及《陳書》的始撰者, 孫吳太常姚信九世孫. 當時著名的醫師姚僧垣長子, 姚最之兄.

541) 梁書, 卷五十四第四十八諸夷列傳: "新羅者, 其先本辰韓種也…. 無文字, 刻木爲信. 語言待百濟而後通焉."

542) 三國史記, 地理志, "所謂鄕所部曲等 雜所不復具錄"

543) 朝鮮王朝實錄, 世宗實錄卷二十四: "知吉州事二十一年六个月. 屬宏城住內恭親王二年庚午始置政務且析密城之仇知山部曲以馬乞此必山. 年夜爲知安束府使明宗娶女嫁映帶. 南賊金三孝心孝掃掠州嚇固家連年進. 山在縣南布作法平安谷餘通山在桂城南宁華山將馬縣八臨河豚本高句麗…."

544) 新增東國輿地勝覽, 朝鮮史學舍, 1930. : "雲從朝暮自.山自古今靑.往事追松子.聽遊愧地靈 … 【姓氏1 【本縣: 文, 林, 郭, 尹. 朴. 麟河. 劉金. 雙【仇知山1卡【郡名】 推良火.玄競.荷山.玄豊.改篇. 東國輿地勝覽卷之二十七(玄風)."

545) 世宗實錄地理志 卷一百五十 玄風編: "玄風縣:本推良火縣, 推一作三】景德王改名玄驍, 爲火王郡領縣, 高麗改今名. 顯宗戊午, 屬密城任內, 恭讓王二年庚午, 始置監務, 且析密城之仇知山部曲以屬之 … 仇知山部曲姓一, 卜. 厥土肥墳相半, 風氣暖, 墾田三千六百二十五結. 【水田七分之二】 土宜, 稻, 黍, 粟, 麥. 土貢, 梨, 胡桃, 石榴, 紙, 蕩, 蜂蜜, 黃蠟, 漆, 芝草, 狸皮, 水獺皮. 藥材, 黃耆, 茅香, 麥門冬.

546) 新增東國輿地勝覽, 卷二十七, 慶尙道 玄風縣: "… 姓氏: 本縣 文, 林, 郭, 尹. 朴密陽. 河昌寧. 金安定. 仇知山, 卜…."

547) 一然, 三國遺事, 紀異第一: "古朝鮮, 王儉朝鮮. 魏書云, 乃往二千載. 有檀君王儉立都阿斯達. 開國號朝鮮 與高同時. 古記云, 昔有桓國. 庶子桓雄數意天下, 貪求人世. 父知子意, 不視三危. 大伯可以弘益人間, 乃授三符三箇. 遺往理之…."

548) 「三種の神器」とは, 天皇家に代々受け継がれてきた「草薙劍」, 「八咫鏡」, 「八尺瓊勾玉」という秘宝を指します. 「三種の神器」という言葉自体は, 古文書である古事記. 日本書紀などには使われておらず, 日本書紀においては「三種宝物」という言葉で称されています.

549) 우주 공간에 지상으로 떨어지는 운석에서 추출한 철(鐵)을 운철(meteoric iron)이라고 했으며, 운철의 주성분은 철과 니켈 등으로 오늘날 합금에 해당하며, 모든 운석 가운데 겨우 5%만이 운철임.

550) 별똥별은 왜 늘 같은 날 떨어질까, 중앙일보, 2002. 11. 28. : "… 우리나라 최초의 천문 종합기록인 『고려사 천문지』를 분석해 봤다. 여기에는 서기 918년부터 1392년까지 4백74년간 떨어진 7백여 개의 별똥별이 기록돼 있다. … 조선 시대의 별똥별에 대한 기록은 『조선왕조실록』과 『승정원일기』에 실려 있다. 여기에는 약 3천5백 개의 별똥별이 등장한다. 특히 그중 1천5백 개가 17세기에 집

중돼 과학계에 논란이 일었다.”

551) Exodus 34:28: “Moses was there with the Lord forty days and forty nights without eating bread or drinking water. And he wrote on the tablets the words of the covenant—the Ten Commandments.”

552) 封禪, 維基百科: “… 封禪屬一種皇帝受命於天下古典祭祀. 由於三皇之首, 天皇伏羲, 以木德而帝天下, 被尊爲爲天下共主, 伏羲道場泰山 ….”

553) 封禪, 古代帝王在泰山上築壇祭天稱爲「封」; 在梁甫山除地祭地稱爲「禪」. 秦漢時特重此禮. 《史記. 卷六. 秦始皇本紀》: 「立石, 與魯諸儒生議, 刻石頌秦德, 議封禪望祭山川之事.」唐. 李商隱〈韓碑〉詩: 「傳之七十有二代, 以爲封禪玉檢明堂基.」

554) 반기문 지난달 中 태산 등정 …“태산 올라보는 게 꿈이었다.” 소감, 연합뉴스, 2015. 10. 8.

555) 孟子, 告子章下: “… 故天將降大任于是人也, 必先苦其心志, 勞其筋骨, 餓其体膚, 空乏其身, 行拂亂其所爲, 所以動心忍性, 曾益其所不能. 人恒過, 然后能改; 困于心, 衡于慮, 而后作; 徵于色, 發于聲, 而后喩. 入則无法家拂士, 出則无敵國外患者, 國恒亡. 然后知生于憂患而死于安樂也.”

556) Johann Wolfgang von Goethe, Wilhelm Meister, Harfenspieler : “Wer nie sein Brot mit Tränen aß, Wer nie die kummervollen Nächte, Auf seinem Bette weinend saß, Der kennt euch nicht, ihr himmlischen Mächte! Ihr führt in’s Leben uns hinein, Ihr laßt den Armen schuldig werden, Dann überläßt ihr ihn der Pein : Denn alle Schuld rächt sich auf Erden.”

557) 八公山, 維基百科, 自由的百科全书:“八公山史上别名有淮山,楚山,淝陵,北山,寿春山等.] 八公山一名源自于西汉淮南王刘安得道成仙的传说.汉厉王之子刘安被封为淮南王,他广招门客,其中最受刘安赏识的有八位,即左吴,李尚,苏飞,田由,毛被,雷被,伍被,晋昌,称作「八公」.相传刘安与八公一起得道升仙.北宋乐史《太平寰宇记》(卷一百二十九.淮南道七·寿州)载:‘昔淮南王与八公登山埋金于此,白日升天.餘药在器,鸡犬舔之,皆仙.其处后皆现人马之迹,犹在,故山以八公为名.这也是成语一人得道,鸡犬升天的出处. (历史) 西周时,八公山附近为州来诸侯国, 其都邑在八公山下.西汉时, 八公山属淮南国.383年(东晋太元八年), 淝水之战发生于八公山附近.前秦苻坚帅90万大军进攻东晋.两军对峙于寿春. 远望八公山上草木,误以为是东晋士兵.此即成语“草木皆兵”的出处. 八公山下也是豆腐的发源地.八公山下的豆腐村,至今仍然保留着传统工艺.近来, 八公山附近的石料厂等工矿企业对八公山景区造成了严重的破坏.”

558) 팔공산(八公山), 한국민족문화대백과사전: “전북 장수군 장수읍 산서면과 진안군 백운면의 경계에 있는 산. 높이 1,151m. 진안고원의 남쪽, 소백산맥 중에 솟은 산으로 북쪽에는 성수산(聖壽山, 1,059m)·마이산(馬耳山, 673m)으로 연속되고, 서북쪽에는 동명이칭의 성수산(聖壽山, 876m), 서쪽의 영대산(靈臺山, 666m), 남쪽의 신무산(神舞山, 897m)·묘복산(猫伏山, 846m) 등으로 둘러싸여 있다. 북쪽의 서구이치(西九耳峙), 서쪽의 마령치(馬靈峙)·구름재 등이 있어 산을 넘는 통로가 된다. 동쪽·남쪽·북쪽 사면은 모두 완만하게 기울어져서 북쪽으로는 화암제(花巖堤)를 중심으로 한 분지가 되고, 서남쪽은 필덕제(必德堤)가 있는 장수분지(長水盆地)를 이룬다. 동쪽 사면 산록에는

팔성암, 남쪽에 합미성(合米城) 등의 명승고적이 있어 장수군의 주요관광지가 된다. 또, 이 일대는 전라북도의 주요한 광산지대로 북쪽 사면에 금·아연광, 남쪽 사면에 팔공금광(八公金鑛) 등이 분포한다."

559) 孟子, 盡心章上: "孔子登東山而小魯, 登泰山而小天下."

560) 瞞天過海(まんてんかかい)とは, 中國の兵法書に擧げられる兵法の一つで, 「天を瞞あざむきて海を過わたる」と訓讀し, 何食わない顔で敵を騙す兵法·計略を指す. 唐の張士貴が, 高句麗遠征(唐の高句麗出兵)の際, 第二代皇帝·太宗が海を恐れて乘船を拒んだのに對して, 船に土を盛り陸上の屋敷のように仕立てて, 天子(皇帝)を欺いて乘船させ, 海を渡らせたという故事にちなむ.

561) 大學: "大學之道, 在明明德, 在親民, 在止於至善. 知止而后有定, 定而后能靜, 靜而后能安. 安而后能慮, 慮而后能得. 物有本末, 事有終始. 知所先後, 則近道矣. 古之欲明明德於天下者, 先治其國. 欲治其國者, 先齊其家. 欲齊其家者, 先修其身. 欲修其身者, 先正其心. 欲正其心者, 先誠其意. 欲誠其意者, 先致其知. 致知在格物, 物格而后知至. 知至而后意誠, 意誠而后心正. 心正而后身修, 身修而后家齊. 家齊而后國治. 國治而后天下平."

562) 이재흥·신순철, 2004, 大邱 新塘洞遺蹟 發掘調査, 영남문화재연구원 제17회 조사연구회 발표요지, 嶺南文化財硏究院.

563) 토기문화주요유적, 삼국시대 가마터 발굴, 매일신문, 1995. 5. 26. : "대구효성가톨릭대 박물관(관장 홍재휴)은 대구 대곡지구(달서구 도원동)에서 삼국시대 대규모 토기 가마터(요지)를 발굴, 이 가마터는 단일지역에 6기가 밀집 분포되어 있고 약간 훼손되었으나 원형이 잘 남아 있어 토기의 생산과 공급과정, 편년의 설정과 영남 일원의 토기문화 등을 파악할 수 있는 중요한 유적이다.

564) 김창억·김재철, 2002, 大邱 旭水洞·慶山 玉山洞 土器가마 遺蹟調査成果, 第45回 全國歷史學大會 考古學部 發表資料集, 韓國考古學會.

565) 김병희, 8천 년 전 포도주 흔적 발견, 포도주, 신석기 때부터 만들어 활용, 사이언스타임즈(The Science 흑해 연안 러시아와 터키 사이에 있는 조지아공화국에서 8000년 전의 포도주 생산 흔적이 발견됐다. 캐나다 토론토대와 조지아 국립박물관이 공동으로 추진하는 '가다크릴리 고라 지역 고고학 기획발굴'[The Gadachrili Gora Regional Archaeological Project Expedition (GRAPE)]팀은 세계에서 가장 오래된 포도주 양조 자취를 발견했다고 이번 주 '국립 과학원 회보'(PNAS)에 발표했다. 이번 발견은 신석기 시대의 술 제조 기원을 지금까지 추정해 왔던 기원전 6000년보다 600~1000년 정도 더 거슬러 올라가게 할 것으로 보인다."

566) Wiki[edia, Kvevri or Qvevri (Georgian: ქვევრი [kʰvɛvri]) - also known as (Georgian: ჭური) in Western Georgia - are large earthenware vessels used for the fermentation, storage and ageing of traditional Georgian wine. Resembling large, egg-shaped amphorae without handles, they are either buried below ground or set into the floors of large wine cellars. Kvevris vary in size: volumes range from 20 litres to around 10,000 ; 800 is typical. Archaeological excavations in the southern Georgian region of Kvemo Kartli (notably at

Dangreuli Gora, Gadachrili Gora and in the village of Imiri) uncovered evidence of grape pips and kvevris dating back to the 6th millennium B.C.

567) History of Wine, Wikipedia: "Ancient China ⋯ According to the latest research scholars stated: Following the definition of the CNCCEF, China has been viewed as 'New New World' in the world wine map, despite the fact that grape growing and wine making in China date back to between 7000BCE and 9000BCE."

568) [활력 충전] 항아리 숙성 음식의 비법, KBS, 2009. 8. 5. / 김경은, [캠페인] 항아리, 완벽한 숙성발효 저장고, 주간경향(m.weekly.khan.co.kr), 2009. 1. 6. / 유명수, 항아리 속에 든 갈비 맛, 엄청 땡기네요, 오마이뉴스(ohmynews.com), 2006. 2. 1. / 옹달샘 항아리 숙성 김치, 꽃피는 아침 마을(cconma14.cconma.com), 2022. 2. 28. / 이기원, 숨을 쉬어 내는 항아리 숙성, 고기 원칙(gogi1.com), 2022. 3. 31. / 김진숙, 전통 된장의 담금 용기에 따른 숙성 중 품질변화, 농촌진흥청, 농촌생활연구소 (koreascience.or.kr), 2001. 8. 13. pp. 230~234 / 숨 쉬는 항아리 안에서 전통방식 그대로, 익산신문(m.iksannews.com), 2016. 1. 15.

569) 三國志卷三十, 魏書三十烏丸鮮卑東夷傳第三十高句麗: "高句麗在<遼東>之東千里, 南與<朝鮮>·<濊貊>, 東與<沃沮>, 北與<夫餘>接. 都於<丸都>之下, 方可二千里, 戶三萬. 多大山深谷, 無原澤. 隨山谷以爲居, 食澗水. 無良田, 雖力佃作, 不足以實口腹. 其俗節食, 好治宮室, 於所居之左右立大屋, 祭鬼神, 又祀靈星·社稷. 其人性凶急, 喜寇鈔. 其國有王 ⋯ 下戶遠擔米糧魚鹽供給之. 其民喜歌舞, 國中邑落, 暮夜男女羣聚, 相就歌戲. 無大倉庫, 家家自有小倉, 名之爲桴京. 其人絜淸自喜, 善藏釀 ⋯ 出好弓, 所謂<貊>弓是也."

570) 金富軾, 三國史記 卷第三十七雜志六: "⋯ 多音忽 一云豉鹽城 ⋯."

571) 三國史記, 序文(進三國史記表): "⋯ 伏望聖上陛下, 諒狂簡之裁, 赦妄作之罪, 雖不足藏之名山, 庶無使墁之醬瓿. 區區妄意, 天日照臨 ⋯."

572) 劉熙, 釋名: "豉, 嗜也. 五味調和, 須之而成, 乃可甘嗜也 ⋯."

573) 李圭景, 五洲衍文長箋散稿: "豉者, 今俗 所謂戰國醬也. 此物成於一夜之間. 而戰國時. 軍中以易制而食. 名之云. 蓋無稽之說也 ⋯."

574) 정경란, 청국장의 역사, 한국학중앙연구원, 한국콘텐츠학회논문지, 2018 Vol. 18 No. 7. pp. 648~655

575) Matthew 7:7: "Ask and it will be given to you; seek and you will find; knock and the door will be opened to you."

576) 孟子 眞心章句上: "孟子曰求則得之, 舍則失之, 是求有益于得也, 求在我者也.求之有道, 得之有命, 是求无益于得也, 求在外者也."

577) 禪本寺事蹟記: "天無日月則不足以成天. 世無佛法則不足以濟世. 世之有佛若天之有日月. 而開明覺路莫越於斯. 故謂之世尊亦謂之佛日也. 出自天竺而爰及大夏及餘諸國. 則莫非佛日之普照也. 自玆以往. 佛像之興寺宇之立如星羅於天. 輾轉至于今者也. 如來在世之時. 優闐國王思慕佛德 以栴檀香木刻佛形而供養之 此佛像之始也. 頻婆娑羅王信其道而立精舍. 此

寺宇之初也. 供佛安僧俱盡其道. 而是爲後來緇徒之安其所聽其容發信. 息心之道場榜樣也. 唯我海東則自麗代而濫觴. 君臣上下欽行崇奉高僧凡經千有餘載. 其間寺宇屢變. 而石像依然 端雅慈容. 使觀者無古今之異. 而觀感興起祈祝獲應者多矣. 不唯僧徒之瞻樣發心. 且愚夫愚 婦能發深信. 此卽義玄和尙之功. 而佛日遠照之德也夫. 道光元年解夏日. 時住持梵海焚香謹 記.”

578) Matthew 18:18: "Truly I tell you, whatever you bind on earth will be[a] bound in heaven, and whatever you loose on earth will be[b] loosed in heaven."

579) 馬太福音 18:18: “我確實地告訴你們: 你們在地上所捆綁的, 在天上將是已經被捆綁了的; 你們在地上所釋放的, 在天上將是被釋放了的.”

580) The First Covenant, BBC, 2009. 6. 5. : "This article looks at the covenant between God and the Jewish people; a thread running throughout the early parts of the Bible and one of the vital pillars of Judaism. God asks Abraham to do certain things, in return for which he will take special care of them. The covenant between God and Jews is the basis for the idea of the Jews as the chosen people ··· Genesis 17: "You shall be circumcised in the flesh of your foreskins, and it shall be a sign of the covenant between me and you. God promised to make Abraham the father of a great people and said that Abraham and his descendants must obey God. In return God would guide them and protect them and give them the land of Israel."

581) 葵丘會盟, 發生在春秋時期, 諸侯大國爭霸, 兼幷戰爭頻仍. 公元前 651年, 齊桓公在葵丘大 會諸侯, 參加會盟的有齊, 魯, 宋, 衛, 鄭, 許, 曹等國的國君, 周襄王也派代表參加, 對齊桓公極 力表彰. 這是齊桓公多次召集諸侯會盟中最盛大的一次, 標志着齊桓公的霸業達到頂峰, 齊桓 公成爲中原的首位霸主.

582) 歃血(汉语词语): 歃血是一个汉语词汇, 指的是古代举行盟会时, 微饮牲血, 或含于口中, 或 涂于口旁, 以示信守誓言的诚意的行为. 出自《史记·平原君虞卿列传》: “毛遂谓楚王之左右 曰: ‘取鸡狗马之血来.’ 毛遂奉铜盘而跪进之楚王, 曰: ‘王当歃血而定从, 次者吾君, 次者遂.’” 《东周列国志》第五回: “庄公正欲与齐相结, 遂赴石门之约. 二君相见, 歃血订盟, 约为兄弟, 有事相偕.”

583) 이연승, 중국 고대의 회맹의례(會盟儀禮)에 나타나는 삽혈(歃血)에 대하여, 한국장국학회, 중국 학보 90권, 2019년 11월호, pp. 337~320(24pages)

584) 春秋穀梁傳, 僖公九年: “毋雍泉, 毋訖糴, 毋易樹子, 毋以妾爲妻, 毋使婦人與國事.”

585) 孟子, 告子章下: “初命曰: ‘誅不孝, 无易樹子, 无以妾爲妻.’ 再命曰: ‘尊賢, 育才, 以彰有德.’ 三 命曰: ‘敬老, 慈幼, 无忘賓旅.’ 四命曰: ‘士无世官, 官事无攝, 取士必得, 无專殺大夫.’ 五命曰: ‘无 曲防, 无遏糴, 无有封而不告.”

586) 桃園三結義: “三国演义, 以桃園結义的故事开头, 书中第一回记载: 飞曰: 「吾庄后有一桃 园, 花开正盛; 明日当于园中祭告天地, 我三人结为兄弟, 协力同心, 然后可图大事.」 玄德, 云长齐声应曰: 「如此甚好.」次日, 于桃园中, 备下乌牛白马祭礼等项, 三人焚香再拜而说誓曰: 「念刘备、关羽、张飞, 虽然异姓, 既结为兄弟, 则同心协力, 救困扶危; 上报国家, 下安黎庶; 不求同年同月同日生, 只愿同年同月同日死.皇天后土, 实鉴此心. 背义忘恩, 天人共戮! 」誓毕, 拜玄德为兄, 关羽次之, 张飞为弟. 这个故事成为《三国演义》关键性的情节之一, 也影响了后世, 直到20世纪初, 蒋介石还师法桃园結義, 同冯玉祥,李宗仁交换帖, 称兄道弟. 《三国志》史书中虽然没有记载桃園結義的故事, 不过却提到三人 "恩若兄弟".

587) 유석재, 역사 속으로 사라지는 청와대, 그 영욕의 900년 史, 조선일보, 2022.3.20.: "조선왕조가 그 남쪽에 법궁인 경복궁을 세운 뒤 후원 격인 청와대 터는 계속 왕실 부지로 남았다. 이곳에는 회맹단(會盟壇)이라는 중요한 국가 시설이 세워졌다. 임금이 신하들로부터 충성 맹세를 받는 곳이었다. 특히 1417년(태종 17년)에는 개국공신과 그 적장자가 모두 모여 대규모 회맹을 했다. '숙종실록'에는 "경복궁 북문 밖은 회맹단인데 수석이 아름다운데도 주색과 유람에 빠진 연산군조차도 감히 후원으로 만들지 않았다"라는 말이 나올 만큼 신성스런 곳으로 여겨졌다."

588) The Pledge of Allegiance to the Flag: "I pledge allegiance to the Flag of the United States of America, and to the Republic for which it stands, one Nation under God, indivisible, with liberty and justice for all."

589) 大學: "湯之盤銘曰. 苟日新, 日日新 又日新."

590) 史記越世家, 十八史略: "夫差志復讐, 朝夕臥薪中, 出入使人呼曰: 夫差, 而忘越人之殺而父邪."

591) 壬申誓記石: "壬申年六月十六日, 二人幷誓記. 天前誓, 自今三年以後, 忠道執持, 過失无誓. 若此事失, 天大罪得誓. 若國不安, 亂世可容行, 誓之. 又別先辛末年, 七月廿二日, 大誓, 『詩』·『尙書』·『禮』·『傳』倫得誓三年."

592) 임신서기석(壬申誓記石): 임신(壬申)이라는 i) 세차는 552년과 612년이기에 나머지는 주변환경과 다른 여건으로 확인해야 하기에, ii) 발견된 지점이 경주시 현곡면 금장리(金丈里) 석장사(石丈寺) 터 인근에서 발견, iii) 반들반들한 강돌에다가 비석의 크기는 약 30cm, 너비는 12.5cm, 돌의 모양이 아래로 내려갈수록 좁아지는 꼴에 맞춰 새겼으며, iv) 화랑도로 학문에 전념하고, 국가에 충성을 맹세하는 74자의 한자로 새겨져 있으나, 문장에 중국 어순인 동사 + 목적어 혹은 동사 + 형용사이 아니라, 우리말의 어순으로 목적어 + 동사 혹은 동사 + 형용사형으로 조사는 향찰 혹은 이두 형식으로 표기했다. v) 1934년 발견 당시에 '임신'이란 명칭과 '서약을 기록한 돌'을 합성해서 '임신서기석(壬申誓記石)'으로 명명했다.

593) 김영일, 군인 400여 명 윤석열 캠프 지원 … 與 "하나회 버금가는 '윤나회'", 조선일보, 2021. 10. 6. : "강병원 더불어민주당 의원은 6일 자신의 페이스북을 통해 "하나회에 버금가는, 민주주의 위협하는 '윤나회'"라고 했다. 앞서 국회 국방위원회 소속 설훈 더불어민주당 의원은 5일 국방부 국정감사를 앞두고 배포한 자료에서 "윤석열 국민 캠프가 지난달 25일 공개한 국방정책·공약 의견 수렴 및 인터뷰 대상자 명단을 보면 현역 군인 400여 명, 국방과학연구소(ADD) 정책위원, 한국국방연구원(KIDA) 소속 연구원 등이 참여했다."라며 "군형법 94조 '정치관여' 위반 혐의에 대해 수사하고 엄중 조치해야

한다."라고 요구했다.

594) '알자회' 또다시 등장? 채널A, 2018. 7. 23. : "계엄 문건에 육군 사조직 '알자회' 부활 의혹 … 이유는? 계엄사령관에 육군참모총장 … '3사관학교' 합참의장 배제? 조현천 '계엄 문건 작성 지시' … 육사 38기·알자회 소속 표창원 '朴, 통치권 상실 … 알자회 기획에'…, 동아일보: 여권, 육군 내 사조직 '알자회' 부활 의심. 여권 내에선 문건 작성을 '알자회' 중심이었던 조현천 당시 기무사령관이 맡았다는 점에도 주목하고 있다. 육사 34~43기를 중심으로 구성된 알자회는 1992년 해체됐으나 이명박 박근혜 정부에서 기무사령관과 …."

595) 바른정당 "박찬주는 '독사파' 대표주자 … 진급 비리도 따져야" 국민일보, 2017. 8. 8.: 박찬주 대장을 김관진 전 청와대 안보실장의 독사파 라인 중 대표적 인사로 지목하며 "박 대장은 김관진 전 실장이 청와대에 있을 때 운 좋게 중장, 대장 진급이 …."

596) 박제철, "임진왜란 당시 남당회맹단 의지로 국난극복 힘 모아야." 뉴스1, 2020. 6. 19.: "혈맹단(血盟壇, 고창군 흥덕면 용반리 남당마을)으로도 불리는 남당회맹단(南塘會盟壇)은 1592년(선조 25년) 임진왜란이 일어나자 의병장 채홍국(蔡弘國, 1534~1597), 고덕붕(高德鵬), 조익령(曺益齡), 김영년(金永年) 등이 격문을 돌려 창의(倡義)하여 92명의 의사(義士)와 500여 명(고창지역만 300여명)의 의병이 모여, 단(壇)을 쌓은 뒤 백마(白馬)의 피를 마시며(歃血) 다섯 가지의 맹약을 내걸고, 국가와 민족을 위하여 목숨을 바쳐 나라를 구할 것을 천지신명에게 혈맹(血盟)을 하였다. 현재 고창군 향토문화유산 제4호로 지정돼 있다."

597) 정만진, 임진왜란 왜적들은 어느 길로 쳐들어 왔을까, 오마이뉴스, 2016. 10. 5. : "의병군의 초대 총대장을 역임한 사사원의 <낙재일기>에 기록되어 있다. 1592년 4월 22일 <낙재일기>는 '아침에 (팔공산) 응봉에 올라 멀리 바라보니 (청도에서 팔조령을 넘으면 가장 먼저 나타나는 마을인) 파잠(파동)과 상동에서부터 불꽃이 이어지기 시작하여 (중략) 이윽고 수성현 안에 불꽃이 매우 치열하다가 얼마후 읍내(대구 시내)에서도 일어났다.'라고 증언한다. 일본군이 팔조령을 넘어 대구로 침입해 왔다는 사실을 말해주고 있는 것이다. … 하지만 일본군의 진입을 막는 조선 관군의 군사 행동은 없었다. 의병도 없었다. 대구는 일본군이 한양을 향해 진격하면서 주둔 군사를 남겨두는 바람에 창의가 어려워 7월 6일이 되어서야 팔공산 부인사에서 의병이 일어났으므로, 4월 21일 당시 일본군들은 거리낌 없이 진격과 약탈을 감행했다. 일본군 1,600명 주둔 … <낙재일기>는 대구읍성이 얼마나 손쉽게 일본군의 손에 넘어갔는지도 증언해준다. 일본군이 대구 전역을 완전히 점령하기 하루 전인 4월 21일 일기에 사사원은 '말을 타고 (대구읍성) 서문 밖으로 달려가니 문은 활짝 열려 있고 (중략) 한 사람도 성에 남아 있는 자가 없었다.'라고 썼다."

598) 고려 초기 외침을 방어하고자 축성, 1255(고종 42)년 고려사(高麗史)에서 제2차 몽고 침입을 피신했던 백성이 아사와 전화를 입었다는 기록, 임진왜란 때 공산산성 회맹, 사명대사의 석축 작업이 있었음. 비로봉(毘盧峰)과 산성산(山城山)의 중간에 위치한 부계면 쪽 산성(동구 용수동)으로 축성방식은 테뫼(山頂)식 축성임.

599) 박진관, 총 7만여 명 동원돼 쌓은 대구 1호 石城 … 완공 직후 전국 70개 고을서 견학 와, 영남일보tv, 2014. 8. 22. : "대구읍지에 따르면 이 토성은 대구부사 윤현(尹睍)이 1590년(선조 23) 대구부민

과 인근 선산, 군위, 인동 등 3개 읍민을 징집해 쌓아 이듬해 완공했다고 나온다. 하지만 이 토성은 임진왜란 때 1만8천 명의 고니시 유키나가군(軍)에 의해 완전히 파괴된다. 당시 서인이었던 대구부사 윤현은 왜군과 전투 한번 치르지 않고 부민 2천여 명과 함께 공산성으로 입보했다 …."

600) 八公山上庵壬亂倡義諸賢行錄, 盈德郡, 八公山上庵壬亂倡義諸賢行錄會長 南應時, 2004. 328pages

601) 金鍾協, 八公山과 壬辰倭亂과 八公山上庵會盟, 2010. 5. 8.

602) 朱熹, 『晦菴集』 卷9, 「武夷精舍雜詠幷序」: "武夷之溪, 東流凡九曲, 而第五曲爲最深. 蓋其山自北而南者, 至此而盡, 聳全石爲一峰 … 漁艇: 出載長烟重, 歸裝片月輕, 千巖猿鶴友, 愁絶棹歌聲 …."

603) 사실, 강원도의 고정관념 이대로 좋은가? 강원도민일보, 2007. 8. 1.: "… 투구(泥田鬪狗·함경도) 맹호출림(猛虎出林·평안도) 석전경우(石田耕牛·황해도) 경중미인(鏡中美人·경기도) 청풍명월(淸風明月·충청도) 송죽대절(松竹大節·경상도) 풍전세류(風前細柳·전라도) 등 그 지방 사람의 기질과 성품을 묘사한 어휘가 오래전부터 전해 온다."

604) 조갑제, 경상도가 무너지면 대한민국이 흔들린다. 조선일보, 조갑제 칼럼(chogabje.com), 2020. 3. 10.: "조선왕조 개국공신 정도전(鄭道傳)은 태조 이성계로부터 조선 8도 풍수지리로 본 '조선 팔도 인물평'을 해보라는 부탁을 받았다. 경상도 사람에 대해 '송죽대절(松竹大節)'과 '태산준령(泰山峻嶺)'이라고 했다. '태산준령'은 "큰 산과 험한 고개처럼 선이 굵고 우직하다."라는 뜻이다. '송죽대절'은 "소나무와 대나무같이 크고 곧은 절개"라는 뜻이다."

605) 李百藥, 北齊書, 元景安傳: "豈得弃本宗, 逐他姓, 大丈夫宁可玉碎, 不爲瓦全."

606) 賈思勰, 齊民要術, 卷五种楡白楊: "白楊性甚勁直, 堪爲屋材, 折則折矣, 終不曲撓."

607) 李植(1584~1647) 松竹問答: "松問竹, 風雪萬山谷, 吾能守强項, 可折不可曲. 竹答松, 高高易摧折, 但守靑春色, 低頭任風雪."

608) 환목어(還目魚)란 오늘날 "도루묵"이라고 하녀, 과거 한자로 목어(木魚) 혹은 맥어(麥魚)라고 했고, 고사에 따라 환맥어(환맥어)라고 해야 함에도 시인은 '환목어(還目魚)'로 표현함으로써 "나라님께서 눈이 그렇게도 돌아가셨나(王目還之)?"라는 자신의 신세에 비유하는 넋두리를 하고 있음.

609) 李植, 還目魚: "有魚名曰目, 海族題品卑, 膏腴不自潤, 形質本非奇, 終然風味淡, 亦足佐冬醢, 國君昔播越, 艱荒此海陲, 目也適登盤, 頓頓療晚飢, 勅賜銀魚號, 永充壤奠儀, 金輿旣旋反, 玉饌競珍脂, 嗟汝厠其間, 詎敢當一匙, 削號還爲目, 斯須忽如遺, 賢愚不在己, 貴賤各乘時, 名稱是外飾, 委棄非汝疵, 洋洋碧海底, 自適乃其宜."

610) 論語, 述而編: "子曰,術而不作. 信而好古. 竊比於我老彭."

611) 東史綱目 第十三下: "丁巳, 忠肅王四年, 下四月按. 天下, 不可一日而無史也. 故雖在干戈板蕩之際, 而史未嘗廢焉. 觀春秋時列國兩晉間諸國事. 可知矣. 此猶如是, 況在平常之時乎. 創業開國, 傳世稍久. 則可記者益多矣. 慮夫世代漸遠, 而傳聞失實. 亦恐兵亂或起. 而典籍殘缺, 必須及乎閒暇之時. 而別爲一書以備一代之史. 馬遷之史紀·班固之漢書·孫盛之晉春秋·李燾之續通鑑之長篇·陳建之通紀 皆以當世之人記當世之事直書. 時諱而不以爲非私自著述. 以不以爲僭. 或官給筆札, 樂觀其成. 是以有史才者, 得以展其志, 而文獻有足徵矣. 自後世野史有禁, 過數十年. 則善惡泯然無迹, 使爲惡者無所懼. 而亂臣賊子無所懼, 是所謂君子之不幸. 而小人之幸也."

612) Michael J. Sandel, Justice: What's the Right Thing to Do? Farrar, Straus and Giroux, 2010. 8. 17.

613) 論語, 憲問篇: 子路問成人. 子曰, "若臧武仲之知, 公綽之不欲, 卞莊子之勇, 冉求之藝, 文之以禮樂, 亦可以爲成人矣. 曰, 今之成人者何必然? 見利思義, 見危授命. 久要不忘平生之言, 亦可以爲成人矣."

614) 崔根泳, 後三國 成立背景에 관한 研究, 國史編纂委員會, 國史館論叢 第26輯, 1975, 8면: "… 김우징 일파는 장보고에게 민애왕(金明) 타도를 요청하였던 바(納妃問題內約) 그의 군사 5천 명을 지원받아 838년 12월에 金陽이 청해진에서 平東將軍이라 칭하고 閻長·張弁·鄭年·駱金·張建榮·李順行 등과 함께 武州 鐵冶縣·達句伐을 거쳐 경주로 쳐들어가 민애왕을 살해하였다. 이에 均貞의 아들 祐徵이 신무왕(839)으로 즉위하였다."

615) 孟子 眞心章上: "民爲貴, 社稷次之, 王則輕."

616) 三國史記 卷十第四十四閔哀王條: "二年, 春閏正月, 晝夜兼行, 十九日, 至于達伐之丘. 王聞兵至. 命伊大昕大阿允璘…."

617) 高麗史節要, 卷十四: "神宗壬戌午年冬十月, 慶州別抄軍, 與永州素有隙, 是月, 乃引雲門賊, 及符仁桐華兩寺僧徒, 攻永州, 永州人李克仁堅守等, 率精銳, 突出城與戰, 慶州人敗走…."

618) 鄭麟趾外 高麗寺 第二十四卷 世家第二十四: "高宗十九年(1232) … 公山城合入郡縣粮盡道遠者飢死甚衆老弱塡壑至有繫兒於樹而去者. 戊申 幸賢聖寺…."

619) 孟子, 盡心章上: "孟子曰: 孔子登東山而小魯, 登太山而小天下, 故觀於海者, 難爲水, 遊於聖人之門者, 難爲言…."

620) 金魚鉢の法則-蕨市立第二中學校(nohkai.ne.jp): "… 父が「金魚鉢の法則」というものをその時話してくれました. 金魚は金魚鉢の大きさによって体型が変わると言われています.小さな金魚鉢では, 小さな金魚のまま.大きな金魚鉢では, 大きな金魚へと成長する. だから,この金魚には池が必要だと言うのです…."

621) 管仲, 管子, 權修第三: "一年之計, 莫如樹谷; 十年之計, 莫如樹木; 終身之計, 莫如樹人. 一樹一獲者, 谷也. 一樹十獲者, 木. 一樹百獲者, 人也. 我苟种之, 如神用之, 擧事如神, 唯王之門."

622) 秋適, 明心寶鑑, 訓子篇: "景行錄云, 賓客不來, 門戶俗. 詩書無敎, 子孫愚. 莊子曰, 事雖小, 不作 不成. 子雖賢, 不敎不明. 漢書云, 黃金滿. 不如敎子一經, 賜子千金, 不如敎子一藝. 至樂莫如讀書. 至要莫如敎子…."

623) Jared Diamond, Economics: The wealth of nations, Nature Publishing Group, Nature(Vol. 429, Issue 6992) June 10, 2004: "… For example, around 1950, when South Korea, Ghana and the Philippines were equally poor, most economists predicted that resource-rich Ghana and the Philippines were on the verge of wealth, whereas South Korea was doomed to remain mired in poverty. The result, of course, has been the opposite, because for 1,300 years South Korea has formed half of a unified, literate kingdom, and was strongly influenced by neighbouring China (one of the world's two oldest agricultural civilizations) long before that, whereas Ghana and the Philippines were exposed to rudimentary state government only within the past few centuries. As another example, Iceland, until a century ago Europe's poorest country, is now among the world's ten richest despite its modest resources, while resource-rich Zambia is still poor. But Zambia acquired colonial state government barely a century ago, whereas Iceland has been a literate state for 1,100 years."

624) 위키페디아 추계추 씨 추유(秋濡, 1345~1404): 자 윤지(潤之), 호(號) 운심제(雲心齊). 추진(秋震)의 큰아들로 밀양부(密陽府)에서 태어났다. 1362년(공민왕 11년) 18세에 성균시(成均試)에 급제하였으나, 권세와 간신배들로 인하여 기울어져 가는 고려를 떠나 중국으로 귀환하였다. 양쯔강(揚子江) 하류 강변에 있는 고찰(古刹) 금산사(金山寺)에 도착하여 주원장(朱元璋)을 만나 혈맹을 맺고, 호주(湖州) 출신의 지장(智將) 서달(徐達)과 탕화(蕩和)와도 동지로서 뜻을 같이하기로 맹세하였다. 1363년 화주(和州)에서 반원군(反元軍)의 지도자 진우량(陳友諒)의 대군을 격파하였다. 추유는 이 결전에 행군총관(行軍摠管)으로서 치밀한 작전을 세워 성의백(誠意伯)과 함께 첫 출전하여 승전을 올린 것이다. 추유는 명나라 개국공신으로 병부시랑(兵部侍郎) 좌간의대부(左諫議大夫)가 되어 북벌군(北閥軍)에 합류하여 원나라의 수도 연경(燕京)을 점령하고 몽골 세력을 멀리 캐라코람으로 몰아냈다. 벼슬은 호부상서(戶部尙書)에 이르렀다. 1393년(홍무 26년)에 명나라의 안위사(安慰使)로서 조선을 방문하였다.

625) 明心寶鑑, 維基百科: "秋適之孫秋濡, 於朱元璋初建明朝之際, 卽恭悠王十二年前往中國協助朱元璋, 成爲開國功臣, 並將其祖父所作之《明心寶鑑》傳至中國. 之後, 范立本重新進行了編輯整理, 從而形成一個由二十篇六, 七百段文字組成的新版《明心寶鑑》. 整理後的《明心寶鑑》條理, 結構更明晰, 從明初起卽極爲盛行 …."

626) 明心宝鉴,明, 范立本 《明心宝鉴》 序: "夫为人在世, 生居中国, 禀三才之德. 为万物之灵, 感天地覆载, 日月照临, 皇王水土, 父母生身, 圣贤垂教. 而从教者, 达道为先. 非博学无以广知, 不明心无以见性. 虽有生而知之者, 近者奇稀. 昔夏禹王闻善言, 犹然下拜, 何况凡}世人乎. 曩古圣贤遗誌经书, 千言万语, 只要教人为善. 所以立仁义礼智信之法, 分君子小人之品, 别贤愚之阶, 辨善恶之异. 盖为经书嘉言善行甚多, 所以今人览观习行者少. 况今学者, 不过学其文艺为先, 未有先学德行为本. 及今劝世, 多劝修物外之善因, 少劝为当行之善事. 其昔贤文等书, 亦乃于世流传. 今之好听善言, 君子观以为奇, 罔知古今之要语, 是以使人迷惑其心, 少欲闻圣贤日用常行之要道. 以致不肯存心守分, 强为乱作胡行. 夫为善恶, 祸福报应昭然. 富贵贫贱, 成败兴衰似梦, 时刻须防不测, 朝夕如履薄冰. 常存一念中平, 非横自然永息, 存于其心, 自然言行相顾, 贯串无疑, 所为焉从差误矣. 洪武二十\六年岁次癸酉二月既望武林后学范立本{序."

627) 明心寶鑑, 維基百科: "秋適之孫秋濡, 於朱元璋初建明朝之際, 卽恭悠王十二年前往中國協助朱元璋, 成爲開國功臣, 並將其祖父所作之《明心寶鑑》傳至中國. 之後, 范立本重新進行了編輯整理, 從而形成一個由二十篇六, 七百段文字組成的新版《明心寶鑑》. 整理後的《明心寶鑑》條理, 結構更明晰, 從明初起卽極爲盛行 …."

628) The Mingxin baojian (simplified Chinese: 明心宝鉴; traditional Chinese: 明心寶鑑; pinyin: Míngxīn bǎojiàn; Wade–Giles: Ming-hsin pao-chien; lit. 'bright heart-mind precious mirror') is an ancient Chinese book containing 'a collection of aphorisms and quotations form the Chinese classics and other works' The author and date of authorship are not reliably known, although later references suggest that it was compiled in 1393 by Fan Liben. The quotations and aphorisms in the book appear to be from scholarly writings of Confucianism, Buddhism, and Taoism, with 'a great many of the quotations … taken from Taoist writings', suggesting that the author was a follower of Taoism. The Mingxin baojian was the first book translated from Chinese into a Western language. "The Ming-hsin pao-chien seems to have widely circulated among the people in Fukien in the late Ming period. It was brought by the Chinese to the Philippines." It was translated into Spanish by a Dominican friar named Juan Cobo who arrived in the Philippines in 1588. In 1595, the Dominicans presented this translation, along with a copy of the original, to Philip III of Spain, then Crown Prince. Prior to its acquisition by westerners, the work had already been translated and circulated in other Asian countries. It is known as the Myeongsim Bogam in Korean, and the Minh tâm bửu giám Vietnamese. It was included in The Chinese Repository, translated by William Milne.

629) 前揭書, 該書是中國譯介到西方的第一本書, 早在 1592年前卽由天主教教士高母羨在菲律賓譯成西班牙文. 高母羨的譯本中提到了《明心寶鑑》的輯錄者─范立本. 該手抄本於 1595年被帶回西班牙獻給王子斐利三世. 此抄本現藏於馬德里西班牙國立圖書館, 並於 2005年出版該書的校訂本. 2006年初, 經由北京大學西班牙文系趙振江推薦, 中國作協會員, 副研究員李朝全整理翻譯《明心寶鑑》, 由華藝出版社於2007年 1月 隆重推出, 期望它能在中國復活.

630) 大是文化, 新新聞, 2018. 7. 18. : "白天備戰, 晚上築城, 千萬屍骨當人柱 … 雄偉的萬里長城底下, 其實是「世界最大墳場」."

631) Michelle Ye Hee Lee, Trump's claim that Korea 'actually used to be a part of China', The Washington Post. April 19, 2017: "He then went into the history of China and Korea. Not North Korea, Korea. And you know, you're talking about thousands of years…and many wars. And Korea actually used to be a part of China. And after listening for 10 minutes, I realized that it's not so easy." President Trump, interview with the Wall Street Journal, April 12, 2017.

632) 詩經, 國風·鄭風, 淸人: "淸人在彭, 駟介旁旁. 二矛重英, 河上乎翶翔. 淸人在消, 駟介麃麃.

二矛重喬, 河上乎逍遙. 淸人在軸, 駟介陶陶. 左旋右抽, 中軍作好."

633) Wikipedia, lottery: "··· The first recorded signs of a lottery are keno slips from the Chinese Han Dynasty between 205 and 187 B.C. These lotteries are believed to have helped to finance major government projects like the Great Wall of China. From the Chinese Book of Songs (2nd millennium B.C.) comes a reference to a game of chance as 'the drawing of wood', which in context appears to describe the drawing of lots ···."

634) Wikipedia, Lotteries: "The first recorded public lottery in the West was held during the reign of Augustus Caesar for municipal repairs in Rome. The first recorded lottery to distribute prize money was held in 1466 in Bruges, in what is now Belgium, for the announced purpose of providing assistance to the poor."

635) 詩經, 小雅鄭風, 有女同車: "有女同車, 顏如舜華. 將翶將翔, 佩玉瓊琚. 彼美孟姜, 洵美且都. 有女同行, 顏如舜英. 將翶將翔, 佩玉將將. 彼美孟姜, 德音不忘."

636) 許愼, 說文解字: "城, 以盛民也. 從土從成, 成亦聲., 籀文城從(, 郭)."

637) 前漢, 元帝紀: "帝初筑長安城.城南爲南斗形, 城北爲北斗形, 因名斗城."

638) 三國志 卷二五: "兵法稱有, 石城湯池, 帶甲百萬, 而無粟者, 不能守也."

639) 李覯, 强兵策十首之一: "彼貧其民而我富之, 彼勞其民而我逸之, 彼虐其民而我寬之 ··· 彼雖有石城湯池, 誰與守也, 雖有堅甲利兵, 誰與執也? 是謂不戰而屈人之兵矣."

640) 李太白, 蜀道難: "噫吁嚱! 危乎高哉! 蜀道之難, 難於上靑天! 蠶叢及魚鳧, 開國何茫然. 爾來四萬八千歲, 不與秦塞通人煙. 西當太白有鳥道, 可以橫絕峨眉巓. 地崩山摧壯士死, 然後天梯石棧相鉤連. 上有六龍回日之高標, 下有衝波逆折之回川. 黃鶴之飛尚不得過, 猿猱欲度愁攀援."

641) 吳子兵法, 第六篇勵士: "··· 何者忌其, 暴起害己. 如此是以, 一人投命, 足懼千夫. 今臣率以, 五萬之衆, 爲一死賊, 率以討之, 固難敵矣. 言之有理, 武侯從之, 兼五百乘, 騎三千匹. 而破 ···."

642) 吳子兵法, 吳起治兵第三篇: "吳子曰. 凡兵戰之場, 立尸之地. 必死則生, 幸生則死. 其善將者, 如坐漏船之中, 伏燒屋之下, 使智者不及謀, 勇者."

643) 李舜臣, 亂中日記, 丁酉年九月十五日: "兵法云必死則生. 必生則死. 又曰 一夫當逕, 足懼千夫, 今我之謂矣." / 十六日: "賊雖千隻, 莫敵我船. 切勿動心, 盡力射賊."

644) 향토사학자 이정웅(대구시 녹지과장 출신, 1943년생), 한영기(도시계획과장 출신, 1950년생) 님의 주장은 "오늘날 고성동은 과거 금정(金井)이라는 샘이 있었으며, 삼성그룹 창업주 이병철께서 양조장을 했을 정도, 달성토성 이전에 고성이 있었던 곳으로 고성동으로 봄."

645) 위키백과, 고성동(古城洞): "흙으로 축조되었던 대구읍성이 임진왜란 후에 석조로 개축되어 1906년 박중양(朴重陽, 1872~1959)에 의해 허물 때까지 대구부성(大邱府城)으로 대구를 수호하였다. 고성(古城)은 대구성(大邱城)에 연유하고 있으며, 일설에는 신라 중엽 김유신이 백제군과 싸웠던 토성에 연유하였다고도 한다(2022. 3. 8. 채영수 동장, 고성동 행복복지센터, buk.daegu.kr).

646) 오늘날 고성동(古城洞)에 옛날에도 성벽을 설치할 수 없는 지질구조 혹은 지형여건으로는 i) 지질

구조상 금호(琴湖)와 신천(新川)으로 흘러드는 10km 대계곡이 형성된 단층 지역, ii) 현재 해발지고로 대구시 평균 고도 49m/sl에 고성동 지역은 34~40m/sl의 저지대로 이를 이용해 경부선철도길 형성되어 있으며, iii) 이런 지형에 성벽을 설치하면 적진의 전망이 확보되지 않고, iv) 후퇴 시에 '독 안에 든 쥐(盆內之鼠)' 형국이 되어 손자병법 9지에서 사지(死地) 혹은 위지(圍地)로 죽음을 자초하는 지역임. v) 또한 직선거리 500m 내외에 달성토성(達城土城)과 대구부성(大邱府城)이 있어 설치할 필요성이 없으며, 만약 설치했다면 전란 시에 자중지란만 야기됨.

647) 西門市場(韓語: 서문시장) 是韓國大邱广域市最大的傳統市場, 擁有 4000 多家商鋪, 主要經營紡織品和服裝是大邱時裝業的重要組成部分. 西門市場位于原大邱古城的西門, 故名 "西門市場", 是原朝鮮王朝三大集貿市場之一, 也是韓國目前歷史最悠久的集貿市場之一.

648) 영남제일관(嶺南第一關)(수성구 만촌동 산83-5번지): 영남제일관(嶺南第一關)은 대구부사(大邱 府使)에 기록된 바에 의하면 宣祖 24年에 부사(府使)로 취임한 윤현(尹晛)이 대구의 군사선 정치적 경제적 중요성을 인식하여 선산(善山) , 군위(軍威), 인동(仁同)의 3개 읍민과 대구부민들을 동원하여 관아를 중심으로 평지에 축성을 하였다.

649) 영남제일관, 대구시 수성구 홈페이지(mmj.suseong.kr): "화려한 미래 도시 대구. 그러면서도 깊이 있는 역사를 간직한 도시가 대구입니다. 이러한 역사 도시의 모습을 대변하듯 대구에도 읍성(邑城)이 있었는데요, 대구 중심지를 감싸 안은 대구 읍성은 조선 시대 1590년(선조 23)에 대구도호부사(大邱都護府使)로 취임한 윤현(尹晛)이 축성하였습니다.(관광과 담당자 박현정 053-666-4921)

650) 三國史記, 卷第三十四, 雜志第三: "… 壽昌郡壽一作嘉, 本喟火郡, 景德王改名, 今壽城郡, 領縣四, 大丘縣, 本達句火縣, 景德王改名, 今因之, 八里縣, 本八居里縣一云北耻長里, 一云仁里, 景德王改名, 今八居縣, 河濱縣, 本多斯只縣一云沓只, 景德王改名. 今因之, 鬪縣, 本舌火縣, 景德王改名 …."

651) 대덕산성, 대구남구청(nam.daegu.kr) 문화홍보과: "대덕 산성, 신라 말 고려 초, 대명동 산 224번지, 이 山城은 大邱地域(達句伐)을 방위하여 축조된 것으로써 험준하고 높은 山城勢를 이용하여 능선을 따라 포곡형으로 石壁을 쌓은 것인데 우리나라 築造樣式에 있어 初期 山城의 형태와는 달리 좀 더 發達된 城의 형태다. 大邱邑誌에 "壽城西十里 有古城今無"라 한 것은 이 山城을 뜻함."

652) 정은빈, 여기가 통일신라시대 '수창군 관아터' 대구신문, 2022. 1. 19. : "아파트 부지(2만8천820㎡)에서는 착공 전인 2019년 2~4월 정밀 발굴조사 결과 치미와 귀면와, 연화문 수막새 등 유물 149점이 출토됐다. 통일신라 시대 수도인 경북 경주에서 발견된 기와와 유사한 특수 기와가 다수 발견된 것이다. 치미는 고대 목조건축에서 용마루 양 끝에 높게 부착하던 장식 기와로, 절이나 궁궐 건물에 사용된 것으로 알려져 있다. 귀면와도 궁궐이나 사원 등 건축물의 사래 끝이나 추녀마루를 장식하는 데 주로 사용한 도깨비 문양 기와다."

653) 中文百科知識(easyatm.com.tw), 大邱市: "韓國大邱直轄市位於洛東江中游東側的大邱盆地中部, 四周有八公山, 環城山, 龍巖山, 草萊峰, 山城山, 琵瑟山, 最頂山, 臥龍山等群山環抱, 琴湖江穿過市區, 流入洛東江."

654) 三國史記, 卷一新羅本紀: "二十九年夏五月, 大水民飢, 發使十道開倉. 賑給遣兵伐, 比只國, 多伐國, 草八國幷之."

655) 朝鮮王朝實錄(宣祖實錄) 53卷: "宣祖 27年 7月 17日 癸巳 … 引見領議政柳成龍. 上曰: 遼東咨文, 何如? 成龍曰: 近來劉綎兵將撤回, 軍器亦漸輸送, 頗有缺望之心, 今見此咨, 則可知天朝不忘我國之意矣. 但天朝大擧兵, 蕩掃倭賊窟穴, 然後可以數千兵, 防守釜山等地矣 …."

656) 東野乘 卷二 鄭弘溟 畸翁漫筆: "… 先驅而入朝, 有遠慮. 無近憂者乎. 人生一世. 不滿百年. 焉鬱鬱久居此乎. 不屑國家之隔. 山海之遠. 欲一超直入大明國, 欲顯佳名於三國. 方乎其時. 貴國, 重隣交之義 …."

657) 嶺南名賢錄, 監司金鶴峰先生誠一: "金誠一字士純號鶴峰其先聞韶人藥峰克一之弟 … 黃允吉盛言倭必有變上以問先生先生慮外寇未至而腹心先潰頗爲鎭定之說至是邊報日急上追咎先生命拿訽左相柳成龍及臺官救解之乃得釋授招諭使先生馳至咸陽草檄諭以忠義於是義士爭奮所在殲賊江右賴安 …."

658) 韓忠熙, 朝鮮前期(太祖~宣祖 24年)의 權力構造硏究 ―議政府·六曹·承政院을 중심으로― 한국사연구회, 國史館論叢 第30輯(db.history.go.kr), 1987. p. 78: "以兩司之劾 罷尹斗壽尹根壽尹睍 時士類中分 所謂東(人)者多淸名 後進所謂西(人)者 …."

659) 宣祖昭敬大王修正實錄, 十一年(1578) 十月 一日: "… 兩司劾尹斗壽, 尹根壽, 尹睍, 罷職. 時, 士類中分, 前輩爲之西; 後輩爲之東. 後輩皆堂下名士, 布列館閣, 聲勢甚盛. 前輩若干人, 立朝年久, 疵玷漸生, 每爲後輩指摘. 一時爭進取者, 皆附於東, 扼腕游談皆以爲: '東正西邪' 而前輩之畏憚苟全者, 反以下士爲名, 而下比於後輩, 前輩中年少後進, 不過其子弟數三人而已. 獨金繼輝雖號西人, 而以才望, 爲年少士類所重. 時, 尹睍, 金誠一, 同作銓郎, 論議矛盾, 遂成嫌隙. 睍叔父斗壽, 根壽, 皆以宿望, 在津要, 志欲扶西抑東, 故東人尤嫉之. 斗壽簡易少檢束, 居家頗有不廉之譏. 後輩中有欲劾之者, 繼輝止之曰: 方今士論橫潰, 務在鎭靜, 不可攻擊." 由此, 繼輝亦貳於後輩矣. 修撰姜緖於經筵啓曰: 士類分作東西, 二邊皆可用人. 不可捨一取一. 於是, 上已知東西之說矣."

660) 영남제일관(嶺南第一關)(수성구 만촌동 산83-5번지): 영남제일관(嶺南第一關)은 대구부사(大邱 府使)에 기록된 바에 의하면 宣祖 24年에 부사(府使)로 취임한 윤현(尹睍)이 대구의 군사선 정치적 경제적 중요성을 인식하여 선산(善山), 군위(軍威), 인동(仁同)의 3개 읍민과 대구 부민들을 동원하여 관아를 중심으로 평지에 축성하였다.

661) 영남제일관, 대구시 수성구 홈페이지(mmj.suseong.kr): "화려한 미래 도시 대구. 그러면서도 깊이 있는 역사를 간직한 도시가 대구입니다. 이러한 역사 도시의 모습을 대변하듯 대구에도 읍성(邑城)이 있었는데요, 대구 중심지를 감싸 안은 대구 읍성은 조선 시대 1590년(선조 23)에 대구도호부사(大邱都護府使)로 취임한 윤현(尹睍)이 축성하였습니다(관광과 담당자 박현정 053-666-4921).

662) 鶴峯 金誠一(1538~593), 鶴峰先生文集續集卷之三, 右監司時狀: "臣去八月十一日. 左監司除授有旨祇受. 道路阻梗. 不得赴任. 九月初四日. 由草溪寅夜渡江. 十四日. 到大丘桐華寺. 則左兵使朴晉. 以面議討賊事先到矣. 本道迎候軍尙未到. 不得已議于兵使. 率左道精兵百餘人.

十六日. 乘夜發行. 由大丘, 星州, 任縣, 八莒, 河濱等地. 夜行百餘里. 一行無事渡江 ….”

663) 이각(李珏, 생년 미상 ~ 1592. 5. 14.) 함평 이씨, “술주정이 심하여 검속하지 않았으나, 공을 보면 반드시 성기(聲氣)를 거두어 온화함이 장사(莊士)와 같았다.”라는 평가를 받았음. 1592년 임진왜란 개전 당시 경상좌도 병마절도사로서 울산 북쪽 병영에 주둔했지만, 부산진 전투에는 시간 내에 도착하지 못했다. 동래성 전투에는 성수비를 동래부사 송상현에 맡겨 탈출, 경주성 전투 전엔 임지와 군을 버리고 달아난 죄를 추궁받았다. 한성부 함락 이후엔 임진강에 주둔한 도원수 김명원의 진중으로 도주하다 체포되어 음력 5월 14일에 선조는 선전관을 보내 이각을 참수했음.

664) 李珏(朝鮮), 維基百科, 自由的百科全書(zh.wikipedia.org/wiki): “李珏(이각, 출생 미상~1592年 5月 14日), 朝鮮王朝官吏. 萬曆朝鮮之役開始時, 他任慶尙左兵使屯駐. 蔚山北方兵營, 釜山鎭之戰和東萊城之戰期間從守備府使宋象賢處放棄防守, 在慶州城之戰前棄職棄地逃脫. 漢城府陷落後, 臨津都元帥金命元出現陣中, 把他逮捕, 後被判斬首.”

665) 한산도이충무공유적(제승당) - 우리역사넷(contents.history.go.kr), 2022. 4. 12.: “… 반면, 경상도좌병사 이각(李珏), 경상좌수사 박홍(朴泓)처럼 싸우지도 않고 달아난 경우도 있어 일본군이 쉽게 전쟁을 주도하였다. 경상우수사 원균도 부임한 지 얼마 되지 않은 탓도 있었으나 전선 4척만을 지켰을 뿐 휘하세력을 결집하는 데 실패하였다.”

666) 정만진, 대구 하면 ‘사과, 더위’라는 분들께 추천하는 기사, 공산산성, 사명대사가 쌓았고 권율과 이원익 등이 머물렀던 임진왜란 유적 팔공산, 오마이뉴스(ohmynews.com), 2016. 9. 4: “… 그 바람에, 경상좌병사(慶尙左兵使) 이각(李珏 ?~1592)의 명령에 따라 4월 15일 울산 좌병영을 향해 군대를 이끌고 출전했다가 4월 24일 퇴각해온 대구부사 윤현은 대구읍성으로 돌아갈 수가 없었다. 결국, 윤현은 동화사를 대구 관군의 본부로 삼았고, 대구부의 관리들은 동화사 소속 암자인 염불암으로 들어갔다. 이 상황은 대구 지역 의병장 서사원의 <낙재일기> 1592년 4월 24일자에 ‘성주(대구부사)는 내상(병영)에서 동화사로 피해 돌아갔고 아리(낮은 벼슬아치) 일행은 염불암에 들어갔다.’라고 기록되어 있다 ….”

667) 김형수(책임연구위원), 임란 전후 寒岡學團의 활동과 성주지역 사족 사회의 동향, 한국국학진흥원, 민족문화연구 제77호, 2018. 5. 28. p. 256: “일본군의 대구 점령으로 대구부사 尹晛은 管內軍民 2,000명의 여인을 거느리고 公山城에 退守하였다. 大丘邑城이 함락될 때 대부분의 軍民들은 부사의 인솔하에 공산성으로 退守하였고, 住民들은 山谷에 숨었으며, 미처 피신하지 못한 民人들 가운데는 피살된 자도 많았다.”

668) 우인수, 『樂齋日記』를 통해본 대구지역 임진왜란 의병의 활동과 성격, 대구사학괴, 대구사학, 2016, vol. 123, pp. 47-85(39pages)

669) 정우락(경북대 국문학과 교수), 임진왜란기 대구지역 한강학파의 문학적 대응, 퇴계학과 유교문화, 제59호, 2016. 6. 6. pp. 69~110: “… 21일에는 서문 밖으로 달려가 보니 문은 활짝 열려 있고 불꽃은 타오르는데 한 사람도 성에 남아 있는 자가 없었으며, 북문 밖 관속들의 초가집도 이미 화염에 휩싸여 있었다고 했다. 그리고 23일의 기록에는 “대포 소리가 산을 진동시키니 부자가 서로 숨는 곳을 다투고 처첩이 모두 풀을 잘라 하늘을 가렸다. … 1592년 4월 24일. 왜군이 대구를 점령하자 당시 부사였

던 윤현은 관내 군민 2천여 명을 거느리고 팔공산으로 들어갔다. 주민들은 가까운 산골짜기에 숨기도 하였지만, 미처 피신하지 못한 백성들은 왜적에게 피살되기도 했다. 이러한 급박한 상황 하에 대구 사람들은 주로 팔공산으로 피신하였는데, 다음 기록을 함께 보자. (가) 듣자니 城主는 관아에서 桐華寺로 피해 들어갔고, 아전 일행은 念佛庵으로 들어갔다고 한다."

670) 鶴峯 金誠一(1538~1593), 鶴峯先生文集續集卷之三, 右監司時狀: "臣去八月十一日. 左監司除授有旨祇受. 道路阻梗. 不得赴任. 九月初四日. 由草溪寅夜渡江. 至八月二十日. 丘府使尹晛. 輕犯大敵. 死者七百餘人. 二十一日. 兵使敗軍鷄林. 死者六百餘人. 自是人心沮喪. 見賊輒退. 加以士卒飢餓."

671) 東國新續三綱行實圖四集, 烈女圖卷之二(二婦投江): "金氏京都人 大丘府使尹晛之妻也 有孝行壬辰倭亂從其夫在任所. 晛領軍赴戰, 人有勸金氏出避者. 金氏曰夫在戰所吾何走乎. 晛聞之使人謂曰: 我爲守土之臣當做此地鬼. 祖先神主不宜污賊, 卿可抱持過江. 賊猝至不及避, 金氏與子器之器之妻朴氏. 相携投江而死, 朴氏時年十九, 昭敬大王朝旌門."

672) 大丘府篇, 大丘邑誌, 監營條(1768): "正德己卯, 分左右道監司, 弊多還籍合爲一. 萬曆癸未, 復置左右監司率眷. 左營設於慶州, 右營設於尙州. 尋罷. 甲午洪履祥奉. 敎旨, 開營於星州八莒縣. 天將劉摠兵屯陣處. 乙未以地大難治, 還設左右監司. 丙申監司李用淳, 還兼左右道. 體察使李元翼, 相議狀啓, 設營於達城, 因加石築. 丁酉兵燹, 還罷留營. 己亥監司 韓浚謙, 體察使李德馨, 狀啓, 星州大丘一道中央, 瘡痍未蘇, 榛莽猶塞. 姑於安東府留營. 同年依兩界例 二周年交遞. 辛丑體察使李德馨, 狀啓, 本府留營兼府使, 別設判官. 慶山河陽花園等, 割屬本府 …."

673) 구본욱, 경상감영의 대구 설치과정과 그 시기, 한국학논집 제80집(2020. 8. 1.). pp. 5~36: "당시 대구의 유학자인 손처눌(孫處訥)의 모당일기(慕堂日記)를 통하여 설치과정을 보완하였으며, 그 설치 월일이 5월 24일임을 밝혀내었다. 다시 말하면 경상감영이 대구에 설치된 연월일은 1601년(선조 34) 5월 24일이다. 설치 당시 관찰사 겸 대구부사는 김신원(金信元)이었다."

674) 孫處訥(1553~1634), 慕堂日記, 卷一: "(五月)二十四日 / 淸熱. 持網. 往希魯家. 話霽光亭二叔氏. 夕還. 聞監司兼府使新立判官之奇."

675) 金九鼎, 義城縣先生案: "김구정(金九鼎) 1550년(명종 5)~1638년(인조 16), 본관은 함창(咸昌), 자는 경진(景鎭), 호는 서현(西峴)이다. 부친은 선원전 참봉(璿源殿參奉)을 지낸 희준(希俊)이며, 모친은 천문 습독(天文習讀)을 지낸 정효종(鄭孝宗)의 딸 숙부인(淑夫人) 동래 정씨(東萊鄭氏)이다. 조부는 장사랑(將仕郞) 사종(嗣宗)이며 …."

676) 宣祖實錄 211卷, 大白山史庫本: "以金信元 【少廉】 爲知中樞府事, 柳永詢爲同知中樞府事, 李侃爲全羅道兵使, 柳止信爲全羅左水使, 許筬爲刑曹正郎, 羅紉爲戶曹佐郎, 成時憲爲兵曹佐郎, 宋克訒爲刑(郎佐曹)〔曹佐郎〕, 沈挺世爲恩津縣監, 李涵爲宜寧縣監."

677) 仁祖實錄 38卷, 太白山史庫本: 仁祖 17年 6月 19日 … 乙巳/備局啓曰: "慶尙道只有金烏,生兩山城, 而天生形勢雖險, 城基太狹, 且無井泉, 實非可守之地. 一道內所恃者, 金烏一城而已 … 今聞大丘之公山山城, 星山之秀音山城, 形勢最好, 本道之人亦多願築者云. 此兩城, 亦令本道監司, 竝皆看審, 擇其可城者, 而先築之爲當. 上從之."

678) 조현명(趙顯命, 1690~1752) 경상도 관찰사도 부임, 이조. 형도, 호조판서, 우의정, 좌의정, 영의정까지 역임했으며 대구읍성의 필요성에 대해서 강력히 주장했음.

679) 英祖實錄卷四十一: "英祖十二年一月二十二日(丁巳), 慶尙監司閔應洙請築大丘城, 其地形雖難守城 不可無藩籬之阻趙顯命亦嘗言其當築 上可之."

680) 오늘날처럼 도로가 포장되지 않았던 흙길이라서 해동되면 진흙탕으로 인마조차도 발목이 빠지는 등 움직이지 못하여 물건운반을 더욱 어렵게 되어, 전쟁에서 진흙장군(mud general, 粘土將)에게 패전한 사례론 중국의 수당나라가 고구려를 치고자 요하강변에서, 나폴레옹과 히틀러가 러시아 침공 때에 진흙장군(Rasputica)에게 병사를 많이 잃었다. 달구벌은 과거 늪지대였기에 해동 이후에는 진흙탕이 심각했으며, "마누라 없이는 살라도 장화 없이는 못 산다."라는 속담이 있을 정도였다.

681) 嶺營築城碑(碑文): "正月八日癸卯始伐石 越四日丁未遂開基 四月二十五日體城成 六月初六日女堞畢 四正門則離虹而 樓也兩暗門則居巽而位乾也 周遭則視舊而稍拓之總二千一百二十四步 女墻八百十九堞 城高西南十八尺 東北十七尺後築廣七步 高三級 ···."

682) 論語, 爲政篇: "子曰. 爲政以德, 譬如北辰, 居其所而. 衆星共(拱)之."

683) 당시 척관법(尺貫法)에 따라서 1척 차이로 평탄작업을 했다는 의미로 서남 18척 동북 17척으로 성벽을 쌓았다는 것으로, 동북이 1척 정도 높았다는 것이다. 오늘날(2021. 4. 16. 현재) 미터법을 사용하여 해발고도로 측정하면 40.381m/SL에서 41.381m/SL 정도로 거의 1m의 고도차이가 나고 있다. 어떤 의미에서 당시가 더욱 정밀하게 평탄작업을 했다고 할 수 있음.

684) 大丘府邑誌,城池條 (1832): "府城, 初無城池. 當宇丙辰監司閔應洙本府, 以嶺南要衝之地. 設監營無保障, 聞始石築周二千一百二十四步, 高二十二尺, 女堞九百五十五步. 有四正門東鎭東門. 西達西門, 南嶺南第一關, 北拱北門. 又有東西二暗門蹟載南門外築城碑 ···."

685) 大丘邑誌, 宮室條 營舍(1768): "樓余建也名余命也. 樓於斯而名以此者意有在也 ··· 樓成於去年秋而汔未有記 今當歸日書其榘于掘句之下 觀察使李尙眞 ···."

686) Charles Louis Varat, né en 1842 ou 1843 et mort dans le 1er arrondissement de Paris le 22 avril 1893, est un explorateur français.

687) Charles Louis Varat, Voyage en Corée: Le Tour du monde Broché, Independently published (13 septembre 2021), Français, 165 pages

688) 대구읍성, 나무위키(namu.wiki) / 대구시 중구청 홈페이지(jung.daegu.kr) 대구읍성역사 / 샤를 바라 외, 조선기행, 눈빛, 2006, 166쪽

689) Edmund Burke, Tears of The Sun(2004 Movie): "The only thing necessary for the triumph of evil is for good men to do nothing."

690) 대한민국 정책브리핑, 김영삼(金泳三) 대통령 주재 세추위(世推委) 회의 세계화(世界化)로 '코리아' 바로 세우기, 국정신문(Korea.kr), 1996. 1. 29. : "세계화 추진 1년을 맞아 이제 세계화는 세계 속에 '코리아 바로 세우기'로 자리를 잡아가고 있다. 올해는 국민 개개인이 피부로 느끼고 일상생활과 직결되는 '생활 속의 세계화'가 적극 추진된다. 세계화의 방향이 '삶의 질'을 높이는 생활개혁으로 옮아

가게 된 것이다."

691) Alex Gray. What is globalization anyway? World Economcic Forum, 10 Jan 2017 (weforum.org/agenda): "Globalization – a phenomenon that has defined the world's economy in recent decades – is under pressure. As Donald Trump prepares for his tenure in the White House, he talks of dismantling a whole history of globalized trade that he sees as having had a catastrophic effect on the global economy⋯."

692) Thomas J. Christensen, A modern tragedy? COVID-19 and US-China relations, Brookings Institute, May, 2020.

693) 管子, 輕重戊篇: "(狐白皮戰略) 桓公問于管子曰: 代國之出何有? 管子對曰: 代之出, 狐白之皮, 公其貴買之/管子曰: 狐白應陰陽之變, 六月而壹見, 公貴買之, 代人忘其難得, 喜其貴買, 必相率而求之, 則是齊金錢不必出, 代民必去其本而居山林之中; 离枝聞之, 必侵其北; 离枝侵其北, 代必歸于齊, 公因令齊載金錢而往.桓公曰: 諾, 即令中大夫王師北將人徒, 載金錢, 之代谷之上, 求狐白之皮.代王聞之, 即告其相曰: 代之所以弱于离枝者, 以无金錢也; 今齊乃以金錢求狐白之皮, 是代之福也, 子急令民求狐白之皮, 以致齊之幣, 寡人將以來离枝之民. 代人果去其本, 處山林之中, 求狐白之皮, 二十四月而不得一; 离枝聞之, 則侵其北, 代王聞大恐, 則將其士卒葆于代谷之上.离枝遂侵其北, 王卽將其士卒愿以下齊. 齊未亡一錢幣, 修使三年而代服."

694) 管子, 以経濟收服鄰國: "桓公問管子, 代國有什麼特産? 管子說, 代國的特産是狐白的皮, 可派人高価收購. 接著又說: 「這種做裘衣的高貴狐腋下白色毛皮, 順応陰陽変化, 六個月才出現一次, 您用高価收購, 代國人將忽略它的難得性, 一味追求它的高価, 紛紛去尋取.這樣齊國不發一錢, 就使代國百姓放棄本業, 紛紛入山獵狐. 離枝國聽到, 一定會入侵代國的北部, 一但離枝國入侵, 代國必定歸順齊國. 於是桓公派人拿錢去代國高価求購狐白的皮. 代國國君聽到這消息非常高興對丞相說. 「代國所以比離枝國弱,就是欠少金錢, 今日齊國用金錢高価收購吾國狐白的皮, 這是代國福音. 你馬上命令全國百姓全力去弄狐白的皮, 來換齊國錢幣, 我也可用這些錢, 來招服離枝國的百姓. 於是代國百姓都放下本業, 入山獵狐. 但過兩年, 一無所獲. 人民愈窮,國力愈弱. 離枝國見此境況, 準備入侵代國. 代國國君得知, 大爲震驚. 率領軍隊鎮守. 離枝國佔了代國北部, 代君只好自願歸服齊國. 如此齊國不發一兵, 一錢, 只派使者往來三年, 代國就歸順了."

695) 장경덕, (칼럼) 100년의 克日, 오피니언, 매일경제(mk.co.kr), 2019. 8. 14. : "⋯ 존왕양이론(尊王攘夷論)의 목소리가 커지던 1820년 일본의 1인당 소득(669달러)은 조선(600달러)과 비슷했다. 조슈번(長州藩)과 사쓰마번(薩摩藩)이 에도막부를 무너뜨리고 메이지유신을 이룬 직후인 1870년에도 일본과 조선의 생활 수준 차이는 크지 않았다. 하지만 그 후 격차는 줄곧 벌어졌다 ⋯."

696) Share of World's GDP, Angus Maddisonngus Maddison(1926-2010) Emeritus Professor, Faculty of Economics, University of Groningen.

697) 배영대, 1901년 서울은 이미 서양인도 감탄한 '근대적 대도시'. 중앙일보(중앙선데이), 2017. 12.

3. : "··· 매디슨 통계에 따르면 1911년 한국은 1인당 국민소득 815달러로 아시아 4위에 올랐다. 1915년 한국은 1인당 국민소득 1,048달러에 달해 미국 치하의 필리핀(875달러)과 네덜란드 치하의 인도네시아(866달러)도 뛰어넘어 '아시아 2위의 경제 대국'으로 나타났다(황태연, 『백성의 나라 대한제국』 1060~1062쪽). 1911년의 815달러는 순수하게 대한제국의 경제성과를 보여 주는 통계라는 얘기다. 1915년경의 1,048달러도 대한제국에서 조성된 경제 도약의 여파가 이어진 결과였다. 1911년부터 1914년까지 5년 동안에도 일제 총독부는 아무런 식산흥업정책이나 개발 투자 없이 무단정치에 의거한 토지 약탈, 경제구조 왜곡(식민지 예속화)에만 부심했기 때문이다. 1915년 1인당 국민소득 1,048달러에 도달한 한국의 생활 수준은 당시 유럽과 비교해도 괄목할 만한 것이었다. 1915년 영국의 1인당 국민소득은 5,288달러, 미국 4,864달러, 프랑스 3,248달러, 독일 2,899달러, 오스트리아 2,653달러, 이탈리아 2,070달러, 스페인 2,033달러, 포르투갈 1,228달러(1918년에는 1,150달러), 그리스 1,143달러(1916년은 972달러, 1917년은 848달러)였다. 1915년 당시 한국의 생활 수준은 서유럽의 변방 국가들(포르투갈·그리스 등)과 대등하거나 곧 이 국가들을 앞지를 기세였던 것이다.(황태연, 백성의 나라 대한제국, 청계출판사, 2017년. pp. 1060~1065)"

698) Research and data to make progress against the world's largest problems, Our World in Dats(ourworldingdata.org): 한국의 국민소득 추이: 1914년 1,254달러, 1916년 1,325달러, 1919년 1,363달러, 1946년 916달러, 1951년 991달러. 1963년 1,721달러(정리)

699) List of regions by past GDP (PPP) per capita, wikipedia: 일본, 국민 1인당 소득 추이 1913년 1,387, 1950년 1,921 1973년 11,434달러, 1989년 17,943달러, 2008년 22,816달러.

700) 孟子, 梁惠王篇: "曰: 挾太山以超北海, 語人曰我不能, 是誠不能也. 爲長者折枝, 語人曰我不能, 是不爲也, 非不能也. 故王之不王, 非挾太山以超北海之類也; 王之不王, 是折枝之類也."

701) 高麗史, 列傳,卷第三十二諸臣一 鄭道傳: "王下敎求言, 道傳上疏曰, "臣伏讀敎書, 上以謹天文之變, 下以求臣庶之言, 而以八事自責. 臣讀之再三, 不勝感嘆. 殿下以天之譴告, 引而歸之於己, 開廣言路, 冀聞過失, 雖古哲王, 未之或過也. 臣待罪宰相, 無所匡輔, 以貽君父之憂, 至煩敎諭之丁寧, 臣實報焉. 嘗謂'君爲元首, 臣爲股肱' 比之人身, 實一體也. 故君倡則臣和, 臣言則君聽, 或曰可, 或曰不可, 期於致治而已. 然則, 天之譴告, 由臣所致也. 古者有灾異, 三公策免, 爲大臣者亦避位而禳之, 請免臣職, 以弭灾異. 然念古之大臣, 當請退之時, 必有陳戒之辭. 況今獲奉敎書, 安敢不效一得? 仰備採擇之萬一 ··· 要做不行, 莫作卽行 ···."

702) 老子, 道德經, 第六十章: "治大國, 如烹小鮮. 以道莅天下, 其鬼不神. 非其鬼不神, 其神不傷人. 非其神不傷人, 圣人亦不傷人. 夫兩不相傷, 故德交歸焉."

703) Daron Acemoglu & James Robinson, Why Nations Fail: The Origins of Power, Prosperity & Poverty, Crown Business, 2013. p. 279: "The failure of the state is because the leaders have not done anything to do. And the statesmen have also do what they should not do."

704) 株式會社日本興業銀行(にっぽんこうぎょうぎんこう, 英称: The Industrial Bank of Japan, Limited)は,かつて存在した日本の特殊銀行·普通銀行·長期信用銀行. 明治維新後の重工業の發展や,軍需工業の擴大, 第二次世界大戰後の復興と高度經濟成長を外債發行により支え,日本からの資本輸出にも携わった. 最末期の2000年からはみずほフィナンシャルグループの傘下に入っており,みずほコーポレート銀行を経て,みずほ銀行の前身行の一つとなった. 通称は「興銀 (こうぎん)」,英略は「IBJ」.

705) 유석재, 국채보상운동 모금액 48억 원(현재 가치 환산)은 어디로 사라졌을까?, 2022. 3. 5. : "1905년 6월부터 이듬해 3월까지 4차례에 걸쳐서 한국의 관세수입을 담보로 일본 흥업은행으로부터 1,000만 원을 빌리는 것이었다. 연 이자율 6.6%의 고리에 5년 거치 후 5년 상환, 그나마 100만 원을 일본이 선이자로 가로채는 악성 차관이었다. 거기에 차관의 사용 역시 통감부가 임의로 정하는 것이어서 한국 정부는 돈을 구경도 하지 못했다. 차관액은 1907년 1,300만 원으로 늘었고, 사용처는 은행과 회사에 나눠 주거나 수도국과 위생비용, 심지어 일본 유학생 비용도 있었다."

706) 대한제국의 재정 상황과 개혁의 한계, 우리 역사 넷(http://contents.history.go.kr), 국사편찬위원회, 2022. 4. 27. : "대한제국의 재정 규모(세출 총액)는 1895년 3,804천 원, 1896년 6,316천 원, 1897년 4,1900천 원, 1898년 4,525천 원, 1899년 6,471천 원, 1900년 6,161천 원, 1901년 9,078천 원, 1902년 7,585천 원, 1903년 10,765천 원, 1904년 14,21천 원, 1905년 19,113천 원으로 1905년 대일부채 1,300만 원은 당시 재정규모에서 예비비 규모(130만 원)에 해당

707) 유영렬, 애국계몽운동- 정치사회운동, 독립기념관 한국독립운동사연구소, 한국독립운동사편찬위원회, 2007년, p. 219: "당시 대한제국의 세입은 1,319만 원에 세출은 1,396만 원으로 77만 원의 세입부족액이 생겼다."

708) 前視察使徐公相敦頌德碑: (全面)前視察使徐公相敦頌德碑, 天降仁善, 指廩施惠, 賙窮恤貧, 早識耕稼, 平均欽收, 記功庇石, 生色千秋. (側面)壬子十月日四面立, 監以重 崔麟述, 徐湳奎.

709) 이화섭, 서상돈 송덕비 발견, 매일신문, 2013. 10. 31. : "1912년 10월에 설립된 '전시찰사서공상돈송덕비(前視察使徐公相燉頌德碑)'… 읍내동 향교 … 서상돈 선생은 대한제국 시절인 1894년부터 약 10년간 탁지부 세무시찰관으로 활동했다. 세무시찰관이란 세무행정에 관한 업무를 맡기기 위해 위임받아 일하는 관원을 말한다. 서상돈 선생은 이 시절 경상도 지역의 세금징수에 관한 업무를 맡으면서 나라를 걱정하며 재물을 조금도 탐하지 않는 청렴한 모습을 보였다. 서상돈 선생이 시찰관으로 일할 당시 가뭄으로 인해 칠곡지역 주민들의 생활이 궁핍했던 적이 있었다."

710) 이진현, 1907년 2월 대구 광문사의 위치에 관한 연구, 대구경북연구원, 2014. Vol. 13. No. 1, 2014. 4. pp. 21~31: "그 결과 대구 광문사가 있었다고 전해지는 수창사의 위치는 달서문 밖 전동이며, 1907년 3월까지 취고수청(吹鼓手廳), 경상감영 내 조선 후기의 취수 고수 등의 악사를 양성하는 기관)을 빌려 사용했다는 사실이 밝혀졌다. 수창사와 대구 광문사의 관계는 분명하게 확인하지 못했다." / 2022. 5. 4. 현장 조사한 결과 경상감영 부지 내 전(前) 취고수청(吹鼓手廳) 현재 중구 달구벌재로 567번지(중앙로4거리에 동북쪽 40미터쯤 한우장설렁탕식당(매리츠화재보험 앞 혹은 지하상가 프라임 몰 출입구)에 유네스코 국채보상운동 등록표시판이 매립되어 있음. 이 점에서 친일관변의 개연성을 부정할 수 없음.

711) 趣旨書: "夫爲臣民者, 仗忠尙義, 則國以之興, 民以之安; 不忠毋義, 則國以之亡, 民以之滅.

非但於古今歷史上斑斑有據, 現今歐洲中其所富強者及自底滅亡者, 莫不由乎忠義, 尙仗之何焉? 歷代之古, 歐洲之遠, 尙疏矣. 顧我東洋之切鄰, 近事尤有所目睹者, 卽日本是也.向與淸, 露開戰, 以小勝大者, 兵有敢死隊, 有決死隊, 血雨肉風, 赴若樂地. 在家之民捆屨鬻佩, 女子則收聚指環, 以資兵費, 竟成東西歷史上創有之絶大偉功.其威武光榮, 震動寰宇, 此卽五千萬民族之個個熱心血誠, 出於忠義故也. 是豈非我欽歆効慕者乎? 嗚呼! 我二千萬同胞, 迨此民, 國危難之會, 無一人決心, 無一事籌劃, 只添我皇上之宵旰孔憂, 袖手岸視, 以致滅亡, 可乎? 試觀近世新史, 國亡, 民族之隨以減絶, 卽埃及, 波蘭,越南, 皆不爲徵? 只知有身家, 不知有君國, 則此乃自陷自滅也.及今淬勵精神, 奮發忠義, 果非此時乎? 今有國債一千三百萬元, 卽我韓存亡之關係也, 報則國存, 不報則國亡, 理所必至.而現自國庫, 勢難辦報, 則三千里疆土, 終非我民有, 國有者矣.土地一去, 非徒復之無術, 烏得免爲越南等國之民族乎? 一般國民之於此債款, 以義務言之, 不可曰不知; 以時勢言之, 亦不可曰不報.第有報償之一道, 能不勞不力, 而自成鳩財之策矣. 就使二千萬同胞限三個月廢止南草, 吸菸, 以其代金, 每名下, 每朔二十錢式徵收, 槪籌庶可爲一千三百萬元, 設有未充, 應有自一元, 十元至百元, 千元拔例出捐者矣.人民之於當然底義務, 有此暫時決心, 比於日本決死隊,捆屨民, 收環女之事, 則孰重孰輕,孰難孰易乎? 嗟我二千萬同胞中, 苟有一毫愛國思想者, 必不攜貳矣.鄙等職在發起之地, 故敢此馳函警告, 繼以血. 伏願爲我大韓臣子之僉君子覽, 卽以言, 以書, 轉相警勸, 俾使無一人不知是之弊, 而期於實施. 上以報答聖君之明, 下以維持疆土之地, 幸甚."

712) 대구민의소, 한국학중앙연구원-향토문화전자대전: "대구상공회의소는 1906년 8월 대구 민의소로 발족했으며 1907년 2월 대구 상무소[대구 조선인 상업 회의소]로 개편되었다가 1915년 10월 대구 상업 회의소로 통합되었다. 이후 1930년 2월 대구상공회의소로 개편되었으며 1944년 9월에는 경북 상공 경제회로 개편되었고 1946년 5월 경북 상공 회의소로 재편되었다."

713) 임경희, 북후정(北堠亭) 위치에 관한 고찰, 2014, 2014, vol. 13, no. 2, 통권 17호 pp. 87-99(13 pages): "지금까지 대구시민회관 부근에 있었다고 잘못 알려져 온 북후정의 실제 위치를 확인하고 그 경위를 규명했다. 북후정은 원래 대구읍성의 서쪽 문밖에 존재했던 관아 건물(公廨)로 읍북루란 명칭을 사용하기도 했다. 사료에 따르면 북후정은 경상감영에서 서쪽으로 2리 또는 3리쯤 되는 곳, 옛 서문시장 입구에 서 있었다."

714) 釜底抽薪(ふていちゅうしん)は, 兵法三十六計の第十九計. 「釜底の薪を抽(ぬ)く. 北齊の魏收の文「抽薪止沸, 剪草除根」が由来とされる.釜の水を沸かせるのは薪の火力であり,燃料の薪を引き抜いてしまえば,沸騰は止まる. 兵站,大義名分など敵軍の活動の源泉を攻撃破壊することで,敵の活動を制し,あわよくば自壊させんとする計略.懷柔や脅迫で,敵軍の個々の勢力を離反させることや,将兵を離間して兵士の逃亡を促して,敵の勢力を削ぐことも含む.徒に正面攻撃を行わず,まず致命的弱点を探してそこを討てという意味もあわせている…

715) 朝鮮統監府, 國債報償運動, 自由的百科全書(zh.wikipedia.org): "1895年 馬關條約後, 大韓帝國創立, 伊藤博文擔任韓國統監時, 設法使大韓帝國政府接受日本巨額貸款, 以推進近代化, 並使韓國更加靠攏日本."

716) Judge 10:18: "The leaders of the people of Gilead said to each other, Whoever will take the lead in attacking the Ammonites will be head over all who live in Gilead."

717) Isaiah 44:22: "I have wiped out your transgressions like a thick cloud And your sins like a heavy mist."

718) 朝鮮統監府, 國債報償運動, 自由的百科全書(zh.wikipedia.org): "1907年, 大邱一位書店「广文社」的社長金光濟,副社長徐相敦, 擔心國家失去經濟自主權, 發起一個募款償還國債運動, 提出 「趣旨書」, 呼吁大韓帝國國民 2,000萬人停止抽菸三個月, 以買菸的錢, 奉獻給韓國政府, 償還 1,300萬大韓帝國圓(匯率相當於日圓)的國債, 避免韓國像埃及, 波蘭, 越南一樣被滅亡."

719) 김진규, [스토리텔링 2018] 대구의 자부심 국채보상운동<3> 신분을 초월한 의연, 영남일보, 2018. 11. 27. : "2월 26일이었다. 고종 황제가 칙어(勅語)를 내렸다. '우리 국민들이 국채를 보상하기 위해 한마음 한뜻으로 단연하고, 그 값을 모은다 하거늘 짐이 어찌 담배를 피우겠는가. 짐 또한 단연하겠다. 아울러 국채보상운동을 격려하는 의미에서 영친왕(英親王)의 길례(吉禮, 가례)를 연기하도록 하겠다.'"

720) 국채보상운동, 담배를 끊고 돈을 모아 나라의 빚을 갚다, 우리 역사 넷(contents.history.go.kr), 2022. 5. 1. : "… 고종도 이 운동의 초기 단계에서 큰 역할을 하였다. 고종은 2월 26일 국채보상운동이 시작되었다는 소식을 듣고 궁중에서도 담배를 끊겠다는 칙어를 발표하였다. 이에 따라 참정대신 김성근을 비롯한 고관들도 이 운동에 적극 동참하였다. 하지만 이 운동의 진정한 주역은 일반 백성이었다."

721) 国債報償運動,(wikiwand.com/ja),統監府政況報告ならびに雑報, (アジア歴史資料センターレファレンスコード：B03041513600およびB03041513800より)

722) 本府國債報償募集金の件,統監府, 1907年 7月 28日, 警務顧問,丸山重俊.

723) 정진석, 네 건의 역사드라마 국제재판기록 1907~1908, 소명출판사, 2022, p. 412: "1908년 7월 27일 주한 일본헌병대가 내사해 집계한 자료를 분석했다. 신문사와 기성회 등 여러 단체별로 모은 성금의 액수가 여기에 나온다. 대한매일신보 3만6,000여 원, 대한매일신보사 내 총합소 4만2,308원 10전, 황성신문 8만2,000여 원, 제국신문 8,420원 6전, 만세보·대한신문 359원, 국채보상기성회 1만8700원 22전7리. 총계는 18만7,787원 38전 7리. 여러 자료와 상황을 종합하면 전체적인 모금 총액이 20만 원이 넘지 못했던 것은 확실하고, 16만 원에서 19만 원 정도였을 것으로 추산된다."

724) 國債報償運動(ja.wikipedia.org/wiki): "… タバコを止める人が大勢出現した. 同時に募金活動も行われ, 一時は 16万 4200円 も集まった …."

725) 최기영, 애국계몽운동2-문화운동, 독립기념관 한국독립운동사연구소 한국독립운동사편찬위원회, 2009. p.249: "1908년 7월까지 19만 원을 넘어섰고, 20만 원 정도나 모금되었다 …."

726) 朝鮮統監府, 國債報償運動, 自由的百科全書(zh.wikipedia.org): "… 在 1908年的運動高潮, 它已經積累了 19萬圓 …."

727) 통감부, 한국민족문화백과사전: "1906년 일본 제국주의가 대한제국 황실의 안녕과 평화를 유지한다는 명분으로 서울에 설치한 통치기구."

728) 이 점에서 서상돈 지사(志士)가 의심받고 있는 점으로, i) 조선조정의 탁지부에서 시찰관을 지내면서 이토 히로부미 총감 및 경북 관찰사 겸 대구 군수 서리 박중양와도 지인 관계에 있었기에. ii) 설득을 당했든지 먼저 헤아려서 행동했는지 간에 국채인정과 정당한 보상을 선언했다는 점, iii) 국채보상운동의 산실이 되었던 광문사가 있었던 장소가 경상감영 내의 전(前) 취고수청(吹鼓手廳)이라는 점에서 오늘날 용어로 친일관변기업으로 추정할 수 있는 개연성, iv) 나중에 둘째 아들 서병조(徐丙朝, 1886~1952) 씨가 조선총독부 중추원 참의 등을 몇 차례 역임한 등의 후광이 되었다는 사실을 종합해 판단할 수도 있다.

729) 忖度(そんたく)は, 他人の心情を推し量ること, また, 推し量って相手に配慮することである. 忖度いずれの文字も「はかる」の意味を含む. 辞典編集者の神永曉によれば, そもそも「忖度」という言葉は, すでに中國の古典『詩経』に使用されており, 平安時代の『菅家後集』などにも存在が確認されている.明治期にも使用例があるが, この頃には單に人の心を推測するという程度の意味しかなく,「斟酌(しんしゃく)」という言葉のように, 相手に氣をつかって何か行動するという意味合いはなかったという.

730) 박중양(朴重陽, 1874~1959)은 1897년 관(국)비장학생으로 일본에 건너가, 1900년 도쿄 아오야마학원(東京靑山學院) 중학부를 졸업, 도쿄 경시청(東京警視廳) 경찰제도연구생으로 경찰제도와 감옥제도를 연구실습, 1903년 도쿄 부기학교(東京簿記學校)에서 은행업무 과정 졸업, 일본명 '야마모토 노부(山本信)'로 개명, 1904년 귀국하여 일본군 고등통역관 대우로 러일전쟁에 참전, 1905년 농상공부 주사로 1년간 대구에 거처, 1906년 군기창 기사로 의친왕 일본방문 수행통역원, 귀국하여 대구군수 겸 경상북도 관찰사 서리, 1907년 평안남도 관찰사로 영전했다가 1908년 경상북도 관찰사로 대구에 부임했다.

731) 朴重陽, フリー百科事典ウィキペディア(Wikipedia): "… 1907年, 大邱守兼慶尙北道觀察使書理に在職中, 大韓帝國政府の許可なしに大邱邑城を解體した. 以後, 全羅南道觀察使, 平安南道觀察使兼平安南道稅務署稅務官, 1908年 に慶尙北道觀察使などを歷任した, 平安南道と慶尙北道に在職していた時, 大韓帝國政府の改革令によって斷髮令を強行した …."

732) 이형식, 친일관료 박중양과 조선통치, 국민대학교 일본학연구소, 일본공간, 2019. Vol. 26. pp. 51-86(36pages): "(박중양은) … 1904년 귀국하여 1906년 이토 히로부미에 의해 대구 군수로 발탁되었다가 1907년부터 3년 3개월 동안 관찰사로 재직했다 …."

733) 国債報償運動(wikifox.orghttps) : "ところが,この運動に賛同しながら影でこっそりとタバコを吸ったり,募金を着服する不祥事が発覚した.また,運動の中心人物であった新聞社経営のイギリス人…" / 国債報償運動(wikiwand.com) / 「資金を横領」の用例·例文集- 用例.(yourei.jp) : "ところが,この運動に賛同しながら影でこっそりとタバコを吸ったり,募金を着服する不祥事が発覚した. また, 運動の中心人物であった新聞社経営のイギリス人アーネスト· …" / 相変わらず勢いだけ 韓国『世界遺産』申請活動 ホントに大丈夫か?(news-netachou.blog.so-net.ne.jp) : "ところが、この運動に賛同しながら影でこっそりとタバコを吸ったり、募金を着服する不祥事が発覚した。また、運動の中心人物であった新聞社経営のイギリス人 …"

734) 孫子兵法, 按造間諜的類型, 總結出五種使用間諜的手法, 分別爲: 因間, 內間, 反間, 死間, 生間; 收買或利用敵方派來的間諜爲我所用叫「反間」.

735) 李宋熙, 韓末國債報償運動に 關한 一硏究, 梨大史苑 15號, 1978(이송희, 한말 국채보상운동에 관한 일 연구, 이화여자대학교 대학원 석사학위논문, 1977) / 최준, 국채보상운동과 프레스 캠페인, 백산학보 제3호, 1967.

736) 朝鮮統監府, 警視總監 丸山重俊, 國債報償運動に關すゐ報告 1907. 6. : "… 國債補償運動はキリスト教靑年會·大韓自强會·大韓每日新報などの後援のもと, その目的は現政府が負担している 日本の國債 1,300万ウォンを 補償することにあると表彰するが, 内容は國權回復を 意味する一種の排日運動を 言うまでもない …."

737) (2) 국채보상운동, 우리역사넷(contents.history.go.kr, 국사편찬위원회), 2022. 5. 1. : "통감부 경무총감은 통감에 보고하는 가운데, 국채보상운동은 기독교청년회·대한자강회·대한매일신보 등의 후원하에 '그 목적은 현 정부가 부담하고 있는 일본의 국채 1천3백만 원을 보상하는 데 있다고 표방하나, 내용은 국권 회복을 의미하는 일종의 배일 운동임은 말할 나위도 없다.'라고 확인하였다. 그러므로 통감부는 국채보상운동의 주동적 역학을 했던 대한매일신보사를 탄압하기 위해 사장 베델(Bethell)과 총무 겸 國債報償志願金總合所 회계인 양기탁을 의연금 30만 원 횡령죄로 몰아 구속하는 등 온갖 방해공작을 하였다."

738) Bethel E.T. , Wikipedia: "… Prosecution for sedition: At the time, British subjects enjoyed extraterritorial rights in Korea. Because the paper was published by a British subject, it was not subject to local law. However, in 1907, Bethell was prosecuted in the British Consular Court in Seoul for breach of the peace and given a good behaviour bond of six months. The next year, at the request of the Japanese Residency-General, Bethell was prosecuted in the British Supreme Court for China and Corea (sic), sitting in Seoul, for sedition against the Japanese government of Korea. He was convicted of sedition and was sentenced by judge F.S.A. Bourne to three weeks of imprisonment and a six-month good behaviour bond. [2] As there was no suitable jail in Korea, he was taken to Shanghai aboard HMS Clio and detained at the British Consular Gaol in Shanghai."

739) 國債報償金費消事件, 警視第五七號, 隆熙二年九月二日(1908年 9月 2日), 警視總監 若林賚藏印 統監 公爵 伊藤博文殿: "國債報償金濫費ニ關スル梁起鐸ノ被告事件ハ現ニ京城地方裁判所ニ於テ審理中ニ有之候處右事件ノ外別ニ朴容圭ニ對シ總合所評議員安重植外三名ヨリ義捐金濫費ノ事實調査ヲ請願セリ取調ヲ逐クルニ朴容圭ハ國債報償志願金總合所財務監督ニシテ總合所ノ收入ニ屬スル金額ノ監督整理ヲ爲スノ任ニ在リナカラ隆熙元年七月初旬忠淸南道德山郡支收所長趙鍾瀨ヨリ國債金總合所會計室ニ宛テ送納シタル義捐金八拾參圓九拾貳錢ヲ收受シ總合所規程ニ定ムルカ如ク之ヲ銀行ニ預金セス又新聞ニ揭載セスシテ濫費シ償還セス尙又隆熙元年十二月十日頃全羅南道順天郡義務所總務趙泳薰外一名ヨリ總合所ニ送納シタル義捐金參百拾四圓拾八錢ヲ收受シ前同樣濫費シテ償還セサルモノト認ム依テ本件ハ刑法大全第六百四十三條ノ犯罪ト思料シ八月二十七日右事件ヲ京城地方裁判所檢事長ニ送致セリ右及報告候也. 隆熙二年九月二日. 警視總監 若林賚藏 印.統監 公爵 伊藤博文 殿"

740) 영화 <나티 프로젝트(Nati Project)>, 캐스팅 끝! 촬영 시작! 맥스무비, 2001. 6. 27.: "맥스무비 영화 <나티 프로젝트>, 벨테크 엔터테인먼트 제작, 박세진 연출로 캐스팅 작업을 완료하고 본격적인 촬영에 돌입한다. 지난 6월 8일 제작발표회를 가졌던 <나티 프로젝트>는 신섬유 소재의 개발을 둘러싼 국제적인 산업 스파이와 젊은 연구원, 그리고 다혈질 형사의 대결을 다룬 첩보 액션물이다. … <나티 프로젝트>는 섬유산업으로 유명한 대구지역을 중심으로 촬영될 계획이다. 특히 대구의 국가지원사업인 '밀라노 프로젝트(Milano Project)'로부터 대대적인 지원을 받는 등 영화 전반에 걸쳐 대구시의 적극적인 후원을 받을 예정이다. 오는 6월 28일 대구 컨벤션 센터에서 열리는 고사식(告祀式)을 겸한 크랭크인 현장에는 대구의 유력인사들이 대거 방문할 것으로 알려졌다. <나티 프로젝트>는 올겨울 개봉 예정이다."

741) 김은경, [자유성] '나티'의 기억, 영남일보, 2016. 6. 20. : "2001년 대구에서는 희대의 사기극이 벌어졌다. 일명 '나티 프로젝트'로 불리는 이 사기극은 영화사 대표가 대구를 소재로 한 영화를 만들겠다며 투자자를 모집한 뒤 몰래 잠적해버린 것이다."

742) 윤가이, '사랑비', 亞·유럽·미주 … 해외 12개 지역 수출 '한류 파워' 조선일보, 2012. 5. 11. : " KBS 월화드라마 '사랑비'의 작품성이 오히려 해외에서 더 통했다. 방영 전부터 일본 시장에 한국 드라마 사상 최고 대우 선 수출 되는 기염을 토했던 '사랑비'는 현재까지 일본, 중국, 홍콩, 대만, 태국, 말레이시아, 베트남, 필리핀, 캄보디아, 싱가폴 등 아시아 지역을 비롯해 미주지역과 유럽을 포함 12개 지역에 판매되는 경이로운 기록을 세우며 아시아를 넘어 전 세계가 주목하고 있는 드라마로서 그 작품성을 인정받고 있다. '사랑비'는 오는 26일 일본 케이블 채널 KN티비에서 매주 2회, 또 일본 최대 방송사 후지 TV를 통해 7월에 방영될 예정이어서 '사랑비'의 감동과 여운이 일본을 시작으로 해외에서도 계속 이어질 것으로 기대되고 있다."

743) 윤석열 '지지도 1위' 오르자 … 김종인 "'별의 순간' 잡았다", 머니투데이, 2021. 3. 8. / 김종인-윤석열 '별의 순간' 손잡았다 '연기해달라'로 파국, 한겨레신문, 2022. 1. 5. / 김종인 "한동훈, 尹에 쓴소리할 사람 … 별의 순간 잡을 수도." 중앙일보. 2022. 6. 9. / 김종인 "한동훈, '별의 순간' 잡을 수도…, 문화일보. 2022. 6. 22.

744) Wikipedia Sternstunden der Menschheit : Buchdeckel Stefan Zweig: "Sternstunden der Menschheit, Inselverlag zu Leipzig, ca. 1928. Sternstunden der Menschheit ist eine Sammlung von zuletzt vierzehn historischen Miniaturen, verfasst von Stefan Zweig, die von historischen Begebenheiten erzählen, deren Auswirkungen die Geschichte der Menschheit verändert haben. Die Texte sind keine historischen Analysen, sondern novellistisch zugespitzte Erzählungen, in deren Mittelpunkt jeweils eine biografisch überhöhte Person steht. Zweig schreibt erläuternd im Vorwort."

745) 정만진, 예술 소재로서의 대구, 역사문화 자연유산, 역사진흥원, 2021. 11. 30.

한반도 문화 이야기

펴 낸 날 2023년 2월 17일

지 은 이 김도상, 박성철, 권택성, 이대영
펴 낸 이 이기성
편집팀장 이윤숙
기획편집 윤가영, 이지희, 서해주
표지디자인 이윤숙
책임마케팅 강보현, 김성욱
펴 낸 곳 도서출판 생각나눔
출판등록 제 2018-000288호
주   소 서울 마포구 잔다리로7안길 22, 태성빌딩 3층
전   화 02-325-5100
팩   스 02-325-5101
홈페이지 www. 생각나눔.kr
이 메 일 bookmain@think-book.com

• 책값은 표지 뒷면에 표기되어 있습니다
 ISBN 979-11-7048-524-7(03300)